अग्निपथ से न्यायपथ

अग्निपथ से न्यायपथ

देवकी नन्दन गौतम

प्रकाशक

प्रभात पेपरबैक्स

प्रभात प्रकाशन प्रा. लि. का उपक्रम

4/19 आसफ अली रोड, नई दिल्ली-110002

फोन : 23289777 • हेल्पलाइन नं. : 7827007777

इ-मेल : prabhatbooks@gmail.com ❖ वेब ठिकाना : www.prabhatbooks.com

संस्करण

प्रथम, 2022

सर्वाधिकार

सुरक्षित

मूल्य

पाँच सौ रुपए

मुद्रक

आर-टेक ऑफसेट प्रिंटर्स, दिल्ली

———— ★ ————

AGNIPATH SE NYAYPATH

by Shri Deokinandan Gautam

Published by **PRABHAT PAPERBACKS**

An imprint of Prabhat Prakashan Pvt. Ltd.

4/19 Asaf Ali Road, New Delhi-110002

ISBN 978-93-5521-288-7

₹ 500.00

यह पुस्तक उन सभी को समर्पित है,
जिन्होंने मेरे जीवन को गढ़ने, सजाने-सँवारने में अपना योगदान
दिया। प्रमुख संदर्भ तो इस पुस्तक में आ चुके हैं।
समर्पण, जीवन देनेवाले माता-पिता को,
जिन्होंने संसार में आने का अवसर दिया।
हमारे सभी आराध्य देवों और गुरुओं को समर्पण है,
जिन्होंने जीवन में मूल्य और ऊँचाइयाँ प्रदान कीं।
समर्पण पंचतत्त्व, नदी, तालाब, पेड़-पौधों, पशु-पक्षियों आदि को
भी है, जिनके बिना अस्तित्व की कल्पना भी
नहीं की जा सकती।

लेखकीय

मान्यता है कि ब्रह्माजी ने प्रत्येक जीव के जीवन का लेख पहले ही लिख दिया होता है। मैं जब अपने जीवन की कतिपय झलकियाँ उकेरने बैठा तो ब्रह्माजी के काम की दुरूहता का आभास मिलने लगा। फिर भी मुझे लगता है कि अपने बारे में लिखना बहुत कठिन काम है। यह शिक्षाप्रद भी है। यह लिखना भी सिखाता है।

अपने इस वृत्त में उन प्रसंगों से बचा गया है, जिनमें कोई खलनायक प्रतीत हो अथवा किसी की छवि पर बट्टा लगे। फिर भी यदि कहीं ऐसा लगे तो मैं क्षमाप्रार्थी हूँ।

इस लेखन का उद्देश्य आगे की पीढ़ी को आत्मपरिचय देना भी है। इसे सकारात्मक, शिक्षाप्रद तथा प्रेरक रखने का प्रयास किया गया है।

यह प्रतिनिधि बानगी के तौर पर है। जितना वर्णित है, उससे कहीं अधिक शामिल नहीं किए जाने की शिकायत कर रहा है। आकार की मर्यादा का सम्मान करना ही होता है।

सुझावों का स्वागत है।

आभार

यह पुस्तक मेरे जीवन की झाँकी है, इसलिए जीवन संपादन के लिए जिनका मुझ पर ऋण है उनकी सूची बता पाना असंभव है। मैं इन सबकी चरण-वंदना करता हुआ अपना आभार व्यक्त करता हूँ।

मैं उन मित्रों के प्रति भी आभार व्यक्त करना चाहता हूँ, जिन्होंने मुझे अपने अनुभवों पर लिखने के लिए लगातार अनुरोध किया।

अनुक्रम

मेरा गाँव—ऐतिहासिक गाँव

मेरा गाँव ऐतिहासिक है। कैसे? यह आगे बताऊँगा कि यइ इतिहास का बहुत बड़ा जंक्शन है। चौड़ा पहाड़ के समीप पूर्व दिशा में बसा एक छोटा सा गाँव है यह। चौड़ा नाम से इतिहास का कोई पात्र स्मरण हुआ? नहीं ना! चौड़ा दिल्ली के सम्राट् पृथ्वीराज चौहान का बेटा था। वह बिलरही नाम के छोटे से गाँव के पास क्या कर रहा था? आपके दिमाग में यह आ रहा होगा। दरअसल इस पहाड़ के पार्श्व में चौड़ा के नेतृत्व में पृथ्वीराज चौहान की सेना का पड़ाव था—चंदेलों की राजधानी महोबा पर चढ़ाई करने के लिए! महोबा गढ़ के मनियादेव के मंदिर, बड़ी चंडिका, छोटी चंडिका के मंदिर चौड़ा पहाड़ शिविर के प्रथम निशाने बनते हैं, महोबा उससे सटे हुए हैं। उसी चौड़ा की सेना के शिविर की याद में पहाड़ का नाम चौड़ा पहाड़ हो गया। बताते हैं कि छोटी चंडिका के मंदिर के पास स्थित मदन सागर तालाब के पास चौड़ा की सेना की महोबा की सेना की टुकड़ी से भीषण लड़ाई हुई थी। जिसकी निशानी सैनिकों, हाथी-घोड़ों की हड्डियाँ-तलवारें आदि अभी भी मदन सागर में मिल जाती हैं। इसी मार्ग से आगे जाकर कीरत सागर अर्थात् किरतुआ ताल पड़ता है, जहाँ पृथ्वीराज के नेतृत्व में दिल्ली का लश्कर डेरा डाले था। आल्हा-ऊदल के पिता के नाम पर बसा जसराजपुर गाँव इसी रास्ते में पड़ता है, वही आल्हा-ऊदल जिन्होंने पृथ्वीराज को हराकर महोबा से पलायन करने पर मजबूर कर दिया। इसी विजय की याद में विशाल विजयनगर तालाब बनाया गया।

मेरी जन्मभूमि बिलरही ग्राम से चौड़ा पहाड़ की खँदिया को पार कर थोड़ी ही दूरी पर श्रीनगर का किला है। श्रीनगर को राजा मोहन सिंह ने सोलहवीं सदी में बसाया था। मेरे पूर्वज भी श्रीनगर को बसाने में राजा मोहनसिंह के साथ थे। उनके घर श्रीनगर किले की तलहटी में सबसे ऊँचाई पर बने थे। श्रीनगर जूनियर हाई स्कूल के दरजा छह के छात्र के रूप में प्रभात फेरी के दौरान मैं और मेरा भतीजा हरिकिशोर इन घरों के खँडहरों को बहुत प्रेम से देखते थे। हमारा कुआँ वहाँ अभी भी लोगों के लिए पीने के शुद्ध पानी का उत्तम स्रोत बना हुआ है। कहते हैं कि इस कुएँ की तलहटी में सोना, हीरे, जवाहरात फेंके

हुए हैं जिनकी रक्षा नागदेवता करते हैं। हमारे कई सहपाठियों ने बताया कि कई लोगों को सुबह शौच के समय सोने की मोहरें खँडहरों से मिलीं। हमारी आज की स्थिति देखकर यह कल्पना करना भी अपराध लगता है कि हमारे पूर्वज हीरे का व्यापार करते थे। उनके हुक्के की चिलम में कंकड़ की जगह हीरा लगा होता था। इस हीरे के कंकड़ की कहानी आगे उचित जगह पर। अभी यह बता दूँ कि मैं जब धरती पर आया तो मेरे पिता एक मामूली किसान थे जिन्हें गरीबी अजगर की तरह जकड़ने की प्रतीक्षा में थी। धरती पर गरीबी से बुरी और कोई चीज नहीं होती। पैसेवाले इसे नहीं समझ सकते। भूखे रहना और उपवास करना दो अलग ग्रहों की बातें हैं, एक ही बात नहीं है।

श्रीनगर भारत में मराठों की अंतिम चौकी थी। इस धुरी पर आगे उनका प्रभाव न के बराबर था। श्रीनगर की अपनी टकसाल थी। श्रीनगर का चाँदी का एक कलदार अर्थात् एक तोला वजन का रुपया चार सूरसेनी रुपयों के बराबर तथा मुगलिया और रानी विक्टोरियावाले चार रुपयों के बराबर विनिमय में जाता था। यह सौ प्रतिशत शुद्ध चाँदी का होता था। दुनिया भर की पीतल की सबसे सुंदर मूर्तियाँ श्रीनगर में ही आज भी बनती हैं। महोबा से खजुराहो मार्ग पर पड़नेवाले श्रीनगर में पीतल की मूर्ति बनवाने व खरीदनेवाले आते रहते हैं। यह सारा कार्य मूर्तिकार अपने आवासों से ही संपन्न करते हैं।

और हाँ, महोबा-महाराजपुर क्षेत्र का पान पानों का राजा है। यह मुँह में पूरी तरह से घुल जाता है। इसकी खेती बहुत श्रमसाध्य है। पान की खेती का रकबा बुरी तरह सिकुड़ गया है। जो महोबा कौ पान नईं खाओ तुमने तो फिर मुँह लैकें और करो का है जो और लोग नईं करत।

श्रीनगर मराठों और मुसलमान शासकों के संक्रमण काल का भी प्रतिनिधि संधि काल है। दिल्ली में अथवा कैंब्रिज/ऑक्सफोर्ड में बैठकर इतिहास लिखनेवाले मरणधर्मा राजाओं से काल प्रभाव देखते हैं। इतिहास के परमाणु कहाँ हैं, इसका उन्हें इल्म तक नहीं होता।

श्रीनगर की बुंदेलखंडी भाषा मूलत: ब्रज भाषा में मराठी के छौंकवाली भाषा है। आज के हिसाब से यह उत्तर प्रदेश तथा मध्य प्रदेश की सीमा का थाना क्षेत्र है। काली मिट्टी व लाल मिट्टी का मिश्रित क्षेत्र है। दोमट भी है। पर इसके आगे पड़ुआ के पुट के साथ मिट्टी का वर्चस्व है। यहाँ से थोड़ी दूरी पर छतरपुर-पन्ना से हीरों की खदानों का क्षेत्र प्रारंभ होता है। वीर गाथा काल के आल्हाखंड से बड़ा वीर रस कहाँ मिलेगा। उसके बाद भारत पर करुणा रस का ही राज छाया रहा है। आज के रसहीन समय में बिलरही में प्रतिदिन सुबह-शाम राम-धुन प्रभात एवं संध्या फेरी निकलती है। हर मंगलवार के दिन श्री किशोर जू महाराज (भगवान् श्रीकृष्ण) एवं महारानी जू (राधा रानी जू) को ग्रामवासी कीर्तन सुनाते हैं। यहाँ दिल की अमीरीवाले दीन ईमानवाले गरीब लोग बसते हैं। पर उन्हें गलती से 'बे' कहने की जुर्रत मत कर लेना।

पर मेरे पुरखे अच्छा-भला नगर श्रीनगर और पक्के बड़े-बड़े महल जैसे घर छोड़-छाड़कर बिलरही क्यों आ गए? यह कहानी कम, पहेली तो और भी कम, बस मिथक ज्यादा है। वैसे भारत की वास्तविकताएँ मिथकों में ही बसती हैं। इतनी पुरानी मानव संस्कृति इतिहास जैसे नवजात शिशु की नजर में कैसे चढ़ सकती है। इससे पहले बात कर लेते हैं मेरे स्वयं की समझ विकसित होने की एक प्रारंभिक घटना से। उसके बाद समझ की धुंध की भी बात करेंगे।

और हाँ, इतिहास को छोड़िए। हमारी आत्मा तो अध्यात्म है। इतिहास उसके शरीर का मैल भर है। तो मेरे गाँव के निकटवर्ती पूर्व में वैरीशाल पहाड़ियों की तपोभूमि है। जहाँ भूमिगत गुफाओं में आज भी तपस्वी साधक निवास करते हैं। पूर्व में मेरा गाँव ठीक चौड़ा पहाड़ की तलहटी में बसा था। वहाँ पुराने चंदेलू प्रस्तर के लंबे-लंबे स्तंभ मिलते रहे हैं। फिर यह एक किलोमीटर पूर्व में खेतों के बीच कैसे खिसककर आ गया? कदाचित् चौड़ा की सेना के पड़ाव डालते ही यह विस्थापन हो गया होगा।

□

ममाना रमपुरा, धरमतला, मामाजी और साँड़

मेरी आयु लगभग चार वर्ष की हुई होगी और मैं तालाब में डूब रहा हूँ। स्थान है मेरे ममाने झाँसी जिला गरौठा तहसील स्थित रमपुरा का धरमतला। मैं अपनी तीन वर्ष जेठी बहन के साथ तालाब स्नान करने गया था। हम दोनों किनारे पर ही थे। मेरी बहन को अच्छा स्थान मिल गया था जो बिल्कुल उथला था। मैं किनारे पर ही उस स्थान की ओर बढ़ता हूँ कि बस डूबने लगा। बहन ने तैरकर मेरा हाथ पकड़ लिया, डुबकी लगाई और जमीन पर पैर मारकर मेरे साथ ऊपर उठी। बोली, साँस लेकर नाक बंद कर। नीचे जोर से एक साथ पैर मारेंगे, ऊपर आएँगे, साँस लेंगे। नाक बंद कर पानी में फिर जमीन पर ठोकर। डरना मत। तमाम लोग तमाशबीन बने थे। एक सफेद धोती-बंडीवाला, सफेद बालोंवाला वो कह रहा था, देखो दोनों डूब रहे हैं। उसका चेहरा मैं अभी भी नजरों में देख रहा हूँ। धरमतला हर तीसरे साल पर बलि लेता आया है। ऐसा लगा, लोग संतुष्ट हैं कि एक बाहरी बालक की बलि से यह धरमतला दो वर्ष के लिए निरापद हो जाएगा। पर धरमतला ने अपना धरम निभाया। गाँव की बेटी के बच्चों को उसने नहीं निगला। मेरी बहन की धरमतला ने सहायता की और हम दोनों भाई-बहन किनारे पर सुरक्षित पड़े थे। हम लोग तुरंत घर लौट आए। सारा किस्सा सुनकर हमारे गुस्सैल नाना ने अपनी पनही उतारकर हाथ में ली और निकल पड़े धरमतला की ओर तमाशबीनों को परसादी बाँटने। हे धरमतला! उस समय समझ नहीं थी। मैं जीवनदान देने के लिए तुम्हें धन्यवाद देते हुए प्रणाम करता हूँ। मेरे जीवन पर उसी दिन से पहला हक मेरी जिज्जी (बड़ी बहन) का हो गया।

मेरे घर की आर्थिक स्थिति के मुकाबले ममाने के लोग धनवान, अधिक जमीन-जायदादवाले थे। मामा कमिश्नर के पेशकार थे। उनका बेटा इलाहाबाद में इंजीनियर बनने गया था। सो मैं गरीब बच्चा था। मेरे बालमन में यह बात स्पष्ट हो गई कि अपने

से बड़े से रिश्ते नहीं हुआ करते। दूसरे मैं गरीब-से-गरीब व्यक्ति को वैसा ही सम्मान दूँगा जैसा कि मुझे अच्छा लगता है। कुछ भी मिठास नहीं मिली ममाने में। हाँ, एक घटना मुझे खुशी देती है।

मैं नाना के खलिहान में खेल रहा था। ममाने आने के लिए नई कमीज सिलाई गई थी। मैं वही पहने हुए था। तभी जमादारिन माई, जो खलिहान लीप रही थीं, बोलीं, "राजा, जा कमीज हमें दे देओ, हमारे पास है नइयाँ।" यह सुनते ही मेरी इकलौती कमीज, वह भी नई जमादारिन माई को देने में मुझ बालक को भी बेहद आनंद आया। माई सकपका गईं। मेरी माँ से माफी माँगने लगीं। माँ ने उन्हें समझाया कि घर में बच्चा हो, उसे दे देना। उसने (मैंने) खुशी-खुशी कमीज उतारकर दी है, उसे स्वीकार करो।

मैं उघारे बदन खलिहान में खेलने लगा, नई कमीज के बोझ से मुक्त। उसके गंदे हो जाने का डर भी तो नहीं रहा।

इस प्रकार ममाने ने मुझे बहुत-कुछ बहुमूल्य दिया। धरमतला ने धरम निभाया। मैं आई.पी.एस. ऑफिसर के रूप में रक्षा व न्याय करने के कर्तव्य के प्रति सजग रहा। प्रत्येक मनुष्य को यथासंभव आदर और प्रेम दिया। गरीबों के प्रति समानुभूति रखी। उदारता के मूल्य को आदर दिया। प्रतिकूलताएँ जितनी बड़ी शिक्षक होती हैं, उतनी अनुकूलताएँ नहीं। ममाने की पाठशाला में फिर कभी जाना नहीं हुआ। धन्यवाद ममाना।

अपने गाँव से ममाने तक पहुँचने का सफर गजब का था। गाँव से बैलगाड़ी से श्रीनगर बस स्टैंड। श्रीनगर बस स्टैंड से महोबा बस स्टैंड बस से। फिर महोबा रेलवे स्टेशन ताँगे से, रात दो बजे मानिकपुर झाँसी पैसेंजर ट्रेन महोबा आती थी। इसी से मऊरानीपुर तक ट्रेन से जाना था। उसके बाद फिर रमपुरा तक बहुवाहन सफारी। महोबा स्टेशन पर शाम हुई। पहली बार हवा में लटकती विचित्र लालटेन ही नहीं, रोशनी देते हुए डंडे भी देखे। कुछ जल-बुझ भी रहे थे—भभकती लालटेन की तरह। बालमन में इस रोशनी को लेकर ढेरों सवाल उठे, जो माँ के संक्षिप्त विवरण 'बिजली जल रही है', से संतुष्ट नहीं हो रहे थे। उन्हें बच्चों को जल्दी सुलाने की चिंता थी ताकि रेलगाड़ी आने के समय वे चैतन्य रहें। पर एक आसमानी गैस लालटेन (बड़ा वेपर लैंप) थोड़ा जलता फिर बुझता और फिर थोड़ी देर बाद धीरे-धीरे जलना शुरू करता। मैं उसके जलते ही सुबह हुई मानकर उठ जाता। उजाले में नींद नहीं आती थी। इतनी जल्दी-जल्दी दिन-रात होना मुझे आश्चर्य में डाल रहा था।

बहरहाल, हम ननिहाल पहुँच गए। वहाँ रहे भी। वहाँ एक विशाल आम के वृक्ष से दोस्ती हुई। जानवरों के बँधनेवाले घर में माँ के साथ जाना अच्छा लगता था। ऐसा कुछ नहीं था कि फिर जाने का मन करे। फिर जाना नहीं हुआ। नानी की मृत्यु पर माँ अकेली ही गई थीं। बाद में नानाजी के जाने के बाद भी यही हुआ। एक बार नानाजी हमारे घर

आए थे। वृद्ध थे ही। मेरे मन में उनके प्रति प्यार अभी भी है। मामाजी मेरी बड़ी बहन की शादी में आए थे तब मैंने अपने चाचा से उनका परिचय पूछा था। वे शिक्षित, प्रतिष्ठित और यशस्वी व्यक्ति थे। रिटायर होने के बाद विकास के विषयों पर उनके लेख अखबारों में प्रमुखता से छपते थे। वे अव्वल कवि थे। जीवन में वे बेहतरी के हकदार थे और मृत्यु के बाद स्मरण के।

मैं उनसे सरकारी सेवा में आने के बाद दिल्ली के रास्ते झाँसी में तीन-चार बार मिला था। वे अपनी छोटी बहन से मिलने कभी मेरे गाँव आते तो मैं यह सिलसिला एकतरफा ही सही, जारी रखता। उनके जबरदस्त आत्मबल पर प्रकाश डालनेवाली एक प्रेरणापूर्ण घटना उल्लेखनीय है—

महोबा से साधारण सवारी गाड़ी से मैं कोई संध्या चार बजे झाँसी स्टेशन पहुँच गया था। दिल्ली जानेवाली दक्षिण एक्सप्रेस में काफी समय था और मामाजी का घर बहुत दूर नहीं था। मामाजी अपने छोटे वयस्क पुत्र की सेवा में संलग्न थे। उसे कोई 'हवा' लग गई थी। मामाजी ने गरमजोशी से कहा, "आओ, 'मिस्टर बाबू!' बैठो!" मुझे बचपन में 'मिस्टर' नाम से पुकारा जाता था और साथ में बाबू जोड़ दिया जाना प्रायः सामान्य था। मेरे मामा का पुत्र कक्ष में घूमकर देवी-देवताओं के चित्र देख रहा था। सहसा उसने मामाजी से कहा, "बाबूजी! इन्हें ढार देते हैं।" और तत्क्षण नेकर में पेशाब करते हुए हथेली में पेशाब लेकर उन चित्रों पर डाल-डाल प्रसन्न होता रहा। बोल पड़ा, "बाबूजी! अब ठीक रहा!" बाबूजी बोले, "बहुत बढ़िया रहा बेटाजी!" मेरी तरफ मुखातिब होते हुए बाबूजी बोले, "मिस्टर बाबू, देख रहे हो। आज से ठीक सातवें दिन इसकी परिक्रमा है। पाँच दिन बाद बारात ले जानी है इसकी। मेरे पास चार दिन हैं। और मैं इसे ठीक चार दिन में इस लायक तो बना ही दूँगा।" बाबूजी बोलते हुए बिल्कुल प्रशांत और आत्मविश्वास से परिपूर्ण थे।

मैं जानता हूँ जिस आदमी को मनोचिकित्सक वर्ग मनमाना समय लेकर भी सामान्य करने की गारंटी नहीं लेता उसको चार दिन में शुभ-विवाह योग्य बना देने जैसा शांत निश्चय मुझे कभी दोबारा ऐसी हताश स्थिति में देखने को नहीं मिला। पितृदेवो भव। बाप ब्रह्मा हो सकता है, यह सुना ही नहीं, देखा भी। बाबूजी शान से बेटे को ब्याह लाए।

आपके मन में आया होगा कि बाबूजी ने बेटे को कौन सी घुट्टी पिलाकर यह चमत्कार किया तो मैंने उनसे पूछ लिया था। बाबूजी, यह असंभव कार्य आप कैसे करेंगे, वह भी चार दिन में, पूरे निश्चय और विश्वास के साथ? बाबूजी की योजना हर परिस्थिति के लिए उपयोगी है।

बाबूजी ने कहा, "स्वयं शांत रहना है। धैर्य रखना है। इसका विरोध नहीं करना है, वरन् इस पट्ठे पर सत्तर वर्ष का बूढ़ा नियंत्रण नहीं कर पाएगा। अब रही इसकी बात। तो

उपयुक्त दिनचर्या अपनाकर इसका भी उपचार संभव है। मैं प्रतिदिन प्रातः चार बजे इसके साथ बारह किलोमीटर दौड़ते हुए झाँसी के बाहर स्थित श्री हनुमानजी के मंदिर जाता हूँ। वहाँ एक कुआँ भी है। वहाँ स्नान तथा श्री हनुमान चालीसा का पाठ कर तेज चाल से घर लौटते हैं। इसे ज्यादातर फलों का सेवन करने को देते हैं। दूध-दलिया भी देते हैं। शाम को सामान्य भोजन। शीघ्र समय पर शयन। प्रातः ब्रह्ममुहूर्त में उठ जाना। इस तरह की स्थिति में पूरी बढ़िया नींद लेना बहुत जरूरी है। इसके लिए वे अपने बेटे की सरसों के तेल से मालिश करते हैं। वह मालिश होते-होते सो जाता है और एक लंबी बढ़िया नींद लेकर प्रातः उठ जाता है। यही बात इसके शीघ्र ठीक हो जाने की गारंटी है। तप करने से सबकुछ संभव है। हम रोज प्रातः लंबी दूरी दौड़ने का तप करते हैं और उसमें देवपूजन का सुमेरु भी है।"

मामाजी अच्छी शारीरिक और दिमागी बनावट के थे। वे अच्छे हॉकी खिलाड़ी थे।

मामाजी के घर की इस यात्रा के दौरान मेरे द्वारा मामी को कुछ आलोचनात्मक शब्द कहे गए, जो अनधिकार एवं अनुचित थे। वे बहुत पहले चली गई थीं। मैं उनकी आत्मा से क्षमाप्रार्थना करते हुए इस घटना को संक्षेप में कहूँगा।

मेरी मामी गोरी थीं और सुंदर थीं। मामा उन्हें प्रसन्न रखने में यकीन करते थे। अलबत्ता वे असामान्य ही रहती थीं। जानकारी के अनुसार वे मेरे नाना व नानी से दुर्वचन भी कह डालती थीं। इसलिए मुझे उनके प्रति दुराव हो गया था। जब मैं उनके घर पर बैठा था तो शाम होते ही उन्होंने अगरबत्ती जलाई और नानाजी की फोटो को अगरबत्ती दिखाते हुई कहने लगीं, "भैया, शाम के दिखा देत इन्हें अगरबत्ती! अब वे हैं तो नइयाँ कि कछू सेवा कर पावें।" मुझे उनके इस पाखंड पर क्रोध आ गया। मैंने उनसे कहा, "माईं, जब वे जीवित थे, तब उन्हें लूगर (लुकाठी) दिखाई रहीं। अब भी लुकाठी दिखा रही हैं।" हुआ यों था कि मामी पर एक बार नानाजी पर चूल्हे से जलती लकड़ी लेकर धमकाने का आरोप लगा था। ऐसे अवसरों पर उन्हें पागलपन के दौरे का सहयोग मिल जाता था।

इस अध्याय को विराम देने का तय कर अगले दिन के लिए सोच प्रारंभ हो गई थी कि सुबह होते ही ममाने के साँड़ महोदय ने स्मृति पटल पर अपना माथा टिका दिया। बोलने लगे, "बालक, हम दोनों कितने अच्छे दोस्त रहे हैं और तू मुझे भुला बैठा। इतना छोटा भी नहीं था कि बिल्कुल भूल जाए। मैं नियमित रूप से तेरे नाना के घर के पास ही बैठ जाता था। और तू मुझ पर खेलता था। कभी माथे के पास से सींगों के बीच से चढ़ते हुए मेरा कांधौल पकड़ता, फिर गरदन पर लटक जाता। मैं तुझे ऐसा करने से रोकने के लिए सींग हिलाता था। तब तू मेरे पेट पर चढ़ते हुए पीठ पर कांधौल पकड़कर सवारी करता और सरकते हुए दूसरी तरफ लुढ़क जाता। तू मेरे कान और कांधौल पकड़ता तो मुझे अच्छा नहीं लगता था तभी सींग हिलाता था। अच्छा इसलिए नहीं लगता था कि तू

कहीं मेरे सींगों पर सीधे गिर पड़ा तो तुझे बहुत चोट लगेगी। तेरे घर के लोग तुझे ही वहाँ से खदेड़कर घर के भीतर कर देते थे। मुझे खदेड़ने के लिए उनकी हिम्मत नहीं थी। तेरी माँ चुपके से मुझे दो रोटी खाने को देती थी। मेरे मुँह पर हाथ फेरती। मैं उसका इंतजार करता रहता था, याद आया कुछ। वहाँ एक मैं ही तो था तेरा करीबी दोस्त। तू फिर क्यों नहीं आया रे! जब तेरे ममाने के कुछ जालिम लोगों ने¨ ! खैर, छोड़ तू खुश रहे। महादेव से इस पवित्र महीने में तेरी सिफारिश कर रहा हूँ। तूने मुझे याद किया, भुलाया नहीं, कभी नहीं भुलाया। शुक्रिया, दोस्त।"

हाँ! साँड़ सर, सबकुछ याद है। रमपुरा से लोग मेरे घर-परिवार में यदा-कदा आते रहते थे। मैं उनसे आपकी कुशल-मंगल लेता रहा था कि उन्होंने आपके मारे जाने की दुःखद जानकारी दी। मुझे बहुत दुःख हुआ था। ईश्वर आपकी आत्मा को शांति दे। महादेव आपको अपने यातायात 'फ्लीट' में सीनियर लेवल पर जगह दें, ऐसी मेरी प्रार्थना है। मेरी माँ यदि अभी जिंदा होती तो इस पुस्तक में तुम्हारा सप्रेम स्मरण पाकर बहुत प्रसन्न होती। तुम्हें पता है, उसने जिंदगीभर दुःख भोगे। कभी सुख नाम की वस्तु से परिचय नहीं हुआ। मैं आज्ञाकारी रहा। काश, मैंने उनकी कुछ आज्ञाएँ न मानी होतीं तो उसके दुःखकारी परिणामों से हम दोनों की रक्षा हो जाती। पर नियति को 'लमहों ने खता की थी सदियों ने सजा पाई', मुहावरा प्रमाणित करने की शायद कुछ ज्यादा ही फिक्र रहा करती है।

□

ममाने से घर वापसी

धरमतला ने तो मुझे बख्श दिया था। पर मौत का मन अभी नहीं भरा था। उसने एक चांस और लिया।

गाँव में श्रीमद्‌भागवत महापुराण का आयोजन कराने का विचार हुआ था। पड़ोस में श्रीनगर में रहनेवाले पंडितजी को व्यासपीठ सुशोभित करने हेतु लेने के लिए गाँव से एक पालकी बहुत से ग्रामवासी लेकर गए। बालक मिस्टर अर्थात् मैं भी साथ चिपक लिया, क्योंकि मेरा ज्येष्ठ भतीजा हरिकिशोर भी जा रहा था। बहुत लंबी दूरी थी। लौटते समय मेरा बुरा हाल हो गया। प्यास इतनी कि लगे साँस चिपक जाएगी। फलतः मार्ग में एक गड्ढे से साफ दिखनेवाला पानी थोड़ा सा पी लिया। शाम होते-होते बुखार। भूख-प्यास का पता नहीं। वैद्यजी आए। मोतीझरा हो गया है। मोतीझरा अर्थात् टायफाइड। उन दिनों एकमात्र इलाज, लंघन, परहेज। ताँबे के लोटे में उबाला हुआ जल थोड़ा-थोड़ा और मोती की भस्म शहद के साथ। एक महीने बिस्तर पकड़े रहा। माँ का दयनीय चेहरा ही बस याद है। बच्चा माँ का मुँह ही देखता है। एक दिन कुछ अधिक हलचल भी घर में हुई थी।

बहरहाल माँ पर माता जगदंबा और किशोर जू की कृपा हुई। बऊ की किशोर जू भगवान् और किशोरी जू की पूजा करने के हवाले की गई शिकायतें और दी गई गालियाँ भगवान् को अच्छी लगीं। गाँवभर की दुआएँ मिलीं। मैं बच गया। दो चम्मच मूँग की दाल के पानी से पथ्य प्रारंभ हुआ। अब भूख चरचराकर लगती, पर माँ है कि बस पथ्य के अनुसार थोड़ा सा ही देती। प्रतिदिन थोड़ा-थोड़ा बढ़ाती। उबला हुआ जल अरुचिकर लगता, पर बड़ी बहन की निगरानी ऐसी कि मैं उस कमरे से इधर-उधर नहीं भटक सकता था। मेरी बऊ अर्थात् दादी भी हमेशा पास में बैठी रहती। दिन में दोनों बीच-बीच में भैया, भैया कहकर मुझे पुकारते रहते ताकि मैं सो नहीं जाऊँ। दिन में सोने से कहीं बुखार न आ जाए। मेरी कमजोर हाँ सुनकर उन्हें सुकून भी मिलता होगा।

उन दिनों मेरे गाँव के प्रत्येक यादव घर से लाख मना करने पर भी एक-एक लोटा

दूध आने लगा। उन्हें समझाया गया कि यह तो लंघन कर रहा है, क्या होगा इतने दूध का, जब जरूरत होगी बता देंगे। मैंने जब दाल का पानी पीना शुरू किया तो दूध भरे लोटों के जैसे ही उन ज्येष्ठ यादवों के चेहरे भी चमक रहे थे। धुरियाँ दद्दा और खरया कक्का के वे चेहरे मुझे अभी दिखाई पड़ रहे हैं। खरया कक्का जैसा लंबा छरहरा अहीर बच्चा अब कहीं नहीं दिखता। धुरियाँ दद्दा बज्र किसान और वैसे ही मजाकिया। अब ऐसे मेहनतकश दमदार लोग होना मुश्किल हैं। किलकोटी अहीर की माँ प्रतिदिन देख जाती और दुआएँ माँगती। अपने परिवार के अन्य लोगों का जिक्र यहाँ करना आवश्यक नहीं है। उसके और प्रसंग भी आएँगे। भतीजे हरिकिशोर की माँ तो मेरी माँ की छाया जैसी रही। बीमारी से हुई मुझे अपनी शारीरिक दुर्बलता का जीवंत स्मरण अभी है। पास के ही जानवर बाँधे जानेवाले खँडहरवाले स्थान में एक कुइया (छोटे व्यास का कुआँ) है। घर के समीपस्थ होने के कारण माँ मुझे साथ में लेकर वहाँ नहाने आई थी। मैं कुएँ की जगत पर खड़ा था। यकायक बिना किसी वायु प्रवाह आदि मुझे जैसे कोई चक्रवात में जकड़कर ले चला। सौभाग्य से आगे एक बेरी की झाड़ी थी। मैं चक्कर काटता उसी में जा उलझा। मेरी माँ भैया-भैया कहती हुई पीछे से दौड़ी। काँटों से निबार बाहर निकाला और तत्काल मुझे लेकर घर आ गई। वह बेहद डरी हुई थी। उस अहाते के खँडहर के बारे में डरावने किस्से ताजा होने लगे। अभी इस घटना को बहुत समय नहीं बीता होगा कि उसी खँडहर की ओर से इसी तरह की विशिष्ट वायु ने बाहर के चबूतरे पर कई बड़े बच्चों के मध्य खेल रहे मेरे छोटे भाई को अपनी चपेट में इस तरह लिया कि वह साँस लेने के लिए संघर्ष करने लगा। मेरी बड़ी बहन उसे लेकर माँ के पास भागी-भागी घर आई। शिशु का शरीर ताप से जल रहा था। तुरंत श्रीनगर अस्पताल ले जाया गया। अगले ही दिन जब वह श्रीनगर से लौट रहा था, हम लोग उत्साह से उसे खिलाने बाहर गाँव तक दौड़कर गए। तभी मेरे पिताजी (कक्का) के बड़े भाई (लल्ला) ने उसे चादर में लिपटे हुए मेरी माँ से हठात् ले लिया और चौतरावाले (श्मशान, जहाँ गाड़े गए अबोध मृत बच्चों का चबूतरा भी है) की तरफ मुड़ गए। मेरी माँ लुटी-पिटी ऐसी गहन रुलाई रो रही थी कि उसे मैं अभी भी सुन पा रहा हूँ, जोर-जोर से नहीं। वह एक आत्मा तक आहत माँ का अनाहत नाद उससे निकल रहा था जैसे प्रकृति स्वयं रो रही हो। मुझे घर तक लौटकर आने की यात्रा का कुछ भी याद नहीं है। बस लग रहा था चारों तरफ घने दुःखों का गहरा समुद्र है और उसमें हम सब डूब गए हैं। पूरा गाँव दुःखी था। हमारे घर के बाहर गाँव के तथा करीब के गाँव के स्त्री-पुरुष आए हुए थे। पर सन्नाटा ऐसा पसरा था, जैसे परा वाणी भी ठहरकर सोच में पड़ गई हो। मेरी माँ पर यह पहला वज्राघात नहीं था। उसके मार्मिक रोदन में दुःख, पीड़ा, वेदना, भय, संत्रास, संताप, आत्मा की आर्त्त पुकार सबकुछ था।

मेरी दादी अर्थात् ओरी बऊ इस गहन काली शांति में दु:ख की भयंकर उग्रता धारण किए हुए मसाला पीसनेवाले पत्थर के लोढ़े से अपनी छाती कूट रही थीं। माथा तो वे पहले स्वप्रहार से फोड़ चुकी थीं। खून से लथपथ चारों तरफ फैला उनका रक्त लोग समझ नहीं पा रहा थे क्या करें। वे नियंत्रण में नहीं आ रही थीं। देवी माई को गरया रही थीं। "राँड, छिनार, मोय खा लेती, बड़ी भूखी थी तो। दुधमुँहा फूल-से मेरे बच्चे को खा गई। आज मैं तुझे प्राण देकर मानूँगी। अँधरी दिखात नइया तोय एक बूढ़ी राँड पड़ी है इसी घर में। उसे उठाने की आज तक फुरसत नईं मिली।"

इस दु:खद प्रकरण के संबंध में बऊ का जिक्र आ ही गया है तो उनसे संबंधित कुछ महत्त्वपूर्ण बातें भी कर लेते हैं।

वे पूरे संसार में किसी से नहीं डरती थीं। मात्र एक झींगुर नाम के छोटे से हानिरहित जंतु को छोड़कर। हम बच्चे उन्हें झींगुर की उपस्थिति की बात कहकर ही विचलित कर पाते थे। वे बड़े-बूढ़े सभी के लिए ओरी बऊ ही थीं। हम उन्हें 'बऊ' कहते थे। उनका एक पैर टूट गया था, फिर भी कष्ट से चल लेती थीं। हम उन्हें लकड़ी के छोटे गड़ले में बैठाकर खींचते हुए खेतों पर ले जाते थे। वे घास काटतीं तो उसी गड़ले पर घास रखकर मवेशीवाले घर, जिसको बगर करते हैं, वहाँ लौटते! हमने भी घास काटना सीख लिया था। बऊ की दृष्टि में कर्म करना कुशलता देता है। कर्म छोटे-बड़े नहीं होते। आपातकाल में कुछ भी करना पड़ सकता है। उन्होंने जबरदस्त समृद्धि भी देखी थी और कड़की भी झेल चुकी थीं। मेरे लिए उनकी नजर से जिलों के जिलेदारों के ऊपर पूरे सूबे का सूबेदार का पद ठीक था। उससे नीचे नहीं। उन्हें अक्षर ज्ञान नहीं था।

गरमियों में एक बार घर के सभी बच्चे आँगन में चारपाइयों पर लेटे हुए थे कि एक विषधर निकल पड़ा। बऊ ने उसे दौड़कर पकड़ लिया। वह जान बचाकर बिल में घुसा, पर बऊ हैं कि छोड़ने को तैयार नहीं। कहा गया कि पलटकर काट सकता है तो बोलीं, पलटे तो सही फिर देखती हूँ उसे। साँप जोर मार बिल में समा गया तो उसके पीछे की पुंगी बऊ के हाथ में रह गई। लल्ला उन्हें डाँटने लगे तो बोलीं, "तू मूरख है। मुझे अपने बच्चों की सुरक्षा का ज्यादा खयाल है अपनी रक्षा से।"

मेरा गाँव तब श्रीनगर थाना जिला हमीरपुर (अब जिला महोबा) में पड़ता था। पड़ोस में मध्य प्रदेश का छतरपुर जिला लगा हुआ है। एक बार की बात है, मेरी चचेरी बहन की शादी में ठीक द्वाराचार के दिन छतरपुर जिले की पुलिस आ धमकी। वे शादीवाले घर की तलाशी लेने की जिद कर रहे थे। उनके अनुसार उस घर में डकैती का माल था। बऊ को पता चला। उन्होंने दरोगा पर अपना घुटन्ना तान दिया और बोलीं कि पीटते-पीटते सारी चाम ढीली कर देंगी। दरोगा ने एक तरफ किया तो वे झट से पास में स्थित कुएँ में पैर लटका बैठ गईं और बोलीं, शादीवाले घर में घुसा तो ये बुढ़िया

गई कुआँ में। फिर सरकार को समझाते रहना बुढ़िया क्यों मर गई ? वरदी उतारकर बैठ जा। शादी के बाद देख लेना जो देखना हो। उनके ज्येष्ठ पुत्र लल्ला ने उन्हें समझाया, डाँटा, कसम रखाकर घर भेजा। दरोगा से क्षमा याचना की और चमड़े का सामान बाहर छोड़कर तलाशी लेने के लिए आग्रह किया। दरोगा से उन्होंने यही कहा कि आपको हमारे थाने के किसी परिचित कर्मी को साथ ले लेना चाहिए था, क्योंकि पुलिस या पुलिस की वरदी में लूटने आए डकैत हैं, यह कैसे पता चलेगा। खैर, जाओ भीतर। तलाशी लेने पर दरोगा को अपनी मूर्खता का पता चल गया। उसने तो कुछ भी पता नहीं लगाया था कि कैसे पाक–साफ व्यक्तियों के घर में तलाशी लेने चला आया था। पुलिस जब जाने लगी तो उन्हें भोजन तैयार होने तक रुकने का अनुरोध किया गया। पर वे तो शर्मिंदगी से जलपान करने तक की स्थिति में नहीं थे।

हर व्यक्ति की जिंदगी एक लंबी कहानी होती है। बऊ की कहानी अद्‌भुत है। मैंने अपने कविता–संग्रह 'गश्त पर गारद' में एक लंबी कविता में उनकी चर्चा की है। उनके जीवन के दो प्रकरण और प्रस्तुत हैं, जो बऊ को अनोखे व्यक्तित्व की मालकिन प्रमाणित करते हैं।

हमारे सबसे बड़े चाचा पुनाराम उर्फ बड़े दद्‌दा के बचपन का किस्सा है। वे अपने माँ–बाप के इकलौते पुत्र थे। चारपाई पर मरणासन्न पड़े थे। मेरी बऊ के चार बेटे और तीन बेटियाँ थीं। उनका सबसे छोटा पुत्र उनके कंधे पर हाथ रखे खड़ा था। बऊ अपनी जगह से उठीं, अपने बेटे का हाथ थामा और बीमार की चारपाई की परिक्रमा करते हुए बोलीं, "हे जगदंबा, इस बेचारी को एक ही बेटा है। उसे छोड़ दे। उसके बदले मेरे इस बच्चे को भले चाहे तो ले ले। फिर भी मेरे तीन बेटे बच जाएँगे।" अगले दिन पुनाराम खेलने लगे और बऊ का वह मासूम अबोध बालक तेज बुखार के साथ उसी दिन नहीं रहा। इस पर अधिक क्या कहें, इस प्रकरण की याद आते ही मेरी आत्मा उस बच्चे के लिए व्याकुल हो उठती है। प्रभु उसकी आत्मा को शांति प्रदान करें।

आपको कदाचित् ऐसे ही बाबर–हुमायूँ प्रकरण का स्मरण हो आया होगा जब बीमार हुमायूँ को बचाने के लिए बाबर ने भी कुछ ऐसा ही किया था। शहंशाहों के परिवार अथवा दरबार में बऊ जैसे त्यागी महात्मा नहीं हुआ करते।

यहाँ देने के लिए चुना गया बऊ का दूसरा प्रकरण किशोर जू से जुड़ा हुआ है। किशोर जू बिलरही ग्रामवासियों के लिए जीवनधन हैं। वे सभी के जीवन के केंद्र में हैं। और संकटकाल में तो केवल वे ही हैं।

उन दिनों बऊ किशोर जू की पूजा करती थीं। बड़े कोरी गौएँ चराया करते थे। वे शाम को गौएँ लेकर लौटते तो भगवान् किशोर जू के घर अर्थात् मंदिर पर सीढ़ियों पर बैठ जाते और शाम की आरती के दर्शन और प्रसाद लेकर ही घर लौटते। एक दिन

उनकी एक गाय खो गई और लौटते समय देर रात हो गई। वे दर्शन व प्रसाद से चूकने पर विषादग्रस्त मंदिर से निकल रहे थे कि बऊ की आवाज सुनी, "बड़े, आज बड़ी देर कर दई।" बड़े ने अपना हाल बताया, चरणामृत और प्रसाद लेकर बऊ के चरण स्पर्श कर परम प्रसन्नावस्था में घर पहुँचा। अगले दिन सुबह वह फिर गौएँ लेकर मंदिर के सामने से निकला तो बऊ ने उसे टोका, "अरे भैया, तुम कल प्रसाद लेन नईं आए?" आश्चर्य में डूबे बड़े कोरी ने कहा, "वाह ओरी बऊ, भूल गईं। तुमसे चरणामृत और प्रसाद लओ और अब कह रहीं कि कल कहाँ रह गए थे।" बऊ का राधारानी पर गुस्सा सातवें आसमान पर था। महारानी जू को चुनिंदा गालियाँ मिलीं जितनी पूरे ब्रजवासी जोड़कर अब तक न दे पाए होंगे किसी को। शिकायत-पर-शिकायत। हाथ-पाँव हम रगड़ें और मजूरी बड़े कोरी को। बड़े कोरी साष्टांग पड़ा रो रहा था। "मैं का जानों कि साक्षात् महारानी जू थीं। ठीक से दर्शन कर लेतो। चरण पकड़ लेतो।" बऊ के बताए इस प्रकरण को याद कर एक पल के लिए मेरा दूषित मन भी पवित्र हो जाता है।

बड़े कोरी की परंपरा में ही उसके पोते के घर में वर्ष 2001 में भी कुछ इसी तरह की विलक्षण घटना घटी थी जिससे इस परिवार का किशोर जू प्रेम प्रकट होता है। बड़े का यह परिवार गरीब है। उसके पोते की घरवाली किशोर जू भक्त है। वर्ष 2001 में किशोर जू निकलनेवाले थे गाँव में तिसाला वाली परिक्रमा में और वह देवी उन्हें एक रात अपना अतिथि बनाना चाहती थी। किशोर जू रोके जाने पर आतिथ्य स्वीकार करते हैं चाहे किसी वर्ग-जाति का व्यक्ति रोके। कहीं-कहीं वे स्वेच्छा से रुकना चाहते हैं, तब उनके विमान वाहकों के कंधे फटने लग जाते हैं और उन्हें जबरन वहीं विमान को उतारना पड़ता है। ऐसा एक बार मैंने स्वयं देखा है। उस देवी का पति आर्थिक कारणों से मजबूर था और गुस्से में एक दिन बोल पड़ा कि तब ठीक है, तू किशोर जू को ही रख ले, मैं चला जाता हूँ। वह मुसकराते हुए बोली, ठीक है।

उस रात आधी रात गए इस व्यक्ति के घर पर किसी ने दरवाजा खटखटाया। व्यक्ति ने दरवाजा खोला तो देखा, कोई नहीं है। तो बड़बड़ाते हुए वापस बिस्तर पर लौट गया। थोड़ी देर बाद फिर साँकल बजी तो इस बार भी बाहर निकलकर अच्छी तरह देखने पर कोई नहीं मिला तो वह व्यक्ति गरियाते हुए फिर बिस्तर पर चला गया। वह गहरी नींद में जाने ही वाला था कि अबकी जोर-जोर से दरवाजे भड़भड़ाए गए। उसने फिर द्वार खोला कि इसी बीच उसके सिर पर कोई चीज छूते हुए गिरी। उसने अपनी घरवाली को ढिबरी लाने को बोला। प्रकाश में उसने देखा कि उसके पंजे के पास कुछ रुपए पड़े हैं। उठाया तो देखा, सौ-सौ रुपए के पाँच नोट के बीच एक टुकड़ा स्वर्ण का भी रखा हुआ है। उसने घरवाली से जवाब-तलब किया कि तूने कहीं से लाकर या चोरी कर ऊपर खपरैल में रख दिए होंगे, जिससे मेरे ऊपर गिर गए। उसने बहुत भला-बुरा भी

कहा। सवेरा होने पर पूरे मोहल्ले में हर घर में जाकर पूछताछ की। यह धन किसी ने भी अपना होने की बात नहीं कही। तब इस दंपती को लगा कि यह दैवी सहायता किशोर जू भगवान् के रुकने का आतिथ्य खर्च वहन करने के लिए भेजी गई है, क्योंकि परिक्रमा में रात श्रीभगवान् उनके निवास के पास से निकलनेवाले थे। यह बात पूरे गाँव में फैल गई। श्रीभगवान् उसके घर रुके और धूमधाम से कीर्तन आदि सारा कार्यक्रम हुआ। एक बार उसके पितामह के जीवनकाल में श्रीभगवान् का विमान उसके घर के सामने रुककर अटक गया। कहारों के कंधे फटे जा रहे थे। बड़े कोरी रोते हुए श्रीभगवान् की प्रार्थना कर रहा था कि उसके घर रात को खाने के लिए एक रोटी तक का जुगाड़ नहीं है और वे वहाँ से जाएँ। देखते-देखते सारा प्रबंध हो गया था और सभी ने प्रभु का अपने महागरीब जन पर प्रेम को साक्षात् किया।

श्री किशोर जू भगवान् की लीला की कथा लिखने पर आएँ तो पूरी पुस्तक हो जाएगी, यदि उनकी आज्ञा हुई तो कभी यह कार्य भी कोई-न-कोई सद्पात्र कर ही देगा।

बिलरही गाँव की बात हो और चिंतापुरी महाराज की चर्चा न हो तो कहानी अधूरी रह जाएगी। जैसे ही पश्चिम में स्थित चौड़ा पहाड़ की ओर से गाँव की ओर बढ़ते हैं, चिंतापुरी महाराज का मंदिर दूर से ही नजर आने लगता है। यह नया मंदिर भी अब सौ वर्ष से ज्यादा पुराना होगा। पहलेवाला पुराना मंदिर कब का गिर चुका है। मैंने उसका ध्वंसावशेष देखा है, उसके अंदर झाँका भी है। दोनों मंदिर ऊँची उड़ान भरनेवाली चिड़ियों के घर थे। हर शाम घर लौटते समय आसमान में ऊँचे खेलती नजर आती थीं। अब वे अन्य अच्छी नैतिकता व व्यक्तियों की तरह ही लुप्त हो गई हैं। हर जगह जहर है, कीड़े भी तो जहरीले हो गए हैं। चिंतापुरी महाराज के मंदिर में महादेव विराजमान हैं। सामने उनका नादिया है। चिंतापुरी महाराज की कृपा से इसका निर्माण हुआ होगा। इनकी कथा आगे मिलेगी।

□

प्राथमिक विद्यालय बिलरही में पदार्पण

मुझसे तीन साल बड़ी बहन विद्यालय जाने लगी थी। बताते हैं कि मैं भी एक दिन बिल्कुल नंग-धड़ंग उसके पीछे-पीछे विद्यालय पहुँच गया और जमीन पर टाट-पट्टी पर उसके बैठते ही उसके कंधे पर हाथ रखकर खड़ा हो गया। सभी विद्यार्थियों के लिए रोचक दृश्य था। मुंशी लक्ष्मीचंद, जिनका असली नाम लक्ष्मी प्रसाद अग्रवाल था और वहाँ अध्यापक थे, पधारे। छात्रवृद्धि आंदोलन का दौर था। मैं अब विद्यालय का सबसे नया छात्र बन गया था। जुलाई में पैदा हो गया और उम्र हो गई सात वर्ष। यदि उस दिन तब तक गोरेलाल मुंशीजी विद्यालय में पहले पधार गए होते तो या तो मेरा नाम लिखा ही नहीं जाता अथवा उम्र तीन वर्ष ही लिखी जाती। अभी मेरे अंदर स्कूल नामक संस्था की संज्ञा जाग्रत् होने में एक वर्ष और लगने को था। जो होता है सो हो ही जाता है। बहरहाल, जब मैं वास्तव में पहली कक्षा में गया, तब तक मेरी बहन वहाँ पाँचवीं कक्षा पास कर घर बैठ चुकी थी। गाँव में आगे की सुविधा नहीं थी। जमाना उन दिनों भी खराब था, पर आज की तरह अभिशप्त भी नहीं था। गरीबी बहुत थी, पर दरिद्रता का अभाव था। आज के बड़े आदमियों की दरिद्रता देखकर यह चमत्कार लगता है। 'जिमि प्रति लाभ-लोभ अधिकाई।' निर्धन दरिद्र नहीं होता। धनी व्यक्ति के लिए अनंत संभावनाएँ रहती हैं दरिद्रतावरण की।

कक्षा एक के बारे में मैं यही कह सकता हूँ कि शून्य से एक तक की यात्रा में स्मरणीय कुछ भी नहीं है। पर कक्षा दो आते-आते मुझे होशियार छात्र के रूप में देखा जाने लगा था। तब हमारा घर 'खाता-पीता घर' की श्रेणी में आता था। वह कुछ हद तक हँसता-खिलखिलाता भी था। पिता कुछ गंभीर व्यक्ति थे। फिर कीर्तनियाँ भगत के लबादे ने उन्हें मेरे लिए अगम्य बनाया हुआ था। उन दिनों के चलन के अनुसार बाप-बेटे से बात नहीं करता था, गोद नहीं लेता था। छुआछूत से भी बदतर समस्या थी। माँ इतने बेटे-बेटियों के पूर्व में मर जाने के कारण दुःखनी हो गई थी, पर बेहद कर्मठ थी। उसे साँस लेने की भी फुरसत नहीं मिलती थी। अत्यंत धर्मपरायण, महीने में ज्यादातर

दिन व्रत में रहनेवाली कृशकाय मूर्ति थीं। बेहद तेजस्विता की धनी, गहन स्मरण शक्ति, प्रचंड संकल्प शक्ति, जिज्ञासा और ज्ञान पिपासा इतनी कि हमेशा कुछ नया सीखने और पढ़ने की ललक। अधिक क्या बताऊँ भाग्य ने उनके साथ अन्याय किया था। वे भारत की प्रधानमंत्री बनने लायक क्षमता और व्यक्तित्व रखती थीं। पिता उन दिनों ग्राम प्रधान होने के नाते भूमि प्रबंधक समिति के अध्यक्ष भी हुआ करते थे। उन्होंने गाँव के सारे भूमिहीनों को कम-से-कम पाँच-पाँच एकड़ जमीन का पट्टा कर भूस्वामी बना दिया था। ग्रामवासी तथा आस-पड़ोस के गाँवों के लोग उन्हें देवता जैसा मानते थे और सम्मान से 'गुरुजी' कहते थे। उनका नाम बलराम था और मेरी माता का नाम श्याम था। पिताजी की सरलता व सच्चाई इस कदर कच्ची धातु में ढली थी कि उन्हें लोग झूठ बोलकर धोखा भी दे डालते थे और वे स्वयं जिद पकड़ लें तो सच्चाई को नहीं पहचान पाते थे। इसके कारण मैं ज्यादातर पीड़ित ही रहा। पिता से सुरक्षा व सुख मेरे भाग्य में नहीं लिखा था।

उनकी नादानी के कारण वे स्वयं तथा मैं और मेरे बाद की पीढ़ी उस सबसे वंचित रह गए, जिसके वे हकदार थे। इस खेल में सबसे ज्यादा मेरी माँ की पिसाई हुई। मैंने यथासंभव माँ-बाप की सेवा की। पर मैं जानता हूँ, यह एकदम नाकाफी रही। मुझमें इससे बेहतर दुनिया बनाने की क्षमता है। पर अपनी दुनिया बदलने के लिए उन स्थिर बिंदुओं को गतिमान करने की आवश्यकता होती है जो जुगनू होते हुए भी अपनी व्यवस्था के सौरमंडल के सूर्य मान लिये गए। समय पर जो काम एक शब्द कर सकता है, चूकने पर सारे वेद भी मिलकर वह नहीं कर पाते। कालांतर में इस शिक्षा ने मुझे एक अडिग न्यायप्रिय, मृदु स्वभाववाले व्यक्ति के रूप में ढलने में अहम भूमिका निभाई। मेरे गाँव के प्राथमिक विद्यालय में मेरे व्यक्तित्व-विकास की नींव रखी गई। इस मायने में कक्षा दो में एक नए बालक की नींव पड़ी। पर प्रथम कक्षा में स्व. श्री मुंशी गोरेलाल यादव की सहृदयता ने विद्यालय को प्रिय स्थान बनाया। एक बार मैंने जब कक्षा दो से बात शुरू की तो गोरेलाल मुंशी बोले कि बेटा, जिन्होंने तुम्हारी नाक पोंछकर साफ की उन्हें भूल गए। इसलिए उनका पुण्य-स्मरण आवश्यक है। वे जीवनभर मुझे प्यार देते रहे। विद्यालय में नाम कैसे लिखा गया, यह कहानी बाद में मिली जानकारियों के आधार पर गूँथी गई। जिंदगी जितनी तथ्य है उससे कहीं ज्यादा तिलिस्म है। इसमें बैठते तो तुक ही हैं खूँटों की तरह तर्क तो उनको जोड़ने की हरकतें मात्र हैं। वह तो भाषा की तरह पहले आती है, अपने हिसाब से चलती है। व्याकरण उसकी अनुगामिनी मात्र है। वह भाषा ही होती है, जिसका राज मनुष्यों पर चलता है। मनुष्य ही भाषा का वाहन होता है।

गाँव के बच्चों का स्कूली रिकॉर्ड देखेंगे तो पता चलेगा कि ज्यादातर बच्चे जुलाई महीने में पैदा हुए हैं। क्योंकि विद्यालय जुलाई में खुलता है। जिस दिन बच्चा विद्यालय पहली बार पहुँचा, वही उसके जन्म की तारीख। सही तारीख अपवादस्वरूप ही होती थी।

अब यह बदल रहा है। उन दिनों जन्म के वर्ष के बारे में दो 'स्कूल ऑफ थॉट' थे—एक, मुंशी गोरेलाल स्कूल, दूसरा मुशी लक्ष्मीचंद स्कूल (असली नाम लक्ष्मी प्रसाद)। मुंशी गोरेलाल का मानना था कि उम्र तीन-चार साल अथवा जरूरत पड़ने पर और भी कम लिखी जानी चाहिए ताकि मिडिल और हाई स्कूल की बोर्ड परीक्षाओं में दो-चार वर्ष अनिवार्य लुढ़कन के बावजूद बच्चा ओवर एज नहीं हो जाए सरकारी नौकरी के लिए। वे बच्चों के आगे पढ़ने व बढ़ने के प्रति सतर्क सचेष्ट थे। मुंशी लक्ष्मीचंद दो-तीन वर्ष ज्यादा लिखने के पक्षपाती थे, ताकि मिडिल का बोर्ड पास करते-करते बच्चा नौकरी के लिए अंडर एज न रहने पाए। रही बात लड़कियों की, तो उन्हें तो आगे पढ़ना ही नहीं है, इसलिए उनकी जन्मतिथि प्रायः तथ्यात्मक लिखी जाती थी।

अब एक दिन हुआ यों कि मैं अपनी बड़ी बहन के साथ नंग-धड़ंग ही विद्यालय पहुँच गया। फलतः मैं उसी दिन 6 जुलाई को पैदा हुआ मान लिया गया और दाखिला रजिस्टर में देवकीनंदन नाम भी मुंशी लक्ष्मीचंद ने मुझे प्रदान कर दिया। अपने फॉर्मूले के अनुसार उन्होंने मुझे अपने जन्म वर्ष से कोई ढाई वर्ष पहले पैदा होने की भी सरकारी मान्यता प्रदान कर दी। उनकी यह व्यवस्था इतनी कसी हुई थी कि सरकारी नौकरी हेतु मान्य आयु वर्ग से बाहर होने से बस बचता रह सका।

मोतीझरा अर्थात् टायफाइड के बाद लगता है, तपने के बाद की तेजस्विता आ जाती है। मैं कक्षा दो में अप्रत्याशित कुशाग्रता की कृपा पा गया था। मेरा भतीजा हरिकिशोर दरजा तीन में था। उसे लगा कि मेरे पीछे बैठना उसके लिए बहुत काम का होगा। एक दिन जब सवाल गलत होने से उसकी पीठ डंडा खा रही थी, वह मुंशीजी से बोल उठा, "मुंशी, हम तुम्हारे पाँव पड़ते हैं, हमें मिस्टर के साथ (अर्थात् मेरे साथ) बैठा दो।" और वो जनाब कक्षा तीन से नीचे आकर कक्षा दो की शोभा अत्यंत प्रसन्नतापूर्वक बढ़ाने लगे।

पढ़ाई-लिखाई में तेज होने का परिणाम यह हुआ कि मुझे स्कूल का मॉनीटर बना दिया गया। यह पद काँटे का ताज था। कक्षा पाँच के जिस सात-आठ साल बड़े सहपाठी से यह पद छीना गया था, वह कितना नाखुश हुआ यह तो पता नहीं, पर मुंशीजी जाहिर है, उसके काम से संतुष्ट नहीं थे।

अब स्कूल की चाबी मेरे पास आ गई। सबसे पहले स्कूल आकर खोलना, झाड़ू लगाने की व्यवस्था करना साथियों की ड्यूटी लगाकर। वे नहीं आएँ तो खुद झाड़ू लगाना, मुझे उनकी शिकायत मुंशीजी से करने के बनिस्बत ज्यादा ठीक लगता था। छोटे बालक के लिए वयस्क किवाड़ों का ताला खोलना शक्ति और बुद्धि दोनों के लिए वृद्धिदायक था। रही-सही कसर कुएँ से पानी निकालकर फूल-पौधों की क्यारियाँ सींचना पूरी कर देता था। हर बार पानी से भरी बाल्टी कुएँ के अंदर से बाहर लाना अस्तित्व के लिए चुनौती साथ लाता था। अन्यथा बाल्टी के साथ कुएँ की यात्रा सुनिश्चित थी। इसने मुझे

चीते जैसी फुरती दे दी। इस पूरी व्यवस्था ने मुझमें नेतृत्व क्षमता व आत्मविश्वास भरा, यद्यपि यह मेरे मनपसंद कर्म नहीं थे, फिर भी मैं इन्हें पूरी निष्ठा और तत्परता से संपन्न कर सका।

एक दिन मैं समय पर नहीं पहुँचा तो मुंशीजी ने मेरे घर से स्कूल की चाबी मँगाई तब स्कूल खुला। उन्होंने तत्काल ही चाबी एक अन्य बालक को दे दी और मुझे मॉनीटर पद से हटा दिया। हुआ यह कि सुबह-सुबह मैं अपनी दादी ओरी बऊ के साथ खेत पर चला गया था। बऊ ने सोचा, घास काट लाते हैं। चूँकि उनका एक पैर टूट चुका था, अतः खेत से बघर तक घास लाने का दायित्व मुझे सौंप दिया गया था। लौटते-लौटते देर हो गई। तब तक मॉनीटर पद जा चुका था। मेरी प्रसन्नता का ठिकाना नहीं रहा। सुबह का झंझट चला गया था और आजादी वापस लौट आई थी। पर यह दो-चार दिन ही चल सका। ठीक दूसरे दिन से स्कूल तैयारी हालत में मिलने की जगह मुंशीजी को शिकायतों की फेहरिस्त मिलने लगी। मॉनीटर ड्यूटी लगाते थे, बालक कभी आते, कभी जानवरों को चरने भेजने की क्रिया में समय पर न आते अथवा पूरे दिन के लिए गायब हो जाते। ऐसे में मैं सब काम स्वयं ही संपन्न करता रहता था। शिकायत करने की मेरी आदत नहीं थी। शीघ्र ही मुंशीजी ने मुझे स्कूल का कार्यभार पुनः सौंप दिया। अब प्रसन्न होने की बारी भारमुक्त छात्र की थी। मॉनीटरी जाने पर प्रसन्न तो मैं हुआ था, पर बहुत अपमानित भी अनुभव कर रहा था। पद को वापस सौंपते समय मुंशीजी ने मुझे सहज करने की चेष्टा भी की।

दूसरी कक्षा तक मेरी हस्तलिपि बहुत खराब थी। मुंशीजी को यह बात अखरती थी। एक दिन उन्होंने मेरी राइटिंग हीरे जैसी करने का संकल्प लिया। उन्होंने मेरी हथेलियों और उँगलियों को पटरी से बढ़िया से दिनभर तब तक तोड़ा, जब तक मेरा हस्तलेख उनके जैसा सुंदर नहीं हो गया।

सुबह होते-होते मैं तेज बुखार से पीड़ित होकर बिस्तर पर ही पड़ा रह गया। बुखार नहीं भी होता तब भी स्कूल जाना मेरे कार्यक्रम से बाहर हो चुका था, किसी भी कीमत पर। मुंशीजी विद्यालय पधारे और सीधे मेरे घर भागते हुए आए। घर में प्रवेश की भनक होते ही मैंने उन्हें तुरंत बाहर निकल जाने को कहा। वे मेरा गुस्सा देखकर ठिठक गए। कभी हाथ नहीं उठाने का वादा किया। बेअसर। कभी भी कोई हाथ नहीं उठा सकेगा का आशीर्वाद। पास बैठकर मान-मनौवल। वे सुबह-शाम मेरे पास आकर बैठते चुपचाप। मैं जल्दी शरीर और मन से स्वस्थ हो गया। आज मेरा यह मानना है कि दिनभर हस्तलेख का अभ्यास अपने शिक्षक की तत्काल निगरानी में होने का लाभ मुझे मिला। पिटाई की इतनी भूमिका हो सकती है कि मन में अच्छे हस्तलेख की परमावश्यकता का विक्षेपण पूरी तरह रुक चुका था।

मुंशीजी बहुत मेहनती थे। उनकी इबारत लिखानेवाली ह्रस्व व दीर्घ के स्वरवाली आवाज एक किलोमीटर दूर तक सुनाई पड़ती थी। फिर भी जिनका मन अपनी भैंस के पास भटक गया वे 'बाप' को 'बपा' लिख ही जाते थे। तब मुंशीजी 'बा' लिखवाकर उसकी पीठ पर डंडा लगाते और फिर 'बाप' की याद पक्की हो जाती। गरमी में भी जाड़े की कथरीवाली कुरती पहनकर आना कुछ बच्चों का कवच बन गया था। वैसे मात्र एक ही कुरती होना भी इसका कारण हो सकता है। बहुत अधिक गरीबी थी। हम लोग जमीन पर टाट पट्टी पर बैठकर पढ़ते थे। जूतों से किसी का परिचय नहीं था। चप्पल का भी नामोनिशान नहीं। किसान मरे ढोरों के चाम से ग्राम-निर्मित पनही पहनते थे। एक-दो बाहर उठने-बैठनेवाले कपड़े के जूते रखते थे। बुजुर्ग लफुआ अहीर टायर की चप्पलें पहनते थे। सेवा में आने के बाद गाँव में प्रयोग के लिए मैंने भी पचास पैसे की एक जोड़ी टायर चप्पलें खरीदी थीं। हवाई चप्पल मेरे पास भी तब आईं, जब ये व्यापक रूप से प्रयुक्त होने लगीं। टायर की चप्पलें मैं कभी-कभार ही पहनता था। ज्यादातर नंगे पैर चलता। दूर जाते समय जूते व्यवहार में लाता। कक्षा-6 में जाने पर जूनियर हाई स्कूल श्रीनगर पढ़ने जाने के लिए मुझे पी.टी. करने के लिए कपड़ेवाले पी.टी. शूज मिले थे। रिश्तेदारी में जाते समय कपड़े के जूते लिये जाते थे, जो या तो चोरी हो जाते थे अथवा पहनने की आदत नहीं होने के कारण बस, ट्रेन अथवा कहीं भी छूट जाते थे। उन दिनों अपने बड़े-बुजुर्ग बाप का दरजा प्राप्त थे। सभी को बच्चों को डाँट लगाने का अधिकार था। बच्चों की पीठ और गाल डंडा, घूँसा, थप्पड़ खाने के सार्वजनिक स्थल होते थे। बच्चे तब भी बेहद अकेले और निरीह थे और आज तो और भी अधिक असहाय और अनाथ। माँ, बाप, समाज और विद्यालय सभी जैसे उनके पीछे पड़े हों। बच्चों के आँसू हमेशा दुःख के आँसू ही होते हैं। खुशी के आँसुओं से वे कदाचित् अपरिचित ही होते हैं। खुशी में तो वे निर्मल दिव्य हँसते हैं जैसे भगवान् राम और कृष्ण अपने बचपन में हँसते थे। मुझे तो बच्चों की हँसी में अभी भी भगवान् के विश्वरूप दर्शन होते हैं जैसे कि कौशल्या माता और यशोदा मैया को हुए होंगे। आप भी देखना सीखिए। आखिर विश्व कहाँ बसता है? बच्चों में ही ना!

अभी मैंने लोगों के पास जूते नहीं होने की बात कही तो मेरे समक्ष कुछ जूतों विशेष ने विरोध प्रदर्शन शुरू कर दिया। परमलाल मास्टर के कपड़े के बिना फीतेवाले काले जूते। मेरे चाचा भगवानदास मुखिया उर्फ लल्ला के भी ऐसे ही जूते थे। पर जूता शिरोमणि तो थे मेरे दूसरे चाचा पुनाराम उर्फ बड़े दद्दा की विशेष किस्म की पीसोरी पनही—बिल्कुल राजसी। पूरे हमीरपुर जिले में अपने तरह की अकेली। छतरपुर में एक ही कारीगर था जो ऐसी पनही बनाता था। बड़े दद्दा के जीवनकाल में ही कारीगर के मरने से वे बंद हो गई थीं। वह डिजाइन उदयपुर में भी दिख जाता है। बड़े दद्दा की पनही

उनके सात फुट लंबे कद का सम्मान रखती हुई कोई एक फुट लंबी होती होंगी और जवान आदमी की पूरी पीठ नाप देती थीं।

बचपन में मेरे सगे चाचा भगवानदास मुखिया लल्ला ने उँगली पकड़कर चलना सिखाया। उनका दुलार भी मिला। एक अन्य सज्जन परमलाल मास्टर की भूमिका भी मेरे जीवन में सकारात्मक रही। वे चित्रकूट से गीता प्रेस की शिक्षाप्रद पुस्तकें लाते थे। मैं उनसे वे पुस्तकें लेकर पढ़कर लाभान्वित होता था। मैं चित्रकूट धाम भी पहली बार उन्हीं के साथ गया था। पर तब मैं इलाहाबाद विश्वविद्यालय का छात्र था।

□

चेतना से परिचय

सात-आठ वर्ष की आयु में मेरा अपनी चेतना से स्पष्ट परिचय हुआ और संभवतः पहली अनजाने ही उसको सहचरी बनाया—भले ही मैं उसके साथ प्रायः दगा ही करता रहा। उसने मेरे साथ हमेशा वफा निभाई है।

वह कालखंड आज के कालखंड से कम-से-कम ग्रामीण परिवेश में निश्चित रूप से गुणात्मक रूप से भिन्न था। शहरी क्षेत्रों में बौद्धिक स्तर पर अंतरिक्ष और काल अभी न्यूटन की औलाद ही थे। आइंस्टीन के संस्करण का प्रभाव तो आज भी नहीं पहुँच सका है। अंतरिक्ष और काल अभी भी उदासीन तत्त्व ही माने जाते हैं, जबकि इनका निजीकरण असंदिग्ध है। आदमी अभी मनुष्य था, उसे डारविन की प्रतिपादित चेन का पशु होने का सिलसिला प्रारंभ ही हुआ था, वह भी बौद्धिक विलासितावाले वर्ग में। फ्रायड साहब की चाँदी हो रही थी। वे आदमी की अधोगामी पाशविकता के लिए प्रयोग की जानेवाली वस्तु बनने लगे थे। पर देहात अभी भी देहात थे। शहरी लोगों के हिसाब से पिछड़े थे। नैतिकता को खुलेआम चुनौती नहीं दी जा सकती थी।

हमारे बालपन पर कर्मफल के विधान का शासन चलता था। ये पुनर्जन्म में विश्वास करनेवाली संभवतः अंतिम पीढ़ी थी। इसलिए यदि कोई किसी कुत्ते को पत्थर मारता था तो उसके मन में यह चेतना भी तत्काल जाग्रत् होती थी कि अगले जन्म में इसका हिसाब चुकता करने के लिए स्वयं को कुत्ते का जन्म मिलेगा और वह पत्थर से मार खानेवाला कुत्ता आदमी बनकर पत्थर मारेगा। इसलिए वह पीढ़ी अधिक संयमित व्यवहार करती थी। वह पाप-पुण्य के प्रति विवेकशील थी।

कुछ बातें हमारे बालमन में सहज स्वीकृति पा चुकी थीं। भगवान् हैं, इस बात पर कोई विवाद नहीं था। वे हमारे रक्षक हैं, यह विचार कहानियों और कीर्तनों से दृढ़ होता जाता था। कदाचित् गरीबी और अभाव की स्थिति तथा जीवन-संघर्ष को सफलतापूर्वक झेलने के लिए यह बहुत बड़ा संबल था। आयु के इस पड़ाव तक आते-आते इस आधार पर बहुत कुछ और भी जमा हुआ है। शंका करना सीख लिया है। समाधान की

क्षमता विकसित करनेवाले ज्ञान से हमारी शिक्षा पद्धति ने विशेष वास्ता नहीं रखा। हमारे अध्यापक अवश्य ही शिक्षा के बहुमूल्य स्रोत हुआ करते थे। आगे आकर हमने देखा कि दार्शनिक नीत्शे ने ईश्वर की मृत्यु की घोषणा कर रखी है। पर पता चला कि अब उनके पास कहने को कुछ विशेष बचा नहीं था तो स्वयं अपना ही जीवन समाप्त कर लिया। बौद्ध धर्म ने ईश्वर की परिकल्पना नकारी और आत्मा से दूरी बनाए रखी। अब बिना किसी आलंब के साधना का व्यापार कैसे चले तो बुद्ध को भगवान् की मूर्ति के रूप में स्थापित किया और पूजने लगे। श्रीमद्भागवत महापुराण में तो बुद्ध भगवान् को विष्णु नारायण भगवान् का दशम अवतार माना ही है। भारत में सनातन से चली आ रही साधना प्रत्येक जीव में ही नहीं, कण-कण में ईश्वर का वास मानती है और इसे साधना के द्वारा मानव जीवन की सर्वोच्च स्थिति ही नहीं, प्राप्ति का लक्ष्य भी मानती है। बड़ों की आज्ञा का पालन करो यह दूसरी आदत डाली गई, जो समालोचना के स्तर पर इस मायने में खरी नहीं उतरती कि यह बड़ा है कौन। और यदि बड़ों की बात माननी है तो विवेक नाम की वस्तु किसलिए है? हमारे बुजुर्गों ने हमें विवेक नहीं सिखाया, आज्ञाकारी बनाया। जूनियर हाई स्कूल अर्थात् कक्षा 6, 7 और 8 की स्टेज में गुरुओं की तथा कतिपय महान् विभूतियों की कृपा से मेरा विवेक से परिचय हुआ। आगे इसका विकास भी हुआ, पर धीरे-धीरे। आर्थिक रूप से आत्मनिर्भर हो जाने की स्थिति अर्थात् सरकारी सेवा में आ जाने पर मैं विवेक को इष्ट के रूप में प्राप्त कर सका। अपने बाद की पीढ़ी के लिए मेरा यह संदेश रहा है कि तुम आज्ञापालन के लिए इस संसार में नहीं आए हो। अलबत्ता विवेकसम्मत होने पर देश-समाज के हित में आज्ञापालन अनुशासन का ही अंग होता है। पर विवेकपूर्ण निर्णय लो और फलाफल भोगने को तैयार भी रहो। अर्थात् किसी के जीवन के लिए कोई और जिम्मेदार नहीं है। पर अपने दायित्व का निर्वाह सबको करना है। कोई स्वतंत्र नहीं है। समस्त चराचर एक-दूसरे पर आश्रित हैं और परस्पर पोषण इनका अनिवार्य दायित्व है।

हमारे परिवार के घर दो फलकों पर हैं। बीच में चौक है। आने-जाने के मार्ग इसके तीन किनारों पर हैं। इस पाराबोला के शीर्ष पर किशोर जू अर्थात् भगवान् श्रीकृष्ण का घर है। इसमें मंदिरवाला डोम नहीं है। सामान्य घर है। इसमें किशोर जू और किशोरी जू बिराजे हैं। गणेशजी भी विराजमान हैं। नियमित दो वक्त की आरती होती है। सोमवार के दिन महिलाएँ कीर्तन करती हैं। मंगलवार में रात्रि में पुरुष कीर्तन करते हैं। इसमें सभी जाति के लोग सम्मिलित होते हैं और गाते-बजाते हैं। एक साल बीच में छोड़कर शरद चतुर्दशी की रात्रि भगवान् की जल विहार की गश्त पूरे गाँव में लगनी प्रारंभ होती है। श्रद्धालु उन्हें अपने घर पर रोकने के लिए स्वतंत्र होते हैं। इस प्रकार कभी-कभी तो उन्हें अपने घर वापस लौटने में एक महीने तक का समय लग जाता है। किशोर जू का गाँव के सभी लोगों के जीवन में प्रमुख स्थान है। यद्यपि वे हमारे परिवार की निजी विरासत हैं

तथापि वे सभी के हैं और गाँव के सभी लोग उनकी सेवा में तत्पर रहते हैं। हमारे परिवार से भी कदाचित् अधिक प्रबल भावना एवं प्रेम उनके प्रति रखते हैं। इस तरह मेरे और परिवार के भी किशोर जू मुखिया और मालिक हैं। हम उनकी शरण में सुरक्षा एवं समृद्धि पाते हैं। इस तरह हमारी चेतना में आस्तिकता और कृष्णभक्ति के बीज बचपन में ही पड़ गए थे। हम गलतियाँ भी करते हैं तो उनका स्मरण करते हुए। किशोर जू से संबंधित अनेक महत्त्वपूर्ण घटनाएँ हैं जिनके लिए अलग अध्याय की आवश्यकता प्रतीत होती है।

इस प्रकार भगवान् श्रीकृष्ण मेरी चेतना में पैठ बना चुके थे। इस चेतना के विकास में एक अति महत्त्वपूर्ण कड़ी तब जुड़ी जब मेरा इनसे एक निजी रिश्ता भी बन गया। संबंध शब्द में वह रसायन नहीं पता चलता। यह शब्द बहुत चलतू हो गया है।

हमारे क्षेत्र में बाप अपनी संतान से दूरी बनाकर रखता है। पास आए तो झिड़क देता है। यह धंधा कदाचित् बड़े-बड़े संयुक्त परिवारों के समय से चला आ रहा था। तब संतान के भावनात्मक पोषण, सुरक्षा भावना और विकास में घर के और लोग रुचि लेते होंगे। पर इसकी भी अपनी खामियाँ हैं। फिर पति-पत्नी बच्चेवाली इकाइयाँ हो गईं। पर बाप नहीं बदला सो नहीं बदला। वह तना रहा। अब स्थिति कतिपय बदल रही है। बड़ा भाई इस कमी को बखूबी पूरा कर देता था। पर मेरे कोई बड़ा भाई नहीं है। चचेरे बड़े भाई थे। पर उनमें भाई तत्त्व नहीं था। वे पराए जितने ही पराए थे। इसी बीच मंगलवार के कीर्तन में एक दिन एक कथा सुनी जिसमें एक बच्चा अपनी माँ से कह रहा है कि उसे जंगल पार करते हुए डर लगता है। उसे रोज जंगल के उस पार विद्यालय जाना होता था, मुझे भी कक्षा पाँच के बाद विद्यालय हेतु घने जंगल से जाना होगा। अत: यह मेरी कहानी थी। मैं ध्यान से सुनने लगा। माँ ने कहा, "डरने की कोई बात नहीं, तुम्हारा एक बड़ा भाई है। वह जंगल में ही रहता है। तुम उसे जंगल पार करते समय 'किशुन भैया' कहकर पुकार लिया करो। तो तुम सकुशल जंगल पार हो जाया करोगे।"

बस क्या था! बालक जंगल आते ही किशुन भैया पुकारता और किशुन भैया उसे उँगली पकड़कर जंगल पार कराने लगे। कहानी आगे और भी है। पर मुझे किशुन भैया में बड़ा भाई मिल गया था। बाद में यह प्रमाणित हो गया कि यह किशुन भैया कोई और नहीं स्वयं श्रीकृष्ण भगवान् थे। कीर्तन पूरा होते-होते मुझे किशोर जू के रूप में बड़ा भाई मिल गया था। जिंदगी की एक न भरी जा सकनेवाली रिक्ति भर गई। यह बाप की जायदाद में से हिस्सा भी नहीं माँगता। जब स्वयं पेड़े खाने की इच्छा होती है, इसको अर्पित करने के नाम पर आ जाते हैं।

अब सारा दारोमदार मेरी भावना की शुद्धता पर आकर टिका है।

तर्क से चेतना का विकास नहीं होता। तर्क से चेतना का क्या कोई भी विकास नहीं होता।

जब किसी विशाल चेतना को मन में स्थान दिया जाता है तो अपने आकाश का विस्तार होता है। कृष्ण को आत्मीयता के साथ अंत:करण में उतारने से उसमें सारे ब्रह्मांडों जैसे विस्तार की संभावना बन जाती है। ये संपूर्ण चेतना के बीज ऐसे ही प्रगट होते हैं। चेतना का स्रोत तो पकड़ लिया है। चेतना की जैसी खेती की जाएगी वैसी ही फसल तैयार होगी। जीव के संघर्ष जो जीवन की क्रिया के आवश्यक अंग हैं। पर 'न मे भक्त: प्रणश्यति' का आश्वासन साथ में रहता है। इस यात्रा को 'योगक्षेमं वहाम्यहम्' तक ले जाना होता है। उस स्थिति में शरणागति की संभावनाएँ बन जाती हैं।

बहरहाल, भावभूमि तैयार हो रही थी। इसमें पहली दृष्टि बचपन में श्रीकृष्ण कृपा से ही हुई।

गाँव के देवीजी के मंदिर में श्रीमद्भागवत महापुराण की कथा का आयोजन हुआ था। व्यासपीठ पर स्व. पं. रामदयाल त्रिपाठीजी थे। मुझे उनका स्नेह मिलता रहा है। बस कथा का एक ही प्रसंग मुझे याद है, जो श्रोताओं का मन लगाने के लिए क्षेपक कथा के रूप में कहा गया था। यह राजा भोज की पुत्री राजकुमारी विद्योत्तमा से संबंधित था। इससे महामूर्ख कालिदास के अप्रतिम विद्वान् बनने की चमत्कारिक कथा ने मुझ बालक को बहुत प्रभावित किया। दो-दो भाग्यों का निर्माण होते सुनना आनंददायक एवं शिक्षाप्रद रहा। इतिहास के तर्कों में न पड़कर कहानी जैसी सुनी थी वैसी प्रस्तुत है।

हुआ यों कि राजकुमारी विद्योत्तमा परम विदुषी थी। राजा भोज के दरबार के पंडितजन राजकुमारी विद्योत्तमा की विद्वत्ता के कारण उनसे ईर्ष्या करते थे और उन्हें इसके लिए सबक सिखाने के प्रयास में रहते थे। इसका अवसर उन्हें तब प्राप्त हुआ, जब राजकुमारी के लिए वर खोजने का कार्य उन्हें सौंपा गया। वे इस कार्य हेतु निकले तो मार्ग में उन्होंने देखा कि एक युवक जिस डाल पर बैठा है, उसी डाल को वृक्ष के छोर से काट रहा है। बस पंडितों ने विचार किया कि इस मूर्ख से राजकुमारी का विवाह करा देने से वे उसे जीवनभर के लिए सबक सिखा सकेंगे। वे उस मूर्ख युवक को विवाह कराने का लालच दिखाकर अपने साथ ले आए। उस युवक को राजकुमारी के समक्ष परीक्षा हेतु प्रस्तुत किया गया। युवक को मौन रहने की सीख दी गई थी। और राजकुमारी से बताया गया कि युवक ने मौन व्रत धारण किया हुआ है। अत: प्रश्नोत्तर संकेतों में ही हो सकता है।

राजकुमारी ने प्रश्न में एक उँगली उठाई तो युवक ने उत्तर में उसकी ओर दो उँगली कर दीं। फिर राजकुमारी ने युवक को पूरी हथेली दिखाई तो युवक ने हाथ से घूँसा बनाकर दिखा दिया। पंडित ने व्यवस्था दी कि युवक के उत्तर सटीक हैं। ब्रह्म एक है, पर द्वैत रूप में व्यापता है और तत्त्व पाँच हैं किंतु उनकी सत्ता नहीं है। जबकि मूर्ख युवक का आशय तो यह था कि तुम मेरी एक आँख फोड़ोगी तो मैं तुम्हारी दोनों आँखें

फोड़ दूँगा। हथेली से उसने थप्पड़ का मतलब निकाला था, जिसका उत्तर कुछ नहीं सूचक घूँसा से देने का उपक्रम किया था। विवाह संपन्न हो गया। राजकुमारी को अपने कक्ष में इस युवक से मिलते ही यह समझते देर नहीं लगी कि वह ठगी गई है और वज्र मूर्ख से उसका विवाह करा दिया गया है। उसने तलवार निकाली तो युवक से बस भागते ही बना। विरागी तुलसीदास का नंबर अभी आया था। इस युवक के आहत स्वाभिमान ने उसे महान् विद्वान् बनने को प्रेरित किया। माता सरस्वती की आराधना एवं कृपा से यह मूर्ख युवक कालिदास बनकर लौटा तो विद्योत्तमा ने उसे स्वागत-सत्कार कर पति के रूप में स्वीकार किया।

कालांतर में कालिदास भी दरबारी षड्यंत्र का शिकार बने और उन्हें देश छोड़कर जाना पड़ा। उनकी अनुपस्थिति कुछ काल बाद राजा को अखरने लगी। पर उनका किसी तरह भी पता नहीं चल पा रहा था। राजा भोज ने एक युक्ति निकाली। उनके राज्य में तीन ऐसे पंडित थे, जिनमें से एक को एक बार सुनी बात याद हो जाती थी, दूसरे को दो बार कही बात, जबकि तीसरे को तीन बार कही बात याद हो जाती थी। बस क्या था! राजा ने घोषणा करवा दी कि जो भी एकदम नई कविता उनके समक्ष सुनाएगा, उसे सौ स्वर्ण मुद्राएँ पुरस्कार में दी जाएँगी। एक-से-एक विद्वान् अपनी कविता लेकर आते, जिसे ये तीनों पंडित बारी-बारी से दोहराकर बासी साबित कर देते।

एक दिन एक गरीब ब्राह्मण अपनी पुत्री के विवाह हेतु धन प्राप्त करने के उद्देश्य से नया श्लोक राजा की प्रशंसा में लेकर चला। मार्ग में जंगल में एक कुटिया देखकर प्यास बुझाने चला गया। कुटिया के निवासी ने हाल-चाल पूछा तो उसने सारी कथा कह दी। इस पर कुटियावासी ने उसे एक नया श्लोक रचकर दिया जिसका आशय यह था कि राजा के एक पूर्वज ने उससे एक सहस्र स्वर्ण मुद्राएँ उधार ली थीं। आज उसको धन की आवश्यकता है, इसलिए लेने आया है। यह श्लोक दरबार में पढ़े जाते ही सन्नाटा छा गया। यह ऐसा वक्तव्य था, जिसकी पुनरावृत्ति कर दरबारी पंडित भी समर्थन नहीं कर सकते थे, अन्यथा राजा के पूर्वजों का उधार लेकर न चुकाना प्रमाणित हो जाता।

महाकवि कालिदास को लेकर भी तरह-तरह के मत प्रचलित हैं, जैसे कि प्रत्येक भारतीय मनीषी को विवाद का विषय बनाया गया है। अलबत्ता अफलातून, अरस्तू आदि पर कभी कोई विवाद नहीं हुआ, क्योंकि उनका देश दूसरों का गुलाम नहीं था।

राजा रहस्य समझ चुका था। उसने ब्राह्मण से इस श्लोक के असली रचयिता के बारे में पूछा। राजा समझ चुके थे कि ऐसा कवित्त कालिदास की बुद्धिमत्ता से ही निकल सकता है। वे उन्हें खोज पाने में सफल हो गए थे।

पंडित रामदयाल त्रिपाठी द्वारा बताई गई यह कहानी मुझ बालक को दो बातें पक्की कर गई। प्रथमत: तो यह कि महामूर्ख में भी कालिदास बनने की क्षमता विद्यमान है।

बस लगन चाहिए। चुनौती भी हो तो फिर क्या कहने! दूसरे, चीजें एक बार में ही याद हो सकती हैं। और यह होना ही चाहिए। दो-दो बार दोहराना भी तो मूर्खता ही है। प्रयोग प्रारंभ हो गया। पाठ पढ़े बगैर उसके बारे में सोचकर अधिक-से-अधिक जान लेने की क्रिया। और याद रखने के प्रयोग के तौर पर रेडियो पर बजनेवाले गीत को सुनते-सुनते याद हो जाने का अनुभव। इस तरह श्रीमद्भागवत कथा में जाने के परिणामस्वरूप मेरे जीवन में यह प्रथम चमत्कार हुआ। जिंदगी के संघर्ष में भोंतरापन आया, पर जीवन के इस पड़ाव पर मैं इसे ईश्वर की झलक के आशीर्वादस्वरूप लेता हूँ।

गाँव के पूरब में स्थित देवीजी के इस मंदिर में ग्रामवासियों की आस्था है। वे संकट में इनका और किशोर जू का स्मरण करते हैं। पर देवीजी के मंदिर पर एक अरसे से क्षुद्र स्थानीय राजनीति की छाया पड़ने लगी है। यहाँ अखंड कीर्तन, अखंड रामायण आदि न होकर अब जुआरी इकट्ठे हो जाते हैं। देशकाल का प्रभाव हर जगह दृष्टिगोचर हो रहा है।

राजा भोज के दरबार के इन पंडितों की कहानी से मेरे बाल मन पर असर यह स्पष्ट हो चुका था कि चीजें एक ही बार में स्मरण हो जाती हैं और उन्हें समय पर स्मृति के पटल पर आने में भी देर नहीं लगती। स्मृति का सहज स्वभाव यही है। यही इसकी प्रकृति है। अन्यथा होना विकृति मात्र है, जो असावधानी और मानसिक प्रमाद के कारण एक तरह से दुर्घटनात्मक है जैसे कि संसार में घटित होनेवाली अन्य दुर्घटनाएँ भी ऐसे ही होती हैं।

धीरे-धीरे आगे चलकर यह भी स्पष्ट होने लगा कि वस्तुतः याद तो पहले कही हुई चीज को ही किया जाता है। तो किसी ने तो उसे पहली बार कहा था। तो न्यूटन के गति के नियम अथवा अल्बर्ट आइंस्टीन का सापेक्षता सिद्धांत हो अथवा महर्षि वाल्मीकि के मुखारविंद से क्रौंच वध पर निकला विश्व का पहला छंद हो, यह सब तो पहली बार हुए। इन्हें न तो किसी ने कहा था, न किसी ने इन महानुभावों को पढ़ाया ही था। फिर यह सृजन कार्य कैसे हुए? हम तो इन्हें याद करते हैं और समय पड़ने पर दोहराते हैं। इसका एकमात्र अर्थ यह है कि कोई स्रोत है जहाँ सबकुछ पहले से ही है। उस तक प्रत्येक मनुष्य की निश्चित पहुँच है। इस लिंक को सक्रिय करने से सारा ज्ञान स्वतः ही पहुँच के अंदर आ सकता है। बुद्धि ही इस पहुँच को स्थापित करने का यंत्र है। बुद्धि कहाँ तक पहुँचती है, यह उसकी सूक्ष्मता और गहराई पर निर्भर करता है। गीता में भगवान् श्रीकृष्ण इसी बुद्धियोग की चर्चा करते हैं—

'तेषां सततयुक्तानां भजतां प्रीतिपूर्वकम्।
ददामि बुद्धियोगं तं येन मामुपयान्ति ते॥'

(गीता 10, 10)

आगे चलकर स्मृति एवं स्मृति के स्रोत संबंधी सिद्धांत पर मैंने कुछ छोटे-छोटे प्रयोग किए जिनकी चर्चा यथास्थान होगी। दुर्योग से कालांतर में यह प्रयोगधर्मिता मंद पड़ते-पड़ते जीवन की गति में उसके पहिए के नीचे आ गई। इसी तरह प्राणी प्रतिदिन कुछ-कुछ मरता रहता है। वैसे भी मनुष्य पूरे होश में अथवा पूरी तरह जिंदा रहता ही कहाँ है। एक तरह से मैं यह कह सकता हूँ कि शायद ही कोई ऐसा क्षण हो जब मैं शत-प्रतिशत योग अवस्था में जिंदा रहा हूँ। अधिकतर तो हम बिखराव के ही शिकार बने रहते हैं।

वैसे चेतना में विस्तार होता रहा है। इन प्रकरणों की चर्चा जैसे-जैसे यह कथानक आगे बढ़ेगा, होती रहेगी।

□

अस्सी मन का गक्कड़ा

घर में बड़ों के नाम पर बस ओरी बऊ हैं। बाई (अर्थात् मेरी माँ) घास काटने खेत पर गई हुई है। दूध देते जानवरों को ताजी घास देने से दूध शुद्ध और अधिक मात्रा में निकलता है। दोनों ओर का कंज्यूमर सेटिस्फेक्शन, पशु भी खुश और बच्चे भी खुश। बऊ के इर्द-गिर्द हम बच्चे जमा हैं। देर हो रही है। भूख लग रही है। घर में छूँछ करने पर भी कुछ तत्काल खाद्य नहीं मिला। शाम का भोजन जब बनेगा तब बनेगा। भूख तो अभी लगी है। बऊ तलाशी अभियान पर निकलीं तो उन्हें चल्लोंसन (चोकर) मिला। प्रचुर मात्रा में था। जानवरों को भूसे में मिला देने से उनको खाद्य रुचिकर लगने लगता है और वे संतुष्ट होकर खाते हैं। बहरहाल, बऊ ने चोकर उठाया, उसको गूँध लिया। फिर उसका एक मोटा सा गक्कड़ बनाया (बड़ी रोटी हाथ से बनाई हुई)। कंडों की सुलगी आग पर तवे के ऊपर इस गक्कड़ को सेंकने के लिए रखकर बऊ बोल उठीं—

अस्सी मन को गक्कड़ा
ऊपै (उस पर) बैठो मक्कड़ा (मकड़ा)
रत्ती रत्ती खाय
तौ कै (कितने) दिन में बड़ाय (खत्म हो)।

यह हम लोगों का क्षुधा शांति गीत बन गया। पूरी तरह पक जाने पर इसके टुकड़े किए गए और हम बच्चों में वितरित किए गए। इस गक्कड़ा के केक नामक बच्चे गुणों में स्वाद और हितकारी होने के मामले में कभी इस बाप का मुकाबला नहीं कर सके। गक्कड़ बनाने में जो सर्जनात्मक प्रतिभागिता का आनंद प्राप्त हुआ था उसका मुकाबला आज का केकीय उपभोक्तापन कहाँ से कर सकता है ? ओरी बऊ भी तो नहीं हैं।

जैसे सबकुछ बदल गया है, गाँव का घर भी बदल गया है। पूरा पक्का है। पर मेरे स्वप्न में नया पक्का घर अभी भी नहीं आता। सपनों में वही पुराना घर आता है। पीछेवाले मड़ा में लगे वे थमले जो पूरे ढाँचे को गिरने से थामे हुए थे। पूरा अँधेरा रहता था। घर के द्वार से कितना दूर लगता था तब यह। इसमें अकेले जाना बहादुरी का काम माना जाता

था। दो मंजिला था। पर पानी बरसे अटारी पर जगह-जगह चुए। नीचे तलघर बन जाए। हम लोग चूनों के नीचे बरतन रखते और भर जाने पर उन्हें खाली करते। कभी-कभी तो पूरी रात चारपाई के एक कोने पर बैठकर गुजारते। पर कोई शिकवा-शिकायत नहीं थी। सबकुछ खेल था। भगवान् की लीला थी। हम उसके सहभागी। हमें कहीं-न-कहीं उन पर भरोसा भी था। हमारी मासूमियत में संशय, भ्रम, संदेह की गुंजाइश नहीं के बराबर थी।

पीछे मुड़कर देखता हूँ तो पाता हूँ कि इस प्रशिक्षण ने मुझे ताकतवर बनाया जिससे कि अपने सार्वजनिक जीवन में निर्भयता और निष्पक्षता तथा न्यायप्रियता का यथासंभव निर्वाह कर पाया। यह भी भगवान् की लीला में सहभागिता की तरह रहा। अहंकार के प्रकरण भी कम नहीं आए। बालपन से अब तक इस महाशत्रु को मैंने कई बार मित्र की तरह पाला और हर बार इसने वही किया जो इसका काम है। अहंकार रूप बदलकर आता है। यदि आपको विनम्रता प्रिय है तो यह कमबख्त विनम्रता का चोला धारण कर लेगा।

काल का पहिया घूम रहा है। जो बीत गया वह अगले कल्प तक परदे के पीछे ही रहेगा। पर जाएगा कहाँ? कुछ भी नष्ट नहीं होता। बस स्वरूप बदलता रहता है। प्रकृति के पुराने दृश्य धारण करने का फिर समय आता ही है, स्मृतिलोप के साथ।

□

चिंतापुरी महाराज और बऊ की स्वामी जू तीर्थयात्रा

भारत पुण्यभूमि है। भगवान् के अवतारों हेतु एकमात्र अनुकूल और पवित्र स्थली। हर गाँव में तपस्थली है। कोई–न–कोई तपस्वी वहाँ धूनी रमाकर पवित्र कर चुका होता है। मैकॉले द्वारा लाई शिक्षा पद्धति ने इन तपस्वियों का लोप कर दिया। आजाद भारत की धर्मनिरपेक्षता ने तुलसी, सूर, कबीर को भी नहीं सुरक्षित छोड़ा। एन.सी.ई.आर.टी. की पाठ्यपुस्तकों में प्रेमचंद भी समुचित स्थान नहीं पा रहे। भारत अपनी आध्यात्मिक शक्ति, परंपरा और विरासत को भुलाने की राह पर लंबी यात्रा कर चुका है। यहाँ की चमत्कारिक मानवीय स्वास्थ्य पद्धतियाँ अंधविश्वास करार दिए जाने के बाद बरास्ते पाश्चात्य जगत् योगा (योग के लिए), प्राणिक हीलिंग, सम्मोहन, ध्यान, एकाग्रता के नए–नए आकर्षक नाम पाकर भारत में दस्तक दे रहे हैं। गुप्त धन अथवा सामग्री एवं विचारों का एकाग्रता द्वारा पता लगाने के संस्थान पश्चिमी जगत् की शोभा बढ़ा रहे हैं। पुनर्जन्म पर शोध कार्य हो रहा है। किसी भवन में बनाए गए बंधकों और आतंकियों का पता लगाने के लिए संवेदनशील व्यक्तियों को प्रशिक्षण देकर मानसिक शक्ति के प्रयोग हेतु तैयार किया जा रहा है। अप्रत्यक्ष रूप से दूरस्थ व्यक्ति के मन को अपने नियंत्रण में लेकर संचालित करने की दिशा में शोध चल रहे हैं। हम भारतीयों में पुरातन काल से ये शक्तियाँ रही हैं। आज भी कुछ लोग तो लुके–छिपे मिल ही जाएँगे, जो शक्ति संपन्न हैं। पर हमारी शिक्षा पद्धति, जो हमारा सर्वोत्तम रहा है, उसे आहत करने का अपराध करती आ रही है।

इतनी भूमिका मैं अपने गाँव और आस–पास के आध्यात्मिक आवरण को बताने के लिए दे रहा हूँ। अब इसका ज्ञान धुँधलके से ढँक रहा है। बस नाम शेष है। प्रेरणादायक कथाएँ लुप्त हो रही हैं।

चिंतापुरी महाराज मेरे गाँव बिलरही में बहुत बड़े साधक हो गए हैं। उन्होंने जीवित

समाधि ले ली थी। और उसके ऊपर गाँववालों ने सुंदर मंदिर बना दिया था। कालांतर में जब यह जीर्ण हो गया तो इसके पार्श्व में लगभग वैसा ही एक अन्य मंदिर बना दिया गया। इस नए मंदिर में भगवान् शिव की स्थापना कर दी गई। मंदिर के द्वार पर एक लघु आकार का नंदी स्थान बनाकर उसमें नंदीजी को बैठा दिया गया। यह दोनों स्थान अभी भी हैं। पुराने मंदिर पर नया मंदिर बनाने का एक अधूरा प्रयास अष्टादश पुराण यज्ञ से बचे धन से किया गया। चिंतापुरी महाराज के आशीर्वाद से गाँव में वर्ष 2000 तक कभी ओले नहीं पड़े। उनकी जय करके शंखनाद करते ही घने बादल छँट जाते थे। किंतु स्थान की मर्यादा का पालन नहीं होने से अब प्रभाव नष्टप्राय हो गया है। मंदिर का एक सुंदर प्रांगण था, उसमें शाम को कबड्डी आदि खेलते थे। मंदिर के परिवर्ती चबूतरों पर बैठकर शामें बीतती थीं। 'का जग काल न खाय।'

एक बार गाँव के कई स्त्री-पुरुषों का विचार स्वामीजी जगन्नाथपुरी जाने का बना। मेरी बऊ इसमें सिरमौर थीं, क्योंकि वे एकमात्र मामूली कीट झींगुर को छोड़कर किसी से नहीं डरती थीं, मौत से भी नहीं। उन दिनों रुपए-पैसे नहीं होते थे। गरीबी थी। थोड़ा-बहुत धन धरम-करम के लिए लिया। पूरा समूह चल पड़ा। सभी निरक्षर लोग। समूह की कमजोर कड़ी थीं राजा बेटी फुआ—बाल विधवा। कभी पति का घर नहीं देखा था। अब युवा थीं। बाकी कोई चिंता की बात नहीं थी। समूह ने चिंतापुरी महाराज को साथ चलने का अनुरोध किया तो वे बोले, जाओ, मैं वहीं मिलूँगा। वे न महोबा रेलवे स्टेशन पर मिले, न मानिकपुर में, कलकत्ता में भी नहीं। बस पुरी में भगवान् जगन्नाथ के मंदिर द्वार पर मिले और कहा कि तुम लोग आ गए।

पूरा समूह बिना टिकट ही चला। बऊ ने मुझे बताया था कि एक काले कोटवाला (टी.टी.ई.) आया तो हम लोग घबराकर हाथ जोड़कर एक-दूसरे की ओर देखने लगे। एक अधेड़ पुरुष ने कहा कि साहब, टिकट¨। इस पर बीच में ही टी.टी. बोल पड़ा, "हाँ-हाँ, आपके टिकट एक सुंदर साँवले युवक ने मुझे दिखा दिए हैं।" समूह में तो ऐसा कोई युवक नहीं था। अपितु किसी युवक को साथ नहीं लिया गया था। धरम-करम तो बुढ़ापे का काम है न। समूह की आँखों में आँसू थे। हमारे किशोर जू भगवान् ने ससमय उन सबकी रक्षा की थी। वे वस्तुत: किशोर जू भगवान् को प्रणाम कर उन्हीं के भरोसे उन्हीं के नाम पर घर से निकले थे।

पुरी में एक और बड़ी उल्लेखनीय बात हुई। चिंतापुरी महाराज ने इन सभी तीर्थयात्रियों के साथ जब पुरी में बैठे थे तब कहा कि गाँव में भयानक ओलावृष्टि होनेवाली है। तुम सब लोग अगर गाँव के सभी किसानों के साथ मिलकर मेरे खेत में औसतन पैदा होनेवाली गेहूँ की राशि दिलाने का वचन दो तो मैं सारे ओले अपने खेत में गिरा लूँगा। सभी ने सहर्ष हामी भर दी। इधर गाँव में भयानक गड़गड़ाहट के साथ बादलों

ने ओले पटकने शुरू कर दिए। पर यह क्या! सब–के–सब चिंतापुरी महाराज के खेत में गिरने लगे। इस खेत से लगा हुआ मेरा एक खेत अभी भी है ही। गाँववालों का एक वर्ग कहने लगा, देखा, भगवान् पाखंडी को दंड दे रहे हैं। बहुत बनता है। अब पता चलेगा। भगवान् ने उसकी पोल खोल दी। जब गाँववाले तीर्थयात्रा से लौटे तो वास्तविकता समझ में आने पर कुछ को लज्जा आई। कुछ लोग तो निर्लज्ज होते ही हैं। अब इनकी बाढ़ कुछ अधिक ही हो रही है।

□

पूरा भारत तपोभूमि

पूरा भारत एक पुरातन तपःस्थली है। इसे भारतभूमि के किसी भी अंश का परीक्षण कर सिद्ध किया जा सकता है। यहाँ तो अभी मेरे गाँव का प्रसंग है। इसके बारे में कुछ कहा जा चुका है। जो शेष है, वह पेश है।

मेरे गाँव के पूरब में वैरीशाल की पहाड़ियाँ हैं। यह प्राचीन तपोभूमि है। इन पहाड़ियों में बड़ी सुरम्य गुफा है जहाँ अभी भी कुछ संत साधनारत हैं। जब मैं बहुत छोटा था तब यहाँ रघुवंशीजी ने यज्ञ कराया था। कई दिन यज्ञ चला था। अंतिम दिन लड्डू प्रसाद का लालच मुझे भी वहाँ ले गया था। वैसे मैं रघुवंशी नाम से लड्डू से भी ज्यादा आकृष्ट था। मेरे बालमन में कहीं-न-कहीं यह धारणा थी कि श्रीराम के किसी वंशज के दर्शन होंगे। रघुवंशीजी एक मंच पर खड़े थे। सब कोई उनके सामने से पंक्ति में पैर छूते हुए निकल रहे थे तब फिर लड्डू प्राप्त होता था। मुझे घोर निराशा हुई थी। मैंने लड्डू बाएँ हाथ में लिया, क्योंकि दाहिने हाथ से ऐसा पैर छू लिया था, जो किसी हिसाब से भी चरण कमल नहीं था। मेरे अपने चरण उससे कहीं अधिक कमल थे। कदाचित् अभी भी उससे अधिक कोमल हैं।

रघुवंशीजी को कुछ सिद्धियाँ प्राप्त थीं, ऐसा सुना गया था। इसी वजह से हुक्मरान उनके चेले हो जाते हैं। फिर कई वर्ष बाद पता चला कि उन्हें शराब की पूर्ण सिद्धि प्राप्त हो गई है। चेलों की वजह से मुफ्त मिल जाती थी। रुपयों की भी आवाजाही होती रहती थी।

इस बीच मैं बड़ा हो गया। भारतीय पुलिस सेवा में ईश्वर की कृपा से बड़े पद पर था। छुट्टी में गाँव आ रहा था। महोबा से अंतिम बस श्रीनगर रात नौ बजे पहुँची। अँधेरी रात थी। पर मैं आधी रात में जंगल के रास्ते गाँव जाता रहा हूँ। इलाहाबाद से सागर चलनेवाला मध्य प्रदेश राज्य ट्रांसपोर्ट का लाल डिब्बा श्रीनगर दो बजे रात को गुजरता था। अपने इलाहाबाद विश्वविद्यालय से छुट्टी में घर जाने का यह अच्छा साधन था। तो मैं गाँव की ओर चल पड़ा। समीपस्थ थाने के प्रहरी ने मुझे पहचान लिया और दारोगाजी को बताया तो दारोगाजी ने कहा कि उन्हें लिवा लाओ। मैं थाना प्रभारी श्रीनगर के आवास

पर पहुँच गया। उनके अनुरोध पर रात को वहीं रुक गया। सुबह नाश्ते के समय वहाँ रघुवंशीजी के एक बार फिर दर्शन हुए। उनमें इतने वर्षों में कोई विशेष परिवर्तन नहीं आया था। शरीर स्वस्थ एवं सुरक्षित था। दारू उसे नहीं पी पाई थी। यह नहीं पता कि क्या वे अघोर साधना करते थे। मेरी बहुत सी जिज्ञासाएँ थीं। पर उनसे बातचीत में इसके लिए अवकाश नहीं दिखा। मेरा अपना अहंकार भी ज्ञानार्जन में बाधा डालता रहा है। मैं पीछे मुड़कर देख सकता हूँ कि रघुवंशीजी का सत्संग लाभ मैं अपने अहंकार के कारण नहीं ले सका। जीवन में ऐसा कई बार बाद में भी होता रहा। पहले भी हो चुका था। मैं अहंकार से तंग होता आया हूँ। इसने मुझे अनंत हानियाँ पहुँचाईं।

हमारे गाँव में बताते हैं, घनघोर गरीबी थी। लोग धुनिया घास के फूलों की रोटियाँ खाने को मजबूर हो जाते थे। हमारा जमींदार परिवार भी इससे अछूता न था। मेरी दादी बऊ ने स्वयं धुनिया घास के फूल कोदो अथवा ज्वार या गेहूँ में मिलाकर रोटियाँ बनाई और खाई थीं। सफेद मिट्टी की गोल गेंद जैसी ढिरियाँ कहलाती थीं। इनसे बड़े लोग अपने घरों की पुताई करते थे। सामान्य जन तो पोतनी माटी से काम चलाते थे। ढिरियाँ बिकती थीं किराना दुकानों पर। बचपन में मेरी माँ और बहन स्वयं पोतनी माटी खोदकर लाती थीं। फिर उसमें कुछ ढिरियाँ, कुछ नील मिला पुताई करती थीं। खेतों में काँस-ही-काँस छाया रहता था। काली मिट्टी के खेत में कपास की फसल प्रायः धोखा ही साबित होती थी।

एक बार एक महात्मा गाँव के बाहर पधारे। गाँववालों ने उनकी बड़ी सेवा की। दो दिन बाद वे चलने लगे तो गाँववालों ने वहीं कुटिया बनाने की बात कही। बाबा रुके तो नहीं, पर भुखमरी की समस्या समाप्त होने का आशीर्वाद दे गए। बोले, बस इसके बदले दूध घट जाएगा। बुजुर्गों से यह किस्सा सुना करते थे। हालाँकि मैंने बचपन में गरीबी और भूख दोनों से साक्षात्कार पाया है। पर काँस का खेतों से लगभग लोप हो गया था। जितना बचा था, वह चारपाई बुनने के लिए डोरी बनाने के काम आ जाता था। अब जब गरीबी और भूख गायब हो गई है तो इस कथा को विस्तार क्या देना? पर समय के फेर का एक प्रकरण आगे के अध्याय में देना ठीक लगता है। यह अध्याय तो बाबाओं के नाम है।

गाँव में एक स्थान दूल्हा बब्बा का है। इनके स्थान पर कुछ पत्थर के चक्रनुमा तथा उकेरी गई मूर्तियाँ बनी हैं। कभी इनके पीछे अच्छा-खासा बड़ा चबूतरा था। पर अब स्थान मात्र ही खुला है। दूल्हा बब्बा की आन और मर्यादा है कि किसी भी दूसरे की सवारी उनका सामना काटती नहीं जा सकती है। वहाँ पहुँचते ही उसे अपनी दिशा बदलनी पड़ती है। यहाँ तक कि किशोर जू महाराज के जल विहार की सवारी भी दूल्हा बब्बा की आन रखती है। आखिर गाँववाले अपने कन्हैया को अपशकुन में कैसे ढकेल सकते हैं। प्रेमीजनों को अपने प्रभु की रक्षा की चिंता होना बहुत स्वाभाविक है।

गाँव के उत्तर में नटबाबा का स्थान है। बाबा गाँववालों की सर्पदंश से रक्षा करते

हैं। मेरे स्मरण में गाँव में सर्पदंश की आज तक कोई घटना नहीं हुई है। महादेव कृपा बनाए रखें। एक बार एक परिवार गाँव में आया था। एक भयंकर विषधर को पकड़ने के लालच में नट बाबा ने उनकी बाँबी खोद डाली। विषधर क्रोध में बाहर आए। उनकी भयंकर फुफकार से ही नट बाबा के होश उड़ गए। उनकी संग्रह की हुई बूटी काम नहीं कर पा रही थी। तब गाँववालों के सहयोग से उनकी वहाँ समाधि और चबूतरा बना दिया गया। उनका परिवार रोता-बिलखता अपने खानाबदोशी रास्ते चला गया। कहते हैं, नटबाबा को जल चढ़ाने से कुछ विशेष किस्म की पीड़ाओं से भी मुक्ति मिलती है।

बुंदेलखंड की बात हो और गाँववाले हरदौल लाला को भूल जाएँ, यह तो सोचा भी नहीं जा सकता। जी हाँ, वही हरदौल जिन्होंने अपनी भाभी के आगाह और मना करने के बाद भी अग्रज ओरछा नरेश जोहार सिंह द्वारा हठात् परोसवाए गए विषाक्त भोजन को भाभी के हाथों ग्रहण किया, ताकि माँ जैसी भाभी की प्रतिष्ठा पर कोई उँगली न उठ सके। हरदौल मरने के बाद भी अपनी बहन कुंजा के द्वार बेटी (हरदौल की भनैजन) के शुभ विवाह में अदृश्य रूप में मामा की भूमिका निभाने पहुँचे। भनैजन के विवाह मंडप के दिन उस पर रखी जानेवाली साड़ी भी अदृश्य छवि ने रख दी। इन्हीं हरदौल की कुटिया हर गाँव में मिलेगी। इन्हें प्रत्येक विवाह में पुरखों के साथ ही न्योता जाता है। प्रत्येक वर-कन्या का मामा हरदौल का जैसा प्रतिनिधित्व करता है विवाह मंगल कार्य में। वर-कन्या की माँ अपने भाई की बाट जोहती है। यदि वह न पहुँच सके तो फूट-फूटकर रोती है। स्वयं भगवान् विष्णु विवाह में पहुँच जाएँ और भाई नहीं पहुँचें तो भी बहन बहुत दुःखी होकर रोएगी। सबकुछ फीका लगेगा, बिल्कुल बदरंग। संबंधों की महक ही कुछ ऐसी होती है। रिश्ते का मामा भी अगर आ जाता है तो लगता है, प्राण मिल गए। श्वान-वृत्ति वाले इस बात को नहीं समझ सकेंगे।

गाँव के बाहर दीवान साहब की चौकी गाँव से दूर पर स्थित होती है। दीवान साहब ने कई गाँवों की मुसलमान आक्रमणकारियों से रक्षा की थी। इसलिए गाँव में आते-जाते मार्ग में पड़ने पर उनको माथा नवाया जाता है।

गाँव के काफी बाहर पश्चिमोत्तर में बाबा जू का स्थान है। इसकी देखभाल अहीर लोग करते हैं। साल में एक बार उनका दरबार भी लगता है। बाबा जू ग्राम के पशुओं की रक्षा का भार सँभालते हैं। दरबार में बाबा जू के पंडे में कभी-कभी अपने देवता का भावावेश भी आ जाता है।

गाँव के दक्षिण-पूर्व ढिकवाहा ग्राम के बाहर एक बब्बा जू का स्थान है। जब मैं बालक था, उस समय एक कुम्हार इस स्थान की सेवा करते थे। हम लोग उन्हें ही बब्बा जू कहकर प्रणाम किया करते थे। हर सोमवार को बब्बा जू का दरबार लगा करता था, जिसमें दूर-दूर से आनेवाले फरियादियों का ताँता लगा रहता था।

इसी तरह वर्ष में एक बार खैरे अथवा गाँव की सीमा के देवता की पूजा का काम चमार जाति के द्वारा किया जाता है। यह गाँव में पशुओं की बीमारी न आए, इसके लिए देवता को प्रसन्न करने के लिए होती है। इस पूजा के लिए सारा गाँव एक निर्धारित राशि चंदे में देता है।

गाँव के केंद्र में तो किशोर जू भगवान् (श्री राधा कृष्ण युगल किशोर) का घर है। वे मेरे परिवार के अर्थात् गौतम वंश के परिवार के मुखिया हैं। हर मंगल को गाँव के लोग वहाँ रात्रि में कीर्तन करते हैं तथा प्रातः एवं सायं रामधुन की प्रभात-संध्या फेरी निकालते हैं। हर तीसरे वर्ष जलविहार शरद् ऋतु के शुक्लपक्ष की चौदहवीं की रात को निकलता है। किशोर जू सज-धजकर गाँव की गश्त करते हैं। ग्रामवासियों के घर अतिथि बनते हैं। कभी-कभी तो एक माह से भी अधिक के बाद अपने घर लौट पाते हैं। कहीं कोई जाति-लिंग भेद किसी काल में नहीं रहा किशोर जू के प्रेम में। वे किसी भी जाति के गरीब अकिंचन के रोकने पर उसके घर एक रात्रि रुकते हैं। प्रसाद पाते हैं। फिर प्रातः गश्त पर आगे बढ़ते हैं।

गाँव के दक्षिण-पूर्व छोर पर देवी जू काली का मंदिर है। वहाँ दक्षिणमुखी हनुमानजी भी भव्य रूप में विराजमान हैं। शारदीय और चैत्र नवदुर्गा में पंडे लोग जवारे निकालते हैं। बच्चे लोहे की साँगों से छिंदन कराकर कोई दो-ढाई सौ गज तक चलते हैं। फिर साँग माई की भभूति लगाकर निकाल दी जाती है। न रक्त निकलता है और न दाग ही शेष रह जाता है। साँग, जीभ, गरदन, गाल में ही प्राय: छिदवाई जाती है।

बाकी तीज-त्योहार के लिए तो बुंदेलखंड विख्यात है। उसकी चर्चा यहाँ संभव नहीं है। बस हरदौल बब्बा से जुड़े एक प्रकरण को देना ठीक समझा जाता है।

अपने-अपने खलिहान में लोग रात में सोते थे, ताकि आवारा पशुओं से फसल की रक्षा कर सकें। हमारे खलिहान में मेरे पिता बलराम गौतम सोते थे। साथ ही सटे खलिहान में उसके स्वामी मेरे चचेरे भाई खूबचंद गौतम सोते थे। एक बार आधी रात को खूबचंदजी ने देखा कि घोड़े पर सवार एक युवक ने हमारे खलिहान की बारी लाँघकर हरदौल की कुटिया में घोड़े सहित प्रवेश किया है। छोटी सी कुटिया का द्वार इतना छोटा है कि उसमें बैठकर ही अंदर प्रवेश कर सकते हैं। बारी के पास मेरे पिता चारपाई पर सो रहे थे। खूबचंद दद्दा बहुत बुरी तरह डर गए और पिताजी को पुकारने लगे। पिताजी ने ढाढ़स बँधाया कि वह हरदौल महाराज की सवारी होगी। डरने की कोई बात नहीं।

यदि गाँव और गाँववासियों का वर्णन करने लगूँ तो एक पुस्तक तो उसी छोटे से गाँव पर बन जाएगी। अतः आगे विवरण का लोभ सँवरण कर रहा हूँ।

□

अब गोधूलि कहाँ?

अब मैं कक्षा चार से कक्षा पाँच में जानेवाला था। खुशी का मौका जैसा था। पर मैं उदास था। मेरे घर के पास किशोर जू के चौक पर चारपाई पर मुंशीजी अर्थात् गाँव बिलरही के प्राथमिक विद्यालय, जिसे हम सब मदरसा ही कहते थे (गाँव में एक भी मुसलमान परिवार नहीं था और न है), के प्रधानाध्यापक एवं इकलौते अध्यापक बैठे थे। दरजा पाँच तक कोई पच्चीस-तीस लड़के और दो-तीन लड़कियाँ। लड़के सभी जाति के। लड़कियाँ ब्राह्मण, क्षत्रिय, वैश्य वर्ण से। तथाकथित छोटी जातियों की लड़कियाँ खेती-बाड़ी, पशुपालन में खप जाती थीं और कम उम्र में ही विवाह हो चुका होता था। लड़कों के विवाह भी अल्प वय में हो जाते थे या फिर कभी नहीं होते थे। मेरी उदासी का कारण यह था कि मुंशीजी दरजा पाँच के छात्रों के बोर्ड की परीक्षा दिलाने दो कोस दूर श्रीनगर ले जा रहे थे। वहाँ अवस्थित जूनियर हाई स्कूल परीक्षा-केंद्र था। मुझे दुःख था कि मैं परीक्षा के लिए क्यों नहीं ले जाया जा रहा हूँ जबकि मैं तो होशियार भी हूँ। फिर भी अगले वर्ष से गाँव छूटने का क्रम शुरू होनेवाला था। इसके साथ बहुत कुछ छूटना था। फिर कभी न आने के लिए। और मेरा मतलब बचपन से ही नहीं है। बचपन तो मैंने देखा ही नहीं जिसको सबसे अच्छा काल कहा जाता है। मैंने बचपन को एक असहाय, पराश्रित और दुत्कारने, दिल दुखानेवाले काल के रूप में देखा है। बड़े दुलारते नहीं, दुत्कारते हैं। बाप अछूत मानता है। घर-गृहस्थी के दुःखों से परेशान माँ झुँझलाई रहती है और कटु वचनों का भी प्रयोग कर डालती है। उसे मरनेवाली संतानों के लिए रोने से फुरसत मिले तो वह हँसे-हँसाए। पर जीवन राग का एक हिस्सा मानकर स्वीकार करो और हँसना-हँसाना सीखो। यही उपाय है। मैंने मन बना लिया कि मैं खुशियों की खेती करूँगा। जिससे प्रसन्नता उपजे वही व्यवहार यथासंभव करूँगा। अपनी प्रसन्नता के साथ औरों की प्रसन्नता भी। कथन है कि जो व्यवहार तुम्हें अपने लिए ग्राह्य नहीं, वह दूसरों के साथ मत करो। मैं इसके आगे जाकर कहता हूँ कि प्रसन्नतादायक कर्म करो तो आपत्तिदायक कुछ नहीं होगा। शराब-गाँजा पीनेवाला दूसरे को आदत डलवाता

है। वह प्रसन्नता का उत्पादन नहीं कर रहा है। अलबत्ता दूसरे के साथ अपने जैसा ही व्यवहार कर रहा है। वह गाँजा-शराब से एक तरह की सन्नता अथवा सन्नाहट तो दे सकता है, पर दुःख की खेती ही करता है। परिजनों को पीड़ा पहुँचाता है। अच्छा करने पर भी शोषण होता है। सृष्टि का तो आधार ही जैसे शोषण है। बस रचनात्मकता इसी में है कि पोषण भी साथ-साथ चले और कम-से-कम शोषण की प्रतिपूर्ति तो कर ही दे।

दुर्भाग्य यह है कि हर तरह के शोषण की गति और मात्रा बढ़ती चली गई। परंतु पोषण गौण कर्मों में अवमूल्यत कर दिया है।

चरागाह खत्म हो गए। गौएँ-बछड़े मारे-मारे फिरते हैं। गाय का बैल बेटा बेकाम हो गया तो गौ माता की कदर करनेवाले बिरले ही बचे। और यह आम जिंदगी का अंग न रहकर विशेष पुण्य कार्य की श्रेणी में आ गया। अब शाम को घर लौटते गोधन की घंटियों और गोधूलि को काल निगल गया है। साहित्य से गोधूलि उठ रहा है। गोधूलि का समाधि जैसा अनुभव शायद पुरानी फिल्मों से तिलिस्म की तरह अनुभूत होगा। बाहर गाँव चिंतापुरी मंदिर पर बैठकर घर लौटते पशुधन की गले की बजती घंटियाँ, गौओं का रँभाना, नटवों बछड़ों का दलाँकना, वह मधुर संगीत था जो अब दुर्लभ है। उसमें चार चाँद लगा देता था बिहारी लोधी के अरगोजा से निकली सुरीली तान। अरगोजा दो बाँसुरियों को एक साथ मिलाकर बजानेवाला सरल यंत्र है। अब बिहारी लोधी भी नहीं रहे। बिहारी पहले जवानी में गौएँ चराते थे।

मुझे याद है, एक बार दीनदयाल नन्ना अहीर ने मुझसे पूछा था कि भैया, रिटायर होने के बाद कहाँ रहोगे? तो मैंने कहा था, गाँव लौटूँगा। दो गाय रखूँगा। उन्हें चराने वन जाया करूँगा। बाँसुरी बजाना सीखूँगा। हार (वन) के तालाब के किनारे स्थित महुआ के पेड़ की छाया का आनंद लूँगा। गौएँ मेरी दृष्टि की परिधि में ही रहेंगी। (मेरी माँ की आवाज पर बछड़ा एक किलोमीटर दूर से दौड़ा चला आता था। मुझे तो वह दौड़कर छका देता था।) दीनदयाल बोले, भैया की बातें। तब तक न वन बचेगा, न चरु (चरागाह), न वह तालाब, न महुआ का पेड़। आदमी से बचेगा तब न।

नहीं बचा। बच गया बदहवास मानव आकृतिवाला अजीब जंतु।

उसी समय अर्थात् मेरे दरजा चार-पाँच की बात। श्रीनगर में आटा चक्की आ गई। पर गाँव में माताएँ, बहनें, बहुएँ, भिनुसारे (रात के लगभग तीन बजे) चकिया जाँते पीसती थीं। साथ में श्रमश्रांतक गीत गाती थीं। गाँव की सामूहिक गीत यात्रा कान में पड़ते ही नींद में गहरी समाधि में स्वयं जाते हुए अनुभव करने का स्मरण आज भी मुझे गहन शांति के आँचल की हल्की-शीतल स्पर्शता का अनुभव दे जाता है। साथ में मिलकर काम करतीं, गृहस्थी चलातीं, सास-बहू कब माँ-बेटी बन जाती थीं, पता ही नहीं चलता था। अब तो लड़ने के लिए सारा समय उपलब्ध है। सास, बहू को सौतन समझने लगती

है। बेटे पर कब्जे की लड़ाई छेड़ देती है। जिंदगी को टेक्नोलॉजी ने आसान बना दिया है। तो इसे मुश्किल बनाने की जिम्मेदारी भी तो हम इनसानों पर ही आन पड़ी है। बड़ी मुश्किल में है आज आदमी। समय पास में अधिक है। और यदि पैसा भी अधिक हुआ तो खुराफात कम पड़ने लगते हैं। नए-नए स्वाँग खोजने पड़ते हैं। एक-से-एक भयावह-डरावने।

गाँव की सामाजिक प्रचुरता का रंगमंच पनघट तो कब का काल के गाल में समा गया है। अब कुओं की मौत हो रही है। हैंड पंप का आर्सेनिकवाला पानी पिएँगे। कुएँ की सतह पर ऑक्सीजन मिश्रित होने से विषैला आर्सेनस ऑक्साइड निरापद आर्सेनिक ऑक्साइड में बदल जाता था। पर विज्ञान के युग की अवैज्ञानिक सोच और कार्य ही तो आदमी की बुद्धिहीनता का प्रमाण है। कुओं, तालाबों, झीलों तथा नदियों, नालों को पुनर्जीवित करो मरदूदो! और स्वयं को जीवनदान दो।

हर गली-कूचे के नुक्कड़ पर महिलाओं के बीच झगड़े हो जाना आम बात थी। संभवतः घर में बंद रहने के बाद सुबह-सुबह यह सामाजिक रिवायत होती थी। ठठरी डूडा और खसम तक बात जाती थी। नाश हो जाने के सबके आयुवर्धक शाप भी दिए जाते थे। तीसरे पहर यही स्त्रियाँ किसी अन्य के घर में बैठकर प्रेम भरी बतकही करती थीं। सुबह का संग्राम तो जैसे हुआ ही नहीं था। ऐसी बैठकें प्रायः निंदारस प्रधान होती थीं। निंदारस का आनंद लेने के मामले में स्त्रियों और पुरुषों में एकरूपता देखी जा सकती है। हाँ, पुरुषों में आत्म-श्लाघा और डींग हाँकने का झोंक बतकही को उबाऊ और कभी-कभी झगड़ालू बना देती है।

एक और बात जो अब शायद ही हो, वह है बहुत अच्छी जोरदार वर्षा ऋतु। बचपन में मैंने बरसते हुए निर्मल जल के साथ आसमान से छोटी-छोटी चाँदी-सी चमकती मछलियों को पानी के साथ अठखेलियाँ करते गिरते हुए देखा है। मैंने इसकी चर्चा आज के समय में कुछ साथियों के बीच की तो वह इसे मेरा भ्रम बताने लगे। सरल मन में भ्रम की गुंजाइश ही कहाँ होती है। मैं उन्हें पानी में गिरते और तेज बहाव के साथ जाते देखता रहा हूँ। घटनाएँ तो देखनेवाले को ही दिखाई देती हैं। तीन-तीन दिन और रात अनवरत होनेवाली वर्षा की झिर में प्रातः क्रिया का संपादन बहादुरी का कार्य होता था। जूट की बोरी का खुड़ुवा सिर ढँककर निकलना होता था। उन दिनों बघई नाम का तीक्ष्ण पदीय लघु जंतु पीछे अगर पार्श्व में अपने पैर जमा देता तो प्राणी बगैर जल लिये ही दौड़ जाता। पशु के पार्श्व पर बघई चिपक जाती तो वह पागल की तरह दौड़ पड़ता। ईश्वर बघई की आत्मा को शांति प्रदान करें। पर मेरा शोक प्रस्ताव उस प्यारी सी छोटी गाढ़े रक्त के रंगवाली मखमली वीर बधूटी के लिए है, जो उन बरसातों में इस लघु कीट सुंदरी के आने से पगडंडियों को मोहक बनाती थीं। बगैर सैरे अर्थात् आल्हा गायन के

बरसातें कहाँ जमती थीं। कभी-कभी 'जाको बैरी घर में सोये ताके जीवे को धिक्कार' के जोश से लाठी भी चल जाती थी।

फौजदारियाँ भी हो जाती थीं। दफा एक सौ सात तो जैसे दाल-रोटी थी। पुलिस-कचहरी और वकील की वरदायनी है यह दफा। और एक सौ चवालीस, एक सौ इक्यावन ने भी साथ दिया तो पौ बारह। ये दफाएँ पुलिसवालों के लिए विशेषत: स्वास्थ्यवर्धक मानी जाती हैं। मारपीट, हत्या में लिखा-पढ़ी बढ़ जाती है। वैसे कमाईवालों का पैसा भी बढ़ जाता है।

मुझे आल्हाखंड की एक कारुणिक छवि उद्वेलित करती रहती है। छोटा संभवत: मौसेरा अथवा फुफेरा भाई मलखान के युद्ध में मारे जाने की खबर बड़े भाई आल्हा को मिलती है तो वह भाई मलखान की लाश खोजते बिलखते हुए आकाश में उड़ती गीधनी को संबोधित करते हुए कहता है—

'सरग उड़ंतू गीधनी सोने लौ मड़ा दों तोरी चोंच। पता बता दे रे मोरे मलखाने को कहँ पर सीजो लहुरआ भाय।'

फिर 'कड़ियल पानी गढ़ महोबे कौ' तो मेरे साथ रक्त में चलता ही रहा है। इसने अन्याय के विरुद्ध लड़ाई को धार और तेवर दिए। इस पवित्र जल को प्रणाम।

हाड़ कँपानेवाली ठंड, सिंचाई के लिए चलते तरसा और पानी का बरा सँभालते पानी में खड़े स्त्री-पुरुष 'लमटेरा' गाकर अपनी ठंड से लड़ते, 'लहरिया के जाड़े पड़े रे, जाड़े परे रे अरगोजा लगा दे लंबी टेर रे, लहेरिया के अरे हो।' सुननेवाले 'बा भैया' कहकर समवेत स्वर में उत्साह बढ़ाते। लमटेरा की पहली लाइन अगर पूरब से आई तो दूसरी लाइन ठंड से काँपता किसी और दिशा का गला जोड़ता। सिंफनी और किसे कहेंगे भाई। खेतों में सफेद बगुलों की कतारें पानी के कारण बाहर आते कीड़ों की दावत उड़ाने में मशगूल रहतीं। प्रभु के इस समृद्ध नाटक का मैं दर्शक रहा, यह मेरा सौभाग्य था। तरसा के सद्य जल में स्नान का आनंद आत्मविभोर कर जाता था।

फसल कटनेवाले अलग गीत होते थे।

तपते सूरज के नीचे तपने और फसल काटने के श्रम का काट यही लोकगीत होते थे। सब मिलकर गाते थे। अब होर्वेस्टर है, श्रम नहीं है तो गीत भी नहीं हैं। यू-ट्यूब पर अथवा अन्य माध्यमों में आनेवाले गीतों में न तो मिट्टी का सोंधापन है और न ही श्रम की सुगंध। श्रम को वेंटीलेटर पर रख देने से आखिर में मनुष्य को क्या हासिल होगा—कोरोना से मरने योग्य निम्नस्तरीय रोग-प्रतिरोधक क्षमता अथवा उससे लड़ने की अंदरूनी ताकत। मशीनें मनुष्य की मांसपेशियाँ नहीं बन सकतीं। कदाचित् सही उपयोग और आकलन से उन्हें बनाने में सहायता कर सकें। चैत का महीना फसलों के उत्सव का महीना होता था। पर बुंदेलखंड की गरीबी में यह तपस्या-काल भी होता था। कम

उपजाऊ क्षेत्र से फसल काटनेवाले श्रमिक सिंचित क्षेत्र की प्रचुरतावाली जगहों की ओर बसों में अथवा कभी-कभी मीलों पैदल ही तय करके आते थे। बसवाले इनसे दोगुना तक किराया चैतुआ कहकर वसूलते। ये बेचारे मजबूरी में देते थे। उस समय का प्रस्थान गीत होता था—'निकर चलो दै टटियाँ।' अर्थात् झोंपड़ी के मुख्य द्वार की टटिया बंद कर निकल चलो। कमाकर लौटते तो महोबा नगर के बाहर पश्चिम में चैतुओं का एक नगर बस जाता। छतरपुर नौगाँव क्या आगे जानेवाली बसें यहीं लगती थीं। मोलभाव होते। गरीबों की कमाई में से छीनाझपटी का यह मुख्य अवसर होता था।

गाँव में बचपन में सुनी गई एक 'आह' मैं आज भी सुनता हूँ। अब तो यह जैसे कई दिशाओं से आने लग गई है। इसके स्वरूप बदलते रहते हैं। तरीके बदलते हैं। यह नहीं होने देंगे, इसका संकल्प तो इस 'आह' को जन्म देनेवालों के जज्बों में समवेत रूप से आज भी नहीं बन पाया है।

मुरली कक्का ढीमर हमारे गाँव के दक्षिण स्थित बसंतरा तालाब में गरमी के मौसम में ककड़ी डंगरा (खरबूज), कलींदा (तरबूज) आदि की फसल लगाते थे। यह तालाब गाँव से ऊँचाई पर बाँध बनाकर शुद्ध काली मिट्टी की भूमि पर बाँधा गया है। इसलिए गरमियों में इसमें जल भूमि में चला जाता था। छोटी-छोटी कुइयाँ खोदने पर आसानी से सिंचाई हेतु मिल जाता था। एक बार उस बाँध पर डकैत निकले। उन्होंने तरबूज आदि खाए और मुरली धीमर को पैसे माँगने पर बहुत पीटा भी। फिर डकैतों की खोज में पुलिस पहुँची। बेचारे मुरली तो यही जानते कि कुछ लोग उनका सामान खा गए और फ्री में ही पीट भी गए। पुलिस को इतने में संतोष नहीं हुआ तो उन्होंने अब असली पुलिसिया मार लगाई। पर मुरली को कुछ और जानकारी हो तो बताएँ। परिणामतः पुलिस ने उनके गुप्तांग में लाल मिर्चों का पाउडर ठूँस दिया। इस घटना के बाद मुरली कक्का ने बसंतरा तालाब से तौबा कर ली। पर जब-जब पुरवाई चलती पुलिसिया कसाई से तिलमिलाई मांसपेशियाँ चीखने लगतीं और मुरली कक्का रातभर आहें भरते। मुरली कक्का तो कब के चले गए। पर मुरली कक्का तो एक प्रजाति है, जिस ओर पुलिस की गाली और डंडे का प्रवाह तो जैसे गुरुत्वाकर्षण से बँधा है। इसे किसी कारण की आज भी आवश्यकता नहीं होती। दुर्भाग्यवश बड़े हाकिम इस पर मूक सहमति देते लगते हैं। गरीब को पीटा जाना सबसे आसान और सुलभ मनोरंजन है अभी भी प्रभुवर्ग के लिए।

□

डेढ़ क्षेपा

'डेढ़ क्षेपा' अर्थात् ड्योढ़ी यानी देहरी पर क्षेपना अथवा प्रक्षेपण करना। यह शब्द कभी नहीं सुना ना। सुनेंगे भी नहीं। मैं सौभाग्यशाली हूँ कि मैंने इस अद्भुत सांस्कृतिक संबंध को देखा, जो बताता है कि समाज अपनी एकता को कैसे अक्षुण्ण रख सकता है और बुंदेलखंड तो इस मायने में देश की सांस्कृतिक राजधानी है। आर्थिक समृद्धि से अछूती यह सांस्कृतिक धरोहर की अनुपम भूमि है। आर्थिक समृद्धि का अभाव इस भूमि के भयंकर शोषण का परिणाम है अन्यथा यहाँ क्या कमी है। यहाँ की बालू ग्रेनाइट, गौरा पत्थर, हीरों ने अरबपति खड़े किए हैं। जो अरबपति होता गया, वह इस भूमि को नमन करने की योग्यता खो बैठा। धन के सम्मुख झुका मस्तक कहीं और झुकने लायक नहीं रहता।

तो डेढ़ क्षेपा पर लौटते हैं। विवरण प्रस्तुत कर सिद्धांत समझने का काम आप पाठकों पर छोड़ते हैं। भारतीय संस्कृति की लौ जगाइए और इसका व्यापक अर्थ समझने का प्रयास कीजिए।

बात सन् 2010 ईसवी के जून महीने की है। हम, मैं छोटी बेटी, उसकी माता और पुत्रवधू के साथ चित्रकूट होते हुए अपने गाँव आए थे। दोपहर में शिवराम बनिया की बहन 'डेढ़ क्षेपा' का बुलौआ देती गाँव में घूम रही थी। सबसे पहले हम ब्राह्मणों को न्योता देकर अन्य घरों में जाने लगी। यह 'डेढ़ क्षेपा' मैंने पहली बार सुना था। मेरा भतीजा हरिकिशोर गौतम वहीं मेरे पास बैठा हुआ था। हम द्वार पर ही प्रायः बैठकर बातें करते रहते थे। पिछले दिसंबर 2019 में वह हमें छोड़कर अनंत में चला गया। बहुत जानकारीवाला ज्ञानी और सरल था। गालियाँ भी बढ़िया दे लेता था। मैंने हरिकिशोर से डेढ़ क्षेपा के बारे में पूछा। उसने शिवराम बनिये के प्रकरणवाले उदाहरण से डेढ़ क्षेपा की रीति-रिवाज रस्म को स्पष्ट किया।

शिवराम बनिये की पत्नी राठ के किसी गाँव की लड़की है। अब उसी गाँव के एक चमार के लड़के की बारात हमारे गाँव बिलरही आज (उस दिन) आ रही है,

अर्थात् शिवराम बनिया जिस गाँव के दामाद हैं, अब उसी गाँव का लड़का हमारे गाँव का दामाद बनने जा रहा है। तो रिवाज के अनुसार सबसे पहले वह लड़का अपने गाँव की बहन अर्थात् शिवराम के दरवाजे पर बारात लेकर आएगा। बहन लड़के का टीका करेगी जैसे कि अपने सगे भाई की भाभी ब्याहने जा रहा हो। गाँव में न्योता देगी। बारात और गाँववालों का स्वागत करेगी। फिर बहन से विदा लेकर बारात लड़कीवाले के द्वार पर जाएगी। इस तरह गाँव के होनेवाले जमाई ने गाँव में ही ब्याही अपने गाँव की बेटी की देहरी को प्रणाम किया, मत्था टेका, उसका आशीर्वाद लिया, फिर ब्याहने निकला। इसमें कोई जाति भेद नहीं चलता। सामाजिक समरसता और संबंधों की सुगंध की यह सांस्कृतिक रीति 'डेढ़ क्षेपा' कहलाती है।

जातियों की विभाजन रेखाओं का अनादर करनेवाली कई आदरणीय व्यवस्थाएँ हमारे गाँव में प्रचलित रही हैं। कन्या किसी भी जाति की हो, सबके लिए पूजनीय मानी जाती रही है। मुझ ब्राह्मण बालक का पैर यदि गलती से किसी तथाकथित निम्न जाति की कन्या को छू जाता था तो मैं तत्काल उसके चरणस्पर्श करता था। यह नियम सभी के लिए होता था। बहुएँ अपने से बड़ी-बुजुर्ग महिलाओं के चरणस्पर्श कर उनसे आशीष प्राप्त करती थीं—'दूधो नहाओ, पूतों फलो', 'तेरे सौ उत्तम पुत्र हों', 'सदा सुहागिन रहो' आदि-आदि। इसमें जाति का विचार नहीं किया जाता। पैर छूना कभी भी घाटे का सौदा नहीं होता था। शत्रु और आलोचक कम करने का इससे अच्छा तरीका और क्या हो सकता है!

एक और रिवाज प्रचलित रहा है। मेरे पिताजी के यशस्वी बड़े भाई श्री भगवानदास मुखिया (अब दिवंगत) इसे तब तक निभाते आए हैं जब तक कि सत्तर के दशक में ग्राम प्रधान ने यह भूमिका अपने हाथ में नहीं ली थी। शारदीय नवरात्र और चैत्र नवरात्र में महाष्टमी के दिन गाँव भर की कन्याओं को देवी की मढ़िया में भात गोरस ग्रहण करने हेतु आमंत्रित किया जाता था। इसके लिए गाँव के हर घर से बरार (चंदा) इकट्ठा किया जाता रहा है। इस कन्या-भोज के अंत में आयोजन के मुखिया बारी-बारी प्रत्येक कन्या के चरणस्पर्श करते आए हैं और उन्हें प्रत्येक को उन दिनों एक-एक रुपया दक्षिणास्वरूप उनके चरणों पर रखते आए हैं। कन्या-भोज में समूचे गाँव की सभी जाति की कन्याएँ आती थीं। उनके साथ उनके छोटे भाई भी चिपके चले आते थे। वे भी भरपेट खाते थे। सभी एक साथ बैठकर खाते थे। लड़के 'लंगूर' कहलाते थे। लंगूरों के न तो पैर छुए जाते थे, और रुपया तो दूर से ही ललचाई नजरों से देखना होता था।

पाठकों के मन में ब्राह्मणों के सम्मान का सवाल कौंध सकता है कि छोटे-छोटे ब्राह्मण बच्चों के दूसरी जातियों के बड़े-बुजुर्ग भी पैर छूते थे। ऐसा क्यों? राम जाने। बालक के रूप में हमारे पैर छुए जाने का एक प्रत्यक्ष परिणाम ब्राह्मण बालकों में दिखने

की आशा की जाती थी। वे उच्च आदर्शों को ले चलनेवाले माने जाते थे। जिस हद तक यह नहीं हुआ, उसका दुष्परिणाम समाज की गिरावट में देखा जा सकता है। फिर वह दौर भी आ गया जब यह सोच चल निकली कि ब्राह्मणों के पतन में ही समाज का उत्थान है। कितना उत्थान हुआ, यह भी हमारे सामने है; और कोरोना (कोविड-19) जैसे विषाणु ने आचार-व्यवहार के कतिपय ब्राह्मणीय मानकों को जैसे प्रमाण-पत्र बाँटना शुरू कर दिया है। मजबूरी में ही सही, सारी दुनिया ब्राह्मणों द्वारा कभी अपने लिए अनिवार्य माने जानेवाले तौर-तरीकों को अपना रही है। पथभ्रष्ट ब्राह्मण भी अपने शुद्ध सात्त्विक पथ को त्यागकर तामसिक वृत्तियाँ अपना लेने की त्रासदी को समझ रहे हैं। दुर्भाग्यवश उनमें हीन भावना घर कर गई थी, क्योंकि उन्होंने अपनी निष्ठाएँ बदल डाली थीं। जिससे उनकी आस्था और विश्वास तिरोहित हो गए थे। वे आधुनिक होने चले थे। समाज को नेतृत्व देने में चूक गए। स्थिरता, दृढ़ता, नैतिकता और उदारता एवं करुणा के मार्ग पर चलनेवाले ही नेतृत्व के योग्य हो सकते हैं, भले ही वे किसी जाति-वर्ण में पैदा हुए हों।

स्वामी विवेकानंद कहते हैं कि शक्ति पर ध्यान केंद्रित करो, कमजोरी पर नहीं। जिस पर भी ध्यान केंद्रित होगा, वही विधा सुदृढ़ होती जाएगी। इसलिए यह जगह अच्छी बातों की है, हमारी शक्ति की है। कमजोरियों पर रोनेवालों का कोई अकाल नहीं है। उन्हें भी बधाई।

बड़े-बड़े दानव, असुर, राक्षसों—महिषासुर, रक्तबीज, भस्मासुर, रावण आदि के महिमामंडन के बजाय शक्ति की पूजा ही यथेष्ट है। आज के समय में काल के प्रवाह में कुछ लोग आसुरी अथवा राक्षसी सोच को प्रगतिशीलता का लबादा ओढ़ाकर और जाति के चश्मे पहनाकर समाज में अपने हितसाधन हेतु कुछ तबके अपने झंडे तले लाने का प्रयास अवश्य करते रह सकते हैं। मेरे विचार से वे सात्त्विक सोचवालों को बेहतरीन आदर्श प्रस्तुत करने की ही चुनौती दे रहे होते हैं। इस प्रकार सभी सहयात्री हैं। सभी साथी हैं। सभी मित्र भी हो सकते हैं।

□

समुद्र मंथन

कक्षा चार से पाँच वर्ष 1959 से 1961 अर्थात् सात वर्ष से नौ वर्ष की आयु में मैं अपने मानस का निर्माण देख सकता था। मेरा एक छोटा भाई भी था। हम दोनों में बहुत प्रेम था। वह था तो दो-तीन वर्ष का ही, पर उस अवधि में अत्यंत कुशाग्र बुद्धि का, इसलिए लोग दबी जुबान में कहते—किसी और लोक का है। ऐसे बच्चे, यह कहकर उसकी दीर्घायु की प्रार्थना करने लगते थे। मेरे अनुज से मेरी बुद्धि को पैना होने में बहुत सहायता मिली। मेरे एक और अनुज ने यकायक लगभग इसकी अल्पायु में ही हमें छोड़ दिया था। माँ का वह करुण क्रंदन मुझे अभी भी स्मरण है। हम दौड़े-दौड़े श्रीनगर जानेवाली पगडंडी पर अस्पताल से अपने अनुज के लौटकर आने की सूचना पर गए थे। मार्ग में परिवार का अंतिम विश्राम स्थल आते ही माँ की गोद खाली हो गई। लुटी-पिटी माँ मुझे और मेरी बड़ी बहन को देखकर रो भी न सकी। बस हम उसकी आँसुओं की बरसात देखकर सकते में थे। मुझे कुछ भी समझ में नहीं आ रहा था। माँ के संकेत पर मेरी बड़ी बहन मेरा हाथ पकड़कर घर से लगे चाचा के घर ले गई। मेरे घर में मचा कोहराम मैं सुन सकता था। मेरी बहन के भी आँसू नहीं रुक रहे थे। माँ घर के अंदर और पिता बाहर बेहोश पड़े थे।

यह समय था जब कुछ भी अच्छा नहीं हो रहा था। ऐसा बचपन किसे अच्छा लगेगा। बस मेरा भाई वापस लौट आया था। मेरा अनुज ओम प्रकाश। बहुत शरारती। बहुत तेज। सभी उसे प्यार से चाली (चाली अर्थात् शरारती) राजा कहते थे। लोग उसे आज भी याद कर लेते हैं। मुझे उसे हमें छोड़कर जाने की तारीख उनतीस जुलाई उन्नीस सौ तिरसठ कभी भी नहीं भूल सकती। एक वर्ष बाद मेरी, एक छोटी बहन आई। वह भी पाँच वर्ष की अल्पायु में ही खसरा (मीजिल्स) से मरी, जिससे कि मेरा यह अनुज हमें छोड़ गया था। बहन को खसरा होते ही मैंने माँ से कहा था, इसे जितना प्यार कर सकती हो, कर लो। यह कुछ ही दिन हमारे साथ है। तब मैं कक्षा ग्यारह में पहुँच गया था। मेरी आंतरिक दृष्टि विकसित हो रही थी। अनुजा मुझे पुकारते 'साब भाई' कहते-कहते गई।

मैं तो उस समय चरखारी में अपने कॉलेज में था। अवकाश में घर पर आते ही मैंने उसे खोजते ही रोना शुरू कर दिया था। मेरे पास अपने इन प्यारों के लिए आज भी अथाह आँसू हैं। अंतर इतना है कि मैं इन्हें मार्ग में ही रोक सकता हूँ। मेरी अनुजा के आगमन के बाद मेरी निराश दादी ओरी बऊ ने देह त्याग देना ठीक समझा। उनके जाने के साथ मेरा शक्ति स्तंभ भी ढह गया। मैं अब अकेला पड़ गया था। अपनी माँ के करुण क्रंदन की आवाजें मुझसे हमेशा लंबी आयु तक जीने की माँग करती रही हैं। मैं उन्हें हँसा नहीं सकता था। पर मुझे उन्हें रुलाने का भी अधिकार नहीं था। मैं इकलौता बेटा बचा था। इसलिए जब मेरे पिता ने मेरा हर हिसाब से कम वय में अनुचित समय में अनुचित विवाह मुझ पर थोपा तब मैं घर का त्याग भी नहीं कर सकता था। ये नकली अमीर विवाहों में कर्ज लेकर फिजूलखर्ची करने के आदी थे। वर्षों ब्याज और मूल चुकाया है मैंने। भुखमरी, गरीबी से निकट का संबंध रहा है। इसलिए मुझमें वंचित वर्ग के प्रति सच्ची संवेदनाएँ विकसित हो सकीं।

मुझ पर विवाह थोपने का दोष पिता को क्या दूँ? वे मृत्यु-शय्या पर थे तब यह वचन उनसे ले लिया गया। प्रभु की दया से वे उससे बाहर आए और लंबी आयु जिए।

वैसे विवाह का मारकेश मुझ पर दो बार पहले भी कक्षा छह और नौ में लग चुका था। पर तब मेरा विरोध सफल रहा। किंतु जब बी-एस.सी. फाइनल में वर्ष 1970 में मुझ पर तीसरी बार मारकेश पिता पर आए मारकेश की ताकत पा गया तो इसने मुझ पर अपना काम कर दिया। हम अपने ऐसे ही अपकर्मों विकर्मों को भाग्य कहने लगते हैं। चक्रव्यूह शाश्वत हैं।

अब अपने क्रम पर पुनः लौटते हैं, जहाँ यह कहानी छूटी थी। यह श्रीनगर से प्रारंभ होती है जहाँ हमें हनुमान मंदिर के जीर्णोद्धार में सेवा का अवसर मिला। श्री त्यागीजी ने सरस्वती स्तोत्र दान के साथ मुझे अखंड प्यार दिया। त्यागीजी ने श्रीनगर में केंद्रीय विद्यालय खुलवाने का भरपूर प्रयास किया। पत्र मैं ही लिखता था। पर बन न सका। पहली जुलाई, 1961 ईसवी। हम कक्षा पाँच पास कर चुके बालक अभिभावकों के साथ जूनियर हाई स्कूल, श्रीनगर कोई लगभग चार किलोमीटर पैदल चलकर आए थे। मेरे साथ पिताजी थे। मार्ग में हो रही वर्षा का आनंद मिल रहा था। पहली बार बरसात में बाहर निकलने पर डाँट नहीं पड़ रही थी। आजादी की पहली साँस का अनुभव हुआ था। छाता था तो, पर वह स्वयं तेज हवा के कारण बीच-बीच में उलट जाता था। और यदि उसे पिताजी सँभालते तो मैं उनके सीने तक ही लंबा था और छाते की छाया दूर पड़ जाती थी। हम लोगों का कक्षा छह में नाम लिख लिया गया। हम पटरे की नेकर और आधी बाँह की कमीज पहने टाट-पट्टी पर बैठकर पढ़ते थे। नंगे पैर धरती को चूमते चलते थे। गरमी में दौड़ लगाकर पेड़ों की छाँव में बीच-बीच में तलवे शीतल करते तीसरे पहर घर

लौटते थे। शेष दिनों तो सुबह आठ बजे घर से निकलते और चार बजे शाम स्कूल छूटने पर घर के लिए चल पड़ते। श्रीनगर बस स्टैंड आने से पहले ताजा पेड़ों की सुगंध मिठाई की दुकान से आती। बस स्टैंड पहुँचने पर पेट्रोल, बस के पेट्रोल की गंध आने लगती।

दो जुलाई को हम बच्चे अकेले ही स्कूल जा रहे थे। बस स्टैंड के पास पहुँचते ही कक्षा सात में पढ़नेवाले पड़ोसी नाथूराम भौड़ेले ने फरमाया, 'आई सी ए बॉय' (मैं एक लड़का देखता हूँ)। मैं प्रभावित हुए बगैर नहीं रह सका। कुछ आतंकित जैसा समझ लीजिए। नत्थू को यह बैरन अंग्रेजी इस वाक्य से आगे 'आई लव यू' तक नहीं ले गई और उन्हें फेल कराती रही। नत्थू की फुआ (बुआ) राजा बेटी (वही स्वामी जू यात्रावाली युवती अब प्रौढ़ावस्था पार) का देशी घी का डबला (मिट्टी का घी वाला बरतन) किसी तरह निचली कक्षा तो पार करा ले गया। पर कक्षा आठ में मुझे उनका सहपाठी होने का सौभाग्य मिल ही गया।

कक्षा छह में मेरे जीवन की एक उल्लेखनीय घटना घटी, जिसने मुझे अपने अंतर की शक्ति का परिचय कराया। इस मामले में मेरी माँ ने मेरे गुरु का काम किया। इस प्रकार वह मेरी प्रथम आध्यात्मिक गुरु बनी। उसके अगले स्तर का अनुभव करानेवाला गुरु अभी तक न मिला। पर उसकी बताई गई शिक्षा पर बड़े-बड़े वैज्ञानिकों, चिकित्सकों, मनोविश्लेषकों की लिखी बेस्ट सैलर आजकल पढ़ता हूँ तो उसके चरणों की महानता का परिचय मिलता है। उसके आगे बतानेवाला कोई लेखक नहीं मिला, पुस्तक नहीं मिली। यहाँ मैं सिद्ध संतों द्वारा कही बातों और लिखी पुस्तकों की बात नहीं कर रहा हूँ। उनकी पहुँच के बाहर कुछ भी नहीं होता।

बात दरजा छह की हो रही है। तिमाही परीक्षा की अंग्रेजी की उत्तर पुस्तिकाएँ हमारे अंग्रेजी और विज्ञान के टीचर पूज्य कृष्ण गोपाल मिश्रजी ने हमारे सामने ही जाँचीं। मुझे पचास में पैंतीस अंक मिल गए तो उन्होंने अंग्रेजी में होशियार माने जानेवाले दो अन्य छात्रों की कॉपी तुरंत निकालकर जाँची। एक तो तीस पर ठहर गया, पर दूसरा खींच-खाँचकर अड़तीस पर पहुँचा। पर आगे की परीक्षाओं के लिए अब मैं अजनबी नहीं रहा। पर एक तगड़ा झटका तो मेरी प्रतीक्षा कर रहा था। दो दिन बाद जब बीजगणित की कॉपी देखने के लिए बाँटी गई तो मुझे पचास में मात्र छह अंक मिले थे। किसी तरह घर आने तक आँसू रोके रहा। माँ के सामने घर में फूट-फूटकर रोया। तब माँ ने बहुत डाँटा। कहा, इस बार के छह अंक अगली छमाही परीक्षा में पचास होने की चुनौती दे रहे हैं और तू रो रहा है। मैंने कहा, मुझे बीजगणित नहीं आता है। उसने कहा, बिल्कुल गलत। तुझे बीजगणित आता है। यही तुझे अब से बोलना ही नहीं सोचना भी है और इस सोच पर अपना विश्वास स्थिर रखना है। मैंने पूछा, इतने से हो जाएगा। तो माँ ने कहा, इतना करो और स्वयं देखो। होगा कि नहीं होगा, यह सोचना तुम्हारा काम नहीं है। कर्म पर स्थिर हो

जाओ। चमत्कार देखना फिर। उसके बाद मेरे बीजगणित में कभी भी बानबे प्रतिशत से कम नहीं आए। उसके बताए अनुसार मैं पूरे आत्मविश्वास से अभ्यास में जुट गया और बीजगणित आसान हो गई। सरकारी सेवा में आने के बाद मैंने मनोविज्ञान की किताबें पढ़ने के लिए खरीदीं। एक पुस्तक में अपनी माँ की बताई बातें 'ऑटोसजेशन' शीर्षक से देखी तो मन उछल पड़ा। और अब जब मैंने जोसेफ मर्फी की अवचेतन मन की शक्ति पर पुस्तक पढ़ी तो मुझे लगा कि उसको अवश्य ही मेरी माँ जैसी माँ मिल गई होगी। मेरी माँ की शक्तियों का संसार में उपयुक्त उपयोग नहीं हो सका। मैं उनका एक प्रतिशत भी नहीं हूँ। पचासी वर्ष की आयु में मरने से दो दिन पूर्व तक अखंड स्मरणशक्ति की मालकिन मेरी माँ ने जीवनभर दुःख भोगा। कभी सुख नहीं मिला। वे तपस्विनी थीं। महीने में बीस दिन उपवास करनेवाली मरते समय तक चेतन किंतु अंतिम वर्षों में बस अट्ठाईस किलो वजन की। कक्षा छह और सात के मेरे अंक पत्रों में उत्तीर्ण के बाद दो खड़ी लकीरें अर्थात् द्वितीय श्रेणी उन्हें दुःखी करती थी। वे कहती थीं कि जब अधिकतम अंक पचास हैं तो उसे अधिकतम प्राप्तांक क्यों नहीं पढ़ते। वे प्राप्त करने के लिए ही तो हैं।

पंडित कृष्णगोपाल मिश्र सभी के प्रिय आदरणीय शिक्षक थे। वे विज्ञान पढ़ाते थे। विज्ञानशाला थी हमारे विद्यालय में। इसमें हमें मैगनीशियम का तार जलाकर बताया गया कि कैसे यह धातु वातावरण की ऑक्सीजन से मिलकर मैगनीशियम ऑक्साइड में बदल गई। यह रासायनिक परिवर्तन है। पंडित मिश्र को साष्टांग प्रणाम।

जूनियर हाई स्कूल श्रीनगर के प्रधानाध्यापक पंडित लक्ष्मीशंकर द्विवेदी की हल्की मधुर मुसकान मैं आज भी देख सकता हूँ। गांधी टोपी में वे बहुत फबते थे। उनका मोटा किंतु छोटा डंडा 'ज्ञान दंड' के नाम से विभूषित था। विशेष क्रोधित होने पर वे नदी के किनारे के घोंघे, काठ के उल्लू जैसी उपाधि देते थे। एक दिन उन्होंने दो छात्रों पर अप्रसन्न होकर आशीर्वाद दिया, "ससुरो, तुम बस कंडक्टर बनोगे।" दोनों ही विद्यार्थी उनके चरणों पर गिर गए। बोले, पंडितजी, तुमने तो हमाई नौकरी लगा दई। समय आने पर आशीर्वाद फलित हुआ। दोनों म.प्र. राज्य बस में कंडक्टर हो गए। इसका मुझे लंबे समय तक लाभ मिला। श्रीनगर बस स्टैंड पर वे मुझे भरी बस में सीट दिलाते और मुफ्त ले जाने पर जोर देते। पर मैंने हमेशा टिकट लेने पर जोर दिया। भगवतदयाल और मोहम्मद मुस्ताक नाम के ये दोनों छात्र विद्यालय काल से ही मेरे मित्र रहे। सहपाठी जो थे। भगवतदयाल तो वही अंग्रेजी में अड़तीस नंबरवाला है। मेरा भतीजा हरिकिशोर भी मेरा सहपाठी था। पर उसके पाठ्यक्रम में शरारतें थीं। वह बलदाऊ की तरह मेरी रक्षा में तत्पर रहता और लक्ष्मण की तरह आज्ञापालन करता था।

बहुत ही आकर्षक व्यक्तित्ववाले लंबे-बलिष्ठ मुद्गर भाँजनेवाले पूरे बाल दाढ़ी-मूँछों से सुसज्जित कताई-बुनाई के अध्यापक का कक्षा छह में मेरे लिए एक थप्पड़ का

ही योगदान है। नत्थू भौड़ेले मुझसे द्वार के उस पार से अपनी सातवीं कक्षा से डिस्टर्ब कर रहा था। मैंने जैसे झिड़का कि कटियार साहब ने पलक झपकते प्रसाद दे दिया। पर सातवीं कक्षा में इन्होंने मुझे जो ज्ञान दिया, वह कोई इतनी जल्दी देने की सोच नहीं सकता था। कटियार साहब पर अधिक आगे चर्चा होगी। साथ ही कताई-बुनाई पर भी।

अगले अध्याय में ऐसे विषय पर बात कर लेते हैं, जिसकी आप उम्मीद नहीं कर रहे होंगे।

□

महानता के साक्षात्कार

वर्ष उन्नीस सौ बासठ भारत के इतिहास में भुलाए नहीं भूलेगा। इस वर्ष के आगमन की खगोलीय घटना को लोग भूल चुके हैं। पर मैं कैसे भूल सकता हूँ? ईश्वर ने मुझे चीजों के बीच की निरंतरता के संबंध देखने की जिज्ञासा जो दे रखी है। उस वर्ष भयानक सर्दी पड़ी थी। वातावरण की नमी सफेद खर्रे के रूप में उपयुक्त सतहें पाकर बर्फीय परत जैसा रूप लेने लगी थी। अब चूँकि मैं बाहर श्रीनगर पढ़ने जाने लगा था, इसलिए जीवन में पहली बार सरज का कोट सिलाया गया। बड़ों ने हमें चिढ़ाया भी था कि इसे सरज मिल गई। यह कोट सर्दी के लिए नाकाफी था। वह भी कॉलरवाला था। छाती खुली रहती थी। कोहरा ऐसा कि अपना पसारा गया हाथ भी दिखाई न दे। चौड़ा पहाड़ के खँदिया से करोंदा और रकतसोखा के काँटों से बचते हुए निकलते। मार्ग में बर्फ जैसे ठंडे पके मीठे काले-काले करोंदों को खाने का मजा ही और था। खँदिया से निकलकर हम ग्रामीण छात्रों की अपनी ही बनाई पथरिया देवी पर एक पत्थर फेंकते और आगे बढ़ जाते।

जाड़ा तो भयानक था ही। लोग सर्दी सह भी लेते हैं। असह्य होने पर थोड़ा आग ताप लेते हैं। पर इन ग्रहों का क्या करें? आठों ग्रह एक ही जगह आकर अष्टग्रही योग बना रहे हैं। इस वर्ष के प्रारंभ में ही। इसका अर्थ अमंगलकारी, विनाशकारक है। लड़ाई छिड़ेगी। बड़ी लड़ाई आनेवाली है। युद्ध होगा ही। यह बात जनवरी उन्नीस सौ बासठ की है।

अष्टग्रही योग तो संभवत: दिसंबर उन्नीस सौ इकसठ में द्युति में आ गया था अथवा प्रभाव देने लगा था। लगातार बैठकों में इसी की चर्चा होती थी। कहा जा रहा था कि इससे पहले जब नवों ग्रह एक साथ इकट्ठे हुए थे तब महाभारत का महायुद्ध हुआ था। इस बार भी धरती उलट जाने तक की अफवाहें फैल रही थीं। युद्ध होने के बारे में सब जैसे एकमत थे कि ग्रहों के इस अशुभ मिलन से युद्ध होना कुनिश्चित है।

ग्रहों की टेढ़ी-मेढ़ी चाल धरती पर होनेवाले व्यापक और वैयक्तिक परिवर्तन के संकेत तो देती ही है। हर व्यक्ति के जीवन का यूनीक नक्शा होता है। भारत में सनातनी लोग इस नक्शे को 'जन्मपत्री' कहते हैं।

महर्षि वेदव्यास महाभारत युद्ध के पूर्व कुरुराज हस्तिनापुर नरेश धृतराष्ट्र के यहाँ पधारे थे। उन्होंने ग्रहों की स्थिति की अशुभ सूचक बातों से उसे अवगत कराते हुए बताया था कि इतिहास में पहली बार तेरह दिन का पखवारा हुआ है। और इसी एक पखवारे में ही सूर्यग्रहण और चंद्रग्रहण, वह भी पूर्ण ग्रहण, एक के बाद एक पड़े हैं, जो आनेवाले महाविनाश के संकेत देते हैं। धृतराष्ट्र, तुम इस महाविनाश को रोकने का प्रयत्न करो।

कर्म कभी कुंठित नहीं हो सकता। परिणामों के अनेक कारण होते हैं। कर्म की यज्ञवेदी में दृश्य और अदृश्य क्या-क्या हव्य पड़ रहे हैं, कौन जानता है? फिर द्रव्य अर्थात् बाहरी तत्त्व के साथ वैचारिक तत्त्व भी तो उसी यज्ञ में जाता है। इसलिए परिणाम पर किस-किस की छाया है, कह पाना कठिन है। धृतराष्ट्र के लिए तो 'राजा कालस्य कारणम्' न्याय के तहत शांति प्रयास की महत्ता ही रेखांकित होती है। पर राजा धृतराष्ट्र और हस्तिनापुर पर तो दुर्योधन के ग्रहण लगने के साथ शकुनि और कर्ण रूपी ग्रहों की भी युति बनी हुई थी।

विनाशवादियों ने तो धरती उलट जाने की तिथि और समय भी निश्चित कर दिया था। चारों ओर मंदिरों में अनिष्ट टालने के लिए पूजा-पाठ और यज्ञादि हो रहे थे। पर अधिकतर लोग ईश्वर में आस्था रखने के कारण यह मानते थे कि प्रभु रक्षा करेंगे। कुछ तो होना ही है। युद्ध के बिंदु पर सब सोच रहे थे कि आठ ग्रहों का मिलन विग्रह सूचक तो है ही। इस पूरे परिवेश से मेरे गाँव के भगोले दद्दा कोरी को तो लगता ही था कि धरती उलट गई तो। इसलिए उन्होंने इससे निबटने के लिए परिवार सहित मिलकर योजना बनाई।

परिवार के सदस्यों में बड़ी बेटियाँ मत्थी, पच्ची और उनसे छोटा बेटा बिंदू तथा बिंदू की बाई (माँ) थे। बेहद गरीबी थी। घर में कुछ अनाज शेष था और आज रात (अर्थात् उस दिन) आधी रात को धरती उलटनेवाली है। तब यह अनाज तो सब धरा-का-धरा ही रह जाएगा। इसलिए सब बोलो, आज क्या-क्या खाया जाए? सारा अनाज बेचकर उसी की व्यवस्था की जाए। तय यह हुआ कि गुलाब जामुन देखे तो हैं हलवाई की दुकानों पर, किंतु खाए कभी नहीं। इसलिए सारा अनाज बेचकर सारे के गुलाब जामुन श्रीनगर से लाए जाएँ और पूरा परिवार छककर खाए।

जल्दी ही मिठाई से जी भर गया। बीच में नमक-मिर्च चाटते। फिर गुलाब जामुन

खाते। अब त्रासदी यह थी कि मन ऊब गया था। बात उबकाइयाँ आने तक आ गई थी। रात हो गई है। इतने समय तो ब्राह्मण घरों में जाकर दाल-रोटी आदि माँगना उचित भी नहीं होगा। धरती उलटने पर यह पाप तो सीधे नरक का मार्ग सुनिश्चित कर देगा। और गुलाब जामुन भी बच गए तो बेकार जाएँगे, धरती उलटने के बाद। अब गुलाब जामुन में प्रयुक्त डालडा घी ने अपना रंग दिखाना भी शुरू कर दिया। दीर्घ शंका का दौर चला। कोई बाहर गया और इस बीच धरती पलट गई तो गड़बड़ हो जाएगी। इसलिए घर के अंदर ही पीछे के कक्ष के कोने में निवृत्त होते रहने की सहमति बनी। इस दीर्घ शंका की लोटा परेड में परिवार और सबकुछ भूल चुका था कि आधी रात कब निकल गई, पता ही नहीं चला। घर के बाहर भगोले दद्दा ने कनखी से नजर दौड़ाई तो आसमान में दिखा कि हिरनी (तारा समूह) निकल आई हैं। मतलब आधी रात कब की गई। धरती नहीं पलटी। कुछ भी नहीं हुआ, कै-दस्त और घर गंदा होने के अलावा। हाँ, बस देहें थोड़ी ढीली अवश्य पड़ गई थीं। लेकिन यह धरती पलटने से कम नहीं था। कल क्या खाएँगे? सुबह होते-होते भगोले का गुस्सा सातवें आसमान पर था। सीधे पंडित भगवती प्रसाद तिवारी के घर के द्वार पर जाकर वाक्‌वमन करने लगे। और बुंदेलखंडी बोले या बके और उसमें गालियों का छोंक न लगे तो समझ लो कि यह खजाने को पेट में रखना सीख चुका है। सो भगोले इस समय पूरी तरह मुक्त कंठ और मुक्तकुंठा थे। स्वस्ति-वाचन सुनकर पंडितजी जागे, अलसाते-अँगड़ाते बाहर निकले तो भगोलेजी ने अभ्यास सिद्ध पाँयलागन कर आशीर्वाद प्राप्त किया और शुरू हो गए। पंडितजी मंद-मंद मुसकाते रहे। उन्हें क्या, पूरे गाँव को गुलाब जामुन प्रकरण पता था। गुलाब जामुन गाँव के लिए थी ही ऐसी दुर्लभ वस्तु! भगोले शीघ्र ही थककर माथा पकड़कर जमीन पर बैठकर रोने लगे। पंडितजी ने उसे समझाया और कहा कि उन्होंने तो पहले ही कहा था कि धरती उलटने की अफवाह पर कान न दें। पर भगोले बोले कि मुझे टीका मंदरा धारी बाबा ने यह कहा था। इसलिए चूँकि पंडित-पंडित सब एक हैं तो मैं यहीं चला आया गुस्सा निकालने। पंडितजी ने उसे अनाज उधार दिया और कहा कि घर जाकर रोटी बनाओ-खाओ।

सर्दी गई। वसंत का आगमन हुआ। फिर परीक्षाएँ हुईं। मैं अब कक्षा सात में पहुँच गया वही दो खड़ी पाई और माँ की अप्रसन्नता के साथ। गरमी की छुट्टियों में मैं प्रायः प्रतिदिन अपने गुरु मिश्राजी के घर श्रीनगर जाता। वे मुझे सवाल देते और मैं हल करने बैठ जाता। फिर भरी दोपहरी सिर और पैर के तलुओं से सूर्य की तपिश बटोरता घर आ जाता। इस बीच हमारे विद्यालय में एक बहुत ही बड़ी बात हुई। श्री गणेश प्रसाद निगम हमारे विद्यालय के पी.टी. टीचर बनकर आए। उन्होंने मिश्राजी से कहा कि हमारे

विद्यालय के लड़के कक्षा आठ की बोर्ड की परीक्षा में प्रथम श्रेणी में भी उत्तीर्ण होने चाहिए। मिश्राजी उत्साहपूर्वक सहमत हुए। रणनीति बनी। तय हुआ क्षमतावान् बच्चों को चिह्नित कर उनको प्रेरित करना। इस हेतु कक्षा सात के छात्र के रूप में मुझे और कक्षा छह के मेधावी छात्र कालीचरन वर्मा को चयनित होने का सौभाग्य मिला। हमें सभी के साथ वही पढ़ाया जाता। बस प्रेरणा का स्तर ऊँचा कर दिया गया। हम दोनों को वह जमने लगी। हमारे विद्यालय में कक्षा सात तथा आठवीं कक्षा के देहात के छात्रों को छात्रावास में रहना अनिवार्य था। शाम के भोजन के बाद छात्रावास में हमारे अध्यापक विशेष कक्षाएँ लेते थे। श्रीनगर के रहनेवाले स्थानीय छात्रों को भी इसमें आना अनिवार्य था। हमारे गुरुजन इस विद्यादान के लिए हमसे किसी तरह की भी सेवा की अपेक्षा नहीं करते थे। इस बीच संस्कृत के विद्वान् अध्यापक पं. नाथूराम त्रिपाठी शास्त्रीजी भी हमारे विद्यालय में आ गए। वे गांधी टोपी के साथ पंडित जवाहरलाल नेहरू से भी आकर्षक दिखते थे। बिल्कुल वैसे ही। बस पंडित नेहरू के जबड़ों का उभार उन्हें शास्त्रीजी से न्यून कर देता था। मुझे संस्कृत का आधार उन्हीं से मिला।

एक दिन हमारे कताई-बुनाई टीचर कटियार साहब ने मुझे विद्यालय की छुट्टी के बाद अध्यापक कक्ष में बुलाया। बोले, कल रविवार है। क्या तुम सुबह विद्यालय समय पर आ सकोगे? मैंने कहा, जी सर! बोले, बाहर लॉन में बैठना। उत्तर वही, जी सर! इस संक्षिप्त वार्त्ता के बाद मैं घर के लिए चल दिया। शनिवार को छात्रावास के लड़के भी प्राय: अपने घर चले जाते थे। अगले दिन मैं लॉन में भूमि पर बैठ गया। कटियार साब उसी समय आकर सामने की सीमेंट की कुरसी पर बैठ गए। शाम होते-होते उन्होंने मुझे समूची अंग्रेजी व्याकरण पढ़ा भी दी, सिखा भी दी थी और बीच-बीच में प्रत्येक प्रकरण पर प्रश्न पूछकर पक्की भी कर दी। उसके बाद सहज भाव से कहा, अब जाओ; कभी कुछ पूछना हो तो पूछ लिया करो। इतने उद्भट विद्वान् और उदार हृदय थे हमारे कताई-बुनाईवाले गुरु। उनके विषय में मुझे बोर्ड में बहुत अच्छे अंक मिले थे। प्रैक्टिकल की परीक्षा में श्री सतईरामजी ने मुझसे जुलाहा गाँठ लगाने को कहा और संभवत: मेरी सत्यनिष्ठा आँकने लघुशंका हेतु चले गए। मुझे जुलाहा गाँठ नहीं आती थी। एक साथी ने लगाकर दे दी। पर मेरा झूठ तो पकड़ा ही गया। आज भी मुझे इस बात को लेकर शर्मिंदगी होती है। मैंने कटियार साहब का विश्वास भी तोड़ा होगा। अब यह सोचकर मन दु:खी होता है। मैं महात्मा गांधी होते-होते रह गया। मैं उसी गाँठ को तत्काल सीखकर बना सकता था। पर चोरी का अनैतिक विचार मेरी बुद्धि और आत्मविश्वास पर ग्रहण लगा चुका था। रामचरितमानस में रावण के सीताहरण प्रसंग में एक चौपाई आई है, 'जिमि कुपंथ पग देत खगेशा। रह न तेज बुद्धि बल लवलेसा।'

उस समय सोच में वह गहराई तो कदाचित् नहीं थी। पर आत्मग्लानि अवश्य हुई थी। गांधीजी के सत्य के साथ प्रयोग हैं तो मेरे भी असत्य के साथ कम प्रयोग नहीं हैं। जगदंबा की महान् कृपा कि असत्य को असत्य जानने-समझने और दूर रहने के प्रयास करने का विवेक मुझमें जगाए रखा। इससे मेरा निरंतर आध्यात्मिक विकास होता रहा।

पंद्रह अगस्त को देशप्रेम पर मेरा भाषण भी जोरदार रहा। मुझे एक रुपया पुरस्कारस्वरूप भी मिला।

□

लोकतंत्र से मुठभेड़

हमारे विद्यालय में प्रत्येक शनिवार को भोजनावकाश के उपरांत बाल सभा होती थी। हम घर से गकरियाँ (छोटे टिक्कड़) लाते थे। कनेर के पेड़ पर उन्हें बाँध देते थे और दोपहर में गकरियाँ, अचार, सब्जी अथवा गुड़ के साथ, मित्रों के साथ पेड़ के नीचे बैठकर खाते थे। इस सत्र की पहली बाल सभा हो रही थी। हम सब टाट-पट्टियों पर बैठे। अध्यापक कुरसियों पर। छात्र सामने टाट पर। प्रधानाध्यापक महोदय ने बालसभा अध्यक्ष के निर्वाचन की घोषणा करते हुए उम्मीदवारों को आगे आने को कहा। कोई नहीं आया तो मुझे प्रेरित किया गया। उस समय तक मैं गाँव से ही आता-जाता था। छात्रावास में नहीं रहता था। सत्र का प्रारंभिक काल था। मेरा नाम प्रस्तावित और अनुमोदित होते ही छात्रावासियों की ओर से पन्नालाल या ऐसे ही कुछ नामवाले छठवीं कक्षा के छात्र की उम्मीदवारी तय हुई। मतदान हुआ। सारा छात्रावास पन्नालाल के साथ। मेरे सहपाठी भी उधर ही गए। पन्नालाल को छात्रावासवालों ने पूरी प्रक्रिया और मेरा मजाक उड़ाने को खड़ा किया था। वह एक तरह से कबाड़ी कहलाता था। पढ़ने से रिश्ता बनाने के लिए विद्यालय में था, पर यह उसका गंतव्य नहीं था। खाते-पीते घर का अच्छा बालक था। मेरा विरोधी भी नहीं था। बस मजाक-मजाक में ही कन्टैस्ट मजेदार हो गया। हम दोनों को बराबर-बराबर मत मिले। निर्णय लॉटरी से हुआ, जो मेरे पक्ष में गया तो गुरुजनों पर पक्षपात के आरोप लगे। मुझे सरकारी उम्मीदवार मानकर ही पन्नालाल को खड़ा किया था। बाद में जीवन में मैंने देखा कि घटनाएँ एक जैसी ही होती हैं। बस परदे और मंच के आकार से वे राष्ट्रीय या अंतरराष्ट्रीय कहलाने लगती हैं। हम सब जगह एक जैसे ही हैं। घटनाएँ भी एक जैसी ही हैं।

कुछ ही दिनों बाद ऐसा सुखद सौभाग्य प्रभुकृपा से प्राप्त हुआ, जो बड़े-बड़े नसीबवालों को भी शायद ही मिला हो। मुझे प्रधानाध्यापक दुबेजी के कक्ष में बुलाया गया। परिचय को बैठे थे पंडित परमानंद, पंडित सोहन लाल द्विवेदी, पंडित वृंदावन लाल वर्मा और श्रीराम गोपाल गुप्त। समीप में पटरे की नेकर, आधी बाँह की कमीज पहने नंगे

पैर बाल सभाध्यक्ष देवकी नंदन खड़े थे। इनमें से किसी एक के भी दर्शनों का सौभाग्य जीवन की महान् घटना माना जा सकता है। हम अपनी महान् विभूतियों को विस्मृत कर देते हैं। इसलिए पाठकों की सहायता के लिए इनके बारे में दो बातें कहे देता हूँ, यद्यपि ये महापुरुष स्वयं परिचय हैं। पंडित परमानंद (भाई परमानंद नहीं) उन क्रांतिकारियों के अगुआ थे, जो अंग्रेजी शासन को अपनी शक्ति से उखाड़ फेंकने में विश्वास रखते थे। वे समुद्री मालवाहक जहाज में सामान के साथ छुपकर जापान के लिए निकल गए। यह जहाज जापान नहीं जा रहा था, अमेरिका की तरफ जा रहा था। इसलिए समुद्र में ठंडे पानी की शार्क मछलियों की भरपूर जलधारा में कूद गए और कोसों दूर तैरकर जापान की मुख्य धरा पर पहुँच गए। वहाँ बम बनाना सीखा। भारत लौटे। लौटते समय उनके जापानी मित्रों ने उन्हें एक डफली भेंट की। भारत में लौटकर अंग्रेजी हुकूमत के खिलाफ विप्लवी गतिविधियों के प्रशिक्षण और संचालन हेतु नेतृत्व प्रदान किया। इसके लिए इन्हें दोहरे कालापानी की सजा का पुरस्कार मिला। वे अंडमान-निकोबार की कुख्यात सेल्युलर जेल में वर्षों बंदी रहे। भारत में अंग्रेजी शासन समाप्त होने के बाद वे जेल से बाहर आए। वर्ष 2002 में मैं इस पुण्यस्थली के दर्शन करने गया था। इसका विवरण एक अलग से अध्याय की माँग करता है।

पंडित सोहन लाल द्विवेदी जाने-माने यशस्वी कवि हैं। जिन्हें किताबों में पढ़ते थे, उनके सगुणदर्शन हृदय की धड़कनें बढ़ानेवाले थे।

पंडित वृंदावन लाल वर्मा जैसे सुप्रसिद्ध उपन्यासकार का नाम कौन भूल सकता है। बुंदेलखंड की माटी का तेज इनके लेखन में है।

श्रीराम गोपाल गुप्त उस समय हमीरपुर जिला परिषद के अध्यक्ष थे। वे अखिल भारतीय स्वतंत्रता सेनानी संगठन के अध्यक्ष भी रहे हैं। उत्तर प्रदेश के तत्कालीन मुख्यमंत्री श्री चंद्रभानु गुप्त के करीबी एवं उन्हीं की तरह अविवाहित भी थे।

मुझे दुबेजी का निर्देश हुआ कि मध्यकाल अवकाश के बाद बाल सभा की कार्रवाई देखने की इन अतिथियों की उत्कंठा है। मैंने भागकर कार्यक्रम की सूची बनाई। पूरे विद्यालय की सभी कक्षाओं में जा-जाकर जानकारी दी और कार्यक्रम देनेवालों से मंत्रणा की। मैं बालसभा का अध्यक्ष होने के साथ विद्यालय का मॉनीटर भी था और अपनी कक्षा का मॉनीटर तो था ही।

सबसे अधिक आश्चर्य का अवसर तब आया जब पंडित परमानंद ने अध्यक्ष का आसन ग्रहण करने से मना कर दिया और कहा कि इस कुरसी पर तो बालसभा का अध्यक्ष ही बैठेगा। वही कार्यक्रम की अध्यक्षता भी करेगा। नीचे के टाट से कुरसी के ठाठ जीवन में पहली बार मिले। वह भी इतने बड़ों के बीच। घुटनों के ऊपर तक रहनेवाले पटरे की नेकर से अधर में लटकते पैर घड़ी के पेंडुलम की तरह काँप रहे थे।

काश, एक अदद पाजामा या हाफ पैंट होती तो कुछ बेहतर होता। पर पूरी जिंदगी ही तो काश, किंतु-परंतु, अगर-मगर, चूँकि-इसलिए जैसे द्वंद्वात्मक व्यूहों की रचना ही होती है। कोई कोना काटकर निकल जाए तो बताना।

तो मैं अध्यक्षीय आसन पर। चारों महान् अतिथियों में दो-दो करके मेरे दाहिने-बाएँ वरिष्ठता अनुसार। प्रधानाध्यापक दुबेजी ठीक मेरे पीछे बाएँ कान की सीध में ताकि आवश्यकता पड़ने पर धीरे से मंत्र फूँक सकें। उनके अगल-बगल अन्य गुरुजन। सामने टाट-पट्टी पर सभी छात्र। बालसभा सचिव गोविंद दास साइड में अलग से टाट पट्टी पर।

कार्यक्रम समाप्ति की ओर आते ही दुबेजी के मंत्र फूँकने पर मैंने पूज्य पंडित परमानंदजी से हम बच्चों को अपने डफली वादन का आनंद अनुभव कराने की प्रार्थना कर दी। पंडितजी ने प्रसन्नतापूर्वक अनुगृहीत किया। तदुपरांत मैंने उनसे सभा के समापन की घोषणा करने की अनुमति माँगी। पंडितजी बोले, "मुझसे तो डफली बजवा ली। अभी बच्चू, अध्यक्षीय संबोधन तो शेष ही है।" प्रभुकृपा और निगम साहब के आशीर्वाद से देशभक्ति पर मेरा भाषण तैयार था ही। भाषण का समापन मैंने उन प्रसिद्ध पंक्तियों से किया, 'जिसको न निज गौरव तथा निज देश पर अभिमान है। वह नर नहीं है पशु निरा है और मृतक समान है।' इसके बाद मैं मेज पर हाथ ठोककर अर्थ को गहराई देना चाहता था। पर मेरा हाथ टेबल को मिस कर गया।

इन महापुरुषों के दर्शनों में निगम साहब के सिखाए गए तमाम प्रेरक गीतों ने मेरे मन को जीवंत कर दिया। वे महज गीत नहीं रह गए। जीवन की दिशा और उद्देश्य का संकेत देनेवाले लाइट हाउस बन गए। वे गीत आज भी गाए जाते हैं। पर वे मंत्र सिद्ध विरलों के मन में ही हो पाते लगते हैं। कुछ गीतों की प्रारंभिक पंक्तियाँ यहाँ देना उचित प्रतीत होता है।

'हम लाए हैं तूफान से कश्ती निकाल के,
इस देश को रखना मेरे बच्चो सँभाल के।'

'इंसाफ की डगर पे बच्चो दिखाओ चल के,
ये देश है तुम्हारा नेता तुम्हीं हो कल के।'

और इसके कुछ ही दिनों बाद होनेवाले चीनी आक्रमण ने तो इस गीत में रक्त संचार कर दिया—

'माँ मुझे तलवार ला दो
मैं न सुनना चाहता माँ आज परियों की कहानी
आज मुझसे मत कहो माँ एक राजा एक रानी

वीर राणा की शिवा की शक्ति तुम मुझमें जगा दो
माँ मुझे तलवार ला दो।'

इन महापुरुषों के दर्शनों ने मेरे मन-मानस, हृदय को भारतमाता की सेवा के हितार्थ विशालता दी, लंबी और पैनी दृष्टि भी दी। और उसके अनुसार आगे जीवन को संचालित करने की जिजीविषा भी दी। दैववश मैं एक बेहद संकुचित मंच पर अटक गया। किंतु इससे मेरा सोचा, मेरी दृष्टि जगदंबा की कृपा से बाधित नहीं हो पाई। यह एहसास मेरे अंदर हमेशा जीवित रहा कि मेरी जवाबदेही स्वयं भारतमाता और आनेवाली पीढ़ियों के प्रति और यथासाध्य जगत् कल्याण के प्रति है, न कि किसी क्षणमात्र के नियामकों के प्रति।

माह अक्तूबर उन्नीस सौ बासठ। देश के इतिहस का क्रूरतम काला अध्याय, हमने इतिहास से कुछ सीखा नहीं था। इसकी कीमत हमें चुकानी पड़ी। चीन ने शक्तिपूजा करनेवाले देश को शक्ति का पाठ पढ़ाया। उसने कहा, कबूतर उड़ाने बंद करो वरन् कोट की जेब की लाल-गुलाबी कली पर धूल उड़कर बैठ जाएगी। कश्मीर मुद्दे पर संयुक्त राष्ट्र संघ में घंटों बोर करनेवाले के लिए यह नहीं कहा गया कि आधा कश्मीर चला गया। कहानी यह चलाई कि उसने कश्मीर बचा लिया। इस मिथ्याचार की कीमत देश ने उस भाषणबाज अंग्रेजीदाँ को रक्षा मंत्री के रूप में पाकर चीन की शर्मनाक पराजय पाकर चुकाई। वह तो तब गया जब उसके लानेवाले को विदा करने की आवाजें नेपथ्य से आने लगीं। स्वयं पंडितजी इस घोर पराजय से टूट गए थे। उनका मनोबल और तेज नष्ट हो गए थे। उन्होंने किसी तरह जर्जर काया को अगले डेढ़ वर्ष तक खींचा। जबकि श्री लाल बहादुर शास्त्री और स्वयं उनकी पुत्री श्रीमती इंदिरा गांधी उनके लिए राज-काज सँभालते रहे। जिस दिन सत्ताईस मई उन्नीस सौ चौंसठ को देश के इस नायक पंडित जवाहरलाल नेहरू का सूतक देश पर आया वह आँधी-तूफान अग्निकांडों से भरा-पूरा रहा जैसा वह प्रकृति भी देश के इस महान् सपूत के जाने से अपना दुःख व्यक्त कर रही हो। मेरे बालमन में पंडित नेहरू अच्छे विदेश मंत्री बैठते थे। नेताजी के आगमन की हम प्रार्थनाएँ करते थे। सरदार पटेल को नजरअंदाज करने की सजा देश ने चीन के हाथों घोर पराजय का स्वाद चखकर पाई, यह बातें हम सुनते थे, पर इस पहेली को समझ नहीं पाते थे। मान अवश्य लेते थे कि यह विचारणीय प्रश्न है।

चीन के हाथों पराजय का कड़वा स्वाद मैंने भी वर्ष उन्नीस सौ उन्यासी में चखा। उस वर्ष भारत-तिब्बत सीमा पर हॉट स्प्रिंग तक मैं वर्ष उन्नीस सौ उनसठ में चीन के हाथों शहीद हुए अपने सी.आर.पी.एफ. के बहादुरों को श्रद्धांजलि अर्पित करने गए भारतीय पुलिस फोर्सेस का नेतृत्व कर रहा था। उस दौरान हमने चुशूल के हवाई अड्डे पर शेष लोहे की शीटों के रन-वे के दर्शन किए और चुशूल की उस पहाड़ी के भी दर्शन

किए, जिसे मेजर शैतान सिंह ने भारतीय सेना की मात्र एक कंपनी बल का नेतृत्व करते हुए चीनी सेना की एक ब्रिगेड को रोके रखा। वे शहीद हो गए। पर चीनी इस स्ट्रेटजिक पहाड़ी पर कब्जा नहीं कर पाए। बड़ी रोंगटे खड़े करनेवाली कहानी है। चीनी दबाव के चलते हवाई अड्डा उन्नीस सौ पचासी के आस-पास पूरी तरह नंगा हो गया। उस दर्शन के दौरान हमें उस पहाड़ी की ओर जाने की अनुमति नहीं थी। पहाड़ियों के बीच एक इंडिया गेट भी बना था जिसे बाद में चीनियों ने तोड़ दिया। हमारी चौकियाँ पहाड़ियों के उस पार हुआ करती थीं। पहाड़ियों के बीच की खँदिया तक चीन हर मौसम में प्रयोग योग्य सेवन टनर रोड बना चुका था। मेजर शैतान सिंह की शहादत बेकार जा चुकी थी। ह्यूमिलियेशन किसे कहते हैं, वह वहाँ देखने को मिलता है। शक्ति की पूजा के लिए शक्ति की जीवंत साधना आवश्यक है।

वर्ष उन्नीस सौ बासठ ने दस्तक देते ही अष्टग्रही योग के माध्यम से भारत को चेतावनी दे दी थी कि अशुभ के निवारण की तैयारी करो। धार्मिक लोग पूजा-पाठ-यज्ञ में जुट गए। सेक्युलरवादी लोग ज्योतिष से मार्ग निर्देशन लेने के बजाय इसको बकवास बताने में जुट गए। ज्योतिष में डिटर्मिनिज्म नहीं होने का आक्षेप लगता है, तो डिटर्मिनिज्म है ही कहाँ। विज्ञान भी अब इसके फेर में नहीं है। सारा खेल प्रोबेबिलिस्टिक है, डिटर्मिनिस्टिक नहीं। आज के समय की माँग संकेतों की भाषा समझने की पहले से भी कहीं अधिक है।

मेरे घर ज्योतिष की सबसे ज्यादा चर्चा तब हुई जब वर्ष उन्नीस सौ तिरसठ में ही उनतीस जुलाई को मेरा प्रियतम अनुज ओम प्रकाश चाली राजा मुझे छोड़कर हक्का-बक्का बिल्कुल सन्न कर गया। मैं अपने मवेशीघर अर्थात् वघर की सीढ़ियों की मुँडेर से रोज दूर उस चबूतरे के दर्शन के लिए जब भी मौका मिलता चला जाता। जहाँ की मिट्टी में मेरे अनुज सो रहे हैं। आज भी मेरे मन में यह आता है कि मैं वहाँ जाकर उनसे बातें करूँ। इस भीषण त्रासदी के संबंध में मेरी जन्म-पत्री का अध्ययन हुआ।

दिवंगत जनों की जन्म-पत्री न तो बनाई जाती है और परंपरा के अनुसार न ही उनका अध्ययन ही यथेष्ट माना जाता है। पहले तो यह हुआ था कि यह सिंह लग्न की ठीक मानी जाएगी अथवा कन्या लग्न की। यह प्रश्न बहुत अर्थ नहीं रखता था, क्योंकि दोनों के अनुसार मेरी पत्री के तीसरे घर में सूर्य-चंद्र दोनों एक साथ विराजमान हैं। इसका अर्थ यह है कि इस योग के कारण मेरे बाद आनेवाले भाइयों को यह योग नहीं रहने देगा। बाद में उन्नीस सौ सड़सठ में मेरी छोटी बहन बिटोला के अल्पायु में ही चले जाने ने इस पर मोहर जैसी लगा दी। किंतु मैं यह मानता हूँ कि यह संकेतमात्र था कि मेरे अनुज-अनुजा के बचपन में स्वास्थ्य संबंधी विशेष सावधानियों-निराकरणों की आवश्यकता

थी, जिन्हें नहीं किया गया तो संकेतमात्र ने होने का रूप धारण कर लिया। ज्योतिषीय संकेत हमारे कर्मों के बारे में दिशा-निर्देश के रूप में लेने चाहिए। गोस्वामी तुलसीदास महाराज तो प्रारब्ध के अकाट्य लेख के भी काटे जाने की बात इस प्रकार कहते हैं—

'मंत्र महामनि विषय ब्याल के। मेटत कठिन कुअंक भाल के॥'

(यह राम नाम की महिमा के बारे में है।)

'भाविहि मेटि सकँहि त्रिपुरारी।'

प्रकृति अन्य प्रकार के भी संकेत देती है। पर उन अनुभवों की चर्चा मैं उनके व्यक्तिपरक होने के कारण नहीं करूँगा।

जीवन के संबंध में जन्मपत्री में कई संकेत मिल जाते हैं। कुछ की चर्चा कर लेते हैं। गुरु महाराज जिस घर में बैठे हैं, उसे खराब कर देते हैं। इसलिए उन कर्मों में विशेष गुरुता अपेक्षित होती है। वे जिस-जिस घर पर दृष्टि डालते हैं, वे सभी मंगल पाते हैं। भौतिक उदाहरणों में गुरु द्रोणाचार्य उनके पुत्र अश्वत्थामा और शिष्य अर्जुन को ले सकते हैं। गुरु माने बड़ा। राजा धृतराष्ट्र ने घर बर्बाद कर लिया, पर उनकी दृष्टि पांडवों पर थी, जैसी भी रही हो, पांडवों का अंततः कुछ मंगल तो अपेक्षाकृत कर ही गई। महाराज शांतनु और गंगापुत्र भीष्म। पुत्र और शिष्य बाप और गुरु के घर को छोड़कर ही शोभा पाते हैं, अन्यथा नहीं। शनि महाराज ठीक इससे उलट हैं। जहाँ बैठे हैं वहाँ कदाचित् कल्याणप्रद रहेंगे। पर जहाँ-जहाँ उनकी दृष्टि पड़ेगी वहाँ वे विशेष पुरुषार्थ का संकेत दे रहे होते हैं। उपयुक्त कर्म नहीं करेंगे तो होनी भी होगी, अनहोनी भी होगी।

हम इस उपयुक्त शब्द का उपयोग तो करते ही रहते हैं। पर इसके अर्थ के प्रति हमारी निष्ठा तनिक भी नहीं है। यही बात उपयोग शब्द के उपयोग की है। जो भी प्रयुक्त होता है, वह आवश्यक नहीं कि उपयुक्त भी हो। इसी तरह हर प्रयोग उपयोग नहीं होता। उपयुक्त का अर्थात् युक्त के निकट। इसी तरह उपयोग का अर्थ है योग के निकट।

श्रीमद्भगवद्गीता में भगवान् श्रीकृष्ण कहते हैं—

'युक्ताहारविहारस्य मुक्तचेष्टस्य कर्मसु।
युक्तस्वप्नावबोधस्य योगो भवति दुःखहा॥'

(गीता 6,17)

यथायोग्य आहार-विहार करनेवाले का, कर्मों में यथायोग्य चेष्टा करनेवाले का और यथायोग्य सोने तथा जागनेवाले का ही योग सिद्ध होकर दुःखों का हरण करनेवाला होता है।

यह तो हुआ उपयुक्त के बारे में।

अब उपयोग के बारे में भगवान् श्रीकृष्ण की अमृतवाणी देखिए—

'योगस्थ कुरु कर्माणि संङ्ग त्यक्तवा धनन्जय।
सिद्ध्यसिद्ध्योः समो भूत्वा समत्वं योग उच्यते॥'

(गीता 2, 48)

उपयोग वही कर पाता है तो अनासक्त होकर सिद्धि और असिद्धि में समत्व रखते हुए इस प्रकार योग में स्थित हुआ कर्तव्य कर्म करता है। शेष सभी प्रयोग कर रहे होते हैं।

तनिक सोचिए, क्या हम पूरी जिंदगी अनर्गल प्रयोगों में ही नहीं नष्ट कर देते हैं। इसका अर्थ यह नहीं कि जीवन में प्रयोग नहीं करने हैं। शास्त्र के विधि-निषेध का पालन करते हुए योगस्थ होकर जो भी प्रयोग किए जाते हैं, वे वस्तुतः परिभाषानुसार उपयोग की ही श्रेणी में आते हैं।

ज्योतिष पर दो बातें और। यह एक उपयोगी विद्या है। जन्मपत्री मनुष्य को बगैर जाने ही उसके विषय में अनेक ठोस संकेत देती है। जैसे देवगण और राक्षसगणवाले जातकों के स्वभाव में स्पष्ट अंतर देखा जा सकता है। राक्षसगण क्रोध और अहंकार तमस का आधिक्य बताता है। देवगणवाले में सात्त्विकता अधिक होगी। जीवन के उपयुक्त संचालन के लिए उपयुक्त समझ और शैली विकसित करना दोनों के लिए आवश्यक है। इसी तरह जन्मपत्री में वर्ण भी बहुत कुछ बताता है। इसका उपयोग करें और जीवन सुधारें। एडोल्फ हिटलर तो कहता था कि उसे लकी जनरल्स चाहिए अर्थात् जनरल तो हों ही, उनके स्टार भी अच्छे हों।

वर्तमान जन्म का कर्म अगले जन्म का नक्शा तैयार करता है। कैसा जीवन जीना चाहेंगे, यह जन्म-जन्मांतर में बनाए गए नक्शों की परिणति है।

हम वर्ष उन्नीस सौ तिरसठ में हैं और मैं आठवीं कक्षा में। इस बीच मुझसे तीन वर्ष बड़ी इकलौती बहन मुन्नी देवी का विवाह संपन्न हो गया है। इस पर कुछ लिखा ही जाएगा। कहने को तो पूरी किताब है। इसलिए यादों के भंडार का ताला बंद ही रखना ठीक है। हाँ, वर्ष उन्नीस सौ सत्तावन जा चुका है। गाँव में इसे गदर का साल (सन् अठारह सौ सत्तावन) कहकर सिहरन के साथ याद किया गया था। हमें इसका अर्थ न बताया गया, न स्वयं उस वय में समझने में आया। मैं इसे देश की सरकार की स्वतंत्रता संग्राम के बलिदानों के प्रति पूर्ण उदासीनता का प्रमाण मानता हूँ। दिल्ली में अवश्य जलसे हुए होंगे। इस प्रकार शासन की जनता से दूरी इसे औपनिवेशिक तेवरों से सुसज्जित करती आई है।

'आँसू भरी हैं ये जीवन की राहें।'

□

समय होत बलवान

वर्ष उन्नीस सौ तिरसठ ऐसे कठिन दौर को लेकर आया जिस पर यदि किशोर जू भगवान् की छाया न मिलती तो यह सब लिखनेवाला कहाँ होता, क्या करता, अनुमान लगाना कठिन है।

अच्छी फसल खड़ी थी। वसंत का आगमन हो रहा था। इसी समय हमारे घर के विश्वस्त सदस्य जैसे हलवाहे जगोला कोरी की जान भयंकर बुखार ने ले ली। पिताजी बीमारी से बिस्तर पकड़ चुके थे। उन दिनों कुलीन खानदानों की महिलाओं को खेत पर जाने की अनुमति नहीं थी। मेरी माँ वैसे भी घर-गृहस्थी चलाने और मेरे पिताजी की सेवा में रत रहती थीं। कहा जा रहा था कि पिताजी को टी.बी. हो गई है। मेरी माँ, पिताजी की हर कठिन चेष्टा में मृत्यु की चेतावनी पढ़तीं, पर प्रकट न करतीं। मैं और मेरी बड़ी बहन सब समझ रहे थे। माँ बस इतना कहतीं कि बीमारी अच्छी नहीं होती। 'पहला सुख निरोगी काया।' स्वस्थ जीव है तो उसके साथ के खेल, लीलाएँ भी हैं। लीलाओं से विहीन जीवनलीला तो क्रूरता का उदाहरण है।

मैंने और मेरी बड़ी बहन ने मिलकर खेती-बाड़ी, पशुओं की देखभाल सँभाली। मैं सुबह कक्षा सात की परीक्षा देने निकलते समय बैलों को खेत पर बाँध जाता। लौटकर खेतों पर आता तो फसल कटाई का निरीक्षण करती और खेत से सिला बीनती मेरी बहन घर लौट आती। मैं बैलों को पानी पिलाकर खलिहान में बाँधता। बहन रोटी खाकर खेतों पर। मैं घर आता। कुछ देर बाद खेतों पर। हम दोनों खेत काटनेवालों की मजदूरी चुकाते, सिला बीनते। सिला लेकर घर आते, ताकि उसे कूटकर अनाज के दाने निकाल सकें। फसल ढोने में बैलगाड़ी भरने और लेकर आने में कोई-न-कोई किसान प्रतिदिन हमारी सहायता करता। फिर हमें एक स्थायी श्रमिक भी एक महीने के लिए भुगतान पर मिल गया। हमने मिलकर खलिहान उठाया।

इसी वर्ष गरमियों में बड़ी बहन की शादी हो गई। कमरतोड़ दहेज की रकम और सामान भी आगे के उसके ससुराल प्रवास के जीवन के आँसुओं की बाढ़ नहीं रोक पाए।

इस विवाह के आँसुओं की बाढ़ में मेरे आँसू भी हैं। हम भाई-बहन मिलकर उसकी सास की प्रताड़नाओं पर रोते थे। मेरी बहन के श्वसुर पंडित शिवकरण नाथ दुबे बहुत भले थे। पर पत्नी के व्यवहार में हस्तक्षेप नहीं करते थे। मरने से पहले तक वे मेरी बहन में कोई अदृश्य खामियों को तलाशते रहे। पर मरने से पहले उन्होंने रो-रोकर मेरी बहन से अपनी गलतफहमी स्वीकार की। उन्हें अपनी पत्नी के भविष्य की चिंता थी। दो बहुओं में एकमात्र मेरी बहन ही उनकी सेवा और आदर करती थी। उन्हें लगता था कि उनके मरने के बाद सास के व्यवहार के लिए कहीं इसका भाव भी न बिगड़ जाए। मेरी बहन ने बगैर उनके कहे ही उनके मन का भाव पढ़ लिया। उन्हें आश्वस्त किया कि अम्मा का व्यवहार उनका अधिकार था। मेरी सेवा का कर्तव्य अडिग स्थिर रहेगा। न रोएँ, न चिंता करें। दुबेजी ने शांतिपूर्वक राम-राम कहते हुए देह-त्याग कर दिया। मेरी बहन का हाथ उनके माथे पर था। देह-त्याग से पूर्व वे बहन को आशीर्वाद देना न भूले।

पंडित दुबे ने मुझे वह प्यार दिया, जो मेरे पिता ने पता नहीं कहाँ छिपा रखा था। मैं बहुत छोटा था। वे बहुत बड़े थे। ज्ञानी थे। जूनियर हाई स्कूल बिवाँर में विज्ञान और अंग्रेजी भाषा के शिक्षक थे। फुटबॉलर वे राजकीय इंटर कॉलेज, बाँदा की फुटबॉल टीम में थे। साढ़े छह फीट लंबे सुदर्शन व्यक्तित्व। जहाँ खड़े हो जाएँ 'पंडितजी पाँयलागन' की ध्वनियाँ सुनाई देने लगें। अजनबी भी उन्हें देखकर प्रणाम करना न भूलता। ऐसी शक्तिशाली उपस्थिति थी उनकी। मैं उनसे अपनी बहन की सास अर्थात् उनकी पत्नी के लिए खत में भला-बुरा लिख भेजता तो वे बस उसकी अंग्रेजी शुद्ध करके आशीर्वाचक उत्तर भेजते। उन्होंने मेरे लिए अंग्रेजी भाषा में नियमित पत्राचार अनिवार्य किया हुआ था। मैं जब बिवाँर अपनी बहन की ससुराल जाता तो लौटते समय वे मुझे बस स्टैंड तक छोड़ने आते, टिकट कटाते, बस के आने की प्रतीक्षा करते, मुझे बस में बैठाते, फिर उसके चलने के बाद भी हाथ हिलाते खड़े रहते। बस स्टैंड का स्टाफ, दुकानदार और फिर स्वयं बस ड्राइवर और कंडक्टर भी कहते कि पंडितजी, आप जाइए, हम देवकी नंदन को आराम से ले जाएँगे, पर वे इस प्रक्रिया का यावज्जीवन पालन करते रहे। मेरे पिता भी कभी मुझे बस स्टैंड तक छोड़ने नहीं आए थे। बहन की सास का व्यवहार मेरे प्रति भी तिरस्कारपूर्ण था। मेरे बाप के प्रति भी अपमानजनक था? फिर मेरी क्या औकात? अनुभवों की कथा लंबी है और दर्दभरी भी। पर मुझे केवल अच्छाई से ही प्यार है। जो बुरा हुआ, वह हो गया। उसे दो बार क्यों जिया जाए? पंडित शिवकरण नाथ दुबेजी को हम बप्पा कहते थे। मैं कई दिन बिवाँर में बिताता था। बप्पा मुझे बच्चे का प्यार और वयस्क जैसा सम्मान देते थे। हमारी राष्ट्रीय-अंतरराष्ट्रीय विषयों पर लंबी-लंबी चर्चा होती थी। प्रश्न वही पूछते थे। फिर आदान-प्रदान प्रारंभ हो जाता और चलता रहता। वे अपने साथ-साथ मेरे लिए भी उसी प्रकार भोजन की थाली लगवाते जैसी कि स्वयं के लिए।

मुझे यह जानकर हर्षातिरेक हुआ कि बप्पा ने मुंशी प्रेमचंद को भी देखा है। उपन्यास सम्राट् मुंशी प्रेमचंद किसी समय उत्तर प्रदेश के हमीरपुर जिले के सरीला ब्लॉक में सब डिप्टी इंस्पेक्टर ऑफ स्कूल्स के रूप में नियुक्त थे। तब बप्पा छात्र थे। उन्होंने मुझे मुंशी प्रेमचंद को लेकर एक विशेष प्रकरण की भी जानकारी दी थी। मुंशीजी सरकारी सेवा में होने के कारण उन दिनों छद्म नाम से लिखा करते थे, असली नाम नहीं देते थे। उनकी एक कृति पर अंग्रेजी हुकूमत ने प्रतिबंध भी लगाया था। उनका लेखन हुकूमत को आपत्तिजनक लगता था। क्योंकि उसमें परतंत्रता के प्रति विरोध के स्वर होते थे। किसी ने मुंशीजी के विरुद्ध शिकायत कर दी कि छद्म नास से हुकूमत के खिलाफ छपनेवाली यह रचना दरअसल मुंशी प्रेमचंद द्वारा लिखी गई है। जिला कलेक्टर हमीरपुर ने जिला विद्यालय निरीक्षक को जाँच के आदेश दिए। निरीक्षक ने प्रेमचंद को विश्वास में लेकर कहा कि अच्छा, मुझे व्यक्तिगत तौर पर सच्चाई बता दो। मैं इसे प्रकट नहीं करूँगा। मुंशीजी ने सच्चाई बता दी। निरीक्षक ने अंग्रेज कलेक्टर को खुश करने के विचार से कलेक्टर साहब को अपनी होशियारी रेखांकित करते हुए बता दिया कि प्रेमचंद ने स्वीकारोक्ति कही है। कलेक्टर ने रिपोर्ट रख ली। और फिर जिला विद्यालय निरीक्षक की उपस्थिति में ही प्रेमचंद को अपनी सफाई का अवसर दिया। प्रेमचंद ने कहा, निजी तौर पर तो मैं हुजूर से भी सच ही बोलता। कलेक्टर ने जिला निरीक्षक के विश्वास के अयोग्य होने की भर्त्सना की। मुंशीजी को भविष्य के लिए हुकूमत विरोधी लेखन और जिला निरीक्षक जैसे लोगों दोनों से बचने की चेतावनी देकर मामला समाप्त कर दिया।

बप्पा ने चित्रकूट के कंद-मूल के संबंध में एक रोचक अनुभव बताया। मैंने उनसे कहा कि ग्यारह वर्ष तक चित्रकूट के वन में कंद-मूल खाकर परेशान हो गए होंगे श्रीराम। मैं उस समय तक चित्रकूट नहीं गया था। मैं वहाँ पहली बार सन् उन्नीस सौ सत्तर में गया था। बप्पा ने कहा कि अब न तो वैसे कंद-मूल रह गए हैं और न ही उनकी पहचान करनेवाले ही हैं। उन्हें एक बार एक कंद-मूल का दिव्य स्वाद पाने का सौभाग्य मिल चुका है। हुआ ऐसा कि बप्पा जब-तब बाँदा से चित्रकूट चले जाते थे। एक दिन चित्रकूट के रम्य वन भ्रमण करते वे भूख से आकुल-व्याकुल होने पर खोजते-खोजते वन में एक साधु महात्मा के आश्रम में पहुँच गए। बाबाजी को प्रणाम निवेदन किया। उन्होंने कहा, लगता है बहुत भूख लगी है, बैठो। फिर उन्होंने पास में पड़ा हुआ कंद-मूल उठाया और उसे अपनी धूनीवाली अग्नि-वेदिका में भूँजने दे दिया। बप्पा से उन्होंने सागवान अथवा ढाक का चौड़ा पत्ता लाने को कहा। बाबाजी ने कंद-मूल को आग से निकाला, उसका पूँछवाला सिरा मरोड़कर तोड़ा और उसके अंदर के पदार्थ को सागवान के पत्ते पर उड़ेल दिया। बप्पा ने आगे बताया, ऐसी दिव्य चावल की खीर उन्होंने जीवन

में कभी नहीं खाई। न पहले, न बाद में। अगली बार चित्रकूट में लाख खोजने पर न बाबाजी का आश्रम मिला, न बाबाजी और न फिर कभी वैसा कंद-मूल।

हलवाहे जगोला कोरी का देहावसान, पिताजी की बीमारी, दहेज से जुड़ गोया गरीबी का राग अलाप रहे थे। गरीबी और अपमान जुड़वाँ भाई-बहन हैं। दोनों हमारा बखूबी साथ दे रहे थे। मुझे गरीबी झेलना और अपमान के घूँट पीना भी आ गया था। ये अपमान मेरे लिए प्रभु के कूट भाषा में दिए हुए आशीर्वाद होते थे, जो मुझसे कहते—परवाह मत कर, आगे बढ़। आगे यही अपमान करनेवाले मान-सम्मान भी करने को बाध्य होंगे। रुको नहीं। चलते रहना सीखो। मान-सम्मान के पार भी। कहीं भी अटकना नहीं है। तभी रुके रहने की सड़ाँध से बचोगे। चरैवेति-चरैवेति।

सन् उन्नीस सौ चौंसठ में मैं जूनियर हाई स्कूल श्रीनगर से कक्षा आठ की बोर्ड परीक्षा में एक खड़ी लकीर यानी प्रथम श्रेणी से उत्तीर्ण हुआ। इस बार माता ने फीकी सी मुसकान दी। अंक तो सौ में से सौ ही हुआ करते हैं। फिर भी ठीक है। एक खड़ी पाई तो है। स्कूल में इतिहास बना। जिले में छठवाँ स्थान। इलाके में शोर-भाई बहुत होशियार लड़का है। अहंकार के अंकुर का और विकसित होने और अपनी बेटी होनहार छोकरे के गले लटकाने के प्रयास, पिताजी की गरीबी से दहेज पाकर उबरने की आकांक्षा आदि-आदि मुझ पर मारकेश लगाने लगे। मैं तो वह पुष्प भी नहीं रह गया था जिस पर मधुमक्खियाँ आतीं, तितलियाँ मँडराने की तो न उम्र थी, न वह ऐसा काल या परिवेश था। तितलियाँ थी भी कहाँ। बहनें और देवियाँ ही होती थीं उन दिनों। तो क्या मैं प्रथम श्रेणी पाकर कोई ऐसा गंदा स्पॉट बन गया था जिस पर मक्खियाँ भिनभिनाने लगें। अध्यात्म की ओर झुकाव के कवच ने मेरे लिए विपरीत परिस्थितियों में भी संभावनाओं के द्वार कभी बंद नहीं होने दिए।

□

जिंदगी का मोड़

मैं आठवीं कक्षा की बोर्ड परीक्षा में प्रथम श्रेणी से उत्तीर्ण हुआ था। इसलिए आगे की पढ़ाई पर विवाद की कोई जगह नहीं थी। श्रीनगर से इससे आगे की राहें प्रायः छतरपुर मध्य प्रदेश की ओर जाती रही हैं। किंतु उसके लिए विद्यालय छोड़ने के प्रमाण पत्र पर दूसरा राज्य होने के कारण जिला विद्यालय निरीक्षक के प्रति हस्ताक्षर और सील मोहर की आवश्यकता होती है। कौन जाएगा इस संजीवनी के लिए। कई छात्रों के अभिभावकों ने मिलकर मार्ग व्यय आदि (इस आदि के देशकाल कर्म के अनुसार बहुत से अर्थ होते आए हैं) के लिए चंदा एकत्र कर स्थानीय कांग्रेस नेता पंडित बाबूराम त्रिपाठीजी को दिया। त्रिपाठीजी को वैसे भी हमीरपुर अपने पुत्र और मेरे सहपाठी ओमप्रकाश त्रिपाठी के एस.एल.सी. पर प्रतिहस्ताक्षर कराने जाना ही था, क्योंकि उनका पुत्र आठवीं कक्षा के आगे की पढ़ाई के लिए मध्य प्रदेश का ही रुख करनेवाला था। इन श्री बाबूराम त्रिपाठीजी की मेरे जीवन में एक और छोटी सी भूमिका हो चुकी थी। सातवीं कक्षा में फीस माफी समिति ने मेरा छठवीं कक्षा में प्रथम स्थान पाने के कारण पूरी फीस माफ करने का फैसला लिया था।

मेरे शिक्षकों को मेरी गंभीर आर्थिक स्थिति का भी आभास था यद्यपि मेरे व्यवहार में कभी दीनता ने प्रवेश नहीं किया था। जीवन में गाँठ बाँध लो, 'न दैन्यं न पलायनम्', आपकी फतह स्वयं महादेव सुनिश्चित करेंगे। उन्हें पुरुषार्थ प्रिय है। भले ही वह रावण अथवा कोई भीषण राक्षस और दानव ही क्यों न हो! मेरी फीस माफी पर आदरणीय त्रिपाठीजी ने यह कहकर अपना वीटो लगा दिया कि मेरे पूर्वज तो जमींदार रहे हैं। पूर्वजों की स्थिति-परिस्थिति का दंड आगे आनेवाली पीढ़ियों को देने की नीति कांग्रेसी राजनीति का मेरुदंड बन चुकी थी। 'फूट डालो और राज करो' कि यह संस्कृति विरासतवादी राजनीति अथवा राजनीतिक जमींदारी उन्मूलन की कभी सोच भी नहीं सकती। माँ जगदंबा की कृपा से यह भी पार लग गया। उन्होंने हमारा पुरुषार्थ जाग्रत किया। मेरे अंदर सात्त्विक आक्रोश जगाया और जीवन में प्रकाश लाने का जज्बा पैदा किया। स्व.

त्रिपाठीजी को आभारपूर्ण नमन। आज की राजनीतिक संस्कृति से कालक्रम के अनुसार श्रेष्ठतर थे। आज तो पावर में आओ, धन कमाओ और राजनीति का व्यापार चलाओ। कुछ नहीं तो राजनीति की छोटी-मोटी दुकान तो संभव हो जाएगी। विशेषाधिकारों की व्यवस्था सार्वजनिक जीवन को प्रदूषित करती ही रहेगी। जो भी हो। संसार के इतिहास का कौन सा कालखंड है जिसमें भोगवादी प्रभु वर्ग न रहा हो और भले लोग तथा भले शासक अल्प संख्या में नहीं रहे हों। 'प्रभुता पाइ काहि मद नाहीं।' मद आता ही है। जिन पर प्रभु की कृपा है, वे अपने-अपने अहंकार पर गुण-दोष, निर्णय-विवेक के आधार पर नियंत्रण रख पाते हैं और उसे सात्त्विक ऊर्जा में परिवर्तित करने में भी सफल होते हैं। जन सामान्य अभावों में भी अपनी भावभूमि की रक्षा करे, उसे पवित्र बनाए रखे।

मैं और पिताजी बस द्वारा छतरपुर पहुँचकर श्रीनगर के ही एक सज्जन, जो कि छतरपुर के पास ही अध्यापक थे, उनके आवास पर जाकर टिक गए। अगले दिन महाराजा हायर सेकेंडरी स्कूल छतरपुर के प्रांगण में फॉर्म जमा कर साक्षात्कार हेतु अपने बुलाए जाने की प्रतीक्षा करने लगे। एक-दो घंटे में मेरा नाम पुकारा गया। पंडित उपाध्याय नामांकन प्रभारी के समक्ष मैं प्रणाम कर उनकी आज्ञा मिलते ही कुरसी पर बैठ गया। पंडितजी सीधे और सरल थे, या यों कहें, बिल्कुल ठेठ थे। स्कूल का नाम पूछकर बोले, आओ। तब मैंने उनसे कुछ पूछने की अनुमति माँगी। देहात के इस डरे-सहमे बड़ों द्वारा दबाए गए बालक की जिह्वा पर आज माता सरस्वती विराजमान थीं। संभवत: हमेशा से रही हैं। रहती ही हैं। मैंने ही उनका सर्वदा आदर करना नहीं सीखा। पर आज तो अंदर दुर्गा भी जाग गई थी। मैंने सविनय पूछा, "पंडितजी, आप जो बताओ कि हमाओ नाँव लिख जैहे कि नईं?" पंडितजी ने यथापूर्व बुंदेलखंडी में ही उत्तर दिया। बोले, "जो बताओ, पैलाँ हम घर बालन हाँ खबाहैं कै बाहर बालन खाँ।" "जब मध्य प्रदेश बालन से सीटें बचहैं तब उत्तर प्रदेश बालन खाँ मिलहैं।" इसके बाद मैंने पूछा कि आपके पास प्रथम श्रेणी में उत्तीर्ण कितने छात्रों ने नामांकन का आवेदन किया है? पंडितजी ने ठेठ में उत्तर दिया, "हमाए इतै फर्स्ट डिवीजन थर्ड डिवीजन सब बराबर हैं।" मैंने तत्काल पंडितजी के चरण स्पर्श किए। माँ सरस्वती उनकी जिह्वा पर से भी बोल रही थी। चरण स्पर्श कर बाहर निकल आया और जीवन में पहली बार अपने प्रभुतावादी पिता के सामने तनकर उत्तर दिया, मैं यहाँ नहीं पढ़ूँगा। प्रश्न था कि नाम लिखो कै नहीं? पिताजी बिगड़े तौ का करहै। उत्तर था, या तो राजकीय गंगा सिंह इंटर कॉलेज चरखरी में पढ़ूँगा या फिर घर पर हल चलाना सीखूँगा। आप मनपसंद बात तय कर लीजिए। सनातन काल से चल रहे इस पिता-पुत्र संग्राम में पिता अपना छतरपुर में पढ़ने का पक्ष मजबूत करने छतरपुर में ही रहनेवाले उनके ममेरे अनुज और मेरे काका श्री राम चरण अवस्थी के आवास ले गए। वो पी.जी.बी.टी. कॉलेज छतरपुर में लेक्चरर थे। गांधीजी और विनोबाजी के साथ

अपने बाल्यकाल में रहे थे। उन पर एक अलग से अध्याय आगे उपयुक्त स्थान पर आएगा। पिताजी को अधिनायकवादी व्यवस्थानुसार अनुज से हाँ-में-हाँ मिलाने की पूरी आशा थी। अनुज ने उनकी चरण-धूलि सिर पर ली, आव-भगत की, बोले, "आज दद्दा कैसे भटक परे ई कुदाईं?" पिताजी अपने अनुज से अधिकारपूर्वक बोले, "रामचरन जौ लरका पागल हो गओ, कात कै छतरपुर में न पढ़हौं चरखारी में पढ़ हौं।" रामचरन कक्का ने मुझसे बहुत धीरे से पूछा, भैया! तोरे कितने नंबर आए आठ के बोर्ड में? कक्का बोले, दद्दा जो तो फर्स्ट डिवीजन है। फिर दबी जुबान बोले, "लड़का ठीकई आ कात।" पिताजी अनुज पर भड़क गए। बोले, "तोये का अटकर स्वाद।" कक्का ने हाँ में हाँ मिलाई और रास्ता निकालते हुए बोले, "दद्दा, तुमाओ सारो हैं इतईं छतरपुर में ऊ जानत ई सब में।" कक्का के साले अर्थात् रिश्ते में मेरे मामा लगनेवाले पं. बलराम मिश्र छतरपुर के गांधी स्मारक भवन के अध्यक्ष थे। बड़े प्रतिष्ठित व्यक्ति थे। रामचरन कक्का की भी बहुत इज्जत थी। एक कालखंड था जब छतरपुर आनेवाला मध्य प्रदेश का मुख्यमंत्री या मंत्री रामचरन कक्का से शिष्टाचार भेंट करने अनिवार्य रूप से आता था।

श्री बलराम मिश्र बड़े अहाते में खुले में बैठे थे। उनके साथ महाराजा पोस्ट ग्रेजुएट कॉलेज छतरपुर के प्राचार्य भी विराजमान थे। दूर से ही अलसेशियन श्वान ने हमारा स्वागत किया। मिश्रजी ने उसे लौटने का आदेश दिया। इतना बड़ा और ऐसा कुत्ता बाप रे! मिश्रजी की हैसियत ने मेरे बाप पर भी अपनी छाप छोड़ ही दी होगी। धन्यवाद श्वानप्रवर! परिचय के बाद रामचरन कक्का ने प्रश्न उनके सामने रखा। छूटते ही प्राचार्य महोदय ने निर्देशात्मक लहजे और तेवर में कहा, आप लोग तुरंत बस स्टैंड जाइए। अभी महोबावाली आखिरी बस जानेवाली होगी। महोबा में चरखारी के लिए आखिरी बस आराम से मिल जाएगी। कल इसका नाम गंगासिंह कॉलेज में लिखवाइए। यहाँ इसका कॅरियर मत बर्बाद कराइए। महोबा पहुँचकर पानी-वानी पीजिएगा, अभी भागिए तुरंत।

विज्ञान और भूगोल के ऐच्छिक विषयों के साथ मैंने कक्षा 9 में राजकीय गंगा सिंह इंटर कॉलेज में दाखिला लिया। भूगोल में स्वयं की रुचि पैदा न कर सका तो तिमाही परीक्षा के एक सप्ताह पहले मैंने भूगोल छोड़कर संस्कृत विषय ले लिया। यह मेरे जीवन का सुंदरतम चयन निकला। इस देवभाषा ने मेरे लिए ज्ञान के वे द्वार खोल दिए, जो संस्कृत न जाननेवालों के भाग्य में कभी नहीं मिलते। वैसे छठवीं से आठवीं तक पंडित नाथूराम त्रिपाठी जैसे विद्वान् गुरु ने मेरा संस्कृत व्याकरण का आधार सुदृढ़ कर दिया था। इसलिए कक्षा नौ की तिमाही में मेरे जैसे देर से आए छात्र को जब सौ में से एक सौ पाँच अंक मिल गए तो पंडित दुर्गाशंकर द्विवेदी शास्त्रीजी अचरज में पड़ गए। उन्होंने मुझसे ही पूछा, "तैं बता जो कैसो आ?" मैंने बताया कि पंडितजी, आपने पंद्रह अंक के निबंध को तीस अंकवाला समझकर प्राप्तांक दिए। तो वे बोले, "पहले काये नई बताओ

तैने। अब तौ सबरी फिर देखने आहैं।" शेष बालकों ने निवेदन किया कि देवकी नंदन के अंक काट लीजिए, बाकी सभी के रहने दीजिए। पंडितजी के साथ मैं भी मुसकराने लगा। सफलता उदार भी बना सकती है। अहंकार भी दे सकती है। यह अहंकार मुझमें तब जाग उठा जब नवीं कक्षा में मुझे पूरे विद्यालय में प्रथम स्थान मिला। अपने पूर्व के कक्षा नौ के टॉपर श्री अशोक जैन को देखकर टॉप करने की प्रेरणा हुई थी। श्री जैन को अहंकार ने नहीं दबोचा था। मेरे अंदर यह पहले से ही था। जैन जीवविज्ञान के साथ टॉप कर विशिष्ट थे।

भूगोल विषय छोड़कर संस्कृत का चयन आसानी से नहीं हो सका। नवीं कक्षा में मेरा नामांकन करनेवाले पं. केदारनाथ शुक्ल भूगोल के अध्यापक भी थे। वे अड़ गए थे कि वे विषय बदलने के लिए अनापत्ति नहीं देंगे। मैं प्रधानाचार्य परम आदरणीय श्री रवींद्र कुमार घोष के कक्ष के बाहर पहुँचा। अनुमति पाते ही अंदर प्रवेश किया और अपनी समस्या सुनाई। घोष साहब ने श्री शुक्ल को बुलाकर परिवर्तन का सीधे आदेश दे दिया।

श्री घोष महान् व्यक्तित्व के धनी थे। लंबे आकर्षक आदरणीय हम बच्चों के सुयोग्य पिता और गुरु थे। उनके आते ही कॉलेज चमक उठा था। पर कुछ नेताओं के मनचाहे नामांकन की सिफारिश नहीं मानने पर श्री घोष का अनर्गल अनुचित विरोध करने लगे। परिणामतः मेरे दसवीं कक्षा उत्तीर्ण करते-करते उनका स्थानांतरण अन्यत्र हो गया और हम प्रिंसिपल के बिना हो गए। राजनीति में प्रिंसिपुल नहीं होने के कारण कॉलेज में प्रिंसिपल भी नहीं था। जब मैं ग्यारहवीं कक्षा में पहुँचा तो गणित, भौतिकी, रसायन शास्त्र सभी प्रमुख विषयों के लेक्चरर के पद रिक्त हो गए और सन् उन्नीस सौ सड़सठ में मेरी बारहवीं की परीक्षा के कुछ सप्ताह पहले ही इनके पद भरने से हमारा भाग्योदय हो पाया। जीव विज्ञान के लेक्चरर श्री श्याम बदन सिंह ने हमें कक्षा दस में विज्ञान पढ़ाया, बड़े सौम्य व्यक्तित्व के धनी। वे शीघ्र गाजियाबाद चले गए।

मैंने देखा कि कक्षा नौ में प्रवेश लेते ही श्री कैलाश नाथ सिंह, अंग्रेजी के अध्यापक संभावनावान छात्रों का विशेष संरक्षण कर रहे हैं। मुझे भी उनकी अहैतुकी कृपा प्राप्त होती रही है। उनके चरणों में विनम्र नमन। एक बार कक्षा बारह में रसायन शास्त्र के प्रश्नपत्र का छमाही परीक्षा में बहिष्कार हो गया। उस बहिष्कार में कदाचित् मेरी आवाज अधिक मुखर थी। मुझे कम अंक आने का भी भय था। मेरी पढ़ाई का कमजोर समय प्रारंभ हो चुका है। हमारे रसायन शास्त्र लेक्चरर आदरणीय श्री एम.पी. सिंह बेहद गुस्सा थे। उचित भी था। वे हम बच्चों पर बहुत श्रम करते थे। वे विशेषतः मुझ पर गुस्सा थे। इसलिए भी कि अच्छा एवं उनका प्रिय छात्र होने के कारण मुझे बहिष्कार रोकना चाहिए था। ईमानदारी की बात यह है कि मैं निश्चित रूप से रोक सकता था। यदि मैं बाहर नहीं आने को तैयार होता तो कोई बाहर नहीं निकलता। श्री कैलाश नाथ सिंह अपने आवास

जाते हुए मेरे कमरे में आकर बोले, देवकी नंदन, तुरंत कैमिस्ट्री लेक्चरर के यहाँ आओ। मैं हाजिर हुआ। श्री के.एन. सिंह ने हमारे गुरु का मेरे प्रति क्रोध शांत किया। मैं श्राप से बच गया। अन्यथा कैमिस्ट्री प्रैक्टिकल में फेल होकर मैं घर बैठ गया होता। कैमिस्ट्री प्रैक्टिकल में तीस में से उनतीस अंक भी मुझे श्री के.एन. सिंह की ही परम कृपा और श्री एम.पी. सिंह के आशीर्वाद से मिले थे। परीक्षण का यौगिक मुझे के.एन. सिंह साहब ने ही बताया था।

तब श्री के.एन. सिंह ने मुझसे पूछा था कि कैमिस्ट्री प्रैक्टिकल में तो मैं अंक दिला दूँगा। आपने फिजिक्स लेक्चरर की बड़ी सेवा की है, क्या वे भी कृपा करेंगे? मैंने उम्मीद जताई थी वह सही भी निकली। हमारे भौतिकी लेक्चरर श्री हनुप्रसाद श्रीवास्तव ने जिस तरह हमें फिजिक्स पढ़ाई, उनकी वह शैली मुझे आई.ए.एस. की परीक्षा तक सफलतापूर्वक काम आई।

हमारे एक अनन्य सक्षम गुरु श्री आनंदस्वरूप शुक्ला गणित पढ़ाते थे। उनका दुलार भी मुझे मिला। जब बारहवीं उत्तीर्ण करने के बाद मैंने एस.एल.सी. लिया तो वे आ गए। मैंने उनके चरण स्पर्श किए। बोले, कहाँ जा रहे हो? मैंने कहा, इलाहाबाद विश्वविद्यालय। वे प्रसन्न हुए और इलाहाबाद में फिजिक्स के शोधार्थी श्री नरेंद्र सिंह के नाम मुझे एक पत्र सहायता हेतु दिया और भविष्य के लिए आशीर्वाद भी। हमारे प्रधानाचार्य ने मुझे चरित्र प्रमाण-पत्र देने के लिए अपने सरकारी आवास पर बुलाया। अपने डी.सी. वार्ष्णेय, प्रधानाचार्य के लैटर पैड पर स्वहस्तलिखित चरित्र प्रमाण-पत्र दिया। मैं उनके चरण स्पर्श कर अपने गाँव के लिए चल दिया।

हिंदी अध्यापक श्री ए.एन. त्रिपाठी, हिंदी लेक्चरर श्री नरेंद्र कुमार द्विवेदी, बायोलॉजी लेक्चरर श्री मेहँदी हसन खान, प्रिंसिपल श्री अब्बास, हॉस्टल वार्डन श्री यू.एन. सिंह, श्री मिथिलेश कुमार निगम, श्री एस.एन. मिश्र; ये सभी समय-समय पर मेरा उत्साहवर्धन करते रहे और चरणवंदन के योग्य हैं। श्री टी.पी. मिश्र और श्री एस.एन. मिश्र अंग्रेजी के उत्तम शिक्षक थे। मेरे जीवन में इनका बहुमूल्य योगदान है। क्लर्क सह पुस्तकालयाध्यक्ष श्री रमेश चंद्र शर्माजी का भी मुझ पर पुस्तकें देने के लिए उपकार है।

मैं कक्षा नौ से लेकर दसवीं कक्षा तक छात्रावास में था। दसवीं में मैस में घाटे के कारण मैस बंद हुई और फिर अगले वर्ष से छात्रावास। इसके लिए हमारे ही कुछ साथी जिम्मेदार थे। उन्होंने मैस का अनाज बेचकर सबके साथ धोखा किया था। वे संख्या में चार थे और शारीरिक रूप से बलिष्ठ भी थे। मैंने उन्हें रात्रि में अनाज ले जाते देख लिया और टोका भी। उन्होंने मुझे साथ बुला लिया। बाद में बोले, तुम्हारे पास महीने में देने के लिए दो किलो दाल नहीं है। तुम इसकी झूठी प्रविष्टि कर देना। प्रविष्टि हुई। मेरी जाँच भी हो गई। वार्डन श्री मिथिलेश कुमार निगम की पत्नी मेरे विरुद्ध जाँच से बेहद नाराज

हुईं और बोलीं, यह सीधा-सच्चा लड़का है। मेरे पक्ष में मित्र बाबूराम सक्सेना ने झूठी गवाही भी दे दी। अपनी गुरुमाता के विश्वास ने मेरे अंदर क्रांति कर दी। अब यह बालक सीधा-सच्चा होने के उनके विश्वास को अक्षुण्ण रखने के लिए प्रतिबद्ध था।

हमारे परम आदरणीय गणित लेक्चरर आदरणीय श्री एस.सी. कटियार साहब मुझे हमेशा कक्षा में खड़ा कर अपनी क्षमता का उपयोग करने को प्रेरित करते रहते थे। मैं उन दिनों अपनी न्यूनतम क्षमता पर था, पर वे मेरा वास्तविक पोटेंशियल़ देख रहे थे। बोलते थे, तुम मेहनत करो, बहुत आगे जाओगे। श्री कटियार को प्रणाम। मैं कक्षा ग्यारह से किराए के कमरे में आ गया था। छात्रावास बंद हो गया था। घर की आर्थिक स्थिति बहुत खराब थी। आधी जमीन गिरवी रखी गई थी। माँ के गहने कर्ज में डूब चुके थे। घर पर सप्ताह में किसी दिन ही दाल बनती थी। चरखारी में मेरा समय और ऊर्जा अपने लिए भोजन पकाने और बरतन धोने में व्यय हो जाते थे। इसका दुष्प्रभाव मेरे मनोबल और कर्म दोनों पर पड़ने लगा था।

मेरी जिंदगी अब एक दरिया थी। उसका एक मोड़ से काम नहीं चलता। और नदी की शक्ति और पहचान दोनों उसके बहने में है। इसलिए मोड़ों पर रुको नहीं। न तन से, न मन से। भँवरों का आनंद लेते चलो।

□

छात्रावास

छात्रावास अर्थात् हॉस्टल में रहने का अवसर जिसे नहीं मिला, उसे बहुत कुछ नहीं मिल पाया। हर स्तर के हॉस्टल का अपना-अपना स्वाद होता है। जैसे जब मैं श्रीनगर के छात्रावास में था तो हमारे साथ नाथूराम भोंड़ेलेजी ने एक कहानी पैदा की कि रात में कोई भूत कुत्ता बनकर आया था और उनकी लालटेन उठा ले गया। अपने इस इकलौते भतीजे की सुरक्षा के प्रति बेहद संवेदनशील राजा बेटी फुआ ने नत्थू को छात्रावास से मुक्ति दिलाने में ही भलाई समझी। इससे पहले भी नत्थू की रचनात्मक प्रतिभा देखने को मिल चुकी थी। उन्होंने एक दिन इस अफवाह को बल दिया कि हैजे के इंजेक्शन लगनेवाले हैं। उससे बुखार आएगा और मृत्यु निश्चित है। अत: विद्यालय से घर भाग चलो। हमने इस गहन सीख पर अमल किया। पर मेरे भाग्य का निर्माण कुछ अलग तरह से हुआ है। गाँव में प्रवेश करते ही पिताश्री के दर्शन हो गए। उन्होंने तत्काल लौटकर विद्यालय जाने का मुझे निर्देश दिया। साथ ही बोले कि वे पीछे-पीछे आ रहे हैं। मुझे प्रधानाध्यापक दुबेजी के सम्मुख अपराधी की भाँति पेश किया गया। पिताजी ने दुबेजी से मुझे दंड देने को कहा। दुबेजी बोले, हेडमास्टर आप हैं कि मैं? पिताजी झेंप गए। दुबेजी ने मुझे कक्षा में जाने का निर्देश दिया और पिताजी से गाँव लौट जाने का अनुरोध किया।

श्रीनगर छात्रावास में छत के एक छोर से दूसरे छोर तक रात में घड़घड़ाने की आवाजें कभी-कभी आती थीं। एक बार हमने आवाजें आते ही आगे-पीछे सब ओर से छानबीन करने की योजना बनाई। हमारे सक्रिय होते ही आवाजें बंद हो गईं। पर आवाजें करनेवाला कोई नहीं मिला। न किसी के दुबकने अथवा भागने की ही गतिविधि मिली।

इसी श्रीनगर छात्रावास में हम लोग लंबे बरामदे में एक लालटेन के चारों ओर गोलाकार में रजाई ओढ़े पढ़ रहे थे। समीपस्थ श्मशान से वातावरण को चीरती एक भयंकर चीख सुनाई पड़ी। हम लोग जमीन पर सिर रखकर काफी समय तक दुबके रहे। मुश्किल से आवाज निकली। एक ज्ञानी बालक ने कहा, किसी मृतक की आत्मा को कोई

गुणी अपने कब्जे में ले रहा होगा। उस आत्मा की चीख है वो। जो भी हो, ऐसी चीखें हमने आज तक नहीं सुनीं। जगदंबा की बड़ी कृपा।

ये वो दिन थे जब किसी-किसी पुराने दरख्त पर किसी-न-किसी भूत-प्रेत-पिशाच का निवास चर्चा में रहा करता था। लगता है, वे सब मनुष्य के रूप में जन्म पा चुके हैं।

श्रीनगर छात्रावास पर बहुत कुछ बताने को है। बस एक शिक्षाप्रद प्रकरण का उल्लेख कर चरखारी चलते हैं। हमारे छात्रावास में दाल या सब्जी इकट्ठी बनती थी। आटा हम कटोरे में अपना-अपना दे देते थे। उसे अलग-अलग गूँथकर भोजन बनानेवाली दो माँ-बेटी रोटी बना देती थीं। ये दोनों माताएँ एक बहुत बड़े जमींदार कुलीन संस्कार परिवार की थीं। बेटी संभवत: विधवा हो गई थी और ब्राह्मणों में विधवा से विवाह करनेवाले थे ही कहाँ, साथ ही विधवा भी विवाह की बात नहीं सोच पाती। इनके अभिभावक युधिष्ठिर पथ पर चल पड़े और जुए में सबकुछ गँवा बैठे। आज भी दुर्व्यसन वाले लोग यह नहीं सोचते कि उनकी स्त्रियों पर क्या गुजर रही है। और उनके बाद उन पर आश्रित देवियों का क्या होगा?

मेरे विरुद्ध बालसभाध्यक्ष पद के लिए चुनाव लड़नेवाले बालक की एक मधुर स्मृति स्थान के लिए मचलने लगी है। मैं कक्षा आठ की परीक्षा देकर श्रीनगर बस स्टैंड से सिर पर संदूक लादे छात्रावास की ओर जा रहा था। संदूक भारी था। मैं भार से पूरा-का-पूरा काँप रहा था। गिरने की प्रबल संभावना लिये चल रहा था। कहीं से उस बालक ने देख लिया। वह बेतहाशा दौड़ लगाकर आया और संदूक अपने सिर पर लेकर छात्रावास के अपने कमरे पर ले आया। बोला, पंडित, तुमसे नहीं हो पाता। मैं उसकी पीठ थपथपाकर गाँव के लिए चल दिया। ऐसा प्रेम छात्रावास में ही सुलभ है।

श्रीनगर छात्रावास से विदा लेकर मैं चरखारी छात्रावास तो पहुँच गया, पर उस घड़घड़ाहट ने यहाँ भी उसकी याद ताजा की। चरखारी हॉस्टल में तो यह आवाज मेरी चारपाई के सिरहाने से लगी दीवार से लगे बबूल के पेड़ से प्रारंभ होकर मेरे सिर पर के खपरैल से एल आकार के छात्रावास के सभी कमरों पर धड़धड़ाते हुए अंदर में विलीन हो जाती। क्या मजाल कि किसी खपरे के आराम में किंचित् भी छेड़छाड़ हो। यहाँ भी हम लोगों के जाँच अभियान का परिणाम शून्य निकला।

एक दिन प्रसिद्ध चरखारी मेले में नौटंकी देखने की वरीय छात्रों की योजना बनी। सभी शामिल हो गए तो मैं भी साथ लग लिया। नौटंकी के पीछेवाली बालकनी में सबसे निचले क्षेत्र में कंबल बिछाकर आसन जमे। मंच पर उद्घोष हो रहा था—ओ मेहरबान, कदरदान कानपुर की मशहूर मल्लिका की कंपनी का खेल शुरू हो रहा है। फिर कोई-न-कोई औरत इधर से उधर गाते हुए दौड़ती। ज्ञानीजन प्रसन्न होते। मूँगफली आ गई थी। मेरा कुछ वक्त कटा। मैं यह कहकर सो गया कि खेल शुरू होने पर जगा देना। उस नौ

आनेवाले सबसे सस्ते हिस्से में सोने लायक जगह हो गई थी। मुझे झटका देकर जगाया गया। कान में चीख गूँजी। हाय-शीरी, हाय-फरहाद। मेरे पल्ले कुछ नहीं पड़ रहा था। हरिश्चंद्र-वरिश्चंद्र अथवा सुल्ताना डाकू टाइप कुछ होता तो समझ भी शायद आता। शीरी-फरहाद, बीच-बीच में गाना, फरमाइश, रुपया, तहेदिल से शुक्रिया वगैरह-वगैरह। रात के दो बजते-बजते ठंड भी असह्य हो गई। खेल तो असह्य था ही। इतनी रात अकेले छात्रावास आकर सूने हॉस्टल के सूने कमरे में घड़घड़ाहटवाले पड़ोसी से बिना डरे सोने की चुनौती ज्यादा सरल पड़ी।

चरखारी मेले की बात चली तो वर्ष 1963 में हुई जूनियर हाई स्कूल की रैली का स्मरण हो आया। हम श्रीनगर से चरखारी मेला पैदल ही आए थे। सामान बैलगाड़ियों पर था। मैं पी.टी. की प्रथम टीम में था। अभ्यास में पैर पटकते-पटकते आजिज आ गया था तो दूसरी टीम में अवनत होने पर प्रसन्नता और स्वतंत्रता दोनों का अनुभव कर सका। मुझे लेफ्ट-राइट-लेफ्ट करते हुए मंच के सामने से गुजरते हुए मंच पर खड़े महानुभाव को स्काउट सेल्यूट देने की अपेक्षा मंच पर होना कम श्रमसाध्य लगा, भले ही उसमें बार-बार हाथ उठाना है। एक रात भारी बारिश हुई। टेंट में पानी भर गया। पर हरिकिशोर तब तक नहीं उठा जब तक कि उसकी रजाई चुचियाने नहीं लगी। मेले में जूनियर हाई स्कूल बिवाँर की तरफ से बप्पा भी पधारे थे। वे मुझसे मिलने हमारे कैंप पधारे। मुझे अध्यापक कक्ष में बुलवाया और मेला देखने के लिए दो रुपए दिए। बोले, कोई दिक्कत हो तो कैंप में आकर बताना।

चरखारी हॉस्टल में बड़े लड़के थे। छोटे भी थे। पर यहाँ बहुत बड़ी बातें देखने-सुनने को मिलीं।

जिनमें यहाँ कुछ को ही स्थान दिया जा सकता है। यद्यपि हर घटना जीवन का अंग होती है और मानस के निर्माण में ईंट या गारे की तरह होती है, तथापि कँगूरे और गुंबज, दरवाजे-खिड़कियाँ चर्चा का विषय बनती हैं। अस्तु।

सर्विस चेंज

ज्ञानीजन किसी भी जानकारी को भुनाने में माहिर होते हैं। ऐसे ही एक आवासी छात्र दुलीचंद राजपूत थे। वे छठी कक्षा के छात्र थे। लंबे, पूरे आकर्षक व्यक्तित्व के धनी सूट पहने रहते थे। उन्हें देखते ही मैंने कोई लेक्चरर समझ 'नमस्ते सर' कह डाला था। पर वे बोल उठे, अरे पंडित, मैं तो छठवीं में ही पढ़ता हूँ। छात्रावास में रोज शाम होनेवाले वॉलीबॉल गेम में दुलीचंद सर्विस किया करते थे। सर्विस करते हुए उन्हें एक आइडिया आया। उन्होंने अपने पिताजी को पोस्टकार्ड लिख डाला कि सर्विस चेंज के लिए पाँच सौ रुपए चाहिए। किसी को कानोकान खबर नहीं। दद्दा स्वयं रुपए लेकर छात्रावास पधारे।

प्रवेश करते ही मुझसे भेंट हो गई। दद्दा पूछ बैठे, "काये बेटा, हमारे दुलीचंद की सर्विस तो अच्छी लग गई न?" यह कहते हुए उन्होंने मुझे पोस्टकार्ड भी खुशी से ओत-प्रोत होते हुए पढ़ने को दे दिया। संयोगवश उस समय वॉलीबॉल हो रही थी। मैंने दूर से दुलीचंद को दिखाते हुए पोस्टकार्ड लहरा दिया। दुलीचंद ने तत्काल दूर से ही धरती को स्पर्श कर मेरे चरण स्पर्श का संकेत किया और पेड़े का डिजाइन हवा में बनाते हुए मुँह की ओर हाथ ले गया। सर्विस बंद हो ही गई थी। जमघट लग गया। दुलीचंद अपने दद्दा के पीछे खड़े होकर सभी को गोपनीयता बरतने का लॉन्च ऑफर कर रहा था। दुलीचंद ने दद्दा के पैर छुए। उन्होंने पानी पिया। फिर चरखारी बाजार के लिए घर लौटने के क्रम में चल दिए। पेड़ों की दावत हुई। खाने के बाद सभी ने इस बेहूदी असभ्य हरकत के लिए दुलीचंद की भर्त्सना करते हुए भविष्य की चेतावनी भी देते हुए अपनी आत्मा को शांति पहुँचाई।

स्वतंत्रता भटकाव के लिए नहीं

शाम को गपबाजी का दौर चल रहा था। एक चारपाई के इर्द-गिर्द हम लोग खड़े थे। बड़े-बुजुर्ग तीन-चार सीनियर उस पर विराजमान थे। यकायक महिपाल सिंह को देखकर उत्तेजना फैली। महिपाल बोले, "भैया, आज गजब हो गओ।" वे बड़े उत्तेजित थे। सबके मुँह उनकी ओर खुले-के-खुले देख रहे थे जैसे कि मुँह के भी कान होते हों। महिपाल ने बताया, भैया, सूपा रेलवे स्टेशन (अब चरखारी रोड स्टेशन) में रात की गाड़ी से उतरनेवाली सवारी लूटने गए थे। एक आदमी औरत के साथ उतरा तो उसको निशाना बनाया। वे शोर मचाने लगे तो हम घबरा गए। सब साथी अपनी-अपनी साइकिल पर उड़ लिये। हम साइकिल लेकर चट्टान की तलाश में दौड़ पड़े, ताकि उस पर पाँव रखकर साइकिल पर चढ़ सकें। एक सफेद चट्टान पर पैर रखा तो वह सफेद कुरतेवाला लघुशंका करता व्यक्ति 'भूत-भूत' चिल्लाता हुआ उठ खड़ा हुआ। मैं (यानी महिपाल) भी 'भूत-भूत' चिल्लाते साइकिल लेकर भागा। जीवन में पहली बार अपने कॉलेज के ही छात्र लुटेरे के मुख से यह वृत्तांत सुनकर हम सभी स्तब्ध थे। कुछ दिनों बाद पता चला कि मध्य प्रदेश में एक बड़ी भीषण गृह डकैती पड़ी जिसमें घर के लोगों ने भारी प्रतिरोध किया। घर के चार लोग इसमें मारे गए। तब घर की एक महिला घर से बाहर किसी तरह खिसक ली। उसने बाहर से घर की कुंडी बंद कर दी और अगल-बगल वालों को घटना की खबर दे दी। थोड़ी ही देर में समूचा गाँव इकट्ठा हो गया। महिपाल अपने साथियों समेत मारा गया। इस प्रकार एक स्मार्ट आकर्षक नवयुवक का अवसान हो गया। एक छात्र ऐसा था जो कोई भी ताला खोल लेता था। वह एक छात्र के पेड़े खा गया और उनकी जगह उसी आकृति के खपड़े बनाकर रख दिए। उस बेचारे ने अँधेरे में ही वह पकी मिट्टी का पेड़ा मुँह में रखकर काटा तो चीख पड़ा।

पंडितजी एक गिलास पानी ला देना

हामिद भाई साहब लंबे, हैंडसम, गोरे, दिखने में बेहद शांत-कूल, सिगरेट पीते रहनेवाले ग्यारहवीं कक्षा के छात्र थे। उनका पूरा नाम हामिद उल्लाह अंसारी था। गरमी पड़ने लगी थी। एक दिन वे मेरे कमरे में आए। उनके ग्राम मुसकरावासी चार लोग उसी कमरे में रहते थे। पर वे उस समय कहीं गए हुए थे। हामिद भाई साहब मुरझाए हुए उदास थे। बोले, "पंडित, एक गिलास पानी ला देना।" मैं दौड़कर पीने का पानी ले आया। हामिद एक ही बार में पी गए। मैंने पूछा, "भाई साहब, क्या बात है, बहुत परेशान लग रहे हैं ?" हामिद बोले, "पंडित, क्या बताएँ, बहुत बड़ा पाप हो गया। मैं कुछ दुश्मनों को मारने उनके घर में घुस गया। पर वे लोग नहीं थे। उनके घर के ही एक बुजुर्ग और तीन छोटे लड़के थे। पर मैं बुजुर्ग को दुश्मन समझ गोली चला चुका था। मैंने नाहक ही बाकी तीन को गोली से उड़ा दिया। भागकर सीधे यहाँ बस पानी पीने आया हूँ। जा रहा हूँ।" यह कहकर जितनी तेजी से हामिद आए थे, उससे अधिक तेजी से वे चले गए। कुछ ही काल बाद हामिद के कत्ल किए जाने की खबर भी आ ही गई।

दसवीं कक्षा की परीक्षा के बाद छात्रावास बंद हो गया। परीक्षा के समय मैस घपले की वजह से बंद हो चुकी थी। इधर-उधर खाने का जुगाड़ बिठाते। वार्डन श्री एस.एन. मिश्र ने कहा, "देवकी नंदन, भूखे मत रहना यहाँ आ जाया करो।" गुरुमाता भी उतनी कृपापूर्वक बोलीं। मैं जन्मजात संकोची और झिझक से भरा हुआ रहा हूँ। पर मैंने उसे भूख पर विजय के लिए गुरु के आशीर्वाद के रूप में लिया। शील का संधारण कभी सरल नहीं होता।

ग्यारहवीं और बारहवीं कक्षा में किराए के कमरों में इधर-उधर भटकता रहा। बहुत से खट्टे-मीठे अनुभव हैं। शराब के ठेके के ऊपर के कमरे का किराया कम था तो मैं, कालीचरन और नायकजी वहीं जम गए। उससे पहलेवाले कमरे का किराया बिना बिजली का होने के कारण सस्ता था। पर उसके मुख्य द्वार को चिन दिया गया था। द्वार बंद करनेवालों ने पुलिस को भी मिला लिया तो प्रारंभिक आश्वासन के बाद कुछ नहीं हुआ। मेरे मौसिया श्री रामरतन दीक्षित एडवोकेट महोबा ने मेरे साथ चरखारी आने की कृपा की और शहर कोतवाल की सहायता से हमारी किताबें आदि अंदर दूसरी ओर से निकलवाईं। कोतवाल साहब बोले, "अरे, पहले क्यों नहीं बताया दीक्षितजी के बारे में!" मन में आया, यदि ईश्वर ने अवसर दिया तो हमेशा असहाय गरीब निर्बल को सहारा देकर जीवन धन्य करूँगा।

ग्रीष्म अवकाश में घर आने की ललक किसे नहीं होती। दशहरा, दीवाली, होली आदि की छुट्टियों में भी घर आना-जाना होता रहता था। फसल कटने के समय का एक प्रकरण स्मरण हो रहा है, जो बताता है, 'सबै दिन होहिं न एक समान'।

मेरे पिताजी यद्यपि अस्वस्थ थे तथापि खेत की कटाई के दिन के प्रारंभ में और अंत में कटाई की मजदूरी चुकाने उन्हें खेत पर जाना ही होता था। मैं कॉलेज में था। बड़ी बहन अपनी ससुराल में थी। माँ को खेतों पर जाने की मनाही थी। पिताजी ने देखा कि एक नई-नई माता बनी युवती अपने बच्चे को टोकरी में खेत की मेड़ पर रख फसल पर हँसिया चलाने की कोशिश कर रही है। पर उससे बन नहीं रहा है। फसल को मुट्ठी में पकड़कर जैसे ही हँसिया उधर ले जाती तो मुट्ठी ही आगे पड़ जाती। बड़ी मुश्किल से काट पा रही थी। उसकी कुलीनता स्पष्ट झलक रही थी। पिताजी ने उसके बारे में पूछा कि बेटा, तुम्हें पहले कभी नहीं देखा। वह शालीनता से चुप रही। साथ की स्त्रियों ने बताया कि वह काले खान के बेटे की पुत्रवधू है। यह वह काले खान थे, जिनकी पूरे क्षेत्र में जमींदारी थी। उन्हीं से मेरे पूर्वजों ने भी जमींदारी खरीदी थी और हर वर्ष इसका लगान काले खान को चुकाते थे। मेरी ओरी बऊ (दादी) ने एक बात बताई थी कि बड़ी गरीबी थी। फसल ठीक से नहीं होती थी। तो हमारे किसान हमें लगान नहीं दे पाते थे। परिणामतः हमारी ओर से काले खान का लगान भी बकाया रह जाता था। इसको लेकर हम लोगों के खिलाफ कुर्की का आदेश भी निकल जाता था। काले खान स्वयं कुर्की का आदेश लेकर आते थे। घरों से ज्यादातर सामान हटा दिया जाता था। कुछ थाली-लोटा लेकर खान साहब लौट जाते थे। आज उन्हीं काले खान की पौत्र वधू अपने आसामी के खेत में मजदूर बनकर फसल काटने आई हुई थी, पर वह कभी न किया गया काम कर कैसे पाती? 'सबै दिन होहिं न एक समान।' काल बहुत प्रबल होता है। हमारी भी स्थिति बहुत अच्छी नहीं थी। कर्ज में डूबे थे। पर फसल काटने के लिए तो मजदूर लगते ही हैं। उसके लिए आदमी चाहिए। हमारे पास वो थे नहीं। पिताजी की आँखों में आँसू आ गए। तुरंत उस युवती से बोले, बेटा, घर चलो। चिंता न करो, तुम्हारी मजदूरी तुम्हें पहुँचा दी जाएगी। जब तक हमारी फसल कटेगी तब तक यह क्रम चलेगा। काले खान की पौत्र वधू का घर पर वधू के अनुरूप स्वागत हुआ। घर में दूध होता था। कम ही सही। युवती के शिशु को गाय का दूध मिला। युवती ने घर की तरह ही भोजन किया। अपने बर्तन स्वयं धोए। ब्राह्मण से अपने जूठे बर्तन वैसे भी घुलवाने के लिए कैसे छोड़ सकती थी। शाम को उसकी सम्मानपूर्वक विदाई हुई।

हमारा समय गहरा रहा था। गरमियों की छुट्टियाँ आते-आते पिताजी ने बिस्तर पकड़ लिया। जब मैं घर आया तो वे मध्य प्रदेश में नौगाँव के टी.बी. अस्पताल में भरती थे। उनके साथ उनके अग्रज श्री भगवानदास गौतम 'लल्ला' भूतपूर्व मुखिया देखभाल-सेवा में थे। इसके एक वर्ष पहले गाँव से एक जीप निकली थी जिसके साथ जुड़ी ट्रॉली में समीप के गाँव के एक क्षत्रिय युवक का निर्जीव पार्थिव शरीर नौगाँव से उसके गाँव घर ले जाया जा रहा था। वह टी.बी. का रोगी था। हमारे पिताजी नौगाँव में भरती थे। गाँव

से जब भी जीप निकलती माँ आतंकित हो जातीं, मैं उसे देखने दौड़ पड़ता, सबकुछ सही देखकर वैसे ही दौड़ा आता। माँ मुझे देखते ही समझ जातीं कि हम पर प्रभु की कृपा निरंतर यथावत् बनी हुई है।

कर्ज के संबंध में हर तरह के अप्रिय अनुभव होते रहे हैं। उनका विवरण आत्म-दया जैसा लगता है। जगदंबा की कृपा से आत्म-दया का शिकार तो मैं तब भी नहीं हुआ जब इस भँवर में फँसा; सिर ऊपर कर तैरता रहा। कर्ज और उस पर लगनेवाले ब्याज के बोझ का एक अनुमान इतने से ही लगाया जा सकता है कि मैं मई उन्नीस सौ तिहत्तर में सरकारी सेवा में आ गया था। जुलाई उन्नीस सौ चौहत्तर में भारतीय पुलिस सेवा का सदस्य बना और कर्ज का बोझ जाकर उन्नीस सौ उनयासी में सिर से उतर पाया। बेटियों के विवाह के समय तो वर पक्ष के आदेश के सामने बेटी के बाप की नहीं चलती। पर जब मेरे बेटे के शुभ विवाह के लिए होनेवाले समधी, समधिन हमारे घर पधारे तो मेरा उनसे एक ही अनुरोध था : कृपया एक पैसा भी कर्ज न लें, उधार की स्थिति बिल्कुल न आने दें। इसके लिए हम कम ही बारात लेकर आएँगे। जो खिला सकें, खिला दीजिएगा। यह अलग बात है कि उन्होंने हमारा पूरा मान रखा जबकि हमने अपना खर्च अपने साधनों तक ही सीमित रखा।

फसलों की स्थिति बहुत खराब थी। दालें तो देखने को नहीं थीं। यह क्रम वर्षों से चल रहा था। एक बार तो मैं श्रीनगर बाजार से पाँच किलो अरहर सिर पर रखकर लाया था, ताकि घर पर आनेवाले अतिथियों को सूखी रोटी न परोसनी पड़े। माँ चने का साग, कैंथा का गूदा, अमरूद का गूदा, अमचूर आदि तरह की चीजें सुखाकर रखती थीं। हरा चना, हरी मटर, पालक, बैगन, आलू-टमाटर की बड़ी आदि सुखाकर रखती थीं। ताकि काम चलता रहे। फिर भी कठिनाइयाँ पीछा नहीं छोड़ती थीं। कई बार ऐसा होता जब हम केवल नमक धना के दाने पीसकर पानी में डाल लेते और रोटी के टुकड़े उसमें डुबो-डुबोकर खाते जाते। एक बार जब ऐसे ही कई दिन हो गए तो मैंने माँ से कहा, "बाई, (माँ को हम बाई कहते थे) कभी तो दाल बना लिया करो।" माँ के सजल नेत्र देखकर मैंने तुरंत कहा, "प्याज के साथ बढ़िया स्वाद बन जाएगा।" प्याज उसके सामने ही पड़ी थी। तब से आज तक जो भी मेरे समक्ष भोजन भगवान् के रूप में आता है, मैं संतोष से खा लेता हूँ। प्रभु का प्रसाद समझ लेने से वह पवित्र हो जाता है। और बनाने तथा परोसने वाले के अवांछनीय विचार भोजन करनेवाले को छू नहीं जाते। ऐसा नहीं कि कभी-कभी बुरा न लगता हो। ऐसे अवसर मेरे मानसिक तप का सबब बनते हैं।

प्रकृति अपने रहस्य प्रकट करने के लिए पात्र और अवसर की प्रतीक्षा में रहती है। मैं एक शाम गाँव के बाहर महुओं के बगीचे के पत्तों में चलते हुए उनकी खरखराहट का आनंद ले रहा हूँ। महुओं के पत्ते झड़ चुके थे। वे फूलों से लदे थे। उनके बीच मुझे

एक दुबला-पतला संभवतः दो-तीन वर्ष का सेमल का पेड़ दिखा। उसके काँटों को देखकर मैंने उसके सम्मुख कहा कि अरे, आपको भी मुँहासे आ गए हैं। मेरे चेहरे पर युवावस्था सूचक मुँहासे आने लगे थे। मैंने उन काँटों को निकालकर पाउडर बनाकर चेहरे पर लगाया तो मेरे मुँहासे गायब हो गए। तीन दशकाधिक बाद देखा कि आयुर्वेद यही उपचार बताता है।

ईश्वर की मुझ पर विशेष कृपा है, इसमें कोई संशय नहीं है। वे समय-समय पर इसे विशेष रूप से प्रकाशित भी करते रहे हैं। यही काम उन्होंने मेरी बारहवीं कक्षा की बोर्ड परीक्षा में किया। फिजिक्स और कैमिस्ट्री की प्रैक्टिकल परीक्षा में तीस-तीस अंक में उनतीस-उनतीस अंक सुनिश्चित किए। फिर गणित के एक पेपर के एक दिन पहले पड़ोस में ही रहनेवाले मोहम्मद यूसुफ को उस पेपर के गैस पेपर के साथ दो सवाल पूछने मेरे पास भेज दिया। यूसुफ के इस सौजन्य से वे दो सवाल मैंने उसी समय सीखे और फिर हल भी किए। अगले दिन प्रश्न पत्र में आठ-आठ अंक के वे दोनों सवाल मौजूद थे। इस प्रकार प्रभु कृपा से मुझे ये सोलह अंक प्राप्त हुए जो इस कृपा के बिना नहीं हो पाता। तब मेरे अंक चौंसठ प्रतिशत से मात्र साठ प्रतिशत रह जाते। मेरा मनोबल गिर जाता तो आगे के प्रश्न-पत्रों पर उसका प्रभाव पड़ता और मैं प्रथम श्रेणी प्राप्त करने से चूक भी सकता था। प्रभु की महती कृपा से ही मैं संगम नगरी के इलाहाबाद विश्वविद्यालय में एक छात्र होने का सौभाग्य पा सका। हमारे परिवार का और स्वयं मेरा बहुत कठिन समय चल रहा था। भगवान् श्रीकृष्ण ने हमेशा मेरा सारथ्य किया है। जो भी कमी रह गईं, वह मेरी अपनी रही हैं और उन कमियों की सूची इतनी लंबी है कि पश्चात्ताप करने की मेरी शक्ति पर भी भारी है। बस प्रभुकृपा से ही मेरा उद्धार हो सकता है। प्रभु कृपा प्रत्येक प्राणी को प्राप्त है। बस वह उसका लाभ कितना और किस प्रकार उठाता है, यह उस पर निर्भर करता है।

□

चलो मन गंगा-जमुना तीर

कक्षा नौ में वजीफे की परीक्षा पास की थी, जिसके फलस्वरूप हाई स्कूल में दो वर्ष दस रुपए प्रतिमाह छात्रवृत्ति मिली थी। फिर ग्यारहवीं और बारहवीं कक्षाओं में उत्तर प्रदेश मेधा छात्रवृत्ति सोलह रुपए प्रतिमाह मिली थी। हाई स्कूल में मेरे अंक राष्ट्रीय छात्रवृत्ति के मानक से दो अंक कम पड़ गए थे। इसलिए आगे की पढ़ाई में छात्रवृत्ति के द्वार बंद हो चुके थे। (बारहवीं कक्षा के अंक भी मात्र चौंसठ प्रतिशत रह गए थे और किसी छात्रवृत्ति का सम्मान आकृष्ट करने के लिए अपर्याप्त थे।) आगे क्या पढ़ाई करनी है, यह मार्ग नियति तय कर रही थी। आई.आई.टी. एवं रुड़की विश्वविद्यालय की प्रवेश परीक्षा में मिली असफलता से मुझे प्रभु का यह संदेश समझ में आया कि तुम इंजीनियर बनने के लिए नहीं आए हो। इसलिए मोतीलाल नेहरू क्षेत्रीय इंजीनियरिंग कॉलेज, इलाहाबाद अथवा एच.बी.टी.आई. कानुपर में पर्याप्त अंक होने के बावजूद दाखिला लेने का विचार आया ही नहीं। उन दिनों सभी इंजीनियरिंग कॉलेजों में लगभग पचपन प्रतिशत के ऊपर अंकवालों का दाखिला हो जाता था। बी.टेक अथवा बी.ई. कोर्स वैसे भी चार वर्ष का होने के कारण मेरे कर्ज में डूबे बजट के बाहर था। इसकी तुलना में दो वर्ष में स्नातक बनकर सरकारी सेवाओं की प्रतियोगिता में भाग्य आजमाना अधिक श्रेयस्कर था। आखिर बी.टेक. के बाद फिर प्रतियोगिता परीक्षा ही नौकरी दिला पाएगी। न रुपए-पैसे, न सोर्स-सिफारिश। ऐसी स्थिति में संघ लोक सेवा आयोग की प्रतियोगिता परीक्षा उत्तम विकल्प लगी। मेरी आयु भी असली से ढाई वर्ष अधिक लिखी थी। बी.टेक मुझे वैसे भी स्नातक बनते-बनते ओवर एज कर देता। ऐसी विकल्पहीनता की स्थिति में मेरा आई.ए.एस. परीक्षा में बैठने का संकल्प दृढ़ हो गया। वैसे मेरी इच्छा तो विश्वविद्यालय में टीचर बनने अथवा वकालत पेशा अपनाने की थी। ऐसा इसलिए चाहता था ताकि मैं देश के नेतृत्व के बड़े मंच पर शिरकत कर सकूँ। पर इसके लिए मेरे पास उपलब्ध समय और अर्थ की चादर बस रूमाल जितनी ही ओछी बैठती थी। आई.आई.टी. की प्रवेश

परीक्षा दिलाने बप्पा अपने साथ कानपुर ले गए थे। वहाँ मोहनस्वरूप पाठक के कमरे में डी.ए.वी. हॉस्टल में ठहरे थे।

इस प्रकार हरि-इच्छा स्पष्ट थी। बेटा संगम नगरी इलाहाबाद का आशीर्वाद लो। वहीं से बी.एस-सी. करो, बचपन से पढ़ रखा था—

'भारद्वाज मुनि बसहिं प्रयागा। जिन्हहिं राम पद अति अनुरागा।'

यू.पी. बोर्ड की परीक्षा परिणाम घोषित होने की तारीखें तय रहती थीं और तय समय का पालन भी होता था। प्रथम श्रेणी में उत्तीर्ण हुआ था। इसलिए इलाहाबाद विश्वविद्यालय में दाखिला होने में संदेह नहीं था। जून के अंत में एस.एल.सी., मार्कशीट और करेक्टर सर्टिफिकेट लेने चरखारी पहुँचे। कॉलेज सुबह का था। इसलिए चरखारी में एक रात रुकना तय था। शाम को चरखारी बस स्टैंड पहुँचे तो सहपाठी बाबूराम से भेंट हो गई। वह बोला, इस बार कहाँ रुकेंगे? उसके पूर्व में हम दोनों मेरे गाँव के बढ़ई की लड़की के ससुराल जाकर रातभर रुके थे। वह मेरी बेटी लगती थी, इसलिए हमने कुछ भी ग्रहण नहीं किया था। जल भी कुएँ से मँगवाकर पिया था। वह लड़की अल्पायु में ही एक वर्ष बाद दिवंगत हो चुकी थी। तो मैंने बस स्टैंड पर स्थित कुएँ की जगत पर डेरा डालने का फैसला किया। उसके निकट पीपल का पेड़, सामने विशाल कोठी ताल था। जगत काफी ऊँची थी। कुएँ का पानी भी मीठा था और पास डोर लोटा था ही। बाबूराम टेंशन में आ गया। बोले, कुएँ में डूबकर मर जाऊँगा, तैरना नहीं आता है।

मैंने उसे भरोसा दिलाया, चिंता न करो। जैसे लेटने को कहा जाए वैसे ही पड़े रहना। रात्रि में घर से लाई पूड़ियाँ खाईं और पानी पीकर सो गए। सुबह नित्य क्रिया कर कॉलेज पहुँच गए। सारे कागजात लिये, गुरुजनों के चरण स्पर्श कर आशीर्वाद लिया और घर लौट आए।

रुपए-पैसे की व्यवस्था की गई। इलाहाबाद में कुछ ही दिनों पहले हिंदू-मुसलमान दंगे हुए थे। काफी मान-मनुहार के बाद भी इलाहाबाद जाते रहनेवाले मेरे चचेरे भाई श्री बच्चीलाल नंबरदार जब तैयार नहीं हुए तो मैंने अकेले ही जाने का निर्णय लिया। यह सुनते ही बच्ची दद्दा ने भी साथ चलने की हामी भर दी। शिक्षा यह कि चल दोगे तो साथी आप आएँगे।

घर से दो दिन के लिए पूड़ियाँ-अचार बाँधकर महोबा में रात को एक बजे झाँसी-मानिकपुर पैसेंजर ट्रेन के पीछेवाले डिब्बे में कहीं नीचे जगह देखकर बैठ गए। यह डिब्बा कटकर मानिकपुर में काशी एक्सप्रेस में लग गया। रास्ते में डिब्बे में ट्रांजिस्टर में बजता यह गाना सुनाई दिया—

'हमने जो देखे सपने सच हो गए वो अपने...' वगैरह-वगैरह...इलाहाबाद में हम लोग श्री नवल किशोर सक्सेना, एडवोकेट हाई कोर्ट के किराए के आवास सह कार्यालय

पहुँचे। नंबरदार को वह पहले से अच्छी तरह जानते थे। वैसे भी वे बहुत भले आदमी थे। वे मेरे स्थानीय संरक्षक भी रहे। बाद में यह गहरी दोस्ती में बदल गया। पढ़ाई के बाद जब कभी मैं इलाहाबाद होकर गाँव के लिए महोबा जाने को इलाहाबाद रेलवे स्टेशन, बुंदेलखंड एक्सप्रेस पकड़ने जाता तो वे मुझे स्टेशन तक छोड़ने जाते रहे और तब तक साथ रहते जब तक कि ट्रेन चल नहीं देती, चाहे जितनी भी देर हो जाए। हमने घर के सामने सड़क के किनारे नल पर स्नान किया। मैं विश्वविद्यालय चला गया। सक्सेना साहब के स्थान 872, पुराना कटरा से विश्वविद्यालय का कार्यालय बहुत निकट था। वहाँ पर बाबूराम, चंद्रशेखर और राममोहन खरे मिल गए। दाखिला फॉर्म जमा कर लौट आए। मैंने उन मित्रों को सक्सेना साहब का पता बता दिया था और यह जानकारी दे दी थी कि उनके समीप एक कम किराएवाला तीस रुपए महीने का कमरा है, चारों उसी में रह लेंगे। इस कमरे का छप्पर टीन का था और हमारी ऊँचाई पर था। बिजली थी। पंखे की गुंजाइश ही नहीं थी और था भी नहीं। पानी नीचे से भरकर लाना था। साथ में लगी एक छत थी जिस पर भोजन पकाया जा सकता था। मैं इस कमरे में तथा परिस्थिति अनुसार इधर–उधर भी भटका। कुछ महीने तो ऐसे स्थान पर बिताने पड़े जहाँ इतनी सीलन थी कि अँगीठी के मिट्टी के कोयले का धुआँ सतह पाते ही जम जाए। एक दिन तो बाबूराम अपनी सफेद कमीज न पाकर मुझसे लड़ बैठा। उसकी सफेद कमीज धुएँ से स्लेटी रंग की हो गई थी और वह समझ रहा था कि मैंने उसकी कमीज कहीं छुपा दी है। लगभग एक वर्ष में चंद्रा लॉज में मदन पाल सिंह के साथ रहा, जो कि पी.एम.टी. पास कर मोतीलाल नेहरू मेडिकल कॉलेज में डॉक्टरी पढ़ने चले गए। वे सिविल सर्जन पद से सेवानिवृत्त हुए। एक वर्ष के लगभग मैं गंगा प्रसाद यादव के साथ रहा। यहीं पर ऊपरवाले कमरे में कालीचरन वर्माजी भी एक वर्ष रहे। वे वैसे सर पी.सी.बी. हॉस्टल में रहते रहे हैं। कुल मिलाकर परिस्थितियाँ तपस्यावाली थीं। इससे मुझे मजबूती ही मिली।

उस दिन हम लोग इलाहाबाद में ही रुक गए। रात में सक्सेना साहब के कार्यालय में जगह बनाकर नीचे अखबार बिछाकर सो गए। शाम को जब मैं कर्नल गंज के सार्वजनिक शौचालय गया था तब वहाँ सामने बहुत से मुसलमानों को देखकर डर गया। लौटने लगा तो उन भले लोगों ने कहा, “बेटा, डरो नहीं। शौचालय जाओ। यहाँ डरने की कोई बात नहीं है।” अगले दिन शाम को हम लोग ट्रेन से घर के लिए चल दिए। यूनिवर्सिटी तेईस जुलाई से खुलती है। उससे एक दिन पहले आ जाना है। फीस जमा करनी है और आगे का काम प्रारंभ करना है।

कुछ समय मैं पं. वृंदावन रायजी के एक कमरे में रहा। श्री राय मेरा सम्मान करते थे। वे कहते थे—काबू में गर इनसान के अपनी जुबाँ रहे, सारा जहाँ है उसका, चाहे जहाँ रहे। पंडित राय सनातनी धार्मिक व्यक्ति थे। वे हर वर्ष नियमित रूप से माघ महीने

में संगम तट पर कल्पवास करते थे। उनका रामकथा का साप्ताहिक सत्संग चलता था। पास के एक स्थान पर चार-पाँच या अधिक सत्संगी बैठते थे और एक पंडित आकर कथा कहते थे। एक बार कथावाचक नहीं आ पाए तो पंडित राय ने मुझे ही उस आसन पर बैठ कथा कहने को कहा। मैंने जैसे-तैसे, जो गाँव में सुना करता था, वैसा कुछ सुनाया। उन दिनों गाँवों में संत-महात्मा प्राय: आते रहते थे। हमारे घर पर और गाँव में परम लाल मास्टर के बैठका में नियमित रामचरितमानस का पाठ होता था। उन महान् सत्संगियों ने श्रद्धापूर्वक मुझसे कथा भी सुनी, बीच-बीच में उसमें यथास्थान सुधार संवर्धन भी करते गए। यह मेरा पहला और अब तक का अंतिम कथावाचन था।

□

इलाहाबाद विश्वविद्यालय

अपने विश्वविद्यालय के दर्शन कर हम चमत्कृत थे। इसके एक शताब्दी पूरा करने में एक दशक से कुछ ही अधिक वर्ष शेष थे। यूनिवर्सिटी मार्ग, आर्ट्स फैकल्टी, साइंस फैकल्टी और कुछ काल बाद एन.सी.सी. के सिलसिले में कॉमर्स फैकल्टी, लॉ फैकल्टी और चैथम लाइंस देखने का भी अवसर मिला। मैं फिजिक्स, कैमिस्ट्री, मैथ्स का छात्र था। जनरल इंगलिश अनिवार्य थी। साइंस फैकल्टी यानी विज्ञान संकाय किसी समय म्योर कॉलेज कहलाता था। इसी के अहाते में म्योर हॉस्टल था, जो अब अमरनाथ झा हॉस्टल कहलाने लगा था। पर इलाहाबाद के रिक्शावालों की जुबान पर म्योर कॉलेज और म्योर हॉस्टल ही चढ़ा हुआ था। म्योर हॉस्टल के बारे में श्री एच.सी. सरीन, आई.सी.एस. ने वर्ष 1974 में माउंट आबू में मेरे आई.पी.एस. प्रशिक्षण के दौरान जो उद्गार व्यक्त किए थे, वे आज भी मेरे कानों में गूँजते हैं। उनके सत्कार में आयोजित भोज के समय उन्होंने मुझसे मेरी शिक्षा के बारे में पूछा; और जब पता चला कि मैं इलाहाबाद विश्वविद्यालय से हूँ तो उन्होंने कहा कि अरे, तुम तो मेरी ही यूनिवर्सिटी से हो। तब मैं उनसे पूछ बैठा, सर, आप तो ए.एन. झा हॉस्टल से होंगे। वे पूरी गंभीरता से बोले, आई.सी.एस. में आना म्योर हॉस्टल में जगह पाने से ज्यादा आसान था। मैं जी.एन. झा (पंडित गंगा नाथ झा, अमर नाथ झा के पिताश्री) हॉस्टल में प्रवेश पा सका था। पंडित अमर नाथ झा ने म्योर हॉस्टल को टापर्स के लिए आरक्षित कर रखा था। शोधार्थियों के लिए इसके द्वार बंद थे। ए.एन. झा एक उत्कृष्ट संस्था बन गया था जिसमें होने का अर्थ जीवन में कोई महत्त्वपूर्ण स्थान बनाना होता था। यह आई.सी.एस., आई.ए.एस. वालों का हॉस्टल था अथवा अपने विषय के धुरंधर विद्वानों का हॉस्टल था। म्योरियन आज भी अपने आपसी संबंधों से प्रेम करते हैं। मुझे प्रसन्नता और गर्व है कि मेरा पुत्र संजय भी म्योरियन है। मैं अपने विज्ञान संकाय विजयानगरम हॉल, टावर और उसमें लटके बड़ी भँवर मधुमक्खी के विशाल छत्तों को देखकर अवाक्, चकित और मंत्रमुग्ध था। विजियानगरम हॉल के निर्माण में

महाराज चरखारी (चरखारी स्टेट हुआ करता था) के योगदान का उल्लेख देखकर बहुत अच्छा लगा था।

यूनिवर्सिटी रोड पर स्टूडेंट्स फ्रैंड्स नाम की किताबों की दुकान थी। वहाँ मैंने बी.एस-सी. पार्ट वन की अपने विषयों की पुस्तकों के साथ-साथ परीक्षा के प्रश्नपत्रों की किताब तथा आई.ए.एस. परीक्षा के अनिवार्य विषयों के साथ ऐच्छिक विषय लोअर पेपर्स में फिजिक्स, प्योर मैथ्स, अप्लाइड मैथ्स और हायर पेपर्स में हायर फिजिक्स, हायर अप्लाइड मैथ्स तथा हायर प्योर मैथ्स के प्रश्नपत्र भी माँगे। आई.ए.एस. के प्रश्नपत्रों की माँग सुनते ही वहाँ बतिया रहे तीन-चार सीनियर अनुभवी छात्रों का ध्यान मेरी ओर हुआ। उन्होंने पूछा, किस कक्षा में पढ़ते हो। बी.एस-सी. प्रथम वर्ष में दाखिला लिया है, सुनते ही वे सब जोर-जोर से हँसने लगे। बोले, बेटा पहले बी.एस.सी. पार्ट वन तो पास कर लो। इस विश्वविद्यालय में पार्ट वन का परिणाम बीस प्रतिशत रहता है। यह बात बिल्कुल सत्य थी। तब भी और कई दशक बाद तक भी। फिर उन्होंने पूछा, तुम्हारे इंटरमीडिएट में कितने प्रतिशत अंक आए हैं? मैंने बताया, चौंसठ प्रतिशत। वे बोले, तब तो गया। देखो, बीस प्रतिशत अंग्रेजी मीडियम के कम करो। दस प्रतिशत शहर के। शहर भी कभी-कभी कुछ छात्रों को पूरी तरह निगल जाता है। और दस प्रतिशत कठिन परीक्षा और उससे कठिन पूरी कंजूसी के साथ-साथ जरा-जरा सी गलती पर भी अंक काट लेने की मूल्यांकन परंपरा। इस प्रकार तुमको चौबीस प्रतिशत बचते हैं। और इतने में कोई पास नहीं होता। यह प्रवचन सुनाकर वे चले गए। दुकान के मालिक ने मुझसे कहा इनकी बातों से मन मत गिराना। तुमने सही शैली का चुनाव किया है। मेहनत करो। किसी भी किताब की आवश्यकता पड़े तो ले जाना। पढ़कर बिना नाम लिखे या निशान लगाए ज्यों की त्यों लौटा देना। यह सुविधा हम तुम्हें बिना किसी शुल्क अथवा सुरक्षा जमा के देंगे। मैंने उनका धन्यवाद किया।

मेरा बी.एस-सी पास कर एम.एस-सी. प्रथम वर्ष में ही आई.ए.एस. में बैठना अनिवार्य बन गया था। मेरी असली जन्मतिथि तो उनतीस नवंबर उन्नीस सौ इक्यावन है, पर पढ़ाई के दस्तावेजों में वह छह जुलाई उन्नीस सौ उनचास है। इसे संशोधित करने के मेरे सारे प्रयास विफल हो गए थे। उन दिनों आई.ए.एस. परीक्षा की उम्र गणना परीक्षा वर्ष की पहली अक्तूबर को न तो इक्कीस वर्ष (आई.पी.एस. के लिए बीस वर्ष) से कम होनी चाहिए और न ही चौबीस वर्ष से अधिक होनी चाहिए, ऐसा नियम था। मैंने बी.एस-सी. 1970 में पास की। मैं आई.ए.एस. परीक्षा में मात्र दो बार 1971 एवं 1972 में बैठ सकता था। हायर पेपर्स का स्तर पोस्ट ग्रेजुएट लेवल का होता था। यह चुनौती स्वीकार करते समय मेरे अंतर से गुरुदेव श्री कृष्णगोपाल मिश्रजी की यह वाणी गूँज रही थी, 'जिंदगी का कोई सिलेबस नहीं होता। इसलिए सिलेबस के टर्म्स में मत सोचो।

यह तो एक व्यवस्था भर है, जो समयानुसार बदलती रहती है। आज जो यूनिवर्सिटीज में पढ़ाया जा रहा है, कल वही विद्यालयों के सिलेबस का अंग होगा। उनके इस कथन का एक प्रसंग था जिसका विवरण प्रेरणादायक है।

बात जूनियर हाई स्कूल श्रीनगर के दिनों की है। एक दिन नाथूराम पंडितजी के बड़े सुपुत्र कक्षा दस की बोर्ड परीक्षा देकर मुसकराते हुए अध्यापक कक्ष पहुँचे। यह दसवीं में उनका दूसरा या तीसरा प्रयास था। पं. कृष्ण गोपाल मिश्र ने उन्हें देखते ही अंकगणित का पेपर माँग लिया। फिर मुझे (उस समय मैं सातवीं कक्षा में था।) तथा मेरे एक वर्ष पीछेवाले कालीचरन वर्मा, कक्षा छह को वहाँ बुला भेजा और नीचे बैठकर वह पेपर हल करने को दिया। दुबेजी बोले, पंडितजी, यह क्या कर रहे हैं? पाठ्यक्रम से इतना आगे वाले पेपर को ये बच्चे कैसे हल करेंगे? तब मिश्रा गुरुजी ने उक्त अनमोल वचन कहे थे। हमने प्रयास किया और दोनों ने कुछ सवाल हल कर डाले थे।

पर बी.एस-सी. पार्ट वन भारी पड़ रहा था। कुछ तो इस कारण कि हमारे साथ कई छात्र अस्सी प्रतिशत और उसके ऊपरवाले भी थे, जबकि चरखारी में मैं जाना-माना तेज लड़का था। कक्षा में पढ़ाई पिछड़ने लगी। वह तो भला हो, विश्वविद्यालय की दशहरे से लेकर दीवाली तक की छुट्टी का कि मैं कुछ मेकअप कर सका। फिर भी मेरी बुद्धि पर जैसे कोई ग्रहण लग गया था। मनोबल गिरा हुआ था। समय नहीं निकल पाता था। रोटी बनाना, बरतन धोना, पानी लाना बड़ी ऊर्जा खा जाता था। सप्ताह में दो दिन सुबह साढ़े नौ बजे से साढ़े दस तक, जनरल इंग्लिश कक्षा और इन्हीं दो दिनों में कैमिस्ट्री प्रैक्टिकल चार बजे तक फिर चार बीस से एन.सी.सी.। हम भागे-भागे कमरे पर आते और एन.सी.सी. ड्रेस में बंद होकर भागे-भागे स्पोर्ट्स ग्राउंड किसी तरह समय पर पहुँच पाते। हमारे मित्र किरण कुमार हमारे कमरे पर आकर अपने झोले में ठूँसी गई हजार सिलवटें पड़ी ड्रेस पहनकर नमूना लगते और मुसकराते हुए आराम से चलते। प्रतिदिन लेट पहुँचते। बोटनी रीडर मेजर नारायण सिंह परिहार उन्हें दूर से ग्राउंड का चार चक्कर लगाने का वाक्य शुरू ही कर पाते, उससे पूर्व ही किरण कुमार शुरू हो जाते। वे दूसरे-तीसरे चक्कर में नजरें बचाकर बाउंड्री वॉल फाँदकर उस पार चाय की दुकान पर बैठकर चाय पीते रहते और फिर समाप्ति का बिगुल बजते ही फिर मैदान में प्रगट होकर हमारे साथ आते और फिर ड्रेस मुक्त होकर ड्रेस को पूरी निर्दयता से जूता और बैरेट कैप समेत पुनः अपने झोले में ठूँस देते। प्लूम भी बीच में पड़ा अपने अस्तित्व की भीख माँगता रहता।

समय बीता, परीक्षा हुई। अब घर लौटने की बारी थी ग्रीष्मावकाश में। परीक्षा के दौरान इलाहाबाद की अड़तालीस डिग्री सेंटिग्रेड की गरमी टीन के टप्पर के नीचे भट्ठी का मजा देती थी। हम लोग उघारे बदन पढ़ते रहते और हमारे शरीर से पवित्र पसीने की अनगिनत नदियाँ बह निकलतीं। अब घर लौटना राहत भरा था। चंद्रशेखर तो परीक्षा

समाप्त होते ही चले गए थे। राममोहन खरे बीच में ही पढ़ाई छोड़कर झाँसी बी.ए.एम.एस. पढ़ने चले गए थे। मैं और बाबूराम बचे थे। पर न खाने को कुछ बचा था, न घर लौटने को पैसे ही बचे थे। मुझे स्टूडेंट एड फंड के पचहत्तर रुपए मिलने थे। तो हम दोनों आर्ट्स फैकल्टी स्थित लेखा कार्यालय पहुँच गए। मैं लाइन में लग गया। पर यह क्या, एक लड़का आया, आगे गया, नोटों की गड्डी ली और चल दिया। मैंने काउंटर क्लर्क से प्रतिवाद किया तो उसने प्रत्युत्तर दिया, यह लड़का बी.एस-सी. टॉपर था, उसकी छात्रवृत्ति के अठारह सौ रुपए ले गया है। वह पचहत्तर रुपए की भीख के लिए नहीं आया था। मैंने इसे सत्य जानते हुए बुरा नहीं माना, किंतु बुरा तो लगा ही था अपनी नाकामी पर तो अपने मालिक भगवान् कृष्ण किशोर जू के पास, आज की भाषा में कहें तो उस क्लर्क की टिप्पणी फॉरवर्ड कर निश्चिंत हो गया।

पैसे लेकर हमने कुछ आटा, आलू और लकड़ी का कोयला खरीदा। दोनों ने रोटी बनाई-खाई और अपना डेरा-डंडा लेकर रेलवे स्टेशन के लिए घर जाने हेतु चल दिए।

परीक्षा परिणाम आया द्वितीय क्षेणी में बी.एस-सी. प्रथम भाग पास कर लिया था। यथासमय इलाहाबाद पहुँचकर बी.एस-सी. द्वितीय वर्ष में नाम लिखाया और पढ़ाई में जुट गया, बहुत मेहनत करनी शुरू की। लक्ष्य था मेकअप कर प्रथम श्रेणी पाना। मैं रात में दो बजे उठ जाता था। कभी नौ बजे, कभी दस बजे सोता था। पर भाग्य की एक क्रूर चाल मुझे डसने के लिए तैयार हो रही थी। विवाह का मारकेश आ रहा था। बीमार पिता के बीमार मन पर गरीबी की चाबुक तो चल ही रही थी। उनके बड़े भाई अर्थात् मेरे चाचा लल्ला और ठाकुर नारायण सिंह ने मिलकर उनसे मेरे विवाह की हामी ले ली। फरवरी 1970 में मैं वसंत पंचमी को घर आनेवाला था। जाल तैयार था। मैं एक वस्तु था प्रयोग किए जाने हेतु।

मेरे और पिताजी के बीच वाद-विवाद चला। पर उनकी कमजोरी थी कि यदि दिन को रात कह दिया तो कह दिया। उन्होंने मुझे मर्मभेदी वाग्बाणों से बेध डाला। मैं आँसुओं से उन्हें समझाता रहा। पर उन्होंने मेरी माँ को मुझसे पिताजी का आज्ञापालन हेतु आदेश देने को कह दिया। मैं अपनी दुखियारी माँ की बात नहीं टाल सका। मैं, मेरी माता और स्वयं मेरे पिता इस घटनाक्रम से विषाद से भर गए थे, किंतु जैसे होनी के पहिये नीचे रौंदे जाने के लिए अभिशप्त थे। हर्षित मन से लिये गए निर्णय ही हर्ष उत्पन्न करते हैं। इसके अतिरिक्त अन्य किसी भी अवस्था में लिये गए निर्णय अपनी मातृ अवस्था की छाप लिये रहते हैं।

बुंदेलखंड में एक कहावत है, 'दूबरी और दो अषाढ़ चरन गई दूर हार।' एक तो गैया पहले से ही दुबली और दो आषाढ़ महीने पड़ गए अर्थात् जल और चारे का अभाव और फिर परिस्थिति को और दुरूह बना दिया उसने कि हार में बहुत दूर तक चरने चली गई। अब तो उसका भगवान् ही मालिक है।

मेरा मन, मेरी आत्मा सब घायल हो गए थे। बुद्धि भी घायल हो गई थी। 'लिखत सुधाकर गा लिख राहू। विधि गति बाम सदा सब काहू॥' बहुत मेहनत कर रहा था, पर श्रम ही हाथ लग रहा था। एक दिन तो हमारे फिजिक्स ट्यूटोरियल में गाइड करनेवाले टीचर श्री नरेश चतुर्वेदी ने कह दिया कि तुम्हारा तो भगवान् ही मालिक है। मैंने मन-ही-मन यह चुनौती भगवान् श्रीकृष्ण को फॉरवर्ड कर दी।

सारी जद्दोजहद के बावजूद मेरे पिता मुझे और मेरी माँ को लेकर अपने वचनों से स्वरचित अखंड छोर रहित दलदल में कूद पड़े। इकलौते बेटे के कल्याण की जगह अब उसकी शादी में झूठी शानो-शौकत बघारने ने ले ली। ऐसी बर्बादी के लिए वे लोग भी कर्ज देने आगे आए जिन्होंने मेरी पढ़ाई के लिए दस रुपए का कर्ज भी देने से मना कर दिया था। सभी जानते थे कि यह तेज दिमाग लड़का अवश्य आगे बढ़ेगा। विवाह का बोझ ही इसकी गति अवरुद्ध कर सकता है। पिताजी ने जी भर कर्ज लिया। गहने भी भारी सूद दर पर उधार लिये। सावधान इतने थे कि गहनों की पेटी को बस की छत पर रख दिया गया और गंतव्य मऊरानीपुर में सभी उतर भी गए। पर कर्ज तो मुझे चुकाना था। मैंने पड़ताल की तो लोग बोले, अरे, तुम्हें क्या करना? सब हो जाएगा। कोई लिये होगा। बस झाँसी के लिए चल दे, इससे पहले ही मैं बस की छत पर चढ़ गया। गहनों की पेटी सुरक्षित पाकर जान-में-जान आई। दूल्हे की शालीनता भंग करने के लिए कुछ कटु वचन भी सुनने पड़े।

शादी के बाद घर आते ही मेरा पहला काम उन गहनों के कर्ज से मुक्त होना था। मैं सारे गहने उसी स्वर्णकार के पास ले गया। वह मेरे सहपाठी का पिता भी था। स्वर्णकार ने ब्याज भी लिया और गहनों के तीन दिनों के लिए भी उनकी कीमत का दस प्रतिशत कचरे के लिए काटा। मैंने विवाह की निशानी के तौर पर एक स्वर्णहार नवविवाहिता के पास छोड़ दिया था, क्योंकि सारे आभूषणों को उतारना तो अमंगल होता है।

मेरा कठिन परिश्रम इतना ही काम आया कि मैं बी.एस-सी. द्वितीय भाग भी द्वितीय श्रेणी में निकाल ले गया। जनरल इंग्लिश में अवश्य मैं प्रथम श्रेणी में उत्तीर्ण हुआ।

इससे अधिक इस प्रकरण पर लिखने के लिए शेक्सपीयर जैसी उपन्यास लेखन क्षमता चाहिए, जो मुझमें नहीं है। इस पर आगे कुछ भी लिखने से इस पुस्तक की शिक्षा का बिखराव होने का भय है। साथ ही जिस लेखन से सकारात्मकता और रचनात्मकता का पोषण नहीं हो, वह विद्या की अवमानना होगी। अस्तु।

'तुलसी जसि भवतव्यता तैसी मिलइ सहाइ।
आपुनु जावइ ताहिं पहिं ताहि तहाँ लै जाय॥'

(रामचरितमानस, 1, 159 (ख))

'भरद्वाज सुनु जाहि जब होइ विधाता बाम।
धूरि मेरुसम जनक जम ताहि ब्याल सम दाम॥'

(वही, 1, 175)

लॉ का कोर्स तीन वर्ष का हो गया था। जहाँ एक-एक दिन मुश्किल पड़ रहा हो, वहाँ तीन वर्ष का चुनाव और बाद का संघर्ष कल्पना के भी परे थे। इसलिए एम.एस-सी. करने का विकल्प बचा। बात आई तो पिताजी बोले, नहीं पढ़ा सकता। घर बैठो। बहुत कर्ज हो गया। मेरे व उनके बीच बहस होने लगी। आवाजें तेज हो गईं। भीतर से मेरी माँ की आवाज आई, इलाहाबाद के लिए अपना सामान बाँध लो, इनके मुँह मत लगो। मैं पैसे का प्रबंध करती हूँ। वे तुरंत घर से निकल गईं। मेरे चाचा लगनेवाले श्री नाथूराम गौतम के घर गईं। नत्थू चाचा भोजन कर रहे थे। बोले, भौजाई, कैसी परेशान लग रही है। बाई ने उनसे कहा, जितने रुपए हों तुम्हारे पास, तुरंत दे दो। नत्थू चाचा ने थाली एक तरफ सरकाई और पाँच सौ रुपए लाकर बोले, अभी तो इतने ही हैं। माँ रुपए लेकर तुरंत घर आईं। मुझे रुपए दिए। रास्ते के खाने के लिए कुछ बनाया और बोलीं, इसी वक्त निकल जाओ इलाहाबाद के लिए। स्टेशन पर खा लेना। यहाँ रुकोगे तो ये तुम्हारा रास्ता कहीं अवरुद्ध न कर दें। और जब तक कुछ करने नहीं लगो, मत लौटना। किसी तरह पैसे भेजते रहेंगे। यहाँ अगर आ गए तो इसी दलदल में फँसे रह जाओगे। फिर नहीं जा पाओगे। मैंने पिताजी और माताजी के चरण छुए। फिर देवीजी, किशोर जू के यहाँ मत्था टेका और सामान उठाकर श्रीनगर बस स्टैंड के लिए चल दिया। महोबा रेलवे स्टेशन एकदम सूना था। शांति अच्छी लग रही थी। मुझे अपने बचपन की एक घटना याद आई जब पिताजी ने किसी के कहने पर मुझे नाहक ही एक जोर का झापड़ लगा दिया था। मैं बिगड़ पड़ा था। वे दहाड़ते हुए कुल्हाड़ी लेने दौड़े। जोर की आवाजें सुनकर नारायण सिंह हक्की बब्बा अंदर आ गए और उन्होंने रुद्रावतार धारण किए मेरे पिताजी को डपटा था। स्टेशन पर जी.आर.पी. चौकी का एक सिपाही टहल रहा था। इसी बीच एक यू.पी. पुलिस का समवयस्क सिपाही भी उसी बेंच पर आ गया, जहाँ मैं बैठा था। बातें होने लगीं। जी.आर.पी. वाले ने उस युवक की मिसाल देते हुए कहा, तुम्हें भी कुछ करना चाहिए। इसे देखो, इस आयु में फोर्स में आ गया। कम-से-कम दारोगा तक तो जाएगा ही। मुझे उस नवयुवक सिपाही से ईर्ष्या होने लगी थी और खुद की असहायता पर आत्मग्लानि हो रही थी।

मेरे जीवन में घनघोर नकारात्मक शक्तियाँ दखल देने को उतारू थीं। सबकी अपनी-अपनी योजनाएँ थीं। सबने अपने हिसाब से भविष्य में अपनी-अपनी शोषण योजनाओं पर अमल करते हुए मेरे जीवन में विष घोलने के भरपूर प्रयत्न किए। माँ का

सहारा था, पर अब वह स्वयं इन ताकतों से डरी-सहमी रहने लगी थीं। माँ और पिताजी दोनों की जिंदगी में भी अशांति और बेचैनी ने घर कर लिया था। उन्होंने किसी तरह अपनी ही आत्मग्लानि के साथ घुट-घुटकर आयु काटी। मेरा सचमुच भगवान् ही मालिक रहा है। हालाँकि मुझे गुलाम बनाने को तो बहुतेरे तत्पर रहे।

इलाहाबाद आकर मैं बेहद तनाव में रहने लगा। नींद गायब थी। कुछ शारीरिक व्याधि भी आई, जो चार-पाँच इंजेक्शन लगने के बाद ठीक भी हो गई। नींद नहीं आती तो मैं स्वयं को माँ जगदंबा के चरणों में सिंह को तकिया बनाकर लेटने की कल्पना करता और सो जाता। बचपन से ही माँ आदिशक्ति की शरण में मुझे राहत और सुरक्षा मिलती आई। अध्यात्म मेरे हमेशा काम आया।

मैंने इलाहाबाद में वापस आकर एम.एस-सी. प्रथम वर्ष गणित में प्रवेश लिया। फीस जमा की और अपने लक्ष्य की ओर ध्यान केंद्रित करने का प्रयास करने लगा। मुझे इस बीच कुछ अस्वस्थता भी हो गई थी। मैंने प्रारंभ में उस पर ध्यान नहीं दिया। पर सद्बुद्धि आई और चिकित्सक के परामर्श से तीन-चार इंजेक्शन से चंगा हो गया। डॉ. एस.के. अरोरा ने पैसे बहुत वाजिब लिये। मेरी क्षमता में आसानी से बन गए।

बीमारी पर मुझे कुछ वर्ष पहले का एक प्रकरण याद आ रहा है। ब्रजलाल लुहार उन दिनों हमारी खेती करते थे। एक दिन खलिहान में उन्हें अपनी एक बगल को निर्दयतापूर्वक रगड़ते देखा। अपने पुट्ठे पर हुए बालतोड़ से कह रहे थे कि साले, बनिया समझ रखा है। वे लहूलुहान हो रहे थे। पूछने पर उन्होंने एक किस्सा कहा। बोले, एक बार एक किसान और एक बनिये को बालतोड़ हो गया। दोनों की मुलाकात हुई तो किसान का बालतोड़ अपनी दुर्दशा पर बहुत रोया, जबकि बनिये का बालतोड़ अपनी हो रही सेवा से बहुत प्रसन्न था। बनिया के बालतोड़ ने किसान के बालतोड़ को ऑफर दिया कि दूसरी तरफ का पुट्ठा खाली है, अभी वहाँ आ जाओ। बोले, कभी घबराना नहीं चाहिए। सच है, बीमारी को उत्सव तो नहीं ही बनाना है।

□

गांधी जन्मशती और सीमांत गांधी

मोहनदास करमचंद गांधी महात्मा गांधी यानी हम सबके बापू कहलानेवाले का जन्म दो अक्तूबर, 1869 को आज के गुजरात के पोरबंदर गाँव में एक संस्कारी जैन परिवार में हुआ था। इसलिए वर्ष 1969 में गांधीजी की जन्मशती पूरे भारत देश में ही नहीं, अपितु विश्व के भी अनेक देशों में मनाई जा रही थी। मैं उन दिनों इलाहाबाद विश्वविद्यालय में बी.एस-सी. का छात्र था जैसा कि विवरण पहले आ ही चुका है।

मैं यहाँ गांधी जन्मशती की दो महत्त्वपूर्ण घटनाओं का उल्लेख करना चाहूँगा। मैं एक घटना में सहभागी था और दूसरी में साक्षी।

इस जन्मशती समारोह के सिलसिले में एक अखिल भारतीय निबंध प्रतियोगिता रखी गई थी। इस प्रतियोगिता का विषय था 'इज गांधी आउट ऑफ डेट'। निबंध की प्रविष्टियाँ अंग्रेजी भाषा में होना अनिवार्य था जैसा कि मुझे स्मरण आ रहा है। उस समय तक वैसे भी मुझे पता नहीं था कि जो बात अपनी मातृभाषा में प्रभावी ढंग से कही जा सकती है, वह अन्य किसी भाषा में सहज नहीं होगा; भले ही उसमें कितनी भी दक्षता क्यों न प्राप्त कर ली जाए। इस गलतफहमी ने आई.ए.एस. की परीक्षा में निबंध के प्रश्नपत्र में पहले दो अवसर पर इतना पीछे ढकेला कि मैं अपनी योग्यतानुसार स्थान हासिल न कर सका। बाद में मैंने इस गलती को सुधारा और लाभान्वित भी हुआ। जो भी हो, मैंने अंग्रेज़ी भाषा में निबंध कमेटी को भेज दिया। इस प्रतियोगिता की संयोजक रायबरेली जिला कांग्रेस कमेटी थी जिसने प्रथम स्थान पानेवाले को एक लाख रुपए का पुरस्कार भी रखा था। मेरे लिए यह बड़ा आकर्षण ही नहीं, गरीबी भगाओ भी था। मुझे गांधी के बारे में कुछ बातें पता थीं। सत्य, अहिंसा की बात तो गांधी के संदर्भ में करते ही रहते हैं। पर गांधी की कोई समझ मुझे नहीं थी। आज भी बहुत सीमित और संकुचित समझ और सोच ही है। जब 2017 में चंपारण सत्याग्रह की शताब्दी मनाई गई, तब अवश्य मैंने गांधी को कुछ गहराई से पढ़ा। हिंदुस्तान कॉपर लिमिटेड ने छत्तीसगढ़-मध्य प्रदेश सीमा पर कान्हा नेशनल पार्क से लगे कॉपर माइंस की साइट लोकेशन पर 'चंपारण

के सौ वर्ष' विषय पर मेरा एकल संबोधन रखा था। यह मेरे मित्र कवि गीतकार डॉ. बुद्धिनाथ मिश्र के सौजन्य से हुआ था। तब मुझे समझ में आया था कि गांधी को समझ पाना बिना गहन साधने के संभव नहीं है। फिर भी इन अनुभवों से प्रेरणा प्राप्त करने लायक परिचय तो मेरा गांधी से हो ही गया। इस प्रतियोगिता में सहभागी बनना ही मेरा पुरस्कार था। मैं इस सबको भूल चुका था और दशहरे के अवकाश में गाँव आया था कि गांधी अध्ययन केंद्र इलाहाबाद विश्वविद्यालय से दो अक्तूबर, 1969 को वहाँ होनेवाले समारोह में शामिल होने के लिए आमंत्रण पत्र गांधीजी की तरह पोस्टकार्ड में मिला। मैं उत्साहपूर्वक इलाहाबाद लौटा। गाँव में एक तरह से तहलका ही मच गया था कि देखो, बड़े-बड़े समारोह के न्योते भैया को आने लगे हैं। मैं भी थोड़ा-बहुत मिजाज में आ गया था। मुझे आशा थी कि कुछ बड़े लोगों से परिचय होगा। पोस्ट कार्ड लेकर उत्सव स्थल पहुँचा। गिने-चुने लोग थे। बड़े प्रेम से लोग मिले। मुझे वहाँ आने के लिए धन्यवाद भी दिया गया। लड्डू, केला, नमकीन मिला, संभवत: कुछ भाषण भी हुए होंगे। पर वहाँ की संपूर्ण उत्साहहीनता ने इस समारोह को एक सिर पड़े कर्मकांड में बदल दिया था। मैंने तो बहुत लिखा था कि न सत्य, अहिंसा आउट ऑफ डेट हो सकते हैं और न ही गांधी। पर यह समारोह बता रहा था कि गांधी भले ही आउट ऑफ डेट न हों, उनकी राजनीतिक जरूरत और उपयोग भी समय-समय पर इसी तरह कर्मकांड के रूप में होता रहे, पर 'गांधी इज नॉट इन आइदर'।

अब हम पूज्य स्वतंत्रता सेनानी अफगान एक्टिविस्ट पश्तून नेता श्री खान अब्दुल गफ्फार खान के वर्ष 1969 में गांधी जन्मशती के अवसर पर भारत सरकार के आमंत्रण पर भारत आने की चर्चा करते हैं। खान साहब को सीमांत गांधी भी कहते थे। वे उस समय के अखंड भारत के नॉर्थ-वेस्ट फ्रंटियर प्रॉविंस के तेजस्वी कांग्रेस नेता होने और महात्मा गांधी के नक्शे-कदम पर चलनेवाले होने के कारण सीमांत गांधी कहलाते थे। वे खुदाई खिदमतगार आंदोलन अभियान के अगुआ थे। महात्मा गांधी की हत्या के बाद वे संभवत: सबसे बड़े गांधीवादी अथवा यों कहें कि जीवंत गांधी थे। खान-पान में नहीं—विचारधारा, अनुशासन और अपरिग्रह में। रही बात स्वयं गांधी की, तो गांधी जैसा तो कोई था ही नहीं, हुआ भी नहीं, होगा भी नहीं। गांधीजी के बारे में आधुनिक भौतिकी युग की क्रांति का उद्घाटन करनेवाले प्रो. अल्बर्ट आइंस्टीन ने कहा था कि आनेवाली पीढ़ियाँ यह कदाचित् ही विश्वास करेंगी कि ऐसा एक हाड़-मांसवाला व्यक्ति भी कभी इस धरा पर आया था। सीमांत गांधी खान अब्दुल गफ्फार खान साहब अखंड भारत के हिमायती थे और भारत के विभाजन से वे बेहद दुःखी हुए थे। वे अंग्रेजी हुकूमत के विरुद्ध अग्रणी योद्धा बनकर साथ लड़े, पर विभाजन का फैसला चंद लोगों ने ले डाला। खान साहब, उनके लोगों और उनकी धरती को

उनकी इच्छा के विरुद्ध उन्हें बगैर विश्वास में लिये पाकिस्तान का शिकार बनने के लिए छोड़ दिया गया।

खान साहब भारत के राजकीय अतिथि और तत्कालीन प्रधानमंत्री श्रीमती इंदिरा गांधी के स्वयं के व्यक्तिगत अतिथि के तौर पर उनके विशेष अनुरोध पर गांधी जन्मशताब्दी समारोहों में शिरकत करने के लिए विशेष तौर पर आए थे। वे उन दिनों पाकिस्तान की एक प्रमुख राजनीतिक पार्टी नेशनल अवामी पार्टी के संस्थापक अध्यक्ष थे। उनके सुपुत्र खान वली खान साहब नेशनल अवामी पार्टी और खुद पाकिस्तान के भी बहुत बड़े नेता थे। दोनों बाप-बेटे लंबे, हट्टे-कट्टे गोराई में लाल रंग लिये हुए आर्यों के नाक-नक्श वाले थे। खान साहब को दिल्ली के पालम हवाई अड्डे पर स्वागत करने स्वयं श्रीमती गांधी गई थीं।

इन्हीं जन्मशती समारोहों की शृंखला में 1969 में ही सीमांत गांधी का इलाहाबाद विश्वविद्यालय में अतिथि के रूप में आगमन हुआ था। उनका विज्ञान संकाय के स्पोर्ट्स ग्राउंड पर संबोधन हुआ था। उस संबोधन में उनका पास से दर्शन करने और संबोधन का लाभ उठाने का सौभाग्य मुझे भी प्राप्त हुआ था। मंच मजे के स्थानवाला लंबा-चौड़ा किंतु अपेक्षाकृत नीचा था। वह ऐसा आभास देता था कि हम बालवृंद अपने परिवार के मुखिया के सामने बैठे उनकी बातों का आनंद ले रहे हैं। हमारे समक्ष इतिहास का एक महत्त्वपूर्ण प्रकरण जीवंत बैठा अपनी कथा सुनानेवाला था। खान साब रक्तिम आभा लिये हुए थे गोया छूते ही खून बहने लगे। मंच पर सफेद खादी की चादर बिछी हुई थी। वे उस पर नीचे ही सहज आसन में विराजमान थे। कोई कुरसी नहीं थी। उनके पार्श्व में उनकी लाठी रखी थी जिसमें एक सफेद कपड़े की छोटी गठरी में उनका कुछ सामान बँधा हुआ था। जब वे मंच पर पधारे तो यह डंडा उनके काँधे पर और पोटली पीछे की ओर लटकी हुई थी। वे बिना कोई ध्वनि किए मंच पर पधारे और बिना कोई ध्वनि किए शालीनता से बैठते हुए लाठी पोटली को हौले से बिना कोई ध्वनि किए ऐसे लिटा दिया, जैसे कोई माँ अपने सोते हुए बच्चे को धीरे से कोमलता से लिटाती है। इसके विपरीत कितनी हिंसा है हम सब जो हमारी प्रत्येक क्रिया में शब्दों के माध्यम से फूटती है। हम चलते हैं तो धरती को पीटते हैं। गिलास रखते हैं तो आवाज होती है। कुरसी तो पकड़कर ऐसे खींचते हैं जैसे कि किसी शत्रु को दंडित करने को उद्यत हैं। हमारी हर हरकत सूक्ष्मता से देखें तो पागलों जैसी होती है। यहाँ तक कि भोजन स्वाद लेकर करने के बजाय भक्षण करते हैं। ग्रहण नहीं करते। इसलिए पेट में अंदर जाकर ही संग्रहण होता है। खान साहब श्वेत वस्त्र धारण किए हुए थे। अत्यंत साधारण, स्वच्छ और शालीन।

मंच पर केवल खान साहब नीचे चादर पर आसीन थे। सामने हम छात्र भूमि पर बिछी साधारण कालीन पर थे। किसी महानुभाव ने मंच के नीचे से ही संबोधन आशीर्वाद

की प्रार्थना की। पेशावर में जन्मे अस्सी वर्ष की आयु में मात्र लगभग तीन-चार माह ही शेष उस उज्ज्वल व्यक्तित्व ने अपनी वाणी से हमें सींचना आरंभ किया। स्मरण के आधार पर सारांश इस प्रकार है—

'मुझे दिल्ली हवाई अड्डे पर इंदिरा बिटिया ने भारत रत्न से अलंकृत करने की पेशकश कर दी। मैंने उससे कहा, पहले मेरा भारत तो मुझे दो, वही भारत जिसके लिए मैं लड़ा था, हम लोग लड़े थे, कुर्बानियाँ दी थीं। वह अखंड भारत। इस टुकड़े हुए भारत का भारत रत्न मैं कैसे हो सकता हूँ। हम सबने मिलकर अंग्रेजी हुकूमत के खिलाफ आजादी की जंग लड़ी थी। और जब आजादी आई तो मुझे कह दिया गया, अब्दुल गफ्फार, तुम हमारे नहीं हो। तुम तो पराए हो। हमसे पूछा तक नहीं गया। बस कह दिया गया, तुम अलग हो। हमें अपने हाल पर छोड़ दिया गया। अब मैं उस समय क्या उन्हीं से लड़ता जिनके साथ मिलकर हम अंग्रेजों से लड़े थे। हमारे साथ, हमारे लोगों के साथ, हमारी धरती के साथ बहुत बड़ा अन्याय किया गया। हम तो भारत में राजी थे, अखंड भारत में रहने के अलावा और कुछ कभी सोचा ही नहीं था। हम तो हिंदुस्तान के लिए लड़े थे। हमें बस यूँ ही कह दिया गया, तुम बाहर हो। हम तब भी कराह रहे थे, आज भी कराह रहे हैं। हमारी पहचान हिंदुस्तानी की थी। हमसे उसे बलात् छीन लिया गया। कहा गया, अपनी पहचान खोजो। हमें अँधेरे में भटकने के लिए उन लोगों ने, हमारे ही लोगों ने छोड़ दिया जिनसे हम लड़ भी तो नहीं सकते थे। हमारे लिए कुछ नहीं बदला। पहले हमें अंग्रेजों ने हिंदुस्तान की जेलों में ठूँस रखा था। आज हम और हमारे लोग पाकिस्तानी जेलों में पाकिस्तानी हुकूमत के मेहमान बनने के लिए बाध्य हैं। हमारे लिए कुछ भी नहीं बदला है। हम गांधी के सिपहसालार थे। महात्मा गांधीजी की जन्म शताब्दी के जलसे हो रहे हैं। पर मुझे तो स्वयं भारत में आज के हिंदुस्तान में गांधी कहीं नहीं दिखता। गांधी एक कर्मकांड का हिस्सा रह गया है। कितने लोग हैं जो गांधी का नाम भी दिल से लेते होंगे, उसके बताए रास्ते पर चलने की बात तो बहुत दूर। अरे, उसकी बातें भी होती हैं। यदि होती भी होंगी, उन पर कितना यकीन किया जाता होगा। तुम लोग नई पीढ़ी की इबारत लिखने जा रहे हो। अब भार तुम लोगों पर है, क्या सोचते हो क्या करते हो। मैं तो तुम्हारे लिए और हिंदुस्तान के लिए इबादत ही कर सकता हूँ। मुझे और मेरे लोगों को अपनी जमीन से काटकर बहुत दूर कर दिया गया। पर मेरा दिल तो यहीं रह गया है। मेरी यादें भी तो यहीं की हैं।'

अपना संबोधन समाप्त करने के बाद वे सहज ही उठे, लाठी कंधे पर और पोटली पीछे लटकाते हुए रखी और मंच से उतरकर चल दिए।

इस इतिहास को पचास वर्ष से ऊपर हो रहे हैं। स्मृति और संबोधन की भावना के आलोक में यह आलेखन किया गया है। यह यथासंभव सत्य एवं यथार्थ विवरण

है। तथापि किसी स्मृति लोप अथवा अशुद्धि के लिए मेरा क्षमाप्रार्थना करना तो बनता ही है।

यह सुखद संयोग है कि जब मैं गांधी जन्मशती समारोह के अपने अनुभवों के बारे में यह सब लिख रहा हूँ तब गांधीजी यदि जीवित होते तो वे एक सौ पचास वर्ष के हो चुके होते। गांधीजी के जन्म की सार्धशती भी जोर-शोर से मनाई गई। हमारे प्रधानमंत्री श्री नरेंद्र दामोदर दास मोदी भाई ने इस संकल्प के साथ 2014 में केंद्र की सत्ता की दहलीज पर कदम रखा कि गांधीजी की स्वच्छता के प्रति आग्रहशीलता को वे साकार रूप देंगे और 2019 में आनेवाली उनके जन्म की सार्धशती तक भारत को स्वच्छ और स्वस्थ बनाने का गांधीजी का सपना पूरा करेंगे। नरेंद्र भाई मोदी के नेतृत्व में स्वच्छता आंदोलन जन अभियान बन सका। हर रचनात्मक कदम पर हँसनेवाले निराशावादी भी झाड़ू पकड़ते नजर आने लगे थे। सबसे बड़ी बात यह हुई कि स्वच्छता कर्मियों का इस अभियान से जो सम्मान बहाल हुआ और इस स्वच्छता कर्म को अपेक्षित उच्च स्थान मिला, वह उपलब्धि उल्लेखनीय रही। गांधीजी की आत्मा को इससे विशेष शांति मिली होगी।

□

एम.एस-सी. एवं आई.ए.एस. परीक्षा

धन ऊर्जा से पलायन गति प्राप्त कर मैं गाँवघर के गुरुत्वाकर्षण से बाहर निकलकर इलाहाबाद पहुँच गया। सौभाग्य से चंद्रा लॉज में मदन पाल सिंह के साथ कमरे में जगह मिल गई। मदनजी एक अध्ययनशील मेधावी छात्र रहे हैं। मेरी एम.एस-सी. गणित प्रथम वर्ष की यात्रा प्रारंभ हो गई।

इस बीच किसी दैवी अनुकंपा से मेरे भीतर वह कालिदास और तीन पंडितवाला प्रकरण जाग्रत हो गया। मैंने निर्णय किया कि मैं कक्षा में सब कुछ सिर्फ ध्यान देकर सुनूँगा। नोट्स नहीं लूँगा। कमरे पर लौटकर दिनभर की पढ़ाई को लिपिबद्ध करूँगा। सिलसिला सफलतापूर्वक शुरू हुआ तो उत्साह और आत्मविश्वास भी बढ़ा। जीवन में उत्साह, जिज्ञासा और प्रयोगधर्मिता बहुत महत्त्व रखते हैं। कुछ दिन यह क्रम चलने के बाद यह विचार आया कि क्यों न पूरे सप्ताह भर की पढ़ाई को रविवार-के-रविवार स्मृति से लिपिबद्ध किया जाए। और पढ़ाई के दिनों में जो नहीं पढ़ाया गया है, उसको पुस्तक में बगैर पढ़े मात्र प्रमुख शीर्षकों के प्रकाश में स्वयं सोचा और लिखा जाए कि इसमें क्या सब कहा, लिखा गया होगा। तर्क यह था कि किसी ने तो इसे पहली बार सोचा और लिखा होगा। तो वह कोई मैं क्यों नहीं हो सकता? वह कार्य मैं क्यों नहीं कर सकता? प्रयोग के द्वारा मस्तिष्क का अपेक्षित विकास और विस्तार भी होने लगा। उन दिनों मेरे पास खादी का एक सिला-सिलाया कुरता-पाजामा होता था। दो अक्तूबर के बाद लेने से यह तीस प्रतिशत कम दाम में मिल जाता है। खादी धोने में भी आसान होती है और श्वेत वस्त्र की सफेदी कभी बदरंग नहीं होती। शनिवार की शाम अथवा रविवार को मैं इन्हें धोकर सुखा लेता था। गीले में ही सिलवटें मिटा देता था, फिर सुखाता था। कक्षा में पीछे की बेंच पर पालथी मारकर बैठने से ध्यान अच्छा लगता था। मैं उन दिनों कुछ ही दिनों में ही गुरुजनों की कृपा दृष्टि पा सका था, बी.एस-सी. प्रथम वर्ष में श्री बनवारी लाल शर्मा ने एब्सट्रैक्ट अलजबरा पढ़ाई थी। तब यह दुरूह लगी थी। कुछ अंग्रेजी माध्यम में पढ़ाए जाने के कारण भी। अब

एम.एस-सी. प्रथम वर्ष में श्रीरामजी लाल द्वारा इसी विषय की पढ़ाई का मैं आनंद लेने में सक्षम हो गया था।

जनवरी 1971 में अर्द्धकुंभ का आयोजन हुआ। मैं मौनी अमावस्या के दिन संगम स्नान के लिए गया। पुलिस मुख्य राजमार्ग से आगे बढ़ते ही भीड़ को दक्षिण-पूर्व के डायवर्जन पर डाल दे रही थी। मैं अब चल नहीं रहा था। बस भीड़ चल रही थी और उसमें खड़ा मैं चला जा रहा था। सारे कपड़े पहने हुए मैं कब जल में आ गया, आने के बाद ही पता चला। तीन डुबकी और पुलिस ने हाथ पकड़ किनारे खड़ा कर दिया। फिर बाँध से कीडगंज पहुँचकर रेल की पटरी दिखाई दी तो अनुमान लगाकर दिशा शुद्ध की और आवास पहुँचा। मदन पाल सिंह मेडिकल प्रवेश परीक्षा में सफल रहे। अब उन्हें एम.एल.एन. मेडिकल कॉलेज इलाहाबाद सत्रारंभ में जाना था।

मदनजी की बी.एस-सी. की अंतिम वर्ष की परीक्षा और मेरी एम.एस-सी. की प्रथम वर्ष की परीक्षा आसन्न थी। पिताजी का पत्र आया कि अमुक तिथि को तुम्हारा द्विरागमन तय हो गया है। यह अवसर जीवन में एक ही बार आता है। परीक्षा तो दोबारा भी दी जा सकती है। वे जिस दलदल में धँस चुके थे, वह उसी के अनुरूप था। पत्र पिताजी के हस्तलेख में नहीं था। उनका हाथ काँपता था। अक्षर ठीक नहीं बनते थे। मैंने उनसे आगे टेढ़े-मेढ़े जैसे भी हों, अपने हस्तलिखित अक्षरों से ही मुझे कृतार्थ किया करें, ऐसा अनुरोध बाद में किया। उनकी महान् सलाह मानने योग्य नहीं थी। मैं अपने विवेक का आदर करना सीख रहा था। पर मुझे ऐसे अविवेकपूर्ण कदमों पर अधिक क्रोध था। मैं पहले से ही बहुत आहत किया जा चुका था। मेरी मनुष्यों में गिनती ही नहीं की जा रही थी। मैं उन सबके लिए एक लतरौंधे से अधिक कुछ नहीं था।

गरमी की ऋतु आते ही पिताजी की टी.बी. की बीमारी ने जोर मारा। वे रक्त वमन करने लगे थे। मैं तो उस समय इलाहाबाद में ही था। माँ ने मुझे सूचित नहीं करने का निर्णय लिया था। उनके बड़े भाई श्री भगवानदास मुखिया लल्ला ने उन्हें ले जाकर नौगाँव के टी.बी. अस्पताल में भरती करा दिया और स्वयं वहीं सेवा में लग गए। अस्पताल के एक ईसाई परिचारिक ने बड़ी सहायता की। जब लल्ला दैनिक क्रिया अथवा रोटी बनाने जाते तो वे पिताजी के बेड के पास बैठे रहते। एक-दो दिन पर माँ नौगाँव जाकर पूड़ियाँ, पकवान, नाश्ते हेतु, आटा आदि दे आती थीं और पिताजी के दर्शन भी कर आती थीं। एक दिन पिताजी के बिस्तर के पास पैरों की तरफ दो काले-काले भयानक यमदूत खड़े हो गए। वे आगे बढ़ने लगे कि दो लंबी श्वेत दाढ़ीवाले श्वेतवस्त्रधारी ऋषियों ने उन दोनों यमदूतों को तत्काल भाग जाने का आदेश दिया। वे दोनों भाग गए। इस अवधि में पिताजी की बाह्य संज्ञा लुप्त हो चुकी थी। श्वास एकदम मंद हो गई थी। नाड़ी लुप्त होने जा रही थी कि सहसा उन्होंने आँखें खोलीं और उत्साहपूर्वक लल्ला से कहा, लल्ला, अब

मैं नहीं मरूँगा। आप निश्चिंत हो जाइए। पूरी बात बताई। लल्ला की आँखों से आँसुओं की धारा बहने लगी। शीघ्र ही पिताजी घर आ गए।

मैं कुछ दिनों के लिए गाँव गया तो सब पता चला। पहले तो मैं द्विरागमनवाली चिट्ठी पर जाते ही बिगड़ने लगा तो माँ ने कहा, शांत रहो बेटा! तुम्हें यहाँ की मुसीबतों का पता नहीं है। अपनी ऊर्जा मत बर्बाद करो। पिताजी ने मवेशियोंवाले घर पर अपने लिए घर से अलग स्थान तय कर लिया था ताकि किसी और को टी.बी. न हो जाए। मेरी माँ घर आती-जाती थी, किंतु रात में वहीं पिताजी के पास रहती थीं। गरमी थी। कुआँ समीप था। रात में सब खुले में ही सोते थे। द्विरागमन में आकर दो महीने से प्रतीक्षा कर रही वधू मुझसे प्रसन्न नहीं थी। अब लगता है, प्रसन्न होने और रहने की क्षमता प्रभु कृपा से प्राप्त होती है। यद्यपि व्यक्ति का मूल स्वभाव आनंद का है। पर उस पर त्रिगुणात्मकी प्रकृति ने अपने तरह-तरह के आवरण, लेप चढ़ा रखे हैं। आनंद सुलभ होते हुए भी अत्यंत दुर्लभ वस्तु है।

मैं वापस इलाहाबाद आ गया। चंद्रा लॉज में कोई स्थान इसलिए रिक्त नहीं था, क्योंकि लोगों ने अपने-अपने स्थान सुरक्षित रख छोड़े थे और मेरावाला कमरा भी भर गया था। कुछ छोड़नेवालों ने अपने लोगों को दे दिए थे। हमें कटरा में ही श्री शिवप्रसाद केशरवानीजी की जगह रहने को मिल गई। यहाँ मेरे साथ मेरे सहपाठी श्री गंगाप्रसाद यादव और ऊपरवाले कक्ष में कालीचरन वर्मा रहने लगे। कालीचरनजी ने फिजिक्स का एक प्रश्नपत्र खराब होने के बाद बहुत समझाने के बाद भी बाद की परीक्षा छोड़ दी थी। उन्हें प्रथम श्रेणी से कम कुछ भी मंजूर नहीं था। परिणामतः उनकी राष्ट्रीय छात्रवृत्ति भी बंद हो गई। पर यही तो जीवन है। अब मुझे कुछ करके ही गाँव लौटना था।

मैंने इस वर्ष (1971) की आई.ए.एस. परीक्षा का फॉर्म भर दिया था। परीक्षा अक्तूबर में हुआ करती थी। दशहरा प्रायः बीच में पड़ता था। मैं दशहरा अवकाश प्रारंभ होने तक कक्षा में जाता रहा, क्योंकि मुझे एम.एस-सी. भी तो सँभालना था। हमारे रीयल वेरियेबल पढ़ानेवाले डॉ. एस.एन. भट्ट ने कहा, दो नावों की सवारी कर रहे हो। मैंने विनयपूर्वक कहा, मेरे पास विकल्प का अभाव है। इसलिए संकल्प में दृढ़ता तो लानी ही होगी। श्री भट्ट इस बात से चिंतित हो गए थे कि एम.एस-सी. प्रथम वर्ष में मैं प्रथम श्रेणी के अंक पाने में भी आठ अंक से चूक गया था। वे मुझे प्रथम श्रेणी योग्य समझते थे।

इस बीच दो घटनाएँ हुईं जिन्होंने मेरे कार्य पर अलग-अलग तरह से प्रभाव डाला। पहली तो यह कि सितंबर महीने में घर से पैसा नहीं आया। इसके प्रभाव की कुछ कथा-व्यथा आगे मिलेगी। दूसरी घटना यह कि मेरा बी.एस-सी. में सहपाठी रहा प्रिय मित्र दिनेश कुमार श्रीवास्तव अपने उत्तम साक्षात्कार के दम पर भाभा एटॉमिक रिसर्च सेंटर में वैज्ञानिक पद के लिए चयनित हो चुका था और योगदान देने बंबई जाने से पहले मुझसे

भेंट करने आया था। जब मैं उसको कुछ दूर तक छोड़ने जाने लगा तो उसने रोकते हुए कहा था, "देखो, मैं तो व्यवस्थित हो गया हूँ, तुम समय नष्ट न करो, अपनी सोचो।" बात ठीक थी। बुद्धि और अहंकार दोनों ने इस वक्तव्य का संज्ञान लिया। बात वजनदार भी थी, इसलिए मैंने इसे आदत के अनुसार श्रीकृष्ण (किशोर जू) को फॉरवर्ड कर दिया।

आई.ए.एस. परीक्षा के पेपर प्रारंभ हो गए थे। पैसे खत्म हो गए थे। मात्र लगभग दो सौ ग्राम मूँग की दाल, कुछ कोयला, दो-चार बाँस की फट्टियाँ। पतीली में काफी पानी डालकर कुछ दाल का सूप जैसा बनता और भूख को सांत्वना देता। मेरी माँ को उपवास करने का अभ्यास था। इसलिए मैं इससे विशेष विचलित तो नहीं हुआ, पर भूख तो भूख है। मैंने तो जब कभी उपवास किया तो साबूदाने की खीर खाने के लिए किया और खीर पाते ही रोटी-दाल का भी आनंद लेता था। वर्षों बाद मैंने हर्मन हैस का उपन्यास 'सिद्धार्थ' पढ़ा, तब यह एहसास हुआ कि भूख सहन कर लेना बहुत बड़ी शक्ति है। मुनि विश्वामित्रजी ने श्रीराम को ऐसी क्रिया सिखाई थी जिससे भूख-प्यास नहीं लगती थी। लंका युद्ध में उस जलवायु में युद्ध के श्रम में प्यास लगना स्वाभाविक था तो क्या राम रावण से टाइम आउट की बात करते। रावण तो रथ पर था। कुछ प्रबंध करके चला होगा। वैसे वह भी बहुत सक्षम वीर तो था ही।

हर्मन हैस ने लिखा है कि साधुओं के एक समूह में सब अपनी-अपनी चमत्कारिक शक्तियों का बखान कर रहे थे। अंत में सबने शांत बैठे सिद्धार्थ से पूछा कि तुममें कौन सी शक्तियाँ हैं? तो सिद्धार्थ का उत्तर था—मैं प्रतीक्षा कर सकता हूँ, भूखा रह सकता हूँ, निद्रा की अवहेलना कर जागा रह सकता हूँ। प्रतीक्षा कर सकनेवाला ही तो धैर्यवान हो सकता है। अर्जुन को निद्रा पर विजय होने के कारण 'गुडाकेश' नाम दिया गया था।

मेरे मामले में व्यवहार में भूख पहले आई, सिद्धांत बाद में मिला। मैं नवीं कक्षा से ही गीता पढ़ने लगा था। गीता के नासिकाग्र पर ध्यान लगाने की शक्ति से मेरा परिचय हो चुका था। इसका लाभ एवं प्रमाण भी मुझे एम.एस-सी. में प्रारंभ किए गए अपने प्रयोग से मिल रहा था। मुझे यह विश्वास हो चला था कि गीता में जीवन-निर्वाह के सूत्र हैं। अपनी वर्तमान क्षुधार्त्त परिस्थिति में मुझे भगवान् श्रीकृष्ण का एक आश्वासन मिला—

'अनन्याश्चिन्तयन्तो मां ये जनाः पर्युपासते।
तेषां नित्याभियुक्तानां योगक्षेमं वहाम्यहम्॥'

(गीता 9, 22)

किसी और का चिंतन किए बिना जो लोग मेरी उपासना अर्थात् मेरी शिक्षाओं की संगत करते हैं, उन नित्य युक्तों अर्थात् निरासक्त कर्तव्य कर्म करनेवालों का योग और क्षेम दोनों का भार मैं ढोता हूँ। योग अर्थात् अप्राप्त की प्राप्ति। क्षेम अर्थात् प्राप्त की सुरक्षा।

श्री राम ने भी नारदजी से कहा था—

'सुनु मुनि तोहि कहउँ सहरोसा। भजहिं जे मोहि तजि सकल भरोसा।
करउं सदा तिन्ह कै रखवारी। जिमि बालक राखइ महतारी॥'

(रामचरितमानस, 3, 42, 4, 5)

यह मंत्र सिद्ध होना दुष्कर किंतु 'अभ्यासेन वैराग्येन च' सिद्ध कार्य है। दृढ़ विश्वास के साथ अभ्यास करना चाहिए। किंतु कर्त्ताभाव इसमें सदा आड़े आता है। विचारपूर्वक इस मार्ग पर आगे प्रयत्नशील रहना चाहिए।

दशहरे के बाद पी.सी.बी. हॉस्टल में रहनेवाले हमारे मित्र कालीचरन, प्रमोद कुमार उपाध्याय आ गए तो प्रश्नपत्र के दिनों में उनकी मैस में भोजन हुआ। शेष दिनों के लिए उनसे कुछ रुपए लेकर काम चला। जब परीक्षा समाप्त हो गई तो मैंने घर पर पत्र लिखा कि आपने मुझे पैसे भेजने क्यों बंद कर दिए? उधार लेकर काम चला रहा हूँ। नवंबर 1971 में मेरे बड़े साले साहब का डेढ़ सौ रुपए का मनीऑर्डर आया जिसमें समय पर न भेज पाने के लिए ध्यान न देने का अनुरोध किया गया। मैंने पोस्टमैन से कहा कि इसे लौटा दीजिए। वह बोला, भैया, ले लीजिए, दो महीने से आपके पास पैसा नहीं आया। मैंने उनकी सदाशयता के लिए धन्यवाद दिया और कहा, दादा, यह मेरे आत्मसम्मान पर प्रहार है। भूखो मर सकता हूँ, पर यह धन मैं नहीं ले सकता। डाकिये ने मुझे जीवन में सफल होने का आशीर्वाद दिया और चला गया। कुछ छोड़ने पर ही कुछ, अपितु बहुत कुछ मिल जाता है। घर पत्र पहुँच गया था। वहाँ से पैसे की व्यवस्था होने लगी थी।

आई.ए.एस. की लिखित परीक्षा का परिणाम आया। अब मुझे केंद्रीय सेवाओं के लिए व्यक्तित्व परीक्षा देनी थी। सूट का कपड़ा लेने गए तो हमारे कार्बनिक रसायन के गुरु डॉ. एच.एस. सिंह, डी.एस-सी. मिल गए। उन्होंने कपड़े का चयन किया, दर्जी का भी चयन किया और प्रसन्न होकर सफलता का आशीर्वाद दिया। सूट पहनने और टाई बाँधने का अभ्यास भी सहज होने के लिए कुछ दिन किया। खादी के कुरते-पाजामे से यह अजनबी परिवर्तन था। जूते तो शादी के ही थे। मैंने लाल के बजाय काले जूते ही लिये थे। साक्षात्कार की प्रतीक्षा में बैठे लोग गिटर-पिटर अंग्रेजी में वाचालता का परिचय दे रहे थे। मैं सहमा-सा बैठा था। साक्षात्कार के बाद अगले दिन मेडिकल था। इसके बाद मेरी एम.एस-सी. फाइनल की कक्षाओं में उपस्थिति नियमित हो गई।

एक दिन मैं भोजन बनाने के लिए अँगीठी सुलगा रहा था कि प्रमोद उपाध्याय, गौरीशंकर तिवारी, कालीचरन धड़धड़ाते हुए बड़े उत्साह से सीढ़ियाँ फाँदते मेरे प्रथम तलवाले कमरे के बरामदे पर प्रकट हो गए। बोले, गौतमजी, बधाई हो! बधाई हो! आपका सलेक्शन हो गया है। मैंने कहा, मैस बंद है, रोटी खानी है तो आओ, मेरे लिए

भी बनाओ। उन्होंने मुझे आश्वस्त किया कि अखबार में रिजल्ट निकला है, आपका चयन हो गया है। यह कहकर वे रोटी बनाने लगे और मैं पढ़ने लगा।

इसके बाद मेरी एम.एस-सी. फाइनल की परीक्षा भी संपन्न हो गई। परिणाम तो कुछ दिनों बाद आया। ईश्वर की कृपा से मैं एम.एस-सी. गणित प्रथम श्रेणी में उत्तीर्ण हो गया। श्री एस.एन. भट्ट गुरुजी को भी इससे संतोष पहुँचा।

परीक्षा के बाद मैं घर पहुँचा और भूखवाली कथा-व्यथा सुनाई। माँ घर के संकटों से घिरी हुई थीं। बोलीं, गरमियों में वे (मेरे श्वसुर साहब) आए थे। कह गए थे, अगले महीने से वे पैसे भेजेंगे। अब आपको भेजने की जरूरत नहीं है। वे एक दूध देती गाय भी भेजने की बात कह गए थे। इधर गाय नहीं आई, उधर पैसा नहीं पहुँचा। हाँ, रिश्तेदार हो तो ऐसा की वाहवाही वे अवश्य लूट ले गए।

इलाहाबाद से ही यू.पी.एस.सी. को मैंने गाँव का पता भेज दिया और सामान समेटकर गाँव आ गया। वर्ष 1972 की भी आई.ए.एस. परीक्षा का फॉर्म भर दिया था। अब मैं गाँव के घर पर था। अपने नवनिर्मित दलदल में। इस वर्ष की परीक्षा में लिखित परीक्षा में भी मैं असफल रह गया। अब तो अपने नियुक्ति पत्र की प्रतीक्षा थी, जो संभवतः पुराने इलाहाबाद वाले पते पर घूमकर लौट चुका था। मेरे पास अब कोई काम नहीं था। हाइड्रोडानामिक्स पर किताब लिखना प्रारंभ किया था, पर कुछ ही लिखी जा सकी।

अब मेरे मन में कुछ व्यक्तियों की परीक्षा करने का मन हुआ ताकि वे बाद में यह न कह पाएँ कि कभी हमसे धन नहीं माँगा। मैं इस संदर्भ में उस डेढ़ सौ रुपए मनीऑर्डर वालों का स्थान विशेष तौर पर नियत करना चाहता था। चूँकि मेरा अभी तक नियुक्ति पत्र नहीं मिल सका था, इसलिए सामान्य लोगों को यह पक्का लग रहा था कि सिलेक्ट होने की अफवाह उड़ाई गई है वरन् गाँव आकर घर पर क्यों पड़ा रहता। सो मैं ससुराल कहलानेवाले स्थान पर जा पहुँचा। बाहर बैठका में श्वसुर साहब की बैठकी जमी हुई थी। वे बोले, आओ महाराज! मैंने चरण स्पर्श किए और बैठ गया। मैंने बिना किसी भूमिका, प्रस्तावना के कहा, मुझे दो सौ रुपए चाहिए। नहीं हैं तो उधार माँग लीजिए। मैं ब्याज सहित लौटा दूँगा। उनका उत्तर था, महाराज! दो नए पैसे भी नहीं हैं। तो मैंने कहा, बड़ी उम्मीद से आया था। वे तपाक से बोले, आए हैं तो गेट आउट तो कह नहीं सकते। मैं तत्काल उठकर चल दिया। पीछे से आवाज आई, महाराज! पानी तो पीते जाइए। मैंने चलते हुए ही जोर से कहा, किसी कुएँ पर पी लूँगा। बाद में वर्ष 1982 में इन महापुरुष ने अपनी मंडली सहित दिल्ली के प्रगति विहार के मेरे वन बेडरूम फ्लैट में दो माह तक आतिथेय बनने का मुझे सौभाग्य दिया। एक दिन उन्होंने यह भी कह ही डाला, महाराज! आप तो वैसे ही रहते हैं जिस प्रकार

लखनऊ में सचिवालय के क्लर्क रहते हैं। मैंने उन्हें कहा, सही फरमाया, मैं क्लर्क ही हूँ। उस समय मैं बिहार में दो जिलों का पुलिस अधीक्षक रहकर केंद्रीय खुफिया ब्यूरो में सहायक निदेशक के पद पर था। मेरे ऊपर किसी जन्म के कर्म का बकाया रहा होगा। चुकता हो गया।

इसी क्रम में मेरे साढ़ू साहब श्री ए.पी. शर्मा ने मुझमें तीन सौ रुपए का निवेश कर दिया। मैं उनके यहाँ भी टीकमगढ़ गया था। मेरी मौसी मऊरानीपुर में थीं। मैं ससुराल से लौटकर भूखा-प्यासा वहीं पहुँचा। मौसी ने पहुँचते ही हाथ-मुँह धोने और भोजन करने को कहा। बोलीं, तू बहुत भूखा-प्यासा लग रहा है। भोजन करते समय बोलीं, तू ट्रेनिंग के लिए मसूरी जाएगा, वहाँ बहुत ठंड पड़ती है और तेरे पास गरम कपड़े नहीं हैं। फिर कुछ रुपए देते हुए बोलीं, ये ले, ये तीन सौ रुपए मेरे हैं, इन्हें लौटाना नहीं है और ये दो सौ रुपए तेरी बहन के हैं। ये जब हो जाएँ, तब सुविधानुसार ज्यों के त्यों लौटा देना। मैं अपनी बहन से मिलने गया तो बप्पा ने दो सौ रुपए स्वतः दिए। बाद में मेरी बहन की सास को पता चला तो उन्होंने मेरी बहन को अपमानजनक ताने मारे। मेरी बहन ने मुझे पत्र लिखकर रुपए माँगने के लिए नाराजगी जताई। मैंने तुरंत प्रतिदिन बाजार दर ब्याज जोड़कर पैसे मनीऑर्डर कर दिए और बहन को पत्र लिखकर आश्वस्त किया कि बप्पा ने स्वतः दिए थे, मैंने माँगे नहीं थे। एक अन्य संबंधी को पत्र लिखा था। कई वर्ष बाद मिले तो उन्होंने उस पत्र का जिक्र छेड़ते हुए कहा कि उस दिन जी.पी.ओ. बंद था। मैंने धन्यवाद देते हुए कहा, कोई बात नहीं।

वर्ष 1971 के उस आयोजन और तनाव के कारण मुझे एक दिन सुबह बाथरूम से यूँ ही लौटना पड़ा। आँखें जल रही थीं। सिर दर्द हो रहा था। अजीब सा लग रहा था। मेरे साथी यादवजी ने बताया कि गौतमजी, आपको कॉन्स्टीपेशन यानी कब्ज हो गई है। मैं जानता हूँ, मुझे भी है। मैं दवा की दुकान से कुछ कैस्टोफीन (जुलाब की गोलियाँ) ले आया। मैंने एक गोली खा ली। यादवजी ने भी आधी गोली खाई।

मैं मित्रों के पास पी.सी.बी. हॉस्टल चला गया। कुछ देर बाद लौटा तो देखा यादवजी बाथरूम के सामने पड़ी चारपाई पर लेटे हैं। वे मुझे देखते ही भड़के और बाथरूम भागे। वे सचिन तेंदुलकर से भी तेजी से रन बना रहे थे। बीच में बोल जाते, गौतमजी, आपने मेरे साथ धोखा किया है। मुझ पर कोई असर नहीं था। मैंने उनके सामने ही दूसरी गोली खा ली। मुझे कुछ नहीं हुआ तो बोले, तुमने बस एक असली गोली ली थी मेरीवाली। बाकी सब नकली थीं।

इस संघर्ष का धन्यवाद। इसने मुझे तोड़ा नहीं। मजबूत बनाया। भूख का अनुभव दिया जिससे कि मैं उन लोगों की भावनाओं को आदर के साथ देख सकूँ जिन्हें अगले भोजन का पता नहीं होता। इलाहाबाद में कुछ दिनों हमें (मुझे और बाबूराम को)

मुक्ताकाश में लोटा परेड कर निबटने जाने का भी अनुभव दिया। शहर के बेबसों का दर्द मैं समझता हूँ। हे प्रभु! तेरा धन्यवाद। मेरा उद्धार करने के लिए कोटिशः नमन।

'धीरज धरम मित्र अरु नारी। आपद काल परखिए चारी।'

'रहिमन विपदा हू भली जो थोरे दिन होय।
हितु अनहितु या जगत में जान परे सब कोय॥'

अब मेरा 'विपदिधैर्यमथाभ्युदये क्षमा···' वाला समय भी प्रतीक्षा के क्षण पूरे कर रहा था। □

दिल्ली अब दूर नहीं है

यह चर्चा हो चुकी है कि गीता जिंदगी जीने का ग्रंथ है। गीता जीना सिखाती है। अपने जीवन पर यह वृत्तांत लिखते हुए बीच में ही मैंने पूज्य स्वामी अखंडानंद सरस्वती महाराज की 'गीता रसरलाकर' नाम की पुस्तक खोली तो वह जिस पृष्ठ पर खुली, उसमें निम्नलिखित श्लोक पाया—

'कर्मण्यकर्म च पश्येदकर्मणि च यः।
स बुद्धिमान् मनुष्येषु स युक्तः कृत्स्नकर्मकृत्॥'

(गीता 4, 18)

इसको समझाते हुए महाराजजी कहते हैं, 'भगवान् कहते हैं कि उल्टा देखो, प्रवृत्ति में निवृत्ति का रस लो और निवृत्ति में प्रवृत्ति का रस लो। मतलब यह कि प्रवृत्ति में वैराग्य बना रहे और निवृत्ति में स्वाद भंग न हो…'

'असल में यहाँ अकर्तृत्व के ज्ञान से तात्पर्य है। कर्तृव्य निस्स्वभाव है…'

सारे कार्य प्रकृति करती है। प्रकृति के तीनों गुण कर्म के कारक हैं। इसके पीछे व्यक्ति के संस्कार होते हैं। सारे कर्म संस्कार-शुद्धि के लिए हैं।

'चित्तस्य शुद्धये कर्म न तु वस्तूपलब्धये।
वस्तुसिद्धिर्विचारेण न किंचित्कर्मकोटिभिः॥'

(विवेक चूड़ामणि, 11)

कर्म का उद्देश्य चित्त-शुद्धि है। इससे वास्तविकता का ज्ञान नहीं होता। वास्तविकता का ज्ञान तो विवेक विचार से होता है। करोड़ों कर्म भी वास्तविकता का किंचित् मात्र भी ज्ञान कराने में समर्थ नहीं हैं।

मैंने जब यह लेखन प्रारंभ किया तो उस समय कतिपय निर्लेपता रही। फिर जैसे-जैसे यह कार्य यहाँ तक पहुँचा तो आगे की घटनाएँ और भाव मेरे मानस में

कोलाहल मचाने लगे। मुझसे प्रवृत्ति में निवृत्ति का निर्वाह नहीं हो पा रहा था। मैं लेखन में प्रवृत्त था तो उसमें रच-बस गया। लेखन वर्तमान में हो रहा है, भले ही भूत का हो। पर मैं तो सचमुच ही भूत जीने लग गया था। जैसे-जैसे लिखकर निवृत्त होता जाता तो उसमें मुझे प्रवृत्ति का रस मिलने लगता कि देखो इतना तो ठीक से सिमट गया, कितना छितराया और बिखरा था, जबकि मैं उस कार्य में अब प्रवृत्त नहीं था। तो यह आगे-पीछे क्यों? प्रवृत्ति में ही निवृत्ति का आनंद लेते चलें और लेखन के दवाब से पूरी तरह मुक्त रहें। सही बात तो यह है कि हमारा कोई भी कार्य प्रायः सम्यक् रूप से नहीं होता, न बैठना, न उठना, न लेटना, न सोना, यहाँ तक कि दैनिक कृत्यों से भी निवृत्ति ठीक से नहीं हो पाती। स्पष्ट है कि हमें अपने मन-मानस पर बहुत काम करना है। मन-मानस ही जन्म लेता है। इसलिए सावधान रहना आवश्यक है। अब से मुझे सचेतन रूप से प्रवृत्त कर्म में निवृत्ति का अभ्यास करना है ताकि मैं कर्म के अधिकार का आनंद ले सकूँ।

वर्ष 1973 का मार्च महीना। मुझे अब चिंता होने लगी कि मेरा नियुक्ति पत्र कहाँ घूम रहा होगा? क्या करें, क्या न करें? दिल्ली में तो किसी को जानता नहीं था। सोचते-विचारते यह निर्णय हुआ कि इलाहाबाद चला जाए और मित्रों से चर्चा की जाए। मैं तीस अप्रैल को चलकर पहली मई को पी.सी.बी. हॉस्टल अपने मित्रों के पास पहुँच गया। मित्रों का निर्णय था दिल्ली जाकर नियुक्ति पत्र खोजिए। प्रमोद उपाध्याय ने कहा कि हमारे हमीरपुर जिले के सांसद स्वामी ब्रह्मानंदजी तेरह नॉर्थ एवेन्यू में रहते हैं। वे भले मानुस हैं। सरकार में पैठ भी है। आज शाम को यहीं से चार, साढ़े चार बजे दिल्ली जानेवाली एकमात्र ट्रेन इलेवन अप में आपको बैठा देंगे। वह सुबह-सुबह चार बजे पहुँच जाएगी। पूरा दिन काम के लिए मिल जाएगा। मेरे पास कपड़े का खादी भंडारवाला झोला था। एक साफी-गमछा, कुछ नीम की दातूनें। और बस वही कुरता-पाजामा जिसे मैं पहने हुए था।

पाठक यह सोच सकते हैं कि मैं सीधे नियुक्ति पत्रवाले विषय पर आ सकता था। यहाँ गीता का प्रसंग लाना क्या आवश्यक था? जी हाँ, गीता के लिए यह उपयुक्त स्थान था। अब तक विद्यार्थी जीवन था जिसके केंद्र में कोई-न-कोई पाठ्यक्रम रहता आया है। अब जीवन की उस कला में प्रवेश होनेवाला था जिसमें कोई पाठ्यक्रम नहीं होता। कुछ काम-धाम से संबंधित पुस्तकें नियम-कानून तो राज्य-व्यवस्था में रहते ही हैं, पर यदि वे आत्मा का आवरण बनने लगें तो जीवन व्यर्थ होने में कदापि किंचित् मात्र भी श्रम नहीं लगेगा। श्रीमद्भगवद्गीता एक ऐसी पुस्तक है, जो जीवन को प्रकाशमान बनाने में सहायता कर सकती है। यह जीवन की दिशा और दशा दोनों सँवार सकती है। किंतु यह मात्र गीता पाठ अथवा श्लोक रट लेने, उनके अर्थ करने अथवा गीता पर प्रवचनकर्ता

बनने से भी सिद्ध नहीं होगा। इसे प्रयोग में लाकर अनुभव करना और अवसर मिलने पर परीक्षण करने से सिद्ध होगा। मुझे इसका किंचित् सौभाग्य मिला था।

जैसी कि चर्चा की जा चुकी है, मैं नवीं कक्षा से ही गीता में बताए गए नासिकाग्र भाग पर दृष्टि जमानेवाले ध्यान को अल्प ही सही, अभ्यास करने लगा था। इसका प्रयोग दैव कृपा से एम.एस-सी. की पढ़ाई में हुआ और स्मृति की प्रखरता का प्रसाद मिलने लगा। इसका परीक्षण भी मेरी एम.एस-सी. फाइनल की परीक्षा से पहले हो गया। बाँदा रेलवे स्टेशन पर मैं ट्रैन में बाथरूम में गया। मुझे कुछ समय लग रहा था कि मुझे संवेदना हुई कि मेरा झोला चोर उठा ले गया। क्रिया में कुछ समय लगा। मुझे यह भी लगा कि तुरंत निकलना बेकार होगा, झोला तो जा चुका है। बाहर आया तो झोला जा चुका था। उसमें एक पैंट-शर्ट, मेरा प्रिय सफलता दिलानेवाला कलम, रामचरितमानस का गुटका और उसमें रखी मेरी कुल पूँजी तीस रुपए और एम.एस-सी. फाइनल के सभी छह प्रश्न-पत्रों के नोट्स रखे हुए थे। किताबें तो मेरे पास उस पाठ्यक्रम की महँगी होने के कारण कुछ ही थीं। अगले स्टेशन पर उतरकर थाने गया। थानेदार ने कहा, बाँदा जी.आर. पी. जाना होगा। पर उन्होंने कृपापूर्वक इलाहाबाद जानेवाले ट्रक में मुफ्त यात्रा करा देने की बात कही। कुछ ही क्षण में उन्होंने ट्रक ड्राइवर से मेरा खयाल रखते हुए जल्दी इलाहाबाद पहुँचाने का आदेश दिया। नोट्स चोरी हो जाने से मुझे गीता के प्रयोग द्वारा दी स्मृति शक्ति के कारण कोई घबराहट नहीं हुई। अभी परीक्षा के लिए सात दिन शेष थे और मेरे पास तैयार करने को मात्र छह पेपर के नोट्स पुनरावृत्ति के लाभ के साथ। मैंने साथ लाई अनाज-दाल आदि की बोरी कमरे में रखी। स्मृति के आधार पर पेपर्स का पुनर्लेखन हुआ। कहीं अटकने पर मित्र के नोट्स से सहायता ले लेता था अन्यथा नहीं। एम.एस-सी. फाइनल की परीक्षा ने मुझे एम.एस-सी. प्रथम श्रेणी में पास होने का गौरव दिया। इसलिए गीता में मेरी आस्था है। जीवन का पाथेय है गीता। जिसको जो शाश्वत सिद्धांत अपने हृदय के निकट बन पड़ें, उन्हें जीवन का पाथेय बनाकर चलना चाहिए। सोते हुए-से जीवन से गुजर जाना बहुत बुद्धिमानी का कार्य नहीं हो सकता।

अब वापस दिल्ली प्रस्थान के प्रकरण पर लौटते हैं। मित्रों ने मेरे लिए पैंट-शर्ट सिलवाई, शेविंग किट ली, टूथपेस्ट-ब्रश आदि दिल्ली प्रवास के लिए उपयोगी इन वस्तुओं से एक ब्रीफकेस तैयार किया। मेरे खादीवाले झोले को ब्रीफकेस में डाल दिया गया। इस बीच मैं विश्वविद्यालय मार्ग का चक्कर लगाने चला गया। वहाँ फ्रेंड्स बुक डिपो में पहली बार प्रो. टी. पति गणित विभागाध्यक्ष के दर्शन हुए। मेरे समय में तो डॉ. एच.सी. खरे विभागाध्यक्ष थे। प्रो. पति का नाम हमने एक बहुमुखी प्रतिभा के रूप में सुन रखा था। मैंने प्रणाम किया तो उन्होंने मेरे बारे में जिज्ञासा की। मैंने बताया कि केंद्रीय सेवा के लिए मेरा चयन हुआ है, इसलिए दिल्ली जा रहा हूँ। उनकी तीव्र प्रतिक्रिया हुई।

तुम जैसे लोग यदि रिश्वत कमाने के चक्कर में शिक्षण कार्य को न अपनाकर पावर के खेल में चले जाएँगे तो यूनिवर्सिटीज का क्या होगा? मैंने अपना नियुक्ति का ऑफर जेब से निकालकर कहा, ये रहा मेरा ऑफर, आप मुझे इसी तरह गणित लेक्चरर का ऑफर दे दीजिए, मैं किसी अन्य ओर नहीं देखूँगा। इस पर उन्होंने कहा कि वे मुझे शोधवृत्ति दे देंगे। तब मैंने कहा, आठ वर्षों से ज्यादा समय से बड़े विद्वान् डॉ. भट्टाचार्यजी को अस्थायी तदर्थ लेक्चरर के रूप में संघर्ष करते देख रहा हूँ। मैं खुशामद करने के लिए नहीं बना हूँ। पक्के जॉब के बदले पक्का जॉब दीजिए। तब वे बोले, कभी इलाहाबाद आओ तो मिलो। उसके बाद इलाहाबाद होकर बिहार के लिए कई बार निकला। एक बार तो विशेष रूप से उन्हीं से मिलने की आकांक्षा लेकर उनके बैंक रोड आवास पर भी गया। पर प्रो. पति एक साथ कई संस्थानों से जुड़े थे और प्रायः भ्रमण पर रहते थे। परिचारक ने बताया कि बाहर गए हुए हैं। निराशा हुई। पूरा सर्किल चलकर बाहर निकलने की सोची तो पास के आवास के बरामदे में एक चारपाई पर लेटे एक महानुभाव को घेरे कुछ युवा बैठे हुए हैं। मैं उधर बढ़ा तो चारपाई पर पसरी एक नंग-धड़ंग देह पर किसी ने कमर के ऊपर तक एक चादर ढँक दी। परिचारक से मुझे पता चल ही गया था कि आगेवाले घर के बरामदे पर फिराक गोरखपुरी वही ज्ञानपीठ पुरस्कार विजेता फिराक साहब मिर्जा गालिब के बाद उर्दू के सबसे बड़े शायर इलाहाबाद विश्वविद्यालय के अंग्रेजी विभाग के प्रोफेसर और विभागाध्यक्ष रहे, उस समय में डिप्टी कलक्टर की नौकरी ठुकरा चुके कांग्रेस के सदस्य रहे गांधी द्वारा स्प्वाइल्ड जीनियस कहे गए निजी जीवन में कतिपय विवादों-किस्सों के धनी महापुरुष मौजूद हैं।

मैंने प्रणाम किया। बात वर्ष 1981 की है, जहाँ तक मुझे स्मरण आता है। उन दिनों मैं बिहार के सारण जिला, छपरा मुख्यालय, का पुलिस अधीक्षक था। छपरा में ही सारण एक गाँव भी है, जहाँ से पुरानी मुगल रोड लाइन गुजरती है। मिट्टी का कच्चा किंतु समतल, सपाट, काफी चौड़ा राजमार्ग मैंने स्वयं देखा है। बताया जाता है कि मुगल बादशाह अकबर का काफिला एक बार यहीं से निकला था। पर हमारे साहित्यकार अपनी रुचि और विचारधारा का इतिहास गढ़ते हैं। मात्र पुरातत्त्ववाले ही गाँवों में इतिहास छानने की जहमत उठाते हैं। मूल साहित्य पढ़ने के बजाय द्वितीयक, तृतीयक स्त्रोतों और अपने विचारों का कॉकटेल परोसना ज्यादा आसान पड़ता है। इससे नशा भी अच्छा चढ़ता है। फिराक साहब को बताया कि मैं पुलिस की नौकरी करता हूँ। बोले, आई.पी. एस. तो हो ना? इसी क्रम में अपने वर्तमान पदस्थापन के बारे में भी बताया। फिराक साहब की आवाज उस आयु में भी समुद्र गर्जना जैसी गंभीर थी। बोले, अमाँ यार, ये बताओ, ये आँखफोड़वा कांड क्या है? (उन्हीं दिनों भागलपुर जिले में कुछ खतरनाक अपराधकर्मियों की आँखों में तेजाब डालकर अंधा करने की बात प्रकाश में आई थी।

उसमें कुछ पुलिसकर्मियों की संलिप्तता के आरोप लगे थे। चारों तरफ मानवाधिकारों की बहस छिड़ी थी। इसके विपरीत भागलपुर जिले के आमजन इससे राहत महसूस करते हुए खुश भी थे।) मैंने उत्तर दिया, सर! ये बहुत अमानवीय जघन्य अपराध हुआ। मैं इतना ही बोल पाया था तो फिराक साहब गरज उठे, अगर देश में तुम्हारे जैसे ही ऑफिसर रहे तो इस देश का भगवान् ही मालिक है। इतने बड़े गधे हैं ये पुलिसवाले, पूरे-के-पूरे आदमी जीते-जागते सबूत के तौर पर छोड़ दिए। कितने बड़े नालायक हैं। अरे, सालों को मार ही देते अगर वे डकैती और दुष्कर्म करने के लिए कुख्यात थे। अब साले जाएँगे जेल। थोड़ी देर बाद मैंने उन्हें प्रणाम कर प्रस्थान की आज्ञा ली।

पहली मई, मजदूर दिवस, वर्ष 1973, शाम चार बजे इकलौते ठसाठस भरे जनरल डिब्बे में खिड़की के मार्ग से पहले मेरा ब्रीफकेस फेंका गया। न्यूटन का गति के नियम के अनुसार उधर से गालियाँ छूटीं। किंतु इसी बीच मित्रों ने मुझे उठाकर खिड़की में ठूँस दिया। मैं धड़ तक भीतर था, शेष बाहर, पर अंदर की संकुलता ने मुझे थाम लिया था। अंदर एक फौजी बोला, मैं तेरी टाँगें तोड़ दूँगा। मैंने याचना की, मेरी टाँगें तो भीतर आने दो। उसने जैसे मेरी बात पर रीझकर मुझे अंदर खींच लिया। इलेवन अप चलने लगी। मित्रों ने प्रसन्नतापूर्वक हाथ हिलाए। कानपुर तक खड़े-खड़े आया। एक फौजी ने मुझे खिसककर बैठा लिया। दुबला-पतला होने के कारण मुझे बहुत कम जगह की जरूरत थी। कानपुर आते-आते अफरातफरी बंद हो गई थी। उसके बाद तो धीरे-धीरे लोग झूमने लगे। नींद का शासन शांति फैला देता है। मेरी आँखें भी किसी ऐसे स्थल को खोज रही थीं, जहाँ मैं किसी चीज से टिककर झपकी ले लूँ।

इलाहाबाद छूट रहा था। पर मन में इलाहाबाद चल रहा था। गरमी थी। संगम स्नान करने पहुँच गया। वहाँ संगम की ओर जाते हुए खीरे के खेत से खरखराने की आवाज आई। तुरंत उधर नजरें गईं। कहीं महादेव के सिर पर झूमनेवाले महाराज तो नहीं हैं। देखा तो आँखें फटी-की-फटी रह गईं। एक खीरा सहसा छोटे आकार से लगभग 2 इंच बड़ा आकार ले चुका था। बढ़ोतरी अथवा परिवर्तन शनैः-शनैः सतत एकरूप क्रम में नहीं होते। प्रकृति के खेल में क्वांटम मैकेनिक्स काम करती है। (आजकल तो क्वांटम बायोलॉजी, क्वांटम इकोनॉमिक्स आदि के अध्ययन के नए क्षेत्र खुल गए हैं।) संगम गए तो बड़े हनुमानजी के दर्शन करने ही थे। तो साथ ही वे दो छोटे कद के पुजारी भी याद आए जो प्रसाद चढ़ाने को ले जाए गए लड्डुओं के डिब्बे को टेढ़ा कर निर्दयतापूर्वक आधे से ज्यादा लड्डू नीचे रखे गए कनस्तर में लुढ़का लेते थे। इसका काट हम लोगों ने यह निकाला था कि प्रसाद के डिब्बे का हाथ ऊँचा कर हनुमानजी के सामने से मार्च पास्ट कराकर सारे लड्डू बचा लेते थे। बाद में समय-समय पर सिविल लाइंस के हनुमानजी को हम प्रसाद अर्पण करने लगे थे, क्योंकि वहाँ

डिब्बे से प्रसाद नहीं निकालने का नियम था। तो हनुमानजी को सारा प्रसाद चढ़ भी गया और सारे लड्डू बच भी गए।

बी.एस-सी. प्रथम वर्ष का डेलीगेसी का वार्षिक दिवस मना था तो प्रकृति के सुकुमार कवि सुमित्रानंदन पंतजी के दर्शन हुए थे। वे मुख्य अतिथि थे और छात्रों के बुलाने पर आते भी थे। उनका सुदर्शन व्यक्तित्व, स्त्रैण कोमल काया, लंबे सुंदर केश जैसे उस भरे हुए डिब्बे से मेरे मन में अवकाश की भावना बना रहे थे। इन्हें हमने कभी पढ़ा था। आज दर्शन कर हृदय उछल रहा था। चरखारी के हिंदी लेक्चरर श्री नंद कुमार द्विवेदीजी आकर बोलने लगे—

'छोड़ द्रुमों की भी छाया तोड़ प्रकृति से भी माया
बाले तेरे बाल जाल में कैसे उलझा लूँ लोचन।'

पंतजी कुँआरे ही रहे। उन्हें रचकर ब्रह्मा ठगे-से रह गए होंगे। अब इनके योग्य सुकुमार सुकोमल सुंदर सुशील कन्या कैसे बनाऊँ ?

रिक्शे पर आते हुए रसायन शास्त्र के विश्वप्रसिद्ध विद्वान् प्रो. नीलरत्न धर के दर्शन हुए। नब्बे वर्ष से भी अधिक वय के हट्टे-कट्टे युवा के कदमों जैसी चालवाले ये सम्मानित रसायन विज्ञानी। सुना था कि रसायन के नोबेल पुरस्कार हेतु बनी चयन समिति के सदस्य थे। धर साहब कहते थे कि रोटी के साथ पके टमाटर खाओ और लंबी आयु जियो।

विजियानगरम हॉल में हुए एक कार्यक्रम के दौरान एक प्राध्यापक ने बताया कि जब वे रसायन विभाग में शोधार्थी थे तब एक दिन प्रयोगशाला में प्रो. मेघनाद साहा आए और एक पदार्थ देते हुए बोले, इसे डिजॉल्व करो। उन्होंने कहा कि सर, यह तो कैसे भी डिजॉल्व नहीं होता तो प्रो. साहा ने रूल हाथ में लेकर दौड़ा लिया। वे आगे बोले, मैं आगे-आगे भाग रहा था प्रो. साहा डंडा लिये मेरा पीछा कर रहे थे। थोड़ी देर बाद पीछे खड़े होकर हँसने लगे तो मेरी जान-में-जान आई। प्रो. साहा इलाहाबाद विश्वविद्यालय में न्यूक्लियर फिजिक्स की बड़ी प्रयोगशाला स्थापित करना चाहते थे। उन्हें लगा कि ऐसे फैसले राजनीति में जाने से संभव हो सकेंगे तो उन्होंने इलाहाबाद से लोकसभा के लिए निर्दलीय के तौर पर चुनाव लड़कर जीता। लोकसभा में उनका शीघ्र मोहभंग हो गया तो इस्तीफा दे दिया। फिर इलाहाबाद से भी एक दिन नाराज हो गए तो घर बेचकर कलकत्ता चले गए। प्रो. साहा और प्रो. एस.एन. बोस जब कलकत्ता विश्वविद्यालय में युवा लेक्चरर थे तब उन्होंने प्रो. आइंस्टीन की थ्योरी ऑफ रिलेटिविटी का अंग्रेजी रूपांतरण किया और कलकत्ता विश्वविद्यालय ग्रेजुएट कोर्स के पाठ्यक्रम में रखा और पढ़ाया था। ऐसा करनेवाला यह दुनिया का पहला शिक्षण संस्थान था। तब आइंस्टीन के नोटिस में ये दोनों महान् वैज्ञानिक आए थे।

एम.एस-सी. के दौरान मध्ययुगीन इतिहास के प्रो. ओ.पी. भटनागर हमारी डेलीगेसी के अध्यक्ष थे। आज ट्रेन में भी होली के दिन उनके घर खाई गुझियों का स्वाद आ रहा था। जब मैंने मात्र एक ही गुझिया उठाई तो गुरुमाता बोली थीं, ये इतना दुबला-पतला होकर एक ही गुझिया उठा रहा है। फिर डपटते हुए बोली थीं, दो उठा एक साथ। प्रो. भटनागर मुसकराने लगे थे। उन्होंने मेरे लिए पार्ट टाइम काम तलाशने का भी प्रयास किया था। मेरा चयन हो जाने से वे चिंतामुक्त हो गए थे।

एक शाम मैं प्रो. भटनागर के घर पहुँचा तो वे निकल ही रहे थे। बोले, चलो प्रगतिशील क्लब मेरे साथ। हम दोनों पैदल डायमंड जुबली छात्रावास की तरफ चल दिए। विश्वविद्यालय के मुख्य द्वार पर सुप्रसिद्ध इतिहासकार डॉ. ताराचंद तथा हिंदी के सुप्रसिद्ध विद्वान् और फादर डॉ. कामिल बुल्के के एम.ए. हिंदी विषय के गुरु एवं डी.फिल. के लिए शोध के गाइड रहे प्रो. धीरेंद्र वर्मा भी मिल गए। इनमें से कोई रिक्शे पर थे और दूसरे को भी उस पर आ जाने को कहा। तो उन्होंने कहा था, मैं किसी भी मनुष्य की छाती पर बोझ नहीं बनता। इस पर दूसरे ने कहा, आप उसकी रोजी-रोटी का माध्यम क्यों नहीं बनना चाहते? डायमंड हॉल पहुँचने पर हमारे देश के भूतपूर्व विदेश सचिव और सोवियत संघ में भारत के राजदूत रहे तथा किसी समय पंडित जवाहरलाल नेहरू भारत के प्रधानमंत्री के विश्वासपात्र रहे श्री आर.के. नेहरू वहाँ पहले से ही मौजूद थे।

हम छात्रावास के कॉमन रूम में थे। कुछ छात्र थे। बड़ी-बड़ी बातें हुईं। मैं चुपचाप देखता रहा था। समझ में कुछ आया होता तो आज अवश्य याद आता। मैं तो इतनी बड़ी-बड़ी विभूतियों से एक साथ मिलकर उनसे कुछ बात कर दर्शन कर ही खुश था।

अब मैं कहीं से लौटते हुए प्रयाग संगीत सम्मेलन की चमक-दमक से आकृष्ट हो रहा था। मैंने झिझकते हुए द्वार पर खड़े एक प्रहरी से पूछा कि क्या मैं अंदर जा सकता हूँ। वे बोले, अरे, आप सबके लिए ही तो है। अंदर प्रसिद्ध नाटककार डॉ. रामकुमार वर्मा स्वयं के निर्देशन में मुक्ताकाश मंच पर उन्हीं के द्वारा तैयार रामलीला का मंचन हो रहा है। मैं अंदर जाकर बैठ गया। डॉ. वर्मा सूत्रधार की भी भूमिका स्वयं कर रहे थे। इस रामलीला के सभी कलाकार एक गर्ल्स इंटरमीडिएट कॉलेज की लड़कियाँ थीं। इन कलाकारों में सभी जाति-धर्म की बच्चियाँ थीं और उनका उत्साह देखते ही बनता था। लौटते हुए हिंदू हॉस्टल में मित्र मुरारी लाल तिवारी के सौजन्य से रोटी-आलू-भुजिया खाई। उनके चाचा चंद्रिका प्रसाद तिवारी की याद आई।

ट्रेन चल रही थी। मेरा मन भी यादों की गलियों में चलते-चलते सो गया था। ट्रेन नई दिल्ली रेलवे स्टेशन पहुँच चुकी थी। सुबह के पाँच बजे थे। उतरकर ऑटोवाले से तेरह नॉर्थ एवेन्यू चलने को कहा। वह मीटर ऑन करने लगा तो मुझे लगा कि तय कर

लेगा तो ठीक रहेगा। पुरानी आदत जो थी। मैंने पाँच रुपए कहे तो वह खुशी-खुशी तैयार हो गया। मुझे व्यवहार का बहुत कुछ सीखना था। ऑटो ने मुझे गंतव्य पर उतारकर पैसे लिये और चल दिया। दो मई 1973 की सुबह मैं दिल्ली में था। खुश था कि सही-सलामत पहुँच गया। दिल्ली प्रवेश में एक बहुत बड़ा गँदला नाला-सा दिखा तो मैंने कहा, बाप रे! इतना बड़ा गँदला नाला! सहयात्रियों ने कहा, ये जमुनाजी हैं। मैंने उन्हें प्रणाम किया और कहा कि माता सूर्यपुत्री! आपकी ऐसी हालत। यह तो वर्ष 1973 में हालात थे।

सुनते हैं, 2020 की कोरोना शक्ति ने उनका जल निर्मल कर दिया है। गंगा मैया भी निर्मल हो गई बताई जाती हैं। विडंबना देखिए, लॉकडाउन है। इनके दर्शन करने कौन जाता होगा।

□

नई दिल्ली, नई जिंदगी

तेरह नॉर्थ एवेन्यू में कदम रखते ही एक वैष्णव महात्मा स्वतंत्रता सेनानी के दर्शन हुए। मैंने उनसे स्वामीजी से भेट करने के अपने प्रयोजन से अवगत कराया। वे बोले, पहले यहाँ आओ। दैनिक क्रिया से मुक्त हो चुके हो? नहीं, तो जाओ, वह रहा बाथरूम। निश्चिंत रहो। स्वामीजी हैं। यहीं पर हैं। उनके पास ले चलूँगा। पहले तरोताजा होकर तैयार तो हो जाओ। मैं फ्रेश होकर आया तो वे चाय पी रहे थे। मेरे लिए एक गिलास दूध था। बोले, पियो। तुम्हें चाय नहीं दूँगा। मैंने बताया कि मैं चाय नहीं पीता हूँ तो वे प्रसन्न हुए। पर दिल्ली मिल्क स्कीम (डी.एम.एस.) का दूध मुँह लगाते ही स्वाद बिगड़ने लगा। वे बोले, बुरा नहीं है, ताकत देगा, पीना पड़ेगा। मैं आँख बंद कर पी गया। स्नानादि के बाद वे मुझे पास के ही एक ढाबे में ले गए और भोजन कराया। मुझे पैसे नहीं देने दिए। बोले, तुम मेरे बच्चे हो। यहाँ मेरा हिसाब चलता है। भोजन से निवृत्त हो बाबाजी स्वामी ब्रह्मानंद के दर्शन हेतु पहुँचा। उन्होंने हाथ पकड़कर अपने पास बैठाया। बोले, तोरे गाँव हुइ आओ हों। चुनाव में गओ रहों। तैं मुखिया को तो जानत हुई है। मैंने बताया कि मैं उनका अपना भतीजा हूँ। बड़े खुश हुए। तैं तो घर को लड़का है। काम बता। बताने पर बोले, तो पहले ही आवे को रहै। तू लड़का लोग टाइम का वैल्यू नहीं समझता है। इंदिरा बिटिया से बोल देता हूँ। मैंने कहा, नहीं बाबाजी! कार्मिक विभाग का काम राम निवास मिर्धा साहब के अधीन है। उनसे ही हो जाएगा। मुझे तो कुछ पता ही नहीं था कि यह मामूली पड़ताल तो निचले स्तर से ही हो जाती और मेरा नियुक्ति पत्र मिल जाता। लेकिन सरकारी विभाग के बारे में आज भी मैं यह पक्के तौर पर नहीं कह सकता कि आपकी बात सुनी जाएगी, काम हो जाना तो दूर की बात है। स्वामीजी को इंदिरा गांधी बहुत मानती थीं।

स्वामीजी ने अपने निजी सचिव ममतानीजी को बुलाया। बोले, मिर्धा से बात कराओ। मिर्धा लाइन पर थे। स्वामीजी ने आशीर्वाद दिया और कहा कि मोरे घर को लड़का आओ है। वही समझाहै तुम्हें का काम है। लो उससे बात कर लो। मैंने बताया

कि मैं केंद्रीय सेवाओं के लिए चयनित हुआ हूँ, पर नियुक्ति पत्र नहीं मिला है। फिर मिर्धा साहब ने स्वामीजी को कहा कि वे दो मिनट में पता लगाकर फोन करते हैं। शीघ्र ही मिर्धा साहब का फोन आया कि मुझे केंद्रीय सचिवालय सेवा के सेक्शन ऑफिसर का आवंटन हुआ। आप लोकसभा आ ही रहे होंगे, वहीं नियुक्ति पत्र मिल जाएगा। स्वामीजी फिर मुझसे बोले, पहले आ जाते तो जो नौकरी कहतो वही दिवा देतो तोय। यह डींग नहीं थी। स्वामीजी सक्षम थे।

हम स्वामीजी के साथ पैदल चलते हुए लोकसभा जा रहे थे। स्वामीजी सरल और निश्छल थे। बोले ई बम्हनन (ब्राह्मणों ने) ने देश बर्बाद कर दयो है। इन्हें तो काट डारे तो अच्छो। फिर मेरी तरफ मुँह करके बोले, तोरे लाने नहोई। तैं तो घर को लरका आय। सब बामन थोड़े ही खराब हैं। तेरे घर-परिवार हाँ मैं जानत हों। किशोर जू के बरामदे पै मुखिया के साथ बैठो रहो हों। तुम तो अपने आदमी आव।

यहाँ स्वामीजी का कुछ परिचय देना आवश्यक है। वे हमीरपुर जिले की राठ तहसील के बरारा के गाँव से आते थे। पढ़े-लिखे नहीं थे। कद-काठी बेहद मामूली, पर तेज-तर्रार पहलवान। काली देहयष्टि होने के कारण बरारा की कारी गट्टी (गट्टी माने छोटा साइज) कहलाते थे। समाज सुधार शिक्षा क्षेत्र के पुरोधा वे बुंदेलखंड के मालवीय थे। उन्होंने राठ में बहुत ही सुंदर विशाल आधुनिक बी.एन.बी. इंटर कॉलेज तथा बी.एन. बी. पोस्ट ग्रेजुएट डिग्री कॉलेजों की स्थापना की। डिग्री लेवल पर कृषि की शिक्षा देनेवाले उत्तर प्रदेश के सबसे पुराने संस्थानों में यह अग्रणी है। स्वामीजी ने कृषि पर आश्रित बुंदेलखंड के इस पिछड़े क्षेत्र को यह वरदान दिया था। उन्होंने उर्मिल नदी पर बाँध बनाने की भी सफल मुहिम छेड़ी। वे गोरक्षा आंदोलन में संसद् घिराव में भी गए थे। पहली बार वे भारतीय जनसंघ के टिकट पर हमीरपुर लोकसभा क्षेत्र से चुनाव जीतकर सांसद बने थे। प्रधानमंत्री श्रीमती इंदिरा गांधी की देशभक्ति से प्रभावित होकर वे बाद में कांग्रेस (आई) में आ गए थे। इंदिराजी उनकी ठेठ देहाती बुंदेलखंडी बोली पर बहुत रीझती थीं। वे न तो दुराव करते थे, न भय खाते थे। कूटनीति तो उन्हें छू नहीं गई थी।

लोकसभा में वे मुझे सबसे पहले कैंटीन ले गए। वहाँ एक गिलास दूध गटगट पी जाने का बाप की टोन में हुक्म हुआ। बोले, कछू खैहै? मैंने बताया, अब कुछ भी नहीं अटेगा पेट में। उन्होंने मुझे लोकसभा की दर्शक दीर्घा में बैठाया। बोले, थोड़ी यहू देख ले। तब तक मैं दसकत करके आउत हौं। दसकत करबो जरूरी है तभईं रुपैया मिलहैं। दर्शक दीर्घा जाते समय एक स्टाफ ने मुझसे पास दिखाने को कहा तो स्वामीजी का गुस्सा देखते ही बनता था। मोरे साथ है। मोर लड़का है। पास मागत हा। सब क्षमा माँगने लगे थे। रजिस्टर में हस्ताक्षर कर स्वामीजी मुझे मिर्धा साहब के लोकसभा स्थित चैंबर में ले गए। बीच में एक ड्राइवरवाली सफेद यूनीफॉर्म आते लंबे-चौड़े आदमी ने उन्हें मुसकराते हुए प्रणाम

कर आशीर्वाद पाया। स्वामीजी ने बताया, यह इंदिराजी का ड्राइवर है। उसकी चाल-ढाल, मस्ती और आत्मविश्वासवाली चितवन से मुझे उसकी बड़ी हैसियत का अनुमान लग रहा था। अब हम मिर्धा साहब के कक्ष में थे। उन्होंने स्वामीजी को प्रणाम किया। हम सोफे पर बैठ गए। मिर्धा साहब बोले, आदमी आ रहा है। थोड़ा वेट कीजिए। स्वामीजी कुछ काम से मुझे वहीं छोड़ निकल गए। बोले, यहीं बैठना। समय लग रहा था। मिर्धा साहब को मेरी उपस्थिति से अवश्य उलझन हो रही होगी। संचिकाएँ लेकर बड़े-बड़े आदमी आ-जा रहे थे। बोले, आप बाहर वेट करिए। मैं बाहर आकर कुरसी पर बैठ गया तो एक स्टाफ बोला, यह मेरी ड्यूटी की जगह है। मैं खड़ा हो गया तो वह बोला, यहाँ खड़े रहना मना है। आप बाहर स्वागत कक्ष में जाइए और पास लेकर आइए। स्वागत कक्षवाले ने कहा कि किसी एम.पी. का सिग्नेचर लाइए। मैंने स्वामीजी वाली बात बताई, पर बात नहीं बनी। मैं वहीं आराम से बैठ गया। थोड़ी देर में हंगामा हो गया। सब इधर-उधर दौड़ रहे थे। स्वामीजी का आदमी कहाँ गया। तब स्वागत कक्ष वाला ही वह आदमी भागता हुआ मेरे पास आया। अरे, आप ही हैं न स्वामीजी के आदमी! तो जाइए अंदर। मैंने कहा, पास नहीं है। जाने नहीं देगा। गया तो बाहर कर देगा। वह स्वयं मुझे अंदर स्वामीजी के पास ले गया। बोले, कहाँ चलो गओ तो। तब तक कार्मिक विभाग के एक सहायक आकर बोले, मेरे साथ चलिए। बाहर आकर उन्होंने बताया कि आपको पेट्रोलियम, रसायन और उर्वरक मंत्रालय आवंटित हुआ है। आप शास्त्री भवन चले जाइए। वहीं आपका नियुक्ति पत्र मिलेगा। मैंने घबराते हुए कहा, आप साथ चलते तो ठीक रहता। वे बोले, इसकी आवश्यकता नहीं है। मैं संबंधित मंत्रालय के स्थापना सेक्शन पहुँचा; वहाँ फोन हो चुका था। सेक्शन ऑफिसर बधावन साहब परेशान थे कि अमुक का वापस सहायक के पद पर डिमोशन हो जाएगा। तब तक किसी जानकार ने कहा, आई.एस.टी.एम. (इंस्टीट्यूट ऑफ सेक्रेटरिएट ट्रेनिंग एंड मैनेजमेंट) में इन नए लोगों की ट्रेनिंग का पता करिए। उस संस्थान ने कहा कि ट्रेनिंग शुरू हो चुकी है। भेज दीजिए, कोई विशेष देरी नहीं हुई। तब मुझे नियुक्ति पत्र के साथ-साथ ट्रेनिंग संस्थान में रिपोर्ट करने का आदेश दिया गया। फिर ज्ञान दिया गया, आज तो लंच टाइम भी निकल चुका है तो आज जाने से कोई फायदा नहीं है। कल सुबह केंद्रीय सचिवालय से बस पकड़कर चले जाना ठीक रहेगा। नौ बजे तक निकल जाना।

लौटकर स्वामीजी को सब बताया। बाबाजी ने ले जाकर भोजन कराया। बाबाजी स्वतंत्रता सेनानियों के किस्से सुनाते रहे। अगले दिन सुबह तैयार होकर बाबाजी और स्वामीजी को प्रणाम कर पैंतालीस नंबर की बस पकड़कर आर.के. पुरम पश्चिमी ब्लॉक, आई.एस.टी.एम. पहुँचा। वहाँ रिपोर्ट कर योगदान दिया। हॉस्टल में श्री विजयलाल गुप्ताजी के साथ रूम शेयर करने का भी प्रबंध हो गया। इस प्रकार 3 मई, 1973 को मेरा नया अध्याय प्रारंभ हो गया। मैं अभी स्वामीजी के यहाँ ही ठहरा हुआ था। हॉस्टल में

संभवत: मैं गाँव से लौटकर ही गया। तीन–चार दिन बाद मुझे अवकाश स्वीकृत हो गया। मैं नॉर्थ एवेन्यू से पैदल ही नई दिल्ली रेलवे स्टेशन चला गया। सुबह झाँसी जानेवाली पंजाब मेल पकड़ी। अब कर्ज नहीं लेना था, पर मेरे मन में हर्ष का संचार नहीं हुआ था। मैं अपनी लघुता का अपने अहंकार के आकार से मेल नहीं बैठा पा रहा था। अहंकार ही नहीं, मेरी क्षमता को भी मेरे परिजनों ने हथकड़ी–बेड़ी डाल दी थी।

इस बीच एक बहुत हर्षप्रद बात यह हुई थी कि अब आई.ए.एस. परीक्षा के लिए तीन अवसरों के साथ अधिकतम आयु भी छब्बीस वर्ष कर दी गई थी। मुझे सेक्शन ऑफिसर के पिंजरे से बाहर निकलने का अवसर भाग्य दे रहा था।

कुछ वर्ष पहले आई.ए.एस. की परीक्षा के माध्यम से सेक्शन ऑफिसर (राजपत्रित द्वितीय श्रेणी) की सीधी भरती बंद कर दी गई है। यह संवर्ग अपनी क्षमता और सत्यनिष्ठा के लिए जाना जाता रहा है। ये पदाधिकारी फाइल में सच्ची बात लिखते हुए किसी से नहीं डरते थे। कुछ अपवाद हो सकते हैं। कार्य संस्कृति के मामले में यह संवर्ग अपनी कोई सानी नहीं रखता। अब यह टूटकर बिखर चुका है। अपनी क्षमता और विश्वसनीयता के कारण यह स्थापित प्रथम श्रेणी सेवाओं को कड़ी टक्कर दे रहा था। सेक्शन ऑफिसर के बाद अवर सचिव के वरीय प्रथम श्रेणी ग्रुप ए में प्रोन्नति का प्रावधान है।

अक्तूबर, 1973 में आई.पी.एस. के लिए परीक्षा में बैठा। पहलेवाली पद्धति में इस तरह के विभाजन थे।

आई.एस.टी.एम. से एक सप्ताह के लिए हिंदी टिप्पण और प्रारूपण के प्रशिक्षण के लिए हम लोगों को केंद्रीय हिंदी संस्थान की हौज खास, नई दिल्ली स्थित शाखा भेजा गया। लंच टाइम में रेस्टोरेंट के लिए निकले। पहलेवाले में बैठ गए। वेटर ने मेनू कार्ड मेज पर रख दिया। कार्ड देखकर होश उड़ गए। खड़े होकर चल दिए। वेटर ने बड़े अदब से पूछा, साहब, क्या हुआ? मेरा सीधा–सपाट उत्तर था, इसके एक आइटम के दाम में मेरा सप्ताह भर का खर्च चलता है। यह बहुत महँगा है। उसने सहमति व्यक्त की। फिर सस्ते की फिराक में निकल पड़े। सबसे सस्ती एक छोटी कटोरी गाजर मटर की डिश भी बीस रुपए की थी। सोचा, एक सप्ताह ऐसा ही सही। हौज खास संस्थान से केंद्रीय हिंदी संस्थान आगरा के लिए भ्रमण कार्यक्रम बना तो बड़ी प्रसन्नता हुई। रास्ते में एक जगह हरियाणा पुलिस ने बस को रोका। बस चालक ने उसको झिड़क दिया। कहा, चालान काट, टाइम क्यों खराब करता है। बस चालक के साहस पर बड़ी खुशी हुई। फिर वह पुलिस को गाली देते हुए बस चलाने लगा। मेरे मालिक ने कह रखा है, कोर्ट में निबट लेंगे। रात्रि विश्राम केंद्रीय हिंदी संस्थान, आगरा में ही हुआ। संध्या समय वहाँ पढ़ रही अरुणाचल प्रदेश की छात्राओं ने बहुत सुंदर बंबू डांस किया। अन्य सांस्कृतिक कार्यक्रम भी बहुत अच्छी प्रस्तुति लिये हुए थे।

अगले दिन सुबह प्रेम मूर्ति ताजमहल के दीदार हुए। इसके संगमरमर में मथुरा रिफाइनरी के सल्फर फ्यूम्स के कारण तपेदिक (टी.बी.) की बीमारी लगने लगी थी। ऊपर के पत्थरों में पीलेपन की झलक स्पष्ट थी। कुछ में तो कालिख के धब्बे भी प्रगट होने लगे थे। मथुरा में रिफाइनरी बनाए जाने से ताजमहल को क्षति पहुँचने को लेकर इसका काफी विरोध हुआ था। एक समाचार पढ़ा था कि संसद में एक माननीय सदस्य ने अपने क्षेत्र में एक पुल निर्माण की माँग कर दी। मंत्री ने अति प्रसन्न होते हुए उत्तर दिया कि माननीय सदस्य के क्षेत्र में तो कोई नदी है नहीं जिस पर पुल का निर्माण किया जाए। इस पर सांसद ने कहा कि मथुरा में कौन से तेल के कुएँ हैं कि वहाँ आप रिफाइनरी बनाने पर तुले हुए हैं। उसी तरह मेरे क्षेत्र में भी नदी ले आइए, फिर पुल बना लीजिए। तब से ताजमहल के स्वास्थ्य में लगातार गिरावट आती रही है। वर्ष 2014 में जब इस महान् विश्वप्रसिद्ध धरोहर के दीदार हुए तब बहुत कष्ट हुआ था। हम तबाही के स्रोत खड़े करते हैं, फिर तबाही के पदचिह्नों पर पोंछा लगाने का अध्यवसाय करने लगते हैं।

हमारे ग्रुप की दूसरी यादगार यात्रा भारत भ्रमण कार्यक्रम के तहत बंबई (अब मुंबई) तथा पूना (अब पुणे) की यात्रा थी। जीवन में पहली बार समुद्र के दर्शन हुए। जुहू बीच के किनारे के नारियल पेड़ों की शोभा देखते ही बनती थी। वर्ष 2019 में इसी जुहू बीच को उजड़े हुए देखा। निहायत ही गंदगी से भरपूर। इसके नारियल पेड़ों की हत्या कर पैसेवालों ने समुद्रतट पर अपना अधिकार जमा लिया है। जुहू बीच लुट चुका था। दूसरी छवि एन.डी.ए. खड्गवासला के प्रशिक्षण के स्तर की है। यह संस्थान भारत की सुरक्षा की गारंटी देता दिखा।

दिल्ली लौटने पर आई.एस.टी.एम. ने हमारे प्रशिक्षण की वार्षिक परीक्षा ली। मैंने कक्षा के अलावा पढ़ना छोड़ दिया था। एक बार में ही चीजों को करने का अभ्यास कर रहा था, क्योंकि एक जिंदगी में एक ही जिंदगी होती है। जिंदगी में सिंहावलोकन, चिंतन, विश्लेषण, संश्लेषण की जगह तो है, उसी चीज को वैसे ही दोहराना कदाचित् ठहराव, बासीपन, सड़ाँध का कारक हो सकता है।

प्रशिक्षण पास कर हॉस्टल छूटने का समय भी आ गया। अब नए आशियाने की तलाश करनी थी।

घरवालों के भीषण दबाव में मुझे एक फ्लैट किराए पर लेना पड़ा। जबकि सुदूर जनकपुरी का यह आवास मेरी जेब पर भारी था। तय हुआ था कि घर पैसे नहीं भेज पाऊँगा। परिवार को उनके मायकेवालों ने मेरे साथ रखने के लिए दिल्ली लाने की तत्परता बनाई थी। पर वह किराए के चक्कर में उनके अपने गाँव की ही मंजिल में समा गई। न परिवार आया, न कहीं से कोई खत ही। मैं खाना बनाने जनकपुरी से सचिवालय आने-जाने और कार्यालय सँभालने के कोल्हू के साथ-साथ वर्ष 1974 की आई.ए.एस.

परीक्षा की तैयारी करता रहता। मुझ मूर्ख को इस सामूहिक षड्यंत्र की भी बू लगने में कुछ महीने लग गए तो मैं भागकर सरोजिनी नगर में एक कमरा लेकर रहने लगा। दूसरा बड़ा कमरा रसोईघर बरामदा मेरे साथी मित्र जी.एस. तिवारी और उनके परिवार के पास था। मैं अपने गाँव गया तो लौटती बार परिवार भी साथ हो लिया। तय के बावजूद घरवाले पैसे माँगते रहे और मुझे कष्ट सहकर भेजने भी पड़े।

रोजी-रोटी दोनों शब्द एक साथ होते हुए भी संयुक्त शब्द हैं, यह समझने की भूल पाठक न कर बैठें। रोजी मिलने पर भी रोटी सहज-सरल नहीं होती। वह अपना अलग से मूल्य माँगती ही रहती है। भोजन परोसे जाने, थाली रख देने तथा थाली पटक देने के अंतर में भी रोटी का मोल छुपा रहता है। जिंदगी मात्र साँसों का ही नाम नहीं है। साँसों में घुले विचारों और भावनाओं को दृष्टि से ओझल कर देने की गलती का नाम ही तो बेहोशी में जीना है। जिंदा व्यक्ति कितने प्रतिशत, किस हद तक जिंदा है, यह हर उस व्यक्ति के लिए विचारणीय है, जो जिंदा रहना सीखना चाहता है।

□

शास्त्री भवन

आई.एस.टी.एम. से विरमित (रिलीव) होकर शास्त्री भवन, नई दिल्ली द्वितीय तल स्थित अपने मंत्रालय पेट्रोलियम, रसायन तथा उर्वरक मंत्रालय में वर्ष 1973 के अंत में योगदान दिया। मेरे प्रभार में सामान्य अनुभाग और लेबर एंड लेजिस्लेशन करके दो अनुभाग दिए गए। मेरा पदनाम अनुभाग अधिकारी (सेक्शन ऑफिसर) था। मेरे सहकर्मी बहुत ही कर्मठ और अच्छे लोग थे। मुझे उनका पूरा स्नेह एवं आदर मिला। सहयोग के तो कहने ही क्या? नागपाल साहब टाइप राइटर पर एररफ्री अर्थात् शुद्ध टंकण करते थे। वे श्रुतवाच डिक्टेशन से सीधे शुद्ध टंकण करने के लिए ख्यात थे। विनोद गुप्त नौजवान एल.डी.सी. थे, उत्साह और ऊर्जा से भरपूर। के.एन. चंद्रशेखरन पिल्लै साहब तेज, मेधावी एवं सौम्य सहायक थे। वे लोक उपक्रमों को मासिक सीमेंट एवं स्टील आवंटन जैसी अति महत्त्वपूर्ण जिम्मेदारी सँभालते थे। मंत्रालय के विदेशी मुद्रा भंडार का हिसाब-किताब का विषय भी वे सँभालते थे। इसमें मुद्रा की उपलब्धता के बारे में मंत्रालय के विभागों की संचिकाएँ आती थीं जिन पर स्थिति द्योतक टिप्पणी दर्ज की जाती थी। पिल्लै साहब को मेरे कार्य की इतनी चिंता रहती थी कि वे अवकाश के बीच में अनौपचारिक रूप से कार्यालय आए थे और मंत्रालय के लोक उपक्रमों को सीमेंट एवं स्टील के आवंटन संबंधी आदेश समय के भीतर तैयार कर मेरे हस्ताक्षर लेकर जारी करा दिया था। मेरे उपसचिव श्री पी.पी. गुप्ता ने इस दक्षता के लिए मुझे शाबाशी दी। कहा, नए-नए हो, फिर भी इतना अच्छा काम कर लेते हो! मैंने बेबाकी से उन्हें बताया कि पिल्लै साहब ने अवकाश के बीच ही कार्यालय आकर यह कार्य संपन्न किया। शाबाशी और साधुवाद उनको जाता है सर! पिल्लै साहब को जब यह बात पता चली तो बोले, आपको मुझे क्रेडिट देने की क्या जरूरत पड़ी थी। सारा क्रेडिट तो अधिकारी का वैसे भी होता है, क्योंकि डिस्क्रेडिट भी तो उसे ही मिलता है।

पिल्लै उन दिनों अवकाश में दिल्ली विश्वविद्यालय की एल-एल.एम. की परीक्षा दे रहे थे। वे प्रथम श्रेणी में प्रथम स्थान पाकर उत्तीर्ण हुए। वे सबकी राय से सहमत थे

कि सचिवालय सहायक की नौकरी छोड़कर उन्हें शैक्षणिक कार्य में जाना चाहिए। उन्हें कोचीन विश्वविद्यालय में शोध कार्य के लिए वृत्ति मिली। फिर वे वहीं पढ़ाने भी लगे। वर्ष 2000 में मैंने कोचीन विश्वविद्यालय में उन्हें फोन किया तो वे उछल पड़े। उस समय वे विधि संकाय के प्रोफेसर और डीन थे। तत्काल कोचीन स्टेट गेस्ट हाउस मिलने आ गए। वर्ष 2006 में मेरी उनसे पुनः दिल्ली में भेंट हुई। तब वे इंडियंस लॉ इंस्टीट्यूट के डायरेक्टर अर्थात् वाइस चांसलर पद को सुशोभित कर रहे थे। सचिवालय सहायक की स्थायी नियुक्ति का मोह पालते तो ज्यादा-से-ज्यादा उपसचिव होकर वही काम कर रहे होते जो उन्होंने सहायक के रूप में किया था। ऐसा मैं इसलिए कह रहा हूँ, क्योंकि वर्ष 1978 में मंत्रालय मित्रों से मिलने गया तो अंडर सेक्रेटरी सुब्रह्मण्यम साहब ने बताया कि जो आदेश तुम्हारे स्तर से जारी हो जाते थे, वे अब संयुक्त सचिव तक जाते हैं। स्वयं सुब्रह्मण्यम साहब का कार्यालय कक्ष पहले के अंडर सेक्रेटरी श्री गोकुलरामजी के कक्ष से साइज में आधा हो गया था।

उन दिनों सीमेंट और स्टील आवंटन पर सरकार का नियंत्रण था। ये विषय संभवतः बहुत ऊँचे स्तर की स्थिति पा चुके थे। संभवतः इसलिए इनके निष्पादन का स्तर संयुक्त सचिव सुविधाजनक बैठा होगा। उच्चस्तरीय इच्छाओं को बहुत नीचे तक ले जाने में बड़े जोखिम होते हैं।

उन दिनों मेरी पेट की समस्या परेशान करती रहती थी। यह एक तरह से जीवन की सहचरी बन रही थी। भावनात्मक स्तर पर हुए आघात अनजाने ही बीमारी का रूप ले लेते हैं। इनका सर्वप्रथम प्रभाव आध्यात्मिक हृदय, जो दाहिनी तरफ होता है, वहाँ पड़ता है। जैविक हृदय तक आने में इसे बहुत समय लगता है। सहसा अनुभूत भावनात्मक आघात दाहिनी ओर ऊपर से नीचे शूल की तरह लगता है। छोटे-मोटे तनाव भी अपनी-अपनी जगह बनाते हैं। प्रारंभिक स्टेज पर दाहिने पैर के पंजे पर किंचित् वेदना प्रगट होती है। फिर टखना, दाहिने पैर की पिंडली, जंघा, कमर आदि में तनावों की स्मृति बसती चली जाती हैं। फिर पुरुषों में यह दाहिने ओर की ऊपरवाली आखिरी दाढ़ में वेदना के रूप में दर्ज होते जाते हैं। दाहिने सीने में थोड़ी-थोड़ी होनेवाली जकड़न व कभी-कभार होनेवाली पीड़ा तनावों की बस्ती की ही चहल-पहल होती है। मस्तिष्क तनावों की स्मृति का अंतिम पड़ाव होता है।

योग पद्धति में बुरी स्मृतियों-वेदनाओं के निदान के लिए योगनिद्रा का अभ्यास उपयोगी बताया गया है। बौद्ध प्रणाली में यही कार्य विपश्यना ध्यान के माध्यम से कराया जाता है। स्मृतियों के तार ऐसे उलझ जाते हैं कि सुखद स्मृति की डोर में दुःखद स्मृति बँधी चली आती है।

तो मेरी पेट की समस्या के लिए मित्रों ने निकटस्थ गोल डाकखाना के पास स्थित

विश्वायतन योग आश्रम जाने की सलाह दी। मुझे वहाँ के प्रधान के कक्ष में ले जाया गया। वे एक धोती आधी पहने आधी कंधे से वक्ष पर डाले हुए उघारे बदन बैठे थे। वे कितने बड़े एवं शक्तिशाली थे, यह तो मेरी नादान समझ में वर्षों बाद आया। श्री धीरेंद्र ब्रह्मचारीजी के सामने मैं बैठा हुआ था। अति विनम्र सौम्य व्यक्तित्व। एक सुंदरी मेरे लिए फॉर्म लेकर आई। मैं उनके साथ औपचारिकताएँ पूरी करने चला गया। समयाभाव के कारण मैं इसका लाभ नहीं उठा सका।

पर ब्रह्मचारीजी की हैसियत और ताकत का परोक्ष अनुभव भी मुझे शीघ्र ही प्राप्त हुआ।

एक दिन मुझे अंडर सेक्रेटरी श्री गोकुलरामजी ने बुला भेजा। उन्होंने एक पन्ने के न्यूज लैटर की बहुत सी प्रतियाँ देते हुए कहा कि मंत्रालय के सभी उपक्रमों को इस न्यूज लैटर की प्रति भेजते हुए इसके लिए विज्ञापन तथा इस संस्था के लिए खुलकर डोनेशन देने के लिए लिखा जाए। पत्र पर मंत्रालय का डिस्पैच नंबर तो रहेगा, पर न कोई फाइल खोली जाएगी और न ही डिस्पैच रजिस्टर में कोई विषय विवरण आदि दिया जाएगा। कार्यालय में आकर मैंने एक नोटशीट के साथ आगे बढ़ाया। नोटशीट में मैंने लिखा था कि न्यूजलैटर रजिस्टर्ड अखबार या पत्रिका नहीं है। किसी के लिए भी, कितने भी लोकहित के कार्य के लिए भी डोनेशन के लिए कहना आचार संहिता के विरुद्ध है। मेरे साथियों ने बताया कि विज्ञापन के बारे में केंद्रीय मंत्रिमंडल का एक नीति निर्णय है कि यह कार्य सूचना एवं प्रसारण मंत्रालय के संबंधित विभाग द्वारा ही किया जा सकता है। यह निर्णय और संदर्भ भी मैंने अपने नोट में लिख दिया। नोट आगे गया तो मंत्रालय में जैसे भूकंप आ गया। गोकुलरामजी ने मुझे बुलाया और कहा, यह क्या किया तुमने? अब जाओ एडिशनल सेक्रेटरी साहब के यहाँ बुलाहट है। श्री एस.एम.एच. बर्नी उन दिनों अपर सचिव थे। मैं उनके निजी सचिव बग्गा साहब के पास जाकर यह कह बैठ गया कि अपर सचिव बर्नी साहब ने मुझे बुलवाया है। बग्गा साहब बोले, नहीं-नहीं, आप जाइए। बाद में पता चला कि उपसचिव की डायरी से ज्ञापन डिस्पैच कर दिया गया है। मुझे लगता है, सभी ने मेरी मासूमियत पर तरस खाया होगा।

बाद में सेक्शन में लोगों ने कहा, सर, बहुत पावरफुल आदमी के खिलाफ लिख दिया था आपने। वे इंदिरा गांधी के बहुत करीबी हैं। उन्हें योग सिखाते हैं। मुझे सच्चाई न तो पता थी, न जानने की कोई इच्छा ही थी। मैंने अपना काम सही तरीके से किया था। उस पर किसी ने अप्रसन्नता भी व्यक्त नहीं की थी। क्षेपक कथाओं में मेरी कोई रुचि नहीं थी। अपने काम के साथ-साथ मैं आई.ए.एस. परीक्षा की भी तैयारी कर रहा था। इसलिए किसी अन्य गल्प के लिए कोई गुंजाइश नहीं थी। अगले ही वर्ष 1975 में आंतरिक

आपातकाल लागू होने के बाद धीरेंद्र ब्रह्मचारी बहुचर्चित हुए। फिर वर्ष 1977 में केंद्र में जनता सरकार बनने के बाद पत्र-पत्रिकाओं ने उन्हें खलनायक के रूप में प्रस्तुत करना शुरू कर दिया। इस संदर्भ की एक झलक उपयुक्त स्थल पर मिलेगी। इस खेल में उस व्यक्ति का ज्ञान और व्यक्तित्व खारिज करने में हम कामयाब हो गए। वस्तुतः हम अतिशीघ्रता से देव-दानव खेल में लग जाते हैं।

इसी सेक्शन ऑफिसर कार्यकाल की बात है। रविवार का दिन था। आवास की घंटी बजी। देखा, द्वार पर मेरे उपसचिव श्री पी.पी. गुप्तजी खड़े हुए हैं। बैठने के लिए चारपाई ही थी। वे पूरी शालीनता से बैठ गए। मैंने पानी के लिए पूछा। चाय मैं पीता नहीं था। मेरे कमरे पर थी भी नहीं चाय। चाय क्या, चीनी भी नहीं थी। दिल्ली उन दिनों अभावों की नगरी थी। चीनी, डालडा घी कुछ भी नहीं। सभी नियंत्रित पदार्थ थे और राशन की दुकान पर लंबी तपस्या के बाद मिल सकते थे, नहीं भी मिल सकते थे। मेरा जीवन सरल था। राशन कार्ड नहीं था। जो चीज आसानी से नहीं मिलती, वह नहीं खानी चाहिए। इस पर रोचक अनुभवों में से एक-दो उल्लेख पा जाएँगे। गुप्ता साहब बोले, "जल्दी से मेरे साथ ऑफिस चलो। टॉप सीक्रेट अलमारी की चाबी ले लो। एक फाइल की पी.एम.ओ. से माँग हुई है।" मैंने प्रभु का स्मरण किया। चाबी सहायक के पास ही रख छोड़ी थी। मैं सचिवालय कर्म में रचा-बसा नहीं था। कहाँ गणित का छात्र और कहाँ कार्यालय मैनुअल। टोटल मिसफिट जिसे कहते हैं, वह मैं था। वैसे संसार के तौर-तरीकों में मैं एक तरह से मिसफिट ही रहा हूँ, कभी-कभी मूर्खता की हद तक भी। तसल्ली इस बात की है कि महान् विभूतियाँ भी कहाँ फिट बैठ पाईं। आखिर यीशु को भी दुनियावालों ने लटका ही तो दिया था सलीब में कीलों से ठोककर दर्दनाक मौत जीने के लिए, फिर मैं तो एक अकिंचन, अतिसाधारण मानव हूँ। बहरहाल, गुप्ता साहब की एंबेसडर कार में बैठने का सुख लेते हुए हम कार्यालय पहुँच गए। खुशकिस्मती से मैं उसी वांछित फाइल का अध्ययन कर रहा था। उस विषय पर आई.ए.एस. परीक्षा में सवाल पूछा गया था। वह इंटरव्यू में भी धूम मचाए रहा था। विषय था पेट्रोलियम संकट और रुपए का अवमूल्यन। फाइल मेरी मेज के ड्रायर में ही थी। गुप्ता साहब तो इतने से ही प्रसन्न थे कि एक सेकेंड भी टाइम हमें नहीं लगा और जरूरी फाइल मिल गई। ईश्वर ने सदा की तरह मेरी रक्षा कर ली थी। मैं अपने कर्म के प्रति विषयों को जानने के प्रति आग्रहशील होने के कारण इस सुखद फल को अनायास प्राप्त कर सका था। फाइल नहीं मिलने पर इंदिरा जैसी प्रधानमंत्री के आक्रोश की गाज मुझ पर गिरनी तय थी। पर प्रभु रक्षक हों तो इससे भी कोई श्रेष्ठतर द्वार अवश्य खुलता। फाइल लेकर शाहजहाँ रोड स्थित पी.एम.ओ. के किसी बड़े अधिकारी के आवास के बाहर गाड़ी रुकी। गुप्ता साहब ने मुझसे कहा कि फाइल दे आओ, मेरे उनके यहाँ जाने पर वे रोक लेंगे। वे बेसब्री से लॉन में इधर से उधर

चल रहे थे। फाइल पाकर वे खुश हुए। सचिवालय नियमवाले यहाँ रिसीटडिस्पैच वगैरह की बात सोचने लगेंगे। सोचते रहें। मैंने राहत की साँस ली।

वर्ष 1973–74 में दिल्ली में डी.टी.सी. बस के लिए लाइन में लगे तीन–तीन घंटे इंतजार करते लोग बस आने पर अपनी जगह खड़े रह जाते थे। बस आते ही कोई लाइन नहीं रह जाती थी। कभी–कभी डी.टी.सी. के पदाधिकारी बस की व्यवस्था कर लाइन की भी मर्यादा की रक्षा कर लेते थे। गरमी के दिनों में एक व्यक्ति सामने आई बस देखकर प्यासा ही चढ़ गया। गोविंदपुरी में वह जैसे ही उतरा, गिर गया और मुँह से झाग आने लगे। एक व्यक्ति द्वारा मुँह में पानी डालते–डालते वह दुनिया ही छोड़ गया। पंडित कमलापति त्रिपाठी जब रेल मंत्रालय से विस्थापित होकर परिवहन मंत्री बने तो उन्होंने रिंग रोड पर मुद्रिका, तीव्र मुद्रिका नामक रिंग बस सेवा दोनों ओर से प्रारंभ की। इससे लोगों को काफी राहत मिली। रही बात मेरी तो मैं जाते समय तो सरोजिनी नगर बस स्टैंड से बस से जाता, पर लौटते समय लाइन लगने में जिंदगी खपाने के बजाय पैदल आवास लौटना अधिक सुविधाजनक पाता।

अब थोड़ा चीनी, डालडा घी के रुतबे की बात कर लेते हैं। वर्ष 1973 में दीपावली के आस–पास हम किराए का घर खोजने निकले और मूर्खता–अज्ञानता की हद देखिए, हौज खास चले गए। इस इलाके में तो बरसाती का भाड़ा देने लायक हमारी सेलरी भी नहीं थी। शाम का वक्त था। एक लंबी लाइन के दर्शन हुए। भोर चार बजे से लगी थी। चीनी–डालडा के ट्रक आने की अफवाह उड़ी थी। आगे बढ़ने पर एक लाइन में थैले–डिब्बे ईंट–ढेले आदि नजर आए। पता चला, लोग हार–थककर इन्हें लाइन में लगाकर रोटी खाने चले गए थे।

ऐसे ही एक दिन की बात है। हमारे एक मित्र बहुत प्रसन्न उछलते–कूदते एक हाथ में एक किलो डालडा घी का डिब्बा ऊपर चैंपियनशिप ट्रॉफी की तरह उठाए चले आ रहे थे। उन्हें देखकर हम लोगों की हँसी फूट पड़ी। हँसते–हँसते लोट–पोट हो रहे थे। वे पास में आकर खड़े थे—भौचक। बोले, "क्या हुआ ? आप लोग इस तरह हँस क्यों रहे हैं।" हम लोगों ने कहा कि कमीज का डिजाइन बहुत सुंदर है। अब उनकी दुःखी होने की बारी थी। अपनी तार–तार हुई कमीज को देखकर एक किलो डालडा प्राप्त करने में की गई तिकड़म की सजा मिल गई थी। वे भीड़ में डुबकी लगाकर खिड़की पर उखड़े थे और पहले नंबर पर डिब्बा हासिल कर लिया था। इस प्रक्रिया में उनकी कमीज ने कीमत अदा की।

समय पाकर मैं अपने घर (गाँव) गया। माँ के समक्ष बहुत रोया। मुझे सचिवालय और दिल्ली दोनों रास नहीं आ रहे थे। माँ ने ढाढ़स बँधाया। परिवार को लेकर दिल्ली लौटा। एक दिन रिश्ते में हमारे फूफा लगनेवाले दो रिश्तेदार पधारे। हृष्ट–पुष्ट मेहनती

व्यक्ति थे। मेरी माँ ऐसे दस लोगों को एक साथ भोजन करा देने की क्षमता रखती थी। हमारा घर आतिथ्य के लिए आदर्श होता था। सबकुछ होते हुए भी दिल्ली में इनका पेट नहीं भरा जा सका। रसोई से रोटी के बजाय आ रही अपमानजनक टिप्पणी उन्होंने भी सुन ही ली होगी। वे घर समझकर मेरे यहाँ आए थे। उन्हें किसी बात की कमी नहीं थी। देहात से निकल शहर आनेवाले लोग दूसरों को देहाती कहकर अपमानित करने में सुख पाते हैं। हमारी तुलना में तो वे संबंधी लोग पक्की सड़क पर नियमित परिवहनवाले मार्ग पर स्थित एक समृद्ध कस्बे से आते थे। कभी स्वयं उनकी बसें चलती थीं। वे प्रेमीजन थे। मैं उनके यहाँ एक बार विवाहोत्सव में हो भी आया था। तब मैं संभवत: कक्षा 8 का छात्र था। मुझे इस घटना से पर्याप्त आभास हो गया था कि यह घर अब वह घर नहीं। आशंकाएँ बल पा रही थीं। सत्ता संघर्ष कोई मर्यादाएँ नहीं जानता। और प्रेम में कोई सीमा नहीं होती।

किशोर कुमार ने क्या गाया है—

'पल भर के लिए कोई हमें प्यार कर ले, झूठा ही सही।'

लोगों में प्यार खत्म नहीं हुआ है। धन ने इसका अधिग्रहण कर लिया है।

इस बीच मेरा केंद्रीय सेवाओं और आई.पी.एस. के लिए चयन हो गया। सेवाओं के लिए प्राथमिकता देने के लिए एक और अवसर तब मिलता था। एक सप्ताह के भीतर तार से सूचित करना होता था। मेरे जेहन में भोर में सुनी गई रामभरोसे दद्दा की चीख गूँज गई। गाँव की बात है। पुलिस ने उन्हें नींद से उठाया था। उघारे बदन रस्सियों से खूँखार अपराधी की तरह बाँधा। और बाँस की तेल पिआई फौजदारीवाली लाठी से ऐसा प्रहार किया था कि मुझे गहरी नींद में उस लाठी की आवाज के साथ भयानक चीख सुनाई दी। मुझे लगा था किसी के यहाँ डकैत आ गए हैं कि रामभरोसे की माँ श्याम फुआ की आवाज द्वार पर से आई—"भैया, तुम्हारे दद्दा को पुलिस मार रही है।" मैं चादर लपेटे भागकर पहुँचा। थानेदार ने मुझे इसलिए पहचान लिया, क्योंकि उन्होंने मेरा आई.ए.एस. परीक्षावाला पुलिस सत्यापन किया था। पिटाई बंद हुई। मुझे एक तरफ ले जाकर बताया कि वे इन्हें पीटकर गधे पर बैठाकर सिर छीलकर काला मुँह कर गाँवभर में घुमानेवाले थे। इसके लिए प्रधानजी ने उन्हें पाँच सौ रुपए दिए हैं। अब हम कुछ नहीं करेंगे। पर लाठी की चोट के कारण इन्हें छोड़ नहीं सकते। पर अब कोई दुर्व्यवहार नहीं होगा। आप हमारे खिलाफ शिकायत कर भी देंगे तो आपको स्वयं आगे सरकारी जाँच की वास्तविकता का पता लग ही जाएगा।

इस घटना ने फैसला आसान कर दिया। कितने रामभरोसे मेरी प्रतीक्षा कर रहे होंगे। कुछ को भी बचा पाया तो जीवन धन्य हो जाएगा। आई.पी.एस. मेरे लिए जॉब या नौकरी अथवा सेवा भी नहीं, एक मिशन था चीजों को बदलने के लिए। अपने तईं मैंने पूरी ईमानदारी से प्रयास भी किए। अपने अधिकार क्षेत्र में कदाचित् उचित सेवा भी कर

सका। पर यदि व्यवस्था की बात की जाए तो पुलिस की लाठी और गरीब आदमी की पीठ का रिश्ता तो बना ही हुआ है।

20 जुलाई, 1974 को सेक्शन ऑफिसर स्थापना ने मेरे त्यागपत्र के बजाय रिलीव होने का आवेदन देने को कहा। मैं जेठानी साहब की इस सलाह के लिए आभारी हूँ। विनोद गुप्ता मसूरी जानेवाली बस का टिकट ले आए थे। रास्ते में सहारनपुर में चुंगीवाले ने किताबों के संदूक की भी पाँच रुपए चुंगी ले ली। मसूरी के लिए अब मेरी बस देहरादून से आगे अरावली की पर्वत श्रेणी पर चढ़ाई के लिए अग्रसर थी। एक नई जिंदगी मेरा इंतजार कर रही थी।

□

लाल बहादुर शास्त्री प्रशासनिक अकादमी, मसूरी

दिल्ली के अंतरराज्यीय बस अड्डे से मसूरी के लिए बस में बैठे। किताबों का संदूक बस की छत पर था। साथ में होल्ड ऑल अटैची भी। होल्ड ऑल अटैची में नए आइटम थे। गद्दा, रजाई नए बनवाए गए थे। गद्दा, रजाई में रुई भरने का काम मैंने मेरे बड़े काका श्री भगवानदास मुखिया 'लल्ला' और बाबा लगनेवाले परिवार के शुभेच्छु मित्र श्री नारायण सिंह परिहार 'हक्कीं बब्बा' अर्थात् हल्के बाबा ने किया था। फिर इनको सुई-धागे से सिलने का काम अकेले हक्कीं बब्बा ने किया था। हक्कीं बब्बा साहसी और बहादुर थे। एक अन्यायी की हत्या करने में वे सजा काटकर घर आए थे और अब अच्छे गृहस्थ किसान थे। गाँव में हम कभी अकेले नहीं पड़ते थे। हमेशा अपना कोई आकर जुड़ जाता था। हम सब मिल-जुलकर अभावों में भी अपने भावों को सकारात्मक और पुष्ट रखते थे। शहरों का यह भाव कि हम अकेले हैं, व्यक्ति की ऊर्जा पी जाने के लिए काफी है। इसीलिए अभी हाल के कोरोना वायरस द्वारा पैदा हुई स्थिति में भूखे-फटेहाल मजदूर छोटे-छोटे बच्चों के साथ हजार, दो हजार किलोमीटर से भी ज्यादा दूर स्थित अपने गाँवों के लिए पाँव पयादे ही चल पड़े थे। अपने गाँव के अपनेपन में हर संकट पार करना आसान होगा। वहाँ मरना भी शहर के मरने से अधिक स्वीकार्य एवं परिजनों के लिए कम त्रासद होगा। गाँव ने उन्हें कभी नहीं भगाया। शहर ने उन्हें कभी नहीं अपनाया। इसलिए यह गद्दा रजाई मात्र ही नहीं गूँथे गए थे। हमारे आपसी प्रेम-संबंधों को गूँथा गया था। अब ये दोनों नहीं हैं। हक्कीं बब्बा तो अभी पिछले जाड़े नवंबर, 2019 में हमें छोड़कर गए। हमारे जीवन में जुड़नेवालों का महत्त्व ऐसे ही महानुभावों से उजागर होता है। मुझे इन दोनों से एक बड़ी शिकायत थी। पर अपनों से ऐसा होना अस्वाभाविक नहीं है। इसलिए जीवन में प्रेम करनेवालों का महत्त्व समझना चाहिए। जिस तरह हम अपनी कमियों को क्षमा करते रहते हैं वैसे ही अन्य लोगों के साथ हमें बरतना चाहिए।

बस रुड़की नगरपालिका के नाका पर रुकी। एक कर्मचारी ने आकर पूछा, "ऊपर संदूक किसका है। टोल भरो।" मैंने बताया, "उसमें किताबें हैं। मेरी अपनी पढ़ाई की।" उसने जिद की कि "टोल भरो अन्यथा संदूक उतार लूँगा।" उसने पाँच रुपए की रसीद काट दी। कर्मचारियों की दुष्टता के मूल अधिकार से मेरा यह नया परिचय नहीं था। यह उसका इलाका था। उलझने का कोई अर्थ नहीं था। रसीद में मेरा पता भी पूछा गया था। मूर्खता की हद थी। शुल्क वसूलना है कि रिश्ते के लिए पता भी चाहिए, लोगों को डराकर रखो। यही सरकारी मंत्र है, क्योंकि कारिंदों को लोगों से डर लगता है। इसलिए वे आक्रामक रहते हैं। मिलने आनेवालों का मनोबल गिराते हैं, इसे जटिल और कठिन बनाकर। और यदि पुलिस विभाग हो तो फिर कहने ही क्या! उसके हाथ में दो डंडे हमेशा रहते थे, एक तो भौतिक हिंसा का शस्त्र और दूसरा कानून का डंडा। उसे कब साधारण बहसाबहसी में हत्या का प्रयास नजर आने लगेगा, कोई गारंटी नहीं है। बिजली का नंगा तार है पुलिस। वह पावर स्टेशनवाले के काबू में रहता है। बाकी रबर के दस्ताने पहनकर इंसुलेशन के साथ ही करीब जाया जा सकता है। मुसीबत में इनके पास जाया जाता है। ये बड़े काम के भी हैं। समाज और अराजकता के बीच यही खड़े मिलते हैं। इसके संपादन में ये अपनी जान भी न्योछावर कर देते हैं। इसलिए इनके सौ अपराध माफ।

अब हमारी बस देहरादून से मसूरी के लिए चढ़ाई करने लगी थी। पहाड़ पर करीने से कटे धान के हरे-भरे खेत मन में प्रसन्नता भर रहे थे। बीच-बीच में रिमझिम वर्षा देखने में तो अच्छी लग रही थी, पर मैं खुले आसमान में मसूरी पहुँचना ज्यादा प्रसन्नतादायक मान रहा था, ताकि नगर में चहलकदमी आनंदप्रद हो सके। मसूरी नगरपालिका चौकी पर गाड़ी रुकी। यहाँ के कर्मचारी सभ्य थे। पहाड़ों पर उन दिनों सौम्यता हर जगह देखी जा सकती थी। नीचे उतरकर पैर सीधे किए। मसूरी बस स्टैंड पहुँचने पर बारिश तेज हो चुकी थी।

इस तरह 21 जुलाई, 1974 की सुबह मैंने मसूरी की पवित्र भूमि पर अपने कदम रखे जिन्हें अब नई राह पर चलना था। मेरे अपने पुराने मूल्यों के साथ।

मसूरी में बस से लाइब्रेरी पॉइंट बस स्टैंड पर उतरे। यहाँ से समीपस्थ सवॉय होटल कैंपस में जाकर रिपोर्ट करना था। झमाझम बारिश ने मजा खराब किया हुआ था। कुली ने सामान लादा और हम सवॉय कैंपस पहुँच गए। प्रशासनिक अकादमी ने सवॉय होटल में अपना दूसरा कैंपस खोला हुआ था। इससे पहले आई.ए.एस., आई.पी.एस, और विदेश सेवा के प्रोबेशनर मेन कैंपस में 14 जुलाई से स्थान पा चुके थे। मेरी सेवा का अभी आवंटन नहीं हुआ था। मैं केंद्रीय सेवाओं और आई.पी.एस. के लिए चयनित हुआ था। अंतिम आवंटन बाद में मसूरी प्रशिक्षण के दौरान आया,

जहाँ से मुझे आई.पी.एस. वाले मार्ग पर जाने का नियुक्ति पत्र मिला। उस साल का फाउंडेशन कोर्स भारी जमावड़ा था। पहली बार इंजीनियरिंग सेवाओं के अफसर भी इस कोर्स के लिए आए थे, जिससे कैंपस एक बाजार से कम नहीं बन पड़ा था। यह एक असफल होनेवाला प्रयोग था। संख्या बल के कारण मैस प्रेसीडेंट आई.ए.एस. अथवा आई.पी.एस. को हराकर केंद्रीय सेवाओं के एक घाघ इंजीनियर को समर्थन देकर प्रेसीडेंट बनाया। उन्होंने अपने अनुभव का उपयोग कर मैस को दिवालिया कर दिया। मैस में गड़बड़ होती रही है। पर यह व्यक्ति-व्यक्ति पर निर्भर करता है। उनके नाम में सच लगा हुआ था। वे बलिष्ठ और उम्रदराज थे। उन्होंने एक प्रोबेशनर पर हाथ भी उठा दिया था। फाउंडेशन कोर्स में बुजुर्ग इनसान का क्या काम था? सहसा भीड़ जुटाने का भी क्या मतलब था? मेरी समझ में आ गया था कि सरकारों में सोच की गहराई का नितांत अभाव होता है। उनकी दृष्टि बस अपनी नाक तक ही सीमित होती है। वे क्षण-प्रतिक्षण जीती हैं। उनका काल परिप्रेक्ष्य अति सीमित होता है। स्मृति अत्यंत उथली होती है। वे तात्कालिकता और मानसिक तरंगों के अधीन चला करती हैं। प्लेटो ने दार्शनिक राष्ट्राध्यक्ष की परिकल्पना इन्हीं जोखिमों को ध्यान में रखते हुए दी होगी।

सवॉय कैंपस में मैंने योगदान के कागजात पूरे किए। वहाँ से मुझे इंद्रभवन में अपने कमरे का आवंटन मिला। मुझे श्री श्याम पलट पांडेय, इनकम टैक्स सेवावालों के साथ इस नए स्थान में रहना था। वहाँ एक सेवक भी दिया गया था। भोजनादि सवॉय के भोजन कक्ष में ही होना था। आवश्यकता पड़ने पर रूम सर्विस की सुविधा थी। इंद्रभवन सवॉय और मेन कैंपस के बीचोबीच था—दोनों तरफ से कोई डेढ़ किलोमीटर। रूम सर्विस के लिए सेवक वहाँ उपलब्ध टिफिन लेकर जा सकता था। कप-प्लेट इंद्रभवन में थे। मैं तब चाय नहीं पीता था। इसलिए किसी और का काम चल जाता होगा। बारिश रुकने का नाम नहीं ले रही थी। दोपहर के भोजन के लिए मैं सवॉय होटल लौटा। होटल स्टाफ कुरसी खींचकर बैठा रहा था। वह अपनी ड्रेस में था। डाइनिंग टेबल पर चम्मच-छुरी-काँटे करीने से रखे किसी आसन्न मुसीबत से निबटने का आश्वासन-सा दे रहे थे। छोटी प्लेट, बड़ी प्लेट कुल मिलाकर मैं भारत में नहीं, इटली में था। मेज पर बैठे नए प्रोबेशनर अपनी जीभ से अंग्रेजी के शब्दों को घोंट-पीटकर मुक्त कर रहे थे। कानों में शब्द पड़े। किसी समय इस होटल में पंडित जवाहरलाल नेहरू को घुसने तक नहीं दिया गया था। वाह क्या बात है। आज हम वहीं बैठे हैं। यह संतोष का विषय था या अहंकार निनाद, उस अफसरी माहौल में कह पाना कठिन था। मुझ देहाती को यह तय लग रहा था कि इस सिविल सर्विस से देश का आम आदमी कोई उम्मीद करता है, यह उसकी चिर-परिचित आशावादिता है, जिसके दम पर उसने एक हजार वर्ष

की गुलामी भी झेल ली। हम ईश्वर को माननेवाले देश हैं। हमारे लिए दो ही हैं—एक ऊपरवाला, बाकी सब नीचेवाले।

मैंने इस दमघोंटू वातावरण का दम घोंटने का निर्णय लिया। अंग्रेजी में व्यवहारकुशल वेटर से मैंने हिंदी में एक बाउल, दूध भरा मग्घा और शक्कर मँगाए। वह शालीनता से ले आया। फिर मैंने काँटा-छुरी अलग खिसकाकर बाउल में चावल, दूध, शक्कर डालकर हाथ से खाना शुरू कर दिया। सामने से आवाज आई—इलाहाबाद। मैंने हाँ में गरदन हिलाई। अब मेज पर इलाहाबाद-ही-इलाहाबाद दिख रहा था, वह भी हिंदी में। एक तरफ दिल्ली के सेंट स्टीफंस कॉलेज के लड़के देशी छोकरों पर नाक-भौं सिकोड़ते नजर आए। पर वातावरण अब हल्का हो गया। भारीपन और तनाव शिथिल पड़ गए थे।

अगले दिन से कक्षाएँ लगने लगी थीं। श्री के.ए. चंद्रशेखर उपनिदेशक रेलवे लेखा सेवावाले कोर्स डायरेक्टर और प्रो. एच.एन. तिवारी सह कोर्स डायरेक्टर थे। मैं तिवारीजी के ट्यूटोरियल में ही था। तिवारीजी भी इलाहाबादी थे। उनके घर पर अच्छा नाश्ता मिलता था। ट्यूटोरियल घर पर होते थे। श्री राजेश्वर प्रसाद आई.ए.एस. उत्तर प्रदेश संवर्ग अकादमी के निदेशक थे। श्री एच.एस. दुबे हिमाचल संवर्ग आई.ए.एस. संयुक्त निदेशक थे। श्री के.एस. ढिल्लो आई.पी.एस. सीनियर उपनिदेशक थे। ढिल्लो साहब ने हमें सरकारी भोज की तहजीबें सिखाई थीं, जो बाद में राष्ट्रपति भवन में महामहिम द्वारा दिए गए रात्रिभोज में बहुत काम आईं। वैसे पुलिस अकादमी में हमें सप्ताह में एक दिन फॉर्मल डिनर की ही परेड कराई जाती थी।

इंद्रभवन हमारा मसूरी का आवास था। इंद्रभवन नाम इसलिए था कि बादल यहाँ सबसे करीब होते थे। इंद्रभवन को बाद में इंदिरा भवन में बदल दिया गया। अब यह जगह बहुत बड़े कॉम्प्लेक्स में परिवर्तित हो चुकी है। पुरानावाला इंद्रभवन बहुत सुंदर था। दोतल्ला था। घर जैसा लगता था। इसकी जगह बना बड़ा भवन मंडल बहुत औपचारिक लगता है।

कक्षाओं की पढ़ाई के मामले में मेरा एम.एस-सी. का प्रयोग अब आगे जा चुका था। परीक्ष दिमाग से देनी है, न कि किताबों की पढ़ाई से। आगे की जिंदगी का कोई तय पाठ्यक्रम नहीं होना है। इसमें नेतृत्व के गुण ही सर्वाधिक महत्त्व के होनेवाले हैं। किताबी कीड़े कब दीमक में बदल जाएँगे, कोई नहीं जानता।

मसूरी अकादमी बहुत भरोसा पैदा करनेवाली जगह नहीं लगी। यहाँ नए लड़के ऑफिसर में बदल रहे थे। आम जनता से सम्मानजनक दूरी बनाए रखने की सीख ले रहे थे। बड़े-छोटे के खेल में उलझने लगे थे। वहाँ के कुछ विशेष अनुभवों की ही चर्चा यहाँ संभव है।

सवॉय कैंपस में एक दिन निदेशक राजेश्वर प्रसाद प्रारंभ में ही निरीक्षण करने

तथा हम लोगों से मिलने आए। लंच के दौरान हममें से कुछ लोग उनका घेरा बनाकर खड़े हो गए। तरह-तरह की औपचारिक बातें हो रही थीं। मैं भी वहाँ था। चुपचाप खड़ा था। निदेशक महोदय ने मुझसे कहा, "यू वांट टू से एनीथिंग।" मैंने अंग्रेजी में ही अपनी बात कही। सर, अकादमी में कक्षा की पढ़ाई अपनी जगह पर है। व्यवहार में तो यहाँ भ्रष्टाचार की शिक्षा ही दी जा रही है। एक व्यक्ति का मैस का बिल एक महीने भर का पाँच सौ रुपए के आस-पास आ रहा है। हमें अभी महीने में साढ़े छह सौ रुपए दिए जा रहे हैं। सैलरी भी सात सौ रुपए प्रतिमाह है। घर के लोग भी अब हमारी तरफ देख रहे हैं। क्या इस ट्रेनिंग से हम घर का खर्च चला पाएँगे। लोग शीघ्र कमी की भरपाई करने लगेंगे। और फिर उस राह पर चल निकलेंगे। आप यहाँ सादा जीवन क्यों नहीं सिखा सकते।

इधर शाम को हमारे कमरों पर मसूरी फैशन टेलर्स ने आना शुरू कर दिया था। बंद गलेवाला काला सूट, ब्लेजर-पैंट की यहाँ आवश्यकता पड़ती है। वैसे भी गरम कपड़ों की यहाँ जरूरत होती है। मेरे पास अभी एक पूरी बाँह वाला स्वेटर था और संभवतः खादी भंडार से लिया गया एक ऊनी कोट भी था। फिलहाल सब उधार ही बनना था। टेलर उदारतापूर्वक उधारी कर लेते हैं। मसूरी छोड़ने से पहले ऑफिसर उन्हें पैसे दे देते हैं। मेरे लिए दोनों आइटम जैक्सन टेलर ने साढ़े छह सौ रुपए में तय कर लिये, कपड़े समेत। ये वस्त्र मेरे बीस साल से ऊपर तक काम आए।

मसूरी अकादमी में उन दिनों तीसरे वेतन आयोग की सिफारिशों पर बहसाबहसी होती थी। मासूम आँखों में कुंठा पलने लग गई थी। आई.ए.एस. की उच्चतर पोजीशन चली आ रही थी। वह और अधिक मजबूती की ओर बढ़ रही थी। चार वर्ष का सेवाकाल होते ही आई.ए.एस. का आगे निकलना प्रारंभ हो जाता है। और यह वेतनमान के मामले तक सीमित नहीं रहता। वस्तुतः आई.ए.एस. अन्य सेवाओं को तथा उनके विभागों को नियंत्रित करती है। उस समय वरीय वेतनमान में केंद्रीय सेवाओं को 1100-1600 रुपए के वेतनमान में रखा था, जो चार वर्ष पूरा करने पर देय होता था। आई.ए.एस. को 1200-2000 का वेतनमान चार वर्ष पूरा करने पर देय होता था। मुझ देहाती को उस समय आश्चर्य होता था कि मात्र ग्यारह सौ रुपए मिलने का आभार सौ रुपए कम होने की कुंठा के भार के नीचे दबा जा रहा है। इसका क्या लाभ है, यह समझ के परे है, क्योंकि वेतन की राशि से यदि अथॉरिटी को जोड़ा जा रहा है तो यह विकृत मानसिकता की प्रतीक है। संन्यासी, साधुओं और फकीरोंवाले, त्याग-बलिदान और सेवा को श्रेष्ठ पद पर रखनेवाले इस देश में यह मूर्खता ही है। वैसे भी कानून के शासन में प्राथमिकता कानून की ही होती है, न कि वेतनमान की। खैर, माया का खेल है, अहंकार से ही सृष्टि चलती है। ये खेल भी चलता रहेगा। व्यवस्था में बड़ा-छोटा हमेशा रहेगा।

लेकिन बड़े-छोटे का भाव पालना मानसिक विकार से अधिक कुछ नहीं है। व्यवस्था में सबकी अहम भूमिका होती है। बिना पिन के बड़ी-से-बड़ी मशीन भी नाकाम हो जाती है। अभी तक तो यह गल्प ही था। असली खतरे की बात अब उजागर करते हैं।

हमारे एक महत्त्वपूर्ण सेवा के पदाधिकारी ने वेतनमान की असमानता के प्रकरण पर बड़ी बात कही। उन्होंने कहा, वेतनमान तो सरकार हमारे उसका अंग होने की एवज में देती है। बाकी जब जितना चाहें उतना वेतनमान स्वयं तय करते रहना तो हमेशा हमारे हाथ में है। उस समूह में खड़े बहुत से नवनियुक्त पदाधिकारियों ने इस पर सहमति में सिर हिलाया। स्पष्ट है, कुंठा विचलन को जन्म देती है। यह विचलन कुंठा के सतत आघात से अपराध का कारण बनती है। सरकारी सेवकों के सबसे सुलभ अपराध कामचोरी और भ्रष्टाचार होते हैं। सरकार को समय-समय पर अपनी नीतियों की समीक्षा करनी चाहिए। वेतन और पेंशन नीति बड़े महत्त्वपूर्ण विषय हैं। सरकारें इस महत्त्वपूर्ण विषय को बड़े लापरवाह अंदाज में दान-दक्षिणा के जैसे निर्णीत करती है। वेतन नीति के असंतुलन से समस्याएँ आती रहती हैं।

वेतनमान के मुद्दे को लेकर वर्ष 1983 में थल सेना, हवाई सेना और नौसेना के प्रमुख एक साथ संयुक्त ज्ञापन लेकर प्रधानमंत्री इंदिरा गांधी के कार्यालय में गए। प्रधानमंत्री भी उन्हें बिना समय तय हुए ही बड़ी शालीनता से मिलीं और सेनाओं की समस्याओं का निराकरण किया। सातवें वेतनमान आयोग के बाद तो सेनाओं ने महीनों तक सरकार द्वारा तय किए गए वेतन ढाँचे को स्वीकार नहीं किया था। रक्षा मंत्री और प्रधानमंत्री के व्यक्तिगत हस्तक्षेप से इसका संतोषजनक समाधान निकला। स्पष्ट है कि नौकरशाही के दृष्टिकोण ने उत्तरोतर वेतननीति में समस्याओं की गुरुता बढ़ाई है। यह शोधकर्ताओं का काम है कि वेतननीति संबंधी सभी महत्त्वपूर्ण पहलुओं पर अनुसंधान करें ताकि नीति निर्धारण में समस्याएँ कम हों, न कि बढ़ें और उनकी गुरुता भी घटे।

मसूरी अकादमी में बरसात कम होते ही सितंबर से ही गेस्ट फैकल्टी की भरमार होने लगती है। उनमें बड़े पद पर बैठे दामाद की खोज में आनेवाले नौकरशाह हुआ करते हैं। इनमें से एक-दो भाषणों का बोझिल बेस्वाद अनुभव प्राप्त करने के बाद इनसे मुक्ति का उपाय खोजने के लिए इनसे गायब रहना सबसे आसान लगा। पर यह उपाय सभी को आसान लगने लगा। स्थिति यह हुई कि कक्षा में बस के.टी.पी. (कीन टाइप प्रोबेशनर) ही रह गए। इस बीच मेरे लिए भाग्य ने हस्तक्षेप करने की ठानी। पहली सितंबर को जब हाजिरी पुकारी गई तो मेरा नाम ही उससे गायब था। वस्तुतः टंकण भूल से मेरा नाम छूट गया था। मैंने इसका लाभ आई.ए.एस. परीक्षा की तैयारी के लिए उठाया। मेरी रणनीतिक उपस्थिति की चादर अनुपस्थितियों को ढँकने के लिए पर्याप्त थी। परीक्षा के लिए मैं तथा अन्य कई लोग अवकाश लेकर दिल्ली गए। वहाँ अच्छा प्रबंध

अकादमी निदेशक महोदय ने करा दिया था, मेरी पुरानी जगह आई.एस.टी.एम. हॉस्टल में ही। पर इस परीक्षा के चक्कर में मसूरी का सबसे सुंदर समय दिल्ली की अनमनी आबोहवा में बीता। नवंबर के प्रारंभ में लौटे तो मसूरी का मौसम आनंददायक पाया। पर अब तो जाने-जाने को थे। नवंबर में जब मसूरी अकादमी छूटने का समय आ रहा था तो जुदाई-विदाई की रुलाई भी आने लगी थी। कक्षाएँ अब मूल्यवान् थीं। लोगों से मिलना-जुलना प्रीतिकर था। मेरी अनुपस्थितियों में मजेदार प्रकरण यह हुआ कि एक दिन अचानक निदेशक महोदय कक्षा में आ धमके। चंद मूर्तियों की वहाँ उपस्थिति पाकर गायब महानुभावों का एक दिन का वेतन काटने का आदेश कर दिया। इस आदेश में भी मेरा नाम नहीं था। जनता ने मिमियाना प्रारंभ कर दिया, फिर थककर चुप हो गए।

दिल्ली से लौटने पर मैं उपस्थिति के मामले में पहले ही दिन से चुस्त था। जब दुबे साहब ने हाजिरी ली तो अंत में मैंने उनसे कहा कि मेरा नाम तो पुकारा ही नहीं गया। उन्होंने पूरी सूची देखी। बोले, "लगता है टाइपिंग में तुम्हारा नाम छूट गया था।" जनता ने शोर मचाया—"यह हमेशा गायब रहा है।" दुबेजी ने 'साइलेंस' का जोरदार आदेश दिया। मेरा नाम सूची में अपने हाथ से लिखते हुए कहा, "मैं तो गौतम को अच्छी तरह से जानता हूँ। वह हमेशा उपस्थित रहता है। मेरे 'ट्यूटोरियल' में भी है।" मित्र हँसने लगे। बुद्धिजीवी टाइप भिनभिनाने लगे। दिलजलों का हिनहिनाना बंद हो चुका था। पर दिलजलों पर अब वज्राघात होनेवाला था। मुझे नई सीट आवंटित कर दी गई। यह कुरसी कक्षा की सबसे सुंदर कन्या ऑफिसर की कुरसी से लगी हुई थी। पूरी कक्षा के हीरो का भ्रम पालनेवालों की तो आह निकल गई। मैं चुपचाप आकर कुरसी पर बैठ गया। मैंने अनुभव किया कि मेरी बाईं ओर की कुरसी पर साँसों की जैसे धोंकनी चल पड़ी थी। उनकी सुंदरता मुझे भी प्रियकर लगी थी। मेरे प्राणों ने भी सहज ही राग छेड़ने की मंशा प्रकट की। पर प्राणायाम ने उन्हें बचपन से ही अनुशासित कर रखा था। मैं विवाहित अवश्य था। पर वह दुर्घटना तो तब कर दी गई थी जब मेरा मन और तन दोनों पूरी तरह अपरिपक्व थे। मसूरी आते-आते भी मैं कच्चा घड़ा ही था। बस उस पर रंग पोत दिया गया था। इस लेडी ऑफिसर का स्वभाव बहुत अच्छा था। उन्होंने शीघ्र सहजता लाभ के लिए मेरा परिचय पूछ लिया। उत्तर देकर मैं भी तनावरहित हो गया। फिर एक दिन कक्षा में मैंने अर्थशास्त्र पढ़ानेवाले से एक टेढ़ा सा सवाल कर दिया; पढ़ानेवालों को कतिपय परेशान करनेवाला सवाल देखकर उस लेडी ऑफिसर ने कहा कि आप तो जीनियस हैं, विज्ञान के विद्यार्थी और इकोनॉमिक्स की ऐसी समझ, इलाहाबाद यूनिवर्सिटी से हैं, फिर आई.पी.एस. में क्यों गए? तब तक मेरा सेवा का आवंटन प्राप्त हो गया था। केंद्रीय सेवाओं में मेरी मेरिट अपेक्षाकृत ज्यादा अच्छी थी। फिर भी मैंने आई.पी.एस. को प्राथमिकता दी थी। लंबे अरसे बाद अपनी प्रशंसा कान

में पड़ी थी। वह भी एक सौंदर्य की धनी युवती कर रही थी। मेरे भीतर के जख्मों पर इन शब्दों ने मरहम का काम किया।

मसूरी अकादमी में अब फाउंडेशन कोर्स की परीक्षा का समय था। अब अपने-अपने रास्ते जाने का समय निकट आ रहा था। परीक्षाओं के प्रति मेरा दृष्टिकोण यह था कि जिंदगी का कोई सिलेबस नहीं होता। इसलिए अपनी बुद्धि को परीक्षा के लिए निर्देश दो। विशिष्ट तैयारी की अवधारणा कमी और कमजोरी की प्रतिपूर्ति से उत्पन्न होती है।

चलने का समय आ रहा था। नौकरशाही के कारनामों का स्वाद वितरित हुआ। मैस सिक्योरिटी मनी को डायरेक्टर ने एल्युमिनी एसोसिएशन बनाकर उसके सदस्यता शुल्क के तौर पर ले लिया है, बिना हमारी स्वीकृति के, बिना हमसे पूछे। आपको मसूरी अकादमी में आने पर उपलब्धता के आधार पर अगले तीन वर्ष तक रहने को निर्धारित शुल्क पर जगह मिलेगी। यह बताया गया। वस्तुत: भाई लोगों ने मिल-जुलकर पैसे खाए थे, इसलिए मैस को भारी घाटा हुआ था। यह उसकी भरपाई की तरीका था। हम लोग बचपन में अपनी इकलौती गीली कमीज को हवा में लहराते हुए कहा करते थे—तलवा कौ पानी तलैए जाय, मोरो उन्ना सूखत जाए। सरकारें बस इसका उल्टा करती हैं। तलैया का पानी तालाब में डालती हैं और लोगों के लिए सुखाड़ की व्यवस्था कर देती हैं। पैसे किसी मद से किसी मद में जाएँ, सरकारों के मद का पोषण होते रहे, बस यही होता है।

'चल अकेला, चल अकेला, तेरा मेला पीछे छूटा राही चल अकेला।' आखिरी दिन। आराम से टहलने की सोची थी। पता चला, कल कोई बस नहीं मिलेगी। आज अफसर उन्हें लेकर निकल लिये हैं। कारवालों के जाने की तो हवा भी नहीं लगी। टैक्सीवाले भी जा चुके थे। वैसे भी टैक्सी के पैसे देने की स्थिति में मैं था ही नहीं। पता चला, एक बस जाएगी देर शाम। पचास रुपए अग्रिम देकर सीट बुक हुई। दिल्ली में हिसाब होकर जो ज्यादा होगा, मिल जाएगा। एक अफसर ने ही पहले से बस तय कर ली थी। प्रतिव्यक्ति पैंतीस रुपए भाड़ा पड़ रहा था। दिल्ली में वह अफसर काँव-काँव करता हुआ नदारद हो गया। पूत के पाँव पालने में। उसके भावी भ्रष्टाचार ने निराश नहीं किया। वह आई.पी.एस. से आई.ए.एस. में गया। पता चला, उसने कोई बड़ी कंपनी भी नौकरी छोड़कर खोल ली थी। और भ्रष्ट आचरण के लिए जिस मुख्य सचिव ने उसे चेतावनी दी थी, उसके रिटायरमेंट होते ही उस होनहार ने अपने यहाँ अच्छे वेतन पर उसे नियुक्त कर लिया। सच है या झूठ, पता नहीं। पर किस्सों के हिस्से बड़ा सच आ ही जाता है। व्यष्टि स्तर कदाचित् कम, पर समष्टि स्तर व्यापकता से।

दिल्ली से नागपुर सिविल डिफेंस एंड फायर सर्विसेज कॉलेज, नागपुर दो सप्ताहों के प्रशिक्षण के लिए जाना था। मैं और मेरे मित्र बैचमेट के.सी. रेड्डी अपना सामान

लेकर मेरे मित्र रमाशंकर प्रसाद के रामकृष्णपुरम के सरकारी फ्लैट पर गए। अगले वर्ष ही वे आई.ए. एंड ए.एस. के लिए चयनित हो गए। फिर मैं नागपुर के लिए आरक्षण लेने नई दिल्ली रेलवे स्टेशन गया। यहाँ मैं अपने सत्य मार्ग से फिसल गया। मैंने रेलवे स्टेशन के मुख्य टिकट निरीक्षक को टिकट आरक्षण के लिए चार सौ रुपए अतिरिक्त दिए। पर वह जी.टी. एक्सप्रेस से झाँसी तक आरक्षण सहित नागपुर के प्रथम श्रेणी के दो टिकट ले आया तो मैंने प्रतिवाद किया और लौटाकर पूरे पैसे देने को कहा। रमाशंकर प्रसादजी भी आ गए। उन्हें यकीन ही नहीं हो रहा था कि मैंने अतिरिक्त पैसे दिए हैं। यकीन तो उस रेलवे निरीक्षक को भी नहीं हो रहा था कि एक आई.पी.एस. ने उसे अतिरिक्त पैसे दिए हैं। मेरे लिए यही शर्मिंदगी भविष्य के लिए एक संकल्प बनकर मन में पलने लगी थी। सुख-सुविधा-कष्ट आदि द्वंद्व आने-जानेवाले हैं। सत्य पर सदा प्रतिष्ठित रहना ही पुरुषार्थ है।

जनता एक्सप्रेस से हम नागपुर पहुँचे। रेड्डी साहब ने यात्रा का बहुत आनंद लिया। तीसरे दर्जे के डिब्बे (अब दूसरा दरजा स्लीपर क्लास) भीड़ नहीं होने से अच्छा था। यह ट्रेन नई-नई थी। मेरे पिछले चार-छह वर्ष बड़े कठिन थे। मेरी भावनाओं को निर्दयता से कुचला गया था। अब मैं उन अनुभवों से निकलने का प्रयास कर रहा था। मेरा आध्यात्मिक झुकाव इसमें सहायक ही नहीं, निर्देशक भी था। नागपुर में सस्ते में साइकिल किराए पर मिलती थी। लोग इनका आनंद ले रहे थे। मुझे तब तक साइकिल नहीं आती थी। मैंने परिवार के काका लगनेवाले से सीखने के लिए साइकिल माँगी थी। पर तब मना करनेवाले ने नागपुर से लौटने पर मुझे साइकिल मना नहीं की। मैंने डरते-डरते सीखी भी, जो बाद में बी.एस.एफ. अकादमी टेकनपुर में बहुत काम की साबित हुई। नागपुर की चाय बड़ी जबरदस्त होती थी। नागपुर का प्रशिक्षण समाप्त होने पर हममें से कुछ इलाहाबादी नागपुर-इलाहाबाद रात्रि बस से चले। मैं सुबह चार बजे जबलपुर उतर गया। अँधेरा था। दूर एक नल दिखा। पानी आ रहा था। दैनिक क्रिया से निवृत्त हो मैंने वापस बस में आकर अपना सामान लिया। जबलपुर में स्टॉप काफी देर का था। अब रोशनी होने लगी। साथी लोगों के चेहरे दबाव का प्रमाण दे रहे थे। जबलपुर से छतरपुर जानेवाली बस खराब थी। मरम्मत हो रही थी। बस यही एक बस है आज आखिरी। दस बजे तक बस ठीक हो गई। शाम तक मैं अपने गाँव पहुँच गया। यहाँ कुछ दिन बिताने का मन था। फिर नवंबर के अंत तक माउंट आबू सरदार वल्लभभाई पटेल राष्ट्रीय पुलिस अकादमी में रिपोर्ट करनी थी। यहाँ रगड़ाई हमारी प्रतीक्षा कर रही थी। 'सुख भरे दिन बीते रे भैया कर्तव्य पथ आयो रे···'

मसूरी का एक मजेदार वाकया तो छूट ही गया। एक दिन सीमाशुल्क और केंद्रीय उत्पाद सेवा के ट्रेनी, इलाहाबाद में हमारे पूर्व शिक्षक के.पी. मिश्र लगभग भागते हुए मेरे

इंद्रभवनवाले कमरे पर आए। उनका कमरा सवॉय में था। बेहद परेशान दिख रहे थे। वैसे भी पढ़ानेवाला स्वयं दिनभर किस्म-किस्म के पढ़ानेवालों के भाषण सुनकर थक चुका था। मैं भी कुछ देर पहले ही कमरे पर लौटा था। मिश्रजी बोले, "अरे देवकीनंदनजी, मेरे कमरे में स्साला एक बादल घुस गया आज। छोटी खिड़की गलती से खुली छूट गई थी। उस कमबख्त ने मेरा गद्दा, रजाई सहित कमरे में खुले में पाए सभी सामान गीले कर दिए। पानी चुचुआ रहा है कमरे भर में। कंबल है तो दो, ठंड से मरा जा रहा हूँ।" मेरा कौतूहल आसमान पर था। उन्हें कंबल दिया। उनके कमरे पर जाकर देखा। रजाई-गद्दे को कहीं से दुह लो, पानी-ही-पानी। कक्ष भी माशा अल्लाह। पहाड़ पर बादलों की शैतानी देखते ही बनती है। मुझे उनके बीच से चलने में बहुत मजा आता है।

□

आबू पर्वत पुलिस अकादमी

अहमदाबाद मेल में आबू रोड स्टेशन के लिए प्रतीक्षा सूची चार का टिकट मिला। जाना तो था ही। वैसे भी समय का छोर आ रहा था। रात दस बजे जहाँ टी.टी.ई. ने बताया, उस डिब्बे में जाकर बैठ गया। पश्चिम रेलवे अपनी सेवा और ईमानदारी में हमेशा अव्वल रहा है, यह उस दिन के बाद कई मौकों पर देख चुका हूँ। बहुत समय बिताए बगैर टी.टी. साहब मेरे पास आए और शायिका (बर्थ) आवंटित कर वहाँ पहुँचा दिया। निकट में ही थी। अगले दिन दो बजे के आस-पास आबू रोड पहुँचे। स्टेशन पर ही आबू पर्वत के लिए सरकारी बस मिल गई। अकादमी पहुँचकर कागजी औपचारिकता पूरी की। वहाँ तो सभी पहले से पहुँचे हुए थे। एक साथी ने कहा, "बहुत देर से आए हो। चलो सहायक निदेशक (आउटडूर) को बताकर इसे नियमित करा लो।" वस्तुतः उसे ईर्ष्या हो रही थी कि ये आराम से आया, जबकि वह स्वयं तपाक से अकादमी आ टपका था। मुफ्त सलाह अपनी कीमत अवश्य वसूलती है। मेरा मन में ही तर्क यह था कि बात यदि उठेगी तो देखा जाएगा। मैं समय-सीमा में पहुँचा था। कोई कई दिन पहले पहुँच गया तो यह उसका अपना मामला है, मेरा नहीं। दूसरों की सोच को अपने पर चस्पाँ कर लेने से विचार संकरता आती है। यह वर्ण संकरता एवं कर्म संकरता से अधिक गंभीर स्थितियाँ पैदा करती है। विचारों का उन्नयन हो, परिष्करण हो, यह ठीक है, पर लाल में हरा अथवा सफेद में काला रंग मिला देने से कुछ-का-कुछ और हो ही जाएगा। मेरे बाद भी कुछ लोग आए। हवाई जहाज वाले तो समय-सीमा का चौका लगाते आए।

मुझे आर.एच.ई. (राजपूताना होटल इस्टेट) में प्रथम तल पर कमरा मिला। रंजीव सिंह दलाल मेरे रूम पार्टनर थे। कमरे से लगी एक बाथरूम की जगह थी जिसमें लकड़ी के दो बड़े बक्सों में विसर्जन पात्र बीच के बड़े सिलिंडर अवकाश में लटकायमान थे। ये मुक्त होने के लिए थे। एक तो पहाड़ का पानी, दूसरे मेरा तुनुकमिजाज पेट सुबह दो बार और एक बार शाम को इस नर्क में मुक्तिलाभ पाता। पेशाब भी वहीं। सिर पर मैला ढोने की प्रथा कब की गैरकानूनी हो चुकी थी। पर भारत सरकार के गृह मंत्रालय की नाक तले

आई.पी.एस. प्रशिक्षणार्थी वर्ष 1948 से इस अपराध में संलग्न रहने की सिल्वर जुबली मना चुके थे। अब वर्ष 1974 से दूसरी पचीसी शुरू हो गई। सेवानिवृत्त होने के वर्षों बाद दलाल साहब के लिखे एक संस्मरण से पता चला कि वे अमृतवेला से पूर्व ससमय अँधेरे का लाभ उठा लेते थे। अच्छी बात यह है कि किसी रीछ या तेंदुए को इसकी भनक नहीं लगी। बताते हैं कि एक बाघ कभी-कभी आर.एच.ई. के द्वार पर आराम करते देखा गया है। उसकी दृष्टि मैस के लिए आए बकरों पर पड़ती होगी। स्टाफ ने भी बकरियाँ पाल रखी थीं। भोजन पर्याप्त था उस वन क्षेत्र में। ऐसे में बाघ आदमी जैसे फालतू जीव को भक्षण करने की बात सोच ही नहीं सकता था। एक-दो दिन में ड्रेस तैयार हो गई। तब तक अपने कपड़ों में ही सुबह की दौड़ पी.टी. आदि होती। अकादमी का कार्यालय लॉरेंस स्कूल में था। इसी भवन में कक्षाएँ होती थीं। सामने ग्राउंड में पी.टी. परेड होती थी। पीछे राइडिंग स्कूल था। मुझे घुड़सवारी शुरू होने का बेसब्री से इंतजार था। पी.टी. परेड मुझे वाहियात लगती थी। अपने प्राइमरी स्कूल में मैं किसी तरह इस लिप्प-लाई-लिप्प (लेफ्ट-राइट-लेफ्ट) से स्वयं को अछूता रख सका था। अब मुझे इसके मेरे गले पड़ने पर मन-ही-मन परिहास जैसा लगता है। यदि अपना मन इस विषय में स्वच्छ और निर्मल रखा होता तो निश्चित रूप से मेरी जीवनधारा कुछ और ही होती। वह निष्काम कर्म की परीक्षा में मेरी प्रथम असफलता थी। काश मैं अपने विचार उस समय किसी से शेयर कर पाता। गुरु की आवश्यकता थी। सौभाग्यशाली नहीं था। प्राइमरी स्कूल में हुआ यह था कि एक दिन पी.टी.आई. आए और उन्होंने कक्षा 4 और 5 की पी.टी., परेड कराई। मैं दर्शक के रूप में हैरान था कि ये लोग पागलों की तरह पैर क्यों पटकवा रहे हैं। मुझे यह मूर्खता का अनुष्ठान लगा था। अगले दिन मेरी कक्षा को भी इसमें शामिल होना था तो मैं अलमारी में छिप गया था। छुट्टी की घंटी बजते ही सामान उलटाते हुए भागा था। अब विडंबना देखिए, यही पी.टी. परेड मेरे गले पड़ गई। पर अच्छे से निबाही गई।

अकादमी में सुबह-सुबह चार बजे के आसपास जागरण का बिगुल बजता था। वैसे मैं पाँच बजे सुबह हर हाल में उठता आया हूँ। गाँव के लिए यह मुक्तिक्रिया भी होती है। अत: यह उन दिनों सहज-सरल था। बीमार व्यक्ति को छूट थी। बीमार भी कोई-कोई होता था। और यदि हुआ तो फिर जल्दी ही चल देता था, या तो धरती पर अथवा आसमान की ओर। इस जागरण बिगुल को डैथनैल की संज्ञा भी उनींदे मन दे डालते थे। आँख मलते आंत्र-संचालन का दबाव बनाते और फिर तैयार हो चल निकलते। पहला घंटा पी.टी. का। हम लोग हाफ पैंट और पी.टी. वेस्ट में आबू पर्वत की तीखी ठंडी हवा में ग्राउंड के लिए दौड़ पड़ते, ताकि गरमी पैदा हो। फिर मैदान के चार चक्कर होते। स्क्वाड में लाइन-अप होने के बाद उस्ताद के आदेश थे। उस्ताद हवलदार हरिहर नाथ हमें नैतिकता के पथ पर चलने के लिए सदा प्रेरित करते रहते थे। उनसे ज्यादा और

बेहतर नैतिकता सिखानेवाले हमारे महान् निदेशक श्री एस.एम. डायस थे। अन्य लोग अपने-अपने स्वभाव के अनुसार कार्य करते थे। शील संस्कार और लखनवी तहजीब के धनी श्री ए.ए. अली प्रशांत स्वभाव के अपनी तरह से प्रेरणादायक रहे।

चालीस मिनट की पी.टी. के बाद वहीं खुले में हम लोग फटाफट कच्छे-बनियान में आ जाते और वरदी पहन लेते। इसके लिए दस मिनट का समय मिलता था। हमारे सहायक सभी आइटम लेकर उपस्थित रहते थे। फिर चालीस-चालीस मिनट के दो पीरियड पाँच मिनट के विश्राम के साथ परेड और आर्म्स ड्रिल के होते थे। ये लंच के बाद भी होते थे। शाम के समय एक पीरियड सप्ताह में तीन दिन घुड़सवारी की कक्षा होती थी। स्टेबिल मैनेजमेंट की डॉ. बख्शी की कक्षा तो चाहे जब होती रहती थी। उनका यह कहना कि 'इफ यू वाटर होर्स आफ्टर फीड द होर्स विल ट्राइ टू डाई' गूँजता रहता था। सैडलिंग ब्रिडलिंग का काम घोड़ों से दोस्ती के लिए उपयोगी था। अकादमी के अश्वों और घुड़सवारों की चर्चा कतिपय विस्तार से करेंगे।

सुबह की पैर पटकौअल तथा हथियार ढुवौअल के बाद दौड़कर हम लोग नाश्ते पर टूट पड़ते। जल्दी पहुँचनेवाले कान्हा भक्त माखन चोरी की परंपरा का पालन करते हुए कई प्लेटों के मक्खन को अपने टोस्ट में सजाकर उद्धार करने लगे। मैस स्टाफ के लिए यह अनुभव नया नहीं था। वे मुसकराते हुए सब देखते, कभी-कभी गुर्राते, भुरभुराते भी और रिक्त स्थानों पर फिर मक्खन सजाते। इसके बाद कुछ मिनट आराम। फिर स्नानादि। फिर हम अश्व मुद्रा हेतु कक्षा में जाते। अश्व मुद्रा अर्थात् बैठे-बैठे गहरी नींद लेने का अभ्यास। खर्राटे लेनेवालों का मुँह काला। कुछ शयनार्थी दौड़कर पहले ही पीछे की बेंच पर लेटकर सो जाते और बीच-बीच में उठकर सवाल भी पूछकर सो जाते। वे कक्षारत्न थे, जो उबासी से सबकी रक्षा किया करते थे। सवाल ब्लैक बोर्ड पर बड़े संकेतों को पकड़कर गूढ़ किस्म के होते थे कि प्रवक्ता चकराए बिना नहीं रह पाता। और उस बकवास प्रश्न का विस्तार से समाधान करने का प्रयास करता। हर बैच में कुछ प्रश्नकर्ता होते ही हैं। एक बार हमारे एक स्वप्नदर्शी साथी की सहसा नींद टूट गई। वे बेंच पर अकबकाकर बैठे तो आँखें मलते हुए उन्हें सामने एक पढ़ानेवाला गोचर हुआ। आँखें मिलीं। पूछा गया, 'यस'। प्रश्नबली ने एक वक्तव्य के साथ जटाजूट भर सवाल दाग दिया। पढ़ानेवाले बेचारे पूरी संजीदगी से समाधान करने में तत्पर हो गए। फिर मुड़कर प्रश्नकर्ता की दिशा में उनकी दृष्टि रिक्ति से टकराई तो बोल पड़े, "कहाँ गया?" पूरी कक्षा ने समवेत स्वर में उत्तर दिया—"सो गया।" हमारे स्वप्नदर्शी निद्राजित गुडाकेश ने झटके से उठकर उत्तर दिया, "सर, ये सारे झूठे हैं। पेंसिल गिर गई थी, उसे उठा रहा था।" कोई हँसे बगैर नहीं रह सका।

हमारी अकादमी में बेहतरीन अश्वों का दस्ता था और बहुत अच्छे सिखलानेवाला

राइटिंग स्टाफ रिसालदार मेजर हनुमान सिंह के नेतृत्व में सरदार हरिंदर सिंह जैसे और कई उस्ताद थे। अश्व एक-से-एक नायाब। हमारे साथियों में कई अश्वभीरु भी थे। अश्वभीरु लोगों के हम आभारी हैं कि वे हर बैच में मनोरंजन कराते रहते हैं।

राइडिंग स्कूल में अपने अश्वों से परिचय कराया गया। हम लोग दौड़कर एक-एक अश्व के पास उसकी लगाम पकड़कर झिझकते हुए उनके मुँह को हौले-हौले थपथपाते खड़े हो गए। सभी अश्वों के नाम जाने। हमारे कई ज्ञानी साथी पहले से अश्वों के बारे में जान चुके थे। सबसे सीधे-सादे निरापद घोड़े को चुनने की कइयों को चिंता थी। वे दौड़कर अपने-अपने चयनित अश्व के पार्श्व में दौड़कर पोजीशन ले चुके थे। चेतक के पास कोई नहीं खड़ा था। तो मैं जाकर खड़ा हो गया। चेतक बहुत अच्छा अश्व था। पर ज्ञानीजनों को पहले से पता चल चुका था कि उसके साथ विगत काल में एक त्रासदी जुड़ गई थी। उसकी टाप के लग जाने से एक प्रोबेशनर बुरी तरह घायल हो गया था। उसे अहमदाबाद अस्पताल ले जाया गया। आबू पर्वत के बीसों लोग अहमदाबाद अस्पताल जाकर उसके लिए प्रार्थना करते रहे। वह बच नहीं सका। इस दुर्घटना में घोड़े का कोई दोष नहीं था। वह ट्रेनी घोड़े से गिर पड़ा था। प्रशिक्षक ने यों ही कहा, साहब, बिना हुकुम क्यों डिसमाउंट कर गए। इस बीच वह ट्रेनी भी अपने अश्व के पीछे दौड़ पड़ा। अश्व तो भ्रमित था ही। उस्ताद के कमांड पर चलनेवाला परेशान था, क्योंकि बिना रास के इशारे के घोड़े का सही संतुलन नहीं बन पाता है। वह स्थिर खड़े होने को था। इसी बीच इस ट्रेनी ने उसे पूँछ की तरफ से ही रोकने का प्रयास किया होगा कि घोड़े ने सहज ही अपनी टाप पीछे की तरफ चला दी, जो ट्रेनी को लग गई।

मुझे पूरे वर्ष में कई बार चेतक अश्व की सवारी का अवसर मिला था। बहुत ही बेहतरीन अश्व था। उसकी उदास आँखें; लगता था कि दुर्घटना से दुःखी मन को बता रही हैं। अश्व अत्यंत ही संवेदनशील जीव होता है। उसे स्पर्श करते ही यदि वह मानवी भाषा में बोल सकता तो स्पर्श करनेवाले के बारे में सबकुछ बता देता। कई अश्व सवार की परीक्षा लेने में भी नहीं हिचकते, परीक्षा में वे आपके सच्चे सेवक-मित्र-हितैषी की भूमिका में आ जाते।

मणि नाम की घोड़ी बहुत ही शानदार अश्व थी। अनुशासित, फुर्तीली, अपने सवार के प्रति बेहद संवेदनशील और उसके प्रति माँ जैसी चिंता उसकी विशेषता थी। सारे लोग दौड़कर पहले मणि के पास ही पहुँचना चाहते थे। मैं चूँकि इस बात को लेकर कभी ख्वाहिशमंद नहीं रहा कि कौन सा अश्व मुझे मिले, कौन सा नहीं मिले, इसलिए मैं आराम से चलते हुए राइडिंग स्कूल जाता था, दौड़कर नहीं। मेरी सोच यह थी कि जीवन में लोगों को चयनित करने की सुविधा किसी को नहीं है। जैसी दुनिया है, हमें वैसी ही स्वीकार करने को तैयार रहना चाहिए। अन्यथा बाध्यता का दोषपूर्ण भाव आना तय

है। ऐसे में अश्वों के मामले में आग्रहशीलता उचित नहीं। इसलिए मस्त रहिए, जो भी अश्व मिले, उसे सँभालने का हुनर अपने अंदर विकसित करने का अवसर मत चूकिए। इस सोच के कारण मुझे हर अश्व को नियंत्रित करने के अवसर प्राप्त हुए। अश्व मणि की सवारी का अवसर भी मुझे मिला। एक अवसर स्मरण आ रहा है। अश्व को दुलकी (ट्रॉट) से धीमा सरपट पर चलाया गया। सरपट का संकेत मिलते ही मणि ने अपेक्षित गति पकड़ ली। थोड़ी ही देर में रास (लगाम) टूट गई। लगाम का सहारा समाप्त होते ही घोड़ी गिर गई। पर वह बहुत सँभलती हुई गिरी। मैंने उसकी गरदन को दोनों ओर से पकड़कर आश्वासन देने का प्रयास किया। इस तालमेल से मैं उसके ऊपर ही सँभलते हुए उसके साथ गिरा। अश्व मणि गरदन पर थपथपी मिलते ही सँभलकर हटकर खड़ी हो गई। मेरे सीने पर होदे के उठे हुए हिस्से का बल पड़ा, जहाँ वह अपनी उपस्थिति यदा-कदा दर्ज कराता रहता है। किंतु धीरे-धीरे इसकी तीव्रता घटती जा रही है। वैसे अश्व तो उस्ताद के हुक्म का पालन करते थे और हमें यह खुशफहमी होती थी कि हम उन्हें चला रहे हैं। गीता में भगवान् श्रीकृष्ण कहते हैं कि सारा कार्य तो प्रकृति कर रही है, अर्थात् स्वभाव ही प्रवृत्त है—प्रकृति के बल सत-रज-तम ही आपस में बरत रहे हैं। मूढ़ अहंकारी मानस अपने आप को कर्ता मान बैठता है। ऐसे में भी हमारे एक साथी, जो अश्व पर सवार होकर उस्ताद की कृपा से किनारे ऐसे खड़े हो जाते थे मानो वे टीके के लिए आए एक दूल्हे हों। गलती से अगर अश्व उन्हें जमात में ले आता तो कुछ-न-कुछ उपद्रव तय था। कभी-कभी अश्वों का अपने से पीछेवाले को लात मारने की शृंखला के रूप में। कभी उनके अश्व के सहसा रुक जाने से सारे अश्वों का रुकना और सवारों का पके आम की तरह अश्वों पर से एक के बाद एक टपक जाना। ऐसे चार-पाँच नमूने थे। इतने ही बहुत अच्छे घुड़सवार भी थे। मैं घुड़सवारी का आनंद लेने में विश्वास रखता था। हमारी परीक्षा अलग-अलग दिन होती थी स्क्वाडवार। जिस दिन हमारे सर्वाधिक अश्वभीरु साथी की किस्मत से भेंट थी, हम शेष लोग भी उस अलौकिक छटा के दर्शनार्थ उपस्थित थे। उन्हें मणि अश्व मिला तो निराशा के कारण सबकी आह निकल गई। क्योंकि तमाशे की उम्मीद मणि का नाम सुनकर ही समाप्त हो गई। मणि ने परीक्षक हनुमान सिंह के सारे आदेशों का बखूबी पालन किया। तमाशे की आशा में आई जनता ने आवाज लगाई। घोड़ा पास हो गया, घोड़ा पास हो गया। तमाशे की आशा की बात का कारण था। एक बार किनारे अश्व सवार इस दूल्हे के अश्व ने सोच डाला कि खड़े ही रहना है तो अस्तबल क्या बुरा है। और उसने अस्तबल की ओर इस असहाय सवार को लिये-दिए सरपट दौड़ लगा दी। हम लोग चिल्लाए—'झुक जाओ झुक जाओ।' अस्तबल के पास घोड़ा धीमा हुआ तो बंदे को स्वभावतः झुकना ही था। घोड़ा अपनी जगह पर जाकर भूसा खाने लगा। उस्ताद इस दूल्हे को अस्तबल से रेसक्यू कर लाए

थे। आज अश्व मणि ने उन्हें पास का प्रमाणपत्र दिला दिया था। यह सौभाग्य उन्हें कुछ गिने-चुने अददों में ही मिला था।

एक अश्व ऐसा था जिसे आप चला लें तो भारत की नौकरशाही को आसानी से चला सकते हैं। जोर से एड़ दो तभी वे संज्ञान लेंगे। एड़ भी दो-तीन एक साथ हों तब उन्हें लगेगा कि सवार गंभीर है। मेरा इससे कई बार पाला पड़ा। एक बार तो यह कितना भी एड़ ठोको, सरपट पकड़ने को तैयार ही नहीं हुआ। उस्ताद हनुमान सिंह छड़ी लिये समीप आए ही थे कि जनाब उड़नछू। मुझे माजरा समझने और सँभलने की शिक्षा भी इससे मिल गई।

बुरे अथवा बदमाश लोग भले लोगों की अपेक्षा कम अवधि में अच्छी शिक्षा दे जाते हैं। उनके इस अनुग्रह के बगैर दुनिया की रीति-नीति ठीक से समझ में नहीं आ सकती। इसी तरह बदमाश अश्व भी बड़े काम के होते हैं। हाँ, परीक्षा की घड़ी में तो उनसे प्रभु रक्षा करें। पुलिस अकादमी में ऐसा ही एक बदमाश शातिर अश्व था। और नाम भी चुनकर रखा गया था, 'गुड बॉय'। 'गुड बॉय' से मेरा कई बार साबका पड़ा। विस्तार से बताने में काफी जगह लगेगी, इसलिए उसके तौर-तरीके पर दृष्टि डालना पर्याप्त होगा। एक बार गुड बॉय ने आगेवाले से कतिपय अधिक दूरी बनाकर अपने पीछेवाले अश्व को लात जड़ दी। वह घोड़ा उचककर सँभला तो सवार धरा पर। उचककर सँभलने में उसकी लात अपने से पीछे अश्व को लगी। ऐसे ही देखते-देखते सारे सवार भूमि चुंबन करने लगे। मैं चूँकि गुड बॉय पर ही था, अतः उसका झटका सँभाल ले गया। मेरे आगेवाले भी पादकृपा से वंचित रह गए। गुड बॉय को शायद यह अहैतुकी कृपा पसंद नहीं आई। तो एक बार उसने अपने आगेवाले अश्व से निकटता बनाकर थोड़ा साइड में आकर उसे काटने के लिए प्रयास किसा। अश्व बिदक गया। सवार गिर गया। गुड़ बॉय मासूमियत लिये खड़े हो गए। अपने सवार की टाँग पर अपने दाँतों की मोहर टीपने के लिए गुड बॉय सर्वदा आतुर रहा करता था।

कुछ वर्षों बाद संभवतः 1977 में जब पुलिस अकादमी के तत्कालीन निदेशक ए.एस.पी. लोगों से मिलने पटना आए तो हम सबने अश्वों का भी हाल जानना चाहा था। गुड बॉय का हाल सबने एक स्वर में पूछा। गुड बॉय के स्वर्गवास की जानकारी ने हमें उदास कर दिया।

इसी बीच पुलिस अकादमी के माउंट आबू से हैदराबाद ले जाए जाने की चर्चा होती रहती थी। हमें पता चला कि हैदराबाद के शिवरामपल्ली गाँव में नया कैंपस बनकर तैयार भी है। वहाँ अलग-अलग प्रत्येक ट्रेनी को बाथरूम अटैच्ड कमरे मिलेंगे, यह सुनकर हमारा मन बाँसों उछलता था। हम लकड़ी के बक्सों की विभीषिका से मुक्ति के आकांक्षी थे। पर आबू पर्वतवासी नहीं चाहते थे कि अकादमी वहाँ से जाए। राजस्थान

सरकारें भी इस स्थानांतरण में अड़ंगा लगाती रही थीं। आबू पर्वतवासियों ने निर्णय लिया हुआ था कि वे ट्रेन के इंजन के सामने लेट जाएँगे। इधर भारत सरकार के गृह मंत्रालय ने भी कहा कि कोई अतिरिक्त बजट नहीं दिया जाएगा। हालाँकि नए कैंपस में डायस साहब ने सीनियर ऑफिसर्स कोर्स चला दिया था। डायस साहब के तेजस्वी डायनमिक नेतृत्व में रातोरात सारा सामान मालगाड़ी में लदकर हैदराबाद के लिए निकल गया। ट्रेनी लोगों को स्क्वायड अर्थात् दस्तेवार रेलकोच आरक्षित कर अलग-अलग केंद्रीय प्रशिक्षण संस्थानों में भेज दिया गया। हम आबू पर्वत से हर्ष के साथ विरह पीड़ा लेकर नई मंजिल के नए सवेरे की ओर चल पड़े। मेरे दस्ते का अगला मुकाम बी.एस.एफ. अकादमी टेकनपुर था। मुझे यहाँ घर जैसा लग रहा था। भाषा मेरे गाँव से मिलती-जुलती थी। पास का गाँव देखकर अपने जैसा लगता था। आबू पर्वत भी कभी पराया नहीं लगता था। पर भाषा-बोली थोड़ी भिन्न तो थी ही। यहाँ हमें मुख्य सड़क के दोनों ओर टेंट का आवास मिला। सहायक समादेष्टा सीधी भरती ट्रेनीज को भी ऐसे ही टेंट आवास मिले थे। बहुत सुंदर कैंपस। पानी के जहाज की आकृति जैसा बी.एस.एफ. अकादमी हाउस। समीप ही बड़ी, बहुत सुंदर झील। बहुत सुंदर विशाल वन संपदा क्षेत्र। बी.एस.एफ. के पहले महानिदेशक श्री के.एफ. रुस्तमजी की परिकल्पना। उन्हें शत-शत नमन। इस सुंदर प्रकरण पर तनिक रुककर आगे बातें होंगी।

अभी आबू पर्वत का कर्ज शेष है। यहाँ की विशाल चट्टानें कर्नल टॉड रॉक, नक्की लेक, बाजार, ऊँट के दूध की रबड़ी और भी बहुत कुछ—काफी कुछ आध्यात्मिक अपने लिए स्थान के अधिकारी हैं। अत: अगला अध्याय आबू पर्वत को समर्पित होगा।

□

आबू पर्वत

मसूरी यदि पहाड़ों की रानी है तो आबू पर्वत अध्यात्म के राजाओं में से एक है। यह एक विरक्त संन्यासी है, जो विशुद्ध प्रेम देता है। आबू रोड से आबू पर्वत जाते हुए लगा, घर से आया हूँ और घर ही जा रहा हूँ। यह हिल स्टेशन आपको आक्रांत नहीं करता। आपको चौंधियाता नहीं। आश्वस्त करता है। आओ और पूर्ण स्वास्थ्य लाभ करो। अकादमी की आवश्यक औपचारिकताएँ पूरी कर कमरे में आसन जमाकर निकल गए बाजार की ओर। वहाँ तो जैसे पुलिस अकादमी उतरा ही रहा था। पुलिसवाले छोकरे मिजाज से अलग दिख रहे थे। स्थानीय लोगों, दुकानदारों की निगाहें उन्हें दुलारती जैसी लग रही थीं। हमारी पहली पसंद रबड़ी थी। ऊँट के दूध की रबड़ी। थोड़ी सी गंध का दोष उसके तमाम गुणों के साथ मेरी भूख में मिलकर दब गया था। कहावत है, 'एको हि दोषो गुण सन्निपाते निमज्जतीन्दोः किरणेष्वांकः।' एक दोष गुणों के समुदाय में ऐसे डूब जाता है, विलुप्त-सा हो जाता है, जैसे कि चंद्रमा की वह दागनुमा परछाईं। ऊँट के दूध की रबड़ी पास हो गई। उसने बकरी के दूध की चाय के लिए भी धीरे-धीरे गुंजाइश पैदा कर दी।

नक्की झील के किनारे बैठकर टॉड रॉक के दर्शन ध्यानमुद्रा पैदा करनेवाले होते थे।

अभी झील में नौका विहार का मन नहीं हुआ। कर्ज का बोझ धन से कहीं ज्यादा मन पर होता है। 'नहिं दरिद्र सम दुख जग माँहीं।' फिर भी मेरा मन प्रसन्न रहने की अनिवार्यता का सदा आदर करता रहा। प्रसन्न रहना मनुष्य का जन्मसिद्ध अधिकार है। यह अधिकार मनुष्य के अतिरिक्त केवल पुष्पों को ही प्राप्त है। पुष्पों का यह अधिकार ऋतु के द्वारा सीमित है। मनुष्य के प्रसन्नता के अधिकार पर कोई प्रतिबंध नहीं है। वह विवेक के द्वारा संचालित अवश्य होना चाहिए। दुःखों का भी जीवन में अपना स्थान है। उन परिस्थितियों में धैर्य प्रधान हो जाता है।

आबू पर्वत की किसी चोटी पर खड़े होकर घाटी को दूर-दूर निहारने का अपना

सुख था। सुदूर ऊँट लिये साफा बाँधे कोई किसान जाते दिखता था तो मन करता, उनके पास जाकर 'राम-राम' का अभिवादन कर बातें करूँ। हमारे कई उस्ताद तो झोंपड़ी बनाकर रहते थे। एक उस्ताद ने बकरी भी पाल रखी थी। आबू पर्वत पर उसके लिए पर्याप्त भोजन था। पर वे नीम की पत्ती लाकर उसके सामने डालते थे। बकरी चरने छोड़ने का मतलब किसी जंगली पशु के लिए भोजन परोसने जैसा था।

आते-जाते ब्रह्मा कुमारी ईश्वरीय विश्वविद्यालय का बोर्ड दिख जाता है। यहाँ उस संस्था का अंतरराष्ट्रीय मुख्यालय है। इसे पांडव भवन के नाम से जाना जाता है। विश्वविद्यालय शब्द तो वैसे भी मुझे आकर्षित करता रहा है। उस पर इसमें ईश्वरीय भी लगा हुआ था। सो एक दिन मित्रों के साथ इसके अनुसंधान का भी कार्यक्रम हो गया। इस भवन में बहुत से चार्ट लगे हुए थे। एक चार्ट में इसके संस्थापक दादा लेखराज का ब्रह्मा बाबा के रूप में और उनकी प्रथम अनुसरणी महिला का लक्ष्मी के रूप में चित्र अंकित था। हमें ये देखते ही वितृष्णा हो गई। हमें समझानेवाले ने भी उन्होंने ब्रह्मा के रूप में महिमामंडित किया। वह दादा लेखराज के आध्यात्मिक विकास पर प्रकाश डालता तो हमारा भी लाभ होता। पर उसकी अपनी सीमाएँ थीं। और हमारी अपनी सीमाओं का कहना ही क्या! मुझे अहंकार की मार पड़ती रही है। वर्षों बाद इनके बड़े सुंदर नए भवन ज्ञान सरोवर में आवासन का अवसर मिला। ग्लोबल अस्पताल भी देखा। आबू रोड पर विशाल शांतिवन परिसर भवन देखा। वे श्रेष्ठता के नमूने हैं। दादा लेखराज एक सफल रत्न व्यापारी थे जिन्होंने एक दिन सबकुछ अपने व्यवसाय पार्टनर को देकर पूर्ण पवित्रता का मार्ग पकड़ लिया और पवित्रता की स्थापना के प्रचार-प्रसार में लग गए। इस संस्था का विकास और विश्वभर में विस्तार अध्ययन करने योग्य है। इन्होंने कुछ अच्छा साहित्य भी सृजित किया है। गीता पर इनकी व्याख्या अग्राह्य है। साथ ही इनके कुछ कार्यक्रम अवैज्ञानिक होते हैं। फिर भी इनका अनुशासन, लगन और स्पष्ट चिंतन प्रशंसा पा ही लेता है।

आबू पर्वत तपस्वियों का भी मुख्यालय है। यहाँ अवधूत भगवान् दत्तात्रेय के तपस्या-स्थलवाली गुफा है। यह माना जाता है कि भगवान् दत्तात्रेय यहाँ सदैव विद्यमान हैं और वे सुपात्र का मार्ग निर्देशन स्वयं करते हैं। उन्हें सभी साधकों की फिक्र रहती है और उनके लिए उपयुक्त शिक्षा व्यवस्था भी करते हैं। आबू पर्वत पर ट्रेनिंग के दौरान मैं इसके दर्शन से वंचित रह गया था। सेवानिवृत्त होने के बाद इसका सौभाग्य प्राप्त हुआ है। गुरु दत्ता भगवान् विष्णु, शंकर और ब्रह्मा के संयुक्त अवतार हैं।

आबू पर्वत जैन धर्मावलंबियों का भी पवित्र धर्म-स्थल है। दिलवारा मंदिर राजस्थान की शौर्य-गाथा कहता है। इसकी नक्काशी जबरदस्त है।

रॉक-क्लाइंबिंग और माउंटेनियरिंग के शौकीनों के लिए आबू पर्वत अत्यंत सुंदर

स्थल है। हमने भी इसका आनंद लिया। रैपलिंग का आनंद अलग ही था। मंकी क्राल का उदाहरण तो सबसे कठिन चट्टान पर स्थानीय बच्चों ने दिखाया। क्षणभर में वे नीचे से ऊपर थे। हमारी हिम्मत उस लगभग समकोण स्थित चट्टान पर चढ़ने की नहीं हुई। चिमनी क्लाइंब एक अलग ही विधा थी। कुछ मित्र रैपलिंग में बीच रास्ते में ही लटककर रह गए। वह दृश्य काफी मजेदार होता था। सबसे ज्यादा मजा तो चट्टान पर बैठकर दोपहर के भोजन में पूड़ी-सब्जी खाने में आता था। मेरे रॉक-क्लाइंबिंग के उस्ताद हवावाला थे। वे हमें सिखाने के लिए अहमदाबाद से आए थे। मुझे स्मरण आ रहा है, उन्होंने एक दिन एक कठिन रॉक पर चढ़ने के लिए हमें प्रेरित किया। चढ़ाई कठिन थी। उस समूह से कोई आगे न आते देखकर मैंने हवावालाजी से कहा कि यदि वे नीचे खड़े रहें तो मैं कोशिश कर सकता हूँ। कोशिश शुरू हुई। नाखून और टो के सहारे थ्री पॉइंट टच तकनीक लगाते हुए बीच चट्टान के पार आ गया। अब चढ़ाई थोड़ी और कठिन थी। मैंने नीचे देखा। हवावाला साहब दूर खड़े होकर हँस रहे थे। बोले, अब तुम नीचे आना चाहो तो खतरा है। इसलिए चोटी पर जाने का ही विकल्प तुम्हारे पास है। बस थोड़े से प्रयास से मैं चोटी पर था। जहाँ मन थक रहा हो, लगे, रुक जाओ। यदि ध्येय शुद्ध है तो बस एक कदम और आगे बढ़ाओ। फिर चमत्कार होते देखो।

पुलिस ट्रेनिंग मुझे कदापि रुचिकर नहीं लगी। प्रतिदिन चालीस मिनट पी.टी. तो ठीक, पर एक सौ साठ मिनट राइफल ढोते हुए जमीन पर पैर पटकते रहना मस्तिष्क को कुंद करने की पुख्ता क्रिया ही कही जाएगी। मेरा गणितवाला दिमाग अब भोथरा हो चला था। ट्रेनिंग में दत्तात्रेय से परहेज करने से बड़ी मूर्खता कुछ नहीं हो सकती। ध्यान से सूक्ष्मता लाकर संवेदनशीलता और इनसानियत की कद्र ही बढ़ती। यहाँ तो लोगों को वुडेन-हैडेड बनाने की क्रिया चल रही थी। जड़ता का ऐसा अनुसंधान। और शिकायत यह कि पुलिसवाले आम आदमी के प्रति जड़ता का व्यवहार क्यों करते हैं? वैसे अभी आगे की पुलिस ट्रेनिंग देखना बाकी था।

□

बी.एस.एफ. अकादमी, टेकनपुर

आबू पर्वत से आबू रोड के प्लेन में आना मन को हर्षित करनेवाला था। आबू रोड रेलवे स्टेशन के दर्शन हुए। फिर हम लोग अपने आरक्षित कोच में जम गए। अगली सुबह हम ग्वालियर रेलवे स्टेशन पहुँच गए। वहाँ से हम टेकनपुर बी.एस.एफ. अकादमी पहुँच गए। फिर अपने-अपने टेंट में स्थापित हो गए। मेरे साथ टेंट में श्री एम.वी.के. राव आंध्र प्रदेश संवर्ग के थे। हमारी सहायता के लिए पास के गाँव का ही एक लड़का कदम सिंह नियुक्त था। वह मेरी ही तरह बुंदेलखंडी बोलता था। मुझे अपने गाँव जैसा ही लग रहा था। जहाँ तक स्मरण आता है, वह 31 जनवरी, 1975 का दिन था। टेकनपुर अकादमी में कक्षाएँ लेनेवाले अनुदेशकों का स्तर उत्तम था। वे पूरी मेहनत करके तैयारी करते थे तब कक्षाएँ लेते थे। आउटडूर की गुणवत्ता भी उत्तम थी। बड़ा विशाल कैंपस था। साइकिल से ही आना-जाना होता था। नागपुर से लौटकर अपने गाँव में मैंने साइकिल चलाना सीखा था, वह काम आ रहा था। इसलिए उपयोगी बातें सीखते रहना चाहिए। जब भी अवसर मिले तब सीख लें। यह काफी रोचक था कि मैंने चार पहिया गाड़ी जीप चलाना पुलिस अकादमी हैदराबाद में बाद में सीखा। उससे पहले तो एकाध बार दोपहिया बैलगाड़ी ही चलाई थी।

टेकनपुर अकादमी में कुछ बहुत अच्छे निशानेबाज थे। वहाँ हमें एल.एम.जी. और एम.एम.जी. चलाना बताया गया। थोड़ा सा फायरिंग का स्वाद भी कराया गया। यह बहुत अच्छा अनुभव था। 81 एम.एम. मोर्टार की साइटिंग भी बताई गई। सबसे ज्यादा रोमहर्षक तो 'बैटल इनाकुलेशन' का अनुभव कराया जाना था। गोलियों की बौछार ऊपर से जा रही थी और हमें उसके नीचे से इतना झुककर कोई पंद्रह-बीस कदम की दूरी तय करनी थी कि ऊपर से जा रही गोलियों के मार्ग में हमारा शरीर न आ जाए। हम एक के बाद एक गोलियों के ताने के नीचे से सुरक्षित निकल आए।

बी.एस.एफ. अकादमी टेकनपुर में दिसंबर 1974 से जनवरी 1975 में कार्यक्रम था। मेजर जनरल (रि.) गहलोत अकादमी के निदेशक थे। कार्यक्रम के मध्य में एक

दिन बी.एस.एफ. प्लेन से बी.एस.एफ. के महानिदेशक श्री अश्विनी कुमार आई.पी. अकादमी पधारे थे। उनके समादर में हम लोगों के साथ बी.एस.एफ. हाउस में लंच हुआ। अश्विनी कुमार दुनिया के सबसे फिट और स्मार्ट पुलिस ऑफिसर्स में से थे। वे अपने आप में एक संस्था थे, लीजेंड थे। उनके बारे में लिखने लग जाऊँ तो अपनी इस पुस्तक में कहीं मैं ही फीका पड़ जाऊँगा।

अकादमी में हम लोग अश्रु गैस फैक्टरी ले जाए गए। श्वान प्रशिक्षण विद्यालय तथा केनेल का काम देखा। बी.एस.एफ. में बेहतरीन अश्वों का जमावड़ा है। इनके सर्वेसर्वा वरिष्ठ आई.पी.एस. श्री के.एस. राठौर थे। वे अंतरराष्ट्रीय स्तर की अश्व स्पर्धाओं में स्वयं प्रतिभागी रह चुके थे। सभी जगहों पर मिलनेवाला नाश्ता हमारे लिए आकर्षण का केंद्र रहता था। राइडिंग स्कूल की एक कहानी काफी मजेदार है।

राइडिंग स्कूल में हमारा ग्रुप पहुँचा ही था। श्री राठौर से हम लोग उनके अश्वों की उपलब्धियाँ, जीते गए मेडल, स्पर्धाओं आदि के किस्से सुन रहे थे। उसी बीच ग्वालियर स्टेट की एक युवा राजकुमारी राइडिंग करने आ गईं। वे राठौर साहब से बातें करने लगीं। हमारे एक साथी उनके दाहिने-बाएँ फुदकने लगे। आई.पी.एस. का बिल्ला जो न कराए। अवसर पाकर हम लोगों ने उसे अलग खींचा और व्यावहारिक ज्ञान कराया। उसे कहा गया कि इस कन्या के एक दिन के मेकअप में तेरी महीने भर की तनख्वाह पिट जाएगी और फिर तू पिटेगा। अपनी औकात में रह बालक।

मेरे मन में टेकनपुर से अपने गाँव जाने की तीव्र इच्छा थी। इसी वर्ष 9 जनवरी को मेरी पहली संतान कन्यारत्न का पदार्पण इस धरा पर हुआ था। उसके दर्शन की अभिलाषा थी। इसी बीच हमारे ग्रुप की इच्छा भी खजुराहो घूमने की हो गई। अब तो मैं स्वत: ही अपने घर के करीब पहुँचनेवाला था। खजुराहो से मैं गाँव चला गया। मैंने अपने ग्रुप लीडर मेजर एम.एल. मलिक को कहा कि "मैं हैदराबाद यात्रा के लिए झाँसी में मिल जाऊँगा।" मलिक बोले, "मैं उतनी रात को डिब्बा नहीं खोलूँगा। तुम्हें ग्वालियर पहुँचना होगा।" मजे की बात यह है कि कोच ग्वालियर में तो किसी ने नहीं खोला, अलबत्ता झाँसी में ही खोला। वह भी चाय की तलाश में। वहाँ टी.टी. भी संभवत: नया आया था।

अगली सुबह मुझे ट्रेन के कोच में ही सभी साथी बधाई देने आ गए। उनके हाथ में उस दिन का अखबार था और मेरा नाम आई.ए.एस. की लिखित परीक्षा में पास लोगों की सूची में था। मुझे आश्चर्यमिश्रित प्रसन्नता हुई, क्योंकि मेरा हायर प्योर मैथ्स का पेपर औसत गया था। अगले दिन हायर फिजिक्स का पेपर था। गणित गड़बड़ होने के विषाद में फिजिक्स में न्यूमेरिकल में अंत में गलत उत्तर लिख गया। मैं व्यावहारिक नहीं था। मेरे विषाद का कारण शत-प्रतिशत अंक लाने का टारगेट था, जो कि अपनी जगह ठीक होते हुए भी विषाद का कारण बना।

हैदराबाद पुलिस अकादमी पहुँचने के दो-चार दिन में ही मुझे व्यक्तित्व परीक्षण का आमंत्रण मिल गया। पुलिस ट्रेनिंग ने दिमाग भोथरा कर ही रखा था। समय भी कम मिला जिससे कि इसका प्रभाव घटाया जा सके। ट्रेन में बैठे-बैठे ही दिल्ली पहुँचा। अपने मित्र जी.एस. तिवारीजी के घर पर ठहरा। फिजिक्स पढ़ने बैठा ही था कि एक पूर्व परिचित आ गए, लाख कहने पर गए नहीं। मेरे पास कपड़े भी ठीक-ठाक नहीं थे। सूट की पैंट बदरंग हो गई थी। बंद गला लाने की बात लगता है दिमाग में आई ही नहीं। कपड़ों ने मेरे अंदर हीनभावना पैदा कर दी थी। इंटरव्यू में वही पूछा गया जो मैं पढ़ने बैठा था। चूक गया। कुल मिलाकर मैं खुश नहीं था। मैंने पैंतीस प्रतिशत अंक मिलने का आकलन किया था और उतने ही अंक मिले। एक कॉपी में मेरे इंटरव्यू का ब्योरा मेरे गाँव के घर में लिखा रखा है। मैं आई.ए.एस. चूक गया। अफसोस भी रहा। भगवान् की अहैतुकी कृपा का रहस्य मुझे बिहार का डी.जी.पी. और हेड ऑफ पुलिस फोर्सेज ऑफ बिहार बनने के बाद पूरी तरह समझ में आया। जीवन में जो भी घटित हो, उसे प्रभु का कूट आशीर्वाद मानकर सहर्ष स्वीकार करना चाहिए। कहना सरल है, पर जीवन में इसे उतारना अत्यंत कठिन। रहस्य मुझे कैसे स्पष्ट हुआ, यह आगे उपयुक्त स्थल पर उद्घाटित होगा। असफलता फिर भी दर्द तो देती ही है, भले ही वह बाद में हितार्थ प्रमाणित हो।

□

राष्ट्रीय पुलिस अकादमी, हैदराबाद

ग्वालियर से चलकर बड़ी सुबह हमारी ट्रेन दक्षिण एक्सप्रेस, हैदराबाद, नामपल्ली रेलवे स्टेशन पर लगी। चलो-चलो, उतरो-उतरो, हैदराबाद आ गया की कटु आवाजों ने मधुर नींद में खलल डाल दिया। अंततः सरदार वल्लभ भाई पटेल राष्ट्रीय पुलिस अकादमी पूरी तरह से आबू पर्वत के पुराने घर से शिवरामपल्ली हैदराबाद आ गई। फिर भी आबू पर्वत को आई.पी.एस. प्रथम 1948 बैच तथा आगे के कई बैचों को प्रशिक्षण देने का गौरव प्राप्त रहेगा। आई.पी.एस. अवतार तो आजादी के बाद का है। इससे पूर्व आई.पी. (इंपीरियल पुलिस-इंडियन पुलिस) की नामधारी संस्था अपने-अपने संवर्गवाले राज्य में ही प्रशिक्षण पाती थी। यह काफी रोचक है कि बिहार-उड़ीसा (उड़ीसा उन दिनों बिहार का ही हिस्सा हुआ करता था) के आई.पी. अफसरों का प्रशिक्षण कॉन्स्टेबल ट्रेनिंग स्कूल, नाथनगर, भागलपुर में हुआ करता था। यह स्कूल वैसे वर्ष 1910 में स्थापित किया गया था।

हम अपने अकादमी परिसर में पहुँच गए थे। छोटी-छोटी पहाड़ियाँ, चट्टानों से भरपूर कैंपस। कहीं-कहीं वृक्ष भी दिख जाते थे। कैंपस दो हिस्सों में लगभग तीन सौ एकड़ में फैला था। हम सेंट्रल आई.पी.एस. मैस में निवास करनेवाले सबसे पहले बैच रहे। उन दिनों मेरा कमरा प्रथम तल पर कमरा नं. 105 था।

सिंगल सीटिड रूम विद अटैच्ड बाथरूम। वाह! क्या कहने! थंडर बॉक्स से आजादी। सफाई की स्वतः व्यवस्था। इसका स्मरण आज भी मन को अजीब सा सुकून, मन को शांति दे जाता है। पर ऊपरवाला कुछ-न-कुछ ऐसा तत्त्व डाल ही देता है, जिससे निरीह प्राणी देर-सबेर अपने उस असीमित परमधाम परमसुख को स्मरण करने को बाध्य होता है। क्यों न हो वह ? उसकी नियति तो है ही, स्थिति भी है। हैदराबाद में जलसंकट का भयावह रूप पुलिस अकादमी थी। यद्यपि हैदराबाद की जलापूर्ति का तत्कालीन स्रोत और अब मृत मीर आलम टैंक तो बिल्कुल सटा पड़ोसी ही था। अब तो उसकी छाती पर सलीबें ठोककर घर आबाद हो गए हैं मीर आलम टैंक के शव पर। वर्ष 1905 में

हैदराबाद में एक हजार के लगभग झीलें और तालाब थे, वर्ष 2000 आते-आते वे मात्र 63 रह गए थे। हुसैन सागर आधा रह गया है। बस उस्मान सागर का कुछ वजूद है, जिसमें छूने योग्य जल अभी भी है। इसलिए कमरे में जल हमारा अर्दली याकूब भाई ही लाता था। याकूब मियाँ के प्रभार में कुछ और तीन-चार कमरे थे। उन्हें हमारी ओर से ही भुगतान मिलता था। यह प्राइवेट जॉब थी। हर कमरे में सुबह-शाम दो-दो बाल्टी पानी पहुँचाना उन्हीं का काम था।

पानी की किल्लत आबू पर्वत की याद दिलाती थी। वहाँ भी अर्दली दो बाल्टी पानी लाता था। नहाने के लिए एक बाल्टी गरम पानी भी मिलता था। हमारे एक साथी नहाते नहीं थे। उनका मेरे साथ गुपचुप समझौता यह था कि किसी को भी बताए बगैर उनकी गरम पानीवाली बाल्टी मैं उठवा लिया करूँ। इस व्यवस्था से मैं बहुत प्रसन्न था। एक दिन मेरे रूम पार्टनर दलाल साहब बोल ही पड़े, यार, तुम्हें दो बाल्टी गरम पानी कैसे मिल जाता है ? रहस्य मामूली अनुसंधान से ही उजागर हो गया था। दूसरे दिन हमारे साथी के कमरे के सामने एक बाल्टी गरम पानी ले जाने के लिए अर्दली लोगों की लंबी कतार लग गई थी।

अस्सी के दशक में संभवत: वर्ष 1986-87 में श्री ए.ए. अली अकादमी के निदेशक बने। वे हमारे शिक्षक रहे थे। उन्होंने कई बोरिंग कराकर पानी की समस्या का स्थायी निदान किया। अब तो अकादमी का ओलंपिक साइज स्वीमिंग पूल भी तलातल भरा रहता है।

हमारे प्रशिक्षण ने अपना सामान्य ढर्रा पकड़ लिया था। राइफल ढोते हुए पैर पटकना इसका अहम हिस्सा था। यहाँ क्लास रूम स्टेयर्ड था, इसलिए पीछे की बर्थ पर कब्जा करने के लिए कुछ स्वप्नशील बंधु दौड़कर पहले ही जाकर काबिज हो जाते थे। कभी-कभी पहले से ही सो भी जाते थे। पैर पटकने की थकान इसी लायक छोड़ती थी। शेष सब कुरसी पर बैठे-बैठे नींद बुलाने-भगाने के संघर्ष में लगे रहते थे। श्री ए.ए. अली भारतीय पुलिस का इतिहास पढ़ाते थे, जो रोचक होता था; नींद भगानेवाला होता था। हमारे महान् निदेशक श्री एम.एम. डायस जब भी कक्षा लेते थे, हम सभी आनंदित हो जाते थे। उनकी एक-दो शिक्षा को यहाँ जगह देना उपयुक्त होगा। पर एक-दो ही। कुछ पढ़ानेवाले तो नींद की गोलियों का काम करते थे। उनके बकवास भाषणों को लोरी कैसे कह दें। श्री एम.एम. तिवारी दंड प्रक्रिया संहिता बहुत मन लगाकर अच्छी तरह से पढ़ाते थे। कई अन्य बहुत अच्छे सहायक निदेशक थे। उपनिदेशक श्री फजल अहमद पुलिस संगठन और जिला पुलिस अभिलेख पढ़ाते थे। बहुत अच्छी अंग्रेजी बोलते थे। देखने में भी सुदर्शन थे। शाही नासिका के धनी थे। श्रेष्ठ आर्यावर्तवाली नाक। वे बाद में वर्ष 1981-82 में बिहार पुलिस के मुखिया भी रहे। सबसे आनंददायक तो घुड़सवारी ही

था। उसमें भी क्रॉस कंट्री के तो मजे ही कुछ और थे!

हैदराबाद पुलिस अकादमी में जो हमेशा स्मरण करने एवं आनंद प्रदान करनेवाला कार्यक्रम हमारे प्रशिक्षण काल में हुआ था, वह था साप्ताहिक श्रमदान—हर शनिवार को। पूड़ी-सब्जी का लंच वहीं चट्टानों पर अथवा भूमि पर अथवा रेल पटरी के पास बैठकर होता था। हमने उन दिनों हजारों वृक्ष लगाए, जो आज जवान हो चुके हैं। उन्हें देखकर हम बालक हो जाते हैं। हमने वहाँ श्रमदान से ही रेलवे का एक प्लेटफॉर्म बनाया था। श्रमदान के दिनों सवारी गाड़ी रोककर ट्रेन ड्राइवर और सवारियाँ ताली बजाकर हमारा उत्साहवर्धन करते थे। इस प्लेटफॉर्म का विधिवत् उद्घाटन साउथ सेंट्रल रेलवे के महाप्रबंधक श्री राजन ने किया था और यहाँ एक जोड़ा सवारी गाड़ी के रुकने का हाल्ट भी बनाया था।

मैं यहाँ एक बहुत ही सुंदर जलधारा का स्मरण कर उसकी हत्या पर शोक व्यक्त करना चाहता हूँ। यह जलधारा अकादमी के परिसर में स्थित एक पहाड़ी की चोटी से निकलकर हमारे स्टेडियम के बीचोबीच से निकलती थी। क्या छटा थी! मैं शाम को इसके एकांत में बैठा रहता था। यह मेरी प्रशिक्षण काल की ऐसी सखी थी, जो मेरे बालपन की ऐसी ही सखियों का स्मरण कराती थी और मेरा मन हल्का करती थी। मैं हमेशा इसे स्टेडियम की शोभा के रूप में देखता था। भला ऐसा कहीं स्टेडियम देखा है जिसके मध्य से एक पतली जलधारा बहती हो। वह भी फरवरी-मार्च महीनों में—हैदराबाद जैसे जलवृष्टि न्यूनता के नगर में। विकास की विनाशकारी सोच ने इसके स्रोत को कुचलकर वहाँ राजस्थान भवन पहाड़ी की चोटी पर खड़ा कर दिया। यह जलधारा दिशा बदलकर अकादमी बाउंड्री के पास अब एक कुरूप गड्ढे में बदल गई है। इस जलधारा को बचाया जा सकता था। बचाया जाना चाहिए था।

मैं राष्ट्रीय पुलिस अकादमी में पदस्थापन की सदा कामना करता रहा हूँ। एक बार प्रयास भी किया, पर उस समय बिहार के संवर्ग के ही दो पदाधिकारी वहाँ पहले से थे। फिर वर्ष 2002 में एक वर्ष के लिए शोधार्थी के लिए आवेदन भी दिया था। आश्वासन भी मिला था। नाम भी तय हो गया था। जगह भी थी। नहीं हुआ, अच्छा ही हुआ। प्रतीत होता है, मुझे सही इच्छाएँ पालना भी नहीं आता। जो चाहा, नहीं हुआ। जो नहीं चाहा, हो गया। जो हुआ अच्छा हुआ। एक फिल्मी गाना है, जो मेरे ऊपर सोलह आने टंच बैठता है—

'मिले न फूल तो काँटों से दोस्ती कर ली,
किसी तरह से बसर हमने जिंदगी कर ली।'

क्या करूँ? बहुत से शूल तो अपना काम करते ही रहते हैं। चुभते ही रहते हैं। सोचें तो यह सब मन की उपज हैं। मन को स्वच्छ करना है। वहाँ तब कुछ भी नहीं रहेगा उज्ज्वल प्रकाश को छोड़कर। तब काँटें भी नहीं रहेंगे।

परेड और ड्रिल में भी कभी-कभी बड़े मजेदार प्रकरण आते रहते थे। हमारे एक बड़े प्यारे मित्र साथी हैं जागेश्वर महापात्र, जिन्हें हम सब प्यार से 'जागो' से संबोधित करते आ रहे हैं। कारण, वे ड्रिल करते हुए सोने का हुनर रखते थे। पैरों को ऑटोपायलट मोड में डालकर मन-ही-मन आनंद करते थे। मैं उन्हें 'जागो' के साथ-साथ 'स्लीपिंग ब्यूटी ऑफ उड़ीसा' भी प्यार से कहता हूँ। एक बार स्क्वायड ड्रिल हो रही थी। महापात्र साहब गाइड में लगे हुए थे। उस्ताद ने स्क्वायड की दिशा बदल करा दी पर जागो आगे ही बढ़ते चले गए। अब वे परेड ग्राउंड की सीमा पर थे। उसके आगे नाला खुदा हुआ था। फिर सड़क थी। जागो वहीं खड़े होकर चिल्लाए—"उस्ताद, कमान तो दीजिए।" कुछ भी हरकत न होती देख उन्होंने नेत्र खोलकर दाहिने-बाएँ देखा। फिर पूरे परेड ग्राउंड में कंधे शस्त्र की हालत में अपने स्क्वायड अर्थात् हम लोगों को खोजने लगे। उनको इस तरह दौड़ते देखकर सभी स्क्वायड आनंद लेने लगे। जागो अंततः सही जगह पहुँच गए, बोले, "तुम लोग सब कहाँ चले गए थे?" उन्हीं का एक और प्रकरण है। एक दिन जागो को हमारे स्क्वायड का कमांडर बनाया गया। वे हमारी मार्चिंग कराने लगे। थोड़ी देर बाद उस्ताद ने टोका, "महापात्रा साब, आपका कदम टूट गया है। स्क्वायड से कदम मिलाकर चलें।" महापात्रा साब ने फरमाया, "उस्ताद, मैं कमांडर हूँ, इन सबसे कहिए, मुझसे कदम मिलाकर चलें।" ड्रिल का आगे बढ़ेगा, पीछे मुड़ अथवा पीछे लौटेगा, आगे बढ़ तो अच्छों-अच्छों को भ्रमित कर देगा।

मेरे कमरे के सामने श्री एस. दास का कमरा था। उनका असम संवर्ग जाने के बाद ए.एस.पी. के दिनों में ही दुर्घटना में देहावसान हो गया था। जब कभी कोई औपचारिक रात्रि भोज होता था तो ड्रेस ऑर्डर 'शर्ट एंड टाई' होता था। दास साहब बड़े विनोदप्रिय अच्छे व्यक्ति थे। ऐसे ही एक देर शाम वे मेरे सामने केवल 'शर्ट एंड टाई' में प्रगट होकर बोले, "चलो गौतम, डिनर के लिए। नीचे कपड़े क्यों पहने हो? आदेश शर्ट एंड टाई का है।"

हम लोग कई महीनों तक कुछ मासिक धनराशि और कोऑपरेटिव स्टोर के पटेल साहब से कर्ज ले-लेकर गुजारा करते रहे थे। अंततः एक दिन हमारी नियमित सैलरी का चैक आने की जानकारी देने दास साहब उछलते हुए मेरे पास आए। बोले, "गौतम, बैंक चलो, शेक आया है, केश करेंगे।" अब हैदराबाद में शेख लोगों का आना-जाना तो लगा ही रहता है। उन्होंने मेरा हाथ पकड़ा और लगभग खींचते हुए बैंक ले गए। तब जाकर पता चला कि हमारे वेतन का चैक आया है, उसी को कैश कराने की बात दास साहब कर रहे थे।

तगड़े मैस बिलों से हम आक्रांत रहते थे। पैसे की हमेशा किल्लत रहती थी। बस एक बार जब बी.पी. राव मैस सेक्रेटरी हुए थे, तब बहुत अच्छे भोजन के साथ सबसे

कम मैस बिल आया था। राव ने चोरी पर पूरी तरह से लगाम लगा दी थी। पैसा बचने का तो सवाल ही नहीं था। पटेल साहब का कर्ज भी उतारना था। ऐसे में जागो भाई ने शहर के ऑबिड्स क्षेत्र में एक सिनेमा हॉल खोज निकाला, जिसमें मात्र एक रुपए में सबसे पीछे का भी टिकट मिल जाता था। नाम भी अव्वल था—'पैलेस'।

पैलेस सिनेमा हॉल में पुरानी फिल्में दिखाई जाती थीं। मुझे पुरानी फिल्में पसंद हैं, इस जानकारी का जागो ने लाभ उठाया और एक शाम का शो देखने के लिए हम लोग निकल गए। पीछे का टिकट खरीदा। मूवी शुरू हो चुकी थी। घुप्प अँधेरा था हॉल में। साइड में आगे-आगे जागो और पीछे-पीछे उसके मार्ग निर्देशन में मैं चलने लगा। जागो ने एक स्थल पर कहा, "देखो गौतम, आगे बहुत बड़ा गहरा गड्ढा है, उससे बचते हुए आना।" इतना कहते ही वह अदृश्य हो गया। गिरने की आवाज मात्र आई। वह उसी गड्ढे में चला गया था। नीचे गहराई से आवाज आ रही थी—"अरे, मुझे निकाल, हँस रहा है।" मुझे जमकर हँसी आ रही थी। मैंने कहा, "पहले तबीयत भर हँसूँगा, फिर निकालूँगा।" उसका ऊपर उठा हाथ पकड़ने से पहले मैंने पास की सीट पर बैठकर अपनी टाँगें उसमें फँसाईं, ताकि जागो बदमाशी न कर पाए। वह मुझे कहीं गड्ढे में ले जाकर हँसने लगा तो। खैर, उसके दिमाग में ऐसा कुछ नहीं था। वह आसानी से बाहर आ गया। ऐसे ही एक बार जागो के पास एक रुपया पचास पैसे थे। पच्चीस पैसे जाने के, उतने ही आने के और एक रुपए का सिनेमा टिकट, पर जागो सरकारों की तरह व्यवहार कर बैठा। उसने इंटरवल में पच्चीस पैसे की मूँगफली खा ली। हम लोग रात्रि भोजन के बाद राजमार्ग पर टहल रहे थे कि जागो शहर की ओर से दौड़ता हुआ दिखाई दिया। हमें लगा कि जागो ने कुछ गड़बड़ की है और कोई उसका पीछा कर रहा है। तो हम लोग उसकी ओर दौड़कर गए। पता चला, वह तो भोजन मिलना बंद होने के डर से दौड़ रहा था। हमारे केरल प्रांत के एक अत्यंत सरल मित्र अंसारीजी, अल्पायु में ही जन्नतनशीन हो गए, वे दौड़ने के शौकीन थे। उन्हें ताड़ी बहुत पसंद थी और सीधे लवनी उठाकर गटक जाते थे। वर्ष 1987 में त्रिवेंद्रम भ्रमण के दौरान मैं उनके घर गया था। बड़े सरल लोग। अंसारी मुझसे मिलने स्टेट गेस्ट हाउस आए थे और अपने घर का पता स्वयं दे गए थे। उसके कुछ काल बाद ही वे नहीं रहे।

एक बार मसूरी प्रशासनिक अकादमी के निदेशक श्री राजेश्वर प्रसाद हमारे यहाँ हैदराबाद भी पधारे थे। वे पूर्व प्रधानमंत्री स्व. श्री लाल बहादुर शास्त्री के विशेष सहायक रहे थे। उनसे एक बार फिर शास्त्रीजी के सरल विनम्र, किंतु दृढ़ व्यक्तित्व का प्रेरणादायी परिचय मिला। मजे की बात यह रही कि जो जैसा उन्होंने मसूरी में बोला था, उसमें एक भी शब्द इधर का उधर नहीं था। जहाँ उन्होंने मसूरी में पानी पिया, उसी मुकाम पर हैदराबाद में भी पानी पिया। मुसकराने, चुटकुला सुनाने, दृष्टांत बताने, ठहराव, रूमाल

निकालकर मुँह पोंछने की क्रियाएँ भी उसी जगह थीं, जहाँ मसूरी के भाषण में थीं। वे एक लंबे अरसे से शास्त्रीजी के जीवन पर बोलते आए थे। इसलिए ऐसा था। पर प्रभाव बराबर पड़ता था। बात शास्त्रीजी की थी ना। राजेश्वर प्रसाद तो बस व्यास थे।

हमारे महान् निदेशक श्री एस.एम. डायस ने कई प्रेरणादायक लेक्चर हमें दिए। उनमें से एक लेक्चर में कहे गए दृष्टांत को यहाँ दिया जा रहा है।

डायस साहब तीन पत्थर काटनेवालों की कथा सुनाते थे। तीनों एक ही काम करते थे, पर उनके मानस के स्तर में भारी अंतर था। एक बार एक राहगीर ने पहलेवाले पत्थर काटनेवाले से पूछा, 'भाई, क्या हो रहा है ?' उसने झुँझलाते हुए उत्तर दिया, 'क्या हो रहा है ! किस्मत पर पत्थर पड़ गए हैं। भुगत रहे हैं।' फिर यही सवाल दूसरेवाले से किया तो उसने कहा, 'ईमानदारी की रोटी कमा रहा हूँ। भगवान् की बड़ी कृपा है। काम मिला है।' तीसरे ने इसी प्रश्न के उत्तर में कहा, 'मुझे बहुत श्रेष्ठ कार्य का अवसर मिला है। मेरे काटे गए पत्थर पूजा भवन अथवा आवास आदि का हिस्सा होकर लोगों की सेवा में लगेंगे। यह सेवा का पुनीत कार्य है। फिर इसके लिए मुझे पारिश्रमिक भी मिल रहा है, सो बोनस समझें।' डायस कहते थे एटीट्यूड—दृष्टिकोण की बात है। अध्यात्म में ये तामसिक, राजसिक और सात्त्विक मन के उदाहरण हैं।

अली साहब लंदन पुलिस बॉबी की लोकप्रियता का किस्सा बता रहे थे। एक बार एक बॉबी छतों के ऊपर से दौड़ते हुए एक चोर को पकड़ने के लिए पीछा कर रहा था। चोर तो एक छत से दूसरी छत पर छलाँग लगा गया, पर बॉबी का पैर फिसल गया और वह छत पर लटकने लगा। चोर वहीं रुक गया। बॉबी ने पूछा, 'तू क्यों रुक गया ?' चोर बोला, 'मैं बॉबी को मरने के लिए लटकते कैसे छोड़ सकता हूँ।' इस पर बॉबी ने कहा, 'फिर भी मैं तो तुझे पकड़ लूँगा।' चोर बोला, 'तब की तब देखी जाएगी।' ब्रिटिश बॉबी की लोकप्रियता इस उदाहरण से उजागर होती है।

मई 1975 के अंत में आई.ए.एस. परीक्षा का परिणाम आ गया। जिनका चयन हो गया था, वे परम प्रसन्न थे। मैं मायूसों की सूची में था। मुझे पुलिस अकादमी की ट्रेनिंग का स्तर बहुत साधारण लगा था और मैं इससे मुक्ति की आशा पाले था। अकादमी में अनुसंधान के पर्यवेक्षण और नियंत्रण की पढ़ाई शून्यप्राय है। आई.पी.एस. को इस स्तर का प्रशिक्षण होना चाहिए जिससे कि वह अपने अधीनस्थों के कार्यकलापों का मार्गदर्शन और नियंत्रण कर सके। मसूरी अकादमी में भी हालात कदाचित् बेहतर नहीं हैं, क्यों आई.पी.एस. की तरह आई.ए.एस. वाले भी ज्यादातर लोग अधीनस्थों के रहमोकरम पर प्रतीत होते हैं ?

25 जून, 1975 का दिन भला कौन भूल सकता है। अखबारों में देश में आंतरिक सुरक्षा को लेकर आपातकाल लगाए जाने की शीर्ष पंक्तियाँ चीखती लग रही थीं। बड़े-

बड़े नेताओं की गिरफ्तारियों की खबरें थीं। हम इस स्थिति से बहुत दुःखी थे। मुझे यह स्पष्ट हो गया था कि ऐसी प्रतिक्रियाएँ किसी बड़े बदलाव की अगवानी करती हैं। देश तैयार है, क्या राजनीति इसके लिए योग्यता हासिल कर पाई है?

हैदराबाद पुलिस अकादमी में हमें सतर्कता के कुछ पाठ मिले। पहला पाठ बहुत अच्छा नहीं था। एक बार मैं ड्यूटी पर एक सरकारी जीप लेकर गया था। लौटने पर मोटर ट्रांसपोर्ट सेक्शन के प्रभारी आंध्र प्रदेश के सब-इंस्पेक्टर ने लॉग बुक के कई पन्ने सादे छोड़कर एक पेज पर मुझको हस्ताक्षर करने को कहा। मैं उस पर विवरण भरने लगा तो वह बिगड़ने लगा। यहाँ तक कि वह कूदकर मेज पर पैर लटकाकर बैठ गया।

मैं तो सामने खड़ा ही था। मैंने उसे शिष्टाचार की याद दिलाई तो वह बोला, जो करना हो कर लो। मेरा तो रोज का यही काम है। मैंने पूरी बात प्रशासन के प्रभारी को बताई। उन्होंने कार्रवाई की भी बात कही। बाद में मेरा कभी इस सेक्शन से उस दौरान साबका नहीं पड़ा।

सतर्कता के अन्य दो प्रकरण डायस साहब से संबंधित हैं। भारत दर्शन से लौटने पर हमारे ग्रुप को निदेशक कक्ष में मार्च कराकर पेश किया गया। डायस उवाच—"डिड यू सी ए मूवी विदआउट पेईंग फॉर इट?" शेर दहाड़ा, हम सन्न। सबकी ओर देखते हुए आवाज गूँजी—"गौतम!" मैंने कहा, "यस सर!" डायस, "ह्वाई? सर, आई एक्चुअली गेव द मनी, बट इज वाज रिटर्न्ड।"

"डिड यू ट्राइ टू गिव इट अगेन?"

"नो सर।"

"नोबडी डिस्लाइक्स मनी, इनसिस्ट ऑन पेइंग। दे विल ग्लैडली टेक इट।" बाकी किसी ने तो पैसे देने का सोचा भी नहीं था। पर डायस साहब ने केवल मुझसे ही बात की। शिक्षा—हमेशा भुगतान करो। बिना भुगतान के कुछ भी स्वीकार मत करो। मैं अपने पूरे सेवाकाल में मात्र एक बार ही सिनेमाहॉल परिवार के साथ गया हूँ, टिकट खरीद कर। जैसे ही मूवी शुरू हुई, वह वयस्कों के लिए थी। हम तत्काल घर लौट आए। मैं कई बार दुकानदारों द्वारा ठगा भी गया हूँ और बहुत बार अच्छे दुकानदारों ने अच्छा सुलूक किया हैं।

डायस साहब की दूसरी घटना पासिंग आउट परेड से पहले की है। डायस साहब सेंट्रल आई.पी.एस. मैस का निरीक्षण करने आए थे। नई-नई फरनिशिंग हुई थी। कारपेट के रुएँ उड़ रहे थे। डायस साहब गंभीर थे। उन्होंने नई कारपेट की हालत पर चिंता व्यक्त की तो मैंने कहा कि सुना तो यह है कि क्रय करनेवाले ने इसमें भारी कमीशन खाया है। डायस साहब 'हूँ' बोलकर तुरंत चले गए। पंद्रह मिनट में पता चला कि मैस कमेटी के अध्यक्ष को बदल दिया गया है।

हमारे भारत दर्शन टूर की एक-दो बातें विशेष रूप से उल्लेखनीय हैं।

भारत दर्शन के दौरान हमारा ग्रुप प्रमुखतः मद्रास (अब चेन्नई), मदुरै, रामेश्वरम्, कन्याकुमारी, त्रिवेंद्रम, बैंगलोर, मैसूर आदि स्थलों के दर्शनों के लिए गया। सभी स्थलों पर तथा मार्ग में विभिन्न ठहरावों पर भी हमारा भव्य स्वागत हुआ। मार्ग के एक स्टेशन (जहाँ तक स्मरण सेलम की बात है) पर तो लौटते समय उस जिले के पुलिस अधीक्षक श्री वाल्टर दवाराम वरदी में पत्नी के साथ कोच के सामने हमारे स्वागत के लिए खड़े थे। उन्होंने वहाँ से एक सुंदर जगह ले जाकर हम लोगों को बढ़िया नाश्ता भी कराया, जो कि स्वयं उनकी पत्नी ने तैयार किया था। यह हृदय को छू जानेवाली बात थी। मद्रास में पुलिस कमिश्नर श्री चिनॉय थे, जो आमजनों में काफी लोकप्रिय थे। उनके कार्यालय में शहर का आधुनिक नक्शा था जिस पर निकलनेवाले जुलूसों पर संकेतक प्रकाश देने लगते थे जिससे कमिश्नर को अद्यतन हालात का पता चलता रहता था। हम लोग तमिलनाडु पुलिस प्रमुख श्री एफ.वी. अरुल आई.पी. से भी मिले। वे सी.बी.आई. के निदेशक रह चुके थे। तमिलनाडु पुलिस देश की सबसे ज्यादा आधुनिकीकरण करनेवाली पुलिस रही है। वर्ष 1975 में भी पुलिस प्रमुख सीधे किसी भी थाने से फोन डायल कर बात कर सकता था। उनकी अपनी प्रतिबद्ध प्रणाली कार्यरत थी। माइक्रोवेव डेडीकेटेड संचार व्यवस्था स्थापित कर ली थी।

मद्रास में एक दिन समारोह परेड भी देखने को मिली। मुख्य सचिव श्री एस. भगवंतम् मुख्य अतिथि थे। परेड में एक महिला प्लाटून भी थी जिसे एक युवा सब इंस्पेक्टर कमांड कर रही थी। हमारे एक साथी का दिल उस पर आ गया। वह उसके 'आईज राइट' कमांड पर तो मरा ही जा रहा था। उससे मिला, पता पूछा, घर आने की अनुमति ली और उसी दिन शाम को उसके घर पहुँच गया। मुझ मूर्ख को तो उसी साथी ने बाद में बताया तब पता चला। साथी ने उसके सामने विवाह का प्रस्ताव रख दिया। उसने कहा कि वह अपनी माँ को छोड़कर अन्य राज्य में नहीं जा सकती। और साथी का संवर्ग तमिलनाडु नहीं था। बात नहीं बनी।

एक रात मद्रास के पुलिस स्टेशन भ्रमण का कार्यक्रम भी तय था। हमने मद्रास सेंट्रल रेलवे स्टेशन के पास के पुलिस स्टेशन देखने की इच्छा व्यक्त की। संपर्क पदाधिकारी मद्रास पुलिस की तारीफ कर रहे थे। हम लोग भी प्रभावित थे। हमारे थर्ड डिग्रीवाले सवाल पर तो उन्होंने दावे के साथ कहा कि थर्ड डिग्री इस्तेमाल होने का तो सवाल ही नहीं है। थर्ड डिग्री पर बातें होते-होते हम लोग पुलिस थाना प्रांगण में पहुँच गए। उस समय वहाँ पुलिसवाले हिरासत में लिये गए लोगों की डंडों से धुनाई कर रहे थे। हमारा संपर्क पदाधिकारी बेचारा पुलिस सब-इंस्पेक्टर इस दृश्य को देखते ही पानी-पानी हो गया। वह कुछ कहने को हुआ। हम लोगों ने उसे कहा, "सीन बदल गया है।" हम

वहाँ बिना रुके चल दिए। अभी हाल में सत्तनकुलम पुलिस थाने में पिता-पुत्र जयराज और बेनिक्स की पीट-पीटकर हत्या की गंभीर वारदात बताती है कि हम कहाँ-से-कहाँ पहुँच गए। हमारे देश में पुलिस के संगठन, नेतृत्व और प्रणालियाँ पूरे क्रिमिनल जस्टिस एडमिनिस्ट्रेशन के साथ कठघरे में हैं। तमिलनाडु की इस भयावह त्रासदी ने यह बताया है कि निर्दोष सुरक्षित नहीं है। सभी संस्थाएँ उसके विरुद्ध साँठ-गाँठ में तत्पर हैं।

कन्याकुमारी में मैं पहली बार ए.सी. रूम में सोया था। हुआ यों कि समुद्र किनारे स्थित स्टेट गेस्ट हाउस के सभी कमरों में हमारे साथी तेजी से प्रवेश कर गए। बच गया सबसे महँगा ए.सी. कमरा, किराया साठ रुपए, बड़ी रकम थी। मुझे और मो. इजहार आलम को मजबूरी में इसे ही लेना पड़ा। ए.सी. की उन दिनों बिल्कुल आवश्यकता नहीं थी। पर पैसे जो लगे थे। सो आलम साहब ने फुल ए.सी. चला दिया। कंबल था नहीं। गहरी नींद। अच्छी ठंडक पर नींद का वेग भारी पड़ रहा था। उठने में आलस्य भी था। ए.सी. के पैसे भी वसूलने थे। सुबह मुँह-आँख फूले हुए थे। साथियों ने हम दोनों को देखकर मजाक उड़ाया कि देखो, एयरकंडीशंड साहब आ रहे हैं। पैसे खर्च कर अपना हुलिया बिगाड़ने का यह प्रकरण समझने में आसान है। पर पैसा होने पर हम प्रायः ऐसे मूर्खतापूर्ण अनुष्ठान करते ही रहते हैं।

अकादमी में हमारे बैच के पासिंग आउट परेड तथा इससे जुड़े अकादमी सप्ताह के उत्सवों की तैयारियाँ प्रारंभ हो गई थीं। अकादमी में फर्निशिंग के नाम पर काठ की कुरसियाँ थीं। निदेशक डायस फंड लाने के लिए प्रयासरत थे। पर भारत सरकार का गृह मंत्रालय एक छदाम भी नहीं देने का मन बनाए हुए था। अतिथि गृहों के लिए डायस साहब ने नेशनल डिफेंस अकादमी मॉडल अपनाकर राज्यों के मुख्यमंत्रियों से अपने राज्यों के गेस्ट हाउस हमारी अकादमी में बनाने के लिए संपर्क बनाए, उनसे मिले, वहाँ पुलिस मुखिया जनों से इसमें सहायता माँगी और इसमें उनको सफलता भी मिलनी प्रारंभ हो गई। आज राष्ट्रीय पुलिस अकादमी अतिथि गृह कॉन्फ्रेंस हॉल आदि के मामले में आत्मनिर्भर है।

फर्निशिंग की समस्या के समाधान का अच्छा उपाय यह था कि पासिंग आउट परेड (पी.ओ.पी.) में प्रधानमंत्री श्रीमती इंदिरा गांधी को आमंत्रित कर उसे स्वीकार कराया जाए। यह आसान नहीं था। श्री के.एफ. रुस्तमजी आई.पी. के माध्यम से श्रीमती गांधी का कार्यक्रम तय कराया गया। पर नौकरशाही ने पच्चड़ लगाया कि प्रधानमंत्री परेड में जाएँगी और वहीं से लौट जाएँगी दिल्ली के लिए। चिंतित डायस सर ने पी.एम. से समय माँगा, जो उनको प्रयासों के बाद मिल गया। डायस साहब ने पी.एम. का सेंट्रल आई.पी.एस. मैस में पदार्पण करना आवश्यक बताया जिससे कि मैस की गरिमा बढ़े। संवेदनशील श्रीमती गांधी तत्काल राजी हो गईं। इस बीच मुख्यालय के सामने उनकी वक्ष

तक की प्रतिमा का भी अनावरण उनके कर-कमलों से हो जाएगा। तब तक प्रोबेशनर्स मैस भी पहुँच जाएँगे। कार्यक्रम तय हो गया और गृह मंत्रालय से अकादमी की फर्निशिंग के लिए धन आना प्रारंभ हो गया। डायस साहब नेतृत्व के गुणों से भरपूर थे। वे काम कराना बखूबी जानते थे।

हमारी पी.ओ.पी. में प्रधानमंत्री श्रीमती गांधी आईं। उनके आस-पास फोटो के लिए मैस में ट्रेनीज जम गए। कुछ जमे रहे। कुछ अवसर बनाकर जुड़ गए। मैं गेटक्रैश करना शिष्टाचार के विरुद्ध मानता हूँ, अतः लोगों के पीछे खड़े होकर पी.एम. के दर्शन करता रहा और सामनेवाले की फोटो तो साथ में आती नहीं। वस्तुतः मेरे मस्तिष्क में किसी के भी साथ फोटो खिंचवाने का विचार आता ही नहीं है। साथ में फोटो होने से किसी के सद्गुण तो अपने में नहीं ही आते।

अब विदाई का समय था। परीक्षा परिणाम भी सुनाया गया। हमारे साथी इसके प्रति बहुत जागरूक थे। प्रथम आनेवाले को पी.एम. बैटन के साथ रिवॉल्वर का पुरस्कार था। अन्य ट्रॉफियाँ भी थीं। पता चला कि एक साथी ने आउटडोर के परीक्षक को डिनर सेट भी भेंट किया था। वैसे वे अपने कार्य में उत्तम थे। यह अफवाह भी हो सकती है अथवा कोई शिष्टाचार। मैं अब जिंदगी को ही परीक्षा के तौर पर लेने लगा था और उसे नियमित कार्य मानने लगा था। इसलिए मैंने अलग से कोई तैयारी कतई नहीं की थी। बता दें कि पुलिस अकादमी की परीक्षा के पूरे अंक यू.पी.एस.सी. परीक्षा के अंकों के साथ जोड़कर ऑल इंडिया मेरिट लिस्ट बनती थी, इसलिए अकादमी की परीक्षा को गंभीरता से लिया जाता रहा है।

पुलिस अकादमी में देखते-देखते ट्रेनिंग काल का अंतिम रात्रिवास आ गया। शाम को परिसर को जी भर के निहारा। फिर ससमय सो गया। ग्यारह बजे रात में ट्रेनीज ने शोर मचाकर उल्लास मनाना शुरू किया। सबके द्वार पर लातें मार-मार जगाया। जागो। पता नहीं फिर कब मिलेंगे! हम हर्ष-विषाद में उतरा रहे थे।

ट्रेनिंग के बाद मिलिटरी अटैचमेंट में जाना था। मैंने नॉर्थ-ईस्ट चुना था। गौहाटी, पानीतोला, लीकाबाली, लेखापानी और तवांग हमारे मुकाम रहे। वहाँ के विवरण स्मरण भी नहीं, देना उचित भी नहीं। बस एक घटना याद है। एक कैंप में मैं बाहर खड़ा था। संध्या काल था। अन्य कोई बाहर नहीं था, बिल्कुल सुनसान; तभी मेरे बगल की हवा हिलने जैसी अनुभव हुई। मैंने देखा, एक भालू मेरे बगल से चला जा रहा है। मैं शांत खड़ा रहा। श्वास रुकी रही। भालू अपने रास्ते चला गया। वह जब बैरक के पीछे की तरफ से ओझल हो गया तो मैं अपने निवास-स्थान पर आ गया। सुनसान जंगली परिवेश में शाम को बाहर रहना खतरनाक हो सकता है। उस समय जंगली पशु भोजन की तलाश में निकलते हैं।

मिलिटरी अटैचमेंट समाप्त होने पर मैं अपने फील्ड प्रशिक्षण के लिए बिहार की राजधानी पटना, आसाम मेल से शाम साढ़े आठ बजे पटना जंक्शन रेलवे स्टेशन पहुँचा। हमें कुछ समय तक पुलिस मुख्यालय में ही प्रशिक्षण लेना था। मैंने जी.आर.पी. थाना जाकर पुलिस उप म.नि. प्रशासन श्री जगदानंद को अपने आने का बताया और आगे व्यवस्था के लिए निवेदन किया। वहाँ पर मौजूद ए.एस.आई. मुझे रिटायरिंग रूम की डारमिटरी में बेड पर टिका गया। मैंने सामान को चारपाई के पाए से चेन किया और जागते हुए सोया। अगले दिन ए.आई.जी. श्री सुशील सिन्हा ने डाक बँगले में हमारी व्यवस्था कराई। आठों ऑफिसर वहीं रुके। हमारे आवागमन के लिए एक जीप कार्यालय समय पर आ जाती थी। डाक बँगले में भोजनादि का प्रबंध नहीं था। हम लोग सामने जयहिंद कॉफी हाउस में सुबह का नाश्ता करते थे। रात को पास ही स्थित मारवाड़ी बासा के भोजनालय में भोजन करते थे। यहाँ का कार्यक्रम समाप्त होने के बाद मैं अपने प्रशिक्षण के जिला 'गया' ट्रेन से गया। गया पुलिस अधीक्षक डॉ. अनिल कुमार पांडेय ने स्टेशन पर मुझे रिसीव करने की समुचित व्यवस्था कराई थी। जीप से मुझे जय प्रकाश झरना स्थित लोक निर्माण विभाग के अतिथि गृह ले जाया गया। यहाँ आरामदेह व्यवस्था थी। खानसामा परवाह करनेवाले बुजुर्ग थे और वह मेरा अपने बच्चे जैसा खयाल रखते थे।

□

बुद्धं शरणं गच्छामि

'लागहिं कुमुख बचन सुभ कैसे। मगहँ गयादिक तीरथ जैसे॥'

राम वन-गमन प्रसंग में यह चौपाई रामचरितमानस में आई है। यह चौपाई गया की महनीयता और मगध क्षेत्र की जटिलता रेखांकित करती है। अभी तक तो मुझे गया के बारे में राजकुमार सिद्धार्थ गौतम के बोध प्राप्त कर भगवान् बुद्ध हो जाने के स्थल पवित्र बोधिवृक्ष का ही ज्ञान था। दूसरी जानकारी मुझे अच्छी नहीं लगती थी। वह यह थी कि गया में अपने पुरखों का पिंडदान करने से उन्हें मोक्ष प्राप्त होता है। मोक्ष तो अच्छी बात थी, पर गया मरे हुए लोगों से जुड़ा है, यह भ्रांत अवधारणा मेरे मन में एक ब्रीडा जैसी स्थिति पैदा करती थी। वह तो भला हुआ कि श्री विष्णु पद मंदिर के मुख्य पुजारी श्री दत्तात्रेय शास्त्री स्वयं गेस्ट हाउस में मुझे दर्शन देने आ गए। गया शहर गया नाम के दानव के श्रीहरि द्वारा संहार के बाद उसकी विशाल देह की मिट्टी पर अवस्थित है, यह तो मुझे पता था। पर श्रीहरि ने उसे यह मुँहमाँगा वरदान दिया था कि उसकी मिट्टी पर पवित्रतम तीर्थों में से एक बसे। वहाँ स्वयं प्रभु श्रीहरि विष्णु के चरण चिह्नों के दर्शन और पूजन का सौभाग्य लोगों को मिले। और स्वयं गया के अपने पिंड के स्वदान से श्रीहरि द्वारा प्रदत्त मोक्ष। उसी तरह इस स्थल पर पिंडदान जीवों के लिए मोक्षदायी है। गया विश्व का अकेला ऐसा तीर्थ है जहाँ भगवान् श्रीहरि विष्णु के चरणकमल अंकित हैं, वहाँ सभी को दर्शन पूजनार्थ सुलभ हैं। शास्त्रीजी पत्रकार भी थे। उनका स्नेह-सम्मान मुझे सदा प्राप्त होता रहा। उनकी पत्नी जब स्वर्ग सिधारीं तो उन्होंने इसी स्नेह के बूते मुझे पत्र लिखकर अपना दुःख बाँटा था। वे शालीन व्यक्तित्व के धनी थे।

गया तीर्थ मगध के चरित्र का अपवाद माना गया है। मगध क्षेत्र राजसत्ता और सार्वभौम स्थापित सत्ता को सदा चुनौती देते रहने की परंपरा पाले रहा है। परम शक्तिशाली मगध नरेश जरासंध का परिचय महाभारत ग्रंथ में मिल जाता है। श्रीमद्‍भागवत महापुराण में भी इनका वर्णन है। आधुनिक काल का नक्सलाइट आंदोलन फिर परिवर्तित माओवादी

आंदोलन अथवा प्राचीन काल में सम्राट् हर्ष के समय के दस्युओं, विशेषतः जल-दस्युओं और विद्रोहियों की बात हो, धारा टूटती नहीं, मंद भले ही पड़ जाए। सम्राट् हर्ष के समय की अवस्था का उल्लेख तो पंडित हजारी प्रसाद द्विवेदीजी के महान् उपन्यास 'बाणभट्ट की आत्मकथा' में भरपूर हुआ है। हर्ष ने इन्हें नियंत्रित करने के लिए यहाँ कई ताकतवर परिवारों को भूमि की बड़ी-बड़ी जागीरें देकर बसाया था। भूमि के आधिपत्य में अग्रगण्य बनाया था। यह लोग पंडितजी के अनुसार भूमिअग्रहार कहलाते थे, जो नाम अब भूमिहार बन गया है।

गया के फलगूपार मुफस्सिल थाना क्षेत्र में हुई एक गृह डकैती में मैंने इतने सारे देशी बम प्रयुक्त हुए देखे। एक-दो बम बिना फटे भी पड़े हुए थे। इन बमों ने मुझे अपने बचपन की यात्रा करा दी। ऐसा ही देशी बम मुझे अपने मवेशी बाँधनेवाले घर में मिल गया था जिससे मैं खेलने लगा था। तब मैं कोई तीन वर्ष का रहा होऊँगा। माँ दूर से देखते ही चीखीं—"मत छू, भाग।" फिर उन्होंने पिताजी की खोज-खबर ली। पिताजी झेंपते हुए बोले, "ठाकुर ने रखा था जंगली सूअर के शिकार के लिए।" माँ बोलीं, "उससे पहले बेटे का ही शिकार होनेवाला था।" ठाकुर ने हमारे यहाँ इसलिए रखा कि पिताजी धर्मपरायण के साथ-साथ ग्राम प्रधान भी थे। पर मूर्खता और मूढ़ता दोनों बिना किसी लाइसेंस असीम रूप से उपलब्ध होते हैं।

फलगू मैया का नाम आ गया तो इनकी चर्चा भी कर ही लेते हैं। फलगू पवित्र नदी है। इसमें पिंडदान कर स्नान का महत्त्व है। पर यह तो बालू की नदी है। ऊपर से बालू हटाने पर स्वच्छ जल निकल आया। लोगों ने इसे बेहद गंदा कर रखा था अपनी शौच क्रिया से। पर इस नदी का जल तो नीचे ही रहता है। सीता माता का श्राप बताया जाता है। 'फलगू में बाढ़ आना' एक असंभव सी घटना के लिए प्रयुक्त मुहावरा है। उसी फलगू में मैंने 1976 की बरसात में भारी बाढ़ देखी। शहर की गलियों में डीजल-केरोसिन आदि के ड्रमों के ऊपर बाँस बाँधकर नाव बनाकर घरों के हाल लिये। बाढ़ इतनी भीषण थी कि बचाव के लिए बाँधी एक मोटी रस्सी टूट गई। एक घर की छत पर चढ़े लोगों को निकालना था। सब तो निकल आए, पर एक किन्नर अड़ गया कि पहले मेरी बकरी निकालो तब मैं आऊँगा। विश्राम गृह में सुंदर पुष्पावली खिली हुई है। यहाँ मेरे जीवन की एक और अविस्मरणीय भेंट होनेवाली है बंबई से पधारे एक सार्वकालिक महान् सिद्धांतवादी संगीतकार और उनके पुत्र से। नौकरशाही का गुरूर देखिए, ऐसी महान् विभूति को परिसदन (सर्किट हाउस) में रहने को जगह नहीं दी गई, क्योंकि वे कोई बड़े ओहदेदार नहीं थे। और मेरा सौभाग्य चहचहा उठा उनकी इस नालायकी से। फूलों के मौसम में शास्त्रीय संगीत के कमल के दर्शन होनेवाले थे।

"अरे सर, आदाब, नौशाद साहब, आप यहाँ, मेरी तकदीर ले आई है आपको।"

कमरे से बाहर निकलकर गेस्ट हाउस के सामने के बरामदे में बैठी उस विभूति को मैंने संबोधित किया। उन्होंने कहा, "अरे, खड़े क्यों हैं, बैठिए। यह मेरा बेटा है रहमान। आपकी तारीफ।" मैंने अपना परिचय दे डाला। यू.पी. के हैं। मैं भी वहीं का हूँ, पर अब तो बंबई का बाशिंदा हूँ। रहमान ने कहा, "आई.पी.एस. माने इंस्पेक्टर ऑफ पुलिस, पर एस से क्या होगा?" हँसना हुआ। मजा आया, चाय आई। नौशाद साहब बोले, "अच्छा हुआ सर्किट हाउसवालों ने जगह नहीं दी, नहीं तो वहाँ हम अकेले पड़ जाते। यहाँ आप मिल गए हैं। दो दिन आराम से गुजर जाएँगे। हम तो यहाँ पहुँचकर उदास होने लगे थे। आप व्यस्त तो नहीं हैं?" मैंने आश्वस्त किया कि मैं जो कुछ भी करूँ, वह मेरी ट्रेनिंग का हिस्सा ही है। मेरे एस.पी. अनिल पांडेजी नायाब हीरा हैं। मुझे पूरी आजादी है। इसलिए पूरी चौकसी भी है। आपके साथ बातें करना मेरी ट्रेनिंग ही है। नाश्ता, लंच, डिनर, लगातार दो दिन तक साथ रहना। नौशाद साहब ने बताया कि उन दिनों संगीतकार बड़ा नीचा पेशा माना जाता था। इसलिए मेरी शादी नहीं हो रही थी। फिर लड़कीवालों को यह बताया गया कि लड़का बंबई में दर्जी का काम करता है तब जाकर मेरी शादी हुई। इसलिए कभी-कभी झगड़ा होने पर पत्नी कहती है कि मैंने तो एक दर्जी से शादी की थी, ये गाना-बजाना कहाँ से आ गया तुम्हें व्यस्त रखने के लिए। उन्होंने दुःख जताया कि आजकल का संगीत संगीत नहीं, वह तो संगीत को विनाश की ओर ले जाएगा। हम शास्त्रीय पद्धति के अनुशासन में एक से बढ़कर एक लोकप्रिय संगीत दे सकते हैं। नौशाद साहब को इसका श्रेय भी जाता है। नौशाद साहब ने अपनी शास्त्रीय निष्ठा से कभी समझौता नहीं किया। वे रुपयों के गुलाम नहीं थे।

नौशाद साहब को युवा कांग्रेस नेता श्री जय कुमार पालित लाए थे उन्हें एस.डी. बर्मन ट्रॉफी देने। नौशाद साहब एस.डी. का बड़ा सम्मान करते थे और सहर्ष मान गए थे। यहाँ तो कार्यक्रम के टिकट धड़ल्ले से बिक चुके थे, इस भ्रम में कि नौशाद साहब ऑर्केस्ट्रा के साथ आए हैं और कार्यक्रम देंगे। लिहाजा कार्यक्रम में हंगामा हो गया। नौशाद साहब ने माफी माँगते हुए सही स्थिति बताने की कोशिश की। पुलिस अधीक्षक पांडेजी कार्यक्रम की अध्यक्षता कर रहे थे। नए-नए आए ठसकवाले जिला कलेक्टर पी.पी. शर्मा नाराज होकर अंग्रेजी में बोले, "मैं जिम्मेदारी नहीं लेता।" विनोदी प्रकृति के पांडेजी के कहा, "नेवर थॉट सो"—ऐसा कभी नहीं सोचा। पांडेजी स्थानीय कलाकारों के माध्यम से कार्यक्रम चलाते हुए मंच संचालन स्वयं करने लगे। प्रोग्राम जम गया। भोर तक चला। नौशाद साहब ने पांडेजी से कहा, "बंबई आइए, यहाँ क्या कर रहे हैं। वहाँ आपका कोई मैच नहीं है।"

अगले दिन उद्विग्न मन से नौशाद साहब ने बीती रात का सारा किस्सा मुझे विस्तार से बताया और पांडेजी की मुक्तकंठ से प्रशंसा की। मैंने कार्यक्रम में जाने के बजाय सोना पसंद किया था।

अपनी ट्रेनिंग का विवरण देने का मतलब बोर करना होगा। मेरे गुरु पांडेजी एक काबिल नेक इनसान थे। वे मुझे छोटे भाई की तरह प्यार करते थे। कुछ महीनों मैं सपरिवार एस.पी. गया के आवास में ही उनके साथ रहा। भोजनादि उन्हीं के साथ होता था। जब जैसी आवश्यकता हुई, उस समय हम लोग भोजन करते थे। मैं जल्दी खानेवाला रहा हूँ। एक बार मैं सोमवार की परेड पर बगैर नाश्ते के चला गया तो पांडेजी का कोपभाजन उनकी पत्नी श्रीमती मंजु पांडे और स्टाफ को बनना पड़ा। यह मुझे बाद में पता चला, क्योंकि मैं पुलिस लाइन वरदी में पैदल ही उनको रिसीव करने पहले पहुँचा करता था। यही नयाचार भी है।

पांडेजी ने मुझे स्वतंत्र रूप से अर्दली रूम निवेदन कक्ष पुलिस लाइन का सभी कार्य, विभागीय कार्रवाई का संचालन करना, आदेश पारित करना, कांडों का पर्यवेक्षण, थानों आदि का निरीक्षण आदि सारे काम बखूबी सिखला दिए थे। मैं स्वतंत्र रूप से जिले का काम देखने योग्य उनके द्वारा प्रशिक्षण काल में ही बना दिया गया था। पांडेजी में गजब की वाक्पटुता और भाषणकला थी। मैंने इसके गुर भी उनसे सीखे। भाषण भी कई जगह दिए। मेरा एक ही काम होता था, जीप में उनके पीछे जम जाना। फिर मैं थाने का निरीक्षण करता था, जैसे कि मैं ही वहाँ का पुलिस अधीक्षक हूँ और वे साइड में कुरसी पर बैठे देखते रहते। इसका पहला प्रकरण काफी रोचक और नाटकीय था।

एक थाने का निरीक्षण था। मैं मेज के सामनेवाली कुरसी के पीछे खड़ा हो गया, क्योंकि हेड ऑफ टेबल पर निरीक्षण करने के लिए स्वयं पांडेजी को बैठना होता था। पांडेजी मुझसे बोले, उस मुख्य कुरसी पर कौन बैठेगा? मैंने कहा कि सर, आप। वे बोले, वाह! आज पुलिस अधीक्षक तुम हो। निरीक्षण तुम्हें करना है। और यहाँ बैठ गए हो। आँखों के इशारे हुए और मैं उस कुरसी पर। मैंने झिझकते-झिझकते निरीक्षण शुरू किया। पांडेजी बोले, "एस.पी. की ही तरह बर्ताव करो। मैं मात्र दर्शक हूँ।" फिर तो मैं भी फॉर्म में आ गया। पांडेजी ने मुझे स्वयं को जान पाने का मार्ग बता दिया था। एक बार जी.टी. रोड के एक थाने के निरीक्षण के बाद रात हो गई। हम लोग एक ढाबे पर रुके। ढाबेवाले ने बड़े प्रेम से बढ़िया खाना खिलाया। भोजन के बाद मैं भुगतान के लिए उद्यत हुआ कि पांडेजी की डाँट पड़ी। मैं सीनियर हूँ कि तुम? सीनियर पेज, जिला पुलिस कार्यालय का काम सीखते समय मेरी एक बेअदबी पर कार्यालय के प्रधान लिपिक ने मुझे लगभग फटकारते हुए नसीहत दी। यह मेरे लिए अपने सहकर्मियों से सहयोग प्राप्त करने की सीख दे गई। वे बहुत शालीन गांधीवादी खादी धारण करनेवाले श्रेष्ठ आचरण के धनी थे और आदर के पात्र थे। नैतिक बल ही सबकुछ होता है। असली बल होता है।

गया मुफस्सिल थाने का निरीक्षण हो रहा था। उसी समय सूचना मिली कि कोतवाली थाना क्षेत्र के एक गैराज में जुआ खेला जा रहा है। पांडेजी ने मुझे आदेश

दिया, दौड़ो! मैं एक जीप पर सवार होकर वहाँ पहुँचा। सूचना सही थी। वहाँ एक पुलिस हवलदार साहब भी थे। पाँच-छह लोगों को ताश की गड्डी और रुपयों के साथ गिरफ्तार कर कोतवाली थाने लाकर मामला दर्ज करवाया। लौटकर एस.पी. साहब पांडेजी को रिपोर्ट किया तो उन्होंने पूछा, "हवलदार को निलंबित किया।" मैंने कहा कि "मुझे निलंबित करने की पावर नहीं है।" डाँट पड़ी, तुम इसी तरह शासन चलाओगे। मैंने तत्काल एक निलंबन आदेश एस.पी. के आदेश की प्रत्याशा के साथ पारित कर उनके सामने अनुमोदनार्थ रख दिया। पांडेजी प्रसन्न हुए। थाना निरीक्षण में थाने के पदाधिकारियों के दागियों (हिस्टरी शीटर और डोजियरिस्ट) के ज्ञान की परीक्षा ली जाने लगी। एक त्रैमासिक निगरानीवाले दागी के डोजियर में लगातार घर से फरार की प्रविष्टि मिल रही थी। निगरानी ऑफिसर से उसका हुलिया पूछा जा रहा था तो वह बोला, "सर, वह फरार रहा है, इसलिए कभी देखा नहीं। कागज में क्या है, ठीक से याद नहीं। मेरी निगरानी में कई दागी हैं।" निरीक्षण के दौरान सारे चौकीदारों और दफादारों को भी बुलाया जाता है। उस दिन थाने की चौकीदारी परेड भी होती है। सो हल्का चौकीदार को बुलाकर इस दागी विशेष के बारे में पूछा गया। चौकीदार ने बताया कि हुजूर, वह आदमी तो वर्षों से इसी थाने में रहता है और साफ-सफाई, सेवा करता है। पलक झपकते दागी एस.पी. साहब के सामने था। अब थाने के अफसरों पर घड़ों ठंडा पानी पड़ चुका था। पांडेजी मुझसे बोले, "देख रहे हो इस पुलिसिंग को।" दंड तो होना ही था!

मेरी तीन महीनों की थाना ट्रेनिंग के लिए पहले टेकारी थाना चुना गया, पर अंतिम आदेश में अधिक निकट के थाने शेरघाटी थाने में एक महीने का अटैचमेंट तथा एक अथवा दो महीनों की थाना ट्रेनिंग की व्यवस्था हुई। मैं सरकारी बस पकड़कर शेरघाटी थाने पहुँचा। मुंशी से लेकर थाना प्रभारी तक सबकी टेबल पर बैठकर उनका काम किया तथा काम सीखा। थाना प्रभारी इंद्रदेव सिंह मुझे सिखाने-समझाने में पूरी रुचि लेते रहे। पुलिस निरीक्षक ध्रुव सिंहजी ने मार्गदर्शक-संरक्षक दोनों का काम किया। समय पर भोजन नहीं करने पर वे मुझे डाँट-फटकार भी करते थे। ए.एस.पी. साहब, लंबी नौकरी है, एक दिन का काम नहीं है। सारी चीजें नियमित रखना ही अच्छे ऑफिसर और अच्छे मनुष्य के लक्षण हैं। एक बार तो ऐसा हुआ, मैं इंद्रदेवजी को साथ लिये एक स्पॉट से दूसरे स्पॉट चक्कर काट रहा था किसी मामले के सिलसिले में। शेरघाटी से आगे आमस इमामगंज फिर वापस शेरघाटी की ओर। इधर ध्रुवजी बाबू टिफिन में खाना लिये मेरा पीछा कर रहे थे। घंटों बाद जी.टी. रोड पर आमना-सामना हुआ। हम लोग तुरंत रुक गए। ध्रुवजी बाबू ने एक पेड़ के नीचे मेज और कुरसियाँ लगवाईं। गुस्सा थे, बोले नहीं। मैं बैठ गया तो भड़क पड़े, बूढ़ा हूँ, सुबह से कुछ खाया नहीं है, टिफिन लिये खोज रहा हूँ आपको सुबह से। चलिए खाइए। ऐसे थे ध्रुवजी बाबू। जब मैं 1982 में पुलिस

अधीक्षक, रोहतास बना तब वे आरा में मुक्त जीवन बिता रहे थे। उन्होंने मुझे खत भी लिखा था। पटना जाने के रास्ते में मिलने की उम्मीद-अपेक्षा भी की। मैंने सोचा, पत्रोत्तर के बजाय मिलना ठीक रहेगा। नहीं मिल सका। अपनी इस अयोग्यता पर शर्मिंदा हूँ। ध्रुवजी बाबू ज्यादा दिन दुनिया में नहीं रहे। बूढ़े तो थे ही। मोटे भी थे। ध्रुवजी बाबू स्वर्ग से क्षमा करें, ऐसी प्रार्थना है।

मैं सबसे पहले शेरघाटी थाने से शेरघाटी के जिला परिषद् डाक बँगला ले जाया गया। रास्ता क्या था, अच्छा-खासा तालाब था। कारण एक नाली नहीं बन पा रही थी। दो फरीक के बीच दीवानी मुकदमा था। स्टे लगा हुआ था। शेरघाटी नोटीफाइड एरिया के उपाध्यक्ष कामदेव बाबू ने सारी बात बताई। वे बहुत कर्मठ व्यक्ति थे। मैंने उनसे कहा कि आप पर तो स्टे नहीं है। आपातकाल का लाभ उठाया जाए। आप नाली बनवाइए। अवमानना यदि होगी तो निबट लेंगे। शेरघाटी में उस समय कम-से-कम एक सौ से ज्यादा ही ट्रक रहे होंगे। पास का पुल ध्वस्त पड़ा था। वहाँ कुछ महत्त्वपूर्ण व्यक्तियों से कहा कि हर ट्रक एक ट्रक पुल का मलबा सड़क पर डाले। जिला परिषद अध्यक्ष सूरज देव बाबू से रोड रोलर बुलवा लिया। नाली और सड़क दोनों बन गए। मैंने गौतम पथ पट का अनावरण भी कर डाला। अपने नाम का इस तरह प्रयोग मुझे स्वयं अनैतिक लगा और मैंने बाद में अनेक भवन बनवाए, भूमि अर्जन कराए, पर शिलान्यास उद्घाटन पट तक से हमेशा परहेज रखा। एकाध अपवाद बॉर्डर आउट पोस्ट के हो सकते हैं, जो बल के मनोबल को ऊँचा करने के लिए किए गए होंगे। जन सहयोग से स्ट्रीट लाइट का प्रबंध भी करा दिया। नाली बनाने का स्थगन आदेश लानेवाला पक्ष अवमानना के लिए वकील के पास गया। इसकी जानकारी पी.पी. श्री बालाजी को मिली। वे मुझसे भी स्नेह करते थे। उन्होंने मुझे एक अंग्रेजी पुस्तक 'आस्पेक्ट ऑफ नॉवेल' भी भेंट की थी। उन्होंने कहा, "कोई वकील गौतम के खिलाफ नहीं लड़ेगा।" वरिष्ठ वकीलों ने अपनी सहमति दी। नया लड़का है। अच्छा लोकहित का काम कर रहा है। उसका मनोबल नहीं गिरने देना चाहिए। मैं यदा-कदा वरीय सहायक लोक अभियोजक श्री शारदा प्रसाद वर्माजी के साथ बार एसोसिएशन तथा कोर्ट रूम जाता रहा हूँ ताकि चीजों को बारीकी से समझ सकूँ।

गया में मुझे डॉ. सी.पी. सिंह, डॉ. शारदा सिंह, एक्स-रे प्लांट के मालिक रामकुमार बाबू, रेलवे के टी.टी. रामजी बाबू, अर्बन होमगार्ड के कंपनी कमांडर अवधेश बाबू और सिंह साहब आदि लोगों का पूरा सहयोग एवं प्यार तथा स्नेह मिलता रहा। एक बार बोध गया महंत के भी दर्शन किए। उन्होंने मुझे परिवार सहित दोपहर के भोजन पर बुलाया था और एक संन्यासी को कार के साथ मुझे ले जाने और वापस पहुँचाने की व्यवस्था भी की थी।

हम वापस थाना ट्रेनिंग के प्रकरण पर लौटते हैं। मैंने शेरघाटी के आरामदेह डाक

बँगले के बजाय थाना परिसर के एक खाली पड़े क्वार्टर में रहना तय किया, ताकि वहाँ हमेशा उपलब्ध रह सकूँ।

एक दिन एस.पी. गया अचानक शेरघाटी थाने पधारे। उनके साथ एक बनर्जी दादा थे। दादा की आमस थानांतर्गत कचहरी और जमीन थी, जिस पर वामपंथी खेती नहीं होने दे रहे थे। दादा वृद्ध थे, बड़े आदमी थे, सरल थे, कंजूस थे। उनकी कंजूसी का प्रदर्शन एस.पी. साहब ने कराने के विचार से दादा से सबके लिए रसमलाई मँगाने को कहा। शेरघाटी में बहुत अच्छी रसमलाई बनती थी। दादा ने यत्नपूर्वक दस रुपए निकाले। बड़ी मुश्किल से धीरे-धीरे वे पचास रुपए तक पहुँचे।

शेरघाटी थाने में प्रभारी का कार्य करने के दौरान दो अज्ञात चोरी के मामलों का सफल अनुसंधान मेरे हिस्से पड़ा। एक हत्या का मामला अधूरा रह गया, पता नहीं चल सका। चोरी का एक मामला बिजली तार चोरी का था। इसमें लाइनमैन के घर से ही तार मिला। गिरफ्तारी चार्ज शीट हुई। बाद में पता चला कि बिजली विभाग के जूनियर इंजीनियर और लाइनमैन के बीच की राजनीति का यह परिणाम था।

दूसरा तीन बैलों की चोरी का मामला था। चौकीदार लगाए। सुराग के पीछे-पीछे हम कोंच थाना पहुँचे। वहाँ से साधु यादव को हिरासत में लिया। साधु के बताए अनुसार चोर के घर औरंगाबाद जिले के गोह थानांतर्गत मायापुर गाँव पहुँचे। गरमी के दिन थे। बाहर सोए सभी लोगों को मैंने चारपाई के नीचे जाने का आदेश दिया। बैल और चोर मिल गए। इस बीच कोंच थाना प्रभारी ने चारपाई के नीचे से एक आदमी को बुलाकर पूछताछ शुरू कर दी। मैंने देखा वह आदमी गायब हो चुका है। कोंच थानेदार बोले, "सर, यहीं तो था।" मैं समझ गया कि अब गाँव को इकट्ठा कर हम पर चोर-चोर कहकर हमला कराएगा। मायापुर गाँव पशु चोरों के लिए कुख्यात है। यहाँ के बड़े-बड़े किस्से हैं पशु चोरी के। एक बार तो अटारी पर चढ़ाई गई चोरी की भैंस की मूत्रधार ने नीचे आकर पुलिस को भेद खोल दिया था। मैंने अपनी टीम को आदेश दिया कि बैल और चोरों के साथ चोर की तरह भागो। उन दिनों कोई फोर्स-वोर्स साथ नहीं हुआ करती थी। इंद्रदेव बाबू की रिवॉल्वर थी, कोंच के थानेदार की डी.बी.बी.एल. गन थी। बैलों का मालिक किसान, एक चौकीदार, एक बलिष्ठ लाठीवाला दफादार और दो सिपाही। हम भागकर गाँव के बाहर पहुँचे ही थे कि पीछे से गाँव की लाठी-भाले से लैस भारी भीड़ आती दिखाई दी। मैं गाँव की तरफ मुँह कर पीठ की ओर तेज चल रहा था। मैंने भीड़ को रुकने का आदेश दिया। अपना परिचय दिया। भीड़ रुक गई। पर कुछ लोगों की बेजा हरकत दिखी। कोंच के थानेदार की डी.बी.बी.एल. गन बुरी तरह काँप रही थी। मैंने उनसे गन लेकर भीड़ को चेतावनी दी कि आगे बढ़ने पर गोली मार दी जाएगी। दफादार बहुत बहादुर था। बोला, "सर, मेरी लाठी ही काफी है।" हम उल्टे मुँह चलते रहे। सिपाही चौकीदार चोर और बैलों

के साथ सीधे दौड़ते रहे। अब हम गया जिले के कोंच थाना की सीमा पर पहुँच गए थे। भीड़ गाँव लौट चुकी थी। वहाँ एक विशाल आम का पेड़ था, उसके नीचे चारपाई पड़ी थी। मैं उस पर लेटकर दो घंटे सो गया। कोंच से चलने से पहले हमें भूखे-प्यासे चौदह घंटे हो चुके थे। मैंने कोंच थाना प्रभारी से घर से रोटी भुजिया मँगवाने को कहा। वहीं थाने पर बैठकर खाया। मायापुर से लौटकर पानी पिया। मायापुर थाने में साधु यादव को पुलिस पीटने लगी थी, नाहक ही पैर के तलुवों पर, जबकि उसने सच बता दिया था। वह इस चोरी में था भी नहीं। उसकी पिटाई मैंने रुकवा दी। उसने मुझे जेल से बड़ा सम्मान देता हुए पत्र लिखा था। उस पत्र ने मुझे अपना नैतिक बल मजबूत करने की महती प्रेरणा दी।

तीसरा मामला शेरघाटी बस स्टैंड से आया। जानकारी मिली कि एक आदमी को बरछे से मारकर घायल कर दिया गया है। हम दौड़कर घटनास्थल गए। इंद्रदेव बाबू उसे पहचानते थे। बोले, कैलू, तुम्हें कुछ नहीं होगा। उसने कुछ बोलना चाहा कि इसी बीच उसकी गरदन एक तरफ लुढ़क गई। मैंने पहली बार किसी व्यक्ति को मरते हुए देखा था।

इन्हीं दिनों आपातकाल से जुड़े बहुत से स्वाँग हो रहे थे। सर्वोदय आंदोलन की पूँछ थोड़ी बढ़ी थी। जे.पी. जेल में थे ही। विनोबाजी ने 'आपातकाल अनुशासन पर्व है' कह ही दिया था। सो सर्वोदय की बहनें कार्यकर्ता पदयात्रा पर निकल पड़ी थीं। शेरघाटी थाने की सीमा में उनका स्वागत किया जाए। यह अच्छा रहेगा, ऐसा विचार आया था। विनोबाजी के प्रति मुझे सद्भावना तो थी ही। अब उनके ग्रंथ पढ़कर उनके प्रति श्रद्धा भी हो गई है।

एक-दो अनुभव और हुए। बाराचट्टी थाने से एक हत्या सहित डकैती तीन सौ छियानवे आई.पी.सी. का मामला रिपोर्ट होने का पता चला। सहयोग देने हम भी गए। ह्यू एंड क्राई नोटिस आ चुका था। बाराचट्टी पुलिस के साथ छापामारी में निकले। कोई बीस-बाईस लोग पकड़े गए, जिनके नाम पिछली डकैतियों में आए थे, सुबह से शाम होनेवाली थी। हमने एक कुएँ पर पानी पिया और पास के पेड़ के नीचे बैठकर मैंने उन लोगों से पूछताछ शुरू की। चंद मिनटों में ही स्पष्ट हो गया कि किसी नालायक पुलिस अफसर ने कभी कागज का पेट भरकर वाहवाही के लिए उन गरीब भुइयाँ और आदिवासी जनों को डकैती में गिरफ्तार कर चालान कर दिया था। तब से उनका नाम संदिग्धों में चला आ रहा है। और जब उन्हें राउंड अप किया जाता है तब वे बेचारे सोचने लगते कि लगता है, कहीं कुछ हो गया है। मैंने सबको छोड़े जाने का आदेश दिया, वे स्तब्ध रह गए। पुलिस अफसरों ने कहा कि सर, एकाध तो रख लीजिए, शून्य उपलब्धि ठीक नहीं। मैंने स्पष्ट आदेश दिया, इन्हें कोई डिस्टर्ब नहीं करेगा। अब बाराचट्टी में घटनाचक्र पूरा घूम चुका है। वही भुइयाँ आदिवासियों का क्षेत्र पहले नक्सलाइट, फिर अब माओवाद की छाया में पुलिस के लिए अभेद्य क्षेत्र जैसा हो गया है। जो राज्य न कर सका, वह हो गया।

एक अन्य घटना बाराचट्टी थाना क्षेत्र में एक फॉरेस्ट गार्ड की हत्या की है। संदिग्ध

की पिटाई हो रही थी। जब मैंने कुछ डंडे लगाए तो वह बोला, मैं निर्दोष हूँ, चाहे जितना मारो। वे मारे गए डंडे मेरी आत्मा पर लगे। मैं आत्मग्लानि से भर गया। मैंने डंडा फेंक दिया। सिर पकड़कर बैठ गया। उसके बाद मैंने भगवान् के बनाए रूपों को गरिमामय देखना प्रारंभ कर दिया। और मैंने देखा, व्यावसायिक योग्यता से अधिक जानकारियाँ प्राप्त होती हैं। वैसे भी मैंने यह निश्चय कर लिया कि मैं मानव गरिमा के विरुद्ध कोई भी अपराध नहीं करूँगा। पुलिस अफसर होने का मतलब ठेकेदार होना नहीं है।

अब किंचित् सत्ता में बैठे लोगों के छायांकन की चर्चा भी हो जाए। जब मैं गया पहुँचा तो एस.पी., डी.एम. और डिस्ट्रिक्ट जज के पास शिष्टाचार भेंट को गया। एस.पी. बाहर गए थे। स्टाफ ऑफिस की टेबल पर विराजमान था। ऐंठ में था। डी.एम. तो आवास में थे, पर स्टाफ की ऐंठ डी.एम. रैंक के अनुरूप थी। जबकि डिस्ट्रिक्ट जज के यहाँ शालीनता स्पष्ट छाई हुई थी।

गया में मुझे दो-तीन बार अपने स्थान कार्य के स्थल के अनुसार बदलने पड़े। पहली बार जिला परिषद् कार्यरत थी। अध्यक्ष सूरज देव सिंह को आवेदन गया तो उन्होंने तत्काल डाक बँगले में बड़ा कमरा आवंटित कर दिया। और जब मुलाकात हुई तो बोले कि और कमरों की जरूरत हो तो निःसंकोच फोन करिएगा। दूसरे मौके पर जिला परिषद् भंग हो चुकी थी, आपातकाल का खेल जो था। तो ए.डी.एम. रैंक के जिला विकास पदाधिकारी ने मुझे परिवार सहित रहने के लिए एक छोटा, एक व्यक्ति लायक कमरा आवंटित किया। मैं उनसे मिला तो बोले, यही मिल पाएगा। मैं तत्काल कलेक्टर श्री के.ए.एच. सुब्रमण्यम साहब से मिला। वे अत्यंत सौम्य, सुशील और आकर्षक व्यक्तित्व के धनी थे। जिले में अत्यंत लोकप्रिय थे। बोले, "अरे भाई गौतम, फोन पर कह देना था।" फिर डी.डी.टो. साहब को कहा कि आप लोग क्यों ऐसा करते हैं? एक बार उचित व्यवस्था न हो पाने के कारण गया नगर पुलिस उपाधीक्षक श्री बी.सी. वर्मा के आवास पर परिवार सहित लगभग दो महीने रहा। श्रीमती वर्मा ने हमारा बहुत खयाल रखा। वे बहुत भले लोग हैं। बिल्कुल पांडेजी के परिवार की तरह।

ए.एस.पी. ट्रेनिंग के दौरान हर तरह के पुलिस कार्य सीखता है। मैंने उत्साह के साथ वे सभी सीखे। कभी-कभी अति उत्साह से भी। उन दिनों मुझे छपास की बीमारी हो गई। यदा-कदा प्रेस कॉन्फ्रेंस करता रहता था। छपा हुआ देखकर खुश भी होता था। यह हमारे सहयोगियों में चर्चा, चस्का और परिहास का विषय अवश्य होता रहा होगा। ईश्वर की कृपा से यह चस्का गया में ही विसर्जित हो गया। निर्वाण की जगह जो है। एक सिद्धार्थ गौतम को बोध प्राप्त हुआ था तो दूसरे गौतम की कुछ तो लाज गया रखता ही। बहरहाल, कई बुरी बातों का पिंडदान विष्णुपद की कृपा से हो गया और मेरे मन का मैल कुछ तो घटा ही, कम हुआ।

जिले में एक महीने में एक बार एक ही दिन सभी थानों में फरारियों के लिए छापामारी होती है। मैं जब शेरघाटी में था तो एक मौके पर पता नहीं मैं किस कार्य में व्यस्त था, इस छापामारी से चूक गया। एस.पी. की मासिक अपराध गोष्ठी में मेरे पुलिस उपाधीक्षक श्री जे.एम. घोष ने कहा कि मैं शेरघाटी में छापामारी करने गया था, यह कहूँगा, आप समर्थन कर देना। मैंने कहा, पर यह तो असत्य है। खैर, दादा ने मीटिंग में कह डाला। एस.पी. मेरी तरफ देखकर मुसकराते हुए—बोलो, तुम बोलो। मैंने सच बात कह दी तो काफी हँसी हुई। एस.पी. श्री पांडेजी बड़े विनोदी थे। वे दादा का फर्जीवाड़ा जानते थे। पांडेजी का क्रोध भी बहुत उग्र होता था। सब सहम जाते थे।

गया में केंद्रीय क्षेत्र के जिलों की खेल-कूद प्रतियोगिता हुई। उन दिनों मगध, शाहाबाद क्षेत्र के जिले भी केंद्रीय क्षेत्र पटना में ही थे। हमारे उप महानिरीक्षक श्री बी.एन. सिन्हा एक महान् व्यक्तित्व थे। उन्होंने मेरे विकास में बड़ी रुचि ली। बड़े लोगों के संदेश ड्राफ्ट करने का काम मुझे दिया गया। अखबार का पूरा पृष्ठ भरना था। यह एक अलग अनुभव था। खेल-कूद के दौरान एक मोटे-तगड़े हवलदार साहब लुंगी-बनियान में वहाँ टहलने निकल पड़े तो मैंने भागकर उन्हें टोका। वे बिफरकर बोले, “तो क्या फुल पैंट में आवें!” श्री बी.सी. वर्मा मौके की नजाकत भाँपकर दौड़कर आए और उन्होंने उस दबंग हवलदार साहब को पुचकारकर बैरक रवाना किया। कई वर्ष बाद गया पुलिस लाइन में एक महिला को कई दिनों तक बंधक बनाकर सामूहिक दुराचार के मामले में ये साहब भी अभियुक्त थे। कहने की आवश्यकता नहीं, सभी ट्रायल में छूट गए थे।

एक बार इंस्पेक्टर ध्रुवजी बाबू की जीप लेकर मैं इमामगंज थाने जा रहा था। थाने के समीप में देशी शराब चुलाने की गंध आने की बात मैंने थाना प्रभारी से कही तो उन्होंने आश्वस्त किया कि ऐसा कुछ भी नहीं है। इसी बीच एक आदमी चीखते हुए आया कि थाना शराब चुलानेवालों के हाथों बिका है। थाने के लोग उसे पागल कहकर भगाने लगे। मैं उसे और थाना प्रभारी को लेकर गंध की दिशा में ले गया तो शराब की भट्ठी पकड़ी गई।

अगस्त के महीने में मुझे पटना एक पेपर की परीक्षा देने जाना था। पटना, मुगलसराय, गया-पटना रेल रोड मार्ग वर्षा के कारण बंद थे। बाढ़ राहत हेतु लगे आई.ए.एफ. के हेलीकॉप्टर से मंत्री श्री रामाश्रय प्रसाद सिंह पटना जा रहे थे। वे भलेमानुस थे। उनके सौजन्य से मैं पटना पहुँच गया। लौटने में पटना फ्लाइंग क्लब के अनुदेशक सिंह साहब मुझे ट्रेनिंग प्लेन पुष्पक से गया ले आए। मार्ग में एक जटिल एयर पॉकेट से लगा कि गए नीचे। गया हवाई पट्टी पर उतरने पर मैं रोटर की ओर बढ़ा जा रहा था कि वहाँ के कर्मचारी ने हाथ पकड़ते हुए मुझे सुरक्षित किया और मुझे डाँटा भी। वे वयोवृद्ध थे। मैं लड़का था। डाँट का मेरे अहंकार को बुरा लगा। मैं अब उनके प्रति

आभार व्यक्त करता हूँ। गया आने पर पता चला कि मेरे पिताजी ठाकुर नारायण सिंह हक्कीं बब्बा के साथ मेरे परिवार को लाए हैं और एस.पी. आवास पर रह रहे हैं। मैं भी वहाँ पहुँच गया। पिताजी और ठाकुर साहब को गया घुमाया। पांडे साहब ने उनकी और हम सबकी सुख-सुविधा का पूरा ध्यान रखा था।

गया में डॉ. भगवानजी ओझा, मगध विश्वविद्यालय से घनिष्ठ मित्रता हो गई, जो उनके जीवनभर चली। डॉ. शशि शेखर तिवारी से मित्रता तो हुई पर वे शीघ्र प्रोन्नति पर भागलपुर विश्वविद्यालय चले गए तो संपर्क लगभग शून्य हो गया। वहीं गया डाक बँगले में एक दिन डॉ. एस.एन. मिश्र मेरे कमरे में आए। उन्होंने वहाँ पड़ी एक पांडुलिपि देखी तो बोले, अरे, यह तो पी-एच.डी. के योग्य है। तो पी-एच.डी. उपाधि प्राप्त करने का उपक्रम डॉ. एस.एन. मिश्र के निर्देशन में चल निकला।

वर्ष 1976 आंतरिक आपातकाल का शिखर वर्ष था। इसके कई तरह के अनुभव हैं। कुछ शेरघाटी थाने के और कुछ गया के। बहुत ज्यादा नहीं, फिर भी प्रतिनिधि अनुभव तो हैं ही। अतः इन्हें एक पृथक् अध्याय में देना उपयुक्त प्रतीत होता है।

इस कार्य का सबसे महत्त्वपूर्ण अनुभव था पटना में प्रधानमंत्री इंदिरा गांधी का आगमन। मेरी ड्यूटी पटना एयरपोर्ट पर लगी थी। इमरजेंसी थी। सुरक्षा का विशेष प्रबंध था। एयरपोर्ट पर एक 1971 बैच के आई.पी.एस. और 1972 बैच के आई.ए.एस. की ड्यूटी लगी थी। मैं भी इन्हीं के साथ था। मुझे भी औपचारिक रूप से प्रधानमंत्री को रिसीव करने का अवसर मिला। इंदिराजी ने बड़ी शालीनता से हम लोगों से हाथ मिलाया था।

□

आंतरिक आपातकाल का शीर्ष वर्ष 1976

आंतरिक आपातकाल मानव इतिहास का विचित्र अध्याय था। प्रधानमंत्री श्रीमती इंदिरा गांधी का रायबरेली से 1971 का लोकसभा चुनाव इलाहाबाद हाई कोर्ट ने अवैध ठहरा दिया था। उससे पहले वर्ष 1974 में जे.पी. की अगुआई में भ्रष्टाचार के विरुद्ध छात्र युवा आंदोलन प्रारंभ हो चुका था। यह गुजरात के आंदोलन की कड़ी में था जहाँ नेतृत्व के अभाव के परिणामों को देखकर बिहार में जे.पी. आगे आए। उसके बाद के घटनाक्रम अब धीरे-धीरे लोग भूल रहे हैं। यहाँ उनके लिए जगह नहीं है, क्योंकि लोगों ने जनता पार्टी प्रयोग की असफलता के बाद वर्ष 1980 में ही इंदिराजी में पुनः विश्वास व्यक्त किया। जे.पी. आंदोलन के आलोक में 25 जून, 1975 को देश में आपातकाल लगा दिया गया। आपातकाल का सबसे बड़ा कानून बयालीसवाँ संविधान संशोधन था, जो 1 अप्रैल, 1976 से प्रभावी हो गया। बाद में इसे जनता पार्टी की सरकार ने चवालीसवें संविधान संशोधन से संपादित कर जोड़-बाँकी किया।

25 जून, 1975 की अखबारों की हैडलाइन थी—'देश में आपातकाल लागू'। सभी विपक्षी बड़े नेता गिरफ्तार। 'इंडियन एक्सप्रेस' जैसे अखबार ने संपादकीय में रिक्त स्थान दिया। अखबारों के दफ्तरों में प्रीसेंसर के लिए खुफिया तंत्र के लोग ही बैठ गए। चारों ओर दहशत और आतंक का माहौल ऐसा कि पड़ोसी से भी डर लगे। प्रधानमंत्री के बीस सूत्री कार्यक्रम से ज्यादा भारी उनके छोटे पुत्र संजय गांधी का पाँच सूत्री प्रोग्राम था। किसी प्रोग्राम में कोई बुराई नहीं थी। पर इन्हें लागू करने के तरीके गजब थे। उनके अभियान चल निकले। सबसे बीभत्स रूप परिवार नियोजन कार्यक्रम ने लिया। 'नस काट देगा' एक हँसी-मजाक, तनाव, भय, आशंका से भरा जुमला बनकर उभरा।

आपातकाल में दो दानवों ने धमाचौकड़ी मचाई हुई थी। डिफेंस ऑफ इंडिया एक्ट तथा रूल्स, जो 1971 के भारत-पाकिस्तान युद्ध के समय प्रभावी हुआ था और उसके विश्राम की कोई अधिसूचना जारी नहीं हुई थी, वह आपातकाल में फिर कूद-फाँद करने लगा। आपातकाल में नया दानव मीसा मेंटेनेंस ऑफ इंटरनल सिक्योरिटी एक्ट

था, जिसके जबड़े से किसी को भी निकाल पाना नामुमकिन था। मीसा का जलवा तो ऐसा था कि बिहार के पूर्व मुख्यमंत्री एवं रेलमंत्री श्री लालू प्रसाद को मीसाबंदी काल में प्रथम संतान पुत्री हुई तो उन्होंने उसका नाम ही मीसा भारती रख दिया। मीसाजी का अभी राज्यसभा सांसद के रूप में दूसरा टर्म चल रहा है। लेकिन इतने से स्पष्ट नहीं होगा कि इन दानवों को मानव पदार्थ कैसे परोसा जाता था।

बैठकों से स्पष्ट हुआ कि मानव मेनू की सूची केंद्रीय गुप्तचर ब्यूरो से आती थी और राज्य की विशेष शाखा से भी आती थी। यह अनवरत सिलसिला था। फिर पुलिस अधीक्षक कार्यालय में डी.आई.आर. अथवा मीसा लगाने के टारगेट नामों के साथ बँटते थे। इन्हें कैसे कार्यान्वित किया जाता था इसका एक उदाहरण प्रस्तुत है। दो-चार-छह नामों को एक साथ टेलीफोन तार काटकर संचार व्यवस्था भंग करने के प्रयास की एफ.आई.आर. में लाकर डाल दिया। अर्थात् पहले बुला लिया अथवा पकड़ लाए, फिर एफ.आई.आर. कर दी। ज्यादा बड़ा नेता हुआ तो उस पर मीसा चिपका दिया। अनुमान लगाइए, दृश्य की कल्पना कीजिए, छह महानुभाव एक साथ टेलीफोन के खंभे पर लटककर तार काटने का प्रयास कर रहे हैं अथवा छह खंभों पर लटके हैं जैसे कि एक जगह तार काटना पर्याप्त नहीं हो। यह लटक सीन देखने लायक होगा। अब जब डी.आई.आर. का काँटा नहीं रहा तो इस पूरे प्रकरण पर मजेदार नाटक मंचन हो सकता है। नाम हो सीधे-सीधे डी.आई.आर.। पटकथा की सामग्री के लिए एफ.आई.आर. ही काफी है। थाना अभिलेख की धूल अवश्य झाड़नी पड़ेगी। बाद में न्यायालय ने इस हास्यास्पद व्यवस्था का अंत कराया तो एक व्यक्ति के लिए एक एफ.आई.आर. आवश्यक हो गई। पुलिस का काम बढ़ गया। परिणाम ज्यों का त्यों ही रहा।

एक बार कोर्ट ट्रेनिंग के दौरान ए.पी.पी. शारदा बाबू ने मुझे ए.सी.जे.एम. कोर्ट में धारा सात आवश्यक वस्तु अधिनियम के एक अभियुक्त की जमानत की अर्जी का विरोध करने के लिए खड़ा कर दिया। तो मैंने आपातकाल की दलील और डी.आई.आर. के दानव के आधार पर मूर्खता से परिपूर्ण बहस कर डाली। चंद मिनट ही रही—प्रभु की बड़ी कृपा। बेल का आवेदन खारिज हो गया। ए.सी.जे.एम. ने चैंबर में शारदा बाबू को बुलाया। मैं भी साथ गया। बोले, "इतने कमजोर केस में इन्हें नहीं खड़ा करना चाहिए था।" शारदा बाबू ने मुसकराते हुए कहा कि "सर, केस बहुत कमजोर था तो सोचा तुरुप का पत्ता चल देते हैं।" जज साहब भी मुसकरा दिए।

ऐसे ही मैं एक दिन गया सिविल लाइन थाने में बैठा था। एक वृद्ध वकील साहब आए। वे आर.एस.एस. के सीनियर कार्यकर्ता थे। मैंने उन्हें कुरसी पर बैठाया। हाल-चाल पूछा तो दुःखी मन से बोले, "मुझे कोर्ट से ही सीधे मीसा में गिरफ्तारी के लिए थाने आने को कहा है। मैंने कपड़े बदलने घर जाने की इजाजत माँगी तो साफ मना कर

दिया, अब बताइए, मैं भागनेवाला होता तो यहाँ अपने से कैसे आ जाता?" उन्हें शुगर की बीमारी थी। वे भोजन और दवा का अनुशासन भी पालन नहीं कर पाए। रही बात मीसा वारंट की तो वे प्रायः सुलभ उपलब्ध होते थे। बस नाम भरना होता था। हाँ, प्रस्ताव की औपचारिकता तो आवश्यक थी ही। इसलिए कुछ स्टैंडर्ड प्रस्ताव बनाए हुए रहते थे। पाठकों को ए.डी.एम. जबलपुरवाला मीसा संबंधी सर्वोच्च न्यायालय का आदेश भी देख ही लेना चाहिए। यह ऐसा आपातकाल था जिसमें नागरिकों के जीने का अधिकार भी निलंबित हो गया था।

आपातकाल की दवाइयाँ दिखाने पर ज्यादा अच्छा असर करती थीं। खाने पर खिलानेवाले के प्रति घृणा पैदा करती थीं। दिखाने के एक प्रकरण का वर्णन तो किया ही जा चुका है, जो शेरघाटी में नाली बनवाने और बिना एक पैसा खर्च किए पूरी सड़क बना देने में जन सहयोग प्राप्त कर देखा गया। एक अन्य मामले में एक अत्यंत धनी व्यक्ति का डॉक्टरी की पढ़ाई करनेवाला लड़का अपने घर के बगल के एक गरीब के घर की मरम्मत नहीं होने दे रहा था। रिवॉल्वर का डर दिखा रहा था। एक-दो घंटे थाना हाजत में धारा 151 द.प्र. सं. में बिताने के बाद मीसा का बुरा सपना आने लगा तो उस गरीब का मकान बच गया। इसी तरह एक गरीब की सुंदर कन्या का जीना दूभर करनेवाले मीसा के भय से सन्नाटे में आ गए थे।

मेरे शेरघाटी थाना पदस्थापन के दौरान आपातकाल के लक्ष्यों में मेरी उपलब्धि शून्य रह रही थी। गिरफ्तारियों के लिए मासिक अपराध गोष्ठी में सूचियाँ परोसी जाती थीं। एक बार हमारे सहकर्मी दारोगाजी इंद्रदेव बाबू बोले, "सर, इस बार तो कुछ करना ही चाहिए। आज रात एक छापामारी कर देनी चाहिए।" सूची में एक नाम आधुनिक रसखानजी का भी था। वे शेरघाटी में ही रहते थे। कम्युनिस्ट विचारधारा के प्रखर समर्थक थे। साधारण-सरल और ईमानदारी से रहते थे। मैंने तो उनका नाम सूची में ही पहली बार उपद्रवी के रूप में देखा था। प्रायः सरकारों को बुद्धिजीवियों से भय लगता है। हम रात में रसखानजी के घर पहुँचे। सामान्य पक्का घर। किताबों से भरा। मार्क्सवादी साहित्य का अच्छा-खासा पुस्तकालय जैसा था। मार्क्सवादी पत्र-पत्रिकाएँ वे नियमित रूप से मँगाते और पढ़ते थे। जो मार्क्सवादी साहित्य मिला, वह उन्हें मीसा का पात्र बनाता था—आपराधिक मामला दर्ज किया जा सकता था। उन दिनों ऐसा ही चल रहा था। मैंने रसखानजी के विरुद्ध कोई भी कार्रवाई नहीं करने का निर्णय लिया। रसखानजी से असुविधा के लिए क्षमा माँगी और निश्चिंत होकर अपना खयाल रखने को कहा। रसखानजी चिंतित हो गए। बोले आप नौकरी में नए हैं, मुझे गिरफ्तार कर लीजिए, मुझे छोड़कर कहीं आपकी नौकरी खतरे में न पड़ जाए। गजब के व्यक्ति थे। वे मेरी नौकरी की चिंता ज्यादा कर रहे थे, अपनी स्वयं की आजादी की कम। मैंने उनसे

विदा ली। इंद्रदेव बाबू मेरे इस फैसले से प्रसन्न थे और चिंतित भी। मैंने इंद्रदेव बाबू को आश्वस्त किया कि गिरफ्तारी का फैसला, गिरफ्तारी का फैसला लेनेवाले पदाधिकारी का विवेकाधिकार होता है। मुझे प्रसन्नता थी कि प्रभु ने मेरे विवेक की रक्षा की।

आपातकाल को लेकर कुछ हल्के-फुल्के क्षण भी आए। एस.पी. पांडे साहब ने हम लोगों के गंभीर प्रकृति के मित्र डॉ. शशि शेखर तिवारी को एक अहस्ताक्षरित नोटिस बंद लिफाफे में भेजा। नोटिस में था कि पता चला है कि श्री तिवारी जे.पी. के अनुयायी हैं, इसलिए क्यों न आपके विरुद्ध जाँच कर कार्रवाई की जाए। तिवारीजी पसीने-पसीने, भागे-भागे पांडेजी के यहाँ पहुँचे। डॉ. भगवानजी ओझा वहाँ विराजमान थे ही। काफी गंभीर, लटके हुए चेहरे देखकर तिवारीजी का हुलिया देखने लायक था। फिर विषय की गंभीरता पर भी चर्चा हुई। उपाय, सभी विकल्प खँगाले गए। फिर हँसी का फव्वारा फूटा। तिवारीजी की जान-में-जान आई। पर नॉर्मल होने में कई गिलास पानी, कई कप चाय, मिठाई समेत एकाध घंटा लग गया। अंत में तिवारीजी भी मुसकराकर बोले, "अरे, बाप रे बाप!"

आपातकाल के मीसा और डी.आई.आर. ही राक्षस नहीं थे। कई राक्षस थे। इनमें से एक कोफेपोसा था। (कंजर्वेशन ऑफ फॉरेन एक्सचेंज एंड प्रीवेंशन ऑफ स्मगलिंग एक्ट) फेरा—फौरन एक्सचेंज रेगुलेशन एक्ट शायद बाद में आया। यह बड़ा कड़ा कानून था जिसमें एन.आर.आई. के लिए एक आरामदेय सुरक्षाद्वार भी था। बाद में फेरा के दाँत उखाड़कर इसे फेमा, यानी फॉरेन एक्सचेंज मैनेजमेंट एक्ट बना दिया गया। तस्करों के खिलाफ कड़ी कार्रवाई की जा रही थी। उन्हें गिरफ्तार किया जा रहा था, ताकि आपातकाल का दबदबा बन सके। हम यहाँ ऐसे ही एक नामी-गिरामी तस्कर की बात करेंगे जिसकी अपनी बड़ी हैसियत और प्रभाव की दुनिया थी। दमन द्वीप पर उसकी जमीन-जायदाद, संपत्ति देखकर कोई भी भौचक्का रह जाएगा। वहाँ उसकी बड़ी-बड़ी नौकाएँ लगी रहती थीं। वैसे वह तो राजा की तरह बंबई में रहता था। बड़े-बड़े लोग उसके दरबार में हाजिरी लगाते थे। वैसे वह अत्यंत ही धार्मिक किस्म का पाँचों वक्त इबादत करनेवाला अच्छे आदमी की छवि का धनी भी था। तस्करी उसका पेशा था। गैरकानूनी था तो रहे। मेरे गया प्रशिक्षण के दौरान इन साहब से संबंधित एक प्रकरण घटित हुआ जिसकी चर्चा भी यहाँ कर लेते हैं। इनका नाम था जनाब हाजी मस्तान।

हाजी मस्तान को महाराष्ट्र में कोफेपोसा में गिरफ्तार किया गया था। फिर केंद्र सरकार का यह निर्णय हुआ कि उसे हजारीबाग जेल शिफ्ट किया जाए। इसके लिए गया तक उसे सुरक्षा के लिहाज से हवाई जहाज से लाकर गया से हजारीबाग जेल सड़क मार्ग से ले जाना गया पुलिस की जिम्मेदारी थी। इस मार्ग रक्षक दल का प्रधान मुझे बनाया गया। मेरे साथ के लिए प्रशिक्षणाधीन उपाधीक्षक एस.आर. सब्बरवाल साहब प्रतिनियुक्त

हुए। फोर्स का लाव-लश्कर। उस व्यवस्था का वर्णन यहाँ उचित नहीं है। ऐसे मामलों में मुख्य भय चढ़ते-उतरते समय तथा मार्ग में अंबुश के रूप में होता है। गया से हजारीबाग जंगल के रास्ते बाराचट्टी होकर जाना होता है। सब्बरवाल साहब ने तुरुप का पत्ता पेश किया। बोले, "सर, मुझे और हाजी मस्तान को एक हथकड़ी साथ-साथ लगाकर बस की सीट से सिक्योर कर लीजिएगा।" सब्बरवाल साहब एक्स-आर्मी ऑफिसर थे और अच्छे-खासे मजबूत थे। मैं तो बालक जैसा ही था। फिर उन्होंने आगे कहा, "आप हमारी सीट के पीछेवाली सीट, ठीक हाजी मस्तान के पीछे बैठेंगे। और अगर कुछ भी गड़बड़ देखें तो उसे तत्काल सिर में गोली मार दीजिएगा। कौन साला डालेगा बाधा?" बहरहाल, हाजी मस्तान का यह कार्यक्रम केंद्र ने रद्द कर दिया। हाजी मस्तान कोई हल्का-फुल्का आसामी नहीं था। बहुत से बड़े-बड़े राजनेता तो उसके पाले-पोसे चेले होते थे। कार्यक्रम रद्द होने से हमने भी राहत की साँस ली।

आपातकाल में नसबंदी अभियान के क्या जलबे थे, इसकी मामूली झाँकी यहाँ प्रस्तुत की जा रही है।

हमारे एक साथी सिविल सर्वेंट (गैर-पुलिस) ने एक दिन मुझसे कहा, "चलो शेरघाटी। वहाँ जी.टी. रोड पर बसें रोककर नसबंदी करने लायक लोगों की नसबंदी कैंप लगाकर कराते हैं। यह काफी अच्छा काम होगा।" मैंने स्पष्ट मना कर दिया और उसे भी यह विचार त्यागने की सलाह दी। यह बात हमारे ही बीच उठकर नष्ट भी हो गई।

दूसरा किस्सा पटना का सुना था। भयावह के साथ समय गुजरने से रोचक भी हो गया है। बिहार के एक सीनियर आई.पी.एस. ऑफिसर (वे बेहद ईमानदार और कर्मठ थे। अपने वस्त्र स्वयं धोते थे।) पटना जंक्शन हनुमान मंदिर दर्शन के लिए रिक्शा पर जा रहे थे। वे देखने में मामूली किराना दुकानदार प्रतीत होते थे। रास्ते में एक ट्रैफिक हवलदार ने रिक्शा रोक लिया। उसकी सीट पर स्वयं बैठ गया। इन साहब को पैरों के पास बैठाया और रिक्शावाले को पटना मेडिकल कॉलेज हॉस्पिटल ले चलने को कहा। "अरे भाई, मैं डी.आई.जी. हूँ, स्वस्थ हूँ, क्यों ले चले हो अस्पताल?" "स्साले सकल देखी है आईने में, डी.आई.जी. हूँ। चल बैठा रह ठीक से। तेरी नसबंदी करानी है।" इसी बीच डी.एस.पी. ट्रैफिक ने उन्हें पहचानते ही सैल्यूट किया और हवलदार रिक्शे से कूदकर चंपत हो गया। "सर, कहाँ चले जा रहे थे ऐसे?" "अरे बनवारी बाबू, भगवान् को धन्यवाद, आप सही समय पर मिल गए; वरन् यह दुष्ट तो मेरी नसबंदी करा देता।"

बिहार सीन की कुछ बानगी मिल गई होगी। अब चलिए, अपने गाँव ले चलता हूँ। ग्राम बिलरही, थाना व पोस्ट श्रीनगर, जिला-हमीरपुर (अब महोबा), उत्तर प्रदेश। वहाँ भी आपातकाल की कुछ करामात देखी जाए।

गाँव बथार में हर ऐसा व्यक्ति, जो दो बच्चों से अधिक के माँ-बाप थे, नसबंदी

के संभावित लक्ष्य थे। इसलिए वे आशंकित रहते थे। जिसके तीन बच्चे से अधिक थे, वे आतंकित रहते थे। ऐसे लोग सुबह नाश्ता कर घर से खेतों या जंगल की ओर निकल लेते थे, ताकि जब भी सरकारी जीप उधर आए तो वे घर पर मिलें ही नहीं। एक सज्जन का किस्सा है। एक दिन वे अपने खेत पर थे कि श्रीनगर की ओर से धूल उड़ती दिखाई दी। जीप जैसी आवाज थी। वे बेतहाशा दौड़े। आस-पास कोई पेड़ आदि भी नहीं था। खेत-ही-खेत थे। कुछ दूर पर एक खजूर का ऊँचा पेड़ था। हदस में शीघ्रता से उस पर चढ़ गए और उसके कँटीले मुकुट के मध्य में विराजमान हो गए। जीप सीधे रास्ते चली गई। पर खतरा तो बना हुआ था। वह अभी लौटेगी तो⋯। खजूर पर विराजे शाम हो गई। जीप का पता नहीं। इसी बीच कोई बालक खजूर के पेड़ के नीचे पके खजूर फल की फिराक में आ गया। तो इन बंधु ने पूछा कि "भैया, जीप जो आई थी, अभी किधर है?" लड़के ने उत्तर दिया, वह तो श्याम बीड़ी का प्रचार करते हुए कब की दूसरी तरफ से चली गई। भयभीत मित्र ने श्याम बीड़ीवालों को कुछ विशुद्ध गालियों का आशीर्वाद दिया और उस लड़के से बोले कि गाँव से लोगों को बुला दे, मुझे खजूर पर से उतार लें। लड़के ने मासूमियत से कहा कि अरे, जैसे चढ़ गए थे वैसे ही उतर लो। अंततः उन्हें यत्न कर उतारा गया। गाँव को मनोरंजन का सामान भी मिल गया।

दूसरा मामला कुछ मिलता-जुलता है। एक दिन एक व्यक्ति गाँव के दूसरी तरफ निकल गया। उसे पता नहीं था कि मार्ग में एक खतरनाक भैंसा चरता रहता है, जो अपनी परिसीमा में आनेवाले को खदेड़कर फेंक देता है। यह सज्जन उसकी चपेट में आ गए। भागे। पर उसने खदेड़कर इनमें सींग अड़ाकर उठाकर फेंका तो सौभाग्य से ये समीपस्थ आम के पेड़ की डाली पर ऐसे गिरे कि जैसे इनके भाग्य ने यहाँ, वहाँ बैठा दिया हो। भैंसा नीचे कुलाँचे भर रहा था। इनकी सेवा को आतुर था। मन थोड़ा स्थिर हुआ तो इन्होंने देखा कि इनका पंचा (आधी धोती जैसा होता है—बुंदेलखंड के किसान का अधोवस्त्र) पूरी तरह भीग गया है और पानी नीचे झर रहा है। दरअसल इनको हाइड्रोसील था। भैंसे की कृपा से उसका मुफ्त ऑपरेशन हो चुका था। शीघ्र घाव अपने आप सूख गया। इन्होंने अंत में कहा कि मेरे लिए यह भैंसा यमराज के बजाय सिविल सर्जन बन गया। यह रोचक प्रकरण आपातकाल से जुड़ा हुआ नहीं है।

गया में मेरा जिला प्रशिक्षण समापन की ओर था। कथाएँ-व्यथाएँ तो बहुत सारी हैं। पर एक अन्य अनुभव की चर्चा कर, गया से विदा लेते हैं।

गया एस.पी. पांडेजी ने मुझे इमामगंज थाने के एक अंदरूनी गाँव में बरसात के मौसम में एक आगजनी कांड के पर्यवेक्षण का भार सौंपा। मैं सरकारी बस से शेरघाटी गया। वहाँ इंस्पेक्टर ध्रुवजी बाबू के साथ सरकारी जीप से मैं इमामगंज पहुँचा। इमामगंज से पहले ट्रैक्टर, फिर हाथी पर चढ़कर घटनास्थल पहुँचा। साथ में अनुसंधानकर्ता था।

मैंने बारीकी से निरीक्षण किया। बयान लिये और घटनास्थल पर ही अपनी पर्यवेक्षण टिप्पणी लिख दी। मैंने स्पॉट पर ही यह फैसला दिया कि यह आगजनी का झूठा मामला है। जो अभियुक्त हैं, वे निर्दोष हैं। मामले को तत्काल बंद करने का आदेश दिया जाता है। मामले में आगे कोई कार्रवाई नहीं होगी। यह निर्णय मैंने वहीं घोषित भी कर दिया। ध्रुवजी बाबू की प्रसन्नता की सीमा नहीं थी। बोले, "मैं आपको ट्रेनिंग देकर धन्य हो गया। मुझे आप पर गर्व है।" गया लौटकर मैंने मूल पर्यवेक्षण टिप्पणी एस.पी. साहब के सुपुर्द की। बहुत बाद में पता चला कि एक प्रभावशाली विधायक इस झूठ कांड को सत्य कराना चाह रहे थे, इसलिए यह मुझे देखने के लिए दिया गया था।

अब त्योहारों की झड़ी थी। कुल-देवता की पूजा भी थी। इसलिए मैं परिवार को अपने घर पहुँचा आया। वर्ष का अंत होते-होते मेरा झंझारपुर अनुमंडल पुलिस पदाधिकारी के रूप में पोस्टिंग का आदेश भी आ गया।

गया से प्रस्थान का दिन था। मेरे एक मित्र ने कहा कि नए कलेक्टर पी.पी. शर्मा से भी शिष्टाचार भेंट कर लो। शर्मा साहब एक दबंग ठसकवाले, बढ़िया ऐंठी हुई मूँछों के धनी, दिलेर आई.ए.एस. ऑफिसर रहे हैं। मेरी उनसे पहली ही मुलाकात में तकरार हो गई। दो ईगो भिड़ गए। बाद में शर्मा साहब के बड़प्पन भरे व्यवहार से यह भेंट मित्रता में बदल गई। शर्माजी बड़े दिल और कड़े दिमाग के इनसान थे। उनको श्रद्धांजलि।

दोपहर बाद गया-पटना सवारी गाड़ी से सामान एक अटैची, एक होल्ड आल के साथ पटना जंक्शन पहुँच गया। अर्दली कालिका प्रसादजी सहायता हेतु साथ में थे। पटना जंक्शन से दानापुर-समस्तीपुर एक्सप्रेस से समस्तीपुर जंक्शन पहुँचना हुआ। वहाँ से छोटी लाइन मीटर गेज की गाड़ी समस्तीपुर-जयनगर-लौकहा ट्रेन में सो गए। मधुबनी जिला के सकरी जंक्शन से ट्रेन का लौकहा हिस्सा कटना था। झंझारपुर पहुँचने का समय बड़ी सुबह था। मैंने कालिकाजी से समय पर जगा देने को कहा। ट्रेन चार बजे सुबह झंझारपुर में खड़ी थी। भारी कुहरा था। दिमाग को पता था, उसने जगा दिया। अब मैं कालिकाजी को जगा भी रहा था, सामान पर नजर भी रख रहा था। स्टेशन पर कोई रिसीव करनेवाला नहीं था। बाद में पता चला कि सही जानकारी उन्हें नहीं मिल पाई थी। मैं स्टेशन मास्टर के पास गया। उन्होंने वी.आई.पी. कक्ष खोल दिया। बोले, इंस्पेक्टर साहब को फोन कर देते हैं। मैंने कहा कि सुबह सात बजे फोन करिएगा। तब तक तैयार हो जाएँगे।

सुबह पुलिस के लोग आए, लोक निर्माण विभाग का आई.बी. पास ही था। पटरियाँ पार कर हम वहाँ पहुँच गए।

□

मिथिला के दिल में

झंझारपुर छोटा सा एक गली का गाँव, लेकिन अमराइयों से समृद्ध बहुत मनोरम लग रहा था। एक तरह से यह मिथिला भूमि के दिल में है। शहरों के प्राकृतिक और सांस्कृतिक प्रदूषण से अछूता। मुझे यह गाँव घर जैसा लगा। मीठी मैथिली भाषा में बोलचाल। झगड़ा भी करे तो लगे प्यार जता रहा है। स्वतंत्र प्रभार के लिए यह उत्तम जगह लग रही थी। पर यह जगह मुझे बहुत कुछ सिखानेवाली थी। बहुत कुछ देनेवाली थी। इसने मुझे एक मित्र मंडली दी जिससे मेरे संबंध लंबे काल तक चले। बेचन ठाकुर, बेचन बाबू से अभी भी संबंध बने हुए हैं, जो उनके सुपुत्र प्रो. इंदुशेखर ठाकुर, जे.एन. यू. बखूबी निबाह रहे हैं। एक पोस्टमास्टर साहब, शिक्षा उपनिरीक्षक अन्य सदस्य थे। कामेश्वर झा साहब, कार्यपालक अभियंता समीप में ही थे। उनसे उनके अंतिम समय तक संबंध रहे। मैं उत्तर प्रदेश के बुंदेलखंड से हूँ, जहाँ रामचरितमानस का पाठ रोज किया जाता है। सीता मेरी माँ है। इसलिए मैं यह अनुभव जी रहा था कि मैं तो अपने ममाने आया हूँ। यह इतना सही निकला कि पूछो मत! मामा-भानजे का मजाक, हास-परिहास, गंभीर बकवास सबकुछ प्रसिद्ध है। मुझे भी मामे मिलनेवाले थे। और शीघ्र ही। यह रूपक भर है। साहित्यिक रूपक है। घटनाएँ भी कुछ वैसी ही हैं।

आई.बी. के बरामदे में बैठते ही एक प्रोफेसर साहब प्रो. आर.के. झा, एल.एन. जनता कॉलेज आए। उन्होंने वहीं से सुंदर गुलाब का एक फूल तोड़ लिया और मेरे देखते-देखते मेरे सम्मान में भेंट कर दिया, 'हर्रा लगे न फिटकरी रंग चोखा हो जाय।' एल.एन. जनता कॉलेज पी.जी. कॉलेज है। इसके निर्माण में झंझारपुर प्रखंड एवं अंचल के प्रभारी नारायण झा का बड़ा योगदान है।

मैं 24 दिसंबर, 1976 को झंझारपुर पहुँच गया था। मेरे पूर्वाधिकारी उपाधीक्षक जगदीश झा जी ने अनुरोध किया कि मैं जॉइनिंग टाइम के बाद चार्ज लूँ तो उन्हें सुविधा होगी। इस बीच वे अपना ट्रांसफर रद्द कराने का प्रयास करेंगे। उन्हें पुलिस उपाधीक्षक, निगरानी विभाग, भागलपुर भेजा जा रहा था। मैंने कहा, ठीक है। 1 जनवरी, 1977 को

चार्ज ले लूँगा, यदि आप असफल रहे। झा साहब की बेटी वहीं समीप कोठिया में ब्याही हुई थी। कोठिया-रैयाम भूतपूर्व आपराधिक जाति क्रिमिनल ट्राइब के लिए जाना जाता है। लीजेंड्री श्री बी.एन. मलिक आई.पी. कभी इस क्षेत्र में ट्रेनिंग के लिए आए थे। उन्होंने इन लोगों का पुनर्वास कराकर बेहतरीन कालीन बनाने की कला सिखाकर उसको बाजार भी उपलब्ध कराया था। जो खेती में रुचि रखते थे, उनके लिए सरकार की ओर से बैल खरीदने के लिए अनुदान की व्यवस्था कराई थी। आजादी के बाद तक यह व्यवस्था पुलिस के हाथों रही।

बाद में समाज कल्याण विभाग बना तो इन सारी उपयोगी इनोवेशन का भी कल्याण अंततः हो गया। एक दिन झा साहब मुझे अपने समधियाने कोठिया ले गए। वहीं भोजन भी था। मेरा उदर उन विशाल, उत्तम, सुंदर, स्वादपूर्ण पदार्थों के लिए बहुत छोटा था। यह भार स्वयं झा साहब और हमारे स्टाफ ने उठाया। पहली बार कई तरह का दही देखा और चखा। इसी क्रम में मैं रैयाम के उन पुलिस अभिलेख में आनेवाले परिवारों से मिला। श्री बी.एन. मलिक के बाद पहला आई.पी.एस. ऑफिसर था, जो वहाँ जाकर उन परिवारों से मिला था। वे सरकारी उपेक्षा के शिकार हो चुके थे। न कच्चा माल मिलता, न बाजार में पहुँच थी। बैलों का अनुदान जमाने से बंद था। समाज कल्याण विभाग किन्हीं औरों का कल्याण करने लगा था। जिनके लिए बना था उन्हें वह भूल चुका था। पुलिस को भला यह काम क्यों मिले ? हम हैं न। इसी विभाजित दृष्टिकोण ने एक अच्छी योजना का अंत कर दिया। पर मलिक साहब ने उन्हें एक नई और अच्छी जिंदगी की दुनिया दिखा दी थी। अब वे विकास और शिक्षा की राह टटोलने लगे थे।

1 जनवरी, 1977, अनुमंडल के स्वतंत्र प्रभारी के रूप में मेरा पहला कार्य दिवस। उस पर भी वर्ष का पहला दिन। यह दिन और भी बड़ा होनेवाला था। राधा बाबू का आगमन हो रहा था। राधा बाबू अर्थात् श्री राधा नंदन झा। राधा बाबू उन दिनों बहुत प्रभावशाली, शक्तिशाली थे। उनके काफिले में वे सभी होते थे जो मुख्यमंत्री के काफिले में होते थे, अपितु कुछ गाड़ियाँ अधिक हीं। उनकी श्याम त्वचा चमक लिये हुए थी। वे आकर्षक दिखते थे। दिमाग से उससे भी ज्यादा तेज। चलते-फिरते संदर्भ ग्रंथ। रास्ते चलते बिहार राज्य के वार्षिक बजट प्रस्ताव बोलकर लिखाने में सक्षम। दुनियाभर के देशों के महत्त्वपूर्ण आँकड़े कंठस्थ। ऐसे व्यक्ति को गुरूर तो होना ही चाहिए। उसका हक है। यदि गुरूर न हुआ तो फिर वह महान् होगा। राधा बाबू यात्रा में थे। उनके बारे में कई किस्से सुने हैं। वे राज्य के गृह राज्यमंत्री रह चुके थे। पर सुने हुए किस्से तो अनसुने कर देना ही अच्छा है। चलिए, इनसे मिलवा ही देता हूँ।

मैं वरदी में था। झंझारपुर के अनुमंडल पदाधिकारी श्री ए.ए. मोहनवी टहलते हुए आए, बोले, "ए.एस.पी. साहब, चलिए चला जाए।" मैंने पूछा, "कहाँ ?" वे बोले,

"आपको नहीं पता, राधा बाबू आ रहे हैं। हम सब लोग रेलवे फाटक के इस पार लाइन में रहते हैं, जब वे वहाँ से निकल रहे होते हैं। यही ड्रिल है।" मैंने उन्हें मुबारकबाद दी और कहा, "आप जाएँ।" राधा बाबू को मधेपुर थाना स्थित अपने गाँव जाना था। रेलवे फाटक पर चौकीदार से लेकर एस.डी.ओ. तक सब लाइंड थे, साहब को फरसी लगा रहे थे। राधा बाबू की तेज बुद्धि ने शीर्ष जगहों पर वरदी नदारद देखी होगी तो काफिला सीधे मधेपुर न जाकर आई.बी. आ गया। डिवीजनल कमिश्नर रेंज डी.आई.जी. मधुबनी के डी.एम. और एस.पी., कई चीफ इंजीनियर, अच्छा-खासा अमला जमा हो गया। अंदर राधा बाबू के साथ प्रथम चार लोग आए। मैंने डी.आई.जी. को सैल्यूट किया। फिर कमिश्नर साहब से परिचय होने पर उन्हें अभिवादन किया। फिर इन दोनों ने राधा बाबू से परिचय कराया। एस.पी.आर.आर. प्रसाद उछल रहे थे। बोले, "चलो गौतम, जल्दी।" राधा बाबू ने उन्हें संयत किया। स्नेहपूर्वक मुझे अपने घर आने और मध्याह्न भोजन का आमंत्रण स्वयं दिया।

हम लोग राधा बाबू के घर पहुँचे। वहाँ उनके पिताजी खड़े थे। उनके चरणों के स्पर्श करने की क्रिया में अनेक सिर आपस में टकराए। कइयों ने मुझे दूर खड़े देखकर झेंपभरी मुसकान देने का प्रयास किया। भोजन की मेज पर राधा बाबू स्वयं परोसने की देखभाल कर रहे थे। मेरे लिए बिल्कुल अलग टेबल थी। उन्होंने पता कर लिया था कि मैं शुद्ध खान-पानवाला बुंदेलखंडी ब्राह्मण हूँ। सुपारी इतनी तरह से काटी जा सकती है, यह मैंने यहाँ पहली बार देखा। पूरी सुपारी बिना कहीं टूटे एक बारीक छल्ले में कटी हुई। सारी कला दर्शनीय। राधा बाबू ने मुझसे पूछा कि बगल की टेबल पर यदि मांसाहार हो तो कोई समस्या तो नहीं है। यदि है तो आपको अलग कमरे में प्रबंध कर दें। मुझे कोई आपत्ति नहीं थी। पर जब बड़े कटोरों में रोहू मछली का मुंडा परोसा गया तो मुझे लगा कि यह मछली कहीं कूदकर मेरी टेबल पर ही न आ जाए। राधा बाबू मुझसे स्वयं बार-बार रुचि के बारे में पूछ रहे थे। वहाँ से निकले तो एस.पी. ने कहा कि, "गौतम, कल दस बजे सकरी आई.बी. आ जाना।"

अगले दिन अर्थात् 2 जनवरी, 1976 को सुबह मैंने सकरी के लिए प्रस्थान किया। मार्ग में ही राधा बाबू की कार ने मेरी जीप को ओवरटेक किया और आगे साइड कर रुक गए। उनका ड्राइवर बोला, "साहब बोले हैं, कार में बातें करते चलते हैं।" मैं वहाँ पहुँचा तो उन्होंने स्वागत किया, कहा, "आइए, जीप में जाड़ा भी लग रहा होगा।" मैंने कहा, "आप कब तक जाड़े से बचाएँगे।" कार में पंद्रह-बीस मिनट राधा बाबू ने अपने प्रभाव का वर्णन किया। प्रभावशाली लोग अपना प्रभाव बखान करने में भगवान् श्रीकृष्ण का कुरुक्षेत्र मॉडल फॉलो करते हैं। अंत में कहते हैं। 'मामेकं शरणं ब्रज'। राधा बाबू ने बताया कि कैसे बिहार पुलिस के मुखिया उनके रहमोकरम पर पद पर हैं। मुझ अदना

ए.एस.पी. के हर आदेश को वे पलटवा सकते हैं। इसलिए भलाई इसी में है कि मधेपुर थाने का एस.पी., आई.जी.पी. सबकुछ वहाँ के थाना प्रभारी अली हसन को ही मानिए। वह हमारा आदमी है। आप मधेपुर थाने को अपने कार्यक्षेत्र के बाहर समझें आज से, अभी से। जब से सार्वजनिक जीवन में आया हूँ, आई.ए.एस., आई.पी.एस. ही देख रहा हूँ। मेरे सामने बिना हुक्म किसी की बैठने की हिम्मत नहीं है। आप अभी नए आए हैं। धीरे-धीरे सब समझ जाएँगे। उनका लंबा उद्बोधन सुनने के बाद मैंने कहा कि "बात खत्म हो गई हो तो मैं भी कुछ जोड़ूँ।" वे बोले, "हाँ-हाँ, कहिए ना।" मैंने कहा, "अब आप मुझे भी देखेंगे ही। जब तक मैं यहाँ हूँ, मेरी ही चलेगी। कानून के ऊपर कोई नहीं है। मुझे काम और कानून दोनों आते हैं। रही बात आपके प्रिय दारोगा की सो उसकी कोई समस्या नहीं है। उसे अपने कार्यालय में तैनात करूँगा, ताकि वह मेरे आते-जाते कक्ष का परदा हटाता रहे। आप अपना शासन चलाना भूल जाएँ। आपके पास अब एक ही चारा है। आप पटना जा ही रहे हैं। मेरा स्थानांतरण ही आपके प्रभाव की रक्षा कर सकता है। सो मेरी शुभकामनाएँ हैं।"

हम सकरी आई.बी. पहुँच गए। वहाँ एस.पी. मधुबनी आर.आर. प्रसाद पहले से चहलकदमी कर रहे थे। धूप में दो केन चेयर्स पड़ी हुई थीं। हम तीन थे। एस.पी. साहब तीसरी चेयर लाने दौड़े। झा साहब और मैं बैठ गए। फिर एस.पी. साहब भी बैठ गए। वहाँ झा साहब के विधानसभा क्षेत्र मधेपुर के लोग आए हुए थे। वे दोनों पक्ष भी आए हुए थे जिनके बीच लंबे समय से जमीन विवाद चल रहा था। उस विवाद को वहाँ की राजनीति ही सुलगाए रखती थी। मैंने उन दोनों को बुलाया और कहा कि घर जाओ मैं आऊँगा और विवाद का निबटारा करूँगा। झा साहब तो तुम्हारे सामने अलग-अलग तुम्हारे जैसी कहते हैं। राजनीति है ही ऐसी चीज। दोनों उलझे रहेंगे तो दोनों वोट देंगे। उनमें से एक पक्ष धनी था। वह अपना योगदान चुनाव में देता था। एस.पी. साहब ने मुझे पालतू बनाने की हल्की कोशिश की। मैंने उन्हें बताया कि झा साहब से खुलकर बातें हो गई हैं। वे चुप हो गए। इसके बाद सौहार्दपूर्ण वातावरण में साथ में चाय हुई। बातें हुईं। राधा बाबू ने पटना के लिए प्रस्थान किया। एस.पी. साहब ने उन्हें अपनी रीति-नीति के अनुसार विदा किया। मैं वापस लौटकर अपने काम में लग गया।

झंझारपुर में आपातकाल का एक सामान्य खेल अतिक्रमण हटाओ अभियान जोर-शोर से चल रहा था। इसमें झोंपड़ियाँ उजड़ रही थीं। मैंने स्पष्ट किया, अतिक्रमण तोड़ने का काम बड़े लोगों की संपत्तियों से प्रारंभ हो। झोंपड़ी का नंबर सबसे बाद में आएगा। असर यह हुआ कि झोंपड़ियाँ साफ-साफ बच गईं, क्योंकि बड़े लोगों को छूने की प्रशासन की कभी इच्छा ही नहीं थी। यद्यपि मैंने अपने सामने छज्जे के अतिक्रमणवाले कोने तुड़वाकर शुभारंभ करा दिया था।

झंझारपुर एक छोटा अनुमंडल था, इसलिए इसके दो-ढाई महीने के अल्प प्रवास में ही मैं इसके चप्पे-चप्पे से परिचित हो सका। यहाँ उपयोगी प्रोफेशनल शिक्षाएँ मिलीं। कुछ का विवरण देना उपयुक्त होगा।

फुलपरास थाना से एक अपहरण का मामला आया। हत्या किए जाने की आशंका थी। एक ही व्यक्ति था जिसने अपहृत को कुछ लोगों द्वारा ले जाया जाता देखा था। उस ट्रेक पर हम लोग गए। वह एक नदी के किनारे अंत हुआ। नदी में तलाशी प्रारंभ की। एक संदिग्ध पकड़ा गया। उसके बताए अनुसार एक स्थल पर एक कटा हुआ पैर मिला, जिसे मिट्टी-पत्थर भरे बोरे में रखकर डुबो दिया गया था। वह कुछ और नहीं बता पाया। फिर दूसरा पैर और हाथ उस स्पॉट से कई किलोमीटर दूर नदी में डूबे मिले, कुछ दिन बाद। फिर कुछ गिरफ्तारी के बाद धड़ डूबा मिला। बिना सिर-हाथ-पैरवाला बिल्कुल तेज धारवाले औजार से क्लीन उड़ाए गए हिस्सोंवाला कई दिन तक दृष्टि में झूलता रहा। भोजन करना मुश्किल हो गया। अब सिर की तलाश थी। वह भी अंततः मिला। दरभंगा मेडिकल कॉलेज हॉस्पिटल में पोस्टमार्टम लगातार कराया और विशेषज्ञ डॉक्टरों ने उसे उसी एक मृतक व्यक्ति का प्रमाणित किया। उच्च न्यायालय पटना तक से जमानत नहीं मिली। सभी अभियुक्तों में से एक को उच्च न्यायालय ने दोषमुक्त कर दिया, शेष सबको आजीवन कारावास की सजा दी गई। उच्च न्यायालय ने मेरी पर्यवेक्षण टिप्पणी के आधार पर जमानत देने से अस्वीकार कर दिया था।

एक अन्य मामला भी फुलपरास थाने का ही था। दो पक्षों में मारपीट हो गई थी। एक पक्ष का एक व्यक्ति मारा गया तो दूसरे पक्ष ने अपने ही घर की एक मूक-बधिर स्त्री को घसीटकर मार डाला और अपने पक्ष द्वारा की गई हत्या को आत्मरक्षा में की गई कार्रवाई बताने लगा। घटनास्थल के बारीक परीक्षण से स्पष्ट हो गया और हत्या के मामलों में विधिसम्मत कार्रवाई की गई।

एक रात मैं लौकही थाने पहुँच गया। यह सबसे भीतरी थाना है और भुतही नदी के लंबे पाट को पूरा कर जाना पड़ता था। दारोगाजी पेट्रोलिंग पर निकले थे। पेट्रोलिंग चार्ट के किसी मुकाम पर नहीं मिले। अंततः थाने से कुछ कदम पर अवस्थित एक नागरिक के आवास पर जब मैंने उन्हें आवाज दी तो वे अवाक् रह गए। एक हत्या के मामले में उन्होंने केस डायरी में घटनास्थल पर रक्त की चर्चा तक नहीं की थी। स्पॉट गोबर से लीपा हुआ था। नीचे रक्तरंजित भूमि थी। सैंपल एकत्र कराकर पर्यवेक्षण टिप्पणी में सबकुछ अभिलिखित कर इस भारी कृत्य का निराकरण किया गया। लौकही में दो दिन था। वहाँ दही चूड़ा के अतिरिक्त कुछ भी नहीं मिलता था। अंचल गार्ड के हवलदार ने कहा कि उनके साथ भोजन करूँ और निर्धारित दर पर भुगतान करूँ तो आपत्ति क्या है। यह व्यवस्था अत्यंत सुखद रही। लौटते समय मेरी पुरानी जीप भुतही बलान में फँस

गई। रात हो गई थी। फिर भी कुछ लोग ईश कृपा से मिल गए जिन्होंने धक्के देकर पार लगाया। लौकही थाने आकर मैंने उनसे भुतही नदी के तट पर डाले जानेवाले पत्थरों का ब्योरा प्रतिदिन थाना रोजनामचा में दर्ज करने को कहा ताकि जब बरसात में सामग्री बह गई दिखलाकर निर्माण विभागवाले बिल निकालें तो गड़बड़ी पकड़ी जा सके। उस साल ठेकेदार और अधीक्षण अभियंता में इस कदर मतभेद हुआ कि उच्च रक्तचाप एस.ई. साहब की जान ले बैठा। खेल चल नहीं पाया था।

सबसे ज्यादा मन दु:खी मधेपुर थाना क्षेत्र के एक डकैती मामले से हुआ। पता चलते ही मैं घटनास्थल पर पहुँचा। थानेदार अली हसन वहाँ पहले से ही था। बड़ा गरीब इलाका है। डकैती में कुछ बर्तन आदि लूटे गए थे। उस घर के बाहर एक आदमी चुपचाप एक थाली लिये बैठा था। थाली छोटी सी ही थी। मैंने जानकारी ली तो उसने बताया कि बड़े बाबू के आदेश पर वह वहाँ बैठा है। दारोगाजी ने बताया कि वह डकैती में शामिल अभियुक्त है, उसके पास से डकैती में लूटी गई थाली बरामद हुई है। मैंने कई थालियाँ मँगवाकर पहचान परेड करा दी। गृहस्वामी ने बताया कि उसकी थाली काफी बड़ी थी। मुझे पता नहीं है कि बड़े बाबू ने उसे यहाँ किसलिए बैठा लिया है। उस बेचारे से उसकी कहानी पूछी तो पता चला कि उसकी पत्नी बीमार है। उसके लिए दवा लाने के लिए वह इस थाली को गिरवी रखने पास के गाँव के लिए यहाँ से गुजर रहा था कि दरोगाजी ने यहाँ बुला लिया और बैठने को कहा। विचार कीजिए, यह गरीब आज डकैती कांड में अभियुक्त बन जेल चला गया होता और इसकी बीमार पत्नी इसकी प्रतीक्षा कर परेशान रोती रहती और दारोगाजी को इतनी तत्परता से मामले का उद्‌भेदन करने के लिए पुरस्कार मिलता। मैंने प्रायः यह देखा है कि पुलिस गरीबों–असहायों के साथ प्रायः ऐसा ही गैर–जिम्मेदार आपराधिक, कायरता और बर्बरतापूर्ण व्यवहार करती है।

एक दिन मैं फुलपरास थाने पहुँच गया। मैं थानेदार की कुरसी पर आसीन था। थानेदार अवर निरीक्षक एस.डी. राम ने एक बड़े सक्रिय अपराधकर्मी हमीद नट को मेरे सामने पेश किया। वह गठीले बदन का तगड़ा आदमी था। हमीद नट ने बड़ी मासूमियत से कहा, "हुजूर, हमको पता नहीं था कि थाने में आप आ गए और बड़े बाबू बदल गए हैं। इसलिए चूक हो गई। माफ कर दें सरकार! हम तो अगल–बगल के थानों में करते हैं। आप निश्चिंत रहें। आपके साथ भी हमारा बढ़िया रहेगा।" दरोगा एस.डी. राम की सूरत उस समय देखने लायक थी। क्राइम फ्री थाने जैसी कोई चीज नहीं होती। यदि ऐसा दावा आए तो उसे क्रिमिनल थाने की तरह जाँच कर वास्तविकता तक पहुँचना चाहिए।

राधा बाबू को मेरे स्थानांतरण के लिए बड़ी वर्जिश करनी पड़ी। पहले सरकार ने मेरा तबादला ए.एस.पी. निगरानी भागलपुर किया, पर आई.जी.पी. (बाद में डी.जी. एवं आई.जी.पी.) ए.पी. मिश्र ने इसे लागू नहीं होने दिया। मुख्यमंत्री डॉ. जगन्नाथ मिश्र ने

भ्रमण के दौरान मेरे कार्य पर अपनी प्रसन्नता व्यक्त की। मैं झंझारपुर से जिला मुख्यालय में ए.एस.पी. मधुबनी के रूप में कार्य करने लगा। इस बीच मेरे दो तबादले दानापुर और कोडरमा के लिए हुए, पर वहाँ मेरी ख्याति पहले पहुँच जाती थी। इसलिए वे निष्प्रभावी रहे। इस प्रकार मैं 12 जनवरी, 1979 तक सहायक पुलिस अधीक्षक (मुख्यालय) मधुबनी के पद पर, दो और पदों एस.डी.पी.ओ. मधुबनी और जिला होमगार्ड का भी काम देखता रहा। इस अंतराल में बहुत कुछ होना था। वर्ष 1977 का ऐतिहासिक आम चुनाव इसी कार्यकाल में हुआ, जो एक न भूलनेवाला अनुभव था। इस चुनाव ने देश का राजनीतिक भूगोल बदलने की ऐसी नींव डाली कि फिर लौटकर भारतीय राजनीति उसी धुरी पर नहीं आनेवाली थी।

□

आम चुनाव 1977 मधुबनी की खिड़की से

19 जनवरी, 1977 को प्रधानमंत्री श्रीमती इंदिरा गांधी ने राष्ट्र को संबोधित करते हुए लोकसभा के लिए आम चुनाव कराने की घोषणा कर दी। इससे पूर्व 18 जनवरी, 1977 को पाँचवीं लोकसभा को भंग कर दिया गया था। पाँचवीं लोकसभा छह-छह महीने के दो विस्तार पा चुकी थी। चुनाव के लिए माहौल पैदा करने के लिए आपातकाल के प्रावधानों में ढील दी जाएगी, इसका भी ऐलान प्रधानमंत्री ने किया। निराशावादियों को तो लग रहा था कि देश में लोकतंत्र फिर शायद न लौटे। यह घोषणा उनके लिए अप्रत्याशित थी। पर राजनीतिक रूप से यह एकदम तर्कसंगत घोषणा थी, ताकि एक माह पूर्व जेल में ही 17 दिसंबर, 1977 को नवजात जनता पार्टी को पंख निकलने से पहले ही चुनौती दरपेश कर दी जाए। उस पर से खुफिया एजेंसियों ने कांग्रेस की भारी जीत के लिए आश्वस्त किए होने की खबरें चल ही रही थीं। आम चुनाव की घोषणा ने देश में लोकतंत्र की नई लहर पैदा कर दी थी।

यह उन्नीस तारीख मामूली अंक नहीं है। 19 जून, 1975 को जे.पी. ने पटना के ऐतिहासिक गांधी मैदान में विशाल जनसमूह को उद्‌बोधित करते हुए राष्ट्रकवि रामधारी सिंह दिनकर की पंक्तियाँ—'सिंहासन खाली करो कि जनता आती है' जब कहीं तो एक आकाशव्यापी तुमुलघोष ने इसे निनादित किया था। फिर आपातकाल। और अब 19 जनवरी की प्रधानमंत्री की घोषणा। यह आम चुनाव ही नहीं था। देश को यह चुनाव भी करना था कि वह अधिनायकवाद और जनतंत्र के बीच किसका चयन-वरण करना चाहता है।

ध्यान देने की बात यह है कि इमरजेंसी हटाई नहीं गई थी। इसके कुछ प्रावधानों में ढील दी गई थी। इसमें नेताओं, राजनीतिक बंदियों का जेल से रिहा किया जाना, जनसभाओं, चुनाव-प्रचार आदि की अनुमति देना सम्मिलित है। अन्यथा चुनाव का कोई मतलब ही नहीं रह जाता।

प्रधानमंत्री की आम चुनाव की घोषणा के बाद चुनाव आयोग हरकत में आया। ये वो दिन थे जब चुनाव आयोग सरकार के एक विभाग की तरह काम करता था। छठवीं लोकसभा का चुनाव सर्वाधिक कम अवधि का मार्च 16 से 20 तक का था।

मधुबनी जिले में दो लोकसभा क्षेत्र आते थे—मधुबनी और झंझारपुर। इन क्षेत्रों से कांग्रेस (इ.) के क्रमश: शफीकुल्लाह अंसारी और जगरनाथ मिश्र उर्फ मास्टरजी उम्मीदवार थे। इनसे जनता पार्टी के हुकुम देव नारायण यादव और धनिक लाल मंडल की सीधी लड़ाई थी। समीप के ही अति महत्त्वपूर्ण दरभंगा लोकसभा क्षेत्र से कांग्रेस (इ.) के राधा बाबू चुनाव लड़ रहे थे। उन्होंने अपने क्षेत्र के केंद्र बिंदु सकरी (मधुबनी जिला) के सरकारी आई.बी. में डेरा जमाया हुआ था। यह एक तरह से दो लोकसभा क्षेत्रों का कांग्रेस का कंट्रोल मुख्यालय बन गया था। राधा बाबू और मास्टरजी यहीं से अपनी चुनावी गतिविधियों का संचालन करते थे। आवश्यकता के अनुसार हम लोग दूर साइड में स्थित सकरी चीनी मिल के गेस्ट हाउस का उपयोग करते थे। प्रमुख सरकारी निरीक्षण भवनों (आई.बी.) में कांग्रेस पार्टी ने अपने पार्टी कार्यालय बनाए हुए थे। यहीं इनके कार्यकर्ता एकत्र होते। भोजन-जलपान करते, चुनाव प्रसार सामग्री लेते और प्रचार का कार्य करने चले जाते। इसकी वास्तविकता काफी मजेदार है। जनता पार्टी सही मायने में जनता की पार्टी बनी हुई थी। जनता ही जनार्दन होती है।

आम चुनाव कराने की घोषणा के साथ ही परिणामों के आकलन लगाने के गंभीर प्रयास प्रारंभ हो गए। इसी कड़ी में बिहार के कुशाग्रबुद्धि आई.पी.एस. निगरानी विभाग के प्रधान श्री राजेश्वर लाल राज्य सरकार के जहाज से जिला मुख्यालयों का दौरा करने लगे। उन्हें बिहार के मुख्यमंत्री डॉ. जगन्नाथ मिश्र ने विशेष शाखा और आसूचना विभाग का काम सौंप दिया था। लाल साहब मधुबनी भी आए। हम लोग कलेक्टर मधुबनी नित्यानंद सिंह के कार्यालय कक्ष में अनौपचारिक माहौल में विचार-विमर्श कर रहे थे। लाल साहब ने नित्या बाबू से पूछा, "आपके विचार से यहाँ कैसा चल रहा है चुनाव का माहौल?" नित्या बाबू ने कहा, "मुख्यमंत्री बहुत मेहनत कर रहे हैं। उनके धुआँधार प्रचार से स्थिति बदली है। मधुबनी से कांग्रेस की अच्छी जीत तय है। झंझारपुर में भी अब कांग्रेस को एज हो गया है।" पुलिस अधीक्षक एन.पी. सहाय ने भी इसे पुष्ट किया और अफसरों की भी राय नित्या बाबू का समर्थन कर रही थी। सबसे अंत में लाल साहब ने मुझसे पूछा। मैंने अपना आकलन बताया। मधुबनी में कांग्रेस पचास से साठ हजार मतों से हारेगी। वहीं झंझारपुर में जनता पार्टी लगभग दो लाख मतों से जीतेगी। इस पर लाल साहब ने अन्य लोगों से कहा कि आप लोग नैक-टु-नैक फाइट कह रहे हैं और जो यह कह रहा है वह तो नैक-टु-लेग है। मुझसे उन्होंने आकलन का आधार पूछा। मैंने बताया, "गाड़ी कार्यकर्ता कांग्रेस के हैं, पर प्रचार वे जनता पार्टी का ही कर रहे हैं। चौक-चौराहों, सड़कों के किनारे कांग्रेस के झंडे हैं, पर घरों पर जनता पार्टी के छोटे-छोटे झंडे। इनके घनत्व के आधार पर मैंने आकलन किया है।" लाल साहब ने अंत में एक जनरल सवाल उछाला। कहा, "वे

मुख्यमंत्रीजी से भी यह सवाल कर चुके हैं कि आप ही बताइए बिहार में कांग्रेस कौन सी सीट जीत सकती है ?" और वे सोच में पड़ जाते हैं। बैठक खत्म हुई। लाल साहब सरकारी प्लेन से पटना चले गए।

रात में कलेक्टर नित्या बाबू का विचार हुआ कि राधा बाबू के हाल-चाल जानने सकरी आई.बी. चला जाए। तो हम तीन लोग डी.एम., एस.पी. और मैं वहाँ पहुँचे। राधा बाबू पूरी तरह रिलेक्स्ड थे। उन दिनों कांग्रेस के लंबे एकाधिकार के कारण अफसर कांग्रेस के रंग में रँग गए थे। राधा बाबू ने कहा कि जगन्नाथजी (मुख्यमंत्री) फालतू में भागदौड़ कर रहे हैं। बिहार की सभी पैंतालीस सीटों पर कांग्रेस हार रही है। मैं भी दरभंगा से हार रहा हूँ। यह ललित बाबू (भू.पू. एवं स्वर्गीय रेल मंत्री ललित नारायण मिश्र) की सीट रही है। वे बहुत खर्च करते थे। मैंने उसी हिसाब से हाई कमान से अधिकाधिक पैसा लेने की कोशिश की है। अब मैं यहीं आई.बी. में रहूँगा और सारे पैसे बचाऊँगा। फिर उसमें से कुछ ही खर्च कर बाद में होनेवाले विधानसभा चुनाव मधेपुर से लड़कर जीतूँगा भी। विधानसभा भंग होना और नए चुनाव होना तय समझिए। राधा बाबू समय की चाल समझते थे।

लोकसभा चुनाव 1977 जैसे चुनाव नहीं लोक उत्सव थे। मतदाताओं का उत्साह देखने योग्य होता था। जिस बूथ पर जाओ और पूछो सब ठीक है न ? उत्तर मिलता— "सर, जनता पार्टी को दे रहे हैं।" कांग्रेस के झंडेवाली जीप जनता पार्टी के मतदाता ढो रही थी। कांग्रेस के नेता मुख्य सड़कों पर गाड़ी से चलते और कहीं बड़े आदमी के घर भोज भात होने लगता अथवा लौटकर जिला अथवा अनुमंडल मुख्यालय आ जाते। उनमें कोई उत्साह नहीं होता था। जबकि जनता में गजब का उत्साह था। यह तो रहा राजनीतिक पक्ष। पुलिस अफसर के नाते मेरे कुछ मूल्यवान अनुभव रहे। उनकी चर्चा भी आवश्यक है।

राज्य की एक महत्त्वपूर्ण सेवा के एसोसिएशन ने यह ऐलान कर दिया था कि उनकी प्रोन्नति संबंधी समस्या का सम्यक् समाधान नहीं निकलता तो वे चुनाव प्रक्रिया में भाग नहीं लेंगे, हड़ताल पर चले जाएँगे। यह समस्या बिहार राज्य में ही खड़ी हुई थी। इसी सिलसिले में दरभंगा के प्रमंडलीय आयुक्त महेंद्र तनेजा और रेंज डी.आई.जी., के.डी. दुबे मधुबनी आए और उन्होंने शीर्ष पदाधिकारियों की बैठक में इस समस्या को रेखांकित किया। उन दिनों मैं जरा ज्यादा ही साफ-साफ बोल देता था। मैंने उनसे कहा, बड़े चुनाव में जितना पैसा कर्मी कमा लेते हैं, उतना वर्षों में नहीं कमा पाएगा। टेंट-शामियाना, भोजन, बंदोबस्त, परिवहन शाखा, पी.ओ.एल.—चुनाव तो सोने की खेती है, कोई हड़ताल पर नहीं जाएगा, निश्चिंत रहिए। तनेजा साहब ने कहा, "यदि हड़ताल हुई तो क्या आप चुनाव करा लेंगे।" मैंने उत्तर दिया—"निस्संदेह और अधिक सुचारु एवं व्यवस्थित।" मेरे पैसेवाले वक्तव्य पर कुछ आपत्तियाँ उठीं तो मैं विवरण देने को

तैयार हो गया। उसके बाद तो लोगों को चुप होने के अतिरिक्त और कोई रास्ता नहीं था। पर अनुभव बड़ी चीज होती है। कागज पर सबकुछ पक्का दिखते हुए भी जमीनी वास्तविकता उसे मुँह चिढ़ा सकती है, यह सबक मुझे शीघ्र ही मिलनेवाला था।

मतदान केंद्रों पर पार्टियों को भेजा जाना था। अतिसंवेदनशील केंद्रों पर एक पुलिस अफसर तथा तीन सिपाही का सशस्त्र बल भेजा जाना था। अफसरों की कमी से निबटने के लिए सभी सिपाहियों को ए.एस.आई. बना दिया गया था और होम गार्ड्स को पुलिस एक्ट के अनुसार सिपाही का दरजा दे दिया गया था। स्ट्राइकिंग रिजर्व में बी.एम.पी. (बिहार सैन्य पुलिस), केंद्रीय रिजर्व पुलिस बल तथा मध्य प्रदेश की विशेष सशस्त्र पुलिस डी.एस.पी. छोटे लाल सिंह के नेतृत्व में मधुबनी जिले आई हुई थी।

अति दक्षता के खयाल से मैंने सारे कमान पहले से कटवाकर रख दिए। अब बस पेट्रोलिंग मजिस्ट्रेट और पीठासीन पदाधिकारी (प्रेसाइडिंग ऑफिसर) के आते ही उस नंबर की पार्टी को बुलाकर साथ लगाते जाना था और ट्रक पर अथवा जीप या ट्रैक्टर पर चढ़ा देना था। है न बिल्कुल साफ-सुथरा और आसान। पर कमानवाले चार आदमी कब तक प्रतीक्षा करते। कोई खाने गया, कोई कहीं, कोई कहीं। पूरा कोई न पड़े। एक-न-एक इधर-उधर। मैं परेशान और लोग भी परेशान। एक प्रोफेसर साहब बिगड़ गए। मैं बोल उठा, "गो टू हैल।" इतनी अंग्रेजी तो उन्हें भी आती ही थी। चोट अहंकार पर पड़ी। मैंने कहा, "बंद करा दो इसे।" सार्जेंट अरुण कुमार अंबष्ठ उन्हें अलग ले गए। अब शांति तो हो गई थी। पर कुछ पूरा नहीं पड़ रहा था। तो हमारे एक दुबले-पतले पुलिस लाइन के ए.एस.आई. वाल्मीक सिंह ने कहा, "सर, मैं कुछ कहूँ?" उन्होंने कहा, "सारा काम मुझे सौंप दीजिए। मैं करके बता दूँगा। आप आई.पी.एस. हैं, आपको समझाना मेरे वश में नहीं।" मैंने सहर्ष कहा, "ठीक है, करो।" उन्होंने प्रसन्नतापूर्वक सैल्यूट किया। सीटी बजाई। सभी अफसर लाइन अप। ओ.के.। हरेक अफसर के पीछे तीन-तीन सिपाही लाइन अप। ओ.के.। सज जा। गिनती कर, मुंशीजी लोग। सामने दूर-दूर एक-एक मेज रख। ओ.के. मेज पर एक-एक खाली कमान बुक के साथ बैठ। ओ.के.। पोलिंग पार्टी और पेट्रोलिंग पार्टी की माँग पर कमान काट। पीठासीन पदाधिकारी और पेट्रोलिंग मजिस्ट्रेट साहिबान मुंशीजी लोगों के पीछे कृपया लाइन बना लें। कमान कटने लगे। पार्टी ट्रकों आदि में बैठने लगीं। छह घंटे के भीतर सारी पार्टियाँ रवाना, मैदान खाली, बस व्यवस्था करनेवाले हम लोग बचे। रात के दो बज गए थे। सुबह से मतदान था। समय पर सब पहुँच गए। मैंने ए.एस.आई. वाल्मीक बाबू की पीठ ठोक शाबाशी दी। वे बोले, "सर, जिंदगी इसी में गुजर गई। आप बस पीठ पर हाथ रखे रहिए। बाकी हम लोग सब कर लेंगे। बीच-बीच में आप कभी-कभी काम देखने आ जाएँगे तो हमारा मनोबल और अनुशासन दोनों बने रहेंगे।"

लोग मतदान पेटियों को अपनी-अपनी तरह से भी गार्ड कर रहे थे। वे शंकालु तो कम थे। बस लोकतंत्र के अंतिम अवसर के रूप में इस खजाने के प्रति हर तरह की सावधानी बरतना चाहते थे, ताकि बाद में पछताना न पड़े। उन्हें भय था कि राव साहब के आदमी कुछ भी कर सकते हैं। ये राव साहब कोई और नहीं, आर.ए.डब्ल्यू. (रॉ संगठन) और इसके संस्थापक मुखिया काव साहब का जुड़वाँ शब्द आमजन द्वारा गढ़ा गया था। क्लेक्टरेट स्थित स्ट्रॉन्ग रूम के चारों ओर अनुशासित जनसमूह चुपचाप पहरेदारी कर रहा था।

जिला कलेक्टर नित्यानंद सिंहजी ने मुझे मतगणना की सारी बारीकियाँ सिखाईं। बोले, आपको कभी जरूरत पड़ सकती है, इसलिए रिटर्निंग ऑफिसर का काम भी सीख लीजिए। कोई हर्ज तो नहीं है। मैं उनके साथ वैसे भी था और काम भी सीख रहा था। मैंने इसके लिए अपनी कृतज्ञता व्यक्त की। और यह अनुभव भी आगे 1980 के आम चुनाव में पूरी तरह से काम आनेवाला था।

विधानसभावार पंडाल लगे थे। मतगणना चल रही थी। मधुबनी कलेक्टरेट के बरामदे में बैठे हम सामने पंडालों पर नजर रख रहे थे। एक छोटी मेज पड़ी थी। वहाँ नित्या बाबू, मैं और झंझारपुर क्षेत्र के प्रत्याशी धनिक लाल मंडल बैठे थे। बीच-बीच में टेलीफोन विभाग के जिला प्रबंधक चौधरी साहब नियंत्रण कक्ष से आ-आकर मेरे कान में भारत भर की मतगणना का ट्रेंड बता जाते थे। इसी बीच कंपाउंड के बाहर शोरगुल हुआ। मैंने जाकर देखा, ट्रक ड्राइवर्स ने रोड जाम कर दिया था। उनकी ड्यूटी खत्म हो चुकी है। उन्हें कुछ भी भुगतान नहीं किया जा रहा है। मैंने उन्हें नियमानुसार भुगतान दिलाने का आश्वासन दिया। नित्या बाबू इस बात से प्रसन्न हुए और उन्होंने अपने अधीनस्थों को वांछित निर्देश दिए। अब शोर पंडालों से आने लगा। लोग भूखे हैं, अब तक खाना नहीं मिला। जिला आपूर्ति पदाधिकारी बहुत काँइयाँ किस्म के थे। नित्या बाबू के पूछने पर बोले, गेहूँ पीसने के लिए भेजा है। आटा कम पड़ गया था। नित्या बाबू ने कहा मेरे आवासीय कंपाउंड से गेहूँ कटवा लो। पता नहीं कहीं गेहूँ भी कम पड़ जाएँ। इसके बाद तो वह घाघ विलुप्त हो गया। मैंने नित्या बाबू से कहा कि यह फर्जी बिल निकालने में उतनी ही तेजी करेगा जितनी देरी कर यह भोजन नहीं देने का उपक्रम कर रहा है। अब रात के ग्यारह बज रहे थे। चौधरीजी ने मुझसे पूछा, "सर, रायबरेली बात करें।" मैंने कहा, "लगेगा ही नहीं।" तो वे बोले, "सर, आज हिंदुस्तान में कहीं का भी नंबर माँग लो मिल जाएगा।" मुझे कौतूहलपूर्ण आश्चर्य हुआ। चौधरीजी के साथ नियंत्रण कक्ष गया। चौधरीजी ने चोगा उठाया, बोले, मधुबनी एक्सचेंज पटना दीजिए—पटना-लखनऊ दीजिए, लखनऊ-रायबरेली दीजिए। जी रायबरेली क्या हाल हैं—लेटेस्ट क्या है? पचपन हजार से हार रही हैं। कलेक्टर कागज लेकर भूमिगत हो गए हैं। पत्रकार खोज में लगे हैं।

और अमेठी ? गाय-बछड़े हार रहे हैं। उल्लेखनीय है कि कांग्रेस के 1969 में विभाजन के बाद दो बैलों की हलजुती जोड़ी चिह्न जब्त हो गया था, तब इंदिरा कांग्रेस (कांग्रेस इ.) ने गाय-बछड़ा चुनाव चिह्न अपनाया था।

उत्तर भारत के कई राज्यों से कांग्रेस का सफाया होने के समाचार आ रहे थे। यहाँ तक कि विविध भारती पर गानों की रंगत बदल चुकी थी। मजे लिये जा रहे थे। 'रामदुलारी मायके गई' लौट आई थी। रेडियो पर दूर से गाने सुनाई पड़ रहे थे, 'सवेरेवाली गाड़ी से चले जाएँगे', 'हम छोड़ चले हैं महफिल को, याद आए कभी तो मत रोना।'

मंडल साहब के चेहरे पर सुर्खी आने लगी थी। जनता पार्टी की सरकार बनने के आसार पक्के होते जा रहे हैं। इसी बीच बिजली चली गई। जेनरेटर की व्यवस्था थी नहीं। पेट्रोमेक्स जलाए जा रहे थे। मजिस्ट्रेट और पुलिस बल पोजीशन ले चुके थे। कुछ पल में ही बिजली आ गई। इधर मंडल साहब नित्या बाबू कलेक्टर को बुरी तरह डाँट रहे थे। कोई इंतजाम नहीं है। कलेक्टर बने फिर रहे हैं। नित्या बाबू की हालत पतली थी। मुझे बहुत बुरा लग रहा था। मैं मंडल साहब पर बिगड़कर बोला, "सरकार अभी बनी नहीं, नशा चढ़ गया अभी से। याद रखिए, इंदिराजी का पराभव उनके अहंकार के कारण हो रहा है। आप लोगों का यदि ऐसा ही हाल रहा तो बड़ी जल्दी आपका भी यही हाल होगा।" मंडलजी एकदम नरम पड़ गए। मुसकराकर बैठ गए। हम लोग बिजली चले जाने की वजह से सहज ही सतर्कता के लिहाज से खड़े हो गए थे। मंडल साहब ने मुझे हमेशा स्नेह और आदर दिया। इसकी चर्चा आगे होगी। वे शालीन, बड़प्पन से संपन्न थे। इलाहाबाद विश्वविद्यालय के छात्र रहे थे।

आज की सुबह लोकतंत्र की नई सुबह थी। प्रधानमंत्री इंदिरा गांधी स्वयं रायबरेली से जनता पार्टी के राज नारायण से हार गई थीं।

मतगणना के दौरान मेरे और कलेक्टर नित्या बाबू के बीच लंबी बातें हुईं। कुछ यहाँ ऐतिहासिक दृष्टि से भी बताने योग्य हैं।

नित्या बाबू सब-डिप्टी कलेक्टर के पद से चलकर आई.ए.एस. कलेक्टर के पद पर पहुँचे थे। उन्होंने वर्ष 1952 का पहला आम चुनाव भी देखा था। उन्होंने बताया कि उन दिनों पीठासीन पदाधिकारी का राजपत्रित पदाधिकारी होना अनिवार्य था। इनकी संख्या कम होने के कारण महीनों चुनाव चलते थे। वही व्यक्ति कई गाँवों में मतपेटी लेकर जाता था। अब स्थिति बिल्कुल बदल गई है। ई.वी.एम. के बाद तो मतगणना बहुत आसान हो गई है। मतपत्र के 1977 वाले जमाने में पहले सौ-सौ मतपत्रों की गड्डी बनती थी। उन्हें एक बड़े ड्रम में डालकर हैंडिल से घुमाकर मिश्रित किया जाता था। बाद में मिक्सिंग हटी। फिर तो ई.वी.एम. ही आ गई। ई.वी.एम. में फर्जी वोट तो नहीं होते, पर 'नन ऑफ द अबव' कोई फर्जी से कम थोड़े ही है। इससे कोई भी अर्थ नहीं

सधता। इसे शीघ्रातिशीघ्र हटना चाहिए। भाई साहब के लिए 'मेड टु ऑर्डर' उम्मीदवार पेश किया जाए तब वे वोट देंगे। बेवकूफी कितनी तरह की हो सकती है। मतपत्रों की विदाई ने बूथ कैप्चरिंग की भी विदाई कर दी है। इनवैलिड वोट्स की जगह नन ऑव दि अबव ने ले ली है।

बहरहाल, 1977 के आम चुनाव में जनता पार्टी को भारी बहुमत मिला। मोरारजी भाई नेता चुने गए। चुनाव में भारी पराजय के बाद इंदिरा गांधी ने 23 मार्च, 1977 को आंतरिक आपातकाल समाप्त कर दिया। मोरारजी भाई देसाई 24 मार्च, 1977 को देश के नए प्रधानमंत्री चुने गए। अब लोकनायक जयप्रकाश नारायण से जे.पी. कौन की हैसियत में पहुँच गए।

शीघ्र ही कई राज्यों की कांग्रेस सरकारों को बर्खास्त कर संबंधित विधानसभाएँ भंग कर दी गईं। इसलिए अगला अध्याय बिहार विधानसभा चुनाव 1977 पर ही देना उपयुक्त प्रतीत होता है।

मेरे लिए व्यक्तिगत रूप से लोकसभा चुनाव 1977 में एक विशेष आनंद का अवसर होली के त्योहार पर आया; जब सहायक समादेष्टा एम.पी.एस.ए.एफ. अपने कलाकार पुलिसकर्मियों के साथ ढोलक-मँजीरा लेकर मेरे आवास पर होली मनाने आए। वे बुंदेलखंड के ही थे और उन्होंने हमारे इलाके की ईशुरी की कन्हैयावाली फागें गाकर हमें धन्य कर दिया। मुझे लगा कि हमारे गाँव पर किशोर जू के मंदिर में हम यह आनंद ले रहे हैं। कहते हैं—'मन चंगा तो कठौती में गंगा।'

चुनाव प्रचार में मजेदार प्रकरण एक प्रत्याशी से संबंधित था। उसने फिल्मी गाने का उपयोग ठीक समझा—'मेरे पैरों में घुँघरू बँधा दे तो फिर मेरी चाल देख ले।' इस पर प्रतिद्वंद्वी ने ताना मारा—'मोहे आई न जग से लाज मैं इतना जोर से नाची आज कि घुंघरू टूट गए।'

मतगणना के समय की एक घटना स्मरण आ रही है। एक विधानसभा पंडाल से शोरगुल सुनाई देने पर मैं और नित्या बाबू वहाँ गए। मतगणना स्टाफ गुस्से में था। उन्हें पेशाब तक करने बाहर नहीं जाने दिया जा रहा था। ए.आर.ओ. थे एल.के. झा, एडीशनल कलेक्टर। समस्या पूछी तो पता चला कि कुछ मतपत्रों की संख्या गणना की टैली शीट की गणना से कुछ अधिक बैठ रही है। ज्यादा नहीं, कुछेक सौ। इसलिए मतगणना स्टाफ को हिसाब बराबर होने तक बाहर नहीं जाने दिया जा रहा है। हम लोगों को वहाँ कुछ समय लगते देख शशिभूषण ओझा ए.डी.एम. वहाँ आ गए। उन्होंने नित्या बाबू से कहा, "सर, आप जाइए, हम देख लेते हैं।" फिर एल.के. झा साहब को शांत बैठाया। स्टाफ को कहा कि बारी-बारी पेशाब करने जा सकते हैं। फिर ओझाजी और मैं ए.आर.ओ. (असिस्टेंट रिटर्निंग ऑफिसर) की मेज पर झा साहब के साथ बैठ गए।

ओझाजी ने कहा, “कौन बड़ी बात हो गई। जीत का मार्जिन बहुत ज्यादा है। सबसे कम वोट पाए प्रत्याशियों की मत टैली कुछ-कुछ जोड़कर टैली ठीक कर देते हैं। मतगणना में टैली में कभी-कभी कोई प्रविष्टि छूट जाने से ऐसा हो जाता है। फिर से मत गिनने बैठ जाने का कोई मतलब ही नहीं है। ऐसे में यह कोई विकल्प नहीं होता। चुनावी याचिका सबसे कम वोटवाले दायर नहीं करते। वैसे इससे कोई अंतर नहीं पड़नेवाला।” ओझाजी की व्यावहारिक दृष्टि संकटमोचन का काम करती थी।

□

बिहार विधानसभा चुनाव 1977 मधुबनी की खिड़की से

वर्ष 1977 का लोकसभा चुनाव लहरवाला चुनाव था। पूरे उत्तर भारत में जहाँ इमरजेंसी का सबसे भयावह रूप उद्घाटित हुआ था वहाँ जबरदस्त सरकार विरोधी लहर चल रही थी। इसलिए ये चुनाव बहुत अधिक हिंसक नहीं हुए। वैसे लोकसभा क्षेत्र बहुत बड़ा होता है इसलिए लोकसभा चुनाव से अधिक हिंसा विधानसभा चुनाव में और सर्वाधिक हिंसा अब पंचायत चुनाव में होती है। स्थानीय नेता अपने अपराधी गैंग से संबंध स्थानीय प्रभाव के लिए ज्यादा प्रयोग में लाते हैं। चुनावी गति ऐसी विलक्षण होती है कि इसके प्रवाह में कालांतर में बहुत से पंचायत स्तर के लोग ऊँचे तक अपना मुकाम बना ले गए। इस क्रिया में वे विभिन्न इलाकों के गैंग की समेकित समवेत ऊर्जा का उपयोग अपने उन्नयन में करने में सफल हुए। इनके साथ-साथ बहुत दुर्दांत अपराधी हत्यारे भी प्रोन्नति पाकर माननीय बन बैठे। अपराधियों ने रक्त चख लिया था। नई राजनीति का उद्घाटन हो रहा था। वर्ष 1980 के बाद अपराध को लोकतांत्रिक प्रक्रिया का अपरिहार्य अंग बना दिया गया। चुनाव के लिए अपराधी गैंग के साथ ठेके होने लगे। यह सब कई पुस्तकों का विषय है। यहाँ इसका उल्लेख मात्र ही संभव है।

बिहार विधानसभा के चुनाव आसन्न थे। पर उससे पहले तो रबी की कटाई होनी है। कटाई के समय प्रवासी बिहारी मजदूर घर लौटेगा तब वह भी वोट दे पाएगा। इसलिए चुनाव के लिए सही समय तय करना आवश्यक होता है। किसान-मजदूर घर पर भी है और कृषिकार्य से अपेक्षाकृत मुक्त होकर खाली समय का मालिक है। इससे वह चुनाव प्रचार की शोभा भी बन सकेगा और बढ़-चढ़कर वोट भी दे पाएगा। वैसे भी भारत उत्सवों का देश है और चुनाव भी उत्सव के रूप में ही लिये जाते हैं।

मधुबनी जिले की विडंबना यह रहती आई थी कि इस ग्रामीण कृषि आश्रित जिले में फसल बुआई से कहीं अधिक फसल कटाई का समय उत्सव का न होकर संकट

काल हुआ करता था। भारत देश में दायर बटाईदारी मामलों के अस्सी प्रतिशत मामले तो मधुबनी जिले के नाम ही बताए जाते थे। कम्युनिस्ट पार्टी ऑफ इंडिया के प्रचार-प्रसार का मुख्य हथियार बटाईदारी मामले दायर कराना ही होता था। मधुबनी में खेतिहर मजदूर बहुसंख्यक हैं। सी.पी.आई. ने उन्हें संगठित कर अपना मजबूत संवर्ग तैयार किया था। फिर तो यह फॉर्मूला निकलकर आया कि कोई अपना खेत जोतता-बोता है तो जोतने-बोने का श्रम उसे कर लेने दो। फिर जब फसल तैयार होकर कटने का समय आए तो एक-दो दिन पहले ही रात में सारे मजदूरों को इकट्ठा कर सुबह तक खेत साफ कर दो और फसल ढोकर घर रखो। पुलिस का सामना करो। जेल की चिंता मत करो। पार्टी के वकील आपके लिए काम करेंगे। पार्टी आपका खयाल रखेगी। इसलिए धनकटनी और रबीकटनी के समय भारी संख्या में जगह-जगह पुलिस बल तैनात होता था। पर उसकी दृष्टि की सीमा थी। एक चार की सशस्त्र टुकड़ी के लिए न्यूनतम बल प्रयोग तो एक गोली का ही हो सकता है। और .303 की एक गोली यदि किसी को लगी तो वह तो गया। फिर पार्टी आंदोलन करेगी। पूरा विपक्ष उतरेगा। विधायक विधान मंडल में सवाल पूछकर दबाव बनाते ताकि पुलिस एवं प्रशासन इतना डरा रहे कि वह न्याय-अन्याय के विवेक के फेरे में नहीं पड़कर सुविधाजनक रास्ता अपनाए।

मधुबनी जिले में शांतिपूर्ण धनकटनी कराने के लिए कोई दो सौ से कुछ अधिक एक-चार आधा सेक्शन बल अर्थात् एक हजार के ऊपर सशस्त्र बल 1976 में तैनात किया गया था। धन कटनी के शीघ्र बाद लगे हुए लोकसभा चुनाव 1977 आ गए। रबी कटनी की व्यवस्था में बहुत कतर ब्योत बदलाव नीति पुनरीक्षण का समय नहीं था। चुनाव काल अवैध हथियारों की फसल का भी समय होता है। पुलिस उन्हें बरामद करने की प्राय: उर्वरक फसल काटती है। अपराधी गैंग चुनावी फसल के प्रति दुराग्रहशील होते हैं। चुनाव लड़नेवालों के लिए ये समस्या और समाधान दोनों होते हैं। मधुबनी में तो उन दिनों राजनीति बटाईदारी पर केंद्रित होती थी। बटाईदार खेत के मालिक किसानों को हिस्सा प्राय: नहीं ही अथवा नहीं के बराबर देते थे। माँगने पर कहते खलिहान पर आकर ले जाओ। जिन्होंने खलिहान पर जाने की जुर्रत की वह फिर दोबारा जाने का साहस नहीं जुटा पाया। और दूसरे खेत मालिक उसकी दशा देखकर खलिहान आने का न्योता स्वीकार नहीं कर पाए। किसान किसी तरह घर के पास के खेत और पोखरे में धान और मछली का उत्पादन कर गुजारा करते। जिनके बाल-बच्चे पढ़कर बड़े होकर नौकरी करने लगते उनका उससे गुजारा आसान हो जाता। हालत यह थी कि एक समय तीन-चार पत्नियों के साथ सुखपूर्वक रहनेवाले एक बड़े जमींदार अधेड़ अवस्था आते-आते बटाईदारों की कृपा से मुश्किल से गुजारा कर पा रहे थे। खेत मालिक बटाईदारों और बटाई मुकदमों की दोहरी मार झेल रहे थे। वकील की फीस कहाँ से दें। सबसे दयनीय

हालत तो बूढ़े किसानों और विधवा खेत मालिकों की थी। वे खुद खेती करने की स्थिति में नहीं होते थे और उन्हें अपना न्यायपूर्ण हिस्सा भी नहीं मिलता था।

विधानसभा चुनावों के निर्वाची पदाधिकारी अनुमंडल पदाधिकारी होते हैं, इसलिए जिला स्तर पर बल उपलब्ध कराने का पर्यवेक्षण मुझे करना था और चुनाव की समुचित निगरानी करनी थी। पर प्रधानमंत्री के दरभंगा दौरे से संबंधित एक अति महत्त्वपूर्ण ड्यूटी और अनुभव मेरी प्रतीक्षा में था।

बिहार विधानसभा चुनाव 1977 का जीवनभर के लिए मानवमूल्यों की शिक्षा देनेवाला अनुभव था प्रधानमंत्री मोरारजी भाई देसाई के प्रत्यक्ष आचरण से शिक्षा ग्रहण करने का।

मोरारजी देसाई को दकियानूसी, पुरातनपंथी, खूसट आदि कहकर तथाकथित आधुनिक लोग आलोचना करते रहते थे। इनकी आधुनिकता की परिभाषा में शराब पीना प्रमुख था। मोरारजी ने प्रधानमंत्री बनते ही देशभर में शराबबंदी लागू कर दी थी। परमिट पर शराबियों को शराब निर्गत हो सकती थी। पर उसके ऊपर शराबी का नाम, शराबी के बाप का नाम जैसे कॉलम देखकर शराबी भड़क उठे थे।

जून 1977 में मोरारजी भाई का चुनाव प्रचार के लिए दरभंगा आने का कार्यक्रम था। मैं मधुबनी से दरभंगा विश्वविद्यालय अतिथि गृह में सुरक्षा प्रभारी के रूप में बुलाया गया था। इस अतिथि गृह को वैसे यूरोपियन गेस्ट हाउस कहते आए हैं। पर प्रधानमंत्री की संवेदनशीलता का नाम विषयक ध्यान रखना आवश्यक था। प्रधानमंत्री ने चुनाव प्रचार हेतु सरकारी कार का प्रयोग न कर एक जनता पार्टी कार्यकर्ता की निजी फिएट कार का पूरे दौरे में प्रयोग किया। हवाई अड्डे से शहर के रास्ते दोनों ओर स्कूली बच्चों को लाइन में लगे देख प्रधानमंत्री भड़क गए। उन्होंने आयुक्त और डी.एम. को बहुत डाँटा। कहा कि गुलामी सिखा रहे हो। बच्चों को क्यों इस तरह लाइन में खड़े होना सिखाया जा रहा है।

मैं अतिथि गृह में था। प्रधानमंत्री को वहाँ से तीन बजे दिन में हवाई अड्डे के लिए प्रस्थान करना था। बगल के कमरे में सभी बड़े अफसर बैठे आपस में बातें कर रहे थे कि इतनी गरमी और लू में पी.एम. नहीं निकलेंगे। मैंने कहा, मोरारजी भाई अवश्य निकलेंगे और मैंने देखा, गांधी टोपी धारण किए एक छड़ी जैसी पतली काया ठीक तीन बजे फिएट में बैठ गई है। साथ में बिहार राज्य के जनता पार्टी अध्यक्ष सत्येंद्र नारायण सिंह हैं। मैं सबको सावधान कर जीप में पी.एम. के पीछे चलकर एयरपोर्ट सुरक्षा में प्लेन की निगरानी करने लगा। पी.एम. ने सबसे हाथ मिलाया और प्लेन द्वार तक चढ़ गए। वहाँ उन्होंने जहाज की धातु सतह पर मेरी छवि देखी तो उतरकर मेरे पास तक आकर मुझसे हाथ मिलाया, फिर प्लेन की तरफ लौटे। मेरे मन में उस समय कई बातें चल रही थीं। मैंने उनसे सबको आदर देना सीखा। जैसी कि अपेक्षा थी, चुनाव के बाद बिहार में कर्पूरी

ठाकुर के नेतृत्व में जनता पार्टी की सरकार बनी और हम नए किरदारों के कारनामों के साक्षी बने। कर्पूरीजी उस समय लोकसभा के सदस्य थे। अत: उन्होंने विधानसभा मार्ग से विधायक दल में आने का निर्णय लिया। आजकल तो विधान परिषद् का सुगम मार्ग नेता अपना लेता है। राज्यसभा का सुगम मार्ग तो देश के एक प्रधानमंत्री भी सुखद पाते रहे। वे निस्संदेह लोकनेता नहीं थे। अस्तु।

मधुबनी जिले के नए विधायकों में चार नाम अपने-अपने कारणों से चर्चित रहते थे। वैसे तो मधुबनी जिला कुछ ग्यारह विधायक भेजता है। डॉ. जगन्नाथ मिश्र झंझारपुर से दोबारा जीते, जहाँ से वे मुख्यमंत्रित्व काल में भी विधायक थे। मेरे झंझारपुर अनुमंडल के अल्प संसर्ग में उनका अथवा उनकी तरफ से कभी कोई संदेश संवाद नहीं आया। मधेपुर क्षेत्र के विधायक राधा बाबू की चर्चा तो हो ही चुकी है। अब जब मैं सहायक पुलिस अधीक्षक, मधुबनी के रूप में कार्यरत था तब दो विधायक अपनी-अपनी तरह से अति सक्रिय थे। बेनीपट्टी क्षेत्र से पुन: जीतकर आए तेज नारायण झा तेज-तर्रार और विधानसभा में क्षेत्र की पुलिस पर सवाल और वार करने में तेज थे। इसी कारण पुलिसवाले उनसे बहुत भय खाते थे। एक दिन उन्होंने मुझे भी कहा कि मैं विधानसभा में सवाल उठाऊँगा। मेरा उत्तर था, आप अपना कर्म कर रहे हैं, मैं अपना कर्तव्य कर रहा हूँ। सवालों के जवाब देकर ही तो हमने यू.पी.एस.सी. क्लीयर किया था। उनसे क्या डरना। जिले से संबंधित अपने विभाग के हर सवाल का मैं समय से पूर्व ही उत्तर प्राप्त करा देता था।

तेज नारायण झा साहब के तरकश के तीर फेल होने लगे थे। एक दिन उन्होंने मेरे कार्यालय आकर सौम्य तरीके से उत्तरों के समय पर पहुँचने पर प्रसन्नता व्यक्त की। हमने कहा कि हम लोग सब मिलकर देश सेवा कर रहे हैं। इसमें विरोध कहाँ। सी.पी. आई. के ही दूसरे नेता बिस्फी के विधायक रामचंद्र पूर्वे भी प्रश्न मास्टर थे, पर वे अति चतुर और सौम्य थे। मेरे कार्यालय आते रहते थे। उनकी कुछ चर्चा अगले अध्याय में भी होगी। वे भी पुन: जीतकर आए थे।

इन लोकसभा और विधानसभा चुनावों में विचित्रता क्षेत्र परिसीमन को लेकर थी। यह एक रोचक शोध का विषय होगा कि वर्ष 1952 में हुए पहले आम चुनावों का लोकसभा एवं विधानसभा क्षेत्रों का परिसीमन कहीं डिजाइनर परिसीमन तो नहीं था। अर्थात् पहले उम्मीदवारों के नाम निर्धारित कर लिये, फिर उनकी जाति-धर्म-प्रभाव आदि के अनुसार क्षेत्रों का परिसीमन किया गया। यदि ऐसा नहीं तो बेनीपट्टी थाने के समीपस्थ का रामचंद्र पूर्वे साहब का गाँव बिस्फी क्षेत्र में क्यों पड़ता ? उस गाँव से बिस्फी के लिए बेनीपट्टी और मधुबनी के क्षेत्रों में से आज भी जाना पड़ता है। ऐसे अनेक उदाहरण देखने में आए हैं। पर यह अलग विषय है।

बहरहाल, अब नई सरकार थी। नया वातावरण तो नहीं पर ध्वनियाँ नई थीं। भाषाएँ बदली हुई थीं। मिजाज वही थे। फिलहाल हम मुख्यमंत्री कर्पूरी ठाकुरजी के फुलपरास क्षेत्र से उपचुनाव की बात कर लेते हैं। फुलपरास मधुबनी जिले में ही पड़ता है। यह यादवों का प्रभाव क्षेत्र है। कर्पूरीजी के लिए इसे नवनिर्वाचित विधायक ने खाली किया था। यह झंझारपुर अनुमंडल में ही पड़ता है। झंझारपुर अनुमंडल में सी.पी.आई. का प्रभाव नहीं था। इसका प्रमुख कारण डॉक्टर साहब और राधा बाबू के नेतृत्व में लोगों का विश्वास होना था। ये दोनों नेता जननेता थे और लोगों को उपलब्ध रहते थे। डॉक्टर जगन्नाथ मिश्र का स्वभाव तो हृदय जीत लेनेवाला था। राधा बाबू ने भी मुझे अद्‍भुत स्नेह बाद के वर्षों में दिया। पर राधा बाबू तेज मिजाज थे। बाबूबरही से कांग्रेसी विधायक महेंद्र नारायण झा का सरकार में अच्छा प्रभाव था। पार्टियों के छुटभैये तो हर जगह होते ही हैं। कार्यकर्ता भी होते हैं। उन्हें पार्टी की चिंता भी रहती है। ऐसे ही दो छुटभैये मुझसे झंझारपुर कार्यकाल में बहुत दुःखी हुए थे। कारण था एक कम्युनिस्ट विचारधारा के व्यक्ति पर थोपे गए झूठे मुकदमे को मैंने ऑन द स्पॉट असत्य, दोषारोपण असत्य और धारा 182/211 आई.पी.सी. में शिकायतकर्ता के विरुद्ध कार्रवाई के निर्देश दे डाले। जब आई.बी. में यह पर्यवेक्षण टिप्पणी लिखा रहा था तब ये बंधु ड्राइंग रूम में बैठे सब सुन रहे थे। निर्देश सुनते ही फन्नाते हुए निकल गए। संगठन में सब तरह के लोग होते हैं। होने ही चाहिए। हरेक की निष्ठा के अपने प्रतिमान होते हैं। उद्देश्य सत्यनिष्ठा की ओर जाने का होना चाहिए। यद्यपि मैं सहायक पुलिस अधीक्षक, मधुबनी (मुख्यालय) था, फिर भी कर्पूरीजी के फुलपरास उपचुनाव में मुझे अपने पुराने चार्ज से भेंट होनेवाली थी।

झंझारपुर अनुमंडल को दो-दो मुख्यमंत्री की मेजबानी का सौभाग्य मिलनेवाला था।

□

फुलपरास उपचुनाव 1977

फुलपरास का यह उपचुनाव वस्तुतः मुख्यमंत्री का चुनाव था। कर्पूरी ठाकुर मुख्यमंत्री तो थे ही, पुलिस विभाग सीधे-सीधे उन्हीं के पास था। उस समय का पावर सैटअप था—मोरारजी भाई देसाई प्रधानमंत्री, चौधरी चरण सिंह उपप्रधानमंत्री और झंझारपुर से चुने गए धनिकलाल मंडल गृह राज्य मंत्री भारत सरकार। चौधरी साहब के पास गृह मंत्रालय के साथ-साथ कार्मिक विभाग भी शामिल हो गया था।

मंडलजी को चौधरी साहब ने अपने समूचे प्रभार के लिए अपना नायब बनाया था। फुलपरास विधानसभा क्षेत्र चूँकि मंडलजी के झंझारपुर लोकसभा क्षेत्र का अंग था, इसलिए इस उपचुनाव में वे बढ़कर हिस्सा ले रहे थे। और फुलपरास मधुबनी जिले में होने के कारण मधुबनी लोकसभा क्षेत्र के सांसद हुकुम देव नारायण यादव भी दिखते रहना चाहते थे। विशेषतः इसलिए भी कि फुलपरास यादवों का प्रभाव क्षेत्र है। जिले के सेटअप में भी नई सरकार आने के बाद बिसात पर नए सिरे से गोटियाँ बिठाई गई थीं। मधुबनी के कलेक्टर के पद पर टी. नंदकुमार आई.ए.एस. 1972 बैच सीधी भरतीवाले आ गए थे। एस.पी.एन.पी. सहाय रह गए थे। वे राजेश्वर लाल बिहार पुलिस प्रधान के प्रिय पात्र रहे हैं। नित्या बाबू के लिए यह परिवर्तन सुखद नहीं रहा। वे निदेशक, पंचायती राज के पद पर पटना गए, जिस पद पर वह कोई दो दशक पहले भी रह चुके थे। बस एक सांत्वना कह सकते हैं। इस बार उपसचिव कोटि में नहीं, अपितु संयुक्त सचिव कोटि में। पर यह सरकार की मजबूरी भी थी, क्योंकि नवप्रोन्नत आई.ए.एस. भी न्यूनतम संयुक्त सचिव स्तर पर ही सचिवालय में उत्क्रमित होने लगा था, उपसचिव में नहीं। कुछ भी हो, नित्या बाबू इसे दंड के रूप में ही मानकर दुःखी रहे। यहाँ तक कि प्रस्थान पूर्व गार्ड ऑफ ऑनर में सलामी समाप्त होने पर भी सेल्यूट की मुद्रा में देर तक रहे गोया अबके बिछुड़े कब मिलेंगे। नित्या बाबू का भाग्य 1980 में एक बार फिर पलटा। वे डॉ. जगन्नाथ मिश्र के दोबारा मुख्यमंत्री बनने के बाद उनके गृह जिला सहरसा के जिला मजिस्ट्रेट बने। नित्या बाबू अच्छे पदाधिकारी थे, सौम्य और संतुलित परिपक्व। उनका एक प्रकरण यहाँ उल्लेखनीय है।

एक चुनाव में हरलाखी क्षेत्र की एक बूथ पर एक पुलिस हवलदार ने एक व्यक्ति पर करीब से गोली चला दी जिससे उसने घटनास्थल पर ही दम तोड़ दिया। दलील यह दी कि मृतक मतपेटी लेकर भाग रहा था। जानकारी मिलते ही मैं वहाँ पहुँचा। मेरी दृष्टि में यह सरासर हत्या का मामला बनता था। पर चूँकि सहायक पुलिस अधीक्षक मुख्यालय के रूप में शक्तियाँ सीमित थीं, इसलिए मैंने डी.एम. और एस.पी. से उचित कानूनी कार्रवाई के लिए आदेश माँगा। नित्या बाबू ने मुझसे कहा, "गौतमजी, आप वहीं प्रतीक्षा कीजिए। मैं और एस.पी. साहब आ रहे हैं। जिला मजिस्ट्रेट की हैसियत से मैं इस पुलिस फायरिंग की जाँच करूँगा।" नित्या बाबू ने आकर घटनास्थल देखा। मुझे अलग ले जाकर बोले, "आपका कहना कदाचित् सही है। पर यह सब घटनाक्रम हो गया। इरादा नहीं लगता है। इसको मैं बचा देने की सोच रहा हूँ। अब आप देखिए, मैं कैसे जाँच कर रिपोर्ट बनाता हूँ।" बोले, "ऐसे मामलों में रिपोर्ट मोटी होनी चाहिए। दर्जन भर अनुलग्नक होने चाहिए और रिपोर्ट में उन्हें बेतरतीब संदर्भित करना चाहिए जैसे कि पहले पैरे में दसवाँ अनुलग्नक फिर तीसरा फिर बारहवाँ फिर पहला आदि-आदि। इसे कोई भी दो पैरे से आगे नहीं पढ़ पाएगा। रिपोर्ट सड़ जाएगी। मामला दफन हो जाएगा।" जाँच के दौरान नित्या बाबू ने ताड़ की जैली जैसी गिरी भी चाव से खाई। कई फल की खा गए। मैंने भी उनके आग्रह पर एक फल की गिरी चखी। ताड़ी उतारनेवाले बेहद खुश हुए। ये ताड़ थाने के भीतर थे।

पर वह पुलिस हवलदार नित्या बाबू की चतुराई भरी रिपोर्ट के कारण नहीं बचा, वह जिस तरह बचा, वह एक निर्दोष ऑफिसर की कीमत पर। उसने पेट्रोलिंग मजिस्ट्रेट बने एक बेचारे जिला सांख्यिकी पदाधिकारी पर राइफल तानकर फायरिंग करने का लिखित ऑर्डर घटनोत्तर ले लिया जबकि हवलदार मतदान केंद्र की ड्यूटी पर था। मजिस्ट्रेट तो मतपेटी लेने आया था और खून हुआ देख हतप्रभ था। वह बेचारा इस मूर्खता के कारण डेढ़ वर्ष तक निलंबन में रहा। एक दिन वह दुःखी मन से मेरे कार्यालय में आकर रोने लगा। बोला, "अब तो मेरे जूनियर प्रमोशन पाकर मेरे सीनियर हो गए हैं। आपको सच्चाई पता है, मेरी सहायता करिए।" उन दिनों एस.सी. रॉय आई.ए.एस. विकास आयुक्त थे। वे एक ईमानदार और दमदार ऑफिसर थे। सांख्यिकी विभाग उन्हीं के अधीन आता था। मैंने उन्हें कहा कि सीधे रॉय साहब के पास जाओ। मेरा रेफरेंस देते हुए कहना कि सच्चाई उनसे फोन कर पूछ सकते हैं। मुझे पूरी उम्मीद है, वे न्याय कर देंगे और वही न्याय करने की क्षमता रखते हैं। वे दूसरे दिन रॉय साहब के समक्ष पेश हो गए। रॉय साहब ने पुर्जा देखते ही बुला लिया था। बात सुनी। कुछ नहीं बोले। उसी दिन फिर तीन बजे आने को कहा। और तीन बजे उन्हें दो लिफाफे पकड़ा दिए और बोले, "नाउ गो।" काँपते हुए लिफाफे लिये। दिल थामकर बाहर आकर खोले। कहीं बर्खास्तगी तो नहीं हो गई।

दो आदेश थे—एक निलंबन से मुक्ति का, निलंबन की तारीख से ही सारे दोषों से मुक्त करते हुए और दूसरा जूनियर को मिली प्रोन्नति की तिथि से इनकी भी प्रोन्नति का। मुझे इस सुखद परिणति से अच्छा लगा। रॉय साहब जैसे लोग क्या आज भी मिल सकते हैं! उन्होंने तो उस ऑफिसर की बात पर पूरा भरोसा किया। मुझसे भी पूछा तक नहीं था। मैं उनसे कभी नहीं मिला था।

क्षेपक कथा कुछ लंबी थी। पर थी महत्त्वपूर्ण। हम वापस फुलपरास उपचुनाव पर लौटते हैं।

झंझारपुर के नए अनुमंडल पदाधिकारी श्रीप्रकाश केशव आई.ए.एस. 1974 सीधी भरती थे। वे मेरे बैचमेट थे। अनुमंडल पुलिस पदाधिकारी परिपक्व सेवा निवृत्ति की ओर अग्रसर काजी मोहम्मद अताउल्लाह थे। वे प्रोन्नत होकर यहाँ तक पहुँचे थे। मेहनती थे।

एस.पी. केशव बेहद ईमानदार और सरल व्यक्ति हैं। मधुबनी में आर.बी. झा की जगह एन.एस. माधवन आई.ए.एस. 1975 एस.डी.ओ. के रूप में आए थे। कर्पूरीजी का चुनाव प्रचार सरल और हृदय को छूनेवाला था। वे क्षेत्र में लगभग निपट अकेले घूमते रहते किसी के घर भी जो मिलता वह खा-पी लेते, कहीं भी किसी के घर सो जाते। मुख्यमंत्री इतने दिनों जिले में रहे, कभी उनके कारण तनाव की नौबत नहीं आई। न सुरक्षा को लेकर, न व्यवस्था को लेकर। घोघरडीहा में हुई उनकी एक जनसभा का मजेदार उदाहरण बानगी के तौर पर प्रस्तुत है।

कर्पूरीजी का भाषण चल रहा था। सामने लोगों के बीच से तीन-चार युवक खड़े होकर कुछ बकवास जैसी करने लगे। मैं उनकी तरफ बैठाने के लिए बढ़ा कि कर्पूरीजी दहाड़े—"मेरे और जनता के बीच में पुलिस न आए।" मैं झल्लाकर स्थल पर किनारे कर्पूरीजी की पूर्ण दृष्टि रेखा में कुरसी मँगाकर पैर-पर-पैर रखकर आराम से बैठ गया। अब कुछ लोग मंच के पीछे आकर भी सरकार के विरुद्ध बोलने लगे। कर्पूरी सामनेवालों को भी उत्तर देते, फिर पीछे मुड़ते हुए पीछेवालों को भी उत्तर देते रहे। फिर उन्होंने घोषणा की कि आप लोग चाहे जितना डिस्टर्ब करो, मैं तुम लोगों के चुप होने के बाद भी एक घंटे तक बोलूँगा। कुछ देर बाद हल्ला पार्टी खिसकने लगी। फिर जनता खिसकने लगी। अब मुश्किल से पच्चीस-तीस लोग ही बचे तब कर्पूरीजी ने अपने भाषण का समापन किया। भाषण समाप्त होते ही मैं मंच के पास पहुँचा तो मुझसे हँसते हुए बोले, "देखा न आपने, मैंने सबको डिस्पर्स कर आपका भी काम कर दिया।" कर्पूरीजी से इस कथानक में आगे भी भेंट होनेवाली है। यहाँ इतना ही कि उनका लोकप्रियता के प्रति आग्रह कदाचित् उनकी प्रशासनिक दक्षता पर अपनी छाया डालता रहता था।

उपचुनाव पूर्व उपप्रधानमंत्री चौधरी साहब भी फुलपरास प्रचार हेतु आए। वे उन दिनों अनाज नहीं खाते थे। हुकुमदेव बाबू ने डी.एम. के पास उनके लिए मेवे भेजे तो

मंडल साहब ने स्थल पर ही मेवों का प्रबंध किया। जिला प्रशासन का भी प्रबंध था। चौधरी साहब का व्यवहार परिवार के मुखिया जैसा होता था। हम लोग उनके अगल-बगल बैठे थे। एस.पी. थाली लेकर उठे तो चौधरी साहब ने उन्हें कहा, "तुम बैठो, यह धनिक लाल का काम है। वे मेजमान हैं।" फिर दूध आया। चौधरी साहब खाँटी जाट बोले, "नंदकुमार, इतना पतला दूध। इसीलिए पानी पीकर तुम लोग देश ठीक से नहीं चला पा रहे हो।" फिर बोले, "लोकल पुलिस इंस्पेक्टर को बुलाओ।" शिवमंगल प्रसाद बड़े स्मार्ट और दक्ष इंस्पेक्टर थे। चौधरी साहब ने कहा, "मेरे लिए बढ़िया दूध ला सकते हो?" शिवमंगल बोले, "एक मिनट में लाया हुजूर!" चौधरी साहब दूध पीकर परम प्रसन्न बोले, "देश को पुलिस ही चला सकती है, वही चला भी रही है। देखो नंदकुमार, जो जिला प्रशासन नहीं कर सका, एक पुलिस इंस्पेक्टर ने पल में कर दिया।" फिर चौधरी साहब ने शिवमंगल से कुछ संरक्षकोचित बातें कीं और उनका मनोबल बढ़ाया।

फुलपरास उपचुनाव प्रचार में मंत्रियों और विधायकों का ताँता लगा रहता था। कर्पूरीजी तो जब देखो दातून चबाते ही दिखते थे फिर किसी घर से एक लोटा पानी माँगकर हाथ-मुँह धोते, फिर वहीं उसी घर से दो रोटी नमक-प्याज-हरी मिर्च भी नाश्ते के लिए माँग लेते। जो तत्काल उपलब्ध हो। जाति-बासी का कोई भेद नहीं। अब सीधे चुनाव के दिन पर आते हैं।

पटना से के.ए.एच. सुब्रह्मण्यम सारे प्रबंध की निगरानी के लिए पधारे थे। चारों तरफ फोर्स-ही-फोर्स, पुलिस-ही-पुलिस। मेरी और माधवन की भी चुनाव की निगरानी हेतु ड्यूटी लगी थी। मंत्री भी साथ में मार्गरक्षक फोर्स बैठाए अथवा अलग गाड़ी में लिये घूम रहे थे। हमारे रास्ते में एक मंत्री की गाड़ी आ गई। हमने उसकी चैकिंग की। मंत्रीजी को पसंद तो नहीं आया, पर उन्होंने स्वयं पर नियंत्रण अवश्य रखा। हम लोगों के नाम व पद पूछे तो माधवन ने विस्तार से अपनी हिंदी में बताया और कहा, बदली होने से अच्छा रहेगा। एक मतदान केंद्र से सूचना आई कि वहाँ एक दर्जन से ज्यादा माननीयों ने घेर रखा है। वे बूथ कब्जा करने को आतुर हैं। पुलिस बल उन्हें रोके है। बहस हो रही है। जल्दी आइए। हम लोगों ने तेजी से वहाँ पहुँचकर उन्हें दूर तक खदेड़ा। वे सब हमें देखते ही अपनी चप्पलें आदि पीछे छोड़कर बेतहाशा भागे। अरसे बाद इनमें से कुछ लोगों ने मुझसे उस घटा की छटा का हँस-हँसकर विस्तार से बयान किया और मुझसे अपनी उस पलायन में खोई चप्पलों के लिए मुआवजा भी माँग डाला। इसका मजाकिया उत्तर बहुत मर्यादित नहीं होता।

एक मतदान केंद्र पर जब यह माननीयों का जत्था पहुँचा तो हवलदार कामेश्वर सिंह झा (यथास्मृति) ने उन्हें पूरी अथॉरिटी से मतदान केंद्र के काफी बाहर ही रोक दिया। इस पर एक महिला नेता ने गरजकर कहा कि तुम जानते नहीं हो, मैं बासंती हूँ।

(बड़ी तेज-तर्रार नेता के रूप में पहचान थी उनकी) हवलदार साहब ने बिना एक क्षण गँवाए हाजिर जवाबी की—आप यदि बासंती है तो मैं गब्बर सिंह हूँ। (स्मरण कीजिए फिल्म 'शोले' के मुख्य किरदार)। इसको लेकर हंगामा खड़ा हो गया। पता चला, हवलदार झा को सस्पेंड करने का ऑर्डर हो रहा है। मैंने और माधवन ने पहले ही सबको स्पष्ट कर दिया कि यदि ऐसा कुछ भी किया गया तो हम हवलदार झा की लड़ाई खुलकर लड़ेंगे और इससे सरकार को जो शर्मिंदगी उठानी पड़ सकती है, उस पर पहले ही सरकार सोच ले। मामले का सुखांत हुआ।

फुलपरास उपचुनाव कर्पूरीजी भारी मतों से जीते। यह एकतरफा लड़ाई थी। कर्पूरी लोकप्रिय नेता रहे हैं। उनकी जीत में कोई संदेह नहीं था। जनता पार्टी की अंदरूनी समीकरणबाजी में कर्पूरीजी को रामसुंदर दास ने अपदस्थ कर मुख्यमंत्री पद हासिल किया। फिर जनता पार्टी स्वयं टूटने के लिए छटपटाने लगी थी। वह कथा सर्वविदित है।

□

बिहार पंचायत चुनाव 1978

पंचायत चुनावों में सभी तरह की विभाजन रेखाएँ उभरकर ऊपर आ गईं। इससे सत्ता में भागीदारी की राह खुल रही थी। स्थानीय प्रतिद्वंद्विताएँ तीक्ष्ण हो गईं। परिणामत: बिहार पंचायत चुनाव 1978 बहुत ही हिंसात्मक रहे। मधुबनी जिला भी इसका अपवाद नहीं था। एक प्रकरण को यहाँ स्थान दिया जा रहा है।

मैं और शशिभूषण ओझाजी एक केंद्रीय स्थल कलुआही के पंचायत भवन में डेरा डाले हुए थे, ताकि वहाँ से सभी जगह नियंत्रण हो सके। चुनाव के दिन हम भोजन की प्रतीक्षा कर रहे थे। बात चल रही थी कि कुछ गाँवों का नाम सुबह-सुबह बिना खाए लेने से दिनभर भोजन नहीं मिलता। भोजन तो आने ही वाला था तो मैंने एक ऐसे ही गाँव का नाम ले दिया। भोजन आ रहा था तभी एक व्यक्ति भागा हुआ आया—"खून भे गइल, लाश गिरल छे।" मैंने ओझाजी से कहा, "चलिए, चला जाए। भोजन तो गया।" ओझाजी ने उससे पूछा, "लाश की करै छे?" वह बोला, "कनी-कनी चाय पिये छे।" फिर भी हम तुरंत गए। दोपहर का भोजन शाम को ही मिल पाया।

ओझाजी अनुभवी अफसर थे। उन्होंने आनंदमार्ग के संस्थापक आनंदमूर्ति का मजिस्ट्रेट की हैसियत से बयान दर्ज किया था। उन्होंने बताया कि आनंदमूर्ति अवधूत को वे जब गिरफ्तार कर बयान के लिए गए तो वे शिष्यों को संबोधित कर रहे थे। ओझा साहब को देखते ही उन्होंने ओझाजी के बारे में सब कुछ बताना शुरू कर दिया, यह कहते हुए कि—'आओ शशिभूषण।' ओझाजी का आकलन था कि आनंदमूर्ति असाधारण प्रतिभा के धनी थे।

ओझाजी ने औकल्ट साइंस में प्रवीण एक अन्य व्यक्ति से भेंट के बारे में भी बताया। उसने मधुबनी में बैठे-बैठे एच.एम.टी. बैंगलोर के काउंटर से एक ब्लैक में चल रही घड़ी मँगा दी थी। मेज पर से उसकी कीमत गायब हो गई और उसकी जगह घड़ी का पैकेट कैश मेमो सहित आ गिरा। उन्होंने एक पदाधिकारी की ए.सी.आर. फाइल मँगाकर फिर वापस भी कर दी थी। ऐसे तांत्रिक भी इस देश में हैं। यह विद्या निकृष्ट मानी जाती है।

□

मधुबनी पेंटिंग के आँगन में

झंझारपुर से सहायक पुलिस अधीक्षक, मधुबनी (मुख्यालय) में पदस्थापन से झंझारपुर से 'बड़े बेआबरू होकर तेरे कूचे से हम निकले' का दंश पता नहीं चला और ए.पी. मिश्र डी.जी. एंड आई.जी.पी. के अडिग रहने से यहाँ से मेरे दो-तीन तबादले कागज में ही रह गए। राज्य में जनता पार्टी की सरकार आने के बाद एक तबादला और आया। वह था मधुबनी से वापस अनुमंडल पुलिस पदाधिकारी झंझारपुर के पद पर। अब हमारे राज्य के नए पुलिस प्रधान राजेश्वर लाल आई.जी.पी. हो गए थे। वे राज्य पुलिस के मुखिया बनने के बाद मधुबनी आए। उनकी इस यात्रा से मुझे काम करने की नई सशक्त शैली विकसित करने की शिक्षा उनसे मिली। पहले झंझारपुर वापसीवाली बात पूरी कर लूँ। एस.डी.पी.ओ. झंझारपुर वापस पदस्थापन का आदेश पाकर मैंने उसी क्षण सरकार और पुलिस मुख्यालय वायरलेस मैसेज भेजकर इसे सिद्धांत विरुद्ध बताते हुए अस्वीकार कर दिया, क्योंकि किंचित् लोगों को इससे आशंका हो सकती थी और जिस तरह मेरा स्थानांतरण वहाँ से हुआ था, उसके आलोक में मेरा फिर वहीं पदस्थापन निर्मलता लिये हुए नहीं हो सकता। लाल साहब ने मुझे मधुबनी यात्रा के दौरान बताया कि धनिक लाल तुम्हारी बहुत तारीफ कर रहे थे। वही तुम्हें वापस अपने क्षेत्र में चाहते थे। पर तुम नहीं जाना चाहते हो तो उसे रद्द कर देंगे। यहीं रहो।

बैठक में लाल साहब ने सबके समक्ष मेरे सही चुनावी आकलन की भी प्रशंसा की। मधुबनी से चलते-चलते उन्होंने मुझसे पूछा, "बताओ, यहाँ तुम्हें क्या चाहिए?" मैंने तत्काल उनसे कहा कि हमारे थानों में कमाऊ शौचालय है—"वहाँ सिर पर मैला ढोने की प्रथा अभी भी कायम है, इन्हें स्वच्छ शौचालयों में बदला जाए। और नगर पुलिस चौकी, पुलिस लाइन, पुलिस अस्पताल में दूरभाष की सुविधा प्रदान की जाए।" लाल साहब ने आराम से कह दिया, "करा लो।" मैंने कहा, "स्वीकृति और आवश्यक धन भी तो चाहिए।" उन्होंने उतने ही आराम से कहा, "मिल जाएगा।" हम हवाई पट्टी की ओर चल दिए। लाल साहब पटना पहुँचे ही होंगे कि मेरे पास वायरलेस से दोनों मद में स्वीकृति और धन आवंटन आ चुका था। वे कहते थे, सरकार में हर वैध कार्य करने के

लिए किसी-न-किसी के पास सिस्टम में पावर है। इसलिए जो लोक हित में आवश्यक हो, वह कर दो। यह सिस्टम की जिम्मेदारी है कि वह इसका उचित नियमितीकरण करे। बस तुम्हारी कॉन्शेंस क्लीयर होनी चाहिए, इरादे एकदम नेक हों और लोकहित में वह करने की आवश्यकता हो। मैंने इस शिक्षा को प्रयोग किया और अचूक पाया। चाहे थानों को फर्नीचर मुहैया कराना हो, किताबें उपलब्ध करानी हों अथवा तात्कालिक आवश्यकता पड़ने पर किसी पुलिस पोस्ट के लिए शेड तैयार करना हो। मेरे डी.जी.पी. कार्यकाल में लोगों को समस्या थी कि नियंत्रण कक्ष के दो टेलीफोन प्राय: व्यस्त मिलते थे। मैंने तत्क्षण हर पुलिस क्षेत्र के लिए एक टेलीफोन के हिसाब से बारह फोन और लगवा दिए। वे शाम तक ऑपरेशनल हो गए। यह शैली लाल साहब की देन थी। वे डायनमिक थे। मेरे कुछ अप्रिय अनुभव भी हैं, उनकी भी धीमे स्वर में चर्चा होगी।

यह मिथिला पेंटिंग के अच्छे दिन थे। जॉर्ज फर्नांडिस साहब के पास रेल मंत्रालय तो था ही, उद्योग मंत्रालय भी उनके पास आ गया। तिरहुत क्षेत्र का मुजफ्फरपुर तो उनका अपना लोकसभा क्षेत्र था। जॉर्ज साहब ने ट्रेनों में मिथिला पेंटिंग बनवाने तथा इसे विदेशों में प्रचारित-प्रसारित करने को बढ़ावा दिया। इस प्रकार मधुबनी पेंटिंग मिथिला पेंटिंग के रूप में लोकप्रिय होने लगी। मैं अवसर पाकर जितवारपुर गाँव गया, जहाँ पद्मश्री सीता देवी अपने मामूली घर में रहती हुईं गाँव की महिलाओं और युवतियों को चित्रकला सिखाती थीं और चित्र बनवाकर उन्हें आगंतुकों को बिकवाती भी थीं। मुझे उनके दर्शनों का सौभाग्य मिला। डॉ. भवनाथ मिश्र की पत्नी भी उसी गाँव में रहती थीं। मिथिला पेंटिंग पर शोध करनेवाले डॉ. आर. आवेंस अमेरिकी नागरिक श्रीमती मिश्र के ही घर पर रहते थे। श्रीमती मिश्र के घर पर ही आगंतुक आते थे। डॉ. आवेंस पर एक दल विशेष का आरोप भी था कि वे सी.आई.ए. के एजेंट हैं। एक बालक की हत्या के मामले में कुछ जानकारी साझा करने वे मुझसे दो-तीन बार मिले तो कुछ लोगों को मुझसे भी शिकायत हो गई। आरोप लगे। जाँच भी हुई। मैंने कहा, "मुझसे कोई भी मिल सकता है। मैं हरेक को समान रूप से उपलब्ध हूँ और रहूँगा।" इसी हत्या के संबंध में एक दल के आरोपी नेता की गिरफ्तारी के लिए मैं छापामारी में गया तो वे तो नहीं मिले, उनके आवासीय परिसर में डेढ़ क्विंटल गाँजा मिला। घर में उनकी पत्नी, बेटा और बेटी थे। महिलाओं को वहीं छोड़ हमने लड़के को गाँजा बरामदगी मामले में हिरासत में लिया। हमारा व्यवहार अति सौम्य था और सब कुछ स्पष्ट कर दिया था। चलते समय बेटी ने मुझसे कहा, "भैया, मेरे भैया का खयाल रखना।" गिरफ्तारी करते हुए आप विश्वास न खोएँ, यह सीख मुझे इससे मिली। मैंने कहा, "अपने पिता से समर्पण करने को कहना और कल भाई की जमानत कोर्ट से करा लेना। सामान्यत: जमानत हो जाती है गाँजा बरामदगी में। उसमें पिता ही मुख्य अभियुक्त हैं।"

दुर्भाग्य, पुलिस के कृत्य आमजन में प्रायः अविश्वास का ही संचार करते हैं। उनका व्यवहार और आचरण तो ऐसा होता है कि स्वयं पुलिस में काम करनेवाला थाने जाने से झिझकता है, बस अपने पदस्थापन का थाना छोड़कर। अविश्वास का एक ऐसा ही दुःखद प्रकरण देखने को मिला।

बिजली तार की चोरी का मामला आया था। पुलिस रिकॉर्ड में घटना के पास के गाँव रामकतारी में बिजली चोर का नाम दर्ज था। हम वहाँ चल दिए उस चोर के घर के लिए। गाँव में फूस की झोंपड़ियाँ गाँववालों की गरीबी चीख-चीखकर बयान कर रही थीं। हमें देखकर एक स्त्री घड़ा लिये बेतहाशा भाग रही थी। मैंने आवाज दी, "मत भागो—माई, कुछ भी नहीं करेंगे।" लोगों ने भी उससे रुकने को कहा। रुक गई। पता चला, एक बार ऐसे ही बिजली तार की चोरी हुई थी। दरोगाजी आए, बोले, "जिसके पास बिजली का जितना भी तार हो, बता दो। हम कुछ नहीं करेंगे।" उस महिला का पुत्र मासूम बालक बारह-तेरह वर्ष की उम्र का बोला, "हमारे पास तार है, माँ उस पर कपड़े सुखाती है।" दारोगाजी ने उस दो-तीन गज अल्युमिनियम तार की चोरी के मामले में बरामदगी दिखाकर बच्चे को भी यह कहकर साथ ले लिया कि थाने में कागजी खानापूर्ति कर छोड़ देंगे। पर फिर लड़के को जेल भेज दिया। वह लड़का जेल से निकलकर कलकत्ता भाग गया। वहाँ खाना बनाने का काम करता है। इसीलिए जब भी बिजली तार चोरी होता है, पुलिस वहाँ आती है, वह स्त्री भागती फिरती है। चोरों के पौ बारह हैं। पुलिस के झूठ का कोई ओर-छोर नहीं होता है।

ऐसा ही एक मिथ्यापवाद मूर्खता और अपरिपक्वता में मुझसे हुआ। मामला मधुबनी जिले के लदनिया थाने का है। जयनगर-लदनिया सड़क पर लदनिया थाने से कोई दो-तीन किलोमीटर पहले एक पैराबोलिक मोड़ है। उसके शीर्ष पर स्थित गाँव में एक गृह डकैती हुई। सामने एक किसी साह जी का मकान था। साह जी ने छत पर अपनी डी.बी.बी.एल. गन से कई आसमानी फायर किए। यदि वे डकैतों पर फायर करते तो बहुत कारगर होता। गृहस्वामी ने एफ.आई.आर. में साह का नाम दिया। उनके आचरण से संदेह तो होता ही था।

फिर उन्होंने अपने क्षेत्र के विधायक के माध्यम से डी.आई.जी. श्री के.डी. दुबे से मुझसे अपने निर्दोष होने की सिफारिश कराई। बाबूबरही क्षेत्र में घटनास्थल था। विधायक महेंद्र नारायण झा साहब प्रभावशाली थे। इसलिए दाँव नहीं लगा और गिरफ्तारी के आदेश को एस.पी. ने भी अनुमोदित किया। कुछ दिनों बाद ही मैं जयनगर में रात्रि विश्राम कर रहा था। रात्रि में मैं लदनिया के लिए निकल पड़ा। उस स्पॉट पर भीड़ देखकर रुका। इस बार साह के घर पर डकैती हुई थी। साह को डकैतों ने बहुत पीटा था। डकैती के दौरान एक साहसी व्यक्ति जयप्रकाश सफी पास के पुआल के ढेर के पीछे प्रतीक्षा करता रहा।

जब अंतिम बंदूकधारी डकैत पीछे आया तो सफी ने उसके गनवाले हाथ पर इतनी जोर से बाँस की लाठी का वार किया कि डकैत का वह हाथ टूट गया। गन दो टुकड़े होकर दूर गिरी। डकैत भी गिर गया। उस पर सफी ने एक प्रहार और किया। डकैत अपने मरे साथी को छोड़कर एक किलोमीटर की दूरी पर स्थित नेपाल चले गए। डी.आई.जी. दुबे साहब ने मुझे स्मरण कराया कि प्रभु साह निर्दोष है। गिरफ्तारी में बड़ी शक्ति है। इसे मात्र संदेह के आधार पर सक्रिय करना उचित नहीं। संदेह को सबूतों का आधार आवश्यक है। भविष्य के लिए डकैती कांड के अनुसंधान की अंतर्दृष्टि मुझे इस मामले से मिली।

मात्र संदेह के आधार पर कैसे अन्याय हो जाता है, इसकी एक और बानगी प्रस्तुत है। एक दिन मैं मधुबनी से दरभंगा डी.आई.जी. आवास पर गया हुआ था। डी.आई.जी. दुबे साहब घर पर नहीं थे। डॉ. एन.पी. मिश्र के घर कोई दस किलोमीटर दूर गए हुए थे। उसी बीच कार्यपालक अभियंता आवास निर्माण विभाग हरिद्वार पांडे डी.आई.जी. आवास पर बदहवास-से आए। एक गिलास पानी माँगकर पिया और तेजी से निकलने लगे। रोकने के अनुरोध पर बोले, विजिलेंस छापा पड़ा है। विजिलेंस विभाग की टीम ने बताया जाता है कि दुबेजी पर हरिद्वार पांडे को भागने में सहायता देने का आरोप लगाया। दुबेजी का स्थानांतरण और केंद्रीय प्रतिनियुक्ति डी.वी.सी. मैथन धनबाद में कर दी गई। उनकी जगह ए.एम.पी. वर्मा नए डी.आई.जी. दरभंगा बने। इस तरह दुबेजी के साथ अन्याय हुआ। कमिश्नर तनेजा भी बदल दिए गए थे। उनकी जगह भास्कर बनर्जी दरभंगा प्रमंडल के आयुक्त बने।

मधुबनी की कई विशिष्टताओं से परिचय होना सौभाग्य का विषय रहा। यहाँ कई विशिष्ट विभूतियों से भी मिलने का अवसर मिला। मधुबनी में एक बाजार है जिसे लोग गिलेशन मार्केट कहते हैं। यह बाजार जॉर्ज अब्राहम ग्रियर्सन आई.सी.एस. (1851-1941) ने बसाया था। उन्हीं के नाम पर इसका नाम ग्रियर्सन मार्केट पड़ा, जो घिसते-घिसते गिलेशन मार्केट हो गया। ग्रियर्सन साहब की कई रिपोर्ट मधुबनी के मेरे समय के एस.डी.ओ.एन.एस. माधवन के पास थीं, जो एस.डी.ओ. आवास में थीं। ग्रियर्सन साहब ट्रिनिटी के स्नातक थे। वे बहुत बड़े अध्येता और लेखक थे। उन्होंने भारत का भाषा विज्ञान सर्वेक्षण (लिंग्विस्टिक सर्वे ऑफ इंडिया) किया था। मधुबनी मिथिला के लिए उनका सबसे बड़ा योगदान मैथिली भाषा की व्याकरण रचना है। शायद मैथिली व्याकरण लिखने का यह पहला उपक्रम था।

मधुबनी की दूसरी महान् सामाजिक ऐतिहासिक संस्था है सौराठ सभा। मधुबनी से कुछ ही दूर विशाल गाछीवाला क्षेत्र है, जहाँ विश्वभर से मिथिलावासी गरमी के महीने में अपने बेटे-बेटियों के लिए उपयुक्त जीवनसाथी के लिए अपने-अपने बेटे लेकर जमा होते रहे हैं। बेटियाँ घर पर ही रह जाती थीं। उपयुक्त जोड़ा मिलने पर पंजीकार सिद्धांत

काटते हैं। फिर आगे की क्रिया होती है। ये पंजीकार पंजियार समाज के रूप में जाने जाते हैं। क्या ऊँचे-से-ऊँचा आई.सी.एस. अथवा अदना चपरासी सभी मैथिल दुनियाभर से यहाँ आते रहे हैं। मैं अपने कार्यकाल में वहाँ जाता था और मैथिल समाज के वरिष्ठ लोगों के बीच आम के पेड़ की छाया में जमीन पर बिछी दरी पर बतियाने का आनंद लेता था। इतना स्नेह और आदरभरी मिठास संबंधों में और कहीं देखने को नहीं मिली। अपनी पुत्री के लिए वर देखने आए ऐसी ही एक महान् विभूति के दर्शन का मुझे सौभाग्य मिला था।

पं. विष्णुकांत झा बिहार के बहुत बड़े ज्योतिषी और हस्तरेखा विशेषज्ञ थे। पुलिस मुख्यालय से मुझे उनकी सुरक्षा की व्यवस्था करने को कहा गया। वे मधुबनी आ रहे थे। उन्हें सौराठ सभा अपनी बेटी के लिए वर की खोज में जाना था। शादी के लिए रुपए लेकर आ रहे थे। इसलिए शुभचिंतकों को उनकी सुरक्षा की चिंता थी। बिहार के शीर्ष नेता और अफसर उनके शिष्य हुआ करते थे। जब उनका मिशन संपन्न हो गया तो उनका संवाद आया कि वे मुझसे मिलने मेरे आवास आना चाहते हैं। मेरी ज्योतिष, हस्तरेखा एवं औकल्ट साइंसेज में हमेशा गहन जिज्ञासा रही है। पर लोकसेवक की छवि के आग्रह से मैं चाहते हुए भी इस सबसे कुछ दूरी बनाए रखता था। मैं झा साहब से मिलने स्वयं चला गया। साथ में सी.जे.एम. मदन बाबू और भारतीय विदेश सेवा के प्रशिक्षणाधीन देवाशीष चक्रवर्ती भी लग लिये। मेरी उन दिनों भविष्य जानने के प्रति दिलचस्पी नहीं रहती थी। मैं सृष्टि के रहस्यों के प्रति अधिक आग्रहशील था। मैं अपने आवास पर उनका आगमन होने देता तो मेरे लिए अधिक सार्थक होता। मैंने जीवन में ऐसी अनेक मूर्खताएँ की हैं। वैसे मैं घर पर अकेला ही रहता था और मात्र टीन की चार कुरसियाँ ही थीं। देवाशीष की बात आई तो एक घटना और स्मरण हो आई है। हम जीप से कहीं जा रहे थे और सामने से एक कार आ रही थी। मैंने देवाशीष से कहा, "देखो, धीरेंद्र ब्रह्मचारी जा रहे हैं। शायद नेपाल के रास्ते पलायन के चक्कर में हैं।" देवाशीष ने कहा, "लुक आउट नोटिस है तो पकड़ते क्यों नहीं?" मैंने कहा, "यह व्यक्ति बहुत बड़ा योगी है। इंदिराजी का करीबी होना ही इसका एकमात्र अपराध है।" मैंने शेरघाटी में आधुनिक रसखान को भी नहीं पकड़ा था। मैं अंतरात्मा की आवाज को सर्वोपरि मानता हूँ। धीरेंद्र ब्रह्मचारी वैसे मधुबनी जिले के ही निवासी थे।

देवाशीष विदेश मंत्रालय में चाइना डेस्क देखते थे। वे बाद में कम्युनिस्ट चीन में हमारे राजदूत भी रहे हैं। इसी चीन के संदर्भ में मुझे एक और व्यक्ति से भेंट करने का स्मरण हो रहा है।

मैं कलेक्टर नंदकुमार साहब के आवास पर चाहे जब नाश्ता-भोजन आदि के लिए चला जाता था। एक बार मैं जब दरभंगा पोस्टिंग के दौरान मधुबनी आया तो नंदकुमार दंपती मेरी रात्रिभोजन पर प्रतीक्षा करते रहे। यद्यपि यह तय नहीं होता था, पर होता ऐसा

ही था। मैं सो गया। अगले दिन नाश्ते पर पहुँचा तो दोनों मुँह फुलाए बैठे थे। कल रात हम लोग भूखे रह गए थे। तुम्हें अब कुछ भी खाने को नहीं मिलेगा। ऐसा दुलार मिलता रहा है। ऐसे ही मैं नाश्ता करने चला गया था। तो नंदकुमार साहब ने कहा, "नेविल मैक्सवेल से मिलोगे? वही, इंडियाज चाइना वार वाला।" हाँ। मैं तुरंत अंदर के द्वार से ही सर्किट हाउस चला गया। मैक्सवेल बैठे थे, बातें हुईं। वे नेपाल और फिर चाइना जाने के भ्रमण कार्यक्रम पर थे। मैंने उनसे पूछा, "अब भी आप यही कहेंगे कि यह इंडियाज चाइना वार था, चाइनाज इंडिया वार नहीं था?" उन्होंने कहा कि वे चाइना पर एक और पुस्तक लिखने जा रहे हैं। इसीलिए नेपाल और वहाँ होकर वे चाइना जा रहे हैं। सारे प्रश्नों को वे अपनी नई पुस्तक में डील करेंगे। उनकी पुस्तकें मँगाने की सोच रहा हूँ।

मेरे और माधवन के लिए शाम के नाश्ते की एक और व्यवस्था हो गई थी। जिला जज श्री रामनंदन प्रसाद मेरे बैच मेट रणधीर वर्मा के श्वसुर थे। इसलिए मेरी बड़ी बेटी को उनके यहाँ हमेशा नाना-नानी का दुलार मिला। श्रीमती नंदकुमार उसके लिए कलेक्टरवाली आंटी थीं। मधुबनी में नई जजशिप खुली थी। जिला जज न्यायालय का उद्घाटन बिहार के मुख्य न्यायाधीश श्री कृष्ण वल्लभ नारायण सिंह ने किया था। उनके साथ दो और जज भी आए थे। मेरा इन दोनों महानुभावों के साथ मधुर अनुभव था। एक प्रकरण चीफ साहब के साथ का उल्लेखनीय है।

हम मधुबनी निरीक्षण भवन के प्रथम तल के बरामदे में सरकंडे से बनी कुरसियों पर बैठे हुए थे। मैंने चीफ से एक प्रश्न पूछने की आज्ञा चाही। उन्होंने आश्वस्त किया—"गौतमजी, खुलकर अपनी बात कहिए।" मैंने कहा, "क्या सर, हाई कोर्ट का कोई जज ऐसा आदेश दे सकता है कि जहाँ तक अभियुक्त नंबर अमुक का प्रश्न है प्राथमिकी रद्द की जाती है।" चीफ श्री सिंह ने कहा, "गौतमजी, ऐसा आदेश तो आपका हवलदार भी नहीं दे सकता।" मैंने ऐसे ही एक आदेश की प्रमाणित प्रति उन्हें पकड़ा दी। वे इसे पढ़कर यही बोले—हूँ। इसके बाद गंभीरता छा गई। मैंने उनसे आज्ञा ली और घर आ गया। अगले दिन पता चला, उपर्युक्त आदेश देनेवाले जज साहब को क्रिमिनल बेंच से हटा दिया गया है।

कार्यालय में मामले देखते हुए एक बलात्कार कांड की फाइल देखी। अभियुक्त के खिलाफ रत्ती भर भी साक्ष्य नहीं था, पर मामला कई साल से लटका था। क्राइम रीडर से इसके कारण का इतिहास जानना चाहा तो उसने बताया कि अभियुक्त एक पत्रकार है, अपितु इकलौता पत्रकार है जिले का। उसे लाइन में रखने के लिए यह कांड रचा गया था। इसकी उपयोगिता के कारण यह लंबित रखा गया है। मैंने तत्काल उस अभियुक्त को दोषमुक्त करते हुए मामला बंद करने के आदेश पारित कर दिए और संचिका अनुमोदन हेतु पुलिस अधीक्षक के पास भेज दी। इसके कई दिन बाद वह पत्रकार झेंपते-झेंपते मेरे आवास पर आया। उस समय शाम के सात बजकर बीस मिनट हुए थे। मुझसे

उन्होंने कहा, "सर, कुछ भी बोलिए, शाम साढ़े सात के प्रादेशिक समाचार में हेडलाइन होगी। चार-पाँच मिनट तो जद्दोजहद में बीत गए।" अंततः मैंने कुछ बातें कहीं। इसके बाद उन्होंने पटना फोन कर समाचार दिया और वह ज्यों-का-त्यों उस दिन के प्रमुख समाचारों के रूप में प्रसारित हो गया। इतना प्रभावी होने के कारण ही उसे बाँध दिया गया था झूठे केस में। कार्यालय अनुभव में एक अन्य मामला नक्सलाइट कहकर एक प्रतिभावान छात्र की हत्या का था। मुख्य अभियुक्त सरकारी अंगरक्षक लेकर आराम से घूमता था। इसलिए उसकी गिरफ्तारी भी आसान हो गई और जेल की सुरक्षा भी मिल गई। लाखों के टी.ए., डी.ए. बिल मार्च के अंत में पास करने हेतु मेज पर आए। यात्रा विवरण पढ़ने से ही स्पष्ट हो गया कि वे फर्जी थे। लेखपाल से मैंने सच बोलने को कहा तो उसने सब कुछ बयान कर दिया।

हवलदार हरेंद्र पांडे की चर्चा इसलिए भी अनिवार्य है कि वे मधुबनी के पुलिस मेंस एसोसिएशन के अध्यक्ष होते हुए भी ट्रैफिक हवलदार की ड्यूटी पूरी मुस्तैदी और ईमानदारी से करते थे तथा हमेशा कलफदार सूती वरदी में स्मार्ट टर्न आउट में रहते थे। वे आग्रह करने पर भी कभी मेरे सामने कुरसी पर नहीं बैठे। कहते थे, अनुशासन के लिए पुलिस में खड़े ही रहना ठीक होता है। बैठने पर वैसे भी जुबान थोड़ी ढीली हो जाती है। आदमी थोड़ा अधिक बोलता है। खड़े होने में एनर्जी है सर! हवलदार पांडे एक दिन कार्यालय आए, सैल्यूट किया। बोले, "सर! आपसे कुछ कहने की आज्ञा चाहिए।" फिर बोले, "सर, आप चौराहे से निकले ट्रैफिक सिपाही ने दाढ़ी नहीं बनाई थी। आपने टोका नहीं। मैंने टोका तो बोला, हवलदार साहब, बड़े साहब भी यहाँ से निकल गए हैं। सर, ऐसे हमारा अनुशासन कमजोर हो जाता है।" मैंने उसे परिस्थिति की गंभीरता बताते हुए भविष्य में उनकी बात का पालन करने का भरोसा दिया। पांडे बोले, "सर, टोकाटोकी बंद हुई कि डिसिप्लेन (डिसिप्लिन) गई।" बाकी जगहों पर इस एसोसिएशन के पदधारी प्रायः सादा लिबास में रहते हैं और एसोसिएशन का ही काम करते रहते हैं। इसलिए हरेंद्र पांडे विलक्षण कहे जाएँगे।

मैं अवकाश लेकर परिवार लाने गाँव गया। वहाँ के एक-दो अनुभव साझा करता हूँ। गाँव से आना भारत के यात्रा संसाधनों की एक बानगी जैसा होता था। गाँव से श्रीनगर बैलगाड़ी, श्रीनगर से महोबा बस स्टैंड से महोबा रेलवे स्टेशन ताँगा दो बजे रात तक स्टेशन प्लेटफॉर्म पर, महोबा से इलाहाबाद ट्रेन, इलाहाबाद से पटना ट्रेन, पटना रेलवे स्टेशन से सर्किट हाउस रात्रि विराम, सर्किट हाउस से महेंद्रू जहाज घाट रिक्शा, महेंद्रू से पहलेजा रेलवे का पानी जहाज, पहलेजा से मुजफ्फरपुर टैंपो, मुजफ्फरपुर से मधुबनी बस, अथवा पटना बरौनी होकर ट्रेन बदलते हुए। बस द्वारा सीधे मधुबनी भी पटना से संभव था।

गाँव में मुल्लू चौकीदार दद्दा हमेशा की तरह मिलने आए। पर इस बार पूरी वरदी में स्मार्ट सेल्यूट देते हुए। मैंने पूछा, "अरे दद्दा, कहाँ जा रहे हो?" वे सगर्व बोले, "अपने घर के सुपरडंट को सलाम करने। गैरों को सलाम ठोकते तो जिंदगी गुजर गई। भैया, जनता तंग न हो इसका खयाल रखना। यहाँ पहले सुपरडंट आता था जाड़े में। रावटीं लग जाती थीं। घरों के बच्चों को दूध नहीं मिल पाता था। सब साहब के लिए चला जाता था। और भैया, लाँच घूस कभी मत लेना। न्याय करना। भौत (बहुत) पावन है। एक कलम से आदमी की जिंदगी-मौत का फैसला करता है सुपरडंट। चुन्नू दद्दा चमार आए। चिंतित लग रहे थे। पूछा, 'क्या बात है दद्दा।' बोले, 'भैया, तुम्हें भी लैंच में जाने पड़त।' मैंने कहा, 'जरूरी तो नहीं।' तो बोले, 'भैया, तब ठीक है। महोबा कचहरी में बेचारे जंट साहब (ज्वाइंट मजिस्ट्रेट) रोज दुपरिया के बाद लंच में जात। सो भैया, का होत हुए ई लैंच में।' मैंने बताया कि दोपहर के भोजन का ही नाम है लैंच।' चुन्नू दद्दा ने आश्चर्य प्रकट किया, मर गए! ऐसई टेढ़ी-मेढ़ी बोली से तो राज कर गए इते। बताओ, सीधे रोटी खाने की बात नहीं कहकर लैंच कहकर सबको डराते हैं।"

मधुबनी मेरे लिए सौभाग्य लेकर आया। यहीं मेरी द्वितीय संतान एवं इकलौते पुत्र संजय का जन्म नौ फरवरी 1978 को सुबह के वक्त हुआ। मैं पिछली शाम फुलपरास जाकर रात्रिविश्राम करनेवाला था कि आश्चर्यजनक तरीके से मन किया कि मत जा। मन की बात अवश्य सुननी चाहिए। बस ध्यान रहे, मन पर कोई इंद्रिय सवार होकर नहीं बोल रही हो।

एक दिन मेरे कार्यालय में मुझसे मिलने भोगेंद्र झा साहब पधारे। वे सी.पी.आई. के नेता थे। बेहद सरल और ईमानदार व्यक्ति। अविवाहित रहे। मामूली से घर में मात्र माता थीं और वे। वैसे वे प्रायः दरभंगा में किसी छात्रावास में अतिथि के तौर पर अथवा पार्टी कार्यालय में रहा करते थे। मैंने उनसे किसी स्मरणीय प्रकरण के बारे में पूछा तो उन्होंने एक ऐसा अनुभव बताया जो अनोखा था।

सोवियत यूनियन के शासक तानाशाह स्टालिन से मिल पानेवालों की गिनती गिनी-चुनी ही होंगी। भारत की कम्युनिस्ट पार्टी के तीन सदस्यीय दल से मिलना स्टालिन ने स्वीकार कर लिया। उनमें सबसे कनीय किस्मत के धनी भोगेंद्र झा भी थे। बाकी दो नाम भी उन्होंने मुझे बताए थे। एक शायद एम.एन. राय का था। ये तीनों लोग वहाँ पहुँचे। इन्हें ले जाकर एक हॉल में खड़ा कर दिया गया। बहुत बड़ा हॉल था। उसके चारों ओर कई द्वार खुलते थे। स्टालिन किस द्वार से आएँगे, यह पहले से निश्चित नहीं होता था। न ही इस बार ऐसा था। तीनों लोग चौकन्ने हॉल के मध्य में खड़े थे। साँसें रोककर उस विश्व नेता की प्रतीक्षा कर रहे थे। सहसा एक द्वार झटके से खुलता है। द्वार की देहरी के उस तरफ ही स्टालिन खड़े थे। पहले समझाए अनुसार उन्हें देखते ही इस भारतीय

टीम ने अपना सवाल पूछा। भारत के लिए कौन सा मॉडल उपयुक्त है सोवियत अथवा चीनी? स्टालिन का उत्तर था, तीसरा भारतीय क्यों नहीं? और तुरंत ही वापस चले गए। भोगेंद्र झा साहब की स्टालिन से यह संक्षिप्त भेंट उनकी किसी विश्व हस्ती से सबसे यादगार भेंट थी।

मधुबनी यात्रा के दो सुखद अनुभव थे। मैं परिवार सहित पटना सर्किट हाउस रिक्शे से पहुँचा था। मैनेजर रामकृष्ण द्विवेदीजी ने आदर सहित लिया और बिना पूर्व सूचना अथवा आरक्षण के बिना हीला-हवाला हमारे लिए कमरा दे दिया। वी.एस. दुबे साहब पटना कलेक्टर थे और उनके प्रशासन में ऐसी आत्मीयता मिलती थी। उनके सर्किट हाउस को ऐसे निर्देश भी संभवत: थे कि जगह उपलब्ध हो तो योग्य कोटि को देकर सूचित कर दें। दूसरा अनुभव समस्तीपुर का था। हम दानापुर-समस्तीपुर एक्सप्रेस से रात ग्यारह बजे समस्तीपुर पहुँचे थे। वहाँ से मधुबनी मीटर गेज ट्रेन से जाना था। हमें रात में रेलवे गार्ड हरीश कुमार शर्मा ने अपने आवास में टिकाया और पूरा खयाल रखा।

काम सीखने के लिए मधुबनी अच्छा जिला है। एक बार एक बुजुर्ग काम होने के बाद भी अपनी कहानी बताने पर तुले थे। मैंने उन्हें तुरंत चले जाने को कहा। उनकी आँखें नम हो गईं। मैंने क्षमा माँगकर उनको रोका और समय प्रबंधन के बेहतर, उदार और अधिक मानवीय तरीके विकसित किए। मुझे लगा, वे मेरे पिता भी हो सकते थे, कहीं अपनी बात सुनाने को बेताब। एक बुजुर्ग माता तो अपना पुराना टूटा दाँत दिखाने लगीं, गंभीर जख्म की धारा लगवाने के लिए। एक महानुभाव तो दरभंगा मेडिकल कॉलेज अस्पताल में पैर पर प्लास्टर चढ़वाकर भरती थे, ताकि विरोधी पर गंभीर मामला बन सके। पक्की सूचना पर प्लास्टर कटवाया तो बंदा बिल्कुल चंगा था।

दो ऐसे कारनामे मैंने कर डाले जो कोई समझदार लोकसेवक नहीं करेगा, पर जिसके परिणाम बेहद सुखद रहे। एक तो आर.के. कॉलेज में उपद्रवी छात्रों पर पुलिस फायरिंग के लिए चेतावनी पोजीशन के बाद मैं दौड़कर उनके बीच समझाने चला गया। वे तुरंत मेरे कहने पर बैठ गए। डी.एम. साहब नित्या बाबू उन्हें संबोधित करने लगे। पर बाद में एस.डी.ओ. आर.बी. झा साहब ने मुझे कहा कि ऐसा कभी मत करिए। खतरनाक हो सकता है। दूसरा वाक्या पिछड़े वर्ग को कर्पूरीजी द्वारा छब्बीस प्रतिशत आरक्षण देने के बाद झंझारपुर में पिछड़े वर्ग के गोलबंदी आंदोलन का है। वहाँ भी मैं भीड़ में घुस गया था। समझाना कामयाब रहा। फोर्स कुल जमा आठ-दस आदमी थे और भीड़ दस हजार, अगड़ों के घरों पर आक्रमण हेतु उतारू। मैं भीड़ पर लाठी चलवाने के बाद घुस गया था, जो मूर्खतापूर्ण था। एस.डी.ओ. श्रीप्रकाश केशव विमर्श के बाद आँसू गैस दस्ते को बुलाने गए थे। लौटकर वे मुझे न पाकर भौचक्के रह गए। इधर एस.डी.ओ. जब दस्ते को बुलाने गए तो भीड़ उन्हें भाग गया समझकर आगे बढ़ने लगी। तब मुझे लाठी

चलवानी पड़ी। एक व्यक्ति का सिर फट गया, जिससे भीड़ खून देखकर डर गई थी। यह यकायक हुआ था। मैं उस समय सूचना मिलते ही पाजामे-कुरते में ही दौड़ा आया था। तुरंत कुरता फाड़कर घायल का सिर बाँधकर खून बंद कर दिया। हादसा टल गया। भीड़ भी शांत हो गई। केशव जरूर मुझसे बिगड़े। हमने सही रिपोर्ट बनाई। केशव ने मेरे बराबर की पूरी जिम्मेदारी अपने ऊपर ली।

मधुबनी जिले में कार्य करने के दौरान मुझे यह निश्चित हो गया कि रुटीन पुलिसिंग नियमित रूप से करना ही समाज को सही व्यवस्था देने का एकमात्र कानूनी माध्यम है। अभियान पुलिसिंग अथवा ऑपरेशन चलाना अपवाद के रूप में कभी-कभार आवश्यक हो सकता है, पर ऑपरेशन तो तभी जरूरी होना चाहिए जब बीमारी कहीं केंद्रित हो और उसे लंबे अरसे से नजरअंदाज कर सामान्य पुलिसिंग के लिए असाध्य बना दिया गया हो। कोई भी पैदाइशी अपराधी नहीं होता और सहसा बहुत बड़ा अपराधी नहीं बन जाता। रुटीन पुलिसिंग से भी बड़े मामले हल होते हैं। दो उदाहरण प्रस्तुत हैं।

अंधराठाढ़ी थानांतर्गत एक भयानक गृह डकैती हुई थी जिसमें दो लोगों की हत्या भी डकैतों ने कर दी थी। बड़ी भारी मात्रा में सोने-चाँदी के गहने लूट लिये गए थे। इधर दरभंगा रेलवे स्टेशन पर जी.आर.पी. का हवलदार एक सिपाही के साथ प्लेटफॉर्म पर ड्यूटी पर था। एक रेलगाड़ी आई तो हवलदर ने ड्रिल के अनुसार हर डिब्बे में खिड़की से झाँकना शुरू किया तो एक डिब्बे में बैठे कुछ लोगों के चेहरों पर उसने कुछ तनाव देखा। आगे बढ़ते ही यह तनाव शिथिल हो गया। वह कुछ आगे चलकर फिर वहीं पीछे आया तो फिर वैसी प्रतिक्रिया उन चेहरों पर मिली। हवलदार ने इसे असामान्य मानते हुए सिपाही को थानेदार को बल सहित बुला भेजा; डिब्बे की समस्त जानकारी देते हुए। डिब्बा घेरकर तलाशी ली गई। सारा लूट का सामान मिल गया और पूरा गैंग पकड़ा गया। पूछताछ में पता चला कि कुछ महीनों पहले मुंगेर जिले और भागलपुर जिले के बीच गंगा नदी के बीच धारा में पानी के एक जहाज को अगवा कर घंटों सारे यात्रियों को लूटनेवाला गैंग भी यही था। मामले में समय पर अनुसंधान पूरा कर आरोप-पत्र दाखिल किया गया। जब नब्बे दिन होनेवाले थे तो क्राइम रीडर मेरे पास आए और बोले, "एस.पी. साहब पटना गए हैं। आप आदेश दे दीजिए।" मुझे कांड की सही परिणति देख प्रसन्नता हुई।

इसी तरह बाबूबरही थाना क्षेत्र में एक भीषण डकैती हुई थी। इंस्पेक्टर शिवमंगल प्रसाद ने बताया कि पास में ही गीदड़गंज गाँव में बहुत से अपराधकर्मी रहते हैं। जो निकटस्थ अंधराठाढ़ी थाने में पड़ता है। इसमें उनकी संलिप्तता हो सकती है। हम लोगों ने दिन में छापामारी करने का निर्णय लिया, क्योंकि पुलिस रात में आती है, यह पैटर्न बना हुआ है। दिन में अपराधी घर पर ही मिलेंगे। हमने गाड़ियाँ काफी दूर छोड़ दीं और गीदड़गंज के लिए पैदल ही चल दिए। चलते-चलते तीसरा पहर आ गया था। लोग गाँव

के बाहर ताड़ या खजूर के पेड़ के नीचे ताड़ी पीने में मशगूल थे। हमें देखते ही भगदड़ मच गई। एक-दो आदमी ही रह गए। उन्हें बस रास्ता दिखाने और घर पहचान करने के लिए साथ ले लिया। गीदड़गंज में कोई नहीं मिला। घरों में कुछ नहीं था। अब तक हम खाली हाथ थे। घरों के सामने एक पोखरा था। मैंने अपने जवानों को हाथ में लंबा बाँस लेकर पोखरे में उतारा। एक जवान का पैर किसी चीज में फँस गया। वह एक बड़ा बरतन था। बाहर निकाला तो लूट का सामान मिला। फिर तो पोखरे की अच्छी तलाशी ली गई और लूट का सामान गहनों समेत, लूट के सोलह घंटे के भीतर मिल गया। हम सभी भूख से बेहाल हो रहे थे। हम गाड़ियाँ मँगाकर निकट के आई.बी. पहुँचे। इस तरह रुटीन पुलिसिंग से यह अज्ञात डकैती वर्क आउट हुई।

एक मामला जिसने मुझे अत्यंत दुःखी किया, वह था—एक बालक का फाँसी लगाया जाना। यह अभागा बालक विद्यालय से घर लौटा तो उसकी विधवा माँ घर बंद कर कहीं चली गई थी। पास में ही उसके फूफा का गाँव था, जिसका घर आना-जाना था। यह बालक वहाँ गया। माँ वहीं थी। इस बालक को फूफा के घर में फाँसी पर लटका पाया गया। उसकी माँ और फूफा घर की बाहरी कुंडी लगाकर गायब थे। उस बालक के आखिरी क्षणों की बातें सोचकर मेरा हृदय विदीर्ण हो गया। रक्षा करनेवाली माँ ने अपनी यौनेच्छा के कारण अपनी इकलौती संतान का अंत देखकर जो नर्क अपने लिए बनाया, उसमें वह भी तो जलती ही रहेगी जीवनभर। सचमुच काम पाप की जड़ है। इसे धर्माविरुद्ध ही होना चाहिए जैसा कि भगवान् श्रीकृष्ण ने गीता में कहा है—

‘बल बलवतां चाहं कामरागविवर्जितम्।
धर्माविरुद्धो भूतेषु कामोऽस्मि भरर्तषभ॥’

(गीता 7, 11)

हे भरतश्रेष्ठ! मैं बलवानों का कामनाओं और राग से रहित बल हूँ अर्थात् सामर्थ्य हूँ और प्राणियों में धर्म के अनुकूल (जो धर्म के विरुद्ध न हो) काम हूँ।

एक दिन पुलिस अधीक्षक ने मुझे बुलवा भेजा, उनके पास दो लड़के खड़े थे। फोन पर एक महिला बलपूर्वक आदेश दे रही थी। इधर से जी मैडम, जी मैडम का आदेशपालवाला स्वर जा रहा था। पुलिस महानिरीक्षक, सूबे की पुलिस के मुखिया के भेजे लड़के थे। सिपाही बनाना था। मुझे कहा गया कि आप भी बोर्ड में मेरे साथ रहिए, इन्हें मिलकर कर देते हैं। उनमें से एक लड़का एस.पी. को धमकाता भी जा रहा था। जल्दी करिए या फिर मैडम से बात कराइए। मुझे एस.पी. ने स्मरण दिलाया कि आपका सीनियर स्केल में प्रमोशन का समय आ गया है। आई.जी.पी. साहब बहुत पावरफुल हैं।

ऐसे मामलों में मैं कुछ अनरीजनेबल हो जाता हूँ। मैंने कहा कि न तो मैं इसमें साथ

दूँगा और न ही यह गलत काम होने दूँगा। रही बात प्रमोशन की तो मैंने नौकरी नहीं की है, पुलिस मेरे लिए मिशन है—न्याय करने का और अन्याय न होने देने का मिशन।

मेरे बैच के मेरे ऊपर के लोगों का प्रमोशन हो गया। मेरे पास गाड़ी रुक गई। अब पता चला कि कई पुलिस उपाधीक्षक कोटि के अफसरों को आई.पी.एस. की कैडर पोस्ट पर बैठाकर मुझे अतिशय जूनियर बनाने की योजना हो रही है। इस कड़ी में एक अति जूनियर उपाधीक्षक को जिला का एस.पी. भी बना दिया गया। इसमें धन की भूमिका के किस्से भी सुनने को मिले। मैंने आई.जी.पी. से मिलकर धन के आधार पर पद बाँटे जाने की घोर भर्त्सना की। वे शांत रहे और बोले, तुम्हारा भी प्रमोशन होगा। मैं अपनी बात कहकर निकल गया। यह बात जुलाई 1978 या आस-पास की है।

जनवरी 1979 में मुझे वरीय वेतनमान में प्रोन्नति मिली। 12 जनवरी, 1979 को मैंने प्रभार छोड़ा। एस.पी. ने फेयरवेल में सभी थाना प्रभारियों को बुलाकर मुझे सम्मानसहित विदा करने की व्यवस्था की। अपने भाषण में मैंने कुछ ज्यादा ही साफगोई का प्रयोग कर दिया। मैंने अफसरों से कहा कि आप लोग रिश्वत लेते समय ऊपरवालों को पहुँचाने की मजबूरी का हवाला देते हैं। यहाँ आपके ऊपरवाला कोई रिश्वतखोर नहीं है, फिर भी आपने अपना आचरण शुद्ध नहीं किया। रेट में भी कोई कमी नहीं की। इसलिए मैं आपको श्राप देता हूँ कि आपको ऐसा एस.पी. मिले जो आपकी आँतों से भी रोटी निकाल ले। मेरे सहकर्मियों ने मेरी बात 'जो बालक कह तोतरि बाता। सुनहिं मुदित मन पितु अरु माता।।' के रूप में लेते हुए अपना दुलार ही मुझ पर बरसाया। हमारे परस्पर संबंध बहुत अच्छे थे। अधीनस्थ कर्मी प्रायः वफादार और अच्छे होते हैं। मुझे प्रेमपूर्वक विदाई दी गई।

मेरी पोस्टिंग समादेष्टा बि.सै.पु. 13 दरभंगा के पद पर हुई थी। पूर्वाधिकारी किसी बड़े जिले में जाने की जुगाड़ में थे। अतः मैं सात दिन बाद 19 जनवरी, 1979 को ही चार्ज ले पाया। मेरे सामने कई चुनौतियाँ थीं। सबसे बड़ी तो फोर्स का मनोबल ऊँचा करने की थी।

मधुबनी असाधारण प्रतिभाशाली लोगों की जगह है। क्यों न हो, कालिदास की तपोभूमि उचैट मधुबनी में जो है। मुझसे कई बार दूर-दराज के गाँवों में भी धाराप्रवाह संस्कृत में संभाषण करते मामूली धोती-बंडी पहने लोगों से भेंट हुई थी। मैं कभी अच्छी तरह से संस्कृत बोल लेता था। पर अभ्यास छूट जाने से टूटी-फूटी सप्रयास संस्कृत में ही उनके आग्रह का थोड़ा-बहुत सम्मान कर पाता था। सकरी से झंझारपुर के रास्ते में एक गाँव पड़ता है सरसिवपाही। यह विद्वानों की खानवाला गाँव है। मुख्यमार्ग पर दाहिनी ओर (झंझारपुर जाते समय) एक पक्का मकान है। यह पंडित गंगा नाथ झा, डॉ. अमरनाथ झा, आदित्य नाथ आई.सी.एस. वाली तीन पीढ़ियों का अपना घर है। आज की तारीख में भी कितने आई.ए.एस., आई.पी.एस., प्रोफेसर्स मधुबनी जिले से हैं, यह आश्चर्य करने

लायक होगा। ज्यादातर झोंपड़ियोंवाला गरीब लोगों का जिला आत्मसम्मान और विद्वत्ता में अग्रणी है। मधुर मैथिली भाषा में झगड़ा भी प्यारा दिखता है। मछली, मखाना और मधुबनी पेंटिंग यहाँ की विशेषताएँ हैं। यहाँ के कई लोग मुझसे अपनेपन का संबंध मानते हैं। दरभंगा में नई पोस्टिंग होने से मधुबनी और मिथिला के कुछ अन्य जिलों से रिश्ता बने रहने की प्रसन्नता थी।

मधुबनी कार्यकाल में मैं दो बार जनकपुर (नेपाल) सहयोग हेतु गया। मेरे ऑफिसर अपराधों में बार-बार नेपाल क्रिमिनल की भागीदारी बताते थे। नेपाल के पुलिस अधीक्षक ने कहा कि जिन्हें भी चाहिए, हम पकड़कर आपके अफसरों को सौंप देंगे।

एक बार मैं अपने माता-पिता को परिवार सहित जनकपुर धाम तीर्थयात्रा कराने ले गया। कार्यक्रम इस बार पूर्व निर्धारित था। स्टेशन पर नेपाल रेलवे के जी.एम. स्वयं स्वागत हेतु खड़े थे। लौटने के लिए स्पेशल ट्रेन लगा रखी थी। हमने सामान्य यात्री की तरह ही यात्रा करने का विकल्प चुना। माता-पिता सीताजी का धाम दर्शन कर अति प्रसन्न हुए।

□

शहीद ऊधम सिंह को श्रद्धांजलि

प्रोन्नति से वंचित रह जाने पर मैं 1978 के उत्तरार्ध (संभवतः अगस्त महीना) में दो महीने दिल्ली में अवकाश पर था। मैं उन दिनों दिल्ली में ज्यादातर पैदल ही चलता रहता था। एक दिन मैं ऐसे टहलते-टहलते निकल पड़ा। चलते-चलते पंजाब सरकार के अतिथि गृह कपूरथला हाउस के पास से निकला तो वहाँ कुछ खास गतिविधि दिखाई दी। दूर से पंजाब के मुख्यमंत्री ज्ञानी जैल सिंहजी भी अंदर दिखाई दिए। कुछ लोग अंदर जा रहे थे। उसी समय मैंने देखा कि अमर शहीद ऊधम सिंह की भस्म का कलश हॉल के बीच में रखा गया है। बहुत कम लोग थे वहाँ पर। मैंने अपना परम सौभाग्य माना कि हमारे शहीद शिरोमणि सरदार ऊधम सिंह के भस्मावशेष के दर्शन और श्रद्धांजलि का अवसर मुझे दैव ने अकस्मात् ही प्रदान किया।

मुझे यह देखकर बहुत दुःख हुआ कि वहाँ पर मुश्किल से बीस-पच्चीस चेहरों में किसी बड़े नेता का चेहरा नहीं था। भस्म कलश की गाड़ी मेरे समक्ष ही कपूरथला हाउस में प्रविष्ट हुई थी। ज्ञानीजी शहीद की अगवानी के लिए वहाँ उपस्थित थे। एक तरह से अनजाने ही सही, मैं भी अगवानी करनेवालों में शामिल था। मैं वहाँ काफी समय तक ठहरा, पर गिने-चुने लोगों के अलावा वहाँ और कोई नहीं पहुँचा। अगर तथाकथित बहुत बड़े लोग वहाँ आते तो मुझे इतने अच्छे दर्शन दुर्लभ भी हो जाते। शहीद के भस्मावशेष के आगमन की जानकारी समाचार-पत्रों में उस दिन दी गई थी। टुडेज इवेंट्स में यह थी। पर लोगों की उदासीनता दुःखी कर गई। पर मैं अपने भाग्य की जितनी बड़ाई करूँ, कम है। जलियाँवाला बाग नरसंहार के हत्यारे जनरल डायर का वध करनेवाले भारतमाता के इस सपूत के अवशेष जलियाँवाला बाग में रक्षित हैं।

पुलिस के लोक शिकायत निवारण का पैटर्न मधुबनी अनुभव से मेरे सामने कुछ-कुछ खुलने लग गया था। बानगी तो गया में ही मिल चुकी थी। अपितु सरकारी सेवा में आने से पहले ही पुलिस के कारनामों और उच्च ओहदों पर सवार ऊँचे अफसरों के कतई अदृश्य रहने की झाँकी भी मिल ही गई थी। झंझारपुर अनुमंडल में एक पिटीशन

मास्टर जनरल कहलाते थे। नाम था लूटन ठाकुर। उन्हें पुलिस की कारगुजारियों की गंध मिल ही जाती थी और वे राष्ट्रपति से लेकर थाने तक पिटीशन से एक कर देते थे। पुलिसवाले ऐसे लोगों को पागल कहना पसंद करते हैं और ऐसे लोगों को बड़े अफसरों से दूर रखने का हर अहिंसक यत्न करते हैं। हिंसा से परहेज नहीं है। बस फँसने का डर रहता है। कारण हैं, उनके दिन हुए पिटीशन। इसलिए मन मसोसकर लूटन ठाकुर की खातिर करना ही श्रेयस्कर होता था। मैं कार्यालय के इर्द-गिर्द मँडरानेवालों से प्रायः हालचाल पूछता रहता था। तो लूटन ठाकुर भी मिल गए। अधीनस्थों ने बड़ा समझाया कि सर, यह बड़ा जालसाज है। ठाकुर ने अपनी प्रामाणिकता उनके देखते-देखते स्थापित कर दी। कहा, "सर, फुलपरास थाने का 1967 से फरार बलात्कार का एक अभियुक्त यहीं एस.डी.ओ. कार्यालय के बगल के खोखे में चाय की दुकान चलाता है।" मैंने पूछा, आपकी बात का सबूत? तो लूटनजी के पास उसके नाम का वारंट था। वारंट उनके पास कैसे गया? बोले, बताऊँगा, पहले उसे बुलाकर बात का सत्यापन तो तुरंत कीजिए। बात सही निकली और दस वर्ष के बाद अनुमंडल मुख्यालय कैंपस से उस जघन्य अपराध का फरारी पकड़ा गया।

मधुबनी में मुझे बेनीपट्टी थाने के एक अफसर के विरुद्ध एक बालक के साथ अप्राकृतिक यौनाचार की शिकायत की जाँच पुलिस अधीक्षक ने सौंपी। मैं जाँच के लिए स्थानीय डाक बँगले पहुँचा तो वहाँ सैकड़ों की भीड़ अफसर ने अपने पक्ष में जमा कर रखी थी। सभी उनके पक्ष में बयान देना चाहते थे। मैं अपने कमरे में चला गया। कुछ देर सोचा। फिर सभी को इस मामले के संबंध में स्वयं क्या जानते हैं, यह एक घंटे के भीतर लिखकर देने को कहा। उस भीड़ को संबोधित करते हुए मैंने कहा कि लिखित बयान की जाँच के आधार पर जो कानूनी रूप से सक्षम गवाह होंगे, उनका बयान दर्ज होगा। ऐसे में कुछ ही लिखित बयान मिले, वे सभी प्रायोजित एक जैसे थे जिसमें उस पदाधिकारी की तारीफ के पुल बाँधे गए। सवाल-जवाब करने पर वे पुल भी बालू के निकले। सबको वहाँ से हटा देने के बाद भुक्तभोगी का बयान लिया। वह बेहद मासूम बालक था। मधुबनी में ही नहीं, बिहार में अन्य जगह भी गरीब लोग अपने बच्चों को अफसरों के यहाँ काम पर लगा देते हैं। बच्चे का पेट भरता रहता है और बाप हर महीने पैसे ले जाता है। जाँच से आरोप सही पाया। मैंने केस दर्ज कर अनुसंधान और कार्रवाई की अनुशंसा अपनी रिपोर्ट में की। कुछ नहीं होना था सो नहीं हुआ।

मुझे अपने गाँव के थाना श्रीनगर के थानेदार की बात याद आई, जब उसने कहा कि जाँच में बकवास के अलावा कुछ भी साबित नहीं होता। अगर बड़ा अफसर बेईमान हुआ तो पैसे लेकर दबा देगा। और अगर बेईमान नहीं हुआ तो अच्छा कहलानेवाला हुआ तो देखेंगे-देखेंगे कहकर वक्त काटेगा। और अगर थोड़ा ऊर्जावान हुआ तो फोर्स

के मनोबल और विभाग की छवि बनाए रखने के हवाले से कुछ नहीं करेगा। और अगर कोई सचमुच पागल हाकिम से पाला पड़ गया तो फिर किस्मत में समझ लो यही लिखा था। अक्यूपेशनल हजार्ड कहाँ नहीं होते।

संक्षेप में यह कहा जा सकता है कि पुलिस के विरुद्ध आरोपों एवं शिकायतों के निष्पादन की व्यवस्था बेहद असंतोषजनक और लोक विरोधी है। यह बात पूरी शासन-व्यवस्था पर भी कमोबेश लागू होती है। पर पुलिस का महकमा लोगों की जान और आबरू को छूनेवाला विभाग है। इसलिए उसके विरुद्ध आरोपों की जाँच की व्यवस्था स्वतंत्र एजेंसी द्वारा होनी चाहिए। और ध्यान रहे कि यह एजेंसी एक स्थायी सरकारी विभाग अथवा सुपर पुलिस या सुपर सरकार न बन जाए। यह कठिन विषय है। जिसमें प्रयोगमूलक कार्रवाई होनी चाहिए जिससे सही जाँच और कार्रवाई की एक स्वस्थ व्यवस्था बन सके। मूल प्रश्न जवाबदेही का है। और शासन-व्यवस्था में जवाबदेही का नितांत अभाव है। शासन की प्रवृत्ति अधिकाधिक एकाधिकारवादी होती दिखाई देती है। यह पूरी व्यवस्था जिसके लिए जिसके नाम पर बनी है, वह यहाँ यदि कहीं है तो प्रताड़ित के रूप में ही प्रायः क्यों है ? हाँ, इधर उसे मुफ्तखोरी का शिकार बनाकर उसका आत्मगौरव भी न्यून हो रहा है।

□

दरभंगा

पुलिस का कार्य नेतृत्व का कार्य है। इसे किसी भी तरह के प्रबंधनों से जोड़ना इसकी भूमिका को अत्यंत सीमित और संकुचित कर देना है। किसी बटालियन का नेतृत्व करना ऐसे ही नेतृत्व का कार्य है जिसमें संसाधनों का प्रबंधन मात्र एक अंश ही है। मेरे बी.एम.पी. 13 के समादेष्टा (कमांडेंट) होकर दरभंगा में पदस्थापन पर अनेक चुनौतियाँ प्रतीक्षा कर रही थीं।

बी.एम.पी. 13 दरभंगा एक किराए के परिसर में स्थित बेघर बटालियन थी। मनोबल की समस्या थी। मनोबल ठीक नहीं रहने से अनुशासन का स्तर भी प्रभावित होता है। पर इस पर कतिपय बाद में। पहले उस दृश्य की बात कर लें जिसकी छाया राष्ट्र स्तर पर पड़ने जा रही थी।

विगत 1978 में प्रोन्नति नहीं होने के कारण मेरा स्वयं का मन बहुत खिन्न हो गया था। इससे मेरा साइनोसाइटिस जनित सिरदर्द कभी-कभी परेशान करने लगता था। मैं दो महीने के अवकाश पर दिल्ली चला गया। वहाँ जोर बाग में बिहार गेस्ट हाउस में रुका। उन दिनों बिहार भवन की व्यवस्था व्यवहारकुशल कारू बाबू देखते थे। वहाँ कई नौकरशाह साथियों से मिलना भी हुआ और नौकरशाह की एक कामकाजी परिभाषा प्रयोग के तौर पर मिली। नौकरशाह नाम के जीव ऐसा इसलिए कहलाते हैं कि जिनसे हानि-लाभ की संभावना हो, वे उनके नौकर होते हैं, शेष सभी के लिए वे शाह होते हैं। इस सिद्धांत के अपवाद इस सिद्धांत की पुष्टि करते हैं। एक मामूली उदाहरण बताता हूँ। एक साथी के कार्यालय पहुँचा, जो रिवॉल्वर लाइसेंस के लिए आए एक व्यक्ति से वार्त्तालाप में मशगूल रहा और उसके चले जाने के बाद अपने सामने पड़े एक कागज पर नजरें गड़ाकर रह गया। मैं खड़ा हो चलने लगा तो बोला, अरे, चाय तो पीते जाओ। मैंने उसके सामने एक कप चाय की कीमत मेज पर रखते हुए कहा, जब तुम्हारा मन करे पी लेना।

एक दिन मैं ऑल इंडिया इंस्टीट्यूट ऑफ मेडिकल साइंसेज में विमर्श के लिए

चक्कर काटते हुए परेशान था कि झंझारपुर लोकसभा क्षेत्र के पूर्व सांसद जगरनाथ मिश्र मिल गए। उन्होंने बड़े प्रेम से प्रणाम कर हाल-चाल पूछा और अभी प्रोफेसर से मिलवाता हूँ, बोला। मैंने कहा कि आप क्यों परेशान होते हैं? वे बोले, आप हमारे ए.एस. पी. रहे हैं। आपकी देखभाल हमारा फर्ज है। यह अंतर है नौकरशाह और राजनेता में। मैंने जब नौकरशाहों से सहायता हेतु याचना की थी तब उनका चलतू रिस्पॉन्स था। मैंने उन पर नाहक वक्त जाया किया था, जगरनाथ मिश्रजी ने एक मिनट में मेरी प्रोफेसर से भेंट करा दी। उसके बाद मुझे उन्होंने कभी भी सीधे आकर मिलने की सुविधा भी दे दी। जिसका मैंने दो बार और उपयोग किया। मेरा समाधान भी हो गया कि भाप लीजिए, साइनोसाइटिस नियंत्रित रहेगा। किसी तरह की चिंता न करें।

दिल्ली प्रवास के दौरान मैं एक दिन अपने एक बैचमेट के साथ संसद भवन गया। जाते हुए मैंने देखा कि नेताजी राजनारायण सांसद रायबरेली लोकसभा क्षेत्र हाउस में प्रवेश कर रहे हैं। मुख्य द्वार पर प्रणाम कर रहे दो चपरासियों को उन्होंने गले लगाकर हालचाल पूछा। सामने से अभिवादन कर रहे एक सांसद ने पूछा, नेताजी, सरकार के क्या हाल हैं? तो नेताजी, जो कि मोरारजी भाई देसाई की सरकार में स्वास्थ्य मंत्री भी थे, ने कहा कि काम चल रहा है। छह महीने में सरकार गिरा देंगे। प्रश्न आया, किसकी बनाने जा रहे हैं? नेताजी बोले, चौधरी साहब का हनुमान हूँ, अतः चौधरी साहब ही प्रधानमंत्री बनेंगे। उनका आशय चौधरी चरण सिंह उपप्रधानमंत्री एवं गृह मंत्री से था। अंततः जनता पार्टी टूटी। चौधरी साहब प्रधानमंत्री बने। कांग्रेस (इ.), जो कि उनको बाहर से समर्थन दे रही थी, उन्हें बाहर करने में सफल रही। चौधरी साहब देश के इकलौते ऐसे प्रधानमंत्री हुए जिन्होंने एक भी दिन संसद का सामना करने का अवसर नहीं पाया। चौधरी साहब ईमानदार अफसरों की बहुत इज्जत करते थे। वे कांग्रेस के बहुमत वाले पी.एम. होते तो कुछ और ही देखने को मिलता। पर यही नियति, यही जिंदगी है। आखिरकार छठवीं लोकसभा भंग कर दी गई और जनवरी 1980 में लोकसभा के लिए मध्यावधि चुनाव घोषित हुए।

लोकसभा चुनाव कराने में सहयोग प्रदान करने के लिए मुझे जहानाबाद अनुमंडल (अब जिला) का प्रभारी बनाया गया। मैं गया जिले में जिला ट्रेनिंग में रहा था और जनवरी 1980 के लोकसभा चुनाव के बाद जहानाबाद में पारसबीघा कांड के सिलसिले में लॉ एंड ऑर्डर ड्यूटी में गया था। इस ड्यूटी के दो अनुभव भुलाए भी नहीं भूल सकते। इनकी चर्चा कर लेते हैं।

फरवरी 1980, बात पारसबीघा कांड की। एक मामूली भूमि विवाद ने एक साथ ग्यारह सामूहिक हत्याएँ करा दीं। हमारी शासन-व्यवस्था सामान्य सर्दी-जुकाम की समस्या को घातक निमोनिया तक पहुँचाने में माहिर है। इस कांड की जाँच सदस्य राजस्व पार्षद एन.के. प्रसाद आई.ए.एस. की एक सदस्यीय समिति को सौंपी गई। पटना

प्रमंडल के आयुक्त के. रामानुजन को समिति की सहायता करनी थी। बड़े करीने से जाँच का केंद्र भूमि विवाद से खिसककर कानून-व्यवस्था पर पहुँच गया, तो पुलिस अफसरों के नाम धड़ाधड़ पेशी के लिए पुकारे जाने लगे। उनके बयान दर्ज होने लगे। डी.आई. जी मगध क्षेत्र सत्यनारायण मिश्र की भी पेशी हो गई। यह मामला जहानाबाद नगर थाना क्षेत्र का था। सो अंततः थाना के प्रभारी निरीक्षक को गवाही देने के लिए पेश होने को कहा गया। गया के एस.पी. का तबादला हो चुका था और नए एस.पी. आए थे। पुराने एस.डी.पी.ओ. की जगह नए एस.डी.पी.ओ. आए थे। अलबत्ता जहानाबाद थाने के प्रभारी पुलिस निरीक्षक वही पूर्ववर्ती अपना काम यथावत् कर रहे थे। पुलिस निरीक्षक लंबे, स्मार्ट और कार्यकुशल थे। उन्होंने सेल्यूट किया और समिति से पूछा कि वह किस कानून के तहत यह जाँच कर रही है? पहले यह तय हो जाए कि आपको कानून-व्यवस्था मामले में जाँच का अख्तियार है कि नहीं, उसके बाद ही वह अपने बयान दर्ज कराने पर विचार कर सकते हैं। बड़े हाकिमों ने उन्हें अलग ले जाकर काफी मनाने का प्रयास किया, पर वह अपनी बात पर अडिग रहे। समिति बगलें झाँकने लगी। मैं उस अफसर के ज्ञान और साहस की प्रशंसा किए बगैर न रह सका।

इस कांड के सिलसिले में जहानाबाद डाक बँगले में प्रवास के दौरान पत्रकारों की निरंतरता बनी रही। वे आते, घटनास्थल जाते, फिर हम लोगों से बतियाते। पारस बीघा कांड पर रविवार साप्ताहिक का सलामी वाक्य था—'एगो मूड़ी और मिला⋯।' वहाँ पर सी.पी.आई. के महासचिव सी. राजेश्वर राव भी पधारे। राज्य या केंद्र स्तर का कोई राजनेता आया हो तो स्मरण नहीं आ रहा है। जनता पार्टी के शासन काल में बेलछी कांड ने हाथी पर सवार होकर घटनास्थल पर आई पूर्व प्रधानमंत्री इंदिरा गांधी को पुनः राजनीतिक प्राण-वायु प्रदान की थी।

दूसरी घटना एक तथाकथित राइफल लूट की है। जहानाबाद के दूर-दराज से एक राइफल लूट की खबर आई तो मैं भी ए.एस.पी. शीतल दास (पंजाब आतंकवाद में बाद में शहीद) के साथ घटनास्थल पर गया। जिस होमगार्ड जवान ने लूट की बात कही थी, उसने बताया कि उसे हँसिये से मारा गया। हँसिये की मार से शर्ट को बचाते हुए बनियान काटी थी और देह भी सुरक्षित थी। इस संदेहास्पद कांड में पुलिस ने डॉ. विनयन शर्मा को अभियुक्त नामजद किया था। वे बुलाए जाने पर ए.एस.पी. कार्यालय आए और उन्होंने पूछा कि उन्हें क्यों बुलाया गया है? इस प्रश्न पर उन पर उस नवजवान पुलिस अफसर ने एक थप्पड़ जड़ दिया। मैंने तुरंत उसे ऐसा करने से रोका और कहा कि मेरे अधिकार क्षेत्र से बाहर जाते हुए मैं आपत्ति कर रहा हूँ। अफसर तत्काल अपनी कुरसी पर बैठ गया। विनयन को पड़ा वह थप्पड़ मेरे गाल पर पता नहीं क्यों आज भी दर्द करता है। विनयन से आगे फिर मुलाकात होगी।

इन दो अनुभवों को देखेंगे कि सरकारें बदलती हैं, पर हालात नहीं बदलते। जनवरी 1980 में केंद्र में इंदिरा गांधी फिर सत्ता में वापस हुईं। बिहार में जनता पार्टी की सरकार की जगह राष्ट्रपति शासन आ चुका था। पर व्यवस्था के काम करने के रंग-ढंग में कुछ भी अंतर नहीं आया था।

अब हम लोकसभा चुनाव 1980 और बिहार विधानसभा चुनाव 1980 की बात कर लेते हैं।

जनवरी 1980 का लोकसभा चुनाव मुझे जहानाबाद ले गया। बटालियन समादेष्टा का उपयोग ऐसे ही किया जाता है। मैंने इतनी अव्यवस्था किसी चुनाव में नहीं देखी। हम लोग ईश्वर की कृपा से स्थिति सँभाल सके। जिला प्रशासन की ओर से न तो अनुमंडल रिजर्व दिया गया था और न ही मतगणना के लिए बल की व्यवस्था की गई थी। मुझे मतदान ड्यूटी में लगे होमगार्ड को अतिरिक्त दिनों के लिए रोककर यह काम संपन्न कराना पड़ा। मतपेटियों को स्ट्रॉन्ग रूम (वज्रगृह) में रखवाने से लेकर मतगणना तक की व्यवस्था मैं इसलिए करा सका कि मुझे मधुबनी के समय के मेरे डी.एम. नित्या बाबू ने निर्वाची पदाधिकारी का काम अच्छी तरह सिखला दिया था। जहानाबाद के अनुमंडल पदाधिकारी मदन मोहन झा आई.ए.एस. ने निस्संकोच होकर मेरा मार्ग निर्देशन चाहा था, क्योंकि वज्रगृह और मतगणना से संबंधित ड्रिल का उन्हें अनुभव नहीं था। वे नए-नए थे। जिला मजिस्ट्रेट को उनकी सहायता के लिए किसी अनुभवी ऑफिसर को भेजना चाहिए था।

मतगणना के समय एक गंभीर घटना होते-होते बची। जो होमगार्ड ड्यूटी पर नहीं थे, उन्होंने पथराव प्रारंभ कर दिया। पता चला कि होमगार्ड का ऑफिसर उनके पारिश्रमिक के रुपए लेकर गायब हो गया है और उन सबसे प्राप्ति हस्ताक्षर पहले से ही करा लिये हैं। मैंने तुरत एक पार्टी उसे खोजकर पकड़कर लाने को भेज दी। इसी बीच मुझे राइफल को बोल्ट करने की आवाज आई। मैं दौड़ा-दौड़ा कैंपस के बाहर आवाज के पास गया तो देखा एक सिपाही ने राइफल तान रखी है। उसके सिर पर एक पत्थर लग गया था। मैंने राइफल ऊपर की तरफ कर दी, तो वह बोला, हट जाइए। तब मैंने कहा कि मेरी बात सुन लो। फिर तुम्हें ठीक लगे तो जरूर गोली चलाना। मैं उसे सही ठहरा दूँगा। वह राजी हो गया। तो मैंने उससे पूछा कि यदि तुम्हारी तनख्वाह लेकर तुम्हारा अफसर भाग जाए तो तुम क्या करोगे? तो वह बोला, उसे मुआ देंगे सर! तब मैंने कहा कि इन गरीब होमगार्ड के पैसे मार दिए हैं इनके अफसर ने। अब तुम इन्हें ही जान से मारना चाहते हो। तो वह बोला, सर, गलती हो गई, पता नहीं था। फिर मैंने होमगार्ड्स को आश्वस्त किया कि उनकी एक-एक पाई मैं दिलवाऊँगा। मदन झा ने तुरंत भुगतान भी करा दिया। बाद में वह अफसर भी मारे डर के स्वतः भागा-भागा पैसे लेकर आ गया।

जहानाबाद लोकसभा चुनाव क्षेत्र से चुनाव लड़ रहे एक प्रत्याशी ने मुझसे कहा, "गौतमजी, इस चुनाव में लोगों ने मेरे बहुत पैसे खाए। उससे बहुत कम में तो मैं राज्यसभा की सीट पक्की कर लेता। और इक्की-दुग्गी-तिग्गी के सामने हाथ जोड़ने से भी बचा रहता। अब मैं राज्यसभा से ही संसद में जाया करूँगा।" इसे उन्होंने कर दिखाया।

बिहार विधानसभा चुनाव 1980 मुझे फिर जहानाबाद ले आया। इस चुनाव में आपराधिक पृष्ठभूमि के लोगों का भाग्योदय हुआ। लोकसभा चुनाव 1980 के दौरान एक निहत्थे, वृद्ध, किंतु साहसी अफसर ने होमगार्ड के साथ एक कुख्यात व्यक्ति को हथियारबंद लोगों के साथ समर्पण कराकर कुर्था थाने में लाकर बंद करा दिया था। कोई प्रतिरोध नहीं हुआ था। जिनकी निगाह विधान भवनों की सीट पर होती है, वे प्रशासन से नहीं उलझते। यह बिहार विधानसभा 1980 के चुनावों से स्पष्ट हो गया।

मैं जहानाबाद में 1980 का विधानसभा सीटों का चुनाव कराकर दरभंगा अपने मुख्यालय वापस लौट आया। यहाँ इतिहास मुझे सलाम ठोकने आनेवाला था। यह पुकार मधुबनी जिले से आनेवाली थी।

जब कभी भारत के चुनावी अध्याय के सबसे बदनुमा दाग की खोज होगी। इसमें अगर गढ़वाल लोकसभा क्षेत्र के हेमवती नंदन बहुगुणा वाले चुनाव को काउंटरमांड करने को अलग कर दिया जाए तो मधुबनी जिले के हरलाखी विधानसभा क्षेत्र के मतदान केंद्र संख्या 152 बिलौना वर्ष 1980 को शीर्ष पर पाने में कोई श्रम नहीं होगा। भारत के निर्वाचन इतिहास में यह इकलौता मतदान केंद्र है, जहाँ वर्ष 1980 के विधानसभा चुनाव में तीन बार मतदान अर्थात् दो बार पुनर्मतदान में जाने की विशिष्टता प्राप्त है। इसमें भी मेरा किरदार एक ऐसा अजूबा किरदार है, जो था भी, लेकिन नहीं भी था। पूरा घटनाक्रम हमारे लोकतांत्रिक मिजाज की कई परतें निर्दयता से उधेड़ता है। इसे मुझे यथासंभव कहना ही होगा।

संख्या 152 बिलौना बूथ

पूरे बिहार में चुनावी प्रक्रिया पूरी हो चुकी थी। डॉ. जगन्नाथ मिश्र नए मुख्यमंत्री बने थे। वैसे राष्ट्रपति शासन में भी ट्रांसफर पोस्टिंग में उनके सुझावों की खासी अहमियत मिलने की बात सुनते रहते थे। वर्ष 1980 में इंदिराजी के दोबारा प्रधानमंत्री बनने के बाद कई राज्यों की सरकारें बर्खास्त कर राष्ट्रपति शासन लगाया गया था। उनमें बिहार भी एक राज्य था। राष्ट्रपति शासन लगने के बाद मेरा भी ट्रांसफर और पोस्टिंग पुलिस अधीक्षक सीतामढ़ी के पद पर हुई थी। पर मैं दरभंगा से लॉ की पढ़ाई कर रहा था और परीक्षा आ रही थी। इसलिए मैंने दो महीने का अवकाश ले लिया और सरकार से ट्रांसफर

रद्द करने का निवेदन किया। गृह आयुक्त वी.वी. नाथन साहब ने समझा कि इसका छोटे जिले में जाने का मन नहीं है तो उन्होंने मुजफ्फरपुर पुलिस अधीक्षक के पद पर जाने के लिए कहा। मेरे अपनी स्थिति बताने पर वे बिगड़े, पर मान गए। बोले, कैसा है ? छुट्टी चला गया। जिला नहीं जा रहा। कौन जाएगा। ठीक, जिसने तुमसे चार्ज लिया है, बी.एस. जयंत को बोलो, मुझसे बात करे और मुजफ्फरपुर जाने के लिए तैयार रहे। अब डॉ. मिश्र की कैबिनेट अपनी जगह पर थी। और इधर हरलाखी विधानसभा क्षेत्र के मतदान केंद्र संख्या 152 बिलौना बूथ ने मामला फँसाया हुआ था।

हरलाखी विधानसभा क्षेत्र के मतदान केंद्र सं. 152 बिलौना बूथ के पीठासीन पदाधिकारी ने मतदान के दौरान अनियमितताओं की शिकायत चुनाव आयोग को की। इस पर 6 जून, 1980 को इस मतदान केंद्र पर दोबारा मतदान कराने का आदेश दिया गया। पर इस बार तो हद ही हो गई। मतदान संचालन के जिम्मेदार पदाधिकारियों ने ही मतदान केंद्र पर कब्जा कर कुल 739 मतों में 720 मत डाल दिए। पीठासीन पदाधिकारी ने इसे आयोग को रिपोर्ट किया तो आयोग ने इस मतदान केंद्र पर तीसरी बार अर्थात् दोबारा पुनर्मतदान कराने का आदेश दिया और इस दोबारा पुनर्मतदान के लिए 14 जून, 1980 तिथि तय की तथा हरलाखी की चुनावी प्रक्रिया समाप्त करने की नई तारीख 16 जून, 1980 तय की। इस दोबारा पुनर्मतदान की प्रक्रिया में मेरा किरदार उतारा और हटाया गया। पूरे खेल का वर्णन इस प्रकार है। दोबारा पुनर्मतदान की झाँकी भी कोई कम करामाती नहीं थी। इसकी व्यवस्था सुनकर स्पष्ट हो जाएगा।

मुझे पुलिस मुख्यालय से आदेश मिला कि मैं हरलाखी के बिलौना बूथ पर दोबारा हो रहे पुनर्मतदान को स्वच्छ एवं शांतिपूर्ण संपन्न करा दूँ। यह आदेश वायरलेस संवाद से 13 जून को सुबह मिला था। मैं तत्काल मधुबनी के लिए चल दिया। एक घंटे के भीतर मैं जिला मजिस्ट्रेट मधुबनी आर.बी. सिंह के कार्यालय कक्ष में था। मैंने उनसे तुरंत बिलौना बूथ की ड्यूटीवाले प्रभारी मजिस्ट्रेट से मेरी मीटिंग कराने को कहा। सौभाग्य से वे वहीं उपलब्ध थे। डी.एम. साहब से विमर्श हुआ। कुल 739 वोटर थे बिलौना मतदान केंद्र के। और 14 जून के तीसरी बार के मतदान में सुरक्षा व्यवस्था हेतु कुल 742 का बल ड्यूटी हेतु उपलब्ध था। मैंने तत्काल प्रभारी मजिस्ट्रेट को कहा कि आप बूथ पर जाइए, 739 वोटर की पहचान स्थापित कर लीजिए। दोपहर बाद मैं वहाँ आऊँगा और हम लोग ऐसी व्यवस्था तक कर लेंगे कि वोटर्स को सुरक्षित मतदान केंद्र पर पहुँचाएँगे और वापस उनके गंतव्य तक सुरक्षित भेजेंगे। बहुत आसान है। यह कहकर मैं आई.बी. में आ गया। आई.बी. में अनिल कुमार आई.पी.एस. (दुर्घटना में दिवंगत) कमांडेंट बी.एम.पी. 8 बेगूसराय पहले से ही इसी ड्यूटी के लिए आए हुए थे। बड़े सीधे-सपाट बोलने वाले ईमानदार अधिकारी थे। तपाक से बोले, मुझे तो भूमिहार समझकर यहाँ ड्यूटी पर

लगाया है। तुम्हें गलतफहमी में लगा दिया। मैंने कहा, इलेक्शन फेयर हो, इसलिए तो हम लोग यहाँ हैं। बोले, पाँच मिनट प्रतीक्षा करो। तुम्हारा नया आदेश मिलनेवाला है। और मुझे दो मिनट के अंदर ही नया आदेश मिल गया। तत्काल जाकर डी.आई.जी. दरभंगा को रिपोर्ट करें।

मैंने अनिल से इस सबका रहस्य पूछा। तो उसने बताया कि ऊपरी मंजिल पर तीन-तीन मंत्री कैंप कर रहे हैं। वे पटना से बसों में वोटर भी लाए हैं, जो जगह पर पहुँच गए हैं। वे आई.जी.पी. (बिहार पुलिस के मुखिया) को डाँट रहे थे कि आपने कैसे आदमी को यहाँ भेज दिया है। यह किसी की भी नहीं सुनेगा। तुरंत भगाइए इसे। मुझे स्टाफ ने बताया कि गौतम साहब को यहाँ से हटाने का आदेश चल चुका है। वायरलेस आनेवाला है। और देखो, वायरलेस आ गया। पर पिक्चर अभी बाकी है।

मैं डी.आई.जी. दरभंगा ए.एम.पी. वर्मा के कार्यालय कक्ष में पहुँचा। छूटते ही बोले, आप मेरी इजाजत के बिना मेरे क्षेत्र में कैसे गए? मैंने कहा, आई.जी.पी. आपसे बड़ा होता है। उसका आदेश था। अब उसका आदेश है कि आपको रिपोर्ट करूँ। बताइए, क्या कहना है? उन्होंने कहा कि आप आज वहाँ नहीं जाएँगे। कल मेरे और कमिश्नर भास्कर बनर्जी के साथ कार में हम दोनों के बीच में बैठकर जाएँगे। गाड़ी से नहीं उतरेंगे। उसी में आपको बढ़िया लंच सर्व होगा। शाम को मतदान खत्म होने पर वैसे ही हमारे साथ लौट आएँगे। इस पर मैंने कहा तो आप मुझे एंटीसोशल की तरह डिटेंशन में रखेंगे। यह कुचेष्टा सफल नहीं होगी। मैं गया तो फेयर पोल होकर रहेगा। हुज्जत होने लगी। मैंने उन्हें गारंटी के साथ कहा कि कल चलिए और देखिए, फोर्स किसका आदेश मानती है, आपका या मेरा! मतदानकर्मी और फोर्स बेईमानी नहीं चाहते। वे तो ईमानदार नेतृत्व की राह देख रहे हैं। डी.आई.जी. बोले, तब तो फोर्स दो भाग में बँट जाएगी। मैंने कहा, कतई नहीं। आपके साथ कोई नहीं खड़ा मिलेगा। तब उन्होंने कहा कि मैं आपको सरकार से सस्पेंड करा दूँगा। मैंने कहा, गो अहैड। तब उनके तेवर कुछ ढीले हुए, बोले, अवकाश पर चले जाओ। मैंने कहा, क्यों जाऊँ? बोले, तब सिक रिपोर्ट कर दो। मैं पूरी तरह स्वस्थ हूँ। तब वे बोले, कल हम तुम्हारे घर के बाहर रुकेंगे तुम्हें लेने के लिए। तब मैंने कहा कि आपकी शर्तों पर जानेवाला नहीं। अब तो पुलिस मुख्यालय ने ही मेरी व्यवस्था चौपट कर डाली है। फिर वे बोले, चुनाव याचिका दायर होने पर तुम्हारा बयान क्या होगा? मैंने उन्हें आश्वस्त किया कि संपूर्ण सच बयान करूँगा। तब तो तुमको सरकार निलंबित कर ही देगी। मैंने कहा, देखिएगा, बहुत मजा आएगा।

डी.आई.जी. से बात खत्म होने के बाद मैं आयुक्त दरभंगा प्रमंडल भास्कर बनर्जी के आवास पर गया। उन्होंने मेरा प्रेम से स्वागत किया। मैंने डी.आई.जी. से सारे संवाद और अपनी मधुबनी यात्रा के विषय में ब्रीफ कर दिया। वे बोले, तुम्हारा स्टैंड बिल्कुल

सही है। मैं तो फालतू में इस कारगुजारी में फँसा हूँ। कल हम तो आएँगे ही। वे आए और गए। मैं अपने आवास के बाहर जाकर उनसे मिला अवश्य, पर बाय-बाय कहने के लिए।

दिन में मधुबनी से भोगेंद्र झा सी.पी.आई. का फोन आया। आप क्यों नहीं आ रहे हैं? मैंने कहा, आप चुनाव आयोग हैं अथवा आई.जी.पी.। उन्होंने और भी पूछा तो मैंने कहा, सुनाई नहीं पड़ रहा। मैं नहीं चाहता था कि टेप करके कोई विवाद फैलाने के अवसर पा जाए।

बाद में ड्यूटी पर गए लोगों ने मुझे बताया कि बूथ पर कब्जा करने की इस बार फुलप्रूफ व्यवस्था थी। पटना से महिला शिक्षिकाएँ ले जाई गई थीं। वे अमिट स्याही पर नेल पॉलिश करतीं और बार-बार वोट देतीं। बताते हैं कि एक से डी.आई.जी. ने पूछ लिया कि कितनी बार वोट दिया है आपने? तो उसने कहा, तीन बार, बोलो क्या कर लोगे? डी.आई.जी. चुप। भास्कर बनर्जी दुःखी बैठे रहे।

मतदान केंद्र को कई चक्राकार घेरों में सुरक्षा बलों ने ले रखा था। सबसे बाहरी घेरा घुड़सवार दस्ते का था। यदि अभिमन्यु वहाँ का मतदाता होता तो वह भी इस चक्र को भेदकर वोट डालने का साहस कदाचित् ही जुटा पाता। यहाँ लड़ाई सी.पी.आई. और कांग्रेस आई. के बीच थी। इस खेल (मखौल पढ़िए) में लगे प्रायः सभी पुरस्कृत हुए। पर सबसे अलग मामला ए.एम.पी. वर्मा साहब का रहा।

कुछ दिनों बाद वर्मा साहब का तबादला उपनिदेशक अभियोजन पटना के पद पर हो गया। नया पद, न दफ्तर, न वेतन, न कोई सुख-सुविधा। अखबार में यह पढ़ते ही उनके आवास पर पहुँचा। ईमानदारी की बात यह है कि मुझे उनकी धमकियों को स्मरण कर गुदगुदी हो रही थी। सुबह का वक्त था। पर वे आवास पर नहीं थे। जाकर कार्यालय में बैठे थे। उन्होंने मुझे कही गई बातों पर अपना अफसोस जताया और सरकार को कोसा भी, जिसने सेवा का यह फल दिया। फिर बोले, तुमने सही स्टैंड लिया था।

बाद में पता चला कि उनके उत्तराधिकारी डी.आई.जी. में नवप्रोन्नत तारकेश्वर प्रसाद आ गए। दफ्तर में वर्मा साहब जमे हुए थे तो वे बाहर जम गए। यह सीन आई.जी. पी. के हस्तक्षेप से पटाक्षेप पा सका।

प्रधानमंत्री भ्रमण

जनवरी 1980 के लोकसभा चुनाव के प्रचार हेतु प्रधानमंत्री चौधरी चरण सिंह का दरभंगा आगमन हुआ। उन्हें ललित नारायण मिथिला विश्वविद्यालय, दरभंगा के यूरोपियन गेस्ट हाउस में ठहराया जाना था। इसलिए सावधानी के तौर पर हम लोग इसे यूनिवर्सिटी गेस्ट हाउस कहते थे। दरभंगा राज के दिनों में इस अतिथिशाला में यूरोपियन अथवा

अन्य महत्त्वपूर्ण विदेशी अतिथियों को ठहराया जाता है। इंडियन गेस्ट हाउस भी अलग से है। इसका अच्छा-खासा परिसर है। मुझे कैंप कमांडेंट के रूप में प्रधानमंत्री की पूरी आवासीय सुरक्षा का प्रभारी बनाया गया था। मैंने अपनी फोर्सवाली चौकी, मच्छरदानी, अपना पतला गद्दा, मामूली तकिया-कंबल-चादर आदि लगाकर बिस्तर पहले ही तैयार कर लिया था। मेरा कमरा प्रधानमंत्री के कमरे के ठीक सामने बरामदे के दूसरे छोर पर था। मैंने अपनी बटालियन के ही लोगों को सुरक्षा घेरों को तथा निकट सुरक्षा में तैनात कर रखा था। मेरा फोर्स अनुशासन मनोबल और दक्षता में तब तक उच्च कोटि प्राप्त कर चुका था। शाम होते ही मैं पूरी व्यवस्था का निरीक्षण करने निकल पड़ा। इसमें ड्यूटी पॉइंट पर ब्रीफिंग और फोर्स की सतर्कता का परीक्षण शामिल था। मैं सबकुछ देख-समझ लेने के बाद अपने कमरे में आया तो देखा मेरा चौकी सहित सारा शयन का सामान गायब है और उसकी जगह एक नीचा पलंग, डनलप गद्दा, फैंसी तकिये वगैरह ने ले ली है। मुझे बड़ा आश्चर्य हुआ। कमांडेंट अपने कमरे की ही सुरक्षा नहीं कर सका। रहस्य शीघ्र खुल गया। प्रधानमंत्री अपनी शयन व्यवस्था देखकर बहुत अप्रसन्न हुए। उन्होंने पूछा कि यहाँ किसी एस.पी. की भी ड्यूटी है? उसके कमरे में ले चलो। प्रधानमंत्री मेरी शयन व्यवस्था देखकर बहुत खुश हुए। उन्होंने मेरे सब सामान अपने कमरे में शिफ्ट करा लिये और अपने कमरे का पलंग आदि मेरे कमरे में मेरे लिए जमवा दिए।

सुबह जॉइंट डायरेक्टर (सुरक्षा), आई.बी. सुभाष टंडन साहब ने मुझसे कहा, तुम्हारी व्यवस्था बहुत अच्छी थी। मैंने रात को दो बजे चैकिंग की और सभी को चुस्त-दुरुस्त पाया। मैंने कतिपय झेंपते हुए कहा कि सर, क्रेडिट फोर्स को जाता है। मैं तो रातभर सोता रहा। फिर देखा, पी.एम. के विशेष सहायक के.के. दारूवाला आई.पी.एस. बाहर आए और मुझसे बोले, अभी अंदर मत जाना, पी.एम. बहुत नाराज हैं। थोड़ी देर बाद डी.एम. दरभंगा आर.जे.एम. पिल्लै आए और अंदर जाने लगे तो मैंने उन्हें रोक दिया। कहा, मत जाओ। वे मेरे मित्र थे। चुपचाप एक तरफ खड़े हो गए। इसी बीच कमिश्नर ए.के. बसाक साहब आ गए और वे अंदर चले गए। प्रधानमंत्री को अपना परिचय दिया और अच्छी-खासी डाँट खाई। बात यह थी कि बाथरूम में टीन की जंग लगी हुई बाल्टी थी। गंदा सा मग्गा था और बाथरूम ठीक से रखरखाव किया हुआ नहीं था।

बिहार विधानसभा चुनाव 1980 के पहले प्रचार हेतु प्रधानमंत्री इंदिरा गांधी एक जनसभा को संबोधित करने झंझारपुर अनुमंडल में (फुलपरास) आईं। मीटिंग ग्राउंड में कानून व्यवस्था की जिम्मेदारी मुझे सौंपी गई थी। मैं जब रिहर्सल में पहुँचा तो चंबल घाटी जैसा दृश्य था। सादा लिबास में तरह-तरह के परिधान में राइफल लिये होमगार्ड ड्यूटी पर तैनात थे। उनके पास कोई वरदी नहीं थी और इसके अतिरिक्त कोई फोर्स उपलब्ध नहीं थी। उनको गलत तरीके से ड्यूटी बाँटी गई थी। वे सभी डिस्चार्ज्ड होमगार्ड थे

जिनका सत्यापन भी नहीं हुआ था। मैंने अपनी बटालियन से बल मँगाकर ड्यूटी कराई। इन होमगार्ड्स को तो उसी क्षण पुलिस अधीक्षक मधुबनी के पास भेज दिया। जनसभा के दौरान मंच पर अधिक लोग होने के कारण मैंने एक केंद्रीय मंत्री को नीचे ही रोक दिया तो उन्होंने और हमारे डी.आई.जी. (विशेष शाखा) ने मुझ नाकाबिल समझा था। सुरक्षा के प्रति ऐसे ही सूरमाओं के कारण हमें अपना यह प्रधानमंत्री खोना पड़ा। डिस्चार्ज्ड गैर सत्यापित होमगार्ड सादा लिबास में राइफल के साथ पी.एम. ड्यूटी पर। क्या कोई कल्पना कर सकता है?

बी.एम.पी. 13 दरभंगा की कथा

आज जब पीछे मुड़कर देखता हूँ तो व्यवस्था की सोच का पैटर्न स्पष्ट हो जाता है। मैंने आई.जी.पी. के कैंडिडेट्स को पीछे के द्वार से सिपाही बनाने में सहभागिता से मना करने और इसे न होने देने की बात कहने का अपराध कर दिया था। इसलिए मुझे दौड़ाए रखने और ठीक कर देने का आइटम साहब की कार्यसूची पर सबसे ऊपर था। परीक्षा का एक और अवसर दिया गया। पर परिवेश जिला स्तर पर बदल गया था। नए एस.पी. मधुबनी में आ गए थे। इनके आगमन के कुछ काल बाद मैं मधुबनी गया अपने फोर्स की कुशल-मंगल जानने। एस.पी. से मिलने जा रहा था कि अंधराठाढ़ी के थाना प्रभारी त्रिवेदीजी मिल गए। वे सूख-से गए थे। मैंने पूछा, त्रिवेदीजी, मेरे समय के सेब जैसे लाल गाल आज एकदम सूखकर छुहारा कैसे हो गए? बीमार हो गए थे क्या? तबीयत तो ठीक है? त्रिवेदीजी बोले, ऐसा कुछ भी नहीं है, हुजूर। आपका श्राप लग गया है। मुझे अपना कब का भुलाया हुआ विदाई भाषण स्मरण हो आया। शुभ-शुभ बोलिए हमेशा। कभी-कभी वाणी फूटती है। सरस्वती माँ जो बैठ जाती हैं।

तो इसी मधुबनी में सिपाहियों की बहाली होने जा रही थी। एस.पी. मधुबनी अध्यक्ष थे। पटना से हवाई जहाज से भेजे गए ए.आई.जी. एक सदस्य थे। तीसरा सदस्य बी.एम. पी. 13 का कमांडेंट यानी मैं था। मैं शाम को मधुबनी आई.बी. में पहुँच गया था। अगले दिन सुबह आठ बजे से सिपाही नियुक्ति की ड्रिल दौड़ आदि होनी थी। देर रात मेरे पास जिले के कुछ ऑफिसर आए। उन्होंने मुझे जानकारी दी कि सर, बेईमानी करने का पूरा इंतजाम हो गया है। आपके ग्राउंड पर आठ बजे तक पहुँचने से पहले ही आई.जी. साहब के तीस आदमियों को पास कर दिया जाएगा। आपको परीक्षा के एक छोटे से भाग का प्रभारी बना दिया जाएगा। वगैरह-वगैरह। मेरे ग्राउंड पर पहुँचने पर ए.आई.जी. साहब ने कहा कि ब्रदर, हमने परीक्षा जल्दी शुरू कर दी थी। तीस आदमी पहले राउंड में पास हो गए हैं। अब आगे का काम हमने आपस में बाँट लिया है। आपको आसान आरामवाला हिस्सा दिया है। दौड़, ऊँची कूद, लंबी कूद हम लोग कर लेंगे। गोला फेंक आप देख

लीजिएगा। स्टॉप वॉच और सीटी मेरे हाथ में रहेगी। मैंने उनकी योजना सिरे से खारिज कर दी। मैंने पूरी परीक्षा पर नजर रखने की जिम्मेदारी अपने हाथ में ले ली। परिणाम यह हुआ कि साहब लोगों के आदमी अपनी उद्दंड सोच के कारण मन से प्रदर्शन नहीं कर पाए। सभी परीक्षा में असफल हुए। शाम को मैंने कहा कि परिणाम अभी और यहाँ घोषित होगा। उस दिन एक निश्चित आरक्षण वर्ग की बहाली थी। उसके बाद तीन दिन अलग-अलग कोटि की बहाली थी। ए.आई.जी. साहब ने कहा कि परीक्षा चार्ट पटना ले जाएँगे। रिजल्ट वहाँ बनेगा। मैंने परीक्षा चार्ट पर अपने हस्ताक्षर किए और उसी दिन परिणाम घोषित कर तीन दिन बाद एस.पी. कार्यालय जाकर योगदान देने को कहा। यदि कोई भी ना-नुकुर करे तो मैं सुप्रीम कोर्ट तक तुम्हारे साथ हूँ।

उसी शाम मुझे वायरलेस से आदेश मिला कि आप तत्काल जमशेदपुर कानून-व्यवस्था ड्यूटी के लिए प्रस्थान करें। वहाँ दोबारा सांप्रदायिक तनाव पैदा हो गया है। बिहार के उत्तरी छोर मधुबनी से दक्षिणी छोर जमशेदपुर पर जाने का आदेश था, क्योंकि वहाँ तत्काल मेरी जरूरत उसी शाम अनुभव की गई। मैं जमशेदपुर कोई पंद्रह दिन तक रहा। हाकिम लोग मुझसे निश्चिंत होकर मुझे भूल चुके थे। फिर मैंने ही दरभंगा लौट जाना उचित समझा।

अगला आदेश शीघ्र ही आया। भारतीय पुलिस दल हर वर्ष भारत-तिब्बत सीमा पर हॉट स्प्रिंग जाता है और वर्ष 1959 में वहाँ चीनियों द्वारा शहीद किए गए हमारे केंद्रीय रिजर्व पुलिस बल के एक पूरे सेक्शन की याद में वहाँ स्थापित एक स्मारक पर श्रद्धांजलि देता है। इस दल में सभी राज्यों और केंद्रीय बलों के प्रतिनिधि होते हैं। सबसे वरिष्ठ पदाधिकारी इसका नेतृत्व करता है। वर्ष 1979 में मुझे हॉट स्प्रिंग स्मारक पर श्रद्धांजलि देनेवाले भारतीय पुलिस दल का नेतृत्व करने का सौभाग्य प्राप्त हुआ। मुझे इसकी तैयारी में अपने मामूली बैंक बैलेंस का लगभग सफाया भी करना पड़ा। पुलिस मुख्यालय ने कार्यक्रम के बाद कुछ सहायता की माँग तत्काल खारिज कर दी। जबकि इससे पहले और बाद में मेरी जानकारी के अनुसार विशेष शाखा इस कार्य हेतु आर्थिक सहायता करती आई है। यहाँ इस यात्रा का कतिपय वर्णन उपयुक्त होगा।

मुझे जम्मू बी.एस.एफ. मुख्यालय पहुँचना था। वहाँ बी.एस.एफ. की एक जीप खड़ी थी। कोई मुझे नहीं तलाशता दिखा। मैंने वहाँ पहुँचकर परिचय दिया तो उसने कहा कि आपको लेने नहीं आए हैं। मैं टैक्सी लेकर डी.आई.जी. बी.एस.एफ. जम्मू के आवास पहुँचा। डी.आई.जी. ने सहृदयता से मेरा स्वागत किया। चाय पिलाई और मैस पहुँचा दिया। फिर हम वन टनर गाड़ियों से श्रीनगर आए। वहाँ तीन दिन रुके। पहली बार सेब लदे पेड़ देखे। अगस्त 1979 का महीना था।

एक दिन श्रीनगर बाजार घूमा। दुकानदार बड़ी अदब से पेश आते थे। पर उनकी

अदब की शुरुआत तो जैसे अदावत से होती थी। आप हिंदुस्तान से आए हैं? देश में कहीं और कोई दुकानदार आपसे ऐसा नहीं पूछता। जनकपुर नेपाल में भी किसी ने ऐसा नहीं कहा था। बाद में 2003 में मुझे सरकारी व्यवस्था में वाशिंगटन डी.सी. भ्रमण का भी अवसर मिला। वहाँ भी कोई दुकानदार ऐसा नहीं पूछता था। ऐसे वाक्य गहरे होते हैं। इनका अर्थ भी मामूली नहीं होता। जम्मू में तो किसी ने ऐसा नहीं कहा। लेह-लद्दाख में भी किसी ने ऐसा नहीं बोला। श्रीनगर से ड्राज की ओर जाते हुए एक मुसलमान भाई को गाड़ी में लिफ्ट दी थी, उसने भी ऐसा नहीं पूछा था। उतरते समय वह खुबानी भी देता गया था।

संयोगवश इसी रंग की एक तीक्ष्ण बानगी भी मुझे शीघ्र ही मिल गई। एक दिन हम लोग डल लेक, निशात बाग, चश्मा शाही आदि घूमने गए। मैं चश्मा शाही में एक जगह अकेला ग्रुप से अलग बैठा था। पीछे से दो युवकों की आवाज सुनाई दी। वे वहाँ बैठे एक पर्यटक को नाहक गरिया रहे थे। पहले उन्होंने उससे पूछा, माचिस है? उसने क्या उत्तर दिया, मैं नहीं सुन पाया। पर उसके उत्तर के बाद उन दोनों युवको ने उसे बुरी-बुरी गालियाँ देना शुरू कर दिया। फिर वे आगे बढ़े और मेरी तरफ आए। मैं काफी डर गया था। पर मैंने वे भाव चेहरे पर नहीं आने दिए। उन्होंने मुझसे भी पूछा, माचिस है? मैंने कहा, भाई, मैं बीड़ी-सिगरेट, पान-सुपारी कुछ भी नहीं करता। वे बड़बड़ाते हुए चले गए। मैंने राहत की साँस ली और अपने ग्रुप में जा मिला। गाली से गोली तक की यात्रा बहुत लंबी नहीं होती।

श्रीनगर से हम दो वन टनर गाड़ियों में चले। रास्ते में पहाड़ियों से घिरे कटोरे जैसे अत्यंत ठंडे मुकाम ड्राज में बी.एस.एफ. कैंप में रुके। बी.एस.एफ. कमांडेंट बी.पी. सिंह से मिले तो वे बहुत खुश हुए। मैं आई.पी.एस. हूँ और उनको सम्मान देने आया हूँ, यह बात उन्हें बहुत भली लगी। पर आई.पी.एस. को दो-चार गालियों की सौगात दिए बगैर न रह सके। मैं सामान्य बना रहा। आई.पी.एस. मेरे कंधे का बैज था, मैं नहीं। ड्राज में हमारी खातिरदारी आई.बी. ने की। अगले दिन हम लेह पहुँचे। यहाँ ऊँचाई पर कम ऑक्सीजन से अभ्यस्त होने के लिए सात दिन का प्रवास था। अगस्त के महीने में जाड़े जैसे टमाटर-गोभी-मटर खाकर मजा आ गया। यहाँ हम आई.बी. के ही कैंपस में उनकी देखरेख में मैस में थे। कर्नाटक काडर के के.यू. शेट्टी सहायक निदेशक लेह थे। आई.बी. में भी अनुसचिवीय स्टाफ में कुछ लोग बड़े घाघ होते हैं। उन्होंने मुझे अपना जो ज्ञान तात्कालिक उपयोग के लिए बाँटा, वह मैंने आदरपूर्वक सुन लिया। लेह में हमने सिंधु नदी के तट पर बहुत आनंद पाया। चुगलमशेर में सी.आर.पी.एफ. का स्थानीय मुख्यालय था। हमें एक होटल दिखाई दिया। नया-नया था। हमने चाय पीने की इच्छा जताई। मैनेजर ने बताया कि होटल अभी चालू नहीं हुआ है। पर वह चाय से

हमारा सत्कार अवश्य करना चाहेंगे। वहाँ एक बहुत बड़ा बौद्ध मठ है। हमने उसे भी देखा। बहुत से संन्यासी अल्पना बना रहे थे। सभी बड़ी गंभीर मुद्रा में थे। लेह हमें बहुत अच्छा लगा। हम वहाँ पैदल घूमते रहे। लेह से हम ऊबड़-खाबड़ रास्ते से वन टनर से ही फोबरांग तेरह हजार पाँच सौ फीट पर पहुँचे। हरा-भरा प्रदेश। उस समय धान लगी थी। कटने योग्य होनेवाली थी। हम छोटे-छोटे जैरिकेन और मिट्टी से बने बंकरों में रुके। वे बहुत आरामदेह थे। लेह और आगे कमरों को गरम करने की व्यवस्था रहती है। पर इसका न्यूनतम उपयोग होना चाहिए, सोने से पहले बुखारी बंद अवश्य कर देनी चाहिए। अन्यथा यह ऑक्सीजन खा जाएगी और पैदा हुई कार्बन की गैसें सोनेवाले को सुला देंगी। फोबरांग से हमको पैदल अथवा पोनी पर जाना था। वहाँ हम तीन दिन रुके। घुड़सवारी की, ताकि फिर शरीर लाइन पर आ जाए। अपने घोड़े से परिचय स्थापित किया। एक सबसे तेज, पर बदमाश अश्व भी वहाँ था। मुझे एन.पी.ए. गुड बॉय अश्व ने बदतमीज अश्व से समझ बैठाना सिखा दिया था। मैंने उस पर सवारी की। वह माउंट करते समय घूम गया। गुड ब्वाय ऐसा ही करता था। मैं भी साथ-साथ घूमा और सवार हो गया तो वह तत्काल मुझे ले भागा। मैंने उसे सर्किल में घुमा-घुमाकर व्यायाम करा दिया तो वह प्रसन्न हो गया और हमारी दोस्ती हो गई। मैं उसे थपथपी देकर उतर गया। अश्व को गुड़ खिलाना चाहिए। पर वह वहाँ उपलब्ध नहीं था। फोबरांग में मैंने एक साथ तीन वॉलीबॉल मैच, फिर तीन टेबिल टेनिस मैच खेल लिये। शाम तक मेरा जी मिचलाने लगा। वहाँ का आई.बी. स्टाफ चिंतित हो गया। मैंने कहा, सो जाता हूँ, ठीक हो जाऊँगा। मेरे बंकर में एक डी.सी.आई.ओ. मेरी देखभाल के लिए रहे। आधी रात के बाद मैं एकदम स्वस्थ था। मैंने खाना माँगा और प्रेम से खाया। सबकी चिंता दूर हुई। उस ऊँचाई पर इतना शारीरिक श्रम मूर्खता थी। युवक था। बच गया। वरन् पल्मनरी ओडीमा एक मिनट में हृदय को जड़ कर देता है। मैं सूर्य नमस्कार का अभ्यासी था। इसलिए शरीर में ऑक्सीजन जज्ब हो गई और लेवल ठीक बना रहा। फोबरांग में मैं अपने शेरपा तेनजिंग के घर भी गया।

हम फोबरांग से चले। मेरे शेरपा तेनजिंग थे। एक याक पर सामान और पोनी पर मैं। मुझे चार पोनी का इंटाइटिलमेंट था। तेनजिंग बहुत अच्छे आदमी थे। वे धनवान् भी थे। अपनी बेटी के लिए फोर्स का अफसर खोज रहे थे। दहेज के लिए सोने की अशर्फियों की बात सुनी थी। हमारे साथ एक कुँवारा अफसर था। हम उससे बड़े मजे लेते थे। हमारा पहला मुकाम 58 कि.मी. पर लुंगकर में था। पर वहाँ जल या बर्फ नहीं थी। इसलिए वहाँ हम दोपहर भोजन के लिए ही रुके। यह पूर्व सर्वेक्षण से तय कर लिया गया था। दो अश्व सवार शेरपा आई.बी. अफसर के साथ ढूँढ़कर बर्फ लाने चले गए। दूर से चमक आ रही थी। बर्फ मिल गई। रेगिस्तानी अश्वों की सूखी लीद बटोरकर

आग जलाई गई और बर्फ का पानी बनाकर चाय बनी। अब हमारे शरीर में हमारे प्यारे लद्दाख की किंचित् मिट्टी का भी प्रत्यक्ष प्रवेश हो गया था। बर्फ के पानी में तो वह थी ही। लुंगकर से आगे बाओ तक का मार्ग बीच में अत्यंत दुर्गम था। अभी तो कुछ मैदान भी था। मैंने टीम को ब्रीफ किया और निर्देश दिया कि सबसे आगे और सबसे पीछेवाले व्यक्ति के बीच अधिकतम दो सौ गज दूरी हो सकती है, उससे अधिक कतई नहीं। सबसे आगेवाले की जिम्मेदारी है कि वह अपनी दूरी घटाता रहे। कोई भी अकेला न छूटने पाए। वहाँ पर भूख नहीं लगती। इसलिए दोपहर में मैंने केवल चाय पी। अब मेरी आँतें विद्रोह पर थीं। अठारह हजार दो सौ फीट की ऊँचाईवाला मार्समिक पास (जिसे मर्सीलैस ला भी कहते हैं) आते-आते मेरा जी मिचलाने लगा। हमारे संपर्क पदाधिकारी आई.बी. के डी.सी.आई.ओ.डी.आर.झल साहब मेरे साथ-साथ चल रहे थे। मैंने पाँच मिनट लेटकर आराम करने की इच्छा व्यक्त की। वे बोले, पास पर ऐसा सिद्धांत विरुद्ध और खतरनाक है। पर मैंने कहा, आराम जरूरी है। वे मान गए। कारवाँ रुक गया। मैं जमीन पर लेटने से स्वस्थ हो गया। अब आगे पगडंडी थी। मुश्किल से डेढ़ फीट। दाहिनी ओर ऊँचा खड़ा पहाड़। बाईं ओर सौ मीटर गहरा नाला। सब पैदल चलने लगे। पर मैंने अपने पोनी के अनुभव और जिजीविषा पर दाँव लगाया। पोनी पेट को नाले की ओर करके चलता है। उसे लगता है कि सीधा-सपाट चलने से उसका पेट कहीं पहाड़ से न टकरा जाए। पोनी के खुर से लगकर सरसर करके बालू नाले में जा रही थी। मैंने किंचित् नीचे देखा, फिर आसमान की ओर देखना ही ठीक समझा। यह पगडंडी अनंत लग रही थी। अंततः हम बाओ नदी के किनारे पहुँच गए। हमारे टेंट वहाँ पहले से अग्रिम दल ने तैयार कर रखे थे। तेनजिंग ने मेरा बिस्तर लगा दिया था। मैंने अपने लिए अलग आयातित टेंट में रहने की जगह अपने अफसरों के साथ उनके टेंट में साथ रहना चुना था। वैसे भी वहाँ अकेले कौन रहना चाहेगा, अलग टेंट में चाहे वह कितना विंटर प्रूफ क्यों न हो।

सुबह चाय पी। फिर एक टीन के डिब्बे में उबलता हुआ पानी लेकर दिशा क्रिया हेतु निकले। ठंड इतनी कि पानी ने शीघ्र ही बर्फ बनने की इच्छा जताई। अपने अंग भी ठंड की चादर ओढ़कर सो गए थे। जल्दी नाश्ता किया। दाढ़ी वहाँ बनाना अपनी चर्म को देह से अलग करना है। हम अगले पड़ाव सोकसालू दोपहर भोजन के समय तक पहुँच गए। डिब्बाबंद सब्जी से मन भर चुका था। नीबू के अचार से दो रोटी पेट में गईं। उसी समय एक ब्रिगेडियर साहब भी कैंप में आ गए। सबने प्रसन्नतापूर्वक स्वागत किया। उन्होंने भी भोजन किया। फिर उन्होंने पूछा कि कोई समस्या अथवा दिक्कत तो नहीं है ? तो उस कैंप के प्रभारी ने बताया कि सामान एयर ड्रॉप नहीं हो रहा है। सोर्टी खराब मौसम कहकर लौट जाती है जबकि मौसम साफ है। समीप के पोस्ट पर ऐसी कोई दिक्कत नहीं है। ब्रिगेडियर साहब ने पूछा, कभी हाल में कोई शिकायत भी की थी सामान के बारे में ?

तो प्रभारी ने बताया कि पिछली बार अंडों की जगह छिलके ड्रॉप हुए थे। यही शिकायत की थी। ब्रिगेडियर बोले, मैं कारण समझ गया। ये लोग ऐसा ही करते हैं। चलो, मैं कुछ करता हूँ। पर आगे से ध्यान रखना।

सोकसालू में अश्वों और याकों को चरने के लिए छोड़ दिया गया था। शाम तक दो याक नहीं लौटे। मनमौजी याक नियंत्रण रेखा का सम्मान करने को बाध्य नहीं होते। इस पार वे नहीं थे। चले गए होंगे जहाँ घास दिखी। उम्मीदों के मुताबिक वे सुबह आ गए तो हम लोगों ने राहत की साँस ली। उनके चीनियों के हाथ पड़ने पर स्थिति क्या बनती, नहीं पता। हालाँकि चीनी दूर-दूर तक दिखाई नहीं देते थे। मुझे सोकसालू के पास के ड्रॉपिंग जोन की रेत में सन् 1962 की लड़ाई का चीनी बम की धातु का जमा हुआ टुकड़ा मिला, जो मेरे पास है। सोकसालू से पैक नाश्ता लेकर हम सुबह जल्दी निकल पड़े, क्योंकि स्योक नाला पार करना था और देर होने पर बर्फ पिघलने से यह असाध्य हो जाता। विगत वर्ष इसके प्रवाह में एक अश्व सवार सहित बह गया था और फिर उनके मृत शरीर ही मिले थे। हमारे मार्गदर्शक का अश्व नाले के समक्ष जाते ही तेजी से लौट पड़ा और दोबारा तो उसका भय और अधिक मुखर था। मेरी अपने अश्व से अच्छी समझ स्थापित हो गई थी। मैं धीरे-धीरे टहलाते हुए उसे नाले के पास ले गया और वहीं रोक दिया। घोड़े को थपथपी दी, मुँह-गरदन पर हाथ फेरा। फिर धीरे से आगे बढ़ने का संकेत दिया। पहली बार पानी स्पर्श होते ही उसने पैर हटा लिया। फिर कुछ पल बाद मैंने आगे बढ़ने का संकेत दिया तो अब उसका वही पैर इसके लिए तैयार था। मैंने सीधी धार नहीं काटकर तिरछा अश्व चलाया। किनारे के पास ज्यादा धार मिली। पर एड़ लगते ही अश्व उस पार था। मेरे अश्व के पीछे अन्य अश्व भी आ गए। अब हमने आराम से नाश्ता किया। थोड़ा आराम भी किया। हॉट स्प्रिंग मेमोरियल यहाँ से बहुत दूर नहीं था। हम लोग आराम से वहाँ पहुँच गए। मेरा सामान तेनजिंग ने मेरे बंकर में अच्छी तरह सेट कर दिया। यहाँ हॉट स्प्रिंग पर अच्छी तरह स्नान किया। फिर दोपहर को भोजन कर आराम किया, थोड़ा आराम कर फिर फोर्स के साथ बातें कीं। उन्हें तो कभी-कभार ही कोई नया चेहरा दर्शन के लिए मिलता है। यहाँ तो पूरी भारतीय पुलिस टीम थी। सब अपने-अपने राज्य के जवानों से बतियाने लगे। हमारे साथ वहाँ के कमांडर बातें करने लगे। अगले दिन श्रद्धांजलि कार्यक्रम सुचारु रूप से चला। लेह से हेलीकॉप्टर से आई.बी. के ए.डी. शेट्टी साहब आ गए थे। श्रद्धांजलि नवाचार पर मैंने अपनी रिपोर्ट में कुछ सुझाव दिए थे। हमारे दल का एक सदस्य घुड़सवारी बिल्कुल नहीं जानता था। वह दुलकी चाल में जब घोड़ा ऊपर की तरफ जाता तो नीचे की तरफ आता था। परिणामतः उसकी पेंदी कुछ विदीर्ण हो गई। पेशाब के रास्ते उसने सोकसालू में मुझे रक्त आने की भी शिकायत की थी तो उसे दवा दी गई थी और मैंने उसके एयर एवेकुएशन के लिए लिखा था। ए.डी. साहब

उसको अपने साथ चौपर में ले गए। हम हॉट स्प्रिंग में दो दिन रुके। हमारी पोस्ट के अति समीप ही काँटेदार तार सीमांकन के द्योतक लगे हैं। इन दिनों वहीं सुनते हैं, चीनी आकर जम गए हैं। हॉट स्प्रिंग में हमारी ताकत बहुत कम रहती है। ज्यादा की गुंजाइश भी नहीं है। तोपखाने की गुंजाइश ज्यादा नहीं दिखती। बड़े चीनी जमावड़े पर हवाई कार्रवाई ही कारगर हो सकती है। पर पूरे बॉर्डर को नजर में रखते हुए ही कोई युद्धनीति बन सकती है। चीनियों ने अपने लिए रणनीतिक लाभ का क्षेत्र कब्जाया हुआ है।

हम हॉट स्प्रिंग तीर्थयात्रा के क्रम में पेंगोंग झील गए। उसके किनारे पर खड़े रहे। हमें चीनी गतिविधियों के बारे में बताया गया। यहाँ से संपर्क पदाधिकारी झल साहब वापस लौट गए। हम चुशूल में रुके। रात्रि विश्राम किया। फिर हमने चुशूल हवाई पट्टी देखी। उस पर उस समय भी अमेरिका द्वारा ऑपरेशनल किए जाने के लिए डाली गई स्टील की कुछ बड़ी-बड़ी चटाइयाँ पड़ी हुई थीं। सन् 1957-58 में अमेरिका ने चीनी खतरे के मद्देनजर इन्हीं स्टील शीटों से हवाई पट्टी तैयार की थी। इंडिया गेट देखा, जहाँ से युद्धबंदियों का आदान-प्रदान हुआ था। हमारे शहीदों के शव भी इसी गेट से हमें सौंपे गए थे। हमने उस हिल फीचर के दर्शन किए जिसकी रक्षा मेजर शैतान सिंह ने एक कंपनी फोर्स से एक चीनी ब्रिगेड के दाँत खट्टे कर की। हम उनके बंकर के दर्शन नहीं कर सके। उधर जाने की मनाही थी। मेजर शैतान सिंह का कर्ज हम भारतवासियों पर है। उनकी शहादत को हमेशा याद रखना होगा ताकि कभी चुशूल की पहाड़ियाँ हमारे लिए सुगम हो जाएँ। इंडिया गेट तो बहुत ही चालाक चीनियों ने तोड़ दिया था। चुशूल से टाँगसे होते हुए हम लेह वापस आ गए। लेह में मिलिटरी अस्पताल में अपने बीमार साथी को देखा। वह एकदम स्वस्थ था। मार्समिक लॉ पर चलते हुए पहली बार पता चला कि अठारह हजार दो सौ फीट की ऊँचाई पर गुरुत्वाकर्षण और ऑक्सीजन का न्यूनीकरण क्या कर सकता है। मैं छोटे शिशु जितने छोटे कदम रखते हुए भी सात-साठ कदम चलने पर थक जाता था। बैठना पड़ता था। मार्समिक लॉ से लौटते हुए हमने देखा कि आर्मी की एक एल.आर.पी. (लॉन्ग रेंज पेट्रोल) एक कैप्टन साहब के नेतृत्व में ऐसे चली जा रही है जैसे कि वे मैदानी इलाके में घूम रहे हों। ऐसे स्थानों पर अस्थायी नपुंसकता की समस्या आम होती है। हम वापस श्रीनगर आए। बी.एस.एफ. गेस्ट हाउस के सूबेदार रामसिंह अवकाश पर जा रहे थे। हॉट स्प्रिंग जाते समय मुझे सर्दी-जुकाम हो गया था तो उन्होंने सुसुम पानी में दो बूँद ब्रांडी लेने की सलाह दी थी। तब मैंने उन्हें कहा था कि तब हॉट स्प्रिंग में क्या लेंगे? मैंने उन्हें आंतरिक शक्ति के प्रति आश्वस्त किया था। वह मुझे पूर्ण स्वस्थ देखकर प्रसन्न थे।

मैं जम्मू लौटा तो ऊधमपुर सेना मुख्यालय के एक मेजर साहब का फोन इंतजार कर रहा था। वे बोले कि दिल्ली से मेरे मित्र जी.एस. तिवारी ए.एफ.एच.क्यू ने मुझे माता

वैष्णो देवी के दर्शन कराने को कहा था। मैं आपकी कार की प्रतीक्षा करता रहा आज कई घंटे। मैंने क्षमा माँगी। उन्हें कैसे बताता कि मैं तो बी.एस.एफ. के वन टनर पर आ रहा था। यदि मैं मार्ग में ऊधमपुर में वन टनर से उतरता तो बी.एस.एफ. की क्या प्रतिष्ठा रह जाती ? और मेरी तो खैर प्रतिष्ठा यहाँ गौण ही थी। फिर भी शर्म तो मुझे भी लग रही थी। अब मुझे बच्चों की याद आ रही थी। बी.एस.एफ. ने उसी दिन चलनेवाली नई-नई चली हिमगिरि एक्सप्रेस में मेरा आरक्षण करा दिया। मैं अगले दिन सीधे पटना आ गया। फिर बस से दरभंगा चला गया। बाद में मुझसे आई.जी.पी. लाल साहब ने अपने अनुभव के बारे में पूछा तो मैंने कहा, सर, एक बार और जाना चाहता हूँ। तो वे चुप हो गए।

पुलिस विज्ञान कांग्रेस 1979 नई दिल्ली

मैंने 1979 को दिल्ली में आयोजित होनेवाली पुलिस साइंस कांग्रेस के लिए 'हमारी न्याय प्रणाली सामंती है, गरीब को मात्र कागजी न्याय मिलता है' विषय पर पेपर भेजा था। अब न्योता आ गया। बरौनी जंक्शन पहुँचकर जीप छोड़ दी। अंदर गया तो पता चला, ट्रेन बारह घंटे लेट है। मैं स्टेशन की बेंच पर ही सो गया। अगले दिन दिल्ली पुलिस ने भारतीय लोक प्रशासन संस्थान के हॉस्टल में ही ठहरा दिया। कांग्रेस वहीं पर थी। हमारे वरीय पदाधिकारी डी.आई.जी. नरेंद्र नारायण सिंह मुझे प्रेम और आग्रहपूर्वक बिहार भवन अपना रूम शेयर करने ले आए। ऐसा प्राय: कम होता है। मेरे पेपर की एक पंक्ति पर निदेशक प्रशिक्षण बी.पी.आर. एंड डी. (पुलिस अनुसंधान और विकास ब्यूरो—आयोजनकर्ता विभाग) मुझे लताड़ने लगे। बाद में उस संस्थान के प्रधान पी.आर. राजगोपाल, निदेशक ने मुझे आश्वस्त किया और कहा कि इसी तरह सच कहते रहो। ऐसे लोगों ने ही पुलिस को गुलाम बना रखा है। मैं तुम्हारे पेपर से बहुत खुश हूँ। राजगोपाल साहब मुझे सदा दुलार करते रहे।

संध्या में कांस्टीट्यूशन क्लब में गृहमंत्री एच.एम. पटेल डेलीगेट्स के सम्मान में रात्रि भोज दे रहे थे। मैं अपने सामान्य आरामदेह लिबास में ही गया। थोड़ी-थोड़ी गुलाबी सर्दी आ गई थी। गृह राज्य मंत्री धनिक लाल मंडल साहब ने मुझे दूर से ही देखकर मेरी अगवानी की। फिर गृहमंत्री से तथा अन्य सभी से स्वयं घूम-घूमकर मेरा परिचय एक ईमानदार-साहसी-सत्य पर टिकनेवाला पदाधिकारी कहकर कराया। उन्होंने यह भी जोड़ा कि मैं उनके क्षेत्र का ए.एस.पी. रहा हूँ। मेरे लिए यह संकोच का अवसर था। वहाँ ज्यादातर बड़े-बड़े वरिष्ठ लोग बैठे थे। एक-दो ही मुझसे वय में कम रहे होंगे। यह मंडलजी की महानता थी। उन्होंने मुझ पर भविष्य में उनके वचनों का बनने का कर्ज लाद दिया था। बड़े लोगों का ऐसा ही निवेश होता है।

फूटिस्ट

दरभंगा में रहते मधुबनी जिले के एक पंडितजी अपने बेटे को लेकर सप्रयोजन मिलने आए। वे पैरों का पंजा पढ़ने में निपुण थे। वे अपने पिता के साथ दूसरे विश्व युद्ध से पहले जर्मनी गए थे। इन्हें जर्मनी के शासक हिटलर के निर्देश पर ले जाया गया था। हिटलर औकल्ट विद्या में बड़ा विश्वास करता था। इसमें ज्योतिष, सामुद्रिक शास्त्र, रेखा विज्ञान आदि तमाम तरह की भारतीय विद्याएँ सम्मिलित थीं। पर जनरल और बड़े लोगों की हस्त रेखाएँ कैसे पढ़ी जाएँ। इससे तो अटकलबाजियाँ फैलेंगी और माहौल बिगड़ेगा ही, इसलिए हिटलर ने यत्नपूर्वक पता लगवाकर मधुबनी जिले से पंजों की रेखाएँ पढ़ सकनेवाले पंडित को अपनी खुफिया सेवा में बुलवा रखा था। दुनियाभर की खुफिया संस्थाएँ हर तरह के प्रयोगों का सहारा लेती हैं। चेहरा पढ़ना, अंतर्दृष्टि, अतींद्रिय विज्ञान कुछ भी उनसे अछूता नहीं है। हिटलर ने इन पंजा पढ़ सकने में सक्षम फूटिस्ट को बकौल पंडितजी हिटलर ने अपने जनरल्स के अर्दली में निजी सेवार्थ लगा रखा था। ये फूटिस्ट पैर दबाने में, मालिश करने में माहिर होते थे। इसी क्रम में वे पैर के पंजे की पूरी रीडिंग कर रिपोर्ट करते रहते थे। उन्होंने मेरे पैर का पंजा भी पढ़ा और विभाग के शीर्ष पद पर पहुँचने की भविष्यवाणी भी की। जिसे मैंने उस पद पर पहुँचने पर स्मरण किया। यात्रा के मुकामों पर विचार नहीं करते। यात्रा के उद्देश्य मात्र ही विचारणीय होते हैं।

मैंने कमांडेंट का काम गंभीरता से लिया। बल की दक्षता, अनुशासन और मनोबल बढ़ाने पर ध्यान दिया। खेल-कूद और सांस्कृतिक कार्यक्रम, कैंपस सुंदरीकरण, कैंटीन-भोजन की गुणवत्ता में सुधार। जवानों के साथ खेलना सब इसमें शामिल हैं। कभी-कभी मजेदार वाकये हो जाते हैं। मेरी फुटबॉल की जानकारी नगण्य है। फिर भी मैं खेलता था और बवंडर की तरह दौड़ता रहता था। एक बार विपक्षी की जोरदार हिट मेरे पैर से टकराकर उसके गोल में चली गई और मेरी टीम जीत गई। उसके बाद मैं फुटबॉल खेलने से बचने लगा, क्योंकि उस क्रेडिट ने गलत धारणा एवं उम्मीदें पैदा कर दी थीं। उम्मीदें जिंदा रखनी चाहिए।

मेरे इस पद की अवधि का भी वर्णन लंबा हो गया, इसलिए तीन महत्त्वपूर्ण प्रकरण पर चर्चा कर आगे बढ़ना चाहिए।

बायोगैस प्लांट एवं शौचालय

बटालियन मुख्यालय में किसी भी समय कम-से-कम दो सौ लोग रहते थे। यह बटालियन 1967 में बनी थी। फिर भी बेघर थी। मात्र पाँच शौचालय थे जिनमें से दो खराब पड़े थे। मैंने दस शौचालय बनाने हेतु पुलिस मुख्यालय से आई.जी.पी. की अधिकतम शक्ति दस हजार रुपए की स्वीकृति माँगी तो पूछा गया कि अब तक कैसे

काम चलता रहा? मैंने लिखा, पहले आस-पास खेत और खाली मैदान था। उसी में लोटा लेकर जाते थे। अब चारों ओर घर बन गए हैं। क्या पुलिस मुख्यालय इस निकृष्टता को जारी रखना चाहता है? स्वीकृति आ गई। तो मैंने खादी भंडार से बायोगैस प्लांट लगाने को लिखा। उसमें उन दिनों पचास प्रतिशत अनुदान मिलता था। फोर्स ने अपना श्रमदान भी जोड़ा। हम बीस शौचालय बायोगैस प्लांट के साथ तैयार कर सके। रोज डेढ़ क्विंटल गोबर आता था और उसकी दोगुनी कीमत की खाद रोज तैयार होती थी। कैंटीन की सारी गैस तथा कैंपस व बैरकों की रोशनी हमारे प्लांट से होने लगी। हमारे डी.एस. पी. नेपाल सिंह को चाय पीने में बड़ी हिचकिचाहट हुई। पर क्या करते, कमांडेंट जो स्वयं पी रहा था। बाद में इस घटना के बड़े मजे लिये गए। बायोगैस का उद्घाटन इस कैंटीन की चाय से काफी मजेदार रहा।

हमारी इस वाहिनी (बटालियन) की किराए की संरचना दरभंगा महाराज की घुड़साल हुआ करती थी। वे आज बैरेक थीं। बैरेक पर टीन का टप्पर था। गरमी में गरम, बरसात में चूनेवाला, जाड़े में ठंडे और ओस नीचे गिरानेवाली छतें। अब जर्जर थीं। मेरे किराए की स्वीकृति और उससे मरम्मत का अधिकार समादेष्टा (कमांडेंट) को देने के प्रस्ताव की स्वीकृति के लिए हमारे एडिशनल आई.जी. के.सी. सिन्हा मेरे साथ गृह आयुक्त अरुण पाठक आई.ए.एस. के पास गए। स्वीकृति मिल गई। उसी दिन विशेष सचिव बी.के. दुबे ने मुझे स्वीकृति आदेश भी दे दिया। मैंने दरभंगा आते ही शीघ्रता से टीन के छप्पर पर मैंगलोर टाइल्स लगवाने का कार्य प्रारंभ कराया। काम प्रारंभ ही हुआ था कि पुलिस मुख्यालय का वायरलेस से आदेश आया कि काम बंद कर दें। आप किराए का पैसा इसके लिए नहीं खर्च कर सकते। सरकार की स्वीकृति के बावजूद पुलिस मुख्यालय अड़ंगेबाजी से बाज नहीं आया। पुलिस मुख्यालय को प्रायः वहाँ के किरानी चलाया करते हैं। एक और बानगी देखिए।

भू-अर्जन

काफी भागदौड़ के बाद मैं वाहिनी के लिए अस्सी एकड़ भूमि का भू-अर्जन स्वीकृति आदेश निकलवाने में सफल हुआ। इसमें भी पुलिस मुख्यालय ने आत्मघाती पच्चड़ ठोक दिया। आदेश आया कि वाहिनी के लिए अधिकतम साठ एकड़ जमीन ही मिल सकती है। मुख्यालय ने स्वीकृति आदेश में बदलाव करा दिया। अब देखिए, कौन से बीस एकड़ हटाए जाएँ। पूरी प्रक्रिया फिर से करनी पड़ेगी। मैंने विशेष सचिव गृह विभाग मंत्रेश्वर झा आई.ए.एस. से शिकायती लहजे में बात की तो वे बोले, तुम बताओ, मैं क्या करूँ? मैंने कहा कि आप एक शुद्धि पत्र जारी कर दीजिए कि स्वीकृति आदेश में साठ एकड़ के स्थान पर अस्सी एकड़ पढ़ा जाए। इसी तरह का संशोधन पत्र जारी कर

दीजिए। पुलिस मुख्यालय को दी जानेवाली प्रतिलिपि भी मेरे विशेष दूत को ही दे दीजिए। सारी भूमि का कब्जा लेने के बाद वह प्रतिलिपि उन्हें भेज दी जाएगी। वे बोले, ठीक है। तुम अपना दूत भेजो। इस तरह भू-अर्जन प्रक्रिया को पुलिस मुख्यालय की राहु दृष्टि से मंत्रेश्वर झा साहब की सहज कृपा से बचाया जा सका। भूमि होने से ही वहाँ एक सिपाही प्रशिक्षण विद्यालय के लिए भी जगह मिल सकी। पुलिस विभाग संकुचित दृष्टिकोण से प्राय: पीड़ित रहता है। स्पष्ट दृष्टि का नितांत अभाव रहता है। उद्दंडता और अहंकार इनके बहुत बड़े शत्रु हैं। अपितु ये स्वयं ही अपने शत्रु हैं।

पुलिस सप्ताह

चलते-चलते 1981 आ गया। जनवरी में मेरी पोस्टिंग पुलिस अधीक्षक छपरा के रूप में हो गई। वहाँ के तत्कालीन पुलिस अधीक्षक नसीम अहमद ने कहा कि अभी तीन माह तक मत आइए। इस बीच फरवरी 1981 के पहले सप्ताह में पटना में पुलिस सप्ताह आयोजन के क्रम में आना हुआ। आई.जी.पी.एस.के. चटर्जी साहब ने मुझे कार्यक्रम से लौटते ही छपरा में चार्ज लेने को कहा। पुलिस सप्ताह में मैंने पुलिस मुख्यालय में नीचे स्तर पर व्याप्त भ्रष्टाचार के कुछ विशिष्ट प्रकरण बताए जिस पर मेरी घोर भर्त्सना हुई। बाद में जब वर्ष 1986 में उन्हीं प्रकरणों पर सी.बी.आई. ने मामले दर्ज किए तो भर्त्सना करनेवाले बचने के लिए चक्कर काटने लगे। इनमें कई पैसे के मामले में ईमानदार थे, पर नीचेवालों पर उनका कोई नियंत्रण नहीं था। उ.म.नि. नरेंद्र नारायण सिंह ने पुलिस सप्ताह के मेरे उन वक्तव्यों पर अप्रसन्नता व्यक्त की थी, वे इकलौते व्यक्ति थे, जिन्होंने मुझसे बाद में कहा कि वे कितने गलत थे। उन्होंने मुझे अपरिपक्वता के कारण बकवास करनेवाला समझा था। जबकि मैंने स्पष्ट शब्दों में घोटाले की चेतावनी दी थी। हैडक्वार्टर की जगह क्वार्टर हैड नाम कैसा रहेगा ?

भगोला की बहुएँ

मैं अपने गाँव दरभंगा पोस्टिंग में कम-से-कम चार बार गया था। मुझे एक प्रकरण ऐसा मिला जो पाठकों के साथ साझा करना उपयुक्त लगता है। वैसे चर्चे-चरखे कम नहीं हुआ करते। पर यह विशेष है। भगोला की बहुएँ उस काल-स्थान विशेष की मानव त्रासदी की वस्तु बन गई थीं। पर बदलते समय की तसवीर भी मुझे देखने को मिली, सो कथानक प्रस्तुत है।

मैं अवकाश पर गाँव गया हुआ था। उस समय तक हमारे घर में शौचालय नहीं था। नहाने के लिए भी कुएँ पर जाते थे। मेरे घर से कोई तीन सौ गज पर कुआँ है और पास में हमारा पशुओंवाला घर (बघर) है। मैंने बघर में बरतनों में स्नान के लिए जल भर दिया।

फिर लोटा लेकर खेतों की ओर फारिग होने निकला। आगे कोने पर एक छोटे चबूतरे पर भगोले दद्दा कोइरी बैठे हुए थे। मेरे कदमों की आहट पाकर उन्होंने नेत्र खोले। बोले, "भैया मालिक, तनिक सुनिओ। बैठ जाओ।" कुछ कहानी तो उनका चेहरा और हाथ स्वतः कह रहे थे। किसी ने जमकर काटा था दाँतों से। चींथ डाला था तबीयत से। गोया किसी ने पोस्टल टिकटों पर जमकर सील मोहर ठोकी हो। बोले, "भैया, जा दशा तुमाई (तुम्हारी) बहू ने बनाई है।" किस्सा कुछ यों है।

यह महिला भगोला की तीसरी बहू थी। बड़ी जगह से आई थी। थोड़ी-बहुत पढ़ी-लिखी भी थी। इसका पति बिंदू मेरे साथ प्राइमरी स्कूल में पढ़ता था। एक-दो क्लास सीनियर था। भगोला बिंदू का बाप था। इनकी वर्ष 1962 की अष्टग्रही योगवाली धरती उलट जानेवाली कहानी से आप इसी पुस्तक से परिचित हो ही गए होंगे। भगोले अपनी इस बहू से किसी बात (बिना बात की बात भी होती थी।) को लेकर क्रोध में आ गए और उन्होंने घोषणा कर दी कि वह इस तीसरी बहू को भी बेच डालेंगे और अब चौथी बहू खरीदकर ले आएँगे। इससे अच्छी भी और सस्ती भी। इस घोषणा के बाद उन्होंने ड्रिल के अनुसार लाठी उठाई और बहू पर चलाने को उद्यत हो गए। एक लाठी जमा भी दी। अब बहू को भी क्रोध आ गया। उसने श्वसुर भगोले के हाथ से लाठी छीनी और उन्हें इस प्रकार धोया कि हड्डी न टूटने पाए और अच्छी मरम्मत हो जाए। भगोले वृद्ध हो गए थे। अब वह पहले जैसी ताकत तो थी नहीं। पर वे थे गोरे भी और सुंदर भी। बहू ने कहा, "तोये (तुम्हें) अपने गोरे होने और सुंदर होने पर घमंड है न। तुमाये (तुम्हारे) पुराने करम हमें सब पता हैं। अब हम तुम्हारी सुंदर सूरत को और सुंदर बनाते हैं।" यह कहकर बहू ने अपने दाँतों से भगोले का मुँह स्टांप करना शुरू कर दिया। भगोले पिटकर तो पहले ही पस्त हो चुके थे, वे उसके दाँतों का आघात रोकने के लिए हाथ ले जाते तो वहाँ भी डिफेसवाली मोहर लग जाती। बहू कहती जाती, "मैं पहलेवाली बहू नहीं हूँ कि तू बेच डालेगा। बेचारी! उनका बदला भी तुमसे लूँगी। और तुम्हारे अगर कुछ पैसे मिले तो अब मैं ही तुमको बेचूँगी। भूल जाओ बेचना-खरीदना। ये घर मेरा है। रहना है तो ठीक से रहो भले आदमी की तरह। नहीं तो ठीक तो मैं ही कर दूँगी। तुम्हारा इलाज करती रहूँगी।"

भगोले दद्दा ने साँस लेते हुए कहा, "भैया, वो फिर मेरे लिए शुद्ध घी से बना हलवा ले आई। पूरा कटोरा भर।" मैंने कहा, "नहीं खाऊँगा।" तो बोली, "तब जल्दी ठीक कैसे होओगे?" मैंने कहा, "तुमने बहुत मारा है।" तो बोली, "ठीक हो जाओगे, तभी न फिर से मार पाऊँगी। मारूँगी। फिर हलवा खिलाऊँगी। तुम्हें हर तरह से ठीक करना मेरी ड्यूटी जो है।"

सहानुभूति के दो शब्द भी मेरे मुँह तक नहीं आए। बचपन की वह घटना याद आ गई जब बिंदू मेरे साथ प्राइमरी स्कूल में पढ़ता था। भगोले ने उसकी पहली पत्नी बारह

सौ रुपए में बेच दी थी। उसके छोटे सालभर के बच्चे को खरीदार की बैलगाड़ी में जबरन डाल दी गई उस बच्ची की छाती से छीन लिया गया। बच्चा भगोले के चंगुल में चीख-चीखकर अधमरा हो रहा था। उधर उसकी माँ की हालत क्या कहूँ। मुझे तो बच्चे के उस क्रंदन का दृश्य अभी साठ वर्ष के बाद भी रुला देने पर आमादा है। इससे आगे के वर्णन की मेरी शक्ति नहीं है। बच्चे को तेज बुखार आ गया था। चार-पाँच दिन बाद माँ की गोद से छीना गया बच्चा शरीर छोड़कर चला गया। भगोले इस बहू को बेचने के बाद आठ सौ रुपए में दूसरी बहू ले आए। इस तरह सन् 1960 के दिनों में चार सौ की बड़ी रकम बचा ली। उनका यह तिजारत का चस्का तीसरी बहू पर जाकर रुक पाया।

अब दृश्य बदला-सा है। लड़कियाँ लड़कों से कम संख्या में हैं। तो खरीद भी है। जिनकी शादी हो जाती है और यदि वे अच्छा कमा रहे हैं तो फिर तलाक की बीमारी आ गई है। पर समाज अध्ययन इस प्रस्तुति का विषय नहीं है। बहुत सी छोटी-बड़ी घटनाएँ तो प्राय: होती रही हैं, होती रहती हैं। हम शोषण पर आधारित समाज में जी रहे हैं।

अब इस कथानक को आगे बढ़ाना श्रेयस्कर है।

□

पुलिस अधीक्षक, सारण, छपरा

जिले का नाम सारण है। मुख्यालय छपरा है। सरयू (घाघरा) के तट पर स्थित बहुत पुराना नगर। इसी जिले में भारत के संविधानसभा के अध्यक्ष और देश के पहले राष्ट्रपति डॉ. राजेंद्र प्रसाद ग्राम जीरादेई (अब सिवान जिले में) का जन्म हुआ था। बहुत बड़े चालाक-चालबाज नटवर लाल भी इसी जिले में जनमे थे। कवि और रुपया छापकर अंग्रेजों के खिलाफ लड़ाई में अपनी तरह से योगदान देनेवाले महेंद्र मिश्र भी यहीं के थे। गजेंद्र मोक्ष स्थल बाबा हरिहर नाथ मंदिर और प्रसिद्ध सोनपुर मेला क्षेत्र इसी जिले में है जहाँ नारायणी नदी और गंडक का संगम है। थोड़ी ही दूर पर ये एक होती हुई गंगा को समर्पित हो जाती हैं। दिघवारा में आमी मोड़ पर स्थित माँ अंबा शक्तिपीठ का आशीर्वाद भी इस जिले को प्राप्त है। वैसे तो दक्ष यज्ञशाला की किंवदंती भी यहाँ से जोड़ी जाती है। छपरा दिघवारा के रास्ते में कुछ ही चलकर एक तपोभूमि आज भी जागृत है। वैसे दक्ष यज्ञशाला हरिद्वार के समीप अधिक मान्य है। गौतम स्थान छपरा में स्थित अनुपम पूजा स्थल है। छपरा बार अत्यंत समृद्ध रहा है। छपरा का सार्वजनिक पुस्तकालय बहुत समृद्ध हुआ करता था। वैसे मधुबनी में सार्वजनिक पुस्तकालय पुराने समय से था, पर उसमें ताश पत्ते का क्लब अधिक सक्रिय था। इस अव्यवस्था के विरुद्ध आवाज उठानेवाले एक वृद्ध स्वतंत्रता सेनानी के अनशन को हमने तुड़वाया अवश्य था, पर अपनी अपरिपक्वता का परिचय देते हुए पुस्तकालय पर ध्यान नहीं दिया था। पुराना मुगल रोड छपरा होकर ही जाता है। बातें बहुत हैं। अपने कार्यकाल पर आना ठीक रहेगा।

लोकनायक जयप्रकाश नारायण के ग्राम सिताब दियारा के मूल जिले में 12 फरवरी, 1981 को पुलिस अधीक्षक, छपरा का पदभार ग्रहण किया। पूर्वाधिकारी की चार वर्ष से अधिक रहने पर भी न बुझनेवाली ललक ने मुझे आवास में जाने से एक सप्ताह बाधित किया। मैंने उनकी गेहूँ की फसल को सुरक्षित उनके पास पहुँचाने का संदेश पहुँचाया तो उन्हें सांत्वना मिली।

रैगिंग केवल कॉलेज एवं हॉस्टल में ही नहीं होती। हर नवागंतुक के साथ होती है।

बस स्वरूप बदलता रहता है। प्रधानमंत्री के आगमन पर किया गया स्तुतिगान वस्तुत: रैगिंग ही मानना चाहिए। प्रभार लेते ही मेरी भी रैगिंग शुरू हो गई। बताते हैं कैसे?

उपार्जित अवकाश की पंजी सामने रखी थी। एक प्रवाचक (पी.ए. समझिए) का दो महीने की छुट्टी का आवेदन। दूसरे का एक महीने की छुट्टी का आवेदन। दोनों आवेदन मैंने तत्काल स्वीकृत कर पंजी कार्यालय को भेज दिए। तीसरे रीडर शिव पूजन सिंह वस्तुत: मुख्य सबसे वरीय रीडर थे। शांत, कर्तव्यनिष्ठ, सत्यनिष्ठ, कर्मठ। उनका कोई आवेदन नहीं था। छुट्टीवाले दोनों रीडर तो कोने में खड़े इस प्रतीक्षा में थे कि एस.पी. बुलाएगा, मान-मनुहार करेगा। नए-नए आए हैं। पहला जिला है। वे अवकाश मिलने से भागे-भागे आए। सदमे में थे। सर, आप नए आए हैं। हम अवकाश पर बाद में कभी जाएँगे। अभी नहीं। वगैरह-वगैरह। मुझे यह लग रहा था कि इनके बाहर रहने से मुझे बेहतर प्रत्यक्ष ज्ञान हो सकेगा। अत: मैंने उन्हें अवकाश का आनंद उठाने को कहा। फिर तो आकस्मिक अवकाशवाले भी सावधान हो गए। आवेदन स्वीकृत होने से पहले ही बहुतों ने वापस ले लिये। कई थाना प्रभारी अवकाश पर गए और उन्होंने निर्देशित दिनांक सहित अवकाश पर जाने में पाँव काँपने का अनुभव किया। रैगिंग दो दिन में समाप्त हो गई।

मैंने पुलिस अधीक्षक के रूप में पहला स्थायी आदेश जारी किया। इसके बाद भी अपराध नियंत्रण से संबंधित दो स्थायी आदेश जारी किए। पाठक को उबासी न हो, इसलिए प्रमुख बात एक ही कहूँगा। जब से पुलिस व्यवस्था है, केस दर्ज हो ही जाएगा, यह गारंटी कोई सरकार नहीं दे पाई है। मेरा पहला लक्ष्य कांड दर्ज होना सुनिश्चित करना था। दर्ज करने में हीला-हवाला, ना-नुकुर करनेवाला अपनी गलती की कठिन सजा भुगते यह भी गारंटी करना जरूरी था। दृष्टि स्पष्ट थी। यदि लंदन में हुए लूटकांड की छपरा थाने में रिपोर्ट की जाती है तो भी रिपोर्ट ली जाएगी। मामला दर्ज कर जो भी स्थानीय अनुसंधान अपेक्षित है, किया जाएगा। फिर सारे विवरण के साथ मामला अधिकार क्षेत्रवाली एजेंसी को भेजने हेतु पुलिस अधीक्षक को भेज दिया जाएगा। केस हर हाल में दर्ज होगा। क्षेत्राधिकार का प्रश्न उस पदाधिकारी द्वारा निर्णीत होगा, जिसके अधीन विवाद करनेवाले आते होंगे। किंतु अनुसंधान रुकेगा नहीं। मार्ग लूट मामले में भुक्तभोगी तो आगे पड़नेवाले थाने में ही जा सकता है। उसे आगे ही जाना था। तब वह आगेवाला थाना केस दर्ज कर लुटेरों के पीछे पड़ेगा। साथ ही संबंधित थाना तथा अन्य नाकेबंदी करनेवाले थानों को भी सूचित करेगा। कांड दर्ज नहीं करने और आगे की कार्रवाई नहीं करने पर निलंबन निश्चित है। समय पर आरोप-पत्र नहीं देने का अर्थ दंड को न्योता देना होगा। अच्छा काम पुरस्कृत होगा। मुझे प्रसन्नता है कि अधीनस्थों ने इस स्पष्ट नीति को अपना पूरा समर्थन दिल खोलकर दिया।

पर यह सब इतना आसान नहीं होता। कह दिया और हो गया। नो सर। इट नेवर हैपंस लाइक दैट। आपकी हर अवसर पर परीक्षा होती है। आप भरोसे के काबिल हैं भी या नहीं? आपको काम भी आता है कि नहीं? जहाँ आपके अधीनस्थ असफल हो रहे हैं वहाँ दिशा दिखाने में आप सक्षम भी हैं या नहीं? आप क्रेडिट देते हैं या लेते घूमते हैं? सूची लंबी है। एक वाक्य में यह नेतृत्व का प्रश्न होता है।

अपराध नियंत्रण नीति पर महात्मा चाणक्य से बेहतर कौन कह सकता है। सुरक्षा-व्यवस्था ऐसी होनी चाहिए कि आधी अँधेरी रात कोई गहनों से लदी षोडशी सुंदरी नितांत एकाकी सूनी राह में जा रही हो और किसी मरदूद का साहस उसको आँख उठाकर देखने तक का न हो। यह मेरे लिए एक आदर्श रहा, जिसे प्राप्त किया जाना चाहिए। और मेरा आज के विकृत समय में भी यह मानना है कि यह किया जा सकता है। हम सभी इसे चाह तो लें। सभी पुलिसवाले ही चाह लें तो स्थिति आश्चर्यजनक रूप से सुधर सकती है। आज की तारीख में तो कोई पुलिसवाला अपने घर की महिला को भी किसी अन्य थाने में किसी कार्य हेतु नहीं भेजना चाहेगा। हाँ, यदि मुसीबत बहुत बड़ी हो तो पुलिस जैसी छोटी मुसीबत के पास जाना ही पड़ता है। संकट के समय पुलिस का ही स्मरण आता है। पुलिस को इस स्मरण की पवित्रता बनाए रखनी चाहिए।

कार्यालय में एक सज्जन मिलने आए अपनी विशिष्ट समस्या लेकर। इनकी एक दुकान एक विधायक ने कब्जा कर रखी थी। उसमें मधुशाला खोली हुई थी। कितने शासन आए और गए, उसे खाली कराने का सर्वोच्च न्यायालय का इनके पक्ष में हुआ आदेश ही अब तक खाली जा रहा था। मैंने एक माह का समय माँगा तो बेचारे बहुत निराश हुए। पर मैंने समझाया, इतने साल प्रतीक्षा में गए। मुझे एक माह देने में परेशानी हो रही है। तो वे मान गए। वस्तुत: बल को चुपचाप एकत्रित कर शहर को चाक-चौबंद करना आवश्यक था। अन्यथा दुकान खाली कराने की प्रतिक्रिया में वह छपरा नगर में सांप्रदायिक स्थिति पैदा करने की क्षमता रखता था। इसलिए विधायक से इस आशंका के कारण दुकान खाली कराने की हिम्मत शासन नहीं जुटा पाता था। एक मजिस्ट्रेट आर.एस. दास झंझारपुर में मेरे साथ काम कर चुके थे। वे बहुत दमदार थे। उनके नेतृत्व में हम दुकान खाली कराने में सफल हुए। विधायक ने स्वयं ही व्यवस्था देखकर सहयोग किया। नगरवासी अति प्रसन्न हुए। मुझे अनुमान नहीं था कि इस एक घटना से मुझे इतनी प्रतिष्ठा भी मिल सकती थी।

जब मैं छपरा पुलिस अधीक्षक बना तब डॉ. जे.एस. बरारा आई.ए.एस. जिला मजिस्ट्रेट छपरा थे। बेहद सज्जन और परिपक्व। हम दोनों वहाँ भाई-भाई की तरह रहे। एक-दूसरे के सम्मान का पूरा खयाल रखा। हमारा व्यवहार भी इसी तरह का मर्यादित रहता था। हममें मतभेद सुलझाने की क्षमता थी और मतभेद के साथ प्रेमपूर्वक व्यवहार

करने की भी योग्यता थी। बरारा साहब ने पहले ही दिन हमारे लिए अपने आवास पर रात्रि भोजन रखा। मात्र हमारे दो परिवार। और कोई नहीं। बरारा ने कहा, "आपके बारे में सुना है कि आप तेज-तर्रार, नो नॉनसेंस अफसर हैं। इसलिए सोचा कि आपसी समझदारी विकसित कर ली जाए, ताकि कोई झगड़ा एस.पी. और डी.एम. में न हो।" फिर मजाकिया लहजे में कहा कि मेरे पहले के एक डी.एम. यहाँ पिट चुके हैं। मैंने कहा कि भरोसा रखें, आपका अपमान मेरा अपमान होगा।

इसी तरह की भावना की अपेक्षा मैं आपसे रखता हूँ। मैं सिद्धांतों से समझौता नहीं करता। इस पर आपसे मतभेद के अवसर भी आ सकते हैं, पर शालीनता और समझदारी हमारा साथ नहीं छोड़ेगी। हम एक-दूसरे को पत्र नहीं लिखेंगे। बातचीत, मेल-मिलाप रखेंगे। सरकारी कामकाज के कागजात आते-जाते रहेंगे। वो हमारे अधीनस्थों का काम है। अपने एक वर्ष के कार्यकाल में एक-दूसरे को मात्र एक-एक बार ही पत्र लिखा और उसके लिए एक-दूसरे से क्षमा भी माँगी। ऐसे दो अवसर आए जब बरारा ने पुलिस की रिपोर्ट खारिज करते हुए आदेश जारी किए। यह प्रकरण आगे आएँगे।

सारण जिले में हम एक अच्छी टीम बनाकर परिवार की तरह जनता की यथेष्ट देखभाल करते रहे। सिविल सर्जन, कार्यपालक अभियंता, यहाँ तक कि सोनपुर रेल डिवीजन के इंजीनियर्स इस वृहत् परिवार में स्वयं को सहभागी करते थे। परिणामत: हम राम राज्य की भावना की अनुभूति करते थे। भ्रमण पर निकले बड़े-छोटे अफसर मार्ग में पड़नेवाले सरकारी कार्यस्थल पर रुककर हालचाल लेते, चाहे वह कार्यस्थल किसी भी विभाग का हो। सारे विभाग इस तरह इंटीग्रेट हो गए और क्षेत्र की सारी गतिविधियों की जानकारी हमें ससमय मिल जाती। सबके सुख-दु:ख की जानकारी मिल जाती। सब समझते कि हम भी महत्त्वपूर्ण हैं, हमारी भी पूछ है। एक सीमलैस व्यवस्था। मेरे न्यायपालिका से बहुत ही अच्छे संबंध व्यक्तिगत स्तर पर थे। पर मैंने कभी किसी मामले में कोई निवेदन नहीं किया, बस एक मामला छोड़कर। परीक्षा में नकल नहीं होने देने से दु:खी लड़के राजेंद्र कॉलेज के बाहर निकल रहे थे। उसी समय मेरी जीप वहाँ पहुँच गई। जीप पर दो-तीन ईंटें फेंकी गईं। शीशा टूटा। एक मेरे कंधे पर गिरी, मामूली चोट देती।

मुझे देखकर-पहचानकर बच्चे भाग गए। मैंने थाने जाकर जानकारी दी। कई बच्चे पकड़े गए। जेल भेज दिए गए। एक दिन मेरे पास कुछ अभिभावक आए और क्षमा प्रार्थना करते हुए बोले कि बच्चों की सी.जे.एम. कोर्ट से जमानत खारिज हो गई है। जिला जज भी अवश्य खारिज कर देंगे, क्योंकि आप पर ईंट चलाई गई हैं। यह हमें भी बर्दाश्त नहीं है। पर बच्चे गलती समझ रहे हैं। मुझे अनुमान था कि जमानत हो गई होगी। मामूली केस था। हो जाता है। बस उस दिन मैंने अपने जिला जज साहब कोनंदी साहब से निवेदन किया कि बच्चे हैं, बहुत सफर कर चुके हैं। जमानत दे देंगे तो अच्छा रहेगा।

हमारे परिवार की तरह रहने का एक उदाहरण बताने योग्य है। बीस सूत्रीय कार्यक्रम की बैठक में एक ए.डी.एम. साहब के विरुद्ध एक नेताजी कुछ अपशब्द बोलने लगे। मैंने प्रभारी मंत्री शमायले नबी साहब से कहा कि उस नेता को वे रोकेंगे या मैं कुछ करूँ? मंत्रीजी ने उन्हें तत्काल चुप कराया और कहा कि जो कुछ भी कहना डी.एम., एस.पी. को अलग से मिलकर कहें। डी.एम. भी पुलिसकर्मियों का खयाल रखते थे। इस तरह हम एक-दूसरे को पुष्ट करते थे।

कभी-कभी अच्छी बातों के भी अनचाहे बुरे परिणाम निकल आते हैं। अपने अधीनस्थों के प्रति मेरे शिष्ट व्यवहार को वे डरपोक की कैटेगरी में डालने लग गए थे।

छपरैया भाषा में वे मुझे 'मौगा' समझने लगे। मुझे भी पता चल गया था। क्या विडंबना है, सम्मान भी नापसंद, अपमान भी नापसंद। उदासीनता तो नेतृत्व में चल ही नहीं सकती। ब्रह्मज्ञानी बनना है तो हिमालय पकड़िए। पर होली आते-आते सबको समझ में आ गया, यह खेल कुछ-कुछ 'वज्रादपि कठोराणि मृदूनि कुसमानि च।' जैसा है।

होली का त्योहार आया। यह मेल-मिलाप, हुड़दंग, रंग-भंग का अवसर होता है। मार-पीट, बमबाजी भी इससे जुड़ गए हैं। आखिर होलिका का उद्‌देश्य भी तो प्रह्लाद को मारने का ही था। सो अमनौर थाने में बम चल जाने की जानकारी मिलते ही मैं वहाँ पहुँच गया। बम चलाने को उद्यत युवक का हाथ उड़ गया था। थानेदार साहब ने उसे अस्पताल पहुँचा दिया था। पूछने पर कहा कि मानवीय आधार पर गिरफ्तार नहीं किया है। मैंने उन्हें गाड़ी में साथ लिया और पुलिस लाइन में छोड़ते हुए कहा कि वे निलंबन में हैं। उनका काम दूसरा आदमी सँभाल चुका है। वे मुख्यालय के एक पावरफुल डी.आई.जी. के करीबी थे और डी.आई.जी. स्वयं मुख्यमंत्री के करीबी थे। इस कार्रवाई का अधीनस्थों पर गहरा प्रभाव पड़ा। उन्हें लगा कि मैं अपनी तरह का अलग किस्म का स्पष्ट सोचवाला व्यक्ति हूँ। अब मेरे प्रति भय मिश्रित प्रीति का उदय हो चुका था।

परसा विधानसभा क्षेत्र का उपचुनाव होना था। परसा बिहार के पूर्व मुख्यमंत्री स्व. दरोगा बाबू का चुनाव क्षेत्र रहा है। सत्ताधारी कांग्रेस के लोगों ने मुख्यमंत्री से शिकायत की कि उनके लोगों पर अधिक 107 द.प्र.सं. की कार्रवाई की जा रही है। उ.म.नि.जे.एस. मेहता ने तो मेरी बौद्धिक सत्यनिष्ठा पर ही सवाल उठा दिए। मौद्रिक सत्यनिष्ठा के मामले वे अपनी स्वयं की स्थिति से परिचित थे ही। अन्य लोग भी उन्हें जानते थे। मुझे इतना नैतिक रोष हुआ कि मैंने उन्हें जाकर उनकी योग्यतानुसार सब कुछ कह डाला। वहाँ बैठे एक चुगलखोर एस.पी. शांत रहे। दूसरे परिपक्व एस.पी. मुझे अलग ले गए और अपना गुरुमंत्र दिया कि ऐसे पत्रों से कैसे निबटा जाता है। बड़ी कारगर विधि थी। छपरा प्रमंडल नया बना था। इसके पहले आयुक्त ए.के. सरकार भले आदमी थे। अब धारा 107 द.प्र.स. वाले मसले से निबट लें। वस्तुतः कांग्रेसी उम्मीदवार की स्थिति बहुत

खराब थी। इसलिए पार्टी के नेता तथा कुछ सरकारी पदाधिकारी उसकी हार का ठीकरा मेरे सिर फोड़ने की पूरी कोशिश कर रहे थे। पटना में तनाव था। तो पुलिस विभाग के प्रधान आई.जी.पी. श्री एस.के. चटर्जी विशेष शाखा के प्रधान ज्ञानेंद्र नारायन तथा अन्य उच्च पुलिस अधिकारियों के साथ स्वयं जाँच हेतु सीधे परसा थाने पधारे। सारे अभिलेख सामने रखे गए। उन्होंने सारी कार्रवाई संतुलित विधिसम्मत और साक्ष्य पर आधरित पाई तथा सारे आरोपों को दुर्भावना से प्रेरित पाया। मैंने उनसे मात्र एक वाक्य कहा था। यदि शासक वर्ग यह मानता है कि सारे असामाजिक तत्त्व, जिनके विरुद्ध कार्रवाई की गई है, वे उनके लोग हैं तो उस वर्ग के कार्रवाई नहीं करने का दोष अवश्य मुझ पर लग सकता है। दुष्प्रचार करनेवाले बंधुओं के हाथ घोर निराशा लगी।

चुनाव के दिन मैं और बरारा साथ-साथ निगरानी के लिए निकले। एक गाँव में चारपाई पर एक वृद्ध को बैठे देखकर हम लोग रुक गए। उन्हें प्रणाम किया और बताया कि ये छपरा के कलेक्टर साहब हैं और मैं एस.पी. हूँ। आप कैसे हैं। चुनाव का इंतजाम ठीक है कि नहीं? वे पंचानवे वर्ष के थे। वोट डाल आए थे। कोई दिक्कत नहीं हुई। नाम था दशरथ साव। उन्होंने हमें चारपाई पर बैठ जाने को कहा। प्रसन्न दिखे, हम लोगों से मिलकर। तो बरारा ने उत्साहित होकर पूछा कि हम कलेक्टर हैं, कोई भी काम हो बताइए, मैं उसे कराऊँगा। सावजी ने कहा, "रउआ अइनी तो ठीक बा। खुशी बा। पे काम कौनो रउवा से ना हो सकेलाऽ।" बरारा ने मुझसे इसका मतलब पूछा तो मैंने कहा ही सेज यू आर गुड फॉर नथिंग। ऑफ कोर्स ही इज हैपी दैट यू केम। बरारा ने कहा, नहीं यार, इतना कड़ा बोला। मैंने कहा, नहीं, तबीयत भर डाइल्यूट कर लो। पर पदार्थ तो इतना ही पड़ा है उनकी बात में।

चुनाव से पहले विशेष शाखा के डी.आई.जी. नरेंद्र नारायन सिंह ने मुझसे संभावित परिणाम के बारे में पूछा था। मैंने उन्हें प्रत्याशियों की हार-जीत के संभावित अंतर को बताया था। परिणाम आने पर उनके आश्चर्य का ठिकाना नहीं रहा। वे मेरा मूल्यांकन करते रहते थे। शुभचिंतक थे।

अब घाघ एस.पी. की कारगर विधि के बारे में। उनके बताए अनुसार डी.आई.जी. के दस-दस पृष्ठ के निजी पत्रों का अंतरिम उत्तर दो पंक्तियों में एस.पी. के प्रवाचक के हस्ताक्षर से वास्ते एस.पी. तत्काल जाने लगा। अंतरिम उत्तर में प्रवाचक हस्ताक्षर देखकर उनका पारा सातवें आसमान पर। पर क्या करें? उनके पत्र का तत्काल उत्तर तो था ही। वे डी.एम. बरारा से मेरी निंदा-पुराण कहते। बरारा मजे लेकर मुझे बताते। बरारा से सरदार-सरदार की दुहाई भी दी जाती थी। मैं और बरारा मनोरंजन का नियमित व्यापार पा गए थे।

एक दिन मुझे एक नई मानस तरंग आई। शनिवार का दिन था। मेरा संडे खराब

करने के लिए मेरे पास डी.आई.जी. का लंबा अर्धसरकारी पत्र आया। उसके साथ एक अभ्यावेदन भी था। बस क्या था! उत्तर गया, आपके द्वारा भेजे अभ्यावेदन को समुचित जाँच एवं विचारार्थ संबंधित पदाधिकारी को अग्रेषित किया जा रहा है। वही वास्ते एस.पी., सारण। बॉस पत्र हाथ में लेकर छपरा क्लब लॉन टेनिस खेलने चले गए। पत्र पढ़कर आगबबूला। बरारा की सर्व आते ही मारा जोर का बैक हैंड और तुरंत टेनिस एल्बो से पुरस्कृत हो गए। मुझे गालियों का आशीर्वाद मिलने लगा। बरारा समझ नहीं पा रहा था कि हँसे या रोए। मुझे बताते हुए हम दोनों का हँसते-हँसते बुरा हाल हो गया था। इसके बाद संधि प्रस्ताव आया। परस्पर सम्मान का समझौता हुआ। पर डी.आई.जी. ने टेनिस एल्बो का बदला मुझे डेढ़ पेज का गंदा सा ए.सी.आर. देकर लिया, जो मुझे वर्ष 1985 में संप्रेषित हुआ। मैंने सत्रह पृष्ठ के अपने अभ्यावेदन में तसवीर प्रस्तुत की जिसके उत्तर में डी.आई.जी. ने सत्तर पृष्ठ का जवाब भेजा। बाद में मैंने उन्हें इस प्रकरण पर कुछ पृष्ठ और जोड़ने और पुस्तक छपवाने की सलाह दे डाली।

छपरा में हमने बच्चों के दूध के लिए एक देशी गाय भी पाली। माँ ने गाय का नाम नंदिनी रखा। नंदिनी का एक बछड़ा था। नंदिनी से कभी भी दूध दुहा जा सकता था। वह निराश नहीं करती थी। कंपाउंड में दोनों छुट्टे रहते थे। क्यारियों में लगी फसल को मुँह तक नहीं लगाते थे। बस मेड़ की घास चरते थे। उनके थान में यदि फसल काटकर डाल दी, तभी उसे खाते थे। एक दिन मैंने दूर से देखा कि नंदिनी अपना आगे का बायाँ पैर कुछ उठाए हुए है। उस समय मेरा बेटा संजय उसके पास ही खड़ा था। मैं देखने गया तो पाया कि संजय का एक पाँव उसी जगह पर है और गाय ने उसे चोट से बचाने के लिए अपना पाँव ऊपर उठा रखा है। नंदिनी की कथा आगे भी आएगी।

सारण प्रमंडल, छपरा के उद्घाटन का प्रकरण स्मरण आ रहा है। निरीक्षण भवन में मुख्यमंत्री पधार चुके थे। बाहर बरामदे पर हम तमाम लोग खड़े उनके बाहर आने की प्रतीक्षा कर रहे थे। राधा बाबू (राधा नंदन झा, विधायक) ने मुख्य सचिव पी.पी. नैयर साहब को डाँटना शुरू कर दिया—मैंने आपको कहा था, चलते समय बताइएगा। आप बिना बताए चल दिए। क्या समझते हैं आप अपने आप को। पत्ता हैं, पत्ता। एक फूँक देंगे उड़ जाइएगा। मैं वहीं खड़ा था। इसके बाद राधा बाबू उसी तेवर में बोले—एस.पी. कहाँ है। फिर यही बोले। मैंने अनसुना कर दिया तो मेरी तरफ उन्मुख होते हुए बोले, अरे आप ही को खोज रहे हैं। मैंने उत्तर दिया, मैं तो यहीं हूँ। तब तक डी.आई.जी. जे.एस. मेहता साहब वहाँ आए। राधा बाबू के सामने हाल्ट बनाकर जोरदार सेल्यूट दागा। राधा बाबू खुश होकर बोले, कहो मेहता, कैसे हो? आपका आशीर्वाद है सर—मेहता साहब का आनंदभरा उत्तर था। फिर मेहताजी ने मेरा परिचय राधा बाबू को दिया तो राधा बाबू ने प्रतिक्रिया दी, कहाँ हो मेहता? गौतम मेरे पुराने दोस्त हैं। मैं इनको तुमसे पहले से जानता

हूँ। मेहता सन्नाटे में आ गए। मैं राधा बाबू के व्यक्तित्व की गहराई को समझने का प्रयास करने लगा। पी.पी. नैयर साहब से यहाँ मैं पहली बार मिला था। वे प्रधानमंत्री इंदिरा गांधी के करीबी और भरोसेमंद अफसर थे। वे धीर-गंभीर किंतु मैत्रीपूर्ण स्वभाव के धनी थे। उनका यह परिचय कतिपय बाद में। राधा बाबू के उच्छ्वास का प्रतिवाद न करना उनके स्वभाव के अनुरूप था। यद्यपि उस दिन मैंने इसे नैयर साहब की दीनता समझ लिया था। पर पीछे मुड़कर देखता हूँ तो यह उनके बड़प्पन की झलक थी। निरीक्षण भवन में सीन क्रिएट करना समझदारी न होती।

सोनपुर-छपरा बड़ी लाइन का उद्घाटन रेल मंत्री केदार पांडेजी को सोनपुर में करना था। व्यवस्था की तैयारी की बैठक सोनपुर डाक बँगले में हुई। जिला कांग्रेस अध्यक्ष जिला परिषद् के भी अध्यक्ष थे। बड़े सीनियर कांग्रेसी। पंडित नेहरू के साथ कभी काम कर चुके थे। उनका प्रस्ताव था कि रेल मंत्री का नागरिक अभिनंदन वहाँ समीपस्थ सिनेमा हॉल में हो। इसके साथ ही उस नवनिर्मित सिनेमा हॉल का उद्घाटन भी हो। मैंने प्रस्ताव को खारिज करते हुए कहा कि भवन में एक ही प्रवेश सह निकास द्वार है; क्षमता अति सीमित है, मंत्रीजी एवं अफसरों के बैठने के स्थान भीड़ में ट्रेप जैसे हैं। अनुमानित भीड़ हॉल की क्षमता की दस गुना से ज्यादा होने के साथ वर्क चार्ज पर लगे मजदूर, जो अब छुट्टी कर दिए गए हैं, वे भी इस अवसर पर अपना आक्रोश दिखाएँगे। अध्यक्षजी को बुरा लगा। बोले, अभी आपको अनुभव नहीं है। मैंने कहा कि मैं यहाँ का एस.पी. हूँ और अपने विवेक के अनुसार फैसला करना मेरा दायित्व है। डी.आई.जी. और कमिश्नर अध्यक्ष की हाँ-में-हाँ मिलाने लगे। तो डी.एम. बरारा ने कहा कि एस.पी. साहब, आप बुरा मत मानिएगा। मैं ऐज डिस्ट्रिक्ट मजिस्ट्रेट इस आयोजन की अनुमति देता हूँ। मैंने कहा, कोई बात नहीं बरारा। मैं अपने मत पर कायम हूँ। तुम्हें उसे न मानने का हक है।

केदार पांडे मँजे हुए प्रशासक थे। रेल लाइन का उद्घाटन अच्छी तरह हो गया। हम लोग सोनपुर डाक बँगले में दोपहर के भोजन के बाद बैठे थे। मंत्रीजी ने हम दोनों डी.एम. और एस.पी. को अपने कमरे में बुलाया और बातें कीं। नागरिक अभिनंदन का समय आया तो केदार पांडे ने ही डी.एम., डी.आई.जी. और कमिश्नर तथा अध्यक्ष जिला परिषद् से कहा कि आप लोग वहाँ जाकर व्यवस्था देखिए, मैं एस.पी. साहब के साथ आता हूँ। इन लोगों के जाने के बाद मैंने किसी स्टाफ को स्पॉट का हाल जानने भेजा। उसने आकर बताया, वहाँ बड़ी भारी भीड़ है। पथराव होने लगा है। डी.एम. वगैरह अंदर जाने की तथा व्यवस्था करने की मशक्कत कर रहे हैं। केदार पांडे बोले, क्या करें एस.पी. साहब? मैंने कहा, पीछे के रास्ते से पहलेजा घाट जहाज के पास चलते हैं। भीड़ आपको खोजती यहाँ आएगी। काम से निकाले गए लोग गुस्से में हैं। हम लोग सीधे

स्टीमर घाट जाकर रेल के जहाज में आराम से चाय पीने लगे। बाद में पीछे से बाकी सभी लोग पसीने-पसीने घाट पर पहुँचे। हमें सही-सलामत पाकर राहत की साँस ली। अध्यक्ष महोदय बोले, गौतमजी, आप देखने में बिल्कुल लड़के लगते हैं, पर आपका आकलन हम लोग देखकर ही समझ पाए। बरारा ने मुझसे कहा, सॉरी यार! मैं कमिश्नर साहब के दबाव में आ गया था। तुमने आज पुलिस फायरिंग बचा ली। मैंने कहा, रिलेक्स, मैं तुम्हें जानता हूँ।

दोहरा हत्याकांड

शहर में सबकुछ ठीक चल रहा था। जिले में शांति थी कि कानून व्यवस्था पर वज्राघात करता दोहरा हत्याकांड हो गया।

तीसरा व्यक्ति अस्पताल में जिंदगी और मौत के बीच झूल रहा था। संध्या कोई आठ बजे का समय रहा होगा। मेरे आवास पर अर्दली ने आकर कहा कि एक प्रोफेसर साहब मिलने आए हैं। मैंने मशीनी उत्तर दिया, कल कार्यालय में मिलें। घर पर नहीं मिलता हूँ। प्रोफेसर साहब क्रोधित होकर गरजे—शहर में सरेआम दो-दो मर्डर हो गए हैं, दहशत है, जमे रहिए घर पर। मैं दौड़ा, उनको रोका। संक्षेप में बात कह वे चले गए। दोनों ड्राइवर गायब। सुरक्षा गायब। मैंने जीप ली और घटनास्थल पर जा पहुँचा। मातम छाया था। बाजार दहशत में बंद हो गया था। दुकानदार हड़ताल पर आमादा थे। हत्यारा जाना-पहचाना था। उसने एक ट्रैफिक सिपाही की उँगलियाँ काट दी थीं और कुछ नहीं हुआ था। एक मिनट की भी हिरासत नहीं हो पाई थी। अगले दिन एंटीसिपेटरी बेल मिल गई थी। उसके वकील बहुत तेज-तर्रार थे। इसलिए लोगों में गुस्सा था। मैंने कहा, मुझे चौबीस घंटे तो दोगे कि वो भी नहीं? लोगों ने कहा, ठीक है।

मैं अस्पताल पहुँचा। अब तक अमला जुट गया था। मेरे घटनास्थल पहुँचते ही पुलिस एक-एक कर वहाँ आ टपकी थी। अस्पताल में डॉक्टरों से बात की। हत्यारे ने दाहिने कंधे की ब्लेड और हँसुली के बीच के गड्ढे में खंजर धँसाकर एक ही वार में बड़ी मुख्य रक्तवाहिका को काट दिया था जिससे वे दोनों वहीं मर गए थे। तीसरे की रक्तवाहिका सुरक्षित बच गई थी, क्योंकि हत्यारा भागने के क्रम में था। इसलिए वह बच जाएगा।

अस्पताल से लौटकर नगर थाने में मैंने अपने दोनों डी.एस.पी. एम.एन. झा और एल.पी. टंडन के साथ विचार-विमर्श किया। यह निश्चित था कि वह कल पटना अवश्य पहुँचेगा। रातभर वह मुजफ्फरपुर की ओर अथवा माझी की ओर कहाँ रहेगा। हम लोग तत्काल तीन टीम बनाकर अलग-अलग दिशा में निकलकर नाकेबंदी करें। पर उससे पहले पहलेजा घाट पर रेल स्टीमर, प्राइवेट स्टीमर एल.सी.टी. घाट दोनों घाट पर बिना

बड़ी तादाद में फोर्स लगाए निगरानी करनी होगी, क्योंकि वह पहले पानी के जहाज से पटना जाएगा, इसकी प्रबल संभावना है। यहाँ की जिम्मेदारी सबसे अहम है। यहाँ की जिम्मेदारी के लिए अफसर को सारे अधिकार देने होंगे, ताकि वह परिस्थिति के मुताबिक स्वतंत्र रूप से फैसले ले सके। यहाँ लोग सादा लिबास में होंगे और दोनों घाट पर कुल मिलाकर तीन-चार से अधिक नहीं होंगे। ये लोग पटना के यात्री के रूप में होंगे। मुख्य कार्य इसी पहलेजा घाटवाले दल को करना था। अन्य दल तो रास्ते बंद करनेवाले थे। मात्र छपरा-सोनपुर मार्ग खुला छोड़ा गया था। इसी को हत्यारा प्रयोग करेगा, ऐसा लगभग तय था।

पहलेजा घाट के लिए दल का चुनाव सावधानी से किया गया। सार्जेंट हरेंद्र राय को बुलाकर ब्रीफ किया। उन्होंने हवलदार झा तथा एक अन्य सिपाही को साथ देने को कहा। ये दोनों भी हत्यारे को पहचानते थे। इन्हें एक जीप दे दी गई। हरेंद्र राय को कहा, समय व परिस्थिति के अनुसार वह सभी निर्णय ले सकते हैं, जो पुलिस अधीक्षक के रूप में मेरे अधिकार क्षेत्र में हैं। इसके लिए मेरी पूर्वानुमति है।

सार्जेंट राय के दल ने मार्ग में सरकारी जीप छोड़ दी। वैसे भी वह वर्षा के कारण बंद हो गई थी। छपरा-माझी मार्ग पर मेरी भी जीप अत्यधिक वर्षा के कारण बंद हो गई थी। देर रात तक सरकारी बस को रुकवाकर मेरा दल वापस छपरा लौटा था।

पहलेजा घाट में रेलवे जहाज के स्थल पर हरेंद्र ने पोजीशन ले ली। वे मुहाने पर एक चाय की दुकान पर बैठकर लोगों से बतियाने लगे। हवलदार झा ने प्राइवेट जहाज वाले एल.सी.टी. घाट पर निगाह जमा दी। सिपाहीजी इनके बीच में ऐसे स्थापित हो गए कि वे हरेंद्र और झा साहब दोनों के संकेत देख सकें और उसके अनुसार हरेंद्र या झा को घाट बदलने को कह सकें। स्थानीय पुलिस को इस सबसे अनभिज्ञ रखा गया। पहलेजा घाट पर पुलिसवाले उत्तर बिहार से पटना के लिए आते-जाते रहते थे। इसलिए यात्री के अतिरिक्त अन्य कोई कवर लेने की आवश्यकता नहीं थी।

पहलेजा घाट के दोनों स्थलों पर तनाव बढ़ रहा था। सुबह के जहाज जाने तक हत्यारे का कोई अता-पता नहीं था। हरेंद्र ने डटे रहने का फैसला लिया। कवर यह था कि पटना ट्रांसफर की सिफारिश के लिए जाना है। जिनके वहाँ संपर्क हैं, उनकी प्रतीक्षा कर रहे हैं। करनी ही पड़ती है और करनी ही पड़ेगी। बड़े आदमी हैं। पहले जहाज के टाइम पर आना तय था। खैर।

दोपहर बाद मुजफ्फरपुर की ओर से एक जीप धूल उड़ाती आती दिखाई दी। लंबे, पूरे तगड़े हत्यारे को दूर से ही पहचाना जा सकता था। साथ पाँच-छह राइफलधारी भी उसकी सुरक्षा में थे। सार्जेंट राय ने सिपाहीजी को संकेत कर दिया तो वह झा साहब के साथ हरेंद्र के आस-पास हालचाल पूछकर मँडराने लगा। हरेंद्र ने आगे बढ़कर हत्यारे

मिस्टर सिंह को प्रणाम किया, हालचाल पूछा। सिंह साहब ने प्रणाम का जवाब देते हुए पूछा कि क्या हाल है? कहाँ जा रहे हैं? हरेंद्र ने कहा, छपरा से किसी और जिले में बदली कराने के जुगाड़ में जा रहे हैं। ये एस.पी. बहुत खचड़ा है। आप किसी को जानते हों तो मदद करिए न। गप्पें होने लगीं। रेलवे का जहाज तैयार था। सिंह साहब, हरेंद्र, झा साहब, सिपाहीजी उस पर सवार हो गए। राइफलधारियों का दल वहीं घाट पर जमा हुआ था। अब जहाज चल दिया। गंगाजी में कुछ दूर आ गया तो राइफलधारी जीप में बैठकर वापस मुजफ्फरपुर की ओर निकल गए। इधर झा साहब हत्यारे से बातें करने लगे। सिपाहीजी ने जहाज में चल रहे उत्तर बिहार के विभिन्न जिलों के पुलिसवालों को जहाज के प्रथम श्रेणी केबिन के बाहर चारों ओर इकट्ठा कर लिया, यह कहकर कि एक गोपनीय कार्य है। एस.पी. छपरा गौतम साहब ने सहयोग माँगा है। इस बीच जहाज लगभग मध्य गंगाजी में आ गया था। हरेंद्र ने जहाज मास्टर को एस.पी. छपरा का आदेश बताते हुए जहाज को वापस पहलेजा घाट ले चलने को कहा। मेरे रेलवे से बहुत अच्छे संबंध थे, इसलिए जहाज मास्टर को कोई हिचक नहीं हुई। जहाज को वापस तट की ओर लौटते देख कौतूहल छा गया। हरेंद्र ने जगह पर लौटते हुए कहा, डी.आर.एम. सोनपुर का यकायक पटना कार्यक्रम बन गया है। उनके लिए जहाज लौट रहा है। हरेंद्र चाय के बहाने वहाँ से खिसके थे। अब चाय पहुँच गई। अभियुक्त सिंह साहब को चाय का कप देकर हरेंद्र ने उन्हें आदर दिया। अब जहाज तट पर लग चुका था। हरेंद्र ने हत्यारे अभियुक्त के सिर पर रिवॉल्वर तानते हुए कहा कि एस.पी. का आदेश है कि कोई इधर-उधर हरकत करने पर सीधे गोली से उड़ा देना। इसलिए चुपचाप चलो। एक सिपाही दौड़कर स्थानीय ओ.पी. से फोर्स ले आया था। हरेंद्र वाला दल हत्या के इस मुख्य अभियुक्त को लेकर जब छपरा आया तो मैं उसके घर की कुर्की जब्ती का पर्यवेक्षण कर रहा था। उसके बड़े भाई ने पहले ही समर्पण कर दिया था। उसकी प्रत्यक्ष भूमिका भी नहीं थी। मैंने हरेंद्र को उसकी सूझ-बूझ के लिए गले लगा लिया। अभी घटना को चौबीस घंटे होने में पाँच घंटे शेष थे। इस कार्य ने मुझे आमजन का दुलारा बना दिया। स्थानांतरण पर मेरे चुपचाप छपरा छोड़ने पर भी पहलेजा घाट तक का एक घंटे का मार्ग पूरा करने में हमें सुबह से शाम हो गई थी। लोग भनक लगते ही सड़क पर आ गए थे। बाद में कई दिन तक छपरा बाजार प्रोटेस्ट में बंद रहने की बात मुझे आज भी जब लोग बताते हैं तो मुझे सही मार्ग पर चलते रहने के लिए बहुत बल मिलता है। लोग बुरे नहीं होते। बुरे नहीं हो सकते। बस कुछ बुरों से उनको बचाना भर होता है।

फिर छपरा, सिवान, गोपालगंज इन तीनों जिलों के लिए सिपाही पद के लिए भरती मेरी अध्यक्षता में संपन्न होते ही उसी दिन पारदर्शी तरीके से परिणाम की घोषणा भी कर दी। डी.आई.जी. बीच में पधारे थे, उन्होंने गड़बड़ करने का प्रयास किया था जिससे कुछ

देर के लिए अव्यवस्था फैल गई थी। जब मैं उसे सँभाल रहा था तब उन्होंने अपने कुछ लोग दौड़ में सफल लोगों में घुसाए भी थे। ये गड़बड़ उन्होंने ही फैलवाई थी। अपने मनसूबे में सफल होते ही वे प्रसन्नतापूर्वक चले गए। वह भी तब जब मैंने यह जाँच शुरू की कि ये लोग किसने घुसाए हैं, उसे तुरंत गिरफ्तार किया जाए। उनके जाते ही बात खुल गई। चूँकि सफल लोगों का हिसाब मैं रख रहा था, इसलिए अंतिम परिणाम पर मेरा पूरा नियंत्रण रहा, उसके एक-दो महीने बाद डी.आई.जी. की अध्यक्षता में सिपाही भरती की प्रक्रिया चली। मैं उसका हिस्सा नहीं था। मेरे जिले के लिए एक सौ बत्तीस सफल उम्मीदवारों की सूची नियुक्ति के लिए प्राप्त हुई। मापी करने पर एक सौ तीस में भारी कमी पाई गई। मात्र दो नियमानुसार ऊँचाई और सीनेवाले निकले। मैंने दो की नियुक्ति कर शेष सूची खारिज कर दी। डी.आई.जी. ने मुझ पर आदेश की अवहेलना का आरोप लगाते हुए पुलिस मुख्यालय को रिपोर्ट भेजी। मेरे तबादले के बाद मेरे उत्तराधिकारी मनोज नाथ ने भी गलत नियुक्तियाँ करने से मना कर दिया तो मेरे साथ मनोज के खिलाफ भी आदेशोल्लंघन के लिए विभागीय काररवाइयाँ करने के लिए पुलिस मुख्यालय को लिखा। पुलिस मुख्यालय ने भी सरकार से हम दोनों के विरुद्ध विभागीय कार्रवाई करने की अनुशंसा कर दी। इस बीच सौभाग्य से छपरा के नए डी.आई.जी. तारकेश्वर प्रसाद सिन्हा ने कार्यभार सँभाला। उन्होंने डी.जी.पी. से कहा कि आरोपों की बगैर जाँच कराए आप दो-दो आई.पी.एस. अफसरों के खिलाफ कार्रवाई कैसे करा सकते हैं? नए डी.आई.जी. को ही जाँच मिली। वे ईमानदार और कर्मठ थे। उन्होंने जाँच में मेरी और मनोज द्वारा दी गई रिपोर्ट पूरी तरह सही पाई। परिणामतः पुराने डी.आई.जी. महोदय के विरुद्ध जाँच के आधार पर विभागीय कार्रवाई के लिए डी.जी.पी. ने अपनी अनुशंसा भेजी। वे महोदय इस मामले में अनुभवी थे और उन्होंने अपनी गोपनीय युक्ति से मुक्ति पाई। सरकार में सत्य के विरुद्ध कार्रवाई आसान होती है। मिथ्याचारियों के विरुद्ध प्रायः मामले रफा-दफा हो जाते हैं। सीनियर विंस ऑलवेज। हमें ईमानदारी के लिए संयोगवश दंड नहीं मिला, यह ईश्वर की ही कृपा थी।

जिलों में तरह-तरह की घटनाएँ होती रहती हैं। यहाँ पर कुछ घटनाओं का जिक्र उपयुक्त प्रतीत होता है।

एक शाम कुछ बूँदाबाँदी हो रही थी। मुझे लगा कि ऐसे मौसम सड़क लूट के लिए प्रायः उपयुक्त होते हैं। छपरा जिले में दिघवारा मोड़ उपयुक्त स्थल है रोड होल्ड अप के लिए। बरसात में इस स्थल पर लूटकर नाव से सीधे गंगाजी के बीच में आकर गाँव आराम से जाया जा सकता है। इस तरह लूटकर पटना जिले जाया जा सकता है। मैंने छपरा नगर थाना प्रभारी को तुरंत इस आशंका से अवगत कराते हुए उसे तत्काल वहाँ जाने को कहा। वह संबंधित उपाधीक्षक को खोजने लगा। कोई आधा घंटे बाद उस

निरीक्षक का मरियल टोन में फोन आया, सर, आपको मालूम था क्या? मेरी गलती थी। मैं जाता तो मुठभेड़ हो जाती। छपरा की ओर आती एक लुट चुकी जीप ने नगर थाने आकर सूचना दी थी।

अनुसंधान शुरू हुआ। मेरे पास एक तार आया जिसमें एक लुटेरे द्वारा गंगाजी के बीच बसे एक गाँव में लूटी गई गंजियाँ बेचे जाने की सूचना थी। अनुसंधानक और थाना प्रभारी वहाँ गए और उन्हें कुछ नहीं मिला। उसके बाद मैंने निरीक्षक को तलाशी लेने भेजा। कुछ नहीं मिला। फिर उपाधीक्षक भी खाली हाथ लौटे। सूचना इतनी पुख्ता थी कि मैं इन सभी को साथ लेकर आधी रात के बाद मोटर लांच से उस स्थान के लिए चला। बरसात में धारा में एक जगह लांच उछला तो हमने धारा काटने से परहेज रखा। सुबह होने को थी। किनारे खड़े एक व्यक्ति ने कहा, बस लूटवालों को खोज रहे हैं। यहाँ कहाँ समय बर्बाद कर रहे हैं। अमुक गाँव जाइए। पुलिस के अलावा सबको लुटेरों के बारे में पता था।

हम उस गाँव में पहुँचे। टेलीग्राम भेजनेवाले पोस्ट मास्टर वहाँ मिल गए। मैंने उन्हें धीरे से कहा, छपरा में मिलना, फिर जोर से डाँटकर भगा दिया। छह महीने बाद उनके खुलकर सामने आने ने उनकी जान ले ली। हमें देख एक लुटेरा भाग गया, पर दूसरा पकड़ा गया। भागनेवाला लुटेरा सीधे गंगाजी में कूदकर डुबकी लगा गया। वह बहुत बाद में पकड़ा भी गया। उसके घर में तो कुछ नहीं था। घर के सामने के उसारा में कबाड़ पड़ा था। उस कबाड़ में लूट के छोटे-छोटे आइटम मिले। लूट का सरगना वर्ष 1965 के उसी जगह पर हुए मार्ग लूटकांड में फरार था, पर इन दिनों पटना विश्वविद्यालय में चपरासी के पद पर कार्यरत था। इसी गैंग ने विगत 1980 वर्ष में सोनपुर मेले में आई.जी. पी. के द्वारा पुरस्कार वितरण समारोह के दौरान एक सोने-चाँदी की दुकान दिन-दहाड़े लूट ली थी। इसमें आश्चर्यजनक रूप से कुछ अन्य बेचारों को आरोपित किया गया था। इस मार्ग लूटकांड में बरामद सामान में देवघर की चूड़ियाँ, बद्रीनाथ का ताँबे का लोटा जैसे प्राथमिकी में लिखे आइटम थे। सामान ढोनेवाले नेपाली लड़के ने सब कुछ बता दिया था। यह मामला आँखें खोलनेवाला था। एक गैंग पूरी तरह कभी नहीं मरता।

नौ महीने हो रहे थे, किंतु अवतार नगर थाने से कोई अपराध रिपोर्ट नहीं हो रही थी। नौ महीने अपराध—शून्य। यह चिंता का विषय था। अपराध में बढ़ोतरी अथवा बिना ठोस कारण अचानक कमी विचारणीय विषय होते हैं। मैंने ट्रेनी उपाधीक्षक ध्रुवनारायण गुप्त को क्षेत्र में भेजा और कहा कि पूरा अवतार नगर थाना क्षेत्र घूमे। उसे लौटकर लेने मैं स्वयं आऊँगा। इस पर ध्रुव ने कहा कि वह अपनी जगह की जानकारी मुझे देता रहेगा। इस पर मैंने उसे आश्वस्त किया कि मुझे जानकारी हो जाएगी। जिसका चोर खोजना काम है, वह उपाधीक्षक को न खोज पाए, यह तो शर्म की बात होगी। मैंने उसे गाँव और कुछ

लोगों की सूची दी। यदि उनमें किसी के घर के सामने ऊँचा असामान्य टीला है तो उसे खुदवाकर जाँच कर ले।

तीन दिन बाद मैं इस डी.एस.पी. को खोजता एक गाँव पहुँचा। डी.एस.पी. ग्रामीणों के साथ अलाव ताप रहा था। मुझे देखकर बहुत खुश हुआ। उस गाँव में उसी दिन एक टीला खोदने पर कई लूट का सामान मिला था। इनमें एक रामचरितमानस का गुटका था जिस पर एक बूढ़ी माँ का नाम लिखा हुआ था। इनके घर लूट में इन्हें बहुत मार पड़ी थी जिसमें वे गंभीर रूप से घायल हुई थीं और एक महीने बाद उन्होंने अस्पताल में दम तोड़ दिया। इस भीषण लूट के कांड को भी अवतार नगर थाना प्रभारी पी गया था। कई मामलों का भेद खुला और थाना प्रभारी का भाँडा फूटा। एक ए.एस.आई. ने तो प्रदर्श ही बदल डाले थे।

मैं बहुत खुश था कि जिले में अमन-चैन है। इसी प्रसन्नता के मूड में जलालपुर से छपरा लौट रहा था कि एक रिक्शावाला छपरा की ओर से क्रंदन करता चला जा रहा था। बड़ी मुश्किल से जीप से पीछा करने पर रुका, पता चला कि उसकी पूरे दिन की कमाई लूट ली गई है और उसे बहुत मारा है। गाँववाले आ गए। उन्होंने बताया कि सर, यह रोज का खेल है, इलाका छपरा मुफुस्सिल थाने का। रिक्शावाला थाना फिर पिटने क्यों जाए? ये सब डार्क कॉर्नर्स बन जाते हैं। क्योंकि पुलिसिंग का दायरा समृद्ध और ताकतवर लोगों की सेवा तक संकुचित कर दिया जाता है। यह घटना भी आँखें खोलनेवाली थी। जनता से जुड़ने पर वह जनार्दन के रूप में दिव्य दृष्टि देती रहती है। पावर के चश्मे से दृष्टि दोष आ जाना स्वाभाविक-सा लगता है। अपराधियों की धर-पकड़ और समुचित सुरक्षा-व्यवस्था की गई।

सूबे के पुलिस महानिरीक्षक फजल अहमद साहब ने तीन दिन छपरा में रुककर एस.पी. ऑफिस का मुआयना किया। वे कभी पुराने छपरा जिले के लोकप्रिय पुलिस अधीक्षक रहे थे। वे विशेषत: हर विशेष प्रतिवेदित मामले में अद्यतन केस डायरी पाकर अति प्रसन्न हुए। उनकी निरीक्षण टिप्पणी ने डी.आई.जी. द्वारा मेरे खिलाफ लिखी गंदी टिप्पणियों को पूरी तरह काट दिया था।

एक घटना आमी के अंबा स्थान की उल्लेखनीय है। यहाँ प्रसिद्ध शक्तिपीठ है। छपरा में योगदान देने के बाद मैं काम में लग गया था। माँ के दर्शन करने नहीं गया था। एक दिन माँ ने स्वयं बुला लिया। उनकी चौखट की चाँदी का एक हिस्सा चोरी हो गया था। स्थानीय लोगों में आक्रोश होना स्वाभाविक था। यहाँ कभी कोई चोरी नहीं हुई थी। मैं माँ के दरबार में उपस्थित हुआ, मत्था टेका। चिरौरी की। कुछ तू ही कर माँ! अगले दिन बड़ी सुबह चोरी गया चाँदी का टुकड़ा माँ के द्वार पर पड़ा मिला। ऐसी है माँ की लीला और महिमा।

एक प्रकरण ऐसा भी हुआ जिसमें मंत्रीजी प्रभुनाथ सिंह ने मेरे द्वारा उद्घाटन करने की शर्त पर अपने ननिहाल सिताब दियारा में ननिहालवालों की भूमि पर उनके द्वारा थाना भवन तैयार करने की बात रखी। बड़ी प्यारी शर्त थी। मानने में कोई दिक्कत नहीं थी। बिहार के वित्त राज्य मंत्री प्रभुनाथ सिंह साथ गए। मैं और डी.एम. बरारा थे ही। मैंने पुलिस ओ.पी. का उद्घाटन किया। रसोई प्रभुनाथ बाबू की नानी ने बनाई थी। दियारा वाली गाय के दूध का हल्की आँच के गरम चूल्हे पर तपकर बना गुलाबी दही। कभी दही न खानेवाले बरारा ने भी खाया और अमृतपान का सुख पाया। मन तो और खाने का था। पर एस.पी. और डी.एम. भी हमारे भीतर से बाधा बन गए। तत्काल तोड़े गए परवल की भुजिया। वाह, क्या कहने! नानी ने एक दिन पहले से किसी अन्य को रसोईघर में घुसने भी नहीं दिया था। वे अंदर परदे में घूँघट घाले ही रहती थीं। प्रभुनाथ के समक्ष भी उघाड़े सिर नहीं होती थीं। मंत्री ने अपनी भूमि पर अपने पैसे से थाना भवन बनवाया और एस.पी. से कहा कि उद्घाटन तो आपको ही करना होगा। है न विलक्षण बात। प्रभुनाथ बाबू मुजफ्फरपुर विश्वविद्यालय में अर्थशास्त्र के प्राध्यापक थे और अति मिलनसार थे। सिताब दियारा लोकनायक जयप्रकाश नारायण का गाँव है। इसमें कई टोले हैं। यह यू.पी. के बलिया जिले और बिहार के छपरा जिले में स्थित है। गंडक (सरयू) के किनारे बसे इस गाँव की महिमा न्यारी है। उन दिनों यह क्षेत्र दुर्गम था। तबीयत भर पैदल चलना होता था।

मैं एक बार बरारा को दियारा के गाँव भी ले गया था। वहाँ हम रात में रुके थे। आग जलवाकर अलाव तापा था। वहीं चौकीदार की बनाई रोटी खाई थी। बरारा की सुबह कठिन थी। मैं तो अरहर के खेत में चला गया था। गाँव के लोग बहुत खुश हुए थे कि हम उनके बीच रुके। एक नादान पूछ बैठा था कि रात में गश्ती करते समय हम देशी कट्टा (अवैध अस्त्र) रख सकते हैं कि नहीं? उसके इस प्रश्न पर सभी हँस पड़े थे। मुखियाजी ने समुचित समाधान किया था।

छपरा शहर में दशहरे का जुलूस और अगले दिन मसजिद के सामने होनेवाला भारत मिलाप तनाव के विषय रहे हैं। वर्ष 1980 में दशहरे के जुलूस में हाथियों का शामिल होना शहर में घोर अराजकता का कारण बना था। मसजिद के सामने अजान के समय नारेबाजी पर पुलिस सक्रिय हुई तो एक हाथी भड़क गया था। फिर तो शहर की नकेल अव्यवस्था ने पकड़ ली थी। मेरे कार्यकाल वर्ष 1981 में दशहरे के जुलूस में रहस्यमय ढंग से मनाही होने के बाद भी एक हाथी प्रगट हो गया था। इस बार भी मसजिद के सामने जुलूस रुक गया। एस.डी.ओ. अविनाशी ब्रह्म प्रसाद ने अच्छे ढंग से सँभाला। पर बात बिगड़ने से पहले हमें सूचना दे दी। मैं और डी.एम. बरारा घोड़े पर वहाँ पहुँचे। हमारे पहुँचने से पहले पुलिस की कड़ाई से हाथी वहाँ से हट गया था। अब सामनेवाला ट्रक बिगड़ने की बात चल निकली। मैं चालक के बराबर में पहुँचा और उसके कान में

मंत्र फूँका तो ट्रक चालू हो गया। जुलूस में मेरे भी लोग शामिल थे तो जुलूस चल पड़ा। मुसलमानों ने पूरा सहयोग किया। पर शहर में हमारी कड़ाई से दुःखी उत्पातियों ने तनाव फैला दिया। अगले दिन भरत मिलाप को वे हिसाब चुकता करने के मूड में थे। हम रात में एस.डी.ओ. के कार्यालय में बैठे। मैंने कहा कि तनाव फैलानेवाले संगठन के अध्यक्ष को छोड़कर सात शीर्ष लोग धारा 153 ए आई.पी.सी. में गिरफ्तार कर लिये जाएँ अभी आज रात में। और साथ ही पी.आर.डी. के प्रचार वाहन से इनके नाम और गिरफ्तारी का कारण प्रचारित किया जाए। भरत मिलाप में शामिल होने का न्योता भी प्रशासन की ओर से सभी को दिया जाए। एस.डी.ओ. प्रसाद ने कहा कि गिरफ्तारी से टेंशन बढ़ेगी, पर थोड़ी ही। टेंशन तो वैसे भी है। मैंने पूछा, गोली चली तो कितने मरेंगे ? प्रसाद ने कहा कि यदि यहाँ तक सोच लिया गया है आप और डी.एम. द्वारा तो न गोली चलेगी, न कोई मरेगा। भरत मिलाप ठाठ से होगा।

हमारी रणनीति पर पूरा अमल हुआ। अगले दिन भरत मिलाप आनंद से मना। समिति के अध्यक्ष ने गिरफ्तारियों के लिए आलोचना अवश्य की, पर प्रशासन की अच्छे प्रबंध के लिए भूरि-भूरि प्रशंसा भी की।

मशरख उपचुनाव

वर्ष 1980 में मशरख विधायक रामदेव सिंह 'काका' गोली लगने से अचल हो गए थे। रीढ़ में लगी इस गोली ने वर्ष 1981 में उनकी जान ले ली। विशेषज्ञ की रिपोर्ट के बाद मामला हत्या में बदल गया। उनके निधन से मशरख विधानसभा क्षेत्र का उपचुनाव होने जा रहा था। कांग्रेस ने अपने विधायक के निधन के बाद उनके पुत्र डॉ. हरेंद्र सिंह को टिकट न देकर एक बाहरी व्यक्ति को टिकट दिया। डॉ. हरेंद्र निर्दलीय बनकर खड़े हुए। जनमत का झुकाव भी उनकी ही ओर था।

मुख्यमंत्री डॉ. जगन्नाथ मिश्र प्रचार हेतु आए थे। लौटते-लौटते देर हो गई। रात आठ बजे तरोताजा होकर उन्होंने कहा कि कुछ खाने को हो तो तुरंत दीजिए। निरीक्षण भवनवाला बोला, कल की ब्रेड है। डॉक्टर साहब ने बड़े संतोष से सूखी डबल रोटी खाई। तब तक मेरे आवास से रोटी-भुजिया भी आ गई। पर उनकी जरूरत पूरी हो गई थी। दवा लेने के लिए कुछ खाना जरूरी था। उनके साथ एक सीनियर आई.पी.एस. अफसर भी चुनाव प्रबंधन के लिए पधारे थे। उन्हें बता दिया गया कि स्वतंत्र और निष्पक्ष चुनाव में बाधा पहुँचानेवाला सीधे जेल जाएगा, चाहे कोई भी हो। मुख्यमंत्रीजी को मेरा पी-एच.डी. अनुमति के आवेदन का स्मरण था। वे फाइल भूलते नहीं थे। उन्होंने पूछा कि थीसिस जमा हो गई ? मेरे यह बताने पर कि रजिस्ट्रेशन में कुछ नियम आड़े आ रहे हैं; वे चुप तो हो गए, पर दो-तीन वर्ष में नियमों में अपेक्षित बदलाव होने से मेरा

रजिस्ट्रेशन भी हुआ और मैं पी-एच.डी. की डिग्री भी पा सका। डॉक्टर साहब ने एल.सी.टी. जहाज में मुझे एक तरफ ले जाकर चुनाव का विषय चलाया तो मेरे यह कहने पर कि चुनाव हर हाल में साफ-सुथरा होगा, वे आगे कुछ नहीं बोले। प्रचार काल में पूर्व आई.जी.पी. राजेश्वरलाल एस.पी. आवास पर पधारे और अपनी प्रसन्नता व्यक्त की। बोले, मेरी तुम्हारे बारे में धारणा गलत निकली।

मशरख उपचुनाव इस मामले में विशिष्ट था कि सभी पार्टीवाले एक साथ एक दरी पर बैठकर परचियाँ बाँटकर कह रहे थे जिसको देना हो, उसको वोट दो। दूसरा यह कि आधा दर्जन मंत्री और उनकी गाड़ियाँ निरीक्षण गृह से बाहर नहीं निकल सकीं। एक वरिष्ठ मंत्री निकले भी तो एक अ.नि. द्वारा उनकी गाड़ी रोक दी गई, क्योंकि चुनाव आयोग का आज्ञापत्र नहीं था। वे दिनभर मशरख थाने में बैठे रहे। उन्होंने वायरलेस से मुझसे बात करनी चाही तो वायरलैस ऑपरेटर को उन्हें नियम पढ़ा देने को कहा गया। शाम को थाने में जाकर मैंने उन्हें सैल्यूट किया और अपनी सरकार के इस मामूली कार्यालय की शोभा बढ़ाने के लिए धन्यवाद दिया। उनका क्रोध गायब हो गया। चलते समय मैंने उनसे कहा कि जिस अफसर ने उनकी और अन्य मंत्रियों की गाड़ियाँ रोकी हैं, उसे मैं इसलिए इसके लिए पुरस्कार नहीं दे रहा हूँ कि इससे कहीं आप सब अपमानित अनुभव न करें। अतएव उसको दंड दिलवाने का कोई विचार न पालें। मैं इस सबके लिए जिम्मेवार हूँ। उसने मेरे ही आदेश का पालन किया है। वैसे पता चला कि धनबाद से माफिया सरगना भी सदल-बल आए थे, पर वे घरों से नहीं निकले। एक वरिष्ठ एम.एल.सी. ने मुझे कुछ वर्ष बाद बताया था कि वे लोग एक बूथ पर वोट गिरवाने के विचार से गए थे कि हल्ला हो गया कि गौतम आ गया। तो वे लोग जूते-चप्पल छोड़कर बेतहाशा भागे थे। उन्हें नई सैंडिल खोने का अफसोस उस दिन भी था। जिस बात पर कभी गुस्सा आता है, उसे समय अपने आप हँसी-मजाक का विषय बना देने की क्षमता रखता है। उन दिनों चुनाव आयोग का मॉडल कोड ऑफ कंडक्ट नहीं होता था और न ही आयोग ऐसा सक्रिय था। आज भी चुनाव आयोग उस मशरख उपचुनाव से बहुत कुछ सीख सकता है। क्या-क्या करना चाहिए, यह उपचुनाव बताएगा। क्या-क्या नहीं करना चाहिए, वह हरलाखी विधानसभा क्षेत्र का बिलौना बूथ बताएगा। इन दोनों चुनावों से अफसरों को अनुशासित करने के सबक भी मिल सकते हैं।

सोनपुर मेला वर्ष 1981, बाबा हरिहर नाथ मेला

वर्ष 1980 का सोनपुर मेला अपनी बीभत्सता के लिए आज भी स्मरण किया जाता है। इस वर्ष रंगमंच पर निजी अंगों के प्रदर्शन, यहाँ तक कि सुलगती सिगरेट से महिलाकर्मियों का गुप्तांग से धुआँ उड़ाना देखने के लिए बड़े-बड़े नौकरशाह पत्नियों के

साथ आते थे। एक वरिष्ठ अफसर तो जब तक शो चलते, उन्हीं में रमे रहते थे। अपराध भी चरम पर थे। सोने-चाँदी के गोले पर की वह दिन-दहाड़े हुई भयंकर लूट भी इसी काल में हुई थी।

वर्ष 1981 में यह सब किसी हालत में नहीं होगा, इस संकल्प के साथ मैंने फरवरी 1981 में छपरा में योगदान किया था। इसलिए सोनपुर मेले से दो माह पूर्व ही अपने सभी थाना प्रभारियों के साथ मैंने बैठक ली। वैसे ऐसी बैठक हर साल मेले से पहले होती थी। इस बार क्या अलग था स्वयं देखिए-परखिए। कुछ झलकियाँ प्रस्तुत हैं।

एक सुझाव आया। सर, इस बार दूसरे जिलों से पुलिस अफसर न बुलाए जाएँ, न ड्यूटी के लिए आने दिए जाएँ। केवल सिपाही मँगाए जाएँ। पुलिस अफसर अपने साथ अपने इलाके के जेबकतरे भी ले आते हैं। सोनपुर रेलवे स्टेशन और जहाज घाट पर कुछ दिन पहले से ही निगरानी शुरू हो जाए।

अब बात आई खर्च की। उपाधीक्षकों ने बताया कि हर थाना कितना-कितना देता आया है मेला खर्च के लिए। इसके लिए ट्रक चैकिंग की आज्ञा दी जाए। मेरा स्पष्ट आदेश था कि इस प्रथा का समूल अंत हो। कोई कलेक्शन करेगा तो जेल जाएगा। सरकारी काम के लिए पैसा सरकारी कोष से खर्च होगा। निजी काम के लिए अफसर और उनकी मैमों को अपना पर्स ढीला करना होगा।

मनोरंजन कंपनियों के लाइसेंस के लिए पुलिस की कड़ी शर्तों को खारिज करना प्रशासनिक अधिकारियों को मुश्किल हो रहा था। डी.एम. ने मुझे कहा, वह दबाव में हैं लाइसेंस देने के लिए। इसलिए लाइसेंस दे रहे हैं। पर उनकी बदनामी न होने पाए। मैंने कहा, तुम लाइसेंस दो। अश्लीलता रोकना मेरा काम है। उस वर्ष पहले ही दिन अश्लीलता के आरोप में गिरफ्तारी और न्यायिक दंडाधिकारी के समक्ष समरी ट्रायल हुआ। अपराध स्वीकार करने पर आर्थिक दंड और फिर ऐसा न करने की शर्त पर रिहा कर दिया गया। मनोरंजन कंपनियों ने अपने तंबू उखाड़ लिये। मेले में आध्यात्मिक माहौल ने अपना रंग जमाया और अपराधमुक्त मेला हुआ। मेले से पूर्व ही सोनपुर रेलवे स्टेशन पर गोरखपुर से आए पंद्रह जेबकतरे पकड़े जाने का मेले पर बहुत अच्छा असर पड़ा।

मेले के पहले दिन कार्तिक पूर्णिमा स्नान बिना किसी अप्रिय घटना-दुर्घटना के पूरा हुआ। धोतियाँ उठाए जाने की कुछ शिकायतें मिलने पर घाट पर कड़ाई करने से स्थिति ठीक हो गई।

मेले में विदेशी मेहमान आनेवाले थे। आयुक्त सारण प्रमंडल के कैंप में बैठक हुई। उनका सुझाव था कि गंगाजी में स्टीमर पर मेहमानों को मदिरा पेश की जाए और आगमन पर कॉलेज की लड़कियाँ आरती उतारें। मैंने डी.एम. बरारा से कहा कि हरिहर नाथ मेला क्षेत्र में तुम्हारे आदेश से मदिरा वर्जित है, इसलिए तुम इसका विरोध करो। वैसे मैं मदिरा

नहीं चलने दूँगा। मदिरापान पर गिरफ्तारी तय समझिए। बच्चियाँ आरती भी नहीं उतारेंगी। आरती बहन भाई की उतारती है रक्षा बंधन पर्व पर। अथवा पत्नी अपने पति की उतारती है, यह भी अब नहीं होता है। दोनों अनुष्ठान रद्द करने पड़े। मैंने कहा, जो भी आए, उसे मेले का खुलकर आनंद लेने दीजिए। हम कब तक गुलामों की तरह व्यवहार करते रहेंगे।

बिहार के राज्यपाल डॉ. ए.आर. किदवई साहब का मेले में आगमन हुआ। मुझसे और बरारा से उन्होंने जमकर गप्पें कीं। उन्होंने यू.पी.एस.सी. में हमारा इंटरव्यू लिया था। यह जानकर वे बहुत खुश थे। वे मुझसे बोले कि वे बाबा हरिहर नाथ की पूजा करना चाहते हैं, करा दोगे? मैंने हामी भर दी। आयुक्त और डी.आई.जी. दोनों ने मुझसे कहा कि क्या सब कह देते हो। अगर कोई हंगामा हुआ तो क्या करोगे? मेले की भीड़ अलग है। मेरी समझ में आया कि उनकी बात लोक व्यवहार से ठीक लगती है। पर पूजा तो कोई भी कर ही सकता है। अब तो कह दिया सो कह दिया। जिम्मेदारी मेरी। मंदिर के महंत गिरिजी ने प्रसन्नता व्यक्त करते हुए मुझे आश्वस्त किया। किदवई साहब ने बड़े मनोयोग से बाबा हरिहर नाथ की डेढ़-दो घंटे तक पूजा की। बहुत प्रसन्न हुए। अगले दिन एक वर्ग में मूर्ति पूजा पर आपत्ति हुई तो राजभवन के खंडन से काम चल गया।

दोपहर के भोजन के बाद किदवई साहब बोले, मैंने आज तक मेला नहीं घूमा। किसी ने नहीं घुमाया। तुम मुझे मेला घुमाओगे? मैंने कहा—'अवश्य।' संसारी व्यवस्था के हिसाब से यह मेरी बेहिसाब मूर्खता थी। मैं इसे मासूमियत कहना चाहूँगा। डी.आई.जी. की टिप्पणी तो यही थी कि यह कभी नहीं सुधरेगा। मुझे खुशी है, मैं नहीं सुधरा। जैसा था वैसा ही रह गया—सरल, सहज।

मैं और डॉ. किदवई मेले में पैदल चल दिए। वे गायों में अच्छी रुचि रखते थे। गाय हट्टा, बैल हट्टा, अश्व बाजार, ऊँट बाजार चक्कर काटते हुए चिड़िया बाजार पहुँच गए। वहाँ मैंने गाड़ी मँगा ली। हम दोनों वापस जिला परिषद् डाक बँगले पहुँच गए। कोई गड़बड़ नहीं हुई। किसी पशु ने उस समय गोबर-मूत्र से अभिषेक नहीं किया वरन् क्या होता, नहीं पता। किदवई साहब खुश थे। मैं तो मेले में पैदल अथवा घोड़े पर घूमता रहता था। इसलिए बहुत अच्छा वातावरण बना रहता था। पशुओं ने भी हमारा मान रखा।

पुलिस महानिरीक्षक के द्वारा पुरस्कार वितरण का समारोह मेला मंच पर संपन्न हुआ। फिर सबका दोपहर का भोजन हुआ। भोजन के पैसे अपराध अनुसंधान विभाग को पहले से देने पड़े थे, इसलिए उन्होंने छपरा जिले के किसी पदाधिकारी को पुरस्कृत नहीं किया। पुरस्कार वितरण में मेजबान छपरा जिला एकमात्र पुरस्कार वंचित जिला रहा। मेरे अफसरों ने इस पर स्वाभिमान प्रकट किया। उनका मनोबल घटा नहीं, बढ़ा ही। भोजन के बाद मैमें शॉपिंग के लिए निकलती हैं। नखास थाना प्रभारी साथ रहता है। जाने से पहले मैंने स्पष्ट कर दिया कि भुगतान स्वयं खरीदनेवाले को करना होगा। मेरा

कोई अफसर एक धेला भी खर्च नहीं करेगा। मायूसी छा गई। मैं क्षणभर में अलोकप्रिय हो गया।

पुलिस अधीक्षक कैंप में उत्तर बिहार जाने-आनेवाले डी.एम.एस.पी. पंक्ति के पदाधिकारियों का आना-जाना लगा रहता था। रात्रिभोज एस.पी. के निजी भोजनकक्ष में होता था। यहाँ पुआल बिछा था। उस पर दरी के ऊपर चादर होती थीं। हम नीचे बैठकर ही खाते थे। एक बड़े थाल में विकास उपायुक्त बी.के. हलधर के यहाँ से लिट्टी-चोखा आता था। भोजन के बाद भैंस के दूध की कॉफी डी.एम. बरारा के यहाँ से आती थी। हम सभी जिला स्तर के अफसर एक साथ बैठकर परिवार की तरह भोजन करते थे। इसका भी मेले पर बहुत अच्छा प्रभाव पड़ रहा था। मैं और डी.एम. शाम को घोड़ों पर मेले में निकलते थे। मेरा अश्व कंचनजंगा बहुत ऊँचा था। उस पर बैठे हुए कमांडिंग हाइट और साइट बनती थी।

सोनपुर मेले के दौरान विधान मंडल की समिति का छपरा दौरा हुआ। मेरा एक निश्चित तिथि को उनसे मिलना तय था। पर वे उस दिन न आकर अगले दिन छपरा पधारे और मुझे बिक्री कर कार्यालय बुला भेजा। मैंने कहा कि मैं तो कल से ही प्रतीक्षारत हूँ। वे मेरे कार्यालय पधारें, स्वागत है। कोई दो महीने में मुझे विशेषाधिकार हनन के लिए समिति के समक्ष समिति भवन पटना विधानसभा भवन में उपस्थित होने का नोटिस मिला। हमें समिति के समक्ष पेश करनेवाले थे गृह सचिव आर.एन. दाश आई.जी.पी. फजल अहमद। पेश होनेवालों में थे एस.पी. सिवान रामबिलास राम, एस.पी. सारण, मैं स्वयं डी.एन. गौतम और एस.पी. गोपालगंज शफी आलम। रामबिलास बाबू को झाड़ पिलाई जा रही थी कि आप बिक्री कर कार्यालय नहीं आ सकते। समिति ही हाजिर हो आपके सामने। रामबिलास जी बार-बार अपनी स्थिति स्पष्ट करना चाहें, पर श्रीमान शब्द सुनते ही समिति उन पर बरसने लगे। बड़े शिष्ट बनते हो। एस.पी. सिवान को भरपेट सुनाने के बाद मेरी ओर रुख हुआ। मैंने अपना परिचय दिया तो वे गुस्से में बोले, तो आप हैं हमें बुलानेवाले। मैंने कहा, श्रीमान विधानमंडल सर्वशक्तिमान है। मैं इसकी अवज्ञा की सोच भी नहीं सकता। अब वे फिर रामबिलासजी को डाँटने लगे। डाँट खाते रहे। बताया क्यों नहीं कि तुम एस.पी. छपरा नहीं हो? अब वे थक गए थे डाँटते-डाँटते। बोले—होम सेक्रेटरी साहब आप इस पर ध्यान दीजिए। आई.जी. साहब, कड़ी कार्रवाई कीजिए। फजल साहब बोले—सी.आई.डी. से जाँच करा लेते हैं।

बाहर निकले तो रामबिलास बाबू बोले, हम क्या करें? हमारा चेहरा ही ऐसा दिखता है। ये गौतमवा मासूम दिखता है। बताइए, डाँट इसे पड़नी थी और पड़ गई हम पर। रामबिलास बाबू ने इस पर भी मजे लिये। वे हमारे सीनियर थे।

जहाँ तक मुझे स्मरण है, मार्च में मेरा स्थानांतरण एस.पी. रोहतास पद के लिए हो

गया। 12 मार्च को अपनी निजी गाड़ी से परिवार सहित सुबह-सुबह नई जिम्मेदारी के लिए बिना बताए निकल पड़ा। पर मार्ग में छपरावासी उमड़ पड़े। इतना प्यार जीवन में कभी अनुभव नहीं किया था। शाम हो गई पहलेजा घाट आते-आते। एक बूढ़ी माई बोली, "तू मत जा, बौआ।" छपरा जिले ने अपने प्रेम से मेरा सामाजिक दायित्व और जिम्मेदारी तय कर दी। मुझे उस पर खरा उतरना था।

छपरा पदस्थापन के काल में मुझे दो बार देवराहा बाबा के दर्शनों का सौभाग्य मिला। छपरा में एक बार माँ आनंदमयी पधारी थीं। वे पुलिस अधीक्षक आवास के सामने स्थित हथुआ हाउस में ठहरी थीं। पुलिस महानिरीक्षक एम.के. झा साहब के संकेत पर मैं उनके दर्शन हेतु गया। पर वे तब विश्राम में जा चुकी थीं। मेरे मन में अहंकार सुलभ अनर्गलता ने स्थान ले लिया। सोचने लगा, ये संत-महात्मा भी बड़े लोगों, अमीरों के घर ठहरना पसंद करते हैं। मुझ अभागे ने प्रतीक्षा का धैर्य धारण नहीं कर क्षेत्र में जाने का रास्ता पकड़ा। कुछ दिनों बाद माँ आनंदमयी ने स्वयं मेरी मूर्खता नहीं अपितु मूढ़ता का उचित उत्तर दिया। वे कृपापूर्वक स्वप्न में मेरे मन में पधारीं और उन्होंने कहा कि यह बड़े-छोटे, अमीर-गरीब का अंतर तुम्हारे मन के भ्रम के कारण है। संतों के लिए इसका कोई अर्थ ही नहीं होता। उनके लिए सभी बराबर होते हैं। अब मैं माँ को एक टीस के साथ स्मरण करता हूँ। पश्चात्तापस्वरूप मैं बिना किसी पूर्वविचार के संतों से मिलने का प्रयास करता हूँ। मेरे मन पर कुछ नास्तिकों के अनर्गल लेखों का भी प्रभाव था, जो अब माँ की कृपा से नष्ट हो गया है। मेरे छपरा प्रवास की यही महान् स्मृति है। मैं कई वर्ष मूढ़ता को प्राप्त रहा।

□

रोहतास जिला

लगभग एक सप्ताह पटना में विश्राम के बाद 19 मार्च, 1982 को मैंने रोहतास जिला पुलिस अधीक्षक के रूप में डेहरी-ओन-सोन में योगदान दिया। सोन नदी के किनारे सुंदर आवास। जब कभी उन्नीसवीं सदी में यहाँ एनीकट बना था तब यह जूनियर इंजीनियर सिंचाई विभाग का आवास हुआ करता था। इसमें दो परिवारों के रहने योग्य अलग-अलग इकाई उपलब्ध है। मुझे पहली बार ऐसा सुंदर आवास मिला था।

रोहतास जिले के रोहतास थानांतर्गत विशाल रोहतास किला है। बताया जाता है कि सतयुग में सूर्यवंशी राजा हरिश्चंद्र के पुत्र रोहतास ने इस किले का निर्माण कराया था। काशी से बहुत अधिक दूर नहीं होने के कारण यह तर्कसंगत भी लगता है।

जिले में योगदान के दिन की रात ही डकैतों ने सलामी दे दी। डेहरी के बाहर पेट्रोल पंप पर डकैती के साथ हत्या। गैंग परिचित रामचंद्र कोइरी का। इसी ने कुछ दिनों पूर्व दिन-दहाड़े बिजली दफ्तर में घुसकर वेतन मद में आया सारा पैसा उठा लिया था और आराम से पिस्तौल लहराता निकल गया था। फिर अगली रात देहात में गृह डकैती हो गई। खुफिया जानकारी मिली कि डेहरी थाना प्रभारी निरीक्षक ने बाजार से गुजर रहे रामचंद्र कोइरी से पूछा कि अरे, अब गाँव में भी दूसरे दिन डकैती डाल दी तो रामचंद्र कोइरी ने सगर्व कहा कि डकैती के साथ हत्या उसका ट्रेड मार्क है। उसे बेइज्जत क्यों करते हैं? बहरहाल, मुझे निरीक्षक ने बताया कि रामचनरवा तो धनबाद भाग गया है। मैंने उनसे कहा कि आप भी धनबाद जाइए और उसे पकड़कर लाइए। तब तक मत लौटिए जब तक वह पकड़ा न जाए। इंस्पेक्टर चले गए।

'जिन खोजा तिन पाइयाँ।' अगले दिन शाम को सूत्र मिला। दो घंटे बाद झिलमिल होते ही बड़ी नहर पर बिना फोर्स निजी गाड़ी से सादा लिबास में तीन-चार लोगों से अधिक नहीं, सावधानी के साथ जाएँ। गैंग को न्योत दिया है गंगा दामोदर एक्सप्रेस से धनबाद जाकर बैंक डकैती के लिए। घटनाक्रम का विस्तार न देकर अंतिम परिणति में आते हैं। रामचंद्र कोइरी मारा गया। उसका साथी जीवित तो पकड़ा गया, पर साथ गया

एक सिपाही उसको मारने के लिए हवलदार को उकसा रहा था। वह सिपाही निहत्था था। हमारे पास दो ही हथियार थे। स्टेनगन नहर के उस पार। रिवॉल्वर मेरे पास नहर के इस पार। शौच के लिए बैठे लोग दहशत से भाग रहे थे। सिपाही ने उस जिंदा डकैत से दो हजार रुपए उस धरपकड़ में भी ले लिये थे, इसलिए वह उसका अंत चाहता था। मैंने उसे सेवा से निकाल दिया तो उसकी रक्षा के लिए पटना के एक बड़े सीनियर पुलिस अफसर ने असफल प्रयास किया। इसकी भी लंबी कहानी है। मुठभेड़ के बाद जब हम निकटस्थ डालमिया नगर ओ.पी. पहुँचे तो प्रभारी को शौचालय में दुबके पाया।

रामचंद्र कोइरी की अपराध नियंत्रण कानून के तहत गिरफ्तारी न हो, इसके लिए आधा दर्जन विधायकों की अनुशंसा पाई गई। हमने एक सूत्र मिलने पर विधायक रामसेवक सिंह के आवासों पर तलाशी कराई तो कुछ नहीं मिला। रामसेवक बाबू ने पूरा सहयोग किया। वे निर्दोष और सम्मानित व्यक्ति थे। विधानसभा का सत्र चल रहा था। मैंने विधानसभाध्यक्ष श्री राधानंदन झा को फोन कर तलाशी की बात बताई। उन्होंने कहा, सत्र चल रहा है। कुछ मिला। मैंने कहा, नहीं। राधा बाबू बोले, अच्छा ठीक है, बता दिया। सत्रकाल में न होता तो ठीक था।

विशेषाधिकार हनन प्रस्ताव आया। अध्यक्ष ने ए.एस.पी. सासाराम अरविंद वर्मा से स्पष्टीकरण माँगा। मैंने वर्मा को उत्तर लिखने को कहा। प्रकरण के लिए खेद है। भविष्य में ध्यान रखा जाएगा। और अपना अग्रसारण पत्र उनके स्पष्टीकरण को स्वीकार किए जाने का अनुरोध करते हुए दे दिया। मैं अधौरा पहाड़ पर एक गैंग की टोह में चला गया। इधर अरविंद में वीर रस जाग गया। उसने विधानसभा अध्यक्ष की स्पष्टीकरण माँगने की शक्ति को ही चुनौती दे डाली और मेरा इसे स्वीकार करने का अग्रसारण लगाकर विधानसभा भेज दिया। फिर क्या था! हाउस में हम दोनों को हथकड़ी लगाकर लाने की माँग ने जोर पकड़ लिया। अगले दिन समाचारों में प्रथम पृष्ठ की शीर्ष पंक्तियाँ यही थीं। अरविंद भी फेमस हो ही गया। मेरे समक्ष मेमने की तरह खड़ा हो गया। मैंने कहा, ए.एस.पी. से ही ऐसी बेवकूफी हो सकती है।

स्पीकर राधा बाबू चाहते तो मेरी पूर्व की ए.एस.पी. वाली भाषा स्मरण कर हिसाब चुकता कर देते। पर वे मुझे स्नेह करते थे। उन्होंने पूरे मामले को सँभाला। अपनी अध्यक्षता में मुख्यमंत्री और नेता विरोधी दल कर्पूरी ठाकुर की समिति को शक्ति चुनौती प्रकरण विशेषाधिकार हनन देखने का काम दिया। और रामसेवक बाबू के घर की तलाशी वाला मसला पटना प्रमंडल के आयुक्त के.पी. सिन्हा और डी.आई.जी. डी.एन. सहाय की समिति को जाँच के लिए सौंप दिया गया। इस समिति ने रामसेवक बाबू से तरह-तरह के लीडिंग सवाल किए, पर वे बोले कि कोई विशेषाधिकार हनन नहीं हुआ है। तलाशी लेनेवाले ए.एस.पी. ने उनके साथ एक सभ्य-शिष्ट बेटे जैसा व्यवहार किया। पर समिति

ने हमारे ऊपर टीका–टिप्पणी का मोह नहीं छोड़ा अपनी रिपोर्ट में। विधानसभाध्यक्ष राधा बाबू ने हमारे लिए महादेव बनकर सारा जहर पी लिया। मुझे अथवा मेरे अधिकारियों को कोई नोटिस अथवा स्पष्टीकरण पत्र तक जारी नहीं किया। उन्होंने छपरा में मुझे मित्र कहा था और मित्रता का संपूर्ण और एकतरफा निर्वाह किया।

इस बीच दो काम ऐसे हुए कि डी.आई.जी. भड़क गए और निरीक्षण के लिए तैयारी हेतु समय पूछने लगे तो मैंने उन्हें उसी दिन आ जाने का न्योता दे दिया। वे चार दिन बाद आए सरकारी जहाज से। पहला काम पुलिस लाइन में। उनके द्वारा चुने दो सौ बारह सिपाही मेरे द्वारा मापी में अयोग्य ठहराकर घर लौटा दिए गए थे, वे उपस्थित थे। फिर मापी हुई। मेरे द्वारा कराई गई मापी सही निकल रही थी। मुझे पटना फोन करने हेतु उलझाकर वे स्वयं मापी करने लगे। मैंने देखा, फीता ढीला कर एक को पार लगा दिया। जब दूसरे को करने गले तो मैं सार्जेंट मेजर पर बिगड़ गया और निराश डी.आई.जी. बैठ गए। मेरे द्वारा कराई गई मापी पूरी तरह सही थी। बाद में उन्होंने मेरे उत्तराधिकारी से इन्हें नियुक्त कराया।

फिर अपराध शाखा के निरीक्षण के दौरान उन्होंने वह फाइल देखी जिस हत्या के मामले में उनके रोक के आदेश के बावजूद मैंने चार्जशीट दायर करा दी थी। अप्रिय वचन और धमकी स्वाभाविक प्रतिक्रिया थी। मैंने उन्हें कहा कि मैं अन्याय के विरुद्ध और न्याय के पक्ष में सदा खड़ा रहूँगा। आप अपने हिसाब से कार्रवाई के लिए स्वतंत्र हैं। यदि एक विधवा के इकलौते बेटे की हत्या के मामले में मैं न्याय न करूँ तो मेरी आत्मा मुझे क्षमा नहीं कर सकती।

निरीक्षण चार दिन चला। शेष कुशल रही। बिहार सरकार के लघु सिंचाई विभाग ने एक केस दर्ज कराया जिसमें कांग्रेस जिलाध्यक्ष और जिला परिषद् अध्यक्ष गिरीश नारायण मिश्र मुख्य अभियुक्त थे। वे अच्छे संगठनकर्ता तथा उदार व्यक्ति थे। पर घोटाले के आरोप सत्य पाए जाने पर मैंने गिरफ्तारी के आदेश दे दिए। इसके बाद की कई किंवदंतियाँ हैं, किंतु यहाँ स्थान की कमी है। आज के हिसाब से यह घोटाला ही नहीं कहलाएगा। आज के घोटालेबाजों को देखें तो वे एक तरह से देवपुरुष कहे जाएँगे।

इस बीच डालमिया नगर के रोहतास इंडस्ट्रीज लिमिटेड पर बनावटी संकट पैदा किया जा रहा था। कहानी लंबी है और दर्दनाक है, पूरी एक पुस्तिका लायक है। जिस दिन एक सेवानिवृत्त आई.सी.एस. इसके स्थानिक निदेशक बनकर कंपनी के निजी प्लेन से मिलने मुझसे डेहरी आए, मेरी चेतना ने इस उद्योग के विरुद्ध किसी गहरी चाल के प्रति चेतावनी दी। सामने आते ही मैंने उनसे पूछा कि वे हैवेन बोर्न सर्विस के हैं, पिता की उम्र के हैं, पर मैंने आपको प्रतीक्षा कराई और हाथ भी नहीं मिलाया। ऐसा क्यों? उनका तन शिथिल पड़ गया। मैंने कहा कि लॉक आउट करने हेतु सुरक्षित मार्ग खोज

लेना। पुलिस श्रमिकों पर गोली नहीं चलाएगी। आप लोग उनके चूल्हे बुझाना चाहते हैं। इस पर निदेशक महोदय ने अपने साथ आए वाइस प्रेसीडेंट आदि को बाहर प्रतीक्षा करने को कहा, फिर बोले, आपको यह सब कैसे पता? मुझे तो कुछ भी पता नहीं था, बस अंतर्चित्त ने चेताया था। वे बोले, उनका काम मुझ पर अपेक्षित दबाव बनाना है। बचना, न बचना आपका काम है। भारत सरकार से मुझे उन्हें सौ करोड़ रुपए दिलाने हैं। यह पाते ही सेठ मुझे निकाल देगा। मैं साठ से ऊपर नहीं जाने दूँगा। आदि-आदि। इधर सरकार हर सप्ताह बैठकें कर रही थी सीधे मुख्यमंत्री स्तर पर। मेरे पास बत्तीस मामले दर्ज करने का सरकार का आदेश आया। मात्र दो मामले साधारण संज्ञेय बनते थे, जमानती धारा। विचार था यूनियन पर झूठे मुकदमे कर उन्हें कैटकॉल स्ट्राइक के लिए उकसाकर लॉक आउट करा दिया जाए। फिर श्रमिकों के हित के हवाले सरकारी टेकओवर कर मुआवजे के मजे लेना। ये मनसूबे हमारे न्यायपूर्ण स्टैंड से सफल नहीं हो सके। मेरे वहाँ से 30 नवंबर, 1982 को परिवार सहित दिल्ली केंद्र सरकार में योगदान हेतु कूच कर जाने के बाद 6 दिसंबर, 1982 को वहाँ पुलिस फायरिंग हुई और छह श्रमिकों की जान गई। उद्योग में लॉक आउट हो गया। सात उत्तम उद्योगों के बारह हजार कर्मियों के चूल्हे बुझ गए। बड़े-बड़े इंजीनियर रिक्शा चलाने को मजबूर हो गए। इन उद्योगों से अप्रत्यक्ष रूप से रोजी-रोटी चलानेवाले बरबाद हो गए। डालमिया नगर का रमणीक शहर उजड़ गया।

मुझे अब यह साफ होने लगा था कि सच्चाई की सूक्ष्म रेखा झूठ के मैदानों के इर्द-गिर्द से गुजरती है। सबके अपने एजेंडे होते हैं। करगहर थाने की डकैती में गृहस्वामी का एजेंडा जोगिया के मुसहर मजदूरों को फँसाने का था तो पुलिस का प्रभावशाली गृहस्वामी को रिझाने का। सासाराम के एक हत्या मामले में चाचा अपने भतीजे को फँसाने में अधिक रुचि ले रहा था। सासाराम थाने के पुलिस निरीक्षक प्रभारी के.सी. दुबे की पारखी दृष्टि पैनेपन से सत्य को तलाश रही थी। अंततः सही गैंग पकड़ा गया। निर्दोषों को आरोप-पत्र के बावजूद छोड़े जाने का ए.पी.पी. से आवेदन दिलाया गया। वहाँ भी वादी ने तकनीकी मुद्दा उठाया। पर न्यायालय खुश था कि उनके कॅरियर में पहली बार पुलिस अपनी भूल सुधारकर सच्चाई सामने ला रही है। इन दोनों मामलों में तेलरा ग्राम के अपराधियों से मैं पूछताछ कर रहा था, तब एक की दादी ने मुझसे कहा, "बौआ, हम तो पुश्तैनी काम कर रहे हैं। लूट का सोना-चाँदी बाबू लोगों को देते हैं। कपड़े हम रख लेते हैं।" तो मैंने कहा कि कपड़े पहनकर घूमते हैं और पकड़े जाते हैं। फिर वो बोली, "कोनों काम दे दे न बौआ। हमरा जमीन-घर कुछौ नईं खै।"

अपराध का अपना आर्किटेक्चर होता है। जैसे कि आरा सासाराम सीमा पर किसी बड़े आदमी के घर विवाह पर नक्सल हमले की संभावना। यह संभावना आशंका में बदलती है। इसी विश्लेषण के आधार पर हम दिनारा थाना के डेढ़गाँव में नक्सलियों को

बड़ी वारदात करने से न केवल रोक पाए, अपितु दस्ते के दो लोगों की लाश बाद में खेतों में पाई गई।

एक पदाधिकारी को निलंबन से मुक्त कराने सूबे के डी.जी.पी. ज्ञानेंद्र नारायण डेहरी पधारे। मैं उनका आदेश नहीं मान रहा था। वे बहुत भले व्यक्ति थे और बोले भी, मैं सही हूँ और वे दबाव में हैं। फिर बोले, तुम क्या सोच रखते हो, यह समझ में नहीं आ रहा है। मैंने कहा, सर, मेरी तीसरी पीढ़ी के बच्चे कभी मुझसे मेरी ईमानदारी के बारे में पूछें तो उनके सामने सिर नहीं झुकाना चाहता। वह दंड सरकारी दंड से कहीं बड़ा होगा। उन्होंने मुझे आशीर्वाद दिया।

मैं अगस्त में कानून की परीक्षा देने अवकाश पर दरभंगा गया। जिस दिन मैं लौटा उसी दिन मेरी जगह दूसरे व्यक्ति को एस.पी. रोहतास बनाकर मुझे पदस्थापन की प्रतीक्षा में रखा गया था। जिले में इस पर अगले दिन बंद हो गया। मुझ पर आरोप लगाए गए। मैंने कहा कि यदि मेरी अनुपस्थिति में हजारों लोग सड़कों पर मेरे लिए आ जाते हैं तो यह बड़ा प्यारा आरोप है। जाँच जी.पी. दोहरे साहब को मिली। उन्होंने मुझसे कहा, कीप द फ्लैग फ्लाइंग। तुम गरीब परवर हो। ऐसे ही बने रहना। 18 अगस्त को ही मेरी मझली बेटी पैदा हुई थी। रात में उसे चोरी करने एक महिला बोस क्लीनिक आई थी। मेरी माँ की सतर्कता से वह पकड़ी गई। पर पुलिस अनुसंधान में निष्क्रिय रही। मैं तो बिना पद का हो गया था, इसलिए मैंने हस्तक्षेप उचित नहीं समझा।

नवंबर में मेरी दिल्ली खुफिया ब्यूरो पोस्टिंग आ गई। मैं चला गया और चार्ज लेकर परिवार लेने लौटा। इस बीच नियमित एस.पी. की पोस्टिंग हो जाने से दुविधा समाप्त हो गई। मेरे उत्तराधिकारी वी. नारायनन अपनी नवविवाहिता के साथ एस.पी. आवास के छोटेवाले हिस्से में रहे। जब उनकी पत्नी भवानी पहली बार ससुराल आई तो मेरी माँ ने उनकी विधिवत् आरती उतारकर सास की सभी रस्में निभाईं। दोपहर का समय था, पर दक्षिण भारतीय रस्मों के लिए आवश्यक कच्चा दूध नंदिनी ने तत्काल प्रदान किया। भवानी के माता-पिता रीति-रिवाज समझाते जा रहे थे।

बीच सेशन में बच्चों की पढ़ाई छूट गई। हमारी प्रिय नंदिनी गाय वहीं छूट गई। मेरी माँ एक कोने में चुपचाप रोती रही। थोड़ा सा सामान ट्रक के एक कोने में सिमट गया और भाड़े के सामानों के साथ। ट्रक को विदा करते समय मुझे भी दर्द था। सबकुछ प्रत्याशित तो था ही, पर इस प्रकार दिल्ली कूच होगा, यह अप्रत्याशित था। इस प्रतीक्षा काल में काफी कुछ स्मरणीय भी था जिसकी चर्चा उचित प्रतीत होती है।

बाबू टी.पी. सिंह आई.पी.एस. का संवाद आया। झुकना नहीं है। खर्च के लिए पैसे मैं भेजूँगा। खबर भेजना। कोषाधिकारी ने मेरे और उत्तराधिकारी के बीच ऐसी व्यवस्था बना दी कि मुझे प्रतीक्षा काल में भी वेतन मिलता रहा। इसी बीच डॉ. विनयन मिलने आ

गए। मैंने उन्हें भगाते हुए कहा कि आपके लिए एक लाख रुपए का इनाम है तो वे बोले, आपको मिले, इससे अच्छा क्या हो सकता है? मैंने समझाया कि मैं आमजन हूँ। वे चले गए। एक दिन सासाराम में मेरे तबादले के खिलाफ जनसभा थी। धारा 144 लग गई। उसमें शामिल होने आए नेताजी राजनारायण एस.पी. आवास मुझसे मिलने आ गए। वे गाड़ी में बैठे ही मिलकर चले गए। एक दिन बी.जे.पी. के बड़े नेता लालमुनि चौबे पूर्व मुख्यमंत्री अब्दुल गफूर साहब का संदेश लेकर आए। बोले, हम दोनों हर तरह से आपके लिए लड़ेंगे। गफूर साहब आपसे आपकी सुविधा से मिलना चाहते हैं। सच्चाई के लिए लड़नेवालों का अकाल न कभी रहा है, न रहेगा।

दिसंबर 1982 में हम सुबह-सुबह परिवार सहित निजी कार से दिल्ली के लिए निकल पड़े। जाड़े की उस भोर में मार्ग में तिल भर की जगह नहीं रही। पूरा शहर सड़क पर था। एक छोटे बच्चे ने अपना नमकीन का छोटा सा पैकेट मेरे हाथ में पकड़ा दिया, यह कहते हुए कि अंकल, भूख लगने पर खा लेना। यह लिखते हुए मेरी आँखों में आँसू आ गए हैं। पूरे मार्ग में कहीं भी खाली सड़क नहीं मिली; लोग-ही-लोग आँखों में आँसू लिये हुए। डेहरी से सुबह आठ बजे चले, दुर्गावती कर्मनाशा तक आते-आते रात होने लगी। हम रात में आठ बजे के बाद सारनाथ पहुँचे और वन विभाग के विश्राम गृह में रुके।

रोहतास में अपराध नियंत्रण के आदर्श मापदंड स्थापित हुए। यहाँ तक कि बनारस के सैयद राजा थानांतर्गत हुई भीषण डकैती में अगली भोर में लूट के माल के साथ डकैत हमारे चंगुल में थे। उस समय यांत्रिक कर्मशाला में पदस्थापित अधीक्षण अभियंता झा जी ने काफी वर्षों बाद मुझे स्मरण कराया कि जब वे सासाराम कोषागार से डेहरी वेतन मार्गरक्षक बल माँगने गए थे तो मेरा उत्तर था, रिक्शा पर खुले बैग में रुपए रखकर लाइए, देखते हैं किसकी हिम्मत है आपकी ओर कोई दुश्चेष्टा करे। यह सपना लगता है। मैं आज भी अपने उस आत्मविश्वास को खोज रहा हूँ। मैं अपने अधीनस्थों का आभारी हूँ जिन्होंने अपराध-नियंत्रण की मेरी व्यवस्था के अनुसार प्राणपण से काम किया और इसे सफल बनाया। हम सामान्यत: वारदात के चौबीस घंटे के भीतर अपराधियों और लूट के माल तक पहुँच जाने में सक्षम थे। एक बात और बता दूँ, पहले चौबीस घंटे स्वर्णकाल हैं, उसके बाद प्राय: अँधेरे में लाठी भाँजने जैसा है।

क्या कोई सोच सकता है कि कोई गैंग हत्या के असली अभियुक्त को चिट्‌ठी देकर एस.पी. के पास भेज सकता है जैसा कि रोहतास जिले में अधौरा पर्वत क्षेत्र में ऑपरेट करनेवाले मोहन बिंद गैंग ने किया था। निर्दोष व्यक्ति नामजद कर दिया गया था।

हम परिवार सहित गाँव होते हुए 31 दिसंबर, 1982 को दिल्ली के रास्ते बी.एस.एफ. अकादमी टेकनपुर में रात्रि में रुके। अगले दिन ताजमहल का दीदार करते हुए 1

जनवरी, 1983 को हम अपने नए मुकाम दिल्ली में थे। शीघ्र ही पता चलनेवाला था कि दिल्ली के कथित भले लोगों के गैंग के सामने सासाराम के अपराधी गैंग नादान बच्चे हैं।

आध्यात्मिक स्थानों और विभूतियों का कोई लाभ मेरे इस कार्यकाल में पाने का प्रयास भी नहीं किया, यह दुर्भाग्यपूर्ण है। गीता घाट के बाबा, त्रिदंडी स्वामी महाराज, काशी निकट स्थित भगवान् राम अवधूत कतिपय संत उल्लेखनीय हैं। भोले बाबा का गुप्त धाम, माँ मुंडेश्वरी का स्थान नियति ने सब बाहर रखा। अफरातफरी भरा कार्यकाल था। यह तो आमजन की सरलता है कि वे मुझे अपनी सेवा के लिए स्मरण कर लेते हैं।

पुलिस अधीक्षक, रोहतास के कार्यकाल का एक प्रकरण स्मरण आ रहा है। एक पत्र मिला, जिसमें मेरे एक भ्रमण कार्यक्रम का विवरण देते हुए लिखा था कि आप हमारी रेंज में थे। आपको मारने के लिए हमें तीस हजार रुपए की सुपारी दी गई थी। पर हमने अंतिम क्षण में अंतरात्मा की आवाज सुनी कि गरीबों की सहायता करनेवाले इस भले आदमी की लंबी आयु की कामना करना हमारा कर्तव्य है। हमने सुपरी देनेवाले को चेतावनी दी कि वह ऐसा कुत्सित विचार कभी मन में न लाए।

□

दिल्ली दलवालों की

मात्र सात सौ रुपए के बैंक बैलेंस के साथ मैं परिवार सहित दिल्ली की शरण में आ गिरा। बच्चों का विद्यालय छूटा। नए विद्यालय में प्रवेश लायक पैसे नहीं। और पैसे अगर हों भी तो नाम कौन लिखेगा ? बाप यानी फादर का चयन नियति ने किया, फिर इस फादर ने फादर-इन-लॉ चुन डाला और गॉड फादर मैं न बना पाया। अंततः मई 1983 में केंद्रीय विद्यालय, प्रगति विहार में दोनों बच्चों का नाम लिख गया। तीसरी संतान छह माह की ही थी। नया-नया स्कूल था। प्रिंसिपल झा साहब मिलनसार थे। पहली बार सात वर्ष में पाँच तबादलों का लाभ मिला। छोटा सा फ्लैट था। बच्चे पैदल ही स्कूल जाते थे। पैसे की तंगी थी। एक बार पी.एस. नजराजन आई.पी.एस. के हाथों एक छोटी सी चिट बिहार के वित्त आयुक्त डॉ. जे.सी. कुंद्रा के नाम भेज दी, कार की मासिक किश्त छह सौ छियासठ रुपए से घटाकर चार सौ करने के लिए। कुंद्रा साहब विशाल हृदय उदारमना व्यक्तित्व थे। उन्होंने उस चिट पर कार्रवाई बढ़ाकर नियमों के विरुद्ध होते हुए भी किश्त घटा दी। पिताजी का टी.बी. का इलाज संतोषजनक ढंग से चलने लगा था। लगा कि अब कुछ दिन चैन से रहेंगे। ऐसा सोचना भी जैसे गुनाह हो गया।

मेरे विभाग खुफिया ब्यूरो के उपनिदेशक का फोन आया—गौतम, डी.आई.बी. (डायरेक्टर इंटेलीजेंस ब्यूरो) तुम्हें लेह भेजना चाहते हैं। मैंने कहा, मेरे वृद्ध पिता टी.बी. के मरीज हैं। आप पूरे भारत में मुझे ऐसी किसी भी जगह भेज सकते हैं जहाँ वे गाँव से आ-जा सकें। गैंग के एक अफसर से मेरी जगह अदला-बदली का प्लान था। डी.आई. बी. के नाम पर दल सक्रिय था। फिलहाल बात आई-गई हो गई।

सत्ताधीशों के बारे में उन दिनों एक चुटकुला चला हुआ था। प्रबंधन शास्त्र में इसे मैनेजमेंट बाई इनसिक्योरिटी कह सकते हैं। चुटकुला इस प्रकार है—सत्ता के सबसे बड़े महंत के बगीचे का माली परेशान था। उसके पौधे सदा मुरझाए-से रहते थे। न मरते, न पुखते। इसी चिंता में वह रात में पौधों की सेवा में था तो दूर देखा, महंतजी पौधे को उखाड़-उखाड़कर देख रहे हैं कि जड़ें तो नहीं जमा दीं।

दशहरे से पहले मेरे पिताजी ने बड़ी सुबह मुझे आवाज दी। मैं पास ही सोया था। उन्हें हमारे किशोर जू (श्रीकृष्ण) भगवान् ने स्वप्न में घर आकर उनके जलविहार में भाग लेने का न्योता दिया था। वे अस्वस्थ होते हुए भी उसी दिन गाँव चले गए। मैं उन्हें ट्रेन में बिठाकर लौटा ही था कि उपनिदेशक का संदेश मिला, डी.आई.बी. तुम्हें लेह भेजना चाहते हैं। मैंने उन्हें पूर्व वार्त्तालाप का स्मरण कराया तो वे तुरंत बोले, तुम्हारे पिताजी तो चले गए हैं। मैंने प्रत्युत्तर दिया, गाँव गए हैं, धरती से नहीं। फिर मैं इस अफसर के कक्ष में गया। आई.बी. (इंटेलीजेंस ब्यूरो) से मुक्त किए जाने का पत्र दे दिया। केंद्रीय गृह सचिव को पत्र देकर दिल्ली में किसी भी विभाग में अथवा बिहार लौटा देने की व्यवस्था करने का अनुरोध कर दिया।

इस बीच मेरी डेस्क बदल गई। संयुक्त निदेशक ने मुझसे चार सौ पृष्ठों की रिपोर्ट का प्रधानमंत्री के लिए संक्षेपण मात्र तीन घंटे में करने का टास्क दे डाला। यह काम मैं अपने सामान्य दैनिक कार्य के साथ-साथ कर सका। मात्र आठ पृष्ठों में मैंने यह टिप्पणी उन्हें सौंप दी। पुरस्कारस्वरूप उन्होंने अपनी गरदन दस डिग्री घुमा दी। वे भले आदमी थे।

गृह मंत्रालय से मुझे बी.पी.आर. एंड डी. ब्यूरो ऑफ पुलिस रिसर्च एंड डेवलपमेंट के लिए मुक्त कर देने के निर्देश ब्यूरो को दे दिए थे। पर ब्यूरो की सोच हमेशा अपनी तरह की होती है। होनी भी चाहिए।

एक दिन प्रधानमंत्री इंदिरा गांधी के इंटेलीजेंस ब्यूरो के कंट्रोल रूम में आगमन की सूचना आई तो उसी दिन लगभग एक बजे दिन में संयुक्त निदेशक एम.के. नारायनन ने फोन कर तुरंत कंट्रोल रूम का चार्ज लेने का आदेश देते हुए कहा कि प्रधानमंत्री आज चार बजे शाम कंट्रोल रूम का निरीक्षण करेंगी। तुम्हें उनको ब्रीफ करना है। मैं अपने कार्यालय से नॉर्थ ब्लॉक पैदल डेढ़ बजे पहुँचा। नारायनन साहब से ब्रीफ करने का अनुरोध किया। उन्होंने सपाट उत्तर दिया, कोई ब्रीफिंग की जरूरत नहीं है। मैं समझ गया, ब्यूरो ने मुझे इस पवित्र यज्ञ के लिए क्यों चुना है? मैं तुरंत प्रधानमंत्री के मानसिक स्तर पर सोचने लगा और तय कर दिया कि बाजी पलटना तो मेरे हाथ में है। अंततः प्रधानमंत्री के वरिष्ठ सुरक्षा सलाहकार आर.एन. काव, गृह सचिव एम.एम.के. वली आदि पधारे। ए.सी.आई.ओ. के निचले स्तर से सहायक निदेशक तक पहुँचे, कृष्णामूर्ति साहब का आत्मविश्वास श्लाघ्य था। मैंने उनके खनाखन उत्तरों का रहस्य पूछा तो बोले, मुझे कौन सा डी.आई.बी. बनना है। आपको बनना है तो डरकर बोलिए।

रात की ड्यूटी थी। फर्श पर अखबार बिछाकर लेट गया। डी.सी.आई.ओ. ने बुलाया—राष्ट्रपति जैल सिंह बात करेंगे। क्या बात हुई, यह नहीं बताऊँगा। अंत में वे बोले, डी.आई.बी. को बोलो, मुझसे बात करें। लंबी क्षेपक कथा है। यह निर्णय कर पाना

कठिन है कि इसे उजागर करना ठीक होगा या नहीं? मैं इसे यूँ ही जाने देता हूँ।

खलनायक का चुनाव तो पूर्व में ही हो चुका था। मेरे दल में ईश्वर के अतिरिक्त कोई नहीं था। पर श्रीकृष्ण साथ हों तो महाभारत का परिणाम तो तय है। मैं 1 अप्रैल, 1984 को बी.पी.आर. एंड डी. पहुँच गया। वहाँ एम.एम. मैथ्यू साहब ने मुझे मूर्ख दिवस की बधाई दी। महानिदेशक एस.के. मलिक ने कहा, अच्छा हुआ तुम आ गए।

आई.बी. का मैं बहुत आभारी हूँ। वहाँ बहुत कुछ सीखा। वे आगे के जीवन एवं कार्य में मेरी चिंता करते रहे। यहीं मुझे चार सौ पृष्ठ को आठ पृष्ठों में तीन घंटे के भीतर समेटने की मानव क्षमता का पता चला। यहाँ एक अच्छे पुलिस अफसर के लिए आवश्यक व्यावसायिक दक्षता प्राप्त की। यहाँ आए बगैर मैं अपूर्ण रहता। हर आई.पी. एस. अफसर को दिल्ली में किसी पॉलिटिकल डेस्क पर खटाया जाना चाहिए। मुझे इस अल्पकाल में बहुत कुछ हैंडिल करने और समझने को मिला। आई.बी. का बहुत-बहुत आभार। दलबंदी को धिक्कार।

एक अंतिम बात। कोई भी सुरक्षा प्रणाली स्वयं भी पूरी तरह सुरक्षित नहीं होती। खुफिया ब्यूरो के कंट्रोल रूम में चंडीगढ़ हॉट लाइन से घंटी बजी। मैंने इधर दिल्ली वाला हॉट लाइन रिसीवर उठाया तो उधर से चुनिंदा गालियों की बौछार आने लगी। एक वाक्य की बानगी प्रस्तुत है—सालो, आई.बी. वालो! असी आतंकवादी। क्या समझते हो, हम तुम्हारी हॉट लाइन पर बात नहीं सुन पाते। डी.सी.आई.ओ. ने बताया कि टेलीफोन विभाग को पहले भी शिकायत की जा चुकी है। वह पंजाब में आतंकवाद का समय था। डी.आई. जी. जालंधर ए.एस. अटवाल की स्वर्ण मंदिर परिसर में हत्या के बाद दिनभर शव वहीं पड़ा रहा था। संसद सत्र चल रहा था। सरकार के दिन भर गरम-सर्द बयानों के बाद शाम को साष्टांग आसन में देखना पीड़ादायक ही नहीं, आगे की दुर्भाग्यपूर्ण घटनाओं के लिए निवेश भी था।

□

बी.पी.आर. एंड डी. पुलिस अनुसंधान एवं विकास ब्यूरो

1 अप्रैल, 1984, कर्जन रोड (कस्तूरबा गांधी मार्ग) हटमेंट द्वितीय विश्वयुद्ध की बैरक बी.पी.आर. एंड डी. में प्रवेश। मेरी कुरसी के हत्थे पकड़कर उस पर आरूढ़ होने की आदत आज बड़े काम आई। मैं कुरसी के हत्थे पकड़े हुए था। बैठने के प्रयास में स्पर्श होते ही सीट खटाक से नीचे। चपरासी अर्जुन सिंह ने तुरंत अंदर झाँका। फिर ओझल। घंटी नहीं बजी। तार निकाला हुआ था। मेरी विभाग में पहले दिन की रैगिंग। मैंने परेड कमांडवाले स्वर में अर्जुन सिंह को पुकारा। बोला, सर, मैं डी.जी. साहब की कुरसी उठा लाता हूँ। मैंने उसे अर्थपूर्ण मुसकराहट दी। वह एक अच्छी सी कुरसी उठा लाया। अब मैं उसे बुलंद कमांड देकर ही बुलाता। वह बोला भी कि सर, अब घंटी कभी खराब नहीं होगी। मैंने कहा, उसका नाम बहुत बढ़िया है। अंततः उसने मेरी अधीनता को शीघ्र ही मन से स्वीकार लिया। वह चपरासियों का नेता था। औरों के साथ नहीं चल पाया था। मैं विभाग में नया मुरगा था। ऐसे लोग हमारी क्षमताएँ बढ़ाते हैं। घाटे का सौदा नहीं है।

वैसे विभाग में एक तरह की मनहूसियत ने डेरा डाल रखा था। डी.जी. मलिक साहब ने मुझसे एक दिन कहा कि बिहार में जातिवाद बहुत है। मैंने कहा, दिल्ली जितना नहीं। उन्होंने पूछा, कैसे? तो मैंने कुछ पुराने अनुभव बताए, उसमें एक बंगालीवाला भी मेरे मुँह से निकल गया। मलिक साहब ने अपने एक बंगाली बाबू को प्रशासन का प्रधान बनाया हुआ था। वह क्लर्क ग्रेड से आता था। मुझे अपनी नादानी देर से समझ में आई जब मलिक साहब ने 'हूँ' कहा।

विभाग में एक तकनीकी साइड के सहायक निदेशक एम.एम. मैथ्यू काफी जिंदादिल इनसान थे। उन्होंने मुझसे विभाग का थीम सॉन्ग पूछा। फिर खुद ही बता डाला, 'दीवारों से मिलकर रोना अच्छा लगता है। मैं भी पागल हो जाऊँगा ऐसा लगता है।' यह बताता है कि माहौल कैसा था। दिल्ली में दहेज अपराध के शोधवाली हमारी प्रस्तावित

कार्रवाई की फाइल बिना अनुमोदन अथवा निर्देश के नए-पुराने सवालों के साथ बार-बार लौट रही थी। उपनिदेशक से इसी तरह कोई फाइल पार नहीं जा पा रही थी। बड़ी संभावनाओंवाला विभाग दिल्ली में टिके रहने का माध्यम बन गया था।

अन्य सामान्य दिनों की तरह 31 अक्तूबर, 1984 को भी सुबह 10 बजे पैदल ही कार्यालय पहुँचा। सहायक निदेशक जी.पी. जोशी साहब पहले से मौजूद थे। बोले, सफदरजंग तुगलक रोड पर भारी पुलिस लगी है। बसें डायवर्ट की जा रही हैं। हल्ला है कि प्रधानमंत्री इंदिरा गांधी को गोली लगी है और वे शायद अब इस दुनिया में नहीं हैं। कैसे पता चलेगा? मैंने आई.बी. के पंजाब और क्षेत्रीय दलों की डेस्क के उत्तराधिकारी से पूछा कि मेला अभी लगा है या उठ गया। उत्तर आया, उठ गया। फोन सेट पर। घर फोन कर दस दिन का राशन आदि इकट्ठा करने और बच्चों को तुरंत स्कूल से ले आने को कहा। उस दिन तीन बजे तक सबकुछ शांत था। फिर आई.एन.ए. फ्लाई ओवर पर से एक सरदार दंपती को स्कूटर समेत नीचे फेंक दिया गया। यह पहली घटना थी। राजनीतिक गहमागहमी तो अब सर्वविदित है। तरह-तरह की अफवाहें। आतंकी दस्तों की। पानी में जहर मिलाने की। हमारे पड़ोसी रात भर जागे, ताकि हमें पानी पीने से रोक पाएँ। सुबह पता चला, वह अफवाह थी। मैं स्वयं बगल में खुकरी और कटार रखकर सोया। पड़ोसी द्वार खटखटाते रहे। नींद ही नहीं टूटी। दो नवंबर तक फ्री फॉर ऑल था। छत पर से शहर में जगह-जगह धुआँ उठता दिखता। पड़ोस की टायर की दुकान में भी दिखा। लोदी मार्केट में भी एक सरदार साहब की जूते की दुकान जली। साहसी-उत्साही सरदार सात नवंबर से फिर दुकान सँभालने आ गया। दो नवंबर को शाम को दो-तीन फौजी नीचे दिखे। कई दिन तनावपूर्ण रहे। हमारी रसोई में एक बैचमेट और उनका नौकर भी उपभोक्ता बन गया। लगा कि कुछ दिनों बाद भूखों मरना पड़ेगा। उनके नौकर की डाइट चार के बराबर थी। ईश्वर की कृपा से एक सप्ताह में चीजें सामान्य होने लगीं। हमने दूध के कई पैकेट ले लिये थे, जो एक मित्र के बच्चे के काम आए।

एक शाम मैं रक्षा मंत्रालय में उप वित्तीय सलाहकार अपने मित्र से मिला। उसी समय उनको उनके बॉस वित्तीय सलाहकार ने बुला लिया। वे काफी देर उनके पास रहे। लौटकर आकर बताया कि वे बहुत तनाव में हैं। रक्षा खरीद के बड़े मामले तनाव का कारण बनते हैं। अगले दिन अखबार में उक्त संयुक्त सचिव के शव का कार्यालय शौचालय में पाए जाने का शीर्ष समाचार छपा था।

दिल्ली के पूर्व पुलिस कमिश्नर पी.एस. भिंडर हमारे निदेशक बनकर आ गए थे। एक दिन मुझे बुला भेजा। उपनिदेशक मौजूद थे। मेरी पर्याप्त प्रशंसा कर चुके थे। भिंडर साहब ने तल्खी से पूछा, भाई गौतम, ये सब क्या है? मैंने उन्हें बताया, जब तक फाइल उपनिदेशक को जाएगी, कुछ भी काम-उपलब्धि संभव नहीं है। मैंने संचिकाएँ दिखा दीं।

तय हुआ कि मैं एक महीने में दिल्ली में दहेज अपराधवाला शोध पूर्ण कर लूँगा। भिंडर साहब ने मुझे पूरी आजादी दी। मैं और डॉ. बद्री विशाल त्रिवेदी ने पच्चीस दिनों में पुख्ता रिपोर्ट प्रस्तुत कर दी। यह सब मेरी नई निजी सहायक मिस वंदना राव के कठिन श्रम से संभव हो सका। वे प्रतिदिन टाइपराइटर पर शुद्ध डिक्टेशन लेती रहीं और अच्छे सुझाव भी दिए। इसी कर्मचारी को उसी उपनिदेशक ने अपने निजी सहायक से हटवाया था, क्योंकि उसने उन्हें कह दिया था कि डिक्टेशन दें, बैठाए मत रखें। भिंडर साहब रिपोर्ट पर प्रसन्न हुए। इस पर बाद में लोकसभा में चर्चा भी हुई। और इसे सांसदों की माँग पर सरकार ने प्रकाशित भी कराया।

एक दिन ग्यारह बजे एक हट्टा-कट्टा बढ़िया सूट पहने आदमी बिना पूछे ही टप-टप-टप-टप आवाज जूतों से निकालता रहस्यमय ढंग से मेरे कक्ष में आया और मेरा नाम लेकर पूछने लगा कि क्या मैं वही हूँ। उसके हाथ में एक काला चमड़े का बड़ा सा बैग था, जो खुफिया एजेंटों का पसंदीदा होता है। वह बिना इजाजत ही कुरसी पर बैठ गया। मैं बुरी तरह भयग्रस्त हो गया, पर प्रकट नहीं होने दिया। उसने जो-जो कहा, वह उसके इंटेलीजेंस ऑपरेशन का पार्ट था, इसलिए मैं उसे देश हित में उजागर नहीं करूँगा। मैंने उसे न्यूट्रलाइज करते हुए अपने बगल के साथी के कक्ष में लाने में सफलता पाई, ताकि हम एक से दो तो हो जाएँ। फिर मैं चाय ऑर्डर करने के बहाने बाहर आ गया। मैंने डी.जी. के सेक्रेटरी के कक्ष से आई.बी. के ऑपरेशंस बॉस संयुक्त निदेशक एम.के. नारायनन को फोन कर सारा कुछ बताया। उन्होंने एस.ई.एस. (सीक्रेट इन्क्वारी एंड सर्विलांस) तथा सी.आई. (काउंटर इंटेलीजेंस) के बॉस से बात की। फिर मुझसे कहा, गौतम, वी नो हिम यू टर्न हिम ऑफ ऐज पोलाइटली ऐज पॉसिबल। मैं लौटा तब तक वह स्वयं भाग चुका था। संभवतः उसे सारा माजरा समझ में आ गया था। माता जगदंबा ने मेरी रक्षा की। मेरे साथी ने कहा, आपने बताया नहीं था, नहीं तो पकड़े रहते। मैंने अपने डी.जी. को सारी बात बताई और पूछा कि क्या मैं इसे लिखकर दूँ? तो वे बोले, एक्सपोज होने के बाद वे अब कुछ नहीं करेंगे, लिखकर देना ठीक नहीं होगा। वे बदले की भावना पाल लेंगे।

वर्ष 1985 में बिहार में चुनाव हुए और बिंदेश्वरी दुबे के नेतृत्व में नई सरकार ने जगह ली। नई सरकार से मुझे बिहार लौटने का आमंत्रण मिला और मैंने मई 1985 में पुलिस अधीक्षक मुंगेर के रूप में कार्यभार सँभाला। अब की गंगाजी के तट पर सुंदर बँगला निवास हेतु मिला।

बी.पी.आर. एंड डी. में काम करते समय दो बड़े महत्त्वपूर्ण घटनाचक्र हुए जिनसे पता चलता है कि नीति विषयक निर्णय किस तरह जमीन और जड़ से वंचित रहकर हवा में ही रह जाते हैं।

पहला था प्रधानमंत्री श्रीमती इंदिरा गांधी द्वारा भारत की आपराधिक न्याय प्रणाली में आमूलचूल परिवर्तन के खयाल से देश के अभियोजकों का एक सम्मेलन बुलाने और सुझाव प्राप्त करने का प्रस्ताव। उन्होंने गृहमंत्री पी.वी. नरसिंह को एक अर्धसरकारी (डी.ओ. लैटर) पत्र लिखकर इस पर शीघ्र कार्रवाई सुझाव देने को कहा था। यह पत्र आई.बी., सी.बी.आई. वगैरह से घूमकर बी.पी.आर. एंड डी. में मुझ अदना की टेबल पर आ गया। मैंने वर्किंग पेपर बनाया। कइयों से सलाह-मशविरा किया। एक तीन दिन के सम्मेलन के लिए न्याय विभाग, गृह मंत्रालय को प्रस्ताव भेजा। अपर सचिव भारद्वाज साहब ने वित्त के साथ स्वीकृति भेज दी। तब तक इंदिराजी की हत्या हो गई। उन्हीं के द्वारा उद्घाटन कराना था। फिर मैं राज्य लौट आया। बाद में पी.एम. राजीव गांधी ने गृह मंत्री पी.वी. नरसिंहराव को पूर्व पी.एम. के पत्र पर डी.ओ. स्मार भेजा। दोनों पी.एम. के पत्रों को बाद में मैंने बी.पी.आर. एंड डी. के एक तहखाने की शोभा बढ़ाते देखा था।

दूसरा प्रस्ताव प्रधानमंत्री राजीव गांधी का पुलिस प्रशिक्षण को मजबूत और सही बनाने के लिए गृह मंत्रालय में सलाहकार पूर्व डी.जी. बी.एस.एफ. बीरबल नाथ को कितना भी धन खर्च कर कार्ययोजना बनाकर कार्रवाई करने को दिया कार्य था। इसे नीचे हास्यास्पद ढंग से क्रिया में लाया गया। कुछ सेमिनार जुड़े, कुछ विदेश में प्रशिक्षण देना तय हुआ। ग्रासरूट को अपने हाल पर छोड़ दिया गया। छोटे-मोटे टोकन प्रशिक्षण शुरू किए गए बस!

□

पुलिस अधीक्षक मुंगेर

पुलिस महानिदेशक जगदानंद साहब मुझे प्यार करते थे। पर महानिरीक्षक प्रशासन का अपना स्वभाव था। और मैं उनका अपना नहीं था। लिहाजा जैसा कि शत्रु सेना करती है वैसा करने के लिए पुलिस अधीक्षक कार्यालय के सभी चारों रीडर स्टेनों का तबादला कर विरमित कराने का काम मेरे पूर्वाधिकारी के कर-कमलों से संपन्न हो चुका था। मैं बिना निजी स्टाफ के था। माँ की कृपा से यह मेरी स्वयं की क्षमता विकसित करने के अवसर के रूप में उपयुक्त हो सका। मैं सभी लेखन कार्य अपनी हस्तलिपि में करता था। उन्हें टंकित कर प्रतियाँ बनती थीं। कुछ भी लंबित नहीं रहता था। विरोधियों के लिए यही सही उत्तर था। वैसे पुलिस अधीक्षक के रूप में प्रथम क्षण में ही एक तात्कालिक चुनौती का आगमन हो गया था।

कार्यालय में प्रथम क्षण। प्रभार ले रहा था। एक व्यक्ति का आगमन। सर, एक शव जलाया जा रहा है। उस व्यक्ति की हत्या हुई है। तत्काल कोतवाली द्वारा शव कब्जे में लेना और परीक्षण के लिए अस्पताल ले जाना। उसी व्यक्ति का पुनः आगमन। सर, पोस्टमार्टम डॉक्टर का ड्यूटी रोस्टर बदल दिया गया है। अभियुक्तों के पारिवारिक डॉक्टर का नाम आज की पी.एम. ड्यूटी के लिए काटकर कर दिया गया है। मुंगेर सिविल सर्जन से रजिस्टर कब्जे में लेने और तीन डॉक्टर का बोर्ड गठित करने का अनुरोध। रिपोर्ट उसी दिन सील्ड कवर में अनुसंधानकर्ता को, वहीं पोस्टमार्टम हाउस में और मेरी प्रति सिविल सर्जन के माध्यम से उसी दिन शाम तक। पोस्टमार्टम में हत्या की पुष्टि। फिर हत्या का मामला पंजीकृत। अभियुक्त मुंगेर के एक सबसे धनी-प्रतिष्ठित परिवार के दो पुरुष, एक महिला। मृतक उनका चालक। बीच की कथा आत्मश्लाघा बन जाएगी और साथ ही अन्य की आलोचना भी, इसलिए अपेक्षित शील निर्वाह कर परहेज कर रहा हूँ।

मामले में जिला पुलिस ने आरोप-पत्र दाखिल किया तो अपराध अनुसंधान विभाग कूद पड़ा। आई.जी. स्वयं पधारे। सी.आई.डी. ने मामले को बंद करने की रिपोर्ट कोर्ट में

लगाई और कोर्ट से स्ट्रिक्चर का पुरस्कार लेकर चुप बैठ गई। फिर अभियुक्त पक्ष उच्च न्यायालय प्राथमिकी एवं चार्जशीट पूरे मामले को रद्द करने के लिए रिट में गया। रिट खारिज हो गई। अंत में सरकार से मामले को वापस करवाने में अभियुक्त पक्ष जब तक सफल हुआ, उससे पहले ही मैं जिले के बाहर हो गया था। कानून के हाथ लंबे तो हैं, पर वे क्या करते हैं, यह तो हाथवालों पर निर्भर है।

दूसरे दिन आवास से कार्यालय पैदल गया तब किला एरिया की सुंदरता ठीक से देखी। मीर कासिम का किला। आस-पास मिलाकर वी.आई.पी. क्षेत्र। अर्दली ने डकैतों के चर्चे बताए तो लगा, वी.आई.पी. क्षेत्र उन्हें विशेष पसंद है। वे यहीं अपना संध्यावंदन कर गृहस्वामियों को क्रंदन करते छोड़ देते हैं। हमारे कोतवाली निरीक्षक भले आदमी थे। उनकी स्थितप्रज्ञता से काम चलनेवाला नहीं था। इसलिए एक कुशल निरीक्षक मो. हसनैन को नगर कोतवाल बनाया गया तो उस तरह की आँखवालों ने इसे मीर कासिम के बाद की बड़ी परिघटना माना। हसनैन ने अपनी दक्षता का परिचय देते हुए नगर को अपराधमुक्त कर दिया। मैं पूरे जिले पर नजर गड़ाए था और प्रतिदिन आठ-दस घंटे भ्रमण पर रहता था। एक लुटेरे पर एन.एस.ए. मात्र इसलिए नहीं लगाया गया, क्योंकि सक्षम प्राधिकार को वह किसी का कोई प्रतीत हुआ। वहीं एक नेता पर सी.सी.ए. भी पुष्ट हो गया। जिंदगी का अपना गतिविज्ञान होता है। एक खूँखार अपराधकर्मी पर एन.एस.ए. लगा रहा और वह स्वच्छंद रह गया। बाद में पता चला, वह एक सुरक्षित जगह रहता था। एक अन्य अपराधकर्मी जिसने एक व्यक्ति को खौलते तेल के कड़ाह में डालकर पका दिया था। वह अपने ऊपर एन.एस.ए. लेकर शहर में ही दुकान चलाता पाया गया। ऐसे गैप्स को ईमानदारी से भरिए अथवा भरने का प्रयास कीजिए तो एक सात्त्विक वातावरण का निर्माण होता है जिसमें अपराधकर्मी ईमानदारी का रास्ता चुनना पसंद करने लगते हैं। यह चमत्कार कुछ हद तक दृष्टिगोचर होने लगा था। पर विघ्न संतोषी ऐसे भी थे, जो कहने लगे, यार, कुछ हो नहीं रहा मजा नहीं आ रहा। शांति के लिए आदत तो चाहिए ही। नहीं हो पाती। अखबार पढ़ने तक में बोरियत होने लगती है। पटना के विभागीय महंत भी बेचैन हो रहे होंगे। तो कुछ तो होना चाहिए। लीजिए, हो गया।

ए.एस.आई. से इंस्पेक्टर तक के बिहार पुलिस एसोसिएशन ने जब हड़ताल का नोटिस दिया तब किसी को उम्मीद नहीं थी कि जिले का आम आदमी, यहाँ तक कि अपराधी भी उस रिक्ति को भरने के लिए उतावले हो जाएँगे। लोगों ने पेट्रोलिंग चार्ट बना लिया। वकीलों ने ड्यूटी रोस्टर बना लिये। प्रस्ताव पास होने लगे। मैंने अपने अफसरों को समझाया—समय की नब्ज को पहचानो। तुम हारे तो भी तो मैं ही हारूँगा और तुम जीते तब तो हारूँगा ही। पर तुम भी हारोगे मेरे साथ। तुम्हारे हड़ताल पर जाने पर अपराध का घटना तय समझो। मैं जनता के साथ मिलकर यह सुनिश्चित कर लूँगा। पर पुलिस

की हमेशा के लिए भद पिट जाएगी। वे मान गए। हड़ताल का नोटिस रद्द कर दिया गया। इस बीच डी.जी.पी. जगदा बाबू ने मुझे फोन कर पूछा, कोई मदद चाहिए? मैंने कहा, हाँ, बीच में मत पड़िएगा, मैं हैंडिल कर रहा हूँ। उन्होंने मुझ पर पूरा भरोसा किया।

इसी बीच पटना में पुलिस अधीक्षकों का सम्मेलन हुआ। वहाँ पत्रकारों ने मुझे घेर लिया। मैंने उस दिन के समाचार-पत्र नहीं देखे थे। 'टाइम्स ऑफ इंडिया' और 'स्टेट्समेन' में इस विषय को लेकर मुझे केंद्र में रखकर समर्थन तथा अनुमोदन करनेवाले संपादकीय लिखे गए थे। इसका भी वातावरण पर अवश्य प्रभाव पड़ा होगा, क्योंकि शीघ्र ही कामकाजी वातावरण व्याप्त हो गया और कटुता के कोई चिह्न शेष न रहे।

अगली खबर जिले के छोर चंद्रमंडीह थाना क्षेत्र से। वहाँ कुछ सांप्रदायिक प्रकृति की घटना रची जा रही है। मैं और डी.एम. पंचम लालजी चकाई डाक बँगले में जम गए। छोटी-छोटी पुलिस पार्टियाँ अपराधकर्मियों की सूची के साथ कार्रवाई हेतु निकल पड़ीं। एक ए.एस.आई. और तीन होमगार्ड की एक टुकड़ी ने जंगल में एक रेलवे गुमटी से एक व्यक्ति को भागने का प्रयास करते पकड़ लिया। वह रेल और रोड पर डकैती डालने का सरगना नरेश हाजरा था। नरेश हाजरा गैंग आराम से घंटों वाहन लूटता था। एक बार पूर्वी क्षेत्र भागलपुर के उस समय के डी.आई.जी. उपेंद्र प्रसाद भी ऐसे ही एक ट्रैफिक जाम में फँस गए थे। तब उसी समय से उन्होंने चारों जिलों के एस.पी. और बलों को कैंप कराकर नरेश को पकड़ने के लिए अभियान चलाया था। इससे झाझा-चकाई जंगल के खरगोश तो फोर्स के पेट में गए, पर वे नरेश-नरेश भजते ही रह गए। अभियानों से निर्दोष परेशान हो सकते हैं। शातिर अपराधी क्या वहीं बैठा रहेगा। समय ने हमें नरेश हाजरा की गिरफ्तारी पर संतोष कर पाने का भी मौका नहीं दिया। वायरलैस था कोतवाली थाने के सामने पुलिस फायरिंग हो गई है। स्थिति तनावपूर्ण किंतु नियंत्रण में है। शीघ्र लौटिए। डी.एम. पंचम लाल हमारे इलाहाबाद के दिनों के साथी होने के अलावा हम दोनों का गृह जिला भी एक ही था। हमारी बतकही की डोर अब मुंगेर से जुड़ गई थी। बाद में पता चला, नरेश हाजरा की गिरफ्तारी का श्रेय सी.आई.डी. अफसर ने ले लिया। फिल्म अर्धसत्य, सत्य हो गई।

मुंगेर नगर कोतवाली। कोई मरा? जी नहीं। ठीक कितनी गोली चली? सर, बत्तीस। सर, लेकिन इतनी दिखाना ठीक नहीं। सात-आठ लिखेंगे एफ.आई.आर. में। नहीं, बत्तीस-की-बत्तीस लिखी जाएँगी। तुम लोगों ने कोई गलती नहीं की है। गोली से पैंतीस घायल हैं। वह भी सही-सही लिखो। सारी चोटें कमर के नीचे। गुड एस.डी.ओ. साहब, आपने अच्छे नेतृत्व का परिचय दिया है। इसके लिए मिश्राजी को धन्यवाद। हमारी प्रतिक्रिया देखकर थाने पर व्याप्त तनाव समाप्त हो गया। डी.एम.एस.पी. क्या कहेंगे, यह दुविधा मर चुकी थी।

अब सुनिए हुआ क्या था?

रात्रि गश्ती के दौरान गश्ती दल ने एक स्त्री-पुरुष को रोक लिया और ओ.पी. में ले गए। वहाँ चार होमगार्ड ने स्त्री के साथ संभोग किया। पर हवलदार साहब ने अपनी पवित्रता के हवाले से धर्म भ्रष्ट नहीं किया। पर जैसे इसके एवज में पुरुष से घड़ी और रुपए छीन लिये। होमगार्ड के जवानों ने इस कृत्य से दुष्प्रेरणा लेकर जो कुछ भी तय हुआ था वह देने से इनकार कर दिया। लुटे-पिटे दोनों स्त्री-पुरुष बाहर आकर रोने लगे। थाने में सामूहिक बलात्कार की सूचना गई। प्राथमिकी दर्ज। तत्काल पाँचों गिरफ्तार कर लिये गए। सुबह होते-होते मेडिकल कराकर मामले में आरोप-पत्र के साथ सभी अभियुक्त जेल अग्रसारित हो गए। विघ्न संतोषियों ने इसे अच्छा अवसर माना और कोतवाली थाने पर जमा होने के लिए लोगों को प्रेरित किया। पथराव हुआ। गोली चली। हम लोग कोतवाली पहुँचे तो अगले दिन मैंने कोतवाली थाने पर ही एक जनसभा आहूत कर दी। मेरे सहकर्मियों ने इस पर आशंका व्यक्त की, पर मैंने कहा, सत्य में शक्ति होती है। फिक्र न करें।

जनसभा में स्थानीय जन प्रतिनिधि भी आमंत्रित थे। स्थानीय विधायक भाषण से भरे हुए थे। सबसे पहले मौका दिया गया। बोल गए, मामला रफा-दफा हो जाएगा। वगैरह-वगैरह। मैंने क्षमा माँगते हुए उनसे माइक लेकर हस्तक्षेप करते हुए बताया कि मामला स्पीडी ट्रायल के लिए चला भी गया है। विधायकजी बड़े शर्मिंदा हुए। उपस्थित जनसमूह ने स्वयं कहा कि जनता का कोतवाली पर हमला गलत था। दरअसल शांति से दुःखी लोगों को बड़ी उम्मीद थी कि पुलिस फायरिंग में कुछ वर्ष पहले हुई दुःखद घटना की तरह इस बार भी कई लाशें गिरेंगी तो शांति से मुक्ति मिलेगी और अपना भाव फिर बढ़ेगा। सभा जिला प्रशासन को धन्यवाद देते हुए समाप्त हुई। सदर एस.डी.ओ. मिश्राजी का फायरिंग पर नियंत्रण बहुत शानदार रहा था।

इस बीच विधानमंडल के सत्र के दौरान विधानसभा में इस घटना पर हंगामा हो गया। बत्तीस गोली चलीं। पैंतीस घायल। संख्या डराती है। फिर इतनी संख्या तो बड़ी-बड़ी फायरिंग में नहीं आई थी।

विधानसभा में विपक्ष के नेता कर्पूरी ठाकुर स्वयं जाँच के लिए मुंगेर पधारे। चार दिन रुके, वापसी के दिन मैंने फोन कर मिलने के लिए समय माँगा। बोले, चार दिन से हैं। आज सुध ली। मैंने कहा, निष्पक्ष जाँच हो इसलिए नहीं मिला था। चेले कक्ष से भगा दिए गए थे। बोले, इतनी सच्चाई पूरे राजनीतिक जीवन में नहीं देखी। ऐसी नियंत्रित पुलिस फायरिंग नहीं देखी। बहुधा होता यह है कि गोली चल जाती है, फिर लीपा-पोती होती है। यहाँ विधिवत् आदेश देकर आदेशानुसार पुलिस फायरिंग हुई है। फिर बोले, बुरा मत मानिएगा, हाउस में विपक्ष नेता के नाते कड़े शब्दों में निंदा करूँगा। फिर बोले, शेखपुरा

में एक और जाँच करने जाना है। एक माता ने पत्र लिखा है। यदि आप स्वयं जाँच कर लें तो मुझे जाने की जरूरत नहीं है। मैंने हामी भर दी और वह पत्र उनसे ले लिया।

मुंगेर पुलिस फायरिंग पर विधानसभा में कर्पूरीजी बोलने को खड़े हुए तो सन्नाटा छा गया। अब कर्पूरी लगे इस फायरिंग की प्रशंसा करने। विपक्ष दंग और सत्ता पक्ष हैरान। लोगों ने टोका तो बोले, मुझे सच्चाई कहने से कोई नहीं रोक सकता। वे बोलते-बोलते यहाँ तक कह गए कि इस राज्य में दो अधिकारी के.बी. सक्सेना और डी.एन. गौतम देवतुल्य हैं। अन्य के लिए उन्होंने कठोर शब्दों का प्रयोग किया। कर्पूरीजी भावनाप्रधान व्यक्तित्व थे। हमारे देश में कर्पूरी ठाकुर और जॉर्ज फर्नांडिस दो ऐसे नेता हुए हैं, जो बिना किसी सुरक्षा के निर्भय विश्व के किसी भी कोने में जा सकते थे। कर्पूरीजी जब मुख्यमंत्री थे, तब उनके सरकारी आवास पर गँवई गाँव के लोग भरे रहते थे और सब खाना खा जाते थे। एक बार मैं जमालपुर से पटना अपर इंडिया एक्सप्रेस से जनरल कोच में जा रहा था। मेरे साथ कोई सुरक्षा व्यवस्था नहीं थी। उस कोच में एक बूढ़ी माता बैठी थीं। पटना जा रही थीं पहली बार। अनपढ़ थीं। सहयात्री चिढ़ाने लगे, पटना में कहाँ ठहरोगी? पूरे आत्मविश्वास से उन्होंने कहा, कर्पूरी के यहाँ और कहाँ! कर्पूरीजी जानते हैं आपको? तो बोलीं, वह गरीबों का आदमी है।

मुंगेर में मैं औसत सोलह से अठारह घंटे काम करता था। इतनी ऊर्जा देने में मुंगेर योग विद्यालय के स्वामी सत्यानंद परमहंस का महान् योगदान है। मैं सोमवार और शुक्रवार को सुबह पाँच बजे वहाँ नियमित योगाभ्यास के लिए जाता था। उन्होंने ऑस्ट्रेलिया के एक डॉक्टर शिष्य को मेरा शिक्षक नियुक्त किया था। वह अब बड़े योगगुरु हैं। स्वामीजी के उत्तराधिकारी स्वामी निरंजनानंदजी का भी मुझे स्नेह मिलता रहा है।

दशहरा, मुहर्रम के समय की एक विशिष्ट घटना स्मरण आ रही है। एक फरार बाल अपराधी के घर पुलिस बार-बार जा रही थी। उसके पिता पर भी शांति बनाए रखने के लिए नोटिस दिया जा रहा था। इससे दुःखी होकर बाल अपराधी गुड्डू के पिता, जो अपने को अनार्य कहते थे, फरार गुड्डू को लेकर दशहरे से पहले मेरे समक्ष उपस्थित हो गए। बोले, लीजिए अपने अपराधी को, हम जिम्मेदार नहीं हैं। मैंने कहा, अनार्यजी, आप इसे ले जाइए, दशहरा, मुहर्रम के बाद आत्मसमर्पण करा दीजिएगा। थाना तंग नहीं करेगा। गुड्डू उम्र में कम था, पर उसे बहुत शातिर बताया जाता था। बहरहाल उस वर्ष दशहरा, मुहर्रम में शांति-व्यवस्था बनाए रखने में अनार्य और गुड्डू पिता-पुत्र अग्रणी थे। फिर गुड्डू ने आत्मसमर्पण कर दिया और मेरे पूरे कार्यकाल में वह जेल में रहा। मेरे तबादले के बाद उसके जेल से ही अपराध संचालन की खबरें आने लगीं। ये पिता-पुत्र जितने भरोसे के काबिल थे, उतने तो सम्मानित व्यक्ति भी मिलने दुर्लभ हैं।

आचार्य कपिल आर.डी.डी.जे. कॉलेज के प्राचार्य रहे हैं। उनसे वार्त्तालाप में कविता जैसा प्रवाह मिलता था। भव्य व्यक्तित्व। मैं उनके पास प्रायः जाता था, वार्त्ता का आनंद लेते थे। प्रो. शिवचंद्र प्रताप का घर मेरा दूसरा वार्त्ता का स्थान होता था जहाँ मैं प्रायः क्षेत्र में जाते समय रात में धमक जाता था।

एक दिन कपिलजी की बेटी के जेवरात रेल यात्रा में रहस्यमय तरीके से गायब कर दिए गए। जमालपुर जंक्शन पर उतरने पर उन्हें आभास मिला। कपिलजी ने मुझे फोन किया। रेल पुलिस उपाधीक्षक दीपक वर्मा को मैंने सीधे बरियारपुर थाने के पीछे वाले मकान में जाँच करने को कहा। चोर भी थाने के पास की सुरक्षित जगह में प्रायः अड्डा बनाते हैं।

उस मकान में न केवल इस चोरी का, अपितु कई चोरियों का सामान मिला। गहनों में सोना गायब था। मुंगेर कोतवाली क्षेत्र में छापामारी में एक स्वर्णकार की भट्ठी गरम मिली और चोरी गए गहने के वजन का पिघलाया गया सोना मिल गया। रेल चोरों को प्रायः स्टाफ के लोग जानते हैं। कुछ गाँव तो रेल चोरी के विशेषज्ञ हो जाते हैं। अधिकांश लोग यही कार्य करते हैं।

इस बीच तौफिर दियारा में नौ व्यक्तियों की सामूहिक हत्या की सूचना मिली। उससे पहले एक नाव पत्थर लूटे गए थे जिसका मामला मुफस्सिल थाने भेजा गया था। थानेदार उस पर बैठ गया। केस दर्ज नहीं किया। इसका इस हत्याकांड से भी बाद में कनेक्शन प्रतीत हुआ। वह समय बहुत कठिन था। कालीपूजा के मूर्ति विसर्जन को लेकर सांप्रदायिक तनाव था। एक दुर्घटना में क्लीनर ने ट्रक से दो बच्चों को कुचल दिया था। उनकी मृत्यु से आक्रोशित ग्रामीणों ने ट्रक ड्राइवर और क्लीनर को उसी ट्रक में डालकर जला दिया। इस सब अफरातफरी के दौरान तौफिर कांड के घटनास्थल के लिए मुख्यमंत्री बिंदेश्वरी दुबे साहब का कार्यक्रम तय हो गया। इस प्रकरण में इतने मोड़ हैं कि पूरी पुस्तक भर जाए। यहाँ बस उल्लेख से ही संतोष करना पड़ेगा। चार-पाँच घटनाएँ विशेष उल्लेख की माँग कर रही हैं।

हम मुख्यमंत्रीजी को लेकर जब तौफिर दियारा से मोटर लांच से गंगा पार कर मुंगेर लौट रहे थे तब मैंने वजन सीमा पूरी होने पर अन्य लोगों को लांच पर नहीं चढ़ने दिया। मुख्यमंत्रीजी ने कहा, गौतमजी, इन दो पत्रकार बंधुओं को बैठा लीजिए। मैंने कहा, तब कोई दो व्यक्ति नीचे उतर जाएँ और नाव से आएँ। बहुमत बना कि मैं नाहक हठ कर रहा हूँ। कुछ नहीं होगा। लोकतांत्रिक निर्णय मुख्यमंत्री की हाँ-में-हाँ का था। दोनों पत्रकार लांच पर आ गए। बीच गंगा में लांच डगमगाने लगा। तब मैंने आदेश देना शुरू किया। न कोई कुछ बोलेगा, न हाथ-पैर चलाएगा। चुपचाप अपनी जगह बैठे रहें। आदेश का पालन करें। फिर लांच ड्राइवर से कहा कि धारा के साथ चलो। मुंगेर के पास गंगा टर्न

लेती है, वहाँ पहुँच जाएँगे। अब बौआ घाट जाने का प्रश्न ही नहीं है। उस पार सबको सतर्क किया। शहर में कालीपूजा मूर्ति विसर्जन के मार्ग को लेकर तनाव था। सब सन्नाटे में आ गए। दूसरे घाट पर उतरे। सर्किट हाउस में भोजन की मेज पर आने तक सब चुप थे। फिर गृह सचिव बी.के. सिंह ने चुप्पी तोड़ी। गौतम, अगर लांच डूबने लगता तो तुम पहले किसे बचाते, सी.एम. को या डी.जी.पी. साहब को? इस पर हँसी छूटी और तनाव पिघलने लगा। मुख्यमंत्री सकुशल विदा हुए। हम नगर के तनाव पर ध्यान केंद्रित करने में लग गए।

एक दिन तौफिर दियारा कवर करने पटना से प्रकाशित टाइम्स ऑफ इंडिया के स्थानिक संपादक जनकराज पधारे। मेरे आवास पर आकर मोटर लांच माँगा। मैंने कहा कि भूखे हो, पहले कुछ खा लो, फिर बात करते हैं। मैंने उन्हें उसके बाद डी.एम. संजय श्रीवास्तव के पास भेज दिया। संजय ने उन्हें उचित सलाह दी। नाव कर लो। लांच एक ही है। इमरजेंसी के लिए है। जनकराज गुस्से में पटना लौटे। अगले दिन टाइम्स ऑफ इंडिया में हैड लाइंस थीं—'ओवर हंड्रेड किल्ड इन तौफिर'। पटना से दिल्ली पैनिक और हंगामा। पटना मुझे तंग करने लगा तो मैंने कहा, इसका घटनास्थल टाइम्स ऑफ इंडिया है। जनकराज को सब पता है। शाम तक वास्तविकता से बादल भी छँट गए। संयोगवश जनकराज पटना में ज्यादा दिन नहीं टिके।

मुख्यमंत्री की मुंगेर और तौफिर दियारा आगमन की जानकारी का लाभ उपद्रवियों ने उठाया। कालीपूजा का जो मूर्ति विसर्जन जुलूस निकल चुका था, उसे विसर्जन घाट से कुछ दूर पहले मूर्तियाँ मार्ग में ही छोड़कर लोग घर चले गए। हमने विसर्जन का प्रयास किया। यह घोर नादानी थी, क्योंकि मूर्ति का डिजाइन पता न होने के कारण उसका कुछ अंश टूट गया। हम अपने प्रयास में गलतियाँ-दर-गलतियाँ करते चले गए। तब तक भोर हो गई। अब हमें शहर को दंगों से बचाना था। हम मुख्यमंत्रीजी के कार्यक्रम से मुक्त हो चुके थे। मुख्यमंत्रीजी का मार्ग-निर्देशन था कि लोगों से मिलकर समाधान निकाल लो। शहर में भारी तनाव था। बच्चे तक मुझसे फोन पर पूछने लगे कि वे सुरक्षित हैं कि नहीं? मैंने उन्हें सुरक्षा का पूरा भरोसा दिया। अगली सुबह हमने कोतवाली थाने पर जनसभा बुलाई। वयोवृद्ध समाजवादी राम लगन शर्माजी ने नेतृत्व सँभाला। कुछ सामाजिक कार्यकर्ता (अग्निहोत्री दंपती) जिनके नाम स्मरण न रहने के लिए क्षमाप्रार्थी हूँ बढ़-चढ़कर आगे आए। हमने जनसभा में कहा कि हमने गलती की है और आप भी जानते हैं। सजा हमें मिलनी चाहिए। आपको और आपके इस प्राचीन सुंदर शहर को नहीं जहाँ माता सती की चक्षु की शक्तिपीठ भी है। हमें सजा निश्चित कीजिए। हम पालन करेंगे। तबादला, अवकाश पर जाना अथवा और कुछ जो आप उचित समझें। लोगों ने कहा, आपने हमारी हमेशा सुरक्षा की है। दिन-रात मेहनत करते हैं। अभी पता चला कि

तीन रात तीन दिन से आपने बिस्तर नहीं छुआ है। गलती हो जाती है। हम लोग आज मूर्ति विसर्जन करेंगे। हमें आप पर पूरा भरोसा है। अब गलती की बात मत कहिए। हो जाता है।

मूर्ति विसर्जन के लिए गाड़ी बढ़ने को हुई कि एक संस्था के लोगों ने आपत्ति कर रोक दिया। वे कोतवाली थाने मेरे पास आए। बोले, खंडित मूर्ति की जगह नई मूर्ति बनेगी, फिर सूखेगी, फिर उसी के नेतृत्व में विसर्जन हो पाएगा। बस एक सप्ताह लगेगा। क्या करें तब तक तो मूर्तियाँ सड़क पर ही रहेंगी। आप चिंता बिल्कुल न करें। मैंने इंस्पेक्टर कोतवाली को कहा कि पाँच लीटर मिट्टी का तेल और माचिस इन्हें दे दो। तेल और भी मिलेगा। सात दिन प्रतीक्षा क्यों करोगे, शहर में सीधे जाकर आग क्यों नहीं लगा देते। फिर मैंने उन लोगों के साथ गनमैन लगा दिए और कहा कि यदि शहर में कुछ भी घटित हो तो इन्हें प्रभु के भेंट कर देना। और इंस्पेक्टर साहब, दंगा शुरू होते ही न ये रहें, न इनके घर। फिर उन्हें निर्देश दिया कि एक घंटे में यदि सारा मूर्ति विसर्जन पूरा नहीं हुआ तो तुम लोगों का क्या होगा, यह सोच के भी परे है। इसका चमत्कारिक असर हुआ। उन लोगों ने ही स्वयं आकर अनुपालन प्रतिवेदन दिया। मैंने उन्हें धन्यवाद देकर तनावमुक्त किया।

जनता के सभी पत्र मैं पढ़ता था। तौफिर कांड के एक अभियुक्त की पत्नी ने मुझे लिखा था कि उसके घर पुलिस आई थी और उसकी बेटी की शादी के लिए रखा सामान उन्होंने आपस में बाँट लिया। आटा, घी, एक सोने की चेन वगैरह-वगैरह। मैंने डी.एस.पी. को बुलाकर दो विकल्प दिए। पहला जेल और त्वरित ट्रायल। दूसरा सारा सामान कल तक सम्मानपूर्वक उस महिला के घर जाकर देना और विभागीय कार्रवाई फेस करना। पुलिस दल ने दूसरा विकल्प सुखकर माना। मेरे लिए राहत की बात यह थी कि आपराधिक मार्ग तय करने से सामान नहीं मिलता। उस महिला को पुलिस ने बेटी के विवाह के लिए हरसंभव सहायता का भी वचन दिया।

इसी दौरान बड़हिया नगर से हाहाकार मचे होने की सूचना आई। गंगा मैया हजारों एकड़ भूमि निगल चुकी थीं। खुटहा में बने स्पर पर लहरें आक्रामक थीं। मैं स्थल पर गया। डिग्री कॉलेज का पूरा ग्राउंड गंगाजी खा गई थीं। बगीचे गायब थे। हम किनारे की तरफ बढ़े। सहसा मैंने भूमि पर एक लंबा बाल जैसा देखा। तुरंत सभी को दो-तीन सौ गज पीछे दौड़ाया। हमारे देखते-ही-देखते एक किलोमीटर की लंबाई तक किनारा हमारे पास स्वयं आ गया था। मैंने गृह विभाग एवं सिंचाई विभाग को आपात् संवाद भेजे। अगले दिन वहाँ मुख्य अभियंता ने आकर अपना दायित्व पूरा किया।

अगले दिन दोनों किनारों के मोटर लांच से निरीक्षण के दौरान एक हृदयस्पर्शी दृश्य मिला। उत्तर साइड में एक पूरा गाँव गंगाजी निगल गई थीं। बस एक घर के आँगन का तुलसी स्तंभ सुरक्षित खड़ा था। उसके पार्श्व में एक बुजुर्ग अपनी चारपाई पर पड़े-पड़े गंगाजी को चुनौती दे रहे थे—राँड, मुझे भी ले जा। क्यों नहीं ले जाती? और भी बहुत

कुछ। मैं लांच से उतरकर किनारे पर चढ़कर उनके पास गया। रात में ही पूरा गाँव और इनके घर के लोग कटती भूमि को देखकर दूर चले गए। पर वे जिद पर अड़े रहे। चारपाई पर लेटे-लेटे गंगाजी को चिढ़ा रहे थे—ले जा, ले जा, मुझे भी ले जा। अब बुढ़ापे में कहाँ जाऊँ। तेरे पास ही तो आना है। तुलसी स्तंभ के ठीक नीचे से गंगाजी की प्रखर धारा थी। इधर चारपाई पर लेटे बाबा थे। भूमि के इस पैराबोलिक टुकड़े पर गंगाजी जैसे माला के मानिंद लिपटी थीं अथवा दुलार कर रही थीं।

गहराई में जाकर देखें तो न तो तौफिर कांड जाति विद्वेष की उपज था और न ही कालीपूजा तनाव सांप्रदायिक। यहाँ तक कि मुंगेर मुफस्सिल थाने के मुसलिम बहुल वरदे गाँव और हिंदू बहुल हसनपुर पड़ोसी और परस्पर प्रेम रखनेवाले थे। वस्तुतः दियारा क्षेत्र अनुपस्थित भूमिधरों का क्षेत्र है और झगड़े भूमि को लेकर हैं जिसके लिए जातीय अथवा सामुदायिक गोलबंदी हो गई है और वह अब रूढ़ हो चुकी है। भूमि की समस्या पर काम तो होता नहीं। विधि व्यवस्था की मरहम-पट्टी होती रहती है।

तौफिर कांड का संचालन करने के लिए जिला एवं सत्र न्यायाधीश धर्मपाल सिन्हा ने अपर सत्र न्यायाधीश आर.के. सिंह का विशेष न्यायालय तय कर उच्च न्यायालय को अनुमोदन के लिए लिखा। ट्रायल में एक सौ छप्पन अभियुक्त थे। इसी बीच उच्च न्यायालय ने अपर सत्र न्यायाधीश एम.पी. वर्मा साहब के नेतृत्व में विशेष न्यायालय गठित कर दिया। मुझे संभ्रम होने पर विशेष लोक अभियोजक जे.पी. शुक्ला साहब ने पटना उच्च न्यायालय के मुख्य न्यायाधीश जस्टिस संधेवालिया को फोन लगाकर मुझे पकड़ा दिया। सी.जे. साहब स्वयं लाइन पर थे। मैं चर्चा का विवरण तो नहीं दूँगा, पर सी.जे. साहब ने मुझे हर तरह से आश्वस्त किया और कोई समस्या होने पर सीधे उन्हें फोन करने की अनुमति भी दी। मेरे जिले के निरीक्षक न्यायाधीश जस्टिस एल.एम. शर्मा (बाद में भारत के मुख्य न्यायाधीश) से मधुर संबंध थे। जस्टिस संधेवालिया की महानता भूले नहीं भूलती। तौफिर कांड में चार व्यक्तियों को फाँसी तथा साठ अन्य को सजा हुई। उच्च न्यायालय ने अपील की सुनवाई तक सभी अभियुक्तों को जेल में रखने का आदेश दिया। इसके बाद मुंगेर में बड़े नरसंहार नहीं हुए।

मार्च, 1986 में डी.जी.पी. शशिभूषण सहाय का मुंगेर आगमन हुआ तो मैंने उन्हें कहा कि यदि मेरा तबादला होना है तो अभी ठीक रहेगा, ताकि बच्चों के नाम लिखवाए जा सकें। उन्होंने कहा कि तुमने बहुत मेहनत कर जिले को ठीक किया है, अब कम-से-कम एक वर्ष और यहाँ उस श्रम का लाभ लो। इससे पूर्व राधा बाबू ने सी.एम. के समक्ष मेरे पटना एस.एस.पी. के रूप में ले जाए जाने की बात की थी। पर यह प्रस्ताव सत्ता के करीबी एक आई.जी. ने नहीं बढ़ने दिया था। इसलिए मुझे लगता था कि मेरे मित्र मुझ पर मेहरबानी कर परेशान कर सकते हैं।

आपाधापी से समय मिला तो नियमित कार्य की तरफ ध्यान गया। आई.जी. भागलपुर ने विभागीय काररवाइयों की ओर ध्यान खींचा। मेरे कई पूर्वाधिकारियों ने कोई छह सौ विभागीय काररवाइयों का कच्चा माल छोड़ रखा था। मैं सुबह इन पर काम कर सप्ताह में एक दिन गंगाजी में स्नान कर थकान मिटाता। तैरकर गंगा-कियूल के संगम द्वीप तक जाता। गंभीर आरोपों के कारण इक्कीस सिपाही बर्खास्त हो गए तो उनका एसोसिएशन आंदोलित हो गया। उन्होंने सोलह जुलाई 1986 से पहले मेरे तबादले की माँग कर दी अन्यथा वे हड़ताल पर जाएँगे। मेरे साथ कई राउंड की बात हुई। पर पटना की रुचि हड़ताल में थी, क्योंकि केंद्रीय कपड़ा राज्यमंत्री और बिहार के भू.पू. मुख्यमंत्री चंद्रशेखर सिंह का निधन हो गया था और बाँका लोकसभा क्षेत्र का फिर उपचुनाव होना था। इस क्षेत्र में मुंगेर का झाझा विधानसभा क्षेत्र पड़ता है। यही मेरे स्थानांतरण के लिए अच्छा कारण माना जा रहा था। इससे पहले चंद्रशेखर बाबू बाँका से जॉर्ज फर्नांडिस से जीते थे। पर झाझा में स्वच्छ चुनाव होने के कारण कई लोग मुझसे रंज करते थे। एक आई.जी. भी वह चुनाव मैनेज करने आए थे। पर मुंगेर जिले में उनकी दाल नहीं गली थी। मुख्यमंत्री दुबे की झाझा के थाना प्रभारी बघैला दुबे को हटाने अथवा अवकाश पर भेजने अथवा धनबाद में मनचाही पोस्टिंग देने की बात यद्यपि खाली चली गई थी। फिर भी वे मुसकराकर यही बोले थे कि मैं जानता था, आप नहीं करेंगे। मैंने उन्हें कोई उत्तर नहीं दिया बस उनकी सलाह पर हौले से मुसकरा भर दिया था।

मेरा स्थानांतरण हुआ। पर इसी बीच प्रधानमंत्री राजीव गांधी का चंद्रशेखर बाबू के घर मलयपुर का कार्यक्रम तय हो गया। यह जहाँ तक मुझे स्मरण है बारह या चौदह जुलाई को था। मलयपुर फोर्स से भर गया। खाने की दिक्कत। समाधान यह निकाला गया कि दर और मेनू तय कर सारे ढाबे फोर्स के लिए रजिस्टर में कमान विवरण चढ़ाकर खाने के लिए नियुक्त कर दिए गए। काम आसान हो गया। अगले दिन पुलिस के लंच पैक ही सभी मजिस्ट्रेटों के काम आए। डी.एम. और मैंने तो वही पैक एक साथ खाए ही। उसी दिन मैंने सारे भुगतान आदेश देकर अगले दिन अपने समक्ष भुगतान भी करा दिया। फिर अगले दिन फेयरवेल परेड, पुलिस सभा, पुलिस संघ और पुलिसमेंस संघ के ऑफिस में चाय पीकर सबसे विदा ली। पुलिसमेंस संघ के पदधारकों ने कहा कि हमने आंदोलन किया था। लगता था आप नहीं आएँगे। मैंने उन्हें आश्वस्त किया कि मैं परिवार का हिस्सा ही नहीं, मुखिया भी हूँ। गृह आयुक्त बी.के. सिंह का फोन आया कि सरकार से गलती हो गई है। चार्ज मत देना। मैंने कहा, सरकार गलती भले करे, मैं गलती कैसे कर सकता हूँ। मैं पदभार छोड़ने के हस्ताक्षर कर रहा हूँ। कृपा के लिए धन्यवाद। बी.के. सिंह बहुत अच्छे पदाधिकारी थे और हमें प्यार करते थे।

हमसे एक थानेदार का ट्रैप का मामला ठीक से हैंडिल नहीं हो पाया। डी.आई.जी.

के.ए. जैकब ने हस्तक्षेप कर इसे परिपक्वता से समापन पर पहुँचाया। मुझे प्रसन्नता है कि आगे मेरी व्यापक और उदार समझ विकसित होती गई।

अब मैं पुलिस अधीक्षक, मुंगेर के पद से मुक्त था। मैं दो दिन आजादी के यहीं बिताना चाहता था। मेरा अगला पद ए.आई.जी. (निरीक्षण) असंज्ञेय किस्म का निरापद था, इसलिए भविष्य समस्या मुक्त दिखा।

मैं पुलिस अधीक्षक, मुंगेर के आवास के बरामदे में बैठा भूत-भविष्य में गोते लगा रहा हूँ।

मुंगेर में पहली बार मेरे माता-पिता लंबे अरसे तक हमारे साथ रहे। वे ऋचा (रिचा 4 दिसंबर, 1985 जन्म) के जन्म से पहले आ गए थे। पिताजी को किनारेवाले कक्ष में बच्चों से दूर रहना मंजूर नहीं था। वे निकट के कक्ष में ठहरे। इस कक्ष को चूँकि भुतहा कहा जाता रहा है (पहले भी और बाद में भी) तो वे बोले, अब मैं यहाँ काफी दिनों तक रहूँगा ताकि मैं देखूँ कैसा भूत है। हमारे पूरे कार्यकाल में यह भूत श्रीमान अपनी चिंता करनेवालों के पास चले गए होंगे। फिर हमारे साथ माँ जगदंबा और श्रीकृष्ण की रक्षा भी रही है।

दूर हमारी गाय चर रही थी। गग्गू दीदी (मेरी पुत्री शैली)। इसके बछड़े पर बैठकर खेलती थी। वह बछड़ा हम पर मारने झपटता था। मैं सोच रहा था कि गौमाता यहीं छूट जाएँगी। यह सोचना था कि गौमाता चार्ज करती हुई मेरी ओर दौड़ी आईं और नीचे गरदन लटकाकर खड़ी हो गईं। मैं डर गया था, क्योंकि वे हमें झाम दिखाती रहती थीं। मैंने उनकी गरदन सहलाई और कहा, आप भी पटना साथ चलेंगी। गाय उतनी ही तेजी से फिर कैंपस के कोने पर घास चरने चली गईं। गाय मूक भाषा समझती है। पशु अधिक बुद्धिमान होते हैं। प्रेम और अलगाव, मन का भाव पशु समझते हैं।

मुझे याद आ रहा था पुलिस सुरक्षा से बड़ा ढकोसला और कुछ नहीं। एस.पी. गार्ड के टेंट में एक जवान की रजाई जल रही थी और नींद से उठकर सौ गज दूर से मैंने आकर उसे जगाया। है ना मजेदार। एक गार्ड की तो सभी राइफल मैं उठा लाया था। सुबह मेरे जंगल कैंप में आकर वे बताने लगे कि उन पर नक्सली हमला हुआ है और सारे हथियार लूट लिये गए। उनका कैंप भी जंगल में ही था।

प्रो. शिवचंद्र प्रताप के यहाँ मेरा उठना-बैठना था। वे ऊँची कोटि के विद्वान् और आध्यात्मिक व्यक्ति थे। उन्हें महर्षि मेही दास, कुप्पाघाट भागलपुर वालों का सान्निध्य एवं आशीर्वाद प्राप्त रहा है। कुछ वर्षों बाद महर्षि मेही के शिष्य संत सेवी परमहंस महाराज से मैंने भी दीक्षा ली थी। वे मुझ पर कृपालु रहे हैं। प्रो. प्रताप का अदृश्य अतींद्रिय शक्तियों के क्षेत्र में दखल रहा है। वे पहलवान भी थे और उन्होंने मुझे बताया कि जब रोबेंशाँ कॉलेज कटक में पढ़ाते थे, तब जान-बूझकर एक भुतहा कमरा किराए

पर ले रखा था। इन्होंने भूत को उठा–पटका था, तब दोनों शांतिपूर्वक रूम में रहने लगे। कुछ दिनों बाद वे मुंगेर आर.डी.डी.जे. कॉलेज में पढ़ाने लगे। वे डी.लिट् थे। मुझे इससे जिज्ञासा, कौतूहल एवं परीक्षण की इच्छा थी। अब मैं भारमुक्त था। इसलिए एस.पी. आवास के पीछे स्थल पर प्लानचैटिंग की व्यवस्था प्रो. प्रताप के नेतृत्व में की गई। इसमें सहभागी थे जिला जज धर्मपाल बाबू (बाद में उच्च न्यायालय पटना में न्यायाधीश) अपर समाहर्ता (एडीशनल कलेक्टर) रामेश्वर पाठक और स्वयं मैं। सामग्री थी अंग्रेजी, हिंदी वर्णमाला का पट, यस। नो, हाँ। नहीं लिखी हुई और एक तीरांकित प्लेट। इस प्लेट को हम लोगों को छूना भर था। और यह उत्तर बनाने की वर्तनी पर स्वतः घूमने लगेगी। (कृपया प्रयोग नहीं करें। यह घातक हो सकता है।) उस दिन क्या हुआ इसका अति संक्षिप्त विवरण यहाँ दिया जा रहा है।

मैंने प्रो. प्रताप से श्री अरविंद महर्षि से आशीर्वाद की इच्छा जताई। उनसे प्रार्थना की गई। वे नहीं आए। मुझे अपनी दिवंगत प्रधानमंत्री इंदिराजी के प्रति जिज्ञासा थी। पर वे भी नहीं आईं। किंतु एक अन्य आत्मा आ गई। प्रो. प्रताप समझ गए, यह तो कोई और आ गया है। उससे पूछा कि बताइए हमने किसे चाहा था तो उसने प्लेट इंदिराजी की स्पेलिंग पर चलवा दी। संवाद में पता चला, वह एक अंग्रेज की आत्मा थी, जो उस पार श्मशान में प्रायः रहती है। पर उसका मुकाम ऊपर का एक तल है जहाँ चार सौ बत्तीस आत्माएँ रहती हैं। उसे शुरू में अच्छा लगा था। पर अब बहुत बुरा लगता है। बातें करने को तरसते हैं। (उसने आत्महत्या की थी)। बहुत कठिन जिंदगी है। अपने नियंत्रक के बारे में उसने यह कहकर मना कर दिया कि इसकी आज्ञा नहीं है। वैसे भी वह बिना आज्ञा आ गया है। इंदिराजी को उसने बहुत उच्च कोटि की आत्मा बताया, जो बहुत ऊँचे तल पर निवास करती थीं। पर शीघ्र ही उन्होंने जन्म ले लिया। उनके जन्म के बारे में भी उसने बताया था पर यहाँ लिखना ठीक नहीं। वे एक समृद्ध–सुखी पारिवारिक जीवन प्राप्त कर चुकी हैं, यह उसने कहा था। मेरे बारे में उसने ठीक ही कहा था कि मैं ऑब्सटिनेट (हठी) हूँ। पर वे मुझे पसंद करते हैं और चाहते हैं कि मैं तबादले पर न जाऊँ। जिला जज धर्मपाल बाबू का भी तबादला हो चुका था। उन्होंने सेशंस करना भी बंद कर दिया था। फिर भी उन्होंने पूछा कि उनका तबादला कब होगा? तो उस आत्मा ने कहा कि वे जनवरी, 1987 में ही मुंगेर से जा सकेंगे। इस पर उन्होंने कहा, पर मेरा तो तबादला भी हो चुका है और पटना हाईकोर्ट ने एक सप्ताह में जाने का समय भी तय कर दिया है। आत्मा ने कहा कि आप अपने स्थान से जनवरी 1987 में ही जाएँगे। आश्चर्य की बात यह है कि अगले ही दिन हाई कोर्ट से उनके तबादले पर रोक का आदेश आ गया और धर्मपाल बाबू जनवरी 1987 में जिला एवं सत्र न्यायाधीश मुंगेर के पद से पटना गए।

सोलह जुलाई को बड़ी सुबह मैं सपरिवार अपनी निजी कार से पटना के लिए चल

दिया। मेरे आवास से निकलते ही मेरे जाने की जानकारी जंगल में आग की तरह फैल गई। लोगों के हुजूम मार्ग में मिलने लगे। जगह–जगह लोग रोककर भावभीनी विदाई दे रहे थे। सड़क के किनारे ही मंच बन गए थे। सार्वजनिक स्थल जैसे विद्यालय भी एक–दो जगह मेरे तबादले के गवाह बने। बड़हिया नगर में सार्वजनिक पुस्तकालय में लोग मुझे अनुरोधपूर्वक रोककर ले गए। पटना बस चलवाने में इसी बड़हिया के युवकों पर मार्ग अवरोध करने पर पुलिस ने लाठीचार्ज किया था। पर बड़हिया इस बात को मधुर स्मृति के रूप में स्मरण करने की क्षमता रखता था। पटना पहुँचते–पहुँचते शाम हो गई। गंगा तट पर स्थित एक भव्य सुंदर आवास से बाहर होकर हम पुलिस मैस के एक कमरे में ठुँस गए। फिर कंप्यूटर भवन परिसर के एफ.एस.एल. गेस्ट हाउस को मित्र बी.एस. जयंत ए.आई.जी. (वायरलैस) ने रहने योग्य बनाया। हमें द्वार खोलते ही सिर पर पाँव भर दीमक ने आशीर्वाद दिया। 'सबै दिन होंहि न एक समान।' पटना के मकान किराए मेरी क्षमता के बाहर थे। गौमाता इसी कैंपस में टैंट में निवास करने लगीं। वे खुश नहीं थीं। पर हमारे साथ थीं।

इस काल की पटना की मधुर स्मृति यह है कि जब मैं बड़ी बेटी रचना का नाम लिखाने नोट्रडेम अकादमी पहुँचा तो हैड सिस्टर ने बताया कि उन्हें मुंगेर की सिस्टर मेरी लीना का पत्र पहले ही मिल चुका है कि आपको समुचित आदर दिया जाए। ऐसे ही जब बेटे का नाम लिखाने सेंट माइकल पहुँचा तो लेडी रिसेप्शनिस्ट ने प्रिंसिपल से मिलाने से इनकार कर दिया। पर उसी समय ब्रदर फर्नांडिस ने मेरा नाम सुनकर पूछा कि गौतम साहब कहाँ हैं? मुझे आया जानकर उन्होंने सम्मानपूर्वक मेरी फादर आगस्तिन से भेंट कराई। फादर ने मिलते ही कहा कि आपके बेटे का नाम तो लिख ही गया समझें। अब यह बताइए कि क्या सारे अफसर मिलकर भी बिहार में एक अच्छा स्कूल नहीं चला सकते, जबकि शिक्षा का बजट कम नहीं है? बाद में इस स्कूल के एक धनी घर के बच्चे ने मेरे बेटे संजय को रुपए चोरी से लाने का दबाव डाला, ताकि वह व्यवहारदारी में आइसक्रीम खाने का बदला चुका सके। बेटे ने मुझसे पूछे जाने पर सत्य बता दिया। नोट भरी पॉकेट से उसने मात्र पाँच रुपए लिये थे। मैंने ब्रदर फर्नांडिस से विचार–विमर्श कर संजय का केंद्रीय विद्यालय बेली रोड में नाम लिखवा दिया, जहाँ बाद में बीचवाली बेटी शैली भी जाने लगी। इस तरह हम पटना में स्थापित हो गए।

□

पुलिस मुख्यालय पटना

डी.जी.पी. ने मेरे लिए एक कक्ष निर्धारित कर खाली कराया तो 'देखि न सकहिं पराई विभूति' के विशेषज्ञ महानिरीक्षक ने हस्तक्षेप कर मुझे मेरी नई जगह दिखा दी। बाथरूम के समीप एक छोटा टंकक लोगों का डिब्बा जिसमें उपयुक्त गंध के साथ ए.सी. का ब्लास्ट भी आपकी हैसियत बताता रहेगा। बाद में अपने आप जगह बदली अवश्य, पर तुच्छता का पूरा खयाल रखा गया। मुझे कृष्ण का अर्जुन को कहा वाक्य स्मरण है—हे पार्थ। तुम दैवी संपत्ति संपन्न हो। तो आसुरी भी तो अगल-बगल रहेगी ही न। अंतर स्पष्ट करने को।

इसी महानिरीक्षक की एक और शिकायत थी कि मैं किताबें पढ़ता रहता हूँ। तो मैंने उन्हें आश्वस्त किया कि आप सबका काम मैं दो घंटे में भली-भाँति संपन्न कर दिनभर किताब पढ़ सकता हूँ। मेरे पास डी.एस.पी. संवर्ग था। कोई चार सौ पचास की गिनती। वार्षिक वरदी भत्ता एक समेकित आदेश में निबट गया। चार सौ पचास फाइल्स विश्राम में गईं। सालभर में एक आदेश निकलेगा, कुछ ही नाम घटेंगे-बढ़ेंगे। एक इफीशिएंसी बार (ई.बी.) हुआ करता था। ऐसे एक सौ तेईस मामले थे। एक डी.एस.पी. तो बेचारा 1976 में ही दिवंगत हो गया था। उसकी पत्नी को इंस्पेक्टर रैंक के ई.बी. से पहले के वेतन के अनुसार ही पारिवारिक पेंशन मिलती थी। इन ज्यादातर लोगों के ए.सी.आर. (वार्षिक गोपनीय प्रतिवेदन) थे ही नहीं। डी.जी.पी. की ओर से मेरी एक अनुशंसा ने सारे मामले सही-सही निबटा दिए। एक सौ तेईस फाइलें बंद। काम इसलिए ज्यादा रहता है, क्योंकि हम काम करते ही कहाँ हैं। मुझे अब तक यही अनुभव हुआ है कि आप जितने ज्यादा व्यस्त होते हैं, आपके पास उतना ही ज्यादा समय होता है। कम व्यस्ततावालों की 'प्रॉब्लम ऑफ सरप्लेसेज' होती है।

रोहतास जिले की दस्यु समस्या से सरकार चिंतित थी। डी.जी.पी. एस.बी. सहाय ने मुझे मध्य प्रदेश दस्यु आत्मसमर्पण नीति का अध्ययन करने भेजा। मध्य प्रदेश के डी.जी.पी. बी.के. मुखर्जी आई.जी.सी.आई.डी. सरदार हरपाल सिंह और सी.आई.डी. के एस.पी. अपने मित्र और बैचमेट शिवप्रसाद पांडेय के प्रयासों से चौबीस घंटे में ही एक संचिका तैयार हो गई। जिसमें ज्योतिरादित्य सिंधियाजी के परदादा ग्वालियर महाराज

के समय उन्नीसवीं सदी से लेकर विनोबा के समय के रूपा पंडित वगैरह का समर्पण, जे.पी. के समक्ष मोहर सिंह माधव सिंह का समर्पण तथा मुख्य मंत्री अर्जुन सिंह के समक्ष दीपा चतुर्वेदी और एस.पी. राजेंद्र चतुर्वेदी के प्रयासों से कराया गया मलखान सिह और फूलन देवी के आत्मसमर्पण के दस्तावेज मिले। अर्जुन सिंहजी ने इन दस्युओं के अपराध पीड़ितों को भी पाँच-पाँच एकड़ जमीन देकर संतुलन कायम किया था। उन्हें डकैतों की ही नहीं, अपितु उनके शिकारों की भी चिंता है। गृह सचिव और अपर गृह सचिव ने फूलन देवी को राज्य से बाहर ले जाए जाने पर प्रतिबंध लगाए जाने का सी-आर. पी.सी. में निकाला गया आदेश, अधिसूचना पत्र की प्रति भी मुझे दी। वह पत्र ठीक उसी दिन निकला था जिस दिन मुझे दिया गया। भोपाल से मैं ग्वालियर आया। डी.आई.जी. ग्वालियर अयोध्या नाथ पाठकजी ने अपनी गाड़ी हवाई अड्डे भेजी थी और सारे प्रबंध स्वयं देखे थे। वे डकैती विशेषज्ञ थे और बहादुरी के सबसे ज्यादा पदक प्राप्त थे। उन्होंने मुझे स्वतःपूर्ण नोट दिया। ग्वालियर ओपन जेल के बारे में उन्होंने मजाकिया लहजे में कहा कि वहाँ मत जाओ, आने का मन नहीं करेगा। प्रत्येक कैदी पर प्रतिदिन नब्बे रुपए का खर्च है। वर्ष 1986 की बात है। डी.एस.पी. नागर साहब ने भोपाल में ही मुझे चेता दिया था कि सर, इस समर्पण के खेल के चक्कर में पड़ने में वादे पूरे नहीं होने और बीच में हटाए जाने का भय रहता है। सावधान रहिएगा।

इसी प्रकार मैं लखनऊ एंटीसिपेट्री बेल खत्म करने से संबंधी कागजात लाने भेजा गया था। अंदर घुसते ही मुख्यमंत्री मुलायम सिंहजी का दफ्तर था। मैं उसी में चला गया तो स्टाफ ने पूरे सम्मान और शिष्टाचार से मेरा स्वागत किया, काम पूछा और कहा कि आप कॉफी पीजिए, कागज आ जाएगा। कॉफी खत्म होने से पहले कागज आ गया। फिर उन्होंने कहा, सर, और कोई काम हो तो बताइए। क्या आज के मुख्यमंत्री ऐसे व्यवहार का दावा करने के लिए वैसा प्रयास करेंगे। जैसा कि मुलायमजी ने कर दिखाया था।

एक बार मुख्य सचिव आर. श्रीनिवासन साहब ने मुझसे संजय गांधी उद्यान में घूमते हुए पूछा, गौतम, प्रशासन की सबसे बड़ी कमी बताओ? मैंने कहा, प्रशासन की सबसे बड़ी कमी यह है कि चीफ सेक्रेटरी पूरे राज्य के डी.एम. की तरह सोचता है और डी.जी.पी. राज्य के एस.पी. की तरह। श्रीनिवासन साहब बोले, डायलॉग अच्छा है। मुझे समझाओ।

मैंने उनसे पूछा, आप आज कार्यालय जाएँगे तो पहला काम क्या करेंगे? वे बोले, फाइल करेंगे। मैंने फिर पूछा, इस पूरे सप्ताह आप कौन-कौन से काम निबटाएँगे? उनका उत्तर इस बार भी वही था। इसी प्रकार पूरे महीने के काम के उत्तर में भी उन्होंने फाइलें निबटाने की बात कही। फिर मैंने कहा कि ये फाइलें कौन भेजता है? कौन तय करता कि आपके सामने कौन सी फाइल आएँ, क्या बड़ा अफसर उस पशु की तरह है, जिसके सामने थान पर जो भी भूसा-चारा डाल दिया जाए वही खाने को वह बाध्य है?

श्रीनिवासन साहब बोले, मैं समझ गया। तुम्हारा सीधा मतलब यह है एजेंडा कौन तय कर रहा है। ऊँचे ओहदों पर कार्यक्रम तय करना जिम्मेदारी है, न कि स्थिति के आने की प्रतीक्षा करना।

मुझे स्मरण है, दिल्ली में एक बार पी.पी. नैयर साहब ने बिना रिपोर्ट देखे उस पर दिया जानेवाला उत्तर लिखा दिया था, क्योंकि उन्हें मामले की संपूर्णता की समझ थी। नैयर साहब बिहार के पूर्व मुख्य सचिव तथा उस समय चैयरमैन जे.आई.सी. थे।

भूतकाल आपके आगे-आगे भविष्य बनकर चलता है। डी.जी.पी. बदल गए थे। जिन आई.जी.सी.आई.डी. ने मुंगेर के उस हत्याकांड को सी.आई.डी. में लेकर बंद कर दिया था, वे अब डी.जी.पी. थे और जिस ट्रेप केस में एक दारोगा जेल भेजा गया था तथा डी.एस.पी. की गृह तलाशी हुई थी, उसमें डी.एस.पी. के शिकायतवाद पर उच्च न्यायालय के एक 'जाने-माने' जज साहब ने काग्निजेंस का आदेश दे दिया था; मेरे रोहतास के कार्यकाल से संबंधित ए.एस.पी. अरविंद वर्मा और डी.एस.पी. के.पी. सिंह पर। अरविंद ने मेरे कार्यालय में आकर बताया तो मैंने गृह आयुक्त और विधि सचिव से बात कर सर्वोच्च न्यायालय के ए.ओ.आर. प्रमोद स्वरूप के नाम वकालतनामा जारी कराकर एक घंटे के भीतर अरविंद को दिल्ली प्लेन पर चढ़वा दिया। मार्ग व्यय अरविंद ने मार्ग में मिलनेवाले साथी अफसरों से उधार लिया। अगले दिन डी.जी.पी. साहब मेरे इस कृत्य पर आग-बबूला थे। बोले, अरविंद को जेल में होना चाहिए। इस मामले में रिश्वत लेने में पकड़े जानेवालों को पुलिस ने मामला बंद कर मुक्त कर दिया था और उन्हें पकड़नेवालों पर मुकदमा चलनेवाला था। सर्वोच्च न्यायालय में एक वर्ष बाद न्याय मिल पाया। तब तक बिना स्थगन आदेश के स्थानीय न्यायाधीश ने न्यायपक्ष की लाज बचाई।

एक बात का उल्लेख करना भूल गया। मुख्यमंत्री दुबेजी और डी.जी.पी. एस.बी. सहाय मुंगेर से मेरे तबादलेवाले अन्याय से दु:खी थे। उन्होंने दिसंबर, 1986 में राँची के लोगों की माँग पर मेरा सीनियर एस.पी. राँची के पद पर पदस्थापन कर दिया। मैंने सरकार को पत्र लिखकर कहा कि सरकार की कोई तबादला नीति है। क्या पता कितने दिन में मैं राँची में भी असुविधाजनक हो जाऊँ। मैं फुटबॉल बनने को तैयार नहीं हूँ। अतः मैं राँची सीनियर एस.पी. पद पर जाने में असमर्थ हूँ। कृपया मेरी पोस्टिंग अब किसी जिले के एस.पी. के रूप में तब तक नहीं की जाए जब तक कि सरकार अपनी तबादला नीति से मुझे अवगत नहीं करा देती।

दुबेजी गए, वर्ष 1987। भागवत झा आजाद साहब मुख्यमंत्री बने तो अपने डी.जी.पी. के तौर पर जे.एम. कुरैशी को एस.एन. रॉय की जगह ले आए। मैं अपनी जगह स्थिर था ए.आई.जी. (इंस्पेक्शन)। नरसंहारों की श्रृंखला ने दुबेजी का कार्यकाल क्षय किया, उसी में राय साहब गए। कुरैशी साहब का स्वागत भी नरसंहार करते रहे।

एक दिन संजय गांधी उद्यान में टहलते हुए मुंगेर के खड़गपुर से विधायक और बेहद ईमानदार गांधीवादी मंत्री राजेंद्र प्रसाद सिंहजी मिल गए। पूछा, कहाँ रहते हैं? एक गेस्ट हाउस में। वे सुनकर चुपचाप चल दिए। मुझे 16/60 ऑफिसर्स फ्लैट बेली रोड आवंटित हो गया। अब मुझे उचित आवास मिल गया था।

एक दिन पिताजी बलराम गौतम को फ्लैट की घंटी बजने पर बाहर द्वार पर देखा। संक्षिप्त कहानी यह है कि एक दिन एक छेड़खानी के विरोध में मेरे गाँव के एक व्यक्ति को एक सज्जन श्रीनगर थाना ले जा रहे थे। मेरे पिताजी को बिजली शिकायत रजिस्टर में शिकायत दर्ज कराने थाने जाना था। रजिस्टर वहीं रखा रहता था। थाने में उस समय छेड़खानी करनेवाले के वर्ग के डी.एस.पी. पधारे हुए थे। उन्होंने शिकायतकर्ता और मेरे पिताजी को गिरफ्तार कर हाजत में बंद कर दिया। अपराध सवर्ण होने का। गाँव से परिवार से सहानुभूति में आए पच्चीस-तीस लोग भी भीतर कर दिए गए। इन भीतर किए गए लोगों में एक आदमी आई.पी.एस. का बाप है। यह सुनते ही सारे कागजात बना लिये गए। अगले दिन शनिवार को देर से दंडाधिकारी के समक्ष उनके विशेष निर्देश पर ये लोग पेश किए गए। उन दलित वर्ग से आए ज्यूडीशियल मजिस्ट्रेट आजाद साहब ने पूर्ण न्यायप्रियता और निष्पक्षता का परिचय देते हुए इन सबको जमानत पर देर शाम मुक्त करा दिया। मुचलके जब तक भरकर स्वीकार नहीं हो गए, वे न्यायपीठ से नहीं उठे।

पिताजी के पटना आने के बाद वे अर्धविक्षिप्त अवस्था में दिखे और वरदी देखकर चौकी के नीचे घुस जाते थे। मैं घर गया। एस.पी. हमीरपुर से मिला। वह ब्राह्मण कुरसी के भय में कुछ न कर पाया। अंतत: लखनऊ में डी.आई.जी. अब्राहम कुरियन और गणेश्वर झा साहब के सौजन्य से डी.जी.पी. रामनाथ गुप्ता ने संपूर्ण न्याय कर दिया। फिर एक क्षेपक कथा भी हुई, पर न्याय हिला और अडिग हो गया।

अक्तूबर 1987 का दशहरा एक सप्ताह से भी कम दूर। संध्या समय। मैं घर आ चुका था। करीब आठ बजे होंगे। डी.जी.पी. कुरैशी साहब का फोन—जनाब, जरा आइए। आप मोतिहारी चले जाइए। मैं जिला जाने में असमर्थ हूँ। अरे, पोस्टिंग नहीं कर रहा हूँ। वहाँ कब्रिस्तान में दफन को लेकर दो समुदायों में तनाव हो गया था। पुलिस फायरिंग में एक समुदाय (मुसलमान) के छह लोग मारे गए हैं। अब ग्रामीण क्षेत्रों में भी तनाव फैल रहा है। दशहरे को मुश्किल से एक सप्ताह ही है। फिर मुहर्रम भी पड़ रहा है। तुम्हें वहाँ जाकर हालात नॉर्मल करने हैं। बताओ, क्या चाहिए? मैंने कहा, आपका आदेश पर्याप्त है। फिर उन्होंने बताया कि अनिल पांडेय भी जा रहे हैं।

मैं रात्रि भोजन कर पांडेयजी के आवास गया। उन्होंने वक्त जरूरत के लिए एक-चार का सशस्त्र बल भी पटना पुलिस लाइन से मँगा लिया था। हम दोनों रात्रि दस बजे मोतिहारी के लिए निकले। मोतिहारी के लिए हम नए-नए थे। पांडेयजी ने पूछा,

क्या करोगे? मैंने पूछा, वहाँ से मुसलिम विधायक कौन है? हरसिद्धि से विधायक मो. हिदायतुल्लाह राज्य में कानून मंत्री हैं। उनके यह बताने पर मैंने कहा कि हरसिद्धि की मसजिद की सुरक्षा जाते ही करा देनी है। कल वहाँ अटैक होगा। हमने दो बजे रात्रि में मोतिहारी पहुँचते ही जेडक्रैश मैसेज हरसिद्धि के लिए दिया और सो गए। सुबह वायरलैस बाबू भागा-भागा आया और बोला, सर, हम सुबह पहली कॉल में जिले के संवाद भेजते रहे। हमसे गलती हो गई। आपका संवाद तुरंत नहीं भेजा। हरसिद्धि मसजिद पर अटैक हो गया तब हमने आपका आदेश तुरंत सुनाया कि मसजिद पर फोर्स दे दो और नगर में घनी गश्ती की जाए। इससे झंझट नहीं हो पाया। पर स्थिति तनावपूर्ण है। इस बीच डी.आई.जी. बेतिया भी तैयार होकर आ गए। डी.एम. एस.पी. भी आ गए। तय किया गया कि चार दिन में स्थिति बिल्कुल सामान्य होनी चाहिए। रणनीति कल से धारा 144 द.प्र.सं. हटा ली जाए। टाउन हॉल में कल शाम जनसभा हो (डी.एम. एस.पी. ने इसमें अपने शामिल नहीं होने का आग्रह किया तो उन्हें इसके लिए बाध्य नहीं किया गया।) राशन की चीनी दोगुनी मात्रा में दी जाए। गृहविहीन भूमिहीनों के लिए जगह-जगह वासगीत के परचे देने के लिए कैंप लगाए जाएँ। हम लोग आज से ही मिश्रित समुदाय के सभी बड़े गाँवों में सभाएँ करें और समाज के प्रतिष्ठित लोगों को शांति प्रयासों में जोड़ें, उनकी समितियाँ बना आगे करें। दूसरे दिन ही माहौल बदल गया। टाउन हॉल की सभा का बहुत अच्छा परिणाम देखने को मिला। प्रचार वाहनों ने फैसलों का प्रचार कर विकासोन्मुखी वातावरण का निर्माण किया। नगर में शांति की भूख थी। अब वह संतुष्ट-सा दिख रहा था कि एक बड़ी मुसीबत आती दिखी। झगड़े का मूल कारण फिर एक बुजुर्ग बीमार मौलाना की आसन्न मृत्यु के रूप में हमें डराने लग गया था।

शाम को सर्किट हाउस में दिनभर का हिसाब लगा रहे थे कि सूचना आई कि मौलाना साहब की किसी भी समय मृत्यु हो सकती है। हम उनके लिए दीर्घायु नहीं तो कुछ और महीनों की आयु के लिए प्रार्थना कर रहे थे और उनके स्वास्थ्य की पल-पल की जानकारी ले रहे थे। उन्हें सर्वोच्च अटेंशन मिल रही थी। पर वे डूबते जा रहे थे। हमने प्रार्थना की कि कल आठ बजे तक रह जाएँ, उससे पहले हम उन्हें राज्य सरकार के वायुयान से दिल्ली इलाज हेतु भेज देंगे। उस रात सोने का सवाल ही नहीं था। इतना चिंतित तो उसकी औलाद भी शायद नहीं रही हो। और लीजिए, वे दो बजे रात हमें मायूस करते हुए निकल लिये। इसके बाद पुलिस ऑपरेशन उनके सुपुर्दे-खाक का हुआ, पूरे मजहबी तौर-तरीके से। रात में सुबह चार बजे तक सब संपन्न और कब्रिस्तान पर फोर्स-ही-फोर्स। सबको पता था गड़बड़ करने पर कोई नरमी नहीं होगी। चार दिन में लग ही नहीं रहा था कि मोतिहारी शहर में कर्फ्यू था और जिले में धारा 144 द.प्र.सं. तथा कम-से-कम बीस गाँव में सांप्रदायिक तनाव था। पांडेजी ने डी.जी.पी. कुरैशी साहब को

फोन किया तो वे अपने अंदाज में बोले, अमाँ पांडे, अब वहाँ क्या कर रहे हो? हमने दशहरे से एक दिन पूर्व अपने आवास का रास्ता पकड़ा। शांति थी। संतोष था। जगदंबा की कृपा थी। मोतिहारी के लोगों का सहयोग के लिए धन्यवाद।

डी.जी.पी. कुरैशी साहब द्वारा मुझे तरह-तरह की जाँच के लिए भेजा जाता था। एक पते की बात बता दूँ। जाँच का कोई भी निष्कर्ष हो, वे प्राय: बाँझ होती हैं। मेरी एक जाँच का परिणाम पाठकों को रोचक लगेगा।

मामला भागलपुर के रजौन थाने के थाना प्रभारी के विरुद्ध रिश्वत लेने का आरोप था। मेरे समक्ष थाना प्रभारी रजौन ने स्वीकार किया कि उसने उस मारपीट मामले में पैसे लिये थे। वह मारपीट मामले में पैसे लेते हैं। यह उनकी मजबूरी है। रजौन का कतरनी बासमती चावल पुलाव के लिए श्रेष्ठ होता है। फिर उसने उन साहबों के नाम बता दिए जिनके घर और बेटा-बेटी की शादियों के लिए बोरों चावल जाता है, पर पैसे कोई नहीं देता। मैं कहाँ से लाऊँ? मैंने सारे विवरण डी.जी.पी. को दिए तो उन्होंने रजौन थाना प्रभारी को पाँच सौ रुपए का पुरस्कार दे दिया। थाना प्रभारियों से उनके बड़े हाकिमों और उनकी बीवियों द्वारा वसूली की शिकायत आश्चर्य में नहीं डालती।

एक दिन इंस्पेक्टर बैठा मेरे पास आकर रोने लगे। बोले, उत्पाद विभाग के देशव्यापी घोटाले में आपने कार्रवाई कराई, पर आपके तबादले के बाद अभियुक्त (वह पूर्व से ही जमानत पर था) बैठा साहब के पास आकर बोला कि केस के सभी कागजात कोर्ट में न देकर तुरंत सी.आई.डी. को दे दें, एक लाख रुपए ले लें अन्यथा आज आप सस्पेंड हो जाएँगे। बैठा शाम तक सस्पेंड हो गए। फिर उस अभियुक्त ने बैठा से कहा कि वह कहे तो सस्पेंशन हटवा दें। और उसने सस्पेंशन हटवा भी दिया। विभाग के ऐसे हालात जिसमें घोटालेबाज पुलिस पर नियंत्रण चलाएँ, उसे मेरे पास आकर रोने का कारण बने। और कहाँ रोए? मैंने प्रतिकार का भरोसा दिया तो वह बोला कि नहीं सर, वे बहुत ताकतवर हैं, उसे वे नष्ट कर देंगे। इसमें खलनायक हमारे एक पावरफुल आई.जी. ही थे।

भागलपुर में पापरी बोस नाम की बालिका का अपहरण शीर्ष शासकों की नैतिक सत्ता को नष्ट कर गया। कुछ ही समय बाद इसकी परिणति में पहले कुरैशी साहब अवकाश पर चले गए और कुछ ही दिनों में मुख्यमंत्री भागवत झा आजाद साहब वनवास में चले गए।

वर्ष 1988 की शुरुआत। अब सत्येंद्र नारायण सिंह मुख्यमंत्री बने तो अरुण कुमार चौधरी डी.जी.पी. बने। चौधरी साहब ने ए.आई.जी. (इंस्पेक्शन) के काम में मुख्यालय के लगभग सारे महत्त्वपूर्ण काम जोड़ दिए। यह मेरे आसन्न तबादले का नोटिस जैसा था। चंद दिनों में मेरा तबादला एस.पी. (एंटी डकैती) सी.आई.डी. के पद पर हो गया। मेरी जगह ए.आई.जी. बने साहब वैसे दो माह के अवकाश पर चले गए थे। मुझे उनकी जगह उनके लौटने तक बेगार करने को कहा गया, पर मैंने इसे

औपचारिक रूप से अस्वीकार कर ए.आई.जी. का पद छोड़ दिया।

वर्ष 1988 के बीच में भागलपुर गया तो मुझे वहाँ की हवा में आनेवाली घटनाओं की झलक मिली। अंततः कालीपूजा में भागलपुर में तनाव फट पड़ा। भागलपुर दंगों के बारे में सब जानते ही हैं। परिणामतः डॉ. जगन्नाथ मिश्र तीसरी बार बिहार के मुख्यमंत्री बने।

पुलिस मुख्यालय में मेरी समझ में यह आ गया कि लोकहित शासकों के दिमाग में प्रायः नहीं होता। वे निम्न स्तर की जोड़-बाकी में व्यस्त रहते हैं।

पुलिस मुख्यालय की अवधि का सबसे बड़ा लाभ यह हुआ कि अपने माता-पिता सहित पूरे परिवार को हैदराबाद, तिरुपति, मदुरै, रामेश्वर, धनुषकोटि मंडपम्, कन्याकुमारी, त्रिवेंद्रम, मद्रास, पुरी के धार्मिक स्थलों के दर्शन करा सका। दक्षिण भारत में पुलिस का सहयोग अप्रतिम रहा। पुरी में मित्र ए.के. उपाध्याय ने राजभवन में ही व्यवस्था कर दी थी। वे पत्नी सहित भुवनेश्वर में ट्रेन में रात्रि का भोजन देने भी आए थे, यह मामूली बात नहीं है।

इस कार्यकाल में मैं पहली बार परिवार सहित चित्रकूट धाम गया। उत्तर प्रदेश की अतिथिशाला में रुककर मैं अकेला भ्रमण पर पैदल निकल गया। मंदाकिनी के उस पार मध्य प्रदेश सरकार की अतिथिशाला से थोड़ा आगे चित्रकूट के अनुमंडल पुलिस पदाधिकारी सुनील कुमार सिंह का आवास सह-कार्यालय है। नाम परिचित था। मैं उनके सौजन्य से विगत वर्ष मैहर शारदा माँ के दर्शन कर सका था। उन्होंने मुझे बड़े प्रेम और सम्मान से रिसीव किया। फिर उन्होंने हमारा मध्य प्रदेश पी.डब्ल्यू.डी. के निरीक्षण भवन में रहने का प्रबंध कर दिया। हमारा पूरा खयाल रखा। दुर्भाग्यवश सुनील अब हमारे बीच नहीं है।

इस भ्रमण के दौरान हमें एक सौ पैंतीस वर्षीय गृहस्थ संत के दर्शनों और सान्निध्य का सौभाग्य भी मिला। उनकी नवीन दंत पंक्ति आ गई थी। आवाज बच्चों जैसी हो गई थी और चरण भी बहुत छोटे थे।

एक दिन जंगल में एक महात्मा की कुटिया पर ए.एस.पी. साहब हमें ले गए। वहाँ बैठकर बाबाजी के साथ बातें होने लगीं। ए.एस.पी. साहब ने उनसे पूछ लिया कि यह तो दस्युओं का इलाका है। क्या वे आपको तंग करते हैं? बाबाजी बोले, कभी-कभी आते हैं, जो मिलता है, खा जाते हैं। बस एक बार जरूर, हमारे यहाँ बहुत बड़ा भंडारा हुआ था। डकैतों ने समझा कि भंडारे में बहुत माल आया होगा तो एक रात आ धमके। जो कुछ था, ले गए। हम तो बाबा लोग हैं। सब तो जनता से आता है, उन्हीं पर खर्च होता है। ए.एस.पी. साहब ने पूछा तो पुलिस को खबर की थी। बाबाजी बोले, "हाँ, पुलिस आई थी। जो भंडारे का बड़ा-बड़ा सामान बरतन-भाँडे आदि बचे थे, उन्हें पुलिस उठा ले गई।" पुलिस का कहना था, डकैत पकड़ने पर उसके पास से बरामद दिखाएँगे, फिर आपको लौटा देंगे। हम लोग हँसने लगे।

□

सी.आई.डी.—नाम बड़े, दर्शन छोटे

बिहार सी.आई.डी. की किसी जमाने में धाक हुआ करती थी। जाली नोट की मशीन पकड़नेवाले इंस्पेक्टर गोपीचंद, फिंगर प्रिंट की खोज करनेवाले इंस्पेक्टर अजीजुल हक जैसे अनेक बेहतरीन नाम बिहार सी.आई.डी. के पास थे। पर मैं जब आया तो धाक से खाक पर आ अटके थे। फिंगर प्रिंट का क्रेडिट हक साहब के बॉस सर हेनरी को मिलता रहा है।

मेरे पदभार लेते ही यहाँ एक बात बेजोड़ दिखी—शक्तियों और जिम्मेदारियों का संपूर्ण प्रथक्करण। श्वान दत्ता मेरे पास। उसके हैंडलर्स और कुक दूसरे एस.पी. (क्राइम) के पास। क्रय आदेश दूसरे के। भुगतान की जिम्मेदारी मुझ पर। संपत्ति अपराध नियंत्रण और अनुसंधान मेरा काम। स्टाफ एस.पी. (क्राइम) के अधीन आदि-आदि कारण थे। ये सभी किसी-न-किसी बड़े हाकिम के साथ चिपके थे, प्राय: घर पर तीमारदारी में। मैं अधिक तारीफ नहीं करना चाहता, इसलिए इस काल की दो घटनाओं का उल्लेख प्रतिनिधि तौर पर देना चाहता हूँ।

राँची जिले के जगन्नाथपुर थाने की हाजत में दो संदिग्धों की मौत का मामला आया। राँची जिला, राँची डी.आई.जी., राँची आई.जी. सबका विचार हुआ यह संवेदनशील मामला है, इसलिए सी.आई.डी. को दे दिया जाए। जिन अफसरों पर आरोप लग रहे थे, वे शीर्ष सत्ता के बेहद नजदीक थे। तो साहब कुरसी सेवा धर्म का पालन कर रहे थे। सी.आई.डी. में यह मामला एस.पी. (क्राइम) का था। पर कबाल का निर्णय था कि यह मुझ पर थोप दिया जाए। मैंने औजार बनने से स्पष्ट अस्वीकार कर दिया। मैं चाहता था कि विभागीय तमाशे की पोल खुले। कुछ महीनों बाद मामला पटना उच्च न्यायालय के सामने आया और जाँच में विलंब के जिम्मेदार की पहचान कर शपथ-पत्र दायर करने को विभाग को कहा गया। विभाग प्रसन्न था कि वे मुझे सबक सिखा देंगे। एक मित्र ने मुझे आगाह किया तो मैंने कहा कि मैं तो इसी दिन की प्रतीक्षा कर रहा था, ताकि एक स्वतंत्र फोरम में बता सकूँ कि पुलिस विभाग में

जिम्मेदारी से पलायन की संस्कृति किस कदर हावी है। मेरे लिए निकली तलवारें वापस म्यान में चली गईं।

दूसरी घटना वीरता पुरस्कार प्रस्ताव को लेकर हुई। एक एस.पी. साहब अपर महानिदेशक टी.पी. सिंह से शिकायत करने आए कि उनके जिले की वीरता पुरस्कार फाइल पर एस.पी. (डी.) यानी मैं बैठा हुआ हूँ। हुजूर में तलबी हो गई। मैं फाइल लेकर ही पहुँचा था। मैंने एस.पी. से पूछा, तुमने मामला देखा है ? अब वो बगलें झाँकने लगा। फिर मैंने पूछा, तुमने पोस्टमार्टम रिपोर्ट पढ़ी है ? अब उसकी घिग्घी बँध गई। अब टी.पी. सिंह का पारा चढ़ गया। उन्होंने उस एस.पी. को उचित नसीहत दी। फिर मैंने उन्हें बताया कि इस मामले में पुलिस ने एक पिटाई से मरे मृत डकैत के मुँह में बंदूक की नली घुसाकर उसकी खोपड़ी उड़ा दी थी। मैं यह निर्णय नहीं कर पा रहा था कि इसमें पुलिस पर हत्या का मामला दायर होना चाहिए या नहीं। वीरता छोड़ें, यह घोर कायरता का मामला बनता है। मैंने फाइल अपर महानिदेशक को दी और अपने कक्ष में यह कहकर आ गया कि इस जूनियर अफसर को आपको मेरे पास भेज देना चाहिए था।

जनवरी 1991 के प्रारंभ में (यथास्मृति तीन जनवरी) मेरे मित्र बैचमेट पुलिस अधीक्षक धनबाद रणधीर वर्मा की बैंक लूट के दौरान आतंकियों ने हत्या कर दी तो सी.आई.डी. से मैं भी गया। मुझे यह देखकर आश्चर्य हुआ कि पटना के कुछ पुलिस महारथियों को यह चिंता अधिक सता रही थी कि रणधीर का अंतिम संस्कार धनबाद में न हो। क्योंकि रणधीर की लोकप्रियता की तरंग पर उनकी पत्नी रीता वर्मा धनबाद लोकसभा का चुनाव जीत जाएँगी। इसके लिए एक लिंक अफसर भी वहाँ भेजा गया था। धनबाद उपायुक्त अफजल अमानुल्लाह इस पर अडिग रहे और रीताजी की इच्छानुसार रणधीर का अंतिम संस्कार धनबाद में ही किया गया। मुख्यमंत्री लालू प्रसाद यादव इसमें शरीक हुए।

वर्ष 1989 और 1990 भारत के लोकतंत्र में बड़े महत्त्व के हैं, इसलिए इन्हीं की राजनीति की बड़ी करवट अगले अध्याय में लेना उचित प्रतीत होता है। □

वर्ष 1989 से 1991—हाथी करवट

प्रधानमंत्री राजीव गांधी को 1984 में मिला छप्पर तोड़ बहुमत 1986 आते-आते मरम्मत माँगने लगा था। बोफोर्स तोप के प्रकरण ने उनकी छवि को भारी आघात पहुँचाया और 1989 आते-आते तो उनके पूर्व वित्तमंत्री और अब इलाहाबाद से निर्दलीय सदस्य, लोकसभा एवं जन मोर्चा के संयोजक विश्वनाथ प्रताप सिंह 'राजा नहीं फकीर हैं, देश की तकदीर हैं,' में उतरा-इतरा रहे थे। वर्ष 1989 की प्रधानमंत्री राजीव गांधी की चुनावी सभा देर रात को हो पाई, क्योंकि उसी दिन उत्तर प्रदेश के मुख्यमंत्री वी.पी. सिंह के काट वीर बहादुर सिंह का असामयिक निधन हो गया था। छपरा नगर की इस सभा में पटना से मैं प्रभारी बनकर गया था। राजीवजी के साथ राहुलजी और उनके चुनाव प्रबंधक मल्होत्राजी भी थे। जनता उन्हें देखने को अधिक उत्सुक दिखी। वे दर्शनीय भी थे और काफी कुछ मासूम-से भी। कांग्रेस को बहुमत नहीं मिल सका। जनता दल की सर्वाधिक सीटें आईं। चौधरी देवीलाल इसके नेता चुने गए। उन्होंने अपना साफा वी.पी. सिंह को पहना दिया। वाम और दक्षिण दोनों बाहर से समर्थन दे रहे थे। वी.पी. सिंह भारत के प्रधानमंत्री बन गए। चंद्रशेखर असंतुष्ट बन गए। वी.पी. सिंह चौधरी का साफा उतारकर अपना साफा बुनने लगे। कपड़ा मंत्री शरद यादव ने एक दिन उन्हें हठात् कच्चा माल पकड़ा दिया। अब वी.पी. सिंह को पिछड़ों के लिए नौकरियों में सत्ताइस प्रतिशत आरक्षण कर सामाजिक न्याय सह धर्म निरपेक्षता के उच्चासन में स्वयं का साफा दिखने लगा। पिछड़ा आरक्षण के बाद दो दिन तक जब कुछ भी नहीं हुआ तो मरते राजनीतिक लाभ के लिए आरक्षण के पक्ष में एक रैली प्रायोजित हुई। उधर कश्मीर पर वी.पी. सिंह की नीतिपरक के बजाय व्यक्तिपरक दिशा ने वहाँ नए सिरे से पूरी उथल-पुथल रुबैया सईद अपहरण कांड और समाधान का मंजर पैदा कर दिया। कई वर्ष बाद मुझे कश्मीर-श्रीनगर में केंद्रीय रिजर्व पुलिस बल के उस समय आई.जी. रहे वरीय पदाधिकारी ने वहाँ की पूर्ण असहायता और दिल्ली की संपूर्ण निष्क्रियता का जो चित्र खींचा, वह भयावह था। मैं उसके विवरण देशहित में साझा नहीं कर रहा हूँ। बहरहाल, प्रधानमंत्री वी.पी. सिंह

अपने उस कथन को सच करते नजर आए कि मेरा देश का प्रधानमंत्री बनना आफत बन जाएगा। कई युवाओं के जलते जिस्म देश को झकझोरने लगे। इसी बीच जनता दल का दलदल रस के अभाव में दरक गया और चंद्रशेखरजी कांग्रेस के बाहरी समर्थन से देश के प्रधानमंत्री हो गए और देश सहसा सामान्य हो गया। इसकी भी अपनी एक कहानी है। सुनिए। इसी बीच वर्ष 1990 में बिहार में विधानसभा के चुनाव हुए। जनता दल के त्रिकोणीय मतदान में लालू यादव मुख्यमंत्री बने। उनके मुख्यमंत्री बनने के बाद के उनके साथ मेरे कुछ निजी अनुभव हैं जिन्हें पाठक से साझा किया जा रहा है। बताते चलें कि जब मैं छपरा में पुलिस अधीक्षक था तब लालूजी सोनपुर के विधायक थे। हंगामे के मास्टर लालू के साथ मेरे अच्छे संबंध रहे हैं। वे मुझे हमेशा समुचित आदर देते रहे। एक दिन मेरे अर्दली के तेवर से नाराज लालू ने विशेषाधिकार हनन का मामला उठाने की धमकी दे डाली। तो मैंने शांतिपूर्वक कहा कि वे ऐसा कर ही सकते हैं, पर इसमें उनका कोई बड़प्पन नहीं है। विधायक में एक मंत्री और मुख्यमंत्री छिपा होता है। आप किसी बड़े पद पर जाएँगे तो आपको पीछे मुड़कर देखने पर एक सिपाही के विरुद्ध विशेषाधिकार मामला उठाने को लेकर क्षोभ अवश्य होगा। लालू मेरी बात से बहुत प्रभावित हुए। वे हमेशा पर्ची भेजकर अनुमति से ही मेरे कक्ष में आते थे। मैं किसी को भी बाहर प्रतीक्षा नहीं कराता था। अंदर आइए और अपनी बारी की बाट जोहिए। यह हुई विधायक लालू की बात। अब मुख्यमंत्री लालू की बात कर लेते हैं।

एक शाम मैं बाहर टहल रहा था। पुलिस जिप्सी मेरे समीप आकर रुकी। एक अफसर ने सेल्यूट करने के बाद कहा, "सर, मुख्यमंत्री बुला रहे हैं। गाड़ी भेजी है।" मैंने कहा कुरता-पाजामा बदलकर वरदी पहन लूँ तो वह बोला, वे बोले हैं—जैसे हों, वैसे ही ले आओ। मुख्यमंत्री ने मुझे ड्राइंग रूम में रिसीव किया और शयनकक्ष में ले गए। अपने सहायक पर बिगड़े भी कि सीधे ऊपर क्यों नहीं लेते आए। लालू संजीदा थे। सीखना चाहते थे। लोगों की सेवा के प्रति गंभीर थे। मेरी कोई तीन घंटे बातें हुई होंगी। विवरण देना उचित नहीं होगा। एक बार फिर रोहतास जिले में बढ़ते अपहरण कांडों की समस्या को लेकर उन्होंने बुलाया। उन्होंने सलाह पर अमल भी किया। असर भी हुआ। वे दोनों बार मुझे नीचे तक छोड़ने भी आए। मुझे लगा, लालू सीखना चाहते हैं। पर साहब लोगों को डर था कि काम सीखा हुआ लालू उनके लिए ठीक नहीं। वे लालू को शासन के शंकराचार्य के रूप में प्रतिष्ठित करने में लग गए। मैंने उन्हें भविष्य की उलझनें कही थीं। वे स्वयं समझने में लगे थे और निष्पक्ष दृष्टिकोण के प्रति पहले छह माह तक आग्रहशील थे कि केंद्र द्वारा लाए गए पिछड़े आरक्षण ने नई राजनीतिक गोलबंदी की संभावनाएँ खोल दीं। यह लालू का प्रिय खेल का मैदान था। वी.पी. सिंह कांग्रेस के ब्राह्मण, दलित, मुसलमान के बदले अपना दलित, पिछड़ा, मुसलमान प्लस का खेल खेलना चाहते थे।

बस मंडल बनाम कमंडल की राजनीति चल निकली। वैसे राम मंदिर को लेकर साढ़े चार सौ वर्ष का संघर्ष रूप ले रहा था। राम भारत की चेतना हैं।

तीसरी घटना उस समय की है जब लालकृष्ण आडवाणीजी की रथ यात्रा हाजीपुर आनेवाली थी। मेरी ड्यूटी उनकी हाजीपुर जनसभा के प्रभारी के तौर पर लगी थी। मैं हाजीपुर जिला नियंत्रण कक्ष में हालात की जानकारी लेने पहुँचा। धुंधलका होते ही पता चला, हाजीपुर रेलवे स्टेशन के सामने के स्वागत द्वार में आग लगा दी गई है, जबकि नगर पुलिस निरीक्षक की ड्यूटी वहीं थी। निरीक्षक ने जो बताया वह भयावह था। अब मेरी समझ में आ गया कि आडवाणीजी की जनसभा में भारी उपद्रव प्रायोजित है। इसमें बलि के बकरे के लिए मेरा चुनाव हुआ है। मैंने जिला प्रशासन को वहीं चेतावनी दे डाली कि यदि कुछ भी गड़बड़ हुई तो कल राष्ट्रीय-अंतरराष्ट्रीय मीडिया को मैं सारी विस्फोटक जानकारी दूँगा। फिर क्या होगा, अनुमान से परे है। जनसभा में ऐसी शांति छाई रही कि मन प्रसन्न हो गया। मैं पटना लौट आया। आडवाणीजी की रथ यात्रा हाजीपुर से समस्तीपुर के लिए प्रस्थान कर गई। अगले दिन मुझे लालूजी का फोन आया। वे स्वयं लाइन पर थे। हालचाल पूछने के बाद बोले, आपको पता है न? मैंने कहा, नहीं, कुछ पता नहीं। तो बोले, आडवाणीजी को अरेस्ट कर लिया है। हाजीपुर में उपद्रव मच गया है। जाकर सँभाल लीजिए। डी.एम., एस.पी. सबको आपके अंडर में कर देते हैं। मैंने कहा, इसकी कोई जरूरत नहीं है। आपने कह दिया, इतना काफी है। मैंने फोन पर हाजीपुर में संवेदनशील जगहों पर फोर्स देने तथा गहन पेट्रोलिंग के लिए एस.पी. को फोन पर अनुरोध कर दिया। मैं जब तक हाजीपुर पहुँचा, स्थिति नियंत्रण में आ चुकी थी। पर मैं स्थानीय सर्किट हाउस में रुक गया। अगले दिन पुराने समाजवादी और विधायक तुलसीदास मेहताजी मुझसे मिलने आए। वे शासक दल के थे। उनके हाथ पर प्लास्टर देख मैंने पूछा कि कैसे हासिल कर लिया? तो बोले, आडवाणीजी की यात्रा का विरोध करने के ऊपरी निर्देश पर हम गांधी सेतु के हाजीपुर साइट पर अपने कुछ लोगों के साथ थे। काफिले को रोका तो हमें क्या पता हमारी पुलिस न होकर केंद्र की सी.आर.पी. चल रही थी। डंडे पड़ते ही हम भागे। चप्पल में धोती फँस गई। रोड डिवाइडर पर हाथ के बल गिरे और बूढ़ा हाथ टूट गया। तब तक डी.एम. साहब की आवाज सुनाई पड़ी—एस.पी. साहब, इन्हें रोकिए, मुझे पब्लिक समझकर लाठी चलानेवाले हैं। मैंने उन्हें बधाई दी तो बोले, कैसी बधाई? मैंने कहा, मंत्री पद पक्का है। शीघ्र ही कुछ दिनों में ऊर्जा मंत्री बने। वी.पी. सिंह की सरकार गिर गई। लालू राजनीति के नए सिकंदर बने। बंदर कौन बना, यह बताने की जरूरत नहीं है। वैसे जीवन में कब कौन सिकंदर या बंदर बन जाए, इसे प्रभु के अलावा कोई नहीं जानता।

एक नादान तिकड़मबाजी से केंद्र की चंद्रशेखर सरकार गिर गई। राजीवजी

चंद्रशेखर के तंतु का गलत अनुमान लगा बैठे। परिणाम, 1991 में लोकसभा के लिए फिर चुनाव हुए कि इसी बीच इक्कीस मई, 1991 को एक संभावनाओं से भरा दीपक श्रीपेरमबुदूर की त्रासदी में बुझ गया। मुझे इस संबंध में वह अफवाह स्मरण है, जो 20 मई को राँची के बाजार में छाई हुई थी। हवलदार साही ने रात्रि भोजन के समय सहमते हुए मुझसे कहा कि हल्ला है कि यदि राजीवजी कल तमिलनाडु का दौरा करते हैं तो उनकी हत्या हो जाएगी। आप राजीवजी को वहाँ जाने से रोकें। राजीवजी को लिट्टे से खतरा तो था ही। कालांतर में मुझे बंगलौर (अब बंगलुरु) के बाहरी जयप्रकाश नगर के उस स्थल को भी देखने का अवसर मिला जहाँ लिट्टे के राजीवजी के संदिग्ध हत्यारों ने साइनाइड खाकर स्वयं का अंत कर लिया था।

वर्ष 1991 के उत्तर राजीव निर्वाचन ने कांग्रेस को सत्ता के द्वार तक पहुँचा दिया। इस काल में अर्थव्यवस्था को खोलने का उत्सव मना। दरवाजे-खिड़की खोल दिए गए। इंस्पेक्टर आराम करने के निर्देश पा गए। बैग लेकर आओ-जाओ। जो बैग भर-भर ले गए थे, वे आ गए और फिर भर-भर बैग ले गए। कर्ज लेना और नहीं चुकाना सबसे बड़ा धर्म बनकर उभरा। और येन-केन-प्रकारेण धन-संग्रह सबसे बड़ा पुरुषार्थ। भारत अर्थ-धर्म-काम और मोक्ष के चार पुरुषार्थों में से धर्म और मोक्ष को खारिज कर अर्थ और काम को केंद्रीय चिंतन बना बैठा। भारतीय हाथी ने एक बड़ी करवट ले डाली थी। आगे जो आए, वे तो इनकी संतानें हैं।

वर्ष 1990 में मंडल कमीशन के राजनीतिक असर को बिहार में बढ़ाने के लिए कर्पूरी फॉर्मूले में जो दो प्रतिशत आरक्षण महिला वर्ग के लिए था, उसे पिछड़े एवं दलित वर्ग की महिलाओं तक ही सीमित कर दिया गया। बिहार में भी आंदोलन हुए। मेरे फ्लैट के समीप ही पुलिस फायरिंग में एक आरक्षण विरोधी युवक की छाती में गोली लगने से मौत हो गई। बालकनी में खड़ी मेरी सबसे छोटी बेटी रोने लगी कि ये लोग पापा को गोली मार देंगे। मुझे उसे सामान्य करने में कई दिन लग गए थे। मेरे घर बदलने के आवेदन को नकचढ़े साहिबों ने तत्काल खारिज कर दिया था।

□

पहली बार दक्षिण बिहार

12 जनवरी, 1991 को मैंने प्रोन्नति उपरांत पुलिस उप महानिरीक्षक, दक्षिणी क्षेत्र, राँची के रूप में कार्यभार सँभाला। इसमें पाँच बटालियन थीं तथा आज का झारखंड मेरे कार्यक्षेत्र में आता था। आवास अच्छा था। चंपा, जामुन, आम, सेमल, विशेष किस्म के गुलमोहर के पेड़ों से हरा-भरा बड़े कैंपसवाला। पूर्वाधिकारी का अपना बड़ा सा मकान अशोक नगर, राँची में था। पर मुझे आवास सुख मार्च में ही मिल पाया। वह भी तब जब मैं आवास के निचलेवाले रिक्त हिस्से में और कहीं जगह न मिलने पर रुक गया।

बिहार सैन्य पुलिस के अपर महानिदेशक की विशिष्ट रुचि अपने लोगों को अनुचर में भरती कराने में पाई गई। वे स्वयं ईमानदारी का लबादा ओढ़े मुझसे कमांडेंट पर दबाव डलवाना चाहते थे। बस अनबन शुरू हो गई। मेरा स्पष्ट मना करना उन्हें अखर गया। पर ज्यादा बड़ा संघर्ष आनेवाला था।

अब बिहार सैन्य पुलिस में सिपाहियों की भरती थी। जिस दिन भरती होनी थी उस दिन झारखंड मुक्ति मोर्चा का बंद होने के कारण दक्षिणी क्षेत्र की पाँचों बटालियनों में भरती को आगे के लिए स्थगित कर दिया गया। कालांतर में यहाँ इस आदिवासी रोस्टर वाले क्षेत्र में भरती न कराकर ए.डी.जी. साहब ने बेगूसराय बटालियन की प्रतीक्षा सूची अपने पास रखे भरती परिणाम के संदूक से प्रगट कर दक्षिणी क्षेत्र की यूनिट्स को नियुक्ति करने हेतु भेजते हुए मुझे इसका पालन कराने का निर्देश दिया। मैंने इसे अवैध और असंवैधानिक तथा आरक्षण कानून के विरुद्ध बताते हुए कमांडेंट्स को लिखा कि इस अवैध कृत्य के लिए वे जिम्मेदार माने जाएँगे। इसकी प्रति मैंने ए.डी.जी. साहब को भी दी। ए.डी.जी. साहब ने इस मामले को मेरे खिलाफ डी.जी.पी. के पास भेज दिया। डी.जी.पी. ने मेरे कथन को न्यायोचित माना। कालांतर में जब यही ए.डी.जी. स्वयं डी.जी.पी. हो गए तो उन्होंने बेगूसराय यूनिट से लोगों का तबादला दक्षिणी क्षेत्र की यूनिट्स में कर रिक्तियाँ पैदा कर अपनी सूची खपा दी और झारखंड के आदिवासियों को भरती के अवसर से

वंचित कर दिया। बिहार में अभी भी गरीबों, आदिवासियों, दलितों की हिमायती सरकार थी और हाकिम लोग भी सामाजिक न्याय की व्यवस्था के पोषक माने जाते थे।

राँची में मेरी प्रयोगधर्मिता फिर लौटी। इस बार परमहंस योगानंद महाराज की आत्मकथा ने रहस्य का एक द्वार दिखाया। सारा ज्ञान ब्रह्मांड में है ही। बस ध्यान द्वारा सही ट्यूनिंग से आप उस भाषा के भी वाहक बन सकते हैं, जो आप नहीं जानते, क्योंकि विभिन्न योनियों-जन्मों में चक्कर काटते हुए कहीं गहरे हमारे अंदर भी वह सब है। इसका प्रयोग अहंकार शून्य होकर मैंने चार जनवरी, 1992 को बिहार सैन्य पुलिस की प्रथम वाहिनी गोरखा वाहिनी के वार्षिक जन्मोत्सव पर परेड को गुरखाली में संबोधित कर डाला। संबोधन छोटा ही था। अब मेरे अंदर अहंकार ने प्रवेश कर लिया। शाम के सांस्कृतिक कार्यक्रम में मैंने सगर्व वही प्रयास किया तो हास्यरस का विषय बन गया। क्षमा माँगकर तुरंत अपनी औकात पर लौटा। नारद मुनि जब ध्यान में थे तो उन्होंने काम और क्रोध दोनों पर विजय पाई थी। तब उनमें गुरूर आ गया और अपनी दुर्गति करा बैठे।

अपने सामान्य कार्यों की बात करने का स्थान यह पुस्तक नहीं है। पर उस काल में अपनी यूनिट्स के कोई पाँच सौ से अधिक जवानों को साक्षर बनाने में हमें सफलता मिली। जितने अक्षर ज्ञान से वंचित थे, उन्हें पढ़ने-लिखने योग्य बनाने में आनंद आया। धनबाद के उपायुक्त अफजल अमानुल्लाह ने भरपूर सहयोग दिया। राँची के विकास उपायुक्त अमरजीत सिन्हा ने मुझे जिला शिक्षा परियोजना से जोड़ रखा था। इससे पूर्व 1987 में बिहार शिक्षा परियोजना पर विचार-विमर्श में बोधगया में एन.जी.ओ. आदि के साथ शिक्षा आयुक्त यू.के. सिन्हा द्वारा आहूत बैठक में आई.पी.एस. के मैं और मनोज नाथ सम्मिलित हुए थे। मैंने वयस्क शिक्षा अभियान की समाप्ति की तिथि तय करने की अनुशंसा कर इसके बजट को प्राथमिक शिक्षा पर ध्यान देने के लिए खर्च करने को कहा था ताकि निरक्षर वयस्क हो ही न पाएँ। दूसरे प्रौढ़ शिक्षा फ्रॉड शिक्षा है, क्योंकि इसका प्रामाणिक गुणात्मक एवं गणनात्मक मूल्यांकन हो पाना कठिन है। राँची में मैंने सबको एक-एक विद्यालय गोद लेकर उसे उत्कृष्ट बनाने का सुझाव दिया। बातें आगे नहीं बढ़ सकीं। यूनीसेफ के प्रतिनिधियों के स्वागत में फाइव स्टार कल्चर का व्यवहार मन को दुःखी भी कर गया। मैंने इस आमंत्रण के साथ स्वयं को बाहर कर लिया।

फोर्स में काम करने में वृक्षारोपण का अवसर मिलता है। छपरा नगर की सड़कों पर हम लोगों के लगाए पेड़ अब बड़े हो गए हैं। अपनी यूनिट्स में हमने कई हजार पेड़ लगवाए।

इस बीच मुझे डी.जी., सी.आई.एस.एफ. पी.एस. भिंडर साहब तथा डी.जी., बी.एस.एफ. टी. अनंताचारी साहब ने अपने फोर्स में आने का न्योता दिया। पर मैं सेवा में पहली बार कुछ आराम से था। राँची नगर अच्छा है। लोग भी भले हैं। इसलिए मैं

यहाँ बने रहना चाहता था। हमारे कैंपस के मीठे आम के पेड़ एक बड़ा आकर्षण थे। मित्रों को बाँटने का आनंद भी हम प्राप्त कर पा रहे थे। डी.डी.सी., डी.के. तिवारी ने कैंपस में हैंडपंप लगवा दिया था। मैं वहाँ सद्य जल से स्नान का आनंद लेता था। पड़ोसी एस.पी. सी.बी.आई. एन.सी. ढौंडियाल की दी हुई बछिया सोनी अब दूध देने लगी थी। उसकी पुत्री मोती उछल-उछलकर हमारा मनोरंजन करती थी। पर हमारे एक साथी रेंज के डी.आई.जी. छह-सात माह के लिए कोर्स पर विदेश जानेवाले थे और उन्हें अपने कुत्ते के लिए आवास और सेवकों की आवश्यकता थी तो उनकी दृष्टि मेरी पोस्ट पर आ टिकी। उन्होंने अपनी बदली मेरी जगह तथा मेरी बदली पलामू के डी.आई.जी. पद पर करा दी। पलामू में सी.बी.एस.ई. का स्कूल न होने के कारण मेरी चिंता बढ़ गई। लगता है, जगदंबा ने मुझ पर कृपा की और मेरा तबादला बदलकर डी.आई.जी. शाहाबाद रेंज, डालमिया नगर के पद पर कर दिया गया। बाद में पता चला कि लालू सरकार के ईमानदार मंत्री जगतानंद सिंह के हस्तक्षेप से ऐसा हुआ था।

मैंने डालमिया नगर आकर चार्ज ले लिया। तो उसी शाम राँची में मेरे उत्तराधिकारी ने अपना अलसेशियन श्वान उन सीढ़ियों पर बाँध दिया, जहाँ मेरे परिवार का निवास अभी भी था। रात में बच्चों का फोन आया। श्वान की गर्जना मैं सुन सकता था। बड़े प्रयास के बाद श्वान वहाँ से हटाया जा सका। कुछ लोग ऐसे भी होते हैं जिन्हें मात्र उनके श्वान के कारण स्मरण करना पड़ता है।

राँची में मेरी अनावश्यक घरेलू समस्याएँ और अशांति का उपचार मैंने श्रीमद्भागवत, महापुराण और रामचरितमानस तथा सूर्य नमस्कार, प्राणायाम और ध्यान में पाया। उन दिनों एक अनुभव यह हुआ कि ध्यान में बंद आँखों के बावजूद कक्ष में स्वर्णिम प्रकाश व्याप्त दिखा जो नेत्र खोलने पर भी यथावत् बना रहा। यह अनुभव दोबारा चाहने पर भी नहीं हुआ। सामान्य अनुभव यह है कि बंद पलकों में विभिन्न मुद्राओं में ऊपर-नीचे, दाएँ-बाएँ करने पर दिखनेवाले रंगों में परिवर्तन होता है और हर स्थिति का अपना रंग होता है। रंगों और सुगंधों का सीधा संबंध तरंगदैर्घ्य (वेव लेंथ) से जुड़ा होता है। सत्त्व, रज और तमस गुणों के भी अपने रंग होते हैं। मुझे लगता है, ध्यान की क्रिया का आकलन वैज्ञानिक ढंग से किया जा सकता है तो इसके सृजन के तरीके भी खोजे जा सकते हैं। इसका व्यावहारिक आशय यह होगा कि मानसिक समस्याओं का समाधान अध्यात्म में निरापद रूप से विद्यमान है।

कुत्तों का इतना ज्यादा ध्यान रखनेवाले डी.जी.पी. के दो वर्ष बढ़े सेवाकाल मिलाकर चार वर्ष बिहार पुलिस को नेतृत्व प्रदान करने के बाद ए.डी.जी. बिहार सैन्य पुलिस वी.पी. जैन साहब नए डी.जी.पी. बने थे। उससे पहले ही मैं राँची से डालमिया नगर आ चुका था।

मनुष्य प्रायः सांसारिक कारणों से मोहग्रस्त रहने के कारण मूढ़बुद्धि बना रहता है। मैं इसका अपवाद नहीं हूँ। पर कभी-कभी दैवी शक्तियाँ उसे इस घोर दलदल से निकालने के लिए समय-समय पर अपने कुछ अनुभव कराती रहती हैं। पर हम शीघ्र ही फिर श्रद्धा की सीमा फाँद संशय के घर में प्रवेश कर लेते हैं। प्रभु की कृपा हरेक पर होती है।

शिरडी के साईं बाबा को लेकर मेरे दो-तीन अनुभव हैं। एक अनुभव मेरे इस राँची कार्यकाल का है जिसका वर्णन संक्षेप में मैं यहाँ दे रहा हूँ। यह मार्च 1993 का है। दूसरा अनुभव तब का है जब मेरा बेटा संजय इलाहाबाद में सिविल सर्विसेज की परीक्षा दे रहा था। बाबा ने वहाँ उसकी रक्षा करते हुए मुझे स्वप्न दिया था कि वे मेरा पूरा खयाल रखते हैं और रखेंगे। फिर भी मैं चिंताग्रस्त हो ही जाता हूँ।

अगले अध्याय में जाने से पूर्व मैं शिरडी के साईं बाबा से संबंधित एक पुनीत अनुभव को अपना प्रणाम निवेदित करना चाहता हूँ। मेरे मन में साईं बाबा के दर्शन की इच्छा बहुत दिनों से थी। पर मैंने यह भी सुन रखा था कि बाबा के बुलावे के बिना शिरडी जाना नहीं हो सकता। मैंने मन-ही-मन कहा कि अगर ऐसी बात है तो बाबा, मुझे राजकीय यात्रा पर ठाठ से बुलाओगे तो आऊँगा? वर्षों बाद यकायक एक दिन मई 1993 में मैं कटिहार में था तब आई.जी. प्रशासन का फोन आया कि नासिक जाओगे? वहाँ पुलिस साइंस कांग्रेस है। मेरे दिमाग में आया कि यह तो शिरडी बुलावा है। 'हाँ' कहने पर वे बोले, तो वहाँ परसों पहुँचो। मैंने अपने राँची ऑफिस से टी.ए. एडवांस का बिल बनाने तथा जमशेदपुर से इगतपुरी गीतांजलि एक्सप्रेस में आरक्षण कराने का निर्देश दिया। मैं उसी रात राँची पहुँचा। आगे की यात्रा के लिए तैयार। टी.ए. एडवांस पर सरकार से रोक लगी हुई थी। वित्तीय संकट। मैं जमशेदपुर के लिए कार में कदम रख ही रहा था कि प्रो. ए.के. गोस्वामी मिलने आ गए। मैंने उन्हें रोकते हुए कहा कि शिरडी साईं ने किस कारण मुझे इस तरह रोका है, नहीं पता। जब तक हम चाय पीते, यह भी स्पष्ट हो गया। टी.ए. एडवांस पास हो गया था सरकारी रोक के बावजूद। कोषाधिकारी ने कहा कि गौतम साहब के इस बिल को तो पास करूँगा ही। क्लर्क बैंक से कैश भी ले आया, यद्यपि समय समाप्त हो गया था। तब मैंने कहा, इतना कैश ढोना ठीक नहीं। बंबई से राँची हवाई जहाज का टिकट भी ले आओ। अब मैं लेट हो गया था। जब जमशेदपुर पहुँचा तो इंस्पेक्टर जी.आर.पी. स्टेशन के बाहर मेरी बेसब्री से प्रतीक्षा कर रहे थे। गीतांजलि एक्सप्रेस जमशेदपुर आउटर पर आधा घंटे से खड़ी थी। मैं ट्रेन में बैठा और वह चल दी। नासिक में हमें जो कार दी गई, उसे शिरडी ले जाने की आज्ञा भी दी गई। शिरडी में बाबा का भोजन पाकर शयन आरती के दर्शन हुए। बाबा ने सब पूरा कर दिया था। पर मुझे जो करना चाहिए, उसमें मैं प्रायः चूकता रहा हूँ।

पुलिस के वर्णन के चक्कर में मैं जैसे साईं बाबावाला प्रकरण इस वृत्त लेखन के दौरान भूल गया था वैसे ही एक अति महत्त्वपूर्ण व्यक्ति से अप्रैल 1993 में हुई भेंट को भी भूल गया था। ऐसा अध्याय समाप्त करने के दबाव में हो गया। बंबई का जिक्र आते ही मुझे बंबई से राँची टेंडर हर्ट विद्यालय के वार्षिक उत्सव के लिए प्राचार्य मंजू गार्गी के आमंत्रण पर पधारे उनके भ्राता मशहूर फिल्म प्रोड्यूसर गोगी आनंद और मशहूर संगीतकार राहुलदेव बर्मन (पंचम दा) से भेंट का स्मरण ताजा हो गया। मंजू गार्गी और उनके पति सुधीर तिवारी ने मुझे इस उत्सव के लिए हठात् मुख्य अतिथि बनाया था। मैं समय से पहले बेटे संजय के साथ पहुँचा। पंचम दा ने आते ही सुधीर के पिताजी के पैर छुए तो मन गद्गद हो गया। मैं टीनू और पंचम दा के बीच में बैठा था। पंचम दा मुझसे ऐसे मिले जैसे हम बहुत पुराने दोस्त हों। हम मंच पर एक साथ थे। दादा मेरे भाषण से इतने प्रसन्न हुए कि अपने संबोधन तक में मेरी प्रशंसा कर डाली। बड़ों की विनम्रता देखते ही बनती है। वे मुझसे बोले, बंबई आओ तो मुझे खबर करवा देना बहन गार्गी से। मैं आपको स्वयं एयरपोर्ट लेने आऊँगा। आप मेरे साथ मेरे घर पर रुकेंगे। शिरडी से लौटते समय बंबई में मैं यह सोचकर नहीं मिल सका कि उसी दिन प्लेन पकड़ना है।

कुछ ही महीनों बाद वे 4 जनवरी, 1994 को स्वर्ग सिधार गए। इसलिए मिलने-जुलने का काम कभी भी, फिर कभी पर नहीं छोड़ना चाहिए। पंचम दा जैसी महान् हस्ती के साथ सान्निध्य का लाभ मैंने गवाँ दिया था। मैंने सोचा था, फिर कभी समय लेकर बंबई आऊँगा। यह कभी होता नहीं है। हमें सभी कर्म धैर्यपूर्वक करने चाहिए।

काल करै सो आज कर, आज करै सो अब।
पल में परलय होयगी बहुरि करैगा कब॥

मैं अपने राँची कार्यकाल का वह प्रकरण भी कैसे भुला सकता हूँ जब मैंने सी.आई.डी. मुख्यालय में अफरातफरी का माहौल देखा। हाकिम लोग ऊपर-नीचे आ-जा रहे थे। पता चला कि बैंक लूट में पकड़े अपराधकर्मियों ने वह जगह बताने को कह डाला है जहाँ लूट के रुपए पहुँचे हैं। इससे पहले इसी कांड में एक माननीय की गाड़ी रुपयों समेत पकड़ी गई थी। थानेदार अडिग था केस करने को। हुक्म हुआ तो बड़ा साहब (एस.पी.) वहाँ सदेह पधार गए और मामले का क्रियाकर्म कर दिया। मुझे वहाँ इतनी बातें मुख्यालय में मिल पाईं। मुझे राँची वापस भी तो आना था।

□

शाहाबाद रेंज

मई 1993, कभी गुलजार डालमिया नगर में बहार-ही-बहार थी। मैंने डी.आई.जी. शाहाबाद रेंज, डालमिया नगर का पद सँभाल लिया है। रोहतास उद्योग समूह का टाटानगर को टक्कर देता सुंदर नगर आज उजाड़ मिला। मैं इसे एस.पी. रोहतास के रूप में 1982 में बचाने में लगा था। मैं तो दिल्ली गया। वहाँ इस समूह के वाइस प्रेसीडेंट को कार में आते देख झोला लटकाए मैं रोहतास का भूतपूर्व पुलिस अधीक्षक घूमकर मुँह छिपाकर रह गया था। डालमिया नगर के इंजीनियर रिक्शा चलाते, मजदूरी करते पेट पाल रहे थे। एक इंजीनियर बहुत अच्छे शिक्षक बन गए थे—निजी हैसियत में। आबाद थी तो बस श्रमिक नेता की चौराहे पर लगी मूर्ति। वीरान नगर, उदास चेहरे।

कार्यालय में पहला दिन। कुदरा थाना क्षेत्र से एक माता का आगमन। आते ही सीधे सवाल। बौआ, तू हमको बस ये बता दे, हमरा बिटवा जीवित वा या कि मर गवा? हम तूफानिया के रुपया देत-देत हलकान बानी। माताजी रोकर शांत हुईं तो किस्सा बताया। वे विधवा हैं। तूफानी पासवान गैंग ने फिरौती, अपहरण कर इलाके में आतंक फैला रखा है। इनके बेटे को भी उठा ले गया। फिरौती की रकम माँगी, दी गई। बेटा फिर भी नहीं मिला। तब से महीने, दो महीने पर रकम ले जाता है, पर बेटे को नहीं लौटाता है। कहता है, जिंदा रखना है तो पैसे दो। मैंने कहा, माँ, मेरा यहाँ पहला दिन है। एक महीने का समय दो। वे लड़ पड़ीं, तुहरे बारे में अच्छा-अच्छा सुनल रही। तू सब कर सके है। मैंने भरोसा बँधाया, हाँ, मैं यह काम कर सकता हूँ और करूँगा, मेरा एक माँ को वचन है। वे यह कह चलने लगीं कि एक महीने में फिर आएँगी। मैंने कहा, हो सकता है पहले ही काम हो जाएगा। मुझे जनता की चिट्ठियाँ आने लगीं। कैमूर जिले के भगवानपुर गाँव के एक मिश्राजी का कोई चालीस पेज का सुंदर हस्तलेख में एक पत्र मिला। उनके भी इकलौते पुत्र को तूफानी गैंग ले गया और उनकी भी वही दशा है, जो कुदरावाली माताजी की है। मिश्राजी ने दो अन्य लोगों का नाम भी एफ.आई.आर. में दिया है। पर किसी की गिरफ्तारी नहीं हो रही है।

एक दिन एक और पत्र मिला। तूफानी भभुआ नगर के चौराहे पर एक बड़ी दुकान पर आराम से बैठा हुआ था। पुलिस इंस्पेक्टर भभुआ वहाँ से निकले तो उनकी नजर सामने तूफानी पर पड़ी। तूफानी ने उन्हें प्रणाम किया। पुलिस इंस्पेक्टर ने निवेदन किया—तूफानीजी, थोड़ा सा बच-बचाकर रहिए। यहाँ सबके सामने…। इस पर तूफानी हँस दिया।

अब मेरे पास आगे की रणनीति थी और कार्रवाई की दिशा भी स्पष्ट थी। इस अपराधी को पुलिस के किसी बड़े अफसर अर्थात् उसके माध्यम से किसी राजनेता का संरक्षण प्राप्त है। मुझे यह कवच तोड़कर गिरफ्तारियाँ करानी हैं। यह अज्ञात मामला नहीं है। अपराधी के बारे में पता है।

मैंने कैमूर जिले के मुख्यालय भभुआ में वहाँ के एस.पी., डी.एस.पी., इंस्पेक्टर्स और थाना प्रभारियों के साथ बैठक रखी। मैंने उन्हें बता दिया कि मुझे क्या-क्या पता है। और उनके पुरुषार्थ पर प्रश्न करने लगा तो भगवानपुर का युवा थाना प्रभारी खड़े होकर बोला, सर, आदेश हो तो चौबीस घंटे में पकड़ लेंगे। हमें एक्शन से मना किया गया है। किसने मना किया के प्रश्न पर इशारा पुलिस अधीक्षक पर गया जिसने तब तक एक फाइल का सिफारिशी पत्रवाला पृष्ठ खोलकर मेरे सामने रख दिया था। मैंने स्पष्ट किया कि अपराधियों को बचानेवालों को गिरफ्तार कर लें। उस युवा थाना अफसर ने कहा, आपके घर पहुँचने से पहले कार्रवाई का परिणाम आने लगेगा। कुछ गिरफ्तारियाँ हुईं। तूफानी पासवान ने न्यायालय में समर्पण किया। प्रायोजित लगा, क्योंकि पुलिस उसे रिमांड पर नहीं ले रही थी। मेरा फिर भभुआ जाना हुआ, क्योंकि इस बार न्यायपालिका में गाड़ी अटक गई थी। मुझे आया जान रिमांड मिल गई। तूफानी ने पूछताछ के क्रम में कैमूर पर्वत पर वह गुफा दिखाई जिसमें वह अपहृत बच्चों को बंद कर मरने के लिए छोड़ देता था, पर परिजनों को उनके जीवित होने का भरोसा देकर पैसे ऐंठता रहता था। गुफा में कई बच्चों के कंकाल मिले। वे अपने वस्त्रों से फौरी तौर पर पहचाने जा सके। कुदरावाली माई, भगवानपुर के मिश्रा के बच्चे भी यहीं कंकाल के रूप में मिले। अपने बच्चों के अवशेष पाकर इनके मन की स्थिति वर्णन से परे है।

आम जनता सब जानती है। बताना भी चाहती है। कोई भरोसेवाला तो मिले। मेरी बताई गई ठोस जानकारियों के बावजूद पुलिस अधीक्षकों की विफलता की सूची बनाई जाए तो एक चार्ज शीट जैसी लगेगी। भरोसेमंद बनो तो खबर मिलेगी। हमारे अनेक अफसर हैं, जिन्होंने जनता का भरोसा जीता है, पर उनकी संख्या घट रही है। धंधेबाज बढ़ोतरी पर हैं।

कैमूर का ही एक मामला है जिसमें एक अभियुक्त वकील मियाँ के नाम वारंट पर डेहरी से वकील कोइरी रिक्शाचालक को पुलिस ने पकड़ लिया था। उसकी पत्नी

चार बच्चों के साथ मेरे डालमिया नगर आवास पर बैठी मिली। मुझे उसे जेल से बाहर निकलवाने में एड़ी-चोटी एक करनी पड़ी। जब मैंने पटना उच्च न्यायालय जाने का इरादा किया तो प्रतिरोध की दीवारें ढह गईं।

पी.पी.सी.एल. अमझौर से एक युवक के अपहरण का असफल प्रयास उस काल की प्रकृति पर प्रकाश डालता है।

पी.पी.सी.एल. अमझौर के कैंपस से एक युवक के अपहरण का शोर होने पर वहाँ के थाना (चौकी) प्रभारी ने सारे गेट बंद कराकर सभी अपहर्ताओं को गिरफ्तार कर युवक को सकुशल बरामद कर लिया। तुरंत कागजी कार्रवाई पूरी कर अभियुक्तों को जेल भिजवा दिया। अभियुक्तों के तार शीर्षस्थलों तक थे और वे एक बड़े घोटाले के अंग थे। इस युवक की एम.आई.टी. मुजफ्फरपुर में बी.टेक. में दाखिले के लिए एक लाख तय रकम में पच्चीस हजार ड्राफ्ट से दी जा चुकी थी अग्रिम के तौर पर। अब चयन होने के बाद शेष पचहत्तर हजार नहीं देने के कारण उसका अपहरण किया जा रहा था। युवक अपने दम पर दिल्ली इंजीनियरिंग कॉलेज में दाखिला ले चुका था। प्रतिक्रिया बिजली की गति से हुई। इस पुलिस अफसर को सी.आई.डी. पटना में पोस्ट कर दिया गया। एस.पी. को इन अपहर्ताओं की जमानत कराने के जिम्मे की भी अफवाहें/खबरें फैली थीं। गतिविधियों से अफवाहों को बल मिल रहा था। मैंने जब उस अफसर को अमझौर में रोकने का ऑफर दिया तो वह हाथ जोड़कर बोला, आपका आशीर्वाद ही काफी है। वे लोग ताकतवर हैं। मेरी हत्या करा सकते हैं। यह बिहार के कुख्यात मेधा घोटाले का पहला तिनका था।

डालमिया नगर में पुराने मित्र डॉ. सुनील बोस के हारमोनियम और तानपूरे से तिवारीजी के शिक्षण में हम पूरे परिवार ने संगीत सीखना शुरू किया। तबला अपने आप बनवाया। यहाँ पुराने मित्र बड़े भाई गोविंद नारायण ठाकुर अधीक्षण अभियंता सिंचाई विभाग थे। डॉ. एम. पाठक से भी आना-जाना हुआ। डॉ. ए.बी. सिंह और उनकी पत्नी डॉ. गीता सिन्हा हमारे सामाजिक दायरे में थे। जगनारायण उपाध्याय उर्फ जटु बाबा से तो पहले ही संबंध बन गए थे। आवास के समीप के मंदिर में जाकर शांति मिलती थी।

मंदिर के पुजारी राजस्थान से डालमिया परिवार द्वारा लाए गए शर्माजी थे। उन्होंने बताया कि एक बार उनके मन में हनुमान जयंती पर मोरारी बापू की कथा कराने का विचार आया तो उन्होंने इसके लिए बापू को चिट्ठी लिख दी। बापू का व्यस्तता का उत्तर भी आ गया। इन्हें बड़ी निराशा हुई। फिर एक दिन बापू का संदेश आया कि वे आएँगे और रामकथा भी कहेंगे। बापू को हनुमानजी ने स्वप्न में इस हेतु आदेश दिया था।

हनुमान जयंती पर प्रो. जे. पांडे (जगदीश पांडे) के गाँव सम्हुता के घर पर कीर्तन और स्वामी राजेश्वरानंद तथा बक्सरवाले मामाजी की रामकथा का आनंद लिया। मामाजी

किशोरी जू यानी माता सीता से भाई–बहन का रिश्ता मानते हुए इसी मिथिला भाव से रामकथा कहते थे। आनंद की वृष्टि होती रही।

प्रो. जगदीश पांडे अंग्रेजी और हिंदी दोनों में उच्च कोटि की विद्वत्ता के धनी थे। उनका अध्यात्म पक्ष उससे भी ज्यादा प्रबल था। कीर्तन उनका प्रिय व्यसन था। एक बार मैं अपने पिताजी को उनसे मिलाने उनके सासाराम स्थित आवास पर गया। दोनों में कई घंटे दरबार हुआ। चलने के वक्त वे बाहर हमें विदा करने आए और उस गली में धूलभरी भूमि पर मेरे पिताजी के प्रति आदर में साष्टांग भूमि पर औंधे मुँह लेट गए। उनके मन में कोई गंदगी नहीं थी। मेरा मन तो तुरंत गली में पड़े थूक आदि पर चला गया। ऐसे दंडवत् तो मैंने कभी किसी को भी नहीं किया था। जे. पांडे की महानता का परिचय इसी से मिलता है। वे हमेशा मेरा उत्साह बढ़ाते रहे और भूरि–भूरि प्रशंसा करते रहे। उनके शब्द मुझे आज भी प्रेरित करते रहते हैं। उनकी रचनाएँ उत्कृष्ट कोटि की हैं, इनकी प्रतियों का कोष मेरे पास उनका दिया है।

हमारी गौमाता मेरी कार की आवाज दो किलोमीटर दूर से ही पहचानकर रँभाने लगती थी। एक दिन दो बज रहे थे। भारी गरमी, रँभाने में गुस्सा भी था, दयनीयता भी थी। मेरे पास जाने पर उसने क्रोध दिखाया। मैं दौड़कर बाल्टी में पानी लाया। गाय बहुत प्यासी थी। लू लग जाने से उसकी देह तप रही थी। गाय तो बच गई, पर उसके भीतर का सुंदर बछड़ा जीभ निकाले मरा निकला। उस बछड़े की पीड़ा मैं अभी भी अनुभव कर सकता हूँ। उसकी बछिया मोती को एक दिन कुत्ते ने काटा तो वह कराही। एंटी रेबीज मुश्किल से मिला। मैंने तय कर लिया कि मुझे गाय पालने का हक नहीं है।

कहने को तो बहुत कुछ है। पर इस अध्याय में यह रेखांकित करना है कि शासन में दंड और पुरस्कार की प्रणाली व्यक्तिपरक और उच्छृंखल है। अधौरा के थाना प्रभारी अनुसूचित जनजाति से आते थे। उन्होंने असाधारण वीरता और प्रत्युत्पन्न मति के प्रमाण देते हुए अपने जीप चालक और एक चार सशस्त्र बल के साथ पहाड़ पर दस नक्सलियों से लोहा लेते हुए नौ नक्सलियों को मार गिराया था। मैंने उन सबको पारी से बाहर प्रोन्नति और फिर राष्ट्रपति के वीरता पदक के लिए डी.जी.पी. को लिखा। डी.जी.पी. की रुचि इस वीरता में एस.पी. का नाम घुसाने में अधिक थी। मेरा कार्यकाल वहाँ शीघ्र ही समाप्त हो गया, क्योंकि डी.जी.पी. मुझे प्रधानाचार्य पुलिस ट्रेनिंग कॉलेज हजारीबाग के पद पर ले जाना चाहते थे। मैंने इसे इसी रूप में लिया था। पर वे इसके पीछे तिकड़मबाजी कर रहे थे। तिकड़मबाजी का कारण उस समय समझ में नहीं आया। पर उसके तथ्य तो पहले से ही दस्तक दे रहे थे। इन्हें बताना ठीक रहेगा।

शाहाबाद रेंज डी.आई.जी. रहते मुझे एक के बाद एक कुल दो खराब वार्षिक अभिलेख टिप्पणियाँ प्राप्त हुईं। ये राँची कार्यकाल की थीं। ए.डी.जी. बी.एम.पी. ने

डी.जी.पी. तथा चीफ सेक्रेटरी के सेवानिवृत्त होने तक प्रतीक्षा की, ताकि उनके द्वारा दी गई खराब ए.सी.आर. अंतिम हो जाए। मेरा एक अभ्यावेदन तो स्वीकार भी हो गया। पर दूसरे अभ्यावेदन को अब डी.जी.पी. बने पूर्व ए.डी.जी., बी.एम.पी. ने मुख्य सचिव से व्यक्तिगत अनुरोध कर यह लिखवा दिया कि यह तो सलाह भर है। दूसरे अभ्यावेदन (वर्ष 1992-93) में मैंने एक कविता भी लिख डाली थी, क्योंकि इसने मुझे दुःख पहुँचाया था। यह कविता पूर्व ए.डी.जी., बी.एम.पी. को इतनी खली कि वे डी.जी.पी. के बजाय खलनायक की भूमिका में उतर आए। इस कविता को डी.जी.पी. के 'मित्रों' ने पूरा-का-पूरा अखबारों में छपवा दिया। इसमें सत्तासीन बड़े लोग खेल करने लगे थे, क्योंकि वे भी डी.जी.पी. पर लगाम लगाकर रखना चाहते थे। डी.जी.पी. को पता था कि मेरा केंद्र सरकार में पोस्टिंग का आदेश आ गया है और मुझे विरमित करने की अधिसूचना भी मई 1994 में जारी हो चुकी है। इस आदेश की सारी प्रतियाँ डी.जी.पी. ने अपने पास मँगवा लीं। फाइल की कार्यालय प्रति भी नहीं सुरक्षित रहने दी। इस खेल में षड्यंत्र की दुर्गंध भाँपकर बिहार के गृह विभाग में एक सेक्शन ऑफिसर ने अपने पास इस अधिसूचना की एक प्रति बचाकर रख ली थी। इस खेल का अगला पार्ट मेरी अगली पोस्टिंग में खुलेगा।

गृह विभाग, बिहार सरकार के उस सेक्शन ऑफिसर ने मेरे हजारीबाग पी.टी.सी. काल में पूछा कि क्या मैं केंद्र नहीं जाना चाहता? मेरे जाने की इच्छा व्यक्त करने पर उन्होंने सितंबर 1994 में मेरे पास रिलीविंग नोटिफिकेशन भेज दिया।

डालमियानगर में पुत्र संजय की रक्षा के लिए सवा लाख महामृत्युंजय मंत्र का जाप कराया गया, ताकि महादेव की उस पर कृपा बनी रही। यज्ञ के लिए धन मेरे पिताजी ने दिया।

□

छोटा नागपुर से हिमालय

वर्ष 1994 का उत्तरार्ध। उत्तम जलवायु का सुंदर नगर हजारीबाग हमें अच्छा लगा। पूर्वाधिकारी ने आवास नहीं छोड़ा था। बेटा संजय का मेरू केंद्रीय विद्यालय के प्राचार्य के हस्तक्षेप से कक्षा 12 में प्रवेश हो सका। यह बारहवीं कक्षा में उसका दूसरा विद्यालय बना।

अगस्त के दूसरे सप्ताह में बिहार पुलिस द्वारा विशेष नियोजन परीक्षा से चुने गए 1640 अवर निरीक्षक आए। मापी में दो सौ बत्तीस मानक से कमतर पाए जाने के कारण योगदान से वंचित हो गए। मुझे सरकार ने तत्काल पद से हटा दिया। शीघ्र ही मुझे आरोप–पत्र भी वायरलैस के माध्यम से भेजा गया। मैंने बच्चों से कहा कि बिहार सरकार मुझ पर अति प्रसन्न है, इसलिए उससे प्राप्त सभी चिट्ठियाँ आदि बिना मुझे दिखाए संदूक के एक कोने में डालते जाओ। सौभाग्य से मेरे उपाधीक्षक प्रशासन शशिनाथ झा ने सभी दस्तावेजों की छायाप्रतियाँ कराकर मेरे लिए रख ली थीं। इसी बीच विरमित आदेश भी मुझे चुपके से मिल गया। शीघ्र ही मुख्यालय के आदेश से मैं पुलिस अकादमी हैदराबाद पुलिस साइंस कांग्रेस में अपना पेपर पढ़ने गया, विषय था—प्रोफेशनलिज्म। मैंने कांग्रेस से अपील की कि वह एक समिति भेजकर इस विषय पर क्रियात्मक सहयोग दे, क्योंकि बिहार में एक अफसर डी.जी.पी. बने रहने के लिए गड़बड़ियाँ करा रहा है और दूसरा अन्य डी.जी.पी. बनने के लिए इस स्पर्धा में है। डॉ. एस. सुब्रमण्यम ने मेरा समर्थन किया, पर अधिकतर हाकिम लोगों को मेरा कथन एक पाप से कम नहीं लगा। इस बीच हजारीबाग कोषाधिकारी मुझे वेतनादि देते रहे।

हैदराबाद से लौटते हुए मैं अपने घर गाँव गया। मेरे पिता मृत्युशय्या पर पड़े थे, मुझे देखते ही चैतन्य हो गए। जब मैंने उनसे कहा कि भगवान् बदरीनाथ के दर्शन करने चलना है तो वे स्वयं उठकर दीवार के सहारे बाहर आकर बैठ गए। वहाँ उपस्थित लोग इससे बहुत प्रसन्न हुए।

मित्र देवदत्त तिवारी को साथ ले माता-पिता के साथ हम हजारीबाग पहुँचे। वहाँ मेरे माता-पिता के साथ एक पापपूर्ण बर्ताव हो गया, जिसका मैं स्मरण नहीं करना चाहता। तुरंत ही मैं उन्हें अपने कक्ष में ले आया। इसके बाद मैं आई.टी.बी.पी. में डी.आई.जी. कुमाऊँ सेक्टर बरेली में योगदान करने दिल्ली चला गया। राँची हवाई अड्डे पर वरिष्ठ पत्रकार अरुण शौरीजी से भेंट हो गई।

मैं आई.टी.बी.पी. की टिगरी मैस में आ गया। फोर्स के डी.जी. रामचंद्र झा साहब ने बताया कि बिहार के डी.जी.पी. के अनुरोध पर तुम्हारे योगदान पर रोक लगा दी गई है। वे दुःखी थे। मैंने उनसे कहा कि हमारे उपास्य राम को राज वंचित कर वनवास मिला था। मैं तो फिर भी मजे में हूँ। शौरी साहब ने आंतरिक सुरक्षा राज्यमंत्री राजेश पायलट से इसे हल करने की बात कही तो मैंने कहा, देखते हैं क्या होता है। मैं जगदंबा की शरण में गया। रात में चंडी पाठ किया। अगले दिन बिहार सरकार ने मेरा रिलीविंग नोटिफिकेशन पिछली तारीख से रद्द कर दिया तो भारत सरकार ने उसी दिन सुबह से मेरा योगदान स्वीकार कर लिया। 7 अक्तूबर, 1994 को मैं डी.आई.जी., आई.टी.बी.पी. बरेली हो गया। फिर परिवार को ले गया। बेटे का बारहवीं में तीसरा विद्यालय बरेली केंद्रीय विद्यालय हुआ। यहाँ ईशान प्रदीप इंजीनियर के रिश्तेदार ने उसे पढ़ाकर बड़ी सहायता की।

समय पाकर मैं फार्वर्ड पोस्ट गया। लिपुलेख के ऊपर से कैलाश-मानसरोवर के दर्शन पा मैं धन्य हुआ। सात दिन सेना प्रमुख भी इस हेतु असफल प्रयास कर चुके थे। मुझे सहायक सेनानी भरती के साक्षात्कार बोर्ड का सदस्य बनाया गया था। इस क्रम में मैं दिल्ली गया तो पहली बार नए डी.जी. जोगिंदर सिंह साहब से मिला। बैठक अप्रिय रही। पर वे मेरे प्रबल समर्थक बन गए। दिल्ली में साक्षात्कार बोर्ड में मेरा कभी-कभी संघर्ष हो जाता था। पर अंतिम परिणाम ठीक रहता था। बोर्ड के अध्यक्ष आर.के. शर्मा मेरे प्रबल समर्थक हो गए। इस सबकी बहुत सी कथाएँ हैं। पर आकार की मर्यादा है।

गाँव के एक व्यक्ति के बारे में धारणा थी कि यदि वह यात्रा से पहले किसी को टोक दे तो उसकी यात्रा खराब होनी तय है। मैं घर से बरेली जाने के लिए निकला ही था कि उनके दर्शन हो गए और उन्होंने टोक भी दिया। मैंने भगवान् का स्मरण कर यात्रा प्रारंभ की। महोबा से लखनऊ के लिए बस पकड़ी तो कानपुर से पहले उसका एक पहिया पंक्चर हो गया। वह थोड़ा आगे बढ़ी तो दूसरा पहिया पंक्चर होने के बाद ड्राइवर ने हाथ खड़े कर दिए। हम नीचे उतर गए और पीछे से आनेवाली दूसरी बस पर चढ़ गए। उस बस का भी यही हाल हुआ। दो-दो पहिए पंक्चर लेकर ड्राइवर आगे जाने में असमर्थ था। हम उतरे। पीछे से एक ट्रक आया। हाथ देने पर रुका। ड्राइवर ने जिन

चार लोगों का बैठाने के लिए चयन किया उनमें मैं भी एक था। मुझे लखनऊ में काशी विश्वनाथ एक्सप्रेस पकड़ने की चिंता थी। मैंने ट्रक ड्राइवर से कई बार पूछा कि क्या मेरी गाड़ी के समय लखनऊ पहुँच जाएँगे, तो ड्राइवर ने कहा, आप अपने आप को ईश्वर से भी ज्यादा समझदार समझते हैं। वह जानता है, आपके लिए क्या ठीक है, क्या नहीं? उसने जब आपके हर पल का हिसाब रख छोड़ा है तो चिंता किस बात की। इतना योग्य पी.ए. मिला हुआ है। तो मालिक की तरह रहो। सारे कार्यक्रम उसे ही अरेंज करने दो। तुम उससे बेहतर थोड़े ही कर पाओगे। उसने अपने एक मित्र के साथ का वाकया बताया जब उसके सामान को यकायक इस ड्राइवर ने ट्रेन से उतारकर उतरने पर अकारण ही मजबूर कर दिया था। उस ट्रेन की वह बोगी आगे हुई दुर्घटना में पूरी तरह नष्ट हो गई थी। ईश्वर इस तरह हस्तक्षेप कर कार्यक्रम सुधारता है। वह व्यक्ति बहन से राखी बँधवाने जा रहा था। बहन की दुआएँ काम आईं और वह बच गया।

मेरी ट्रेन छूट गई थी। लखनऊ जी.आर.पी. ने मुझे दिल्ली मेल में बिठा दिया। वह भी बिना टिकट। मैं रात में बरेली पहुँचा तो ईशान प्रदीप वहाँ आखिरी ट्रेन देखने तक प्रतीक्षा में खड़े थे। इस तरह मैं सकुशल पहुँच भी गया।

वर्ष 1995 में बिहार विधानसभा चुनावों में मुझे बिहार भेजा गया। इस दौरान मैं कुछ दिनों बेतला नेशनल पार्क, पलामू में रुका। प्रथम रात्रि ही मुझे स्वप्न दिखा कि मैं एक हाथ में मुरगा लिये दूसरे हाथ से ब्लेड से उसकी गरदन आधी काट चुका हूँ और मुरगा मुझसे कह रहा है, तुमने मुझे क्यों मारा? मैं घबराकर जाग गया। मन से देखा, अपने सभी सकुशल हैं। सुबह पास के एक्सचेंज से घर बात की। मैं सोच में बैठा ही था कि थाना प्रभारी बेतला निगमजी ने आकर कहा कि सर, कल शाम बहुत बड़ी गलती हो गई और वही दृश्य दोहरा दिया, जो मैंने स्वप्न में देखा था। बस मेरी जगह कुक था। अनजाने का अपराध भी अपराध ही है। बहुत सावधानी चाहिए। इसके बाद हमने बदरीनाथ की यात्रा कर दर्शन किए। मेरे माता-पिता परम प्रसन्न हुए।

30-31 जुलाई, 1995 की रात मेरे पिता दिवंगत हो गए। वे कर्नल अशोक चोपड़ा के उपचार में थे। कर्नल चोपड़ा अब बड़ी हो गई प्रियंका के पिता थे। गाँव जाने पर लोगों ने बताया कि वे दो दिन पहले गाँव में सदेह देखे गए थे। पास के श्रीनगर में उन्होंने मो. अब्दुल्ला को आशीर्वाद भी दिया। उनकी तेरहवीं की रात बारह बजे हम सभी ने एक प्रकाश पुंज अपनी छत से उठता हुआ धीरे-धीरे ऊपर की ओर जाता काफी देर तक देखा।

वर्ष 1995 के अंत में डी.जी. जोगिंदर सिंह ने मुझे मनचाही पोस्ट लेने को कहा। मैंने गंगा के समीप देहरादून के लिए कहा। मैं फरवरी 1996 में देहरादून में था। परिवार

बाद में ले गया। अब हम तीन जगह थे। बेटा इलाहाबाद में। बेटी बनारस में। हम देहरादून में। बाद में पिताजी का पिंडदान ब्रह्मकपाली में किया गया।

पिता की छाया हटने के बाद बरेली में अक्तूबर–नवंबर 1995 में मुझे स्नान के बाद यकायक बेटे संजय की छाया अपने सामने से जाती दिखाई दी।

मैंने घबराकर इलाहाबाद बात की। वह बहुत बीमार लगा। वह अगले दिन ही अपने एक मित्र के साथ मेरे आग्रह पर बरेली आ गया। उसे भयंकर स्तर तक टाइफायड बुखार था। आई.जी. बरेली जोन हरमोल सिंह साहब ने बरेली किला एरिया के अनुभवी चिकित्सक डॉ. बी.डी. गुप्ता को भेजा। संजय तीन दिनों में स्वस्थ हो गया। इन दिनों हमारी बकरी के बच्चों छुई–मुई ने उसका भरपूर मन बहलाया। महादेव ने उसकी रक्षा की।

देहरादून हमें रुचिकर लग रहा था। यहाँ मैं 2 जुलाई, 1999 तक रहा। इस बीच उपराष्ट्रपति कृष्णकांतजी भी पधारे। कैलाश–मानसरोवर यात्रा का हादसा भी इसी काल का है। दो घटनाएँ उल्लेखनीय हैं।

हम केदारनाथ दर्शन नहीं कर पाए थे और हमारा कार्यकाल जाने को था। मैंने बाबा से प्रार्थना की तो बाबा ने ऐसे दर्शन कराए कि मैं वहाँ कुरता–पाजामा, शॉल में घूमता रहा। शंकराचार्य समाधि की ओर जाते ही श्वास पर भार पड़ने लगता, पर बाबा की सीमा तक एकदम सहज रहता। हम दो दिन बाद लौटे तो उसी रात एक पहाड़ नदी पर गिर गया और एक माह तक यात्री इधर–उधर अटके रहे। केदारनाथ में एक जलगृह में ओऽम् कहने पर पानी का तल ऊपर बढ़ता जाता था। फिर वापस अपनी जगह लौट आता था।

वर्ष 1998 के 15 अक्तूबर की रात से ही भारी हिम वर्षा शुरू हो गई। हमने कोई फारवर्ड पोस्ट खाली नहीं की थी। मैंने बैठक में कमांडेंट्स को कहा था कि खाली पोस्ट देख कहीं चीनी न वहाँ आ जाएँ। कारगिल में तो पाकिस्तानी आ ही गए थे ना। प्रधानमंत्री गुजराल के समय चीनी राष्ट्रपति जियांग जेमिन के आगमन पर सी.बी.एम. पर हमने विशेष रिपोर्ट भेजी थी। उसका विवरण देना उचित नहीं होगा।

देहरादून में डॉ. अजय खन्ना जैसा मित्र पाकर मैं धन्य हो गया। बेटी शैली को मैंने परेशान–सा देखा। उसी दिन गाँव से लौटा था। तापमान 106 °F तक गया। मेरे पैरों तले जमीन गायब हो गई। डॉ. खन्ना ने एस.के. मेमोरियल अस्पताल में अपनी देखरेख में उसे चंगा किया। संजय का भी उन्होंने इसी अस्पताल में उपचार किया। बिल माँगने गया तो बोले, आप जैसे ईमानदार को कोई बिल नहीं। आँखों में आँसू आ जाते हैं यह स्मरण कर। मैं उनसे मार्ग–निर्देशन लेता रहता हूँ।

डी.जी., आई.टी.बी.पी आर.के. शर्मा के तेजस्वी नेतृत्व में महिडांडा में ड्रिलिंग

कराकर हिमालय में पानी पाने की उपलब्धि भी हुई। देहरादून में डॉ. गिरिजाशंकर त्रिवेदी और डॉ. बुद्धिनाथ मिश्र से अपार प्रेम मिला। एक रात महाकवि गोपालदास नीरज का एकल काव्य पाठ भी चिरस्मरणीय आनंद दे गया। एक रात मसूरी से लौटते हुए बाघ राजा के दर्शन भी हुए तो हमने गंगोत्री–गोमुख के मार्ग में बर्फबारी का भी आनंद उठाया। भोजबासा में बच्चे बर्फ से खेले। रात्रि विश्राम भी वहीं किया गया। हमारे साथ चल रहे जवान ने गोमुख में स्नान भी किया। लौटते हुए पहाड़ी बकरों की करामात देखी तो एक शूटिंग स्टोन से भी बाल–बाल बचे। हमारे मार्गदर्शक ने समय पर रुकवा दिया था। हमें डी.जी. पंडित गौतम कौल का विशेष स्नेह मिला।

मुझे आई.जी. में प्रोन्नति ढाई वर्ष के विलंब से मिल रही थी। मुझसे दो वर्ष जूनियर 1976 वाले केंद्र में आई.जी. बन चुके थे। मैं सुपरसीड हो गया था। हमारे डी.जी. निखिल कुमार की कृपा से अवरोध दूर हुए और जब वे विशेष सचिव गृह मंत्रालय हुए तो उन्हीं की कलम ने मेरा मार्ग प्रशस्त हुआ। अब चिंता पोस्टिंग की थी। उत्तरकाशी के एक संन्यासी ने बताया कि छह जुलाई तक हो जाएगी। हम 5 जुलाई को हैदराबाद में थे। 6 जुलाई, 1999 को चार्ज लिया और उसी दिन शैली का कोटी कॉलेज फॉर वीमेन में बी.ए. में दाखिला हुआ। यह दाखिले का अंतिम दिन था। 5 जुलाई की रात जब आई.जी., सी.आर.पी.एफ. निवास मेहदी मंजिल, बंजारा हिल्स पहुँचे तो खुशी से झूम उठे। माँ तो बरामदों में चक्कर काटती रही। ईश्वर की बड़ी कृपा। सुपरसीड होने से मुझे आर्थिक हानि नहीं होकर आर्थिक लाभ ही हुआ, सीधे वेतनमान से। ईश्वर आपको कुछ देना चाहता है तो उसका चुना गया मार्ग जरा अटपटा होता है। इस काल के अप्रिय प्रसंगों को मैं कोई स्थान नहीं दे रहा हूँ। पिछले भी भुला रहा हूँ।

द्वितीय विश्वयुद्ध का चीता हेलीकॉप्टर कब दगा दे जाए, कोई ठीक नहीं रहता था। इसके पाट्र्स भी नहीं मिलते थे। एयरफोर्स बेकाम हो गई मशीनों के पाट्र्स मरम्मत में प्रयोग करते थे।

एक बार मैं अग्रिम सीमा चौकियों के भ्रमण से लौट रहा था। लौटते हुए भगवान् बदरीविशाल के दर्शन किए, फिर ग्रुप कैप्टन कौल को हेमकुंड साहिब की धुरी पर चलने को कहा। सरोवर और गुरुद्वारा के आकाश से ही भव्य दर्शन हुए। सरोवर का पानी जम चुका था। नीचे उतरना खतरनाक था। जोशीमठ की ओर आते हुए विष्णु प्रयाग के ठीक ऊपर हमारे हेलीकॉप्टर का रोटर बंद हो गया। हेलीकॉप्टर एक ही झटके में कई फीट नीचे। मुझे लगा, अंतिम समय विष्णु प्रयाग की जल समाधि मिलने जा रही है। मैं पूरी तरह भयमुक्त होकर भगवान् श्रीकृष्ण का स्मरण करने लगा। इसी समय रोटर ने गति पकड़ ली। हमारी प्रभु ने रक्षा कर ली थी। जोशीमठ में आपात् स्थिति की घोषणा कर

दी गई थी कि हम सुरक्षित उतर गए। ब्रिगेडियर दलबीर सिंह ए.वी.एस.एम. ने मुझे गले लगा लिया। मेरे अफसरों समेत सभी ने राहत की साँस ली।

ऐसे ही एक बार हम बादलों में फँस गए थे। किसी तरह एक बार एक ओपनिंग से शाम ढलता सूरज दिख गया। मैंने उसी गैप से तुरंत निकल जाने को ग्रुप कैप्टन गुप्ता को सलाह दी। हम निकलकर हरिद्वार में थे। ग्रुप कैप्टन गुप्ता बेस फील्ड धुँधलके के समय पहुँच पाए। विंग कमांडर सिवाच ने पहले उन्हें डाँट पिलाई, फिर अपनी तरफ से मेंस में ट्रीट दी।

हिमालय में हर तीसरे वर्ष आग लगती रहती है। एक बार मैं इसी तरह की आग से निकला था। उत्तरकाशी से महिडांडावाली सड़क के दोनों ओर आग लगी थी। बीच में मेरी गाड़ी। रात में यह आग मैस तक आ गई। फोर्स ने गाँववालों के साथ मिलकर खाइयाँ खोदीं और आग बुझाई। शिव मंदिर उत्तरकाशी में परशुराम का फरसा एक अजूबा है। जय हिमालय। यह फरसा बहुत गहरे तक है, पर उँगलियों से मामूली बल लगाने से ऊपर से नीचे तक हिलने लगता है।

□

मेंहदी मंजिल, बंजारा हिल्स

मेंहदी मंजिल, बंजारा हिल्स। निजाम के प्रधानमंत्री का स्वयं का घर क्या, महल! हैदराबाद का सबसे ऊँचा स्थान। यहाँ से पूरा हैदराबाद छत पर से दिखता है। हुसैन सागर, बिरला मंदिर, उस्मान सागर, गोलकुंडा फोर्ट। मेरी अस्सी वर्ष के ऊपर की माँ लोहे की रॉडवाली सीढ़ियों से छत पर चढ़ आईं। आनंदोत्सव था। मूसी माई (स्थानीय नदी) के आँसू भी नहीं बचे थे। वर्ष 1975 में उन्हें गंदे नाले जैसा तो देखा था।

कार्यालय का पहला दिन, पहली फाइल। सिपाही भरतीवाली। यह एक धारावाहिक जैसा है, जो प्राय: एक जैसा मिलता है। अध्यक्ष का चयन उसके 'गुड ब्वाय' के आधार पर होता है। हमारे कमांडेंट स्टाफ ने कहा—अर्जेंट है। कुछ नहीं है। खाली हस्ताक्षर करने हैं। मैंने कहा, ठीक है। और उसे अलग रख लिया। फिर दो दिन बाद अवकाश के दिन कार्यालय में बैठा। दो भरती सूची थीं। दूसरी में सिफारशी लालों को साक्षात्कार में बीस में उन्नीस अंक देकर शीर्ष पर घुसा दिया गया था। मैंने उस भरती को रद्द करने का स्पीकिंग ऑर्डर पास कर दिया तो असहमति और असहयोग के धीमे स्वर उठे और उठते ही उन्हें बंद होने में ही भलाई दिखी। मामला उच्च न्यायालय की डिवीजन बेंच ने मेरे आदेश पर अपनी मोहर लगाकर पुख्ता कर दिया। इसमें मुख्य बात यह है कि हलफनामा ऐसा बनना चाहिए कि जैसे फैसला लिखा जा रहा हो। न्यायाधीशों को न्याय करने में इससे सहायता मिलती है और वे उससे सामग्री अपने फैसले में सम्मिलित करने में नहीं हिचकते। बिहार के पुलिस मुख्यालय में कानूनी मामलों में मेरे कार्यकाल में सर्वोच्च न्यायालय में भी हम प्रत्येक मामले में जीत दर्ज करा सके थे।

राजपत्रित ऑफिसर वर्ग बॉस को मैनेज करने के तरीके प्रयोग करता है जबकि नीचे के अधीनस्थ उसकी ओर न्याय की आशा से देखते हैं। नेटवर्किंगवाले तिकड़मी और चालू हर जगह सिस्टम में अपने लिए प्रयोग कर लेते हैं। एक उदाहरण-अगरतला में तैनात एक पदाधिकारी पर विभागीय कार्रवाई चल रही है। संचालन पदाधिकारी दिल्ली में हैं। प्रजेंटिंग ऑफिसर मुंबई में हैं। डिफेंस सहायक त्रिवेंद्रम में। गुरुवार को कार्रवाई दिल्ली में होती है। शनिवार-रविवार अवकाश। सोमवार को मुख्यालय में

शिष्टाचार मुलाकातें। मंगलवार वापसी। दो सप्ताह के अंतर के बाद फिर वही आवृत्ति। यात्राएँ हवाई जहाज से प्रायः। अन्यथा रेल से और भी समय। सबके परिवार दिल्ली में। विभागीय कार्रवाई भी फायदे का खेल।

गुमनामी चिट्‌ठी यहाँ का दूसरा खेल है। मेरे विरुद्ध भी एक बेहद गंदी चिट्‌ठी मुख्यालय गई। मैंने उसे उसके संभावित स्रोत ग्रुप सेंटर पर सैनिक सम्मेलन में पढ़ दिया तो उपस्थित समूह ने सिर झुकाए हुए क्षमा-प्रार्थना कर इसे भुला देने का निवेदन किया। इसलिए विवरण नहीं दे रहा हूँ।

सी.आर.पी.एफ. में पूरे भारत को समझने का अवसर मिला। कुछ महीने पश्चिमी क्षेत्र (बंबई, मुख्यालय) भी मेरे पास दक्षिणी क्षेत्र के साथ-साथ था। बटालियन फैली हुई थी। पूरा उत्तर-पूर्व। सात बटालियन जम्मू-कश्मीर में। एक मथुरा में भी। रैपिड एक्शन फोर्स की दो यूनिट्स का ऑपरेशनल कमांड। विवरण और भी हैं। दक्षिणी क्षेत्र में कुल तीस बटालियन, पाँच ग्रुप सेंटर, एक ट्रेनिंग सेंटर, एक बेस अस्पताल। संचार बटालियन से भी संबंध। विस्तार में जाने से यह प्रशासनिक रिपोर्ट लगने लगेगी। मैं इस कार्यकाल के तीन प्रमुख प्रकरणों की चर्चा यहाँ करूँगा।

कश्मीर में हमारी सात बटालियन थीं। मैं इस क्षेत्र में जम्मू क्षेत्र में उरी, पुंछ, डोडा, जम्मू गया और माता वैष्णो देवी के भी दर्शन किए। कश्मीर घाटी में श्रीनगर, पाटन, बारामुला, कुपवाड़ा, हंडवारा गया। श्रीनगर शेरे कश्मीर स्टेडियम में मैंने अपनी श्रीनगर स्थित तीन बटालियन के जवानों और अफसरों के साथ सैनिक सम्मेलन भी किया। बहुत सुंदर क्षेत्र। पता नहीं क्यों भारत के सुंदर क्षेत्रों को किसी-न-किसी की नजर लग जाती है।

श्रीनगर में स्टेट गेस्ट हाउस में रुका। सुबह अर्दली ने बताया कि रात को समीप ही गोलियाँ चली थीं। मेरे लिए रातभर में गरम कपड़े भी तैयार किए गए। फोर्स कुछ भी कर सकता है। जाते समय हंडवारा तक गए। बीच में बस बारामुला में रुके। लौटते हुए कुपवाड़ा में नदी के मोड़ के ऊपर पुल के छोर पर स्थित बी.एस.एफ. की पोस्ट पर कॉफी पीने रुके। सामने पहाड़ी। चोटी पर पी.ओ.के.। मैंने कहा, दीवार पर गोली के इतने निशान हैं, इनमें सीमेंट क्यों नहीं लगावा लेते? डी.आई.जी., बी.एस.एफ. बोले कि कुछ घंटों के भीतर बराबर हो जाएँगे। यहाँ तो चाहे जब गोली चलती ही रहती हैं। जिस दिन नहीं चलतीं, लगने लगता है कुछ ज्यादा गड़बड़ है। एक दिन बाहर संतरी खड़ा था। गोली लगी, वहीं लुढ़क गया। जिस कुरसी पर आप बैठे कॉफी पी रहे हैं, यहीं एक ब्रिगेडियर साहब बैठे ऐसे ही कॉफी पी रहे थे कि सामने से गोली सीधे उनके माथे पर लगी। मैंने हँसकर कहा, मैं आराम से कॉफी पी सकता हूँ ना? फिर श्रीनगर आते हुए पाटन में मेरी बुलेट प्रूफ कार का एक्सिल टूट गया। काफिला सौभाग्य से

ठीक थाने के सामने था। जम्मू-कश्मीर पुलिस के इंस्पेक्टर ने आकर सेल्यूट किया और थाने में चलकर कॉफी पीने का अनुरोध किया। हमारे सेनानी (कमांडेंट) काफिला रुकने से तनाव में आ गए थे, जो स्वाभाविक ही था, क्योंकि पाटन आतंकियों का गढ़ था। इंस्पेक्टर का आग्रह स्वीकारते हुए हम लोग थाना प्रांगण में छाते के नीचे बैठे। यहाँ भी थाने की दीवारों पर जैसे चिकन पॉक्स के बड़े-बड़े दाग जैसे गोलियों के निशान थे। कोई आधे घंटे बाद इंस्पेक्टर के चेहरे पर तनाव बढ़ गया। वे बोले, आज पहली बार ऐसा हुआ है कि कोई फ्लैग कार यहाँ इतनी देर रुकी और सामने छत से गोलीबारी शुरू नहीं हुई। एक बार एक मेजर जनरल साहब ऐसे ही बैठे कॉफी पी रहे थे कि गोलीबारी शुरू हो गई। हम लोगों ने दौड़कर पोजीशन ली, जवाबी फायरिंग शुरू की। जनरल साहब ने अपनी ए.के.-47 से फायरिंग की। उनका अर्दली साथ में वैपन लिये चल रहा था।

पाटन में हमारे काफिले के आगे बढ़ने में हुई रुकावट से श्रीनगर में हमारे चारों कमांडेंट फोर्स को सावधान कर बड़े फोर्स के बेड़े के साथ पाटन के लिए प्रस्थान करने ही वाले थे कि हम लोग वहाँ पहुँच गए। उन्होंने चैन की साँस ली। मुझे स्थितियों की गंभीरता का कुछ-कुछ अनुभव हुआ। उन दिनों श्रीनगर के सारे फाइव स्टार होटल खाली थे। उनमें हमारी फोर्स रहती थी।

मणिपुर हमारा बहुत सुंदर राज्य है। इंफाल से कुछ दूरी पर स्थित सरस्वती मंदिर बहुत सुंदर है। वहाँ की एक सुहानी शाम ने मुझे आनंदित कर दिया था। इंफाल हवाई अड्डे पर मैंने पहुँचते ही देखा कि भारी सुरक्षा बंदोबस्त खड़ा है। वहाँ पुलिस चौकी पर कॉफी पीते हुए पूछने पर पता चला कि यह सब मेरी यात्रा का प्रबंध है। शीघ्र बात समझ में भी आ गई। हवाई अड्डे से मुश्किल से एक किलोमीटर पर पहला अंबुश स्थान। कुछ दिन पहले ही एक तरफ की दीवार टपकर आए चार ए.के.-47 धारी युवकों ने आर्मी कमांडर के काफिले के चार लोगों को शिकार बनाया था और चले गए थे। इसके दो-तीन किलोमीटर बाद फिर अंबुश स्थान, ग्रुप सेंटर के सामने तीसरा अंबुश स्थान पहाड़ी की फायरिंग लाइन में। इंफाल ग्रुप सेंटर में एक अधीनस्थ से भेंट हुई जिसकी बंगलौर से बदली रोकने के लिए एक केंद्रीय केबिनेट मंत्री ने मुझसे फोन कर सिफारिश की थी। वह यहाँ खुश था। मंत्रीजी ने भी मुझसे कोई शिकायत नहीं की। मैं इस क्षेत्र में कोई एक सप्ताह घूमा था।

अगरतला के समीप का कुछ क्षेत्र ऐसा है जहाँ का अनन्नास (पाइनएपल) बहुत सुगंधित और मीठा होता है। ऐसा अन्यत्र कहीं नहीं उगता। मैंने उत्तर-पूर्व अरुणाचल में भी पाइनएपल खाया है। आई.जी., सी.आर.पी.एफ. अगरतला जॉर्ज पोडिपारा साहब

ने एयरपोर्ट पर एक पेटी पाइनएपल मेरे सामान के साथ चैकइन करा दिए। मेरे परिवार ने इसका आनंद लिया।

पश्चिमी सेक्टर के मुख्यालय बंबई (अब मुंबई) में एक विलक्षण पुरुष से भेंट करने गया। डॉ. राम भोसले मालाबार हिल्स के एक भवन में बीमारियों से अपाहिज अशक्त हो गए लोगों को आध्यात्मिक मालिश देकर चलने-फिरने योग्य बनाने में लगे थे। उन्हें स्पिरिचुअल मसाज हिमालय के योगी महावतार बाबाजी ने सिखाया था। डॉ. भोसले घर-द्वार छोड़कर बाबाजी को पाने हिमालय गए थे। बाबा ने कृपा की। कुछ वर्ष साथ रखा। प्रतिदिन मिलने की शर्त पर बाबा ने पीछा छुड़ाया। मिलने की शर्त—राम, तुम हाजी अली से आधी रात में पूर्ण नग्न समुद्र में तैरते हुए आना, भेंट हो जाया करेगी। बीच में एक द्वीप पर भेंट होने लगी। एक रात एक मछली ने राम के अंडकोष के नीचे मुँह भर लिया। घाव हो गया। सागर के नमकीन जल ने घाव को मियादी बना दिया। परिणामतः बाबाजी से मिलना बंद हो गया। अब राम को शुगर की बीमारी है। घाव भी है। पर सबकुछ यथावत् चल रहा है। जब मैं वहाँ बैठा हुआ था तभी एक सज्जन सीढ़ियाँ चढ़कर वहाँ पहुँचे थे। एक सप्ताह पहले वे व्हीलचेयर पर लाए गए थे, यह उन्होंने बताया। पूरे तल्ले पर मरीजों के बिस्तर लगे हुए थे। डॉ. राम भोसले ठाणे के राजसी परिवार के समृद्ध व्यक्ति के रूप में हिमालय गए थे। लौटने पर कुछ नहीं पाया। सीधे बंबई आ गए और बाबाजी का आशीर्वाद बाँटकर मानवता की सेवा करने लगे।

द्वारिकाधीश महाराज के दर्शनों का सौभाग्य मिला। नाव से भेंट द्वारिका भी जाना हुआ। बताते हैं, मूल द्वारिका नगरी उसके पास ही कहीं थी। पाकिस्तान से 1965 में हुई जंग में इस जगह पर एक बम भी गिरा था। उस स्थल को देखकर जंग की फील ली। यह स्थान पाकिस्तान के कराची की रेंज में आ जाता है। द्वारिका के राजमार्ग पर बँगलादेशियों की झोंपड़ियों का छोटा सा जमावड़ा देखा। परंतु समीप में ही बन रही बड़े परिसरवाली एक विशाल मसजिद आश्चर्यचकित कर गई, क्योंकि यहाँ आस-पास कोई बड़ा गाँव तक नहीं दिखा।

हैदराबाद दक्कन एक बहुत सुंदर निवास लायक शहर है। पटना में तथा अन्य स्थलों जैसे देहरादून आदि में हम फलों को देखते रहे थे। हैदराबाद में हम तबीयत भर फल प्रतिदिन अपनी जेब के बजट से कम में खा सकते थे। बेटा-बेटी सभी सुरक्षा का अनुभव करते थे। रात-बिरात आने-जाने में किसी को कोई भय नहीं। लोग बड़े प्यारे। एक बौद्ध मंदिर के उद्घाटन के लिए बुलाया गया तो उसके संयोजक मुझसे सात वर्ष वरिष्ठ आंजनेय रेड्डी और मंदिर के लिए धन देनेवाले जैन साहब श्रोताओं में थे। हम कुछ लोगों ने नीचे बैठकर कार्रवाई पूरी की थी। शिव का अंश माने जानेवाले एक पूर्व

कर्मचारी (डी.जी.पी. के पी.ए.) द्वारा आयोजित शास्त्रीय कलाकारों के सम्मानोत्सव में पद्म विभूषण बालमुरली कृष्ण जैसे महान् व्यक्तित्व की सरलता-सहजता देखी। तो एक अन्य समारोह में डॉ. आंजनेय शर्मा, कुलपति दक्षिण भारत नागरी प्रचारिणी, जो पद्मश्री भी थे, का स्नेह मिला। प्रो. सुवास कुमार केंद्रीय विश्वविद्यालय हैदराबाद ने मुझे वहाँ कई बार सम्मानवाला मंच दिया। ओसमानिया विद्यालय भी मेरा जाना होता रहा। मनोविज्ञानी डॉ. एम.ए. खान मुझे अपने ट्रस्ट के एक विशाल उत्सव में मुख्य अतिथि के रूप में ले गए। निजाम इंस्टीट्यूट ऑफ मेडिकल साइंसेज के निदेशक डॉ. करकला सुब्बा राव एक महान् रेडियोलॉजिस्ट थे, पर उतनी ही सरलता से मेरे साथ मेरी गाड़ी में एक उत्सव से लौटते हुए बैठ गए थे। हैदराबाद में अपोलो ग्रुप की प्रमुख संगीता रेड्डीजी की सरलता से भी हमारे सी.आर.पी.एफ., के ही मेडिकल ऑफिसर्स सम्मेलन में परिचय हुआ था।

आंध्र प्रदेश माओवादियों का गढ़ रहा है तो ग्रेहाउंड फोर्स उसका उत्तम प्रतिकार। वर्ष 2000 में पहली बार पी.डब्ल्यू.जी. तथा अन्य आउटफिट को मिलाकर आंध्र के जंगलों में पहले पीपुल्स लिबरेशन गुरिल्ला आर्मी (पी.एल.जी.ए.) बनी। माओवादी पार्टी बाद में। ग्रेड हाउंड फोर्स की स्थापना एन.टी. रामाराव के आशीर्वाद से हमारे बैचमेट के.एस. व्यास ने की थी। सरकार बदलने पर उनकी शहादत हो गई।

माओवादियों ने विशाखापत्तनम के इटुरुनगरम पोलिस स्टेशन में एक रात डिरेक्शनल माइंस से हमला किया था जिसमें नालगोंडा की सरकारी ऑर्डिनेंस फैक्टरी में बने सोलह और अठारह पाउंड के लोहे के ठोस गोले एक ट्रैक्टर-ट्रॉली में रखे आई.ई.डी. स्टील संदूकों से दागे गए थे। एक गोला तीन दीवारें तोड़कर सीढ़ी पर बैठे एक हवलदार के प्राणों को हर ले गया था। वहाँ तैनात सी.आर.पी.एफ. की एक टुकड़ी ने इस आक्रमण को विफल बना दिया था।

उड़ीसा में आए महातूफान में भी सी.आर.पी.एफ. ने सबसे पहले स्थल पर पहुँचकर बचाव एवं सहायता कार्य शुरू कर दिया था। हैदराबाद से वहाँ पहुँचना अधिक आसान था।

मैं क्षेत्र में भ्रमण पर वारंगल, करीम नगर, आदिलाबाद, महबूब नगर जिलों के अंदरूनी इलाकों में भी गया। स्थानीय आंध्र प्रदेश पुलिस के प्रोटोकॉल के अनुसार ऐसे क्षेत्रों में सादा लिबास में गाड़ी पर बिना किसी पहचान चिह्न के जाना होता था। पर आश्चर्य तो यह देखकर हुआ कि गाँव की सड़कों के किनारे खड़े नंग-धड़ंग बच्चे हमें पुलिसवाला सेल्यूट कर रहे थे। हमारी होशियारी किसी काम की नहीं थी, क्योंकि हमारे तौर-तरीके से पता चल जाता है कि कोई बड़ा अफसर जा रहा है।

वारंगल में पूर्व प्रधानमंत्री नरसिम्हा रावजी के गाँव वंगारा में उनके घर भी गया तथा उनके ड्राइंग रूम में भी कुछ समय तक बैठा।

मेरे कार्यकाल में दक्षिणी क्षेत्र में सबसे काम का कार्य रंगारेड्डी ग्रुप सेंटर की पहुँच सड़क तथा वहाँ के लिए पेयजल हेतु साढ़े बाईस किलोमीटर लंबी जलापूर्ति पाइप लाइन परियोजना का क्रियान्वयन था। चीफ इंजीनियर अनंत राम ने चार सौ फैमिली आवासों को ग्यारह महीनों में बनाकर गृह प्रवेश करा दिया। जुलाई 2002 में मेरा प्रतिनियुक्ति काल समाप्त होना था। पर सबसे छोटी बेटी बारहवीं कक्षा में गई थी, इसलिए मैंने 31 मई, 2002 को अपना पदत्याग कर दिया। बंजारा हिल्स का यह बाशिंदा एक बार फिर बंजारा था। बंजारा हिल्स के बंजारे तो बेचारे गोलकुंडा किले के इर्द-गिर्द झोंपड़ियाँ बनाकर रहने लगे थे। मैं परिवार सहित पटना पुलिस मैंस के एक कमरे में सिमट गया। बिहार पुलिस की कार ने मुझे पटना एयरपोर्ट पर रिसीव तो किया, पर तीन दिन बाद ही मैं बिना गाड़ी, बिना पद का हो गया।

सी.आर.पी.एफ. ने मेरा पटना में भी पूरा खयाल रखा। मेरा सामान आठ महीने तक उनके कैंप में सुरक्षित रहा। पटना सी.आर.पी.एफ., डी.आई.जी. दामोदरन साहब ने पूरे सम्मान के साथ यूनिफॉर्म में मुझे पटना हवाई अड्डे पर रिसीव किया था। उन्होंने फोर्स की उच्च परंपरा निभाई। हैदराबाद कार्यकाल में ए.एन. श्रीनिवासन अपर उप महानिरीक्षक बंगलौर के सान्निध्य एवं सहकार्य का मधुर स्मरण भी हमेशा रहेगा।

हैदराबाद कार्यकाल का वर्ष 2001 मेरे लिए, देश के लिए और दुनिया के लिए भारी परिवर्तनवाला रहा है।

1 मई, 2001 को मेरे परम मित्र और सीनियर विजय सासनूर प्रसिद्ध कन्नड़ कथाकार-उपन्यासकार का असामयिक निधन हो गया। हमारी मित्रता दिल्ली से 1983 से थी। 1987 में गोवा के रास्ते मैं उनके नैपियन सी रोड सरकारी आवास पर रुका था। उनके एक उपन्यास पर सुप्रसिद्ध कन्नड़ कलाकार डॉ. राजकुमार ने फिल्म बनाई थी, जो बहुत लोकप्रिय हुई। मेरे लिए उनका जाना बहुत बड़ी हानि थी। उन्होंने मुझे बंबई में रीजनल सेंसर ऑफिसर का पद सँभालने का आग्रह भी किया था, पर बंबई जैसे महँगे शहर में मेरे जैसे साधारण व्यक्ति का गुजारा न हो पाता, इसलिए मैंने हामी नहीं भरी।

9 सितंबर, 2001 को जिहादी आतंकी संगठन अलकायदा ने न्यूयॉर्क के वर्ल्ड ट्रेड सेंटर के टावर्स को हवाई जहाजों का मिसाइल जैसा प्रयोग कर ध्वस्त कर दिया। इस घटना ने दुनिया के तौर-तरीकों, संबंधों को उलट-पुलट कर डाला।

दिसंबर 2001 में ही भारत की संसद पर जिहादी आतंकी हमला हुआ, जिसे सुरक्षा बलों और संसद के स्टाफ ने एक भयानक त्रासदी होने से बचाने में अपने प्राणों को होम कर दिया। भारत में कोयंबटूर में 1998 में बड़ी आतंकी घटना को अंजाम

दिया गया था। दुनिया पूरी तरह से नए संकटों को देख रही थी। खाड़ी युद्ध में इराक की तबाही के बाद से अभी भी विश्व में अस्थायी शांति का भी संतुलन बिंदु नहीं मिल पाया है, अपितु नई समस्याएँ अशांति को बढ़ाने पर आमादा हो गई हैं। भारत के लिए यह समस्याएँ दशकों पुरानी हो गईं, पर कोई सुनने-समझने को तैयार नहीं था। दिसंबर 1999 में काठमांडू से दिल्ली आ रही एयर इंडिया की फ्लाइट 814 को आतंकियों ने हाइजैक कर चार खूँखार आतंकियों की रिहाई करवा ली जिससे भारत में आतंक के नए दौर को बीज-खाद-पानी मिलने लगा और अभी भी मिल रहा है।

30 नवंबर, 2001 को मेरी बड़ी बेटी रचना का शुभ विवाह संपन्न हुआ। यह हमारे लिए बड़ी आनंददायक घटना थी।

मई 2002 में हम वापस बिहार लौटने का उपक्रम करने में लग गए।

□

पटना वापसी

हमने दो दिन बंबई में बिताए। बच्चों ने भ्रमण किया। 3 जून, 2002 को मैंने पटना आकर पुलिस मुख्यालय में रिपोर्ट की। दो महीने की प्रतीक्षा के बाद पहले से रिक्त पड़े आई.जी. ट्रेनिंग के पद पर पोस्टिंग हुई। कुछ दिनों बाद आई.जी. वायरलैस के पद पर बिठाकर ट्रेनिंग का अतिरिक्त प्रभार दिया गया।

15 दिसंबर, 2002 को मेरी बड़ी बेटी को पुत्र हुआ। रात्रि में हमें यह आनंदप्रद समाचार हजारीबाग से मिला। जनवरी में हम राजवंशी नगर सरकारी आवास में आ गए और तब बेटी और नाती आशुतोष को पटना घर ले आए। मार्ग में हम नवादा सर्किट हाउस में रुके। पुलिस अधीक्षक नवादा बी.बी. प्रसाद स्वयं अपनी गाय का दूध शिशु के लिए लाए और हमें स्नेह एवं सम्मान दिया। वे वरदी में आए थे। दोपहर भोजन-विश्राम के बाद हम पटना आ गए।

1 जनवरी, 2003 को नए डी.जी.पी. डी.पी. ओझा साहब ने चार्ज ले लिया था।

मेरी माँ जिद करके मई 2003 में गाँव गईं और वहाँ उनका हाथ टूट गया। परिवार में एक विवाह भी था। मैं विवाह में गया और माँ को भी साथ ले आया। मेरी बहन महोबा तक साथ में थीं। महोबा रोडवेज बस स्टैंड पर मेरी माँ ने मेरी बहन से कहा, बेटा, यह हमारी-तुम्हारी आखिरी मुलाकात है। अब इस जन्म में मिलना नहीं होगा। तुम दोनों ही अब एक-दूसरे के माता-पिता हो। भाई का खयाल रखना। हम पटना आ गए।

डॉ. अर्जुन सिंह ने अपने नर्सिंग होम में उनका सफल ऑपरेशन किया। पचासी वर्ष की माँ कतई चिंतित या भयभीत नहीं थीं। ऑपरेशन से घर आने के तीसरे दिन उन्होंने आशु को उसकी छठी की खीर जैसे-तैसे बिना सुध के चटाई। मैंने उसकी हालत देखकर भगवान् से उनके तुरंत स्वस्थ अथवा मुक्त होने की प्रार्थना की। उसी दिन शाम को बेटी ऋचा उनके कक्ष से दौड़ी आई और बोली, पता नहीं बाई कैसे कर रही हैं! मैंने दौड़कर उन्हें गोद में लिया। तुलसी और गंगा जल तुरंत मुँह में डाला, वह अंदर चला गया। उसके बाद मैंने फिर गंगा जल चम्मच से डाला तो वह लुढ़क गया। माँ जा चुकी थीं। मैं उन्हें

उठाकर नीचे के कक्ष में ले आया। प्रो. त्रिभुवन सिंह आकर गीता पाठ करने लगे। उनकी इच्छानुसार गाँव ले जाकर उनका अंतिम संस्कार किया। मेरी बहन घर आ गई थीं। उस समय मेरी माली हालत अच्छी नहीं थी। जब हम अंतिम संस्कार कर घर लौटे तो उनके कमरे का ताला खोलकर राख पर छाप देखने की ललक हुई। उनके श्मशान ले जाते समय महीन राख गोल बिछाकर दीपक रखकर ऊपर से बाँस की टोकरी से ढककर बाहर से ताला बंद कर दिया गया था। राख के उस गोले की परिधि पर हमने ऊँ, ऊँ, ऊँ करके उभरा हुआ पाया, जो एक माला बनाता था। बीच में एक बड़ा ऊँ उभरा हुआ था। वह कई दिन तक ज्यों का त्यों बना रहा। माँ के मुक्त होने का यह संकेत था। डॉ. श्वेताभ सुमन के सौजन्य से ब्रह्मकपाली में उनका विधिवत् पिंडदान किया गया।

मई 2003 में ही हम शैली की बी.एच.यू. की प्रवेश परीक्षा दिलाने बनारस में मित्र राम मोहन पांडे के घर रुके थे। परीक्षा के बाद हम एक सेवानिवृत्त मुख्य अभियंता के यहाँ गए थे। वे अच्छे हस्तरेखाविद् थे। उन्होंने छह महीने के भीतर मेरी सात समुंदर पार विदेश यात्रा की भविष्यवाणी की थी और कहा था, उसके बाद भी आपका विदेश में लंबा प्रवास है, जो आध्यात्मिक होना चाहिए। अक्तूबर 2003 में जब मेरे पास वाशिंगटन डी.सी. में एक सप्ताह के कोर्स के लिए एक संदेश आया तो मेरे आश्चर्य का ठिकाना नहीं रहा, पासपोर्ट नहीं था। उसकी फीस के लिए पैसे भी नहीं थे। समय बहुत कम था। गृह सचिव बी.के. हलधर की सलाह के अनुसार सीधे एक दिन में डिप्लोमेटिक पासपोर्ट बन गया। पटना के पासपोर्ट अधिकारी ने भरपूर सहायता की। मैंने यात्रा कुरते–पाजामे में ही की। इमिग्रेशन डेस्क पर दो सेकेंड लगे। कस्टम की दो डेस्क थी। एक के पीछे लंबी लाइन और मूँछोंवाले की डेस्क के पास मात्र एक व्यक्ति जिसकी अटैची की परत–दर–परत देखी जा रही थी। मैं उसी डेस्क पर चला गया। यहाँ एक सेकेंड गँवाए बिना उसने मुझे वेलकम कहकर मुक्त कर दिया। वाशिंगटन डी.सी. का अच्छा अनुभव रहा। घूमे–फिरे भी। साथ ले जाया सत्तू मेरे बहुत काम आया। एक दिन हमारे एक मित्र वाशिंगटन सिटी रेलवे स्टेशन में गुम हो गए। मैं और डी.जी.सी. आई.एस.एफ. उन्हें खोजने गए। बीच की सीढ़ियों के बीचोबीच से खोए हुए की मन:स्थिति के अनुसार चेष्टाओं का निरीक्षण करने लगे तो खोया हुआ मिल गया। लौटते समय दिल्ली से पटना फ्लाइट की लिस्ट में चूक के कारण मेरी यात्रा अगले माह दिखाई जा रही थी। कमलनयन चौबे उन दिनों सिविल एविएशन मंत्री के साथ थे। उनके हस्तक्षेप से मेरी यात्रा संभव हो सकी।

वर्ष 2004 से 30 मार्च, 2005 तक मेरा काम कुछ खास नहीं था। इस बीच मैंने बेकार पड़े सात सौ वायरलैस सैट मरम्मत कराकर ठीक करा दिए और वे वापस सेवा में आ गए। कर्मियों की बड़ी संख्या में प्रोन्नति का मार्ग अवश्य प्रशस्त किया।

31 मार्च, 2005 को मैं अपर महानिदेशक अपराध अनुसंधान विभाग बना। वैसे

मेरी ए.डी.जी. से प्रोन्नति लगभग एक वर्ष विलंब से 2004 के अंत में हुई थी। डी.जी.पी. प्रस्ताव ही नहीं भेज रहे थे। हार-थककर गृह विभाग ने सीधे बिना डी.जी.पी. के प्रस्ताव के ही इसे कर मुझे अपर निदेशक वायरलैस बना दिया था।

बिहार में राष्ट्रपति शासन लगने के बाद राज्यपाल बूटा सिंह के अधीन 31 मार्च, 2005 को मैंने ए.डी.जी., सी.आई.डी. के पद पर योगदान दिया। विभाग में अनुसंधान की हालत बहुत खराब थी। वर्षों से केस लंबित पड़े हुए थे। एक हत्याकांड का उदाहरण प्रस्तुत है। अनुसंधानकर्ता समीक्षा की मेरी टिप्पणियों को तुरंत अभियुक्त को बता देता था और अभियुक्त मुझसे मिलने का समय माँग लेता। मैंने भी इस खेल से अनुसंधान को पुख्ता करने के लिए उसे तत्काल समय दिया। इससे मुझे अनुसंधान में छोड़े गए लूपहोल पता चल जाते और मैं केस को सही दिशा देने में सफल होता रहता। अंततः इसमें चार्जशीट भी हुई। आजीवन कारावास की सजा भी हुई।

सिवान जिले के हुसैनगंज थाने के प्रतापपुर गाँव से वर्ष 2001 में कोई तेरह मामले एक गंभीर प्रकरण के क्रम में दर्ज हुए थे। इन पर अखबार भर गए थे। पर सी.आई.डी. की फाइलें कोरी थीं। मेरे आदेश से इनका समेकित पर्यवेक्षण कर डी.आई.जी. जी.एन. शर्मा ने एक नक्शा समेत कोई चार सौ पृष्ठ की पर्यवेक्षण रिपोर्ट समर्पित की जिससे मामलों को सही दिशा मिल सकी। मैंने शीघ्र ही इन पर अंतिम आदेश देकर न्यायालय में प्रतिवेदन दाखिल करा दिए।

हाउसिंग फेडरेशन के कोई तीस करोड़ रुपए से अधिक खा गए एक वरिष्ठ आई.ए.एस. ऑफिसर की जब गिरफ्तारी और चार्जशीट का आदेश दिया गया तो कुछ शीर्ष अधिकारी मेरे लिए उपाय सोचने लगे।

नवंबर के आखिरी दिनों में गिरीडीह जिले की होमगार्ड की आर्मरी से माओवादियों ने हथियार लूट लिये, तभी मैंने बेटे से कहा कि अगला कांड जहानाबाद में हो सकता है, और अगले ही दिन जहानाबाद जेलब्रेक का कांड हो गया। उस समय नीतीश कुमार की सरकार दोबारा नई-नई बनी थी। जहानाबाद जेलब्रेक कांड के बाद माओवादियों ने पटना की बेऊर जेल पर धावा बोलने तथा पटना विधानसभा को भी बम से उड़ा देने की लिखित धमकियाँ दीं तो विशेष शाखा एवं खुफिया विभाग के लिए नए चीफ के रूप में आश्चर्यजनक रूप से मेरा चयन 16 दिसंबर, 2005 को कर लिया गया। मैं बिहार में इस विभाग में कभी तैनात नहीं रहा। विचार यह कि सफल हुआ तो नाम सरकार का और यदि असफल हुआ तो छवि मेरी ध्वस्त होगी। शासन को यह खेल खेलने का अधिकार है।

वर्ष 2005 की सबसे कष्टदायी घटना थी मेरे पुत्र संजय (पंडितजी) की स्वास्थ्य समस्या। वह ईश्वर की कृपा से शीघ्र ही स्वस्थ होने लगा। इस प्रकार वर्ष 1995 में चला बीमारियों का सिलसिला 2005 में आकर थमा। हैदराबाद में भी ऋचा और शैली

ने बारी–बारी से बिस्तर पकड़ा और स्वास्थ्य लाभ में एक–एक माह तक का समय ले लिया। वर्ष 2003 में ऋचा बहुत टेंशन में थी। मैं जब भी पूछूँ कि बारहवीं की परीक्षा का एडमिट कार्ड मिला तो वह बोलती, मिल जाएगा। एक दिन मैंने विद्यालय के प्रिंसिपल से ही पूछ लिया तो वे मिलकर बोले कि सर, उसको बारहवीं में रोकना ठीक रहेगा। मुझे ऋचा के भारी तनाव का कारण पता चल गया। विद्यालय ऐसे ही बच्चों को कभी–कभी गलत कदम उठाने पर मजबूर कर देते हैं। मैंने प्रिंसिपल से कहा कि उसके 75 प्रतिशत से कम अंक नहीं आएँगे। बच्चे को चलने दीजिए। उसे 75 प्रतिशत से ज्यादा अंक मिले। बी.ए. (ऑनर्स) में उसने वर्ष 2006 में पटना विद्यालय में प्रथम श्रेणी में प्रथम स्थान प्राप्त किया। वह एल.एन. मिथिला यूनिवर्सिटी में सहायक आचार्य है। बच्चों को बेहतर परिणाम के नाम पर नहीं रोकना चाहिए। यदि वह फेल भी हो जाता है तो उससे ज्यादा बड़ी शिक्षा लेगा। असफलता जो सिखा सकती है, सफलता में वह शक्ति नहीं है। बहती नदी को बहने दो। धारा पतली ही सही। अन्यथा वह गड्ढों में बदल जाएगी।

मुझे लगता है धाँधली करना पुलिस के स्वभाव का अंग बन चुका है। वह सही बात मानने को तैयार नहीं होती। वे खुशनुमा तस्वीर बनाकर चलते हैं। एक बहुत ही कष्टप्रद अनुभव मुझे ए.डी.जी., सी.आई.डी. के पद पर रहते हुए हुआ। समस्तीपुर से एक छात्र का अपहरण हो गया। वह दिल्ली विश्वविद्यालय का एम.एस–सी. का छात्र था। किराए के कमरे में रहता था। नाम था—रामचंद्र भारती। पुलिस के बड़े हकिम भी कह रहे थे कि वह दिल्ली लौट गया है। मकान मालिक ने बताया है। कोई अपहरण नहीं हुआ है। उस लड़के के चाचा मेरे पास आए। मैंने दिल्ली मकान मालिक से बात की तो उन्होंने साफ कहा कि लड़का अभी तक नहीं आया है। किसी पुलिसवाले से उनकी कोई बात नहीं हुई। जब मेरे द्वारा पुलिस को मामला दर्ज करने और अनुसंधान करने के कड़े आदेश दिए गए तब उन्होंने इसका संज्ञान लिया। मैंने आई.जी. (ऑप्स) को भी इस पर लग जाने को कहा। फिरौती की बात चल रही थी। घरवालों को गैंग से एक लिंक मिल गया था। उसे बातचीत करने को घर के लोगों ने लगाया। मैं लड़के की सुरक्षा को लेकर चिंतित था। पुलिस की जरा सी चूक उसकी जान पर आफत बन सकती थी। मैंने एक बड़े अफसर से कहा भी कि उसे मरवा मत देना भाई! लड़के की लोकेशन मोतिहारी में एक जगह ट्रेस भी हो गई थी। पुलिस ने आवेश में आकर उस बिचौलिए को ही गिरफ्तार कर लिया। अगले दिन उस लड़के का शव खेत में पड़ा मिल गया। इस परिणाम के लिए पुलिस ही पूरी तरह जिम्मेदार थी।

□

सरकार के आँख-कान

16 दिसंबर, 2005, बिहार की विशेष शाखा एवं खुफिया के प्रधान की कुरसी पर बैठा ही था कि चैन्ने से एक युवक का फोन आया। सर, आपकी रिपोर्ट के लिए मेरा पासपोर्ट पेंडिंग है। यदि एक सप्ताह में नहीं हुआ तो मेरा विदेश जाने का अवसर हाथ से निकल जाएगा। मैंने उसे सातवें दिन फिर फोन करने को कहा।

यह फोन कॉल मुझे फॉरेन सेक्शन में ले गया। कबाड़ा मचा हुआ था। रजिस्टर देखा, सात हजार पासपोर्ट रिपोर्ट पेंडिंग पड़ी थीं। चैन्ने का युवक अकेला नहीं था परेशान होनेवालों में। सप्ताहांत से पहले हमने सभी मामले निबटाकर अद्यतन स्थिति कर ली। चैन्ने के युवक ने फोन पर धन्यवाद दिया तो मैंने उसे धन्यवाद दिया। स्टाफ को कोई ट्रेनिंग नहीं थी। न कोई ट्रेनिंग स्कूल था।

विभाग की पुनर्संरचना के लिए प्रस्ताव सरकार को भेजा गया। पर सरकारें इमेज बिल्डिंग में ज्यादा लगी रहती हैं, इंस्टीट्यूशन बिल्डिंग में कभी-कभार ही। अलबत्ता फालतू बिल्डिंग बनाना उनका सबसे बड़ा शौक होता है।

पूरा विभाग मात्र एक पुलिस अधीक्षक और एक-तिहाई लोगों के बूते चल रहा था। फिर भी लोग निष्ठापूर्वक अपने काम में लगे रहते थे। जब हमारे एक निरीक्षक द्वारा दी गई जन्दाहा थाने पर माओवादी हमले की सूचना सही निकली तो आलोचक बगलें झाँकने लगे। पूर्व सूचना से भारी हानि बच सकी।

सुरक्षा शाखा का यह हाल होता रहा है कि मुख्यमंत्री की सुरक्षा में लगे लोगों ने कभी पिस्टल तक फायर नहीं किया था। यह मेरे लिए किसी सदमे से कम नहीं था। चयन का आधार कुछ और ही रहा होगा। इस तथ्य के आलोक में मेरी विधानसभा और बेऊर जेल पर माओवादी खतरे को लेकर चिंता और भी बढ़ गई। एक रात नौ बजे के बाद मैंने पुराने सचिवालय पर लगभग शून्य सतर्कता देखी। तब हमने गार्ड चैकिंग की व्यवस्था को बहाल किया। बेसिक पुलिसिंग पर ध्यान ही नहीं था। माओवादी चुनौती के लिए देश-काल-परिस्थिति के अनुसार रक्षात्मक सक्रियता को

तब तक के लिए उपयोगी नीति तय किया गया जब तक कि हमारी तैयारी का स्तर ठीक नहीं हो जाता।

सांप्रदायिक शाखा में वर्ष 1990 से फाइलें सूनी थीं। पता चला कि एक बार एक रिपोर्ट पर आका भड़क गए थे तो कारिंदे भी हड़क गए और उस मोर्चे पर शांत हो गए।

इस कार्यकाल का सबसे संवेदनशील क्षेत्र नेपाल चार्टर था। उन दिनों नेपाल बाईं करवट ले रहा था और देश में अराजक जैसा माहौल था। इस पर केंद्र सरकार को हर प्रकार से हर फोरम से आगाह किया गया। डी.जी.पी. सम्मेलन में इस विषय को उठाने के बाद अगले दिन रॉ के सचिव ने मुझसे अलग हटकर चर्चा की। उस समय दी गई सलाहों में कुछ का प्रभाव तो दिख रहा है।

इंटेलीजेंस कार्य ऐसा है कि इसमें आलोचना ही प्राय: मिलती है। समय-समय पर मुख्यमंत्रीजी द्वारा की गई आलोचना का अखबारों से पता चलता था। मुझसे उन्होंने सीधे कभी कुछ नहीं कहा। हमें मान-अपमान से ऊपर उठने का मौका इंटेलीजेंस में मिलता है। मुख्यमंत्रीजी हमेशा प्राथमिकता के तौर पर जब मैं चाहूँ तब समय देते थे। मेरी कोशिश रहती थी कि उन्हें उनके समय का पूरा-पूरा मूल्य मिले। संसाधन भले ही न हों, पर काम रुकना नहीं चाहिए।

यह शाखा ऐसी है कि जब मैं अपने गाँव अवकाश पर गया था तब भी हर रोज के अनुसार पिछले चौबीस घंटे का हिसाब सुबह साढ़े आठ बजे मुख्यमंत्री स्वयं फोन कर माँगते थे। इसके लिए मुझे तैयारी करनी पड़ती थी।

उन दिनों मुख्यमंत्री नीतीश कुमार अत्यधिक परिश्रम करते थे। मेरी दैनिक रिपोर्ट देर शाम मिलते ही वे आधी रात तक संबंधित विभागों से रिपोर्ट तलब करते तथा फील्ड अफसरों से बात करते थे। इसके चलते हम 2006 में पेयजल समस्या तथा उर्वरक आपूर्ति पर कारगर कदम उठाने में सफल हुए। उस वर्ष किसानों को बिना कालाबाजारी के नियंत्रित दर पर यूरिया मिल सका था।

इधर हमारे डी.जी.पी. तथा एक अन्य डी.जी. रैंक के अफसर को यह चिंता सता रही थी कि सर्वोच्च न्यायालय के फैसले के अनुसार यदि यू.पी.एस.सी. ने नया डी.जी. पी. चुना तो कहीं डी.एन. गौतम को न चुन ले। तो उन्होंने मेरे सेवा अभिलेख को खराब करने में अपनी ऊर्जा लगाई। डी.जी.पी. ने मुझसे यहाँ तक कहा कि तुम तो ए.डी.जी. में ही रिटायर हो जाओगे। पद ही नहीं हैं। तब मैंने उन्हें याद दिलाया कि जब सेवा में आए थे तब डी.आई.जी. तक ही जाने की आशा थी। इस तरह मैं दो रैंक फायदे में ही हूँ।

विभाग के कार्य को व्यवस्थित करते हुए अपने कर्मियों को नए सिरे से जिम्मेदारी दी गई। एक पावरफुल नौकरशाह ने एक ए.एस.आई की बदली रद्द करने को कहा। बदली भी सचिवालय से शास्त्रीनगर थाने का काम देखने की थी। वर्षों से सिफारिश के

बल कई कर्मी बिना काम के फुरसत में रहते थे। कुछ दिनों बाद जब मेरा तबादला ए.डी. जी. (आधुनिकीकरण) के पद पर हुआ तो इसे सत्ता के करीबी उन साहब के रोष के साथ जोड़कर देखा जाने लगा।

वर्ष 2006 नवंबर माह। मैं डी.जी.पी. सम्मेलन में भाग लेने दिल्ली एयरपोर्ट से बिहार भवन जा रहा था कि एक टेलीफोन कॉल आया कि आपका ट्रांसफर हो गया है, मैंने तुरंत डी.जी.पी. से पूछा कि मैं क्या लौट आऊँ, तो वे बोले, नहीं, सम्मेलन में भाग लो। अगले दिन सम्मेलन में डायरेक्टर सी.बी.आई. ने कहा, आप यहाँ कैसे? आपका तो तबादला हो गया है! तब मैंने उत्तर दिया, मेरी सरकार को कोई तकलीफ नहीं है। आपको हो तो बताएँ?

इस कार्यकाल में हमने एक अभूतपूर्व प्रयोग किया। मनोज नाथ ए.डी.जी. बी.एम. पी. के नेतृत्व में मामूली संसाधन देकर पूरी बी.एम.पी. को अपने काम के साथ इंटेलीजेंस चार्टर भी प्रयोग के तौर पर दिया। इसके अच्छे परिणाम मिले। गया जिले के डुमरिया थाने पर माओवादी हमले को पूर्व आसूचना के चलते विफल कर दिया गया। यह बी.एम.पी. की टुकड़ी की सफलता थी।

अंत में एक प्रकरण और। डायरेक्टर आई.बी. भारत सरकार नरसिम्हन साहब पटना पधारे थे। उन्होंने मुझसे पूछा, गौतम, तुम ये बताओ कि हमारे लोग माओवादी से लड़ाई में जी-जान क्यों नहीं झोंक रहे? मैंने सवाल किया, किसके लिए? जहाँ किसी भी स्तर पर सही नेतृत्व मिल रहा है, वे जी-जान झोंक रहे हैं।

अपर महानिदेशक, विशेष शाखा एवं आसूचना एक अत्यंत संवेदनशील दायित्व का पद है। इसलिए इतनी बातें साझा करना पर्याप्त समझना चाहिए।

□

आधुनिकीकरण

पुलिस मुख्यालय भवन, पुराना सचिवालय से पदच्युत होकर मैं 2006 के अंत में ही 'हाउस ऑफ लाड्र्स' अर्थात् कंप्यूटर भवन (इसका प्रचलित रणवीर भवन नाम बदलने का मैंने प्रयास किया था) में ए.डी.जी. आधुनिकीकरण के पद पर आरूढ़ हो गया। पुलिस मुख्यालय को हमारी जरूरत नहीं होने से हमारे लॉर्डशिप में चार चाँद लग गए। बस एक बार थानों की नई डिजाइन पर अध्यक्षता का कार्य दिया गया। प्रधान सचिव आवास विभाग इस बैठक में आए। हमने उत्कृष्ट डिजाइन अनुमोदित किया। बी.पी.आर.डी. के संस्तुत मानक डिजाइन से एक दरजा ऊँचे डिजाइनों का हमने चयन किया।

एक बार जमीन में दबे विस्फोटक सूँघ लेने की दस करोड़ की मशीन के क्रय का प्रस्ताव अवश्य मुझे इसमें लपेटने के लिए मेरे मंतव्य के लिए पुलिस मुख्यालय से आया। फाइल में लिखा था कि नेशनल सिक्योरिटी गार्ड ने भाभा परमाणु अनुसंधान केंद्र से प्रयोगों के बाद अनुमोदित इस मशीन के लिए अपनी अनुशंसा भी दी है। मुझे यकीन था कि विज्ञान सूँघने और स्वाद के मामले में अभी तक शून्य है। अतः मैंने एन.एस.जी. के डी.जी. से बात की। उन्होंने कहा कि न तो ऐसा कोई उपकरण बना है, न बी.ए.आर.सी. ने कोई उपकरण विकसित किया है, और न ही उन्होंने इस संबंध में किसी भी राज्य को कोई पत्र लिखा है। पुलिस मुख्यालय भी मुझे ऐसा कोई पत्र नहीं दिखा पाया और वहाँ के आई.जी. ने चुपचाप उस फाइल को ले लिया। पता नहीं पंचकुला (चंडीगढ़-हरियाणा) की इस फर्म ने किस रूट से पकड़ बनाई थी।

इस पद पर मेरी शांति तब भंग हुई जब उच्च न्यायालय, पटना ने मुझे प्रभुनाथ सिंह, सांसद, महराजगंज से संबंधित एक हत्याकांड में कुछ खास पक्ष पर जाँच करने को कहा। इसके बाद उच्च न्यायालय ने ही मुझे इसके साथ उस कांड के ट्रायल को लेकर भी जाँच करने को कहा। एक पुलिस अफसर को ट्रायल ठीक हुआ अथवा नहीं, इसकी जाँच सौंपना एक असाधारण कदम था। शील और शालीनता का पूरा निर्वाह करते हुए मैं

उच्च न्यायालय की संतुष्टि के स्तर पर इस कार्य को संपन्न कर सका; यह जगदंबा की बड़ी कृपा है। यह मामला अभिलेखों में प्रतिवेदित होकर छपा है और नजीर बन गया है।

पर इसी सबके बीच डी.जी.पी. ने मेरे विरुद्ध अपना अभियान तेज कर रखा था। मैं भी यथोचित प्रतिकार कर रहा था। मैंने अपने हितैषी मित्र जे.पी. शुक्ला सीनियर एडवोकेट, पटना उच्च न्यायालय को सारे कागजातों की फाइल दी, ताकि आवश्यकता पड़ने पर वे जरूरी कदम उठा सकें। मैं भगवान् की शरण पकड़कर आदित्य हृदय स्तोत्र का नियमित पाठ करने लगा।

8 अप्रैल, 2008 को संध्या आठ बजे मैं गुरुजी के समीप बैठा हुआ था कि प्रधान सचिव गृह अफजल साहब का फोन आया—मुख्यालय में चार्ज लेने आ जाइए। मैंने पूछा कि क्या कर दिया ? डी.जी.पी. नाराज रहता है। वे बदल दिए गए हैं। मैंने कहा कि कल आकर चार्ज ले लूँगा।

अगले दिन नए डी.जी.पी. शिवचंद्र झा के साथ हम मुख्यमंत्रीजी से मिलने गए। उनका एक वाक्य का निर्देश था—मुख्यालय में और पुलिस में प्रोफेशनलिज्म ला दीजिए। उन्होंने अन्य बातें भी कहीं जिन्हें गोपनीय रखा जाना चाहिए।

□

पुलिस मुख्यालय, बिहार

9 अप्रैल, 2008, कार्यालय में पद पर मेरा प्रथम घंटा। बिहार पुलिस एसोसिएशन के पदाधिकारी आकर कहते हैं—सर, ग्यारह बजेवाली डी.पी.सी. (डिपार्टमेंटल प्रमोशन कमेटी) बैठकें रद्द हो गई है! बाबू लोग बता रहे थे। बाबू लोग पूछने पर कहते हैं—सर, हमने सोचा आप और डी.जी.पी. दोनों नए हैं इसलिए…।

ग्यारह बजे डी.पी.सी. यथावत् की गई और आधा घंटे में बारह सौ से अधिक कर्मियों की प्रोन्नति के आदेश हो गए। बैठक का वृत्त आदेश पदस्थापन आदि सारी क्रियाएँ उसी दिन शाम तीन बजे तक पूरी। फोर्स में नई ऊर्जा संचारित हो गई। इकतीस जुलाई मेरा मुख्यालय का टर्म पूरा होते-होते हमने सारी प्रोन्नतियाँ अद्यतन कर दी थीं। कई हजार प्रोन्नति की गईं। सिपाही से लेकर आई.पी.एस. के रैंक्स तक सबका पूरा खयाल रखा गया। इससे उदासीनता भंग हुई और अपने-अपने कार्य तथा कॅरियर के प्रति संवेदनशीलता का संचार हुआ।

दोपहर बाद आम आदमी की भीड़ लगने लगी। उनके जायज मामले शीघ्रता से निबटाने को अहमियत देने से लोगों का व्यवस्था में विश्वास बढ़ा। एक और प्रकरण प्रस्तुत है।

मुख्यमंत्री का जनता दरबार। मेरा पहला जनता दरबार। मुख्यमंत्री बुलाते हैं। गौतम साहब, ये महिला मेरे पास सातवीं बार आ रही हैं। मुझे इनकी समस्या एवं चेहरा याद हो गए हैं। इनके डी.एस.पी. पति काराकाट थाना क्षेत्र में माओवादियों से मुठभेड़ में वर्ष 2003 में शहीद हो गए थे। अनुदान राशि आज तक नहीं मिली है। मैं (मुख्यमंत्री) पाँच करोड़ रिवॉल्विंग फंड इस काम के लिए रखने को दर्जनों बार कह चुका हूँ। पता नहीं कुछ क्यों नहीं हो रहा है? आप ऐसा कीजिए कि इन्हें फिर मेरे पास न आना पड़े।

उस महिला को मैंने अपनी डेस्क के पास लाकर कहा कि यदि एक सप्ताह में पैसा न मिले तो सीधे मेरे कार्यालय आ जाइए।

वित्त आयुक्त नवीन कुमार से मिलकर व्यवस्था बनी। कई मामले पड़े हुए थे। कुल

एक करोड़ अस्सी लाख की देनदारी शेष थी। 2003 से पहले के भी मामले थे। वित्त विभाग का आदेश बना। पर नवीन कुमार ने मुझे कहा कि तुम इसके लिए बजट शीर्ष बनवा लो। बजट ऑफीसर गौरी बाबू (तिलक राज गौरी) के पास किसी आई.जी. को भेज देना। नवीन मित्र होने के अलावा सज्जन व्यक्ति हैं।

अब डी.आई.जी. (प्रशासन) मुख्यालय के बाबू को सामने लेकर खड़े थे। बाबू अड़ा हुआ था—बजट शीर्ष वित्त विभाग का है, पैसा नहीं निकल सकता। मैंने कहा, तुम्हारा काम बिल बनाकर कोषागार भेजना है। आगे का सिरदर्द तुम्हारा नहीं। बहरहाल, मुझे डी.आई.जी. से कहना पड़ा कि इस बाबू को पोस्ट और पोस्टिंग के साथ रोहतास जिले के नौहट्टा थाने में आज ही ड्रॉप करा दो। इसकी जगह तुरंत दूसरा बाबू ले आओ। बाबू की भाषा और मिजाज दोनों में चमत्कारी परिवर्तन हो गए। शाम चार बजे तक ड्राफ्ट और कुछ धन का भुगतान ऑर्डर प्रत्येक व्यक्ति के पास विशेष दूत से उसी दिन भेजने का लक्ष्य तय कर दिया। तीन बजे आकर मुझे कार्य संपन्न होने की जानकारी दी गई।

आदर्श थाना भवन निर्माण का धन 2007 से ही मुख्यालय में पड़ा था। चार-पाँच छोड़कर शेष पुलिस अधीक्षक सारी प्रशासनिक और वित्तीय शक्तियाँ दिए जाने के बावजूद उदासीनता बरत रहे थे। उन्हें बमुश्किल ज्ञान दिया जा सका। पर अब वे 31 जुलाई, 2008 को किसी दूसरे नए डी.जी.पी. के आने की उम्मीद करने लगे। साथ ही मेरे संभावित जाने की भी।

पर देखिए हरि की लीला। मैं ही नया डी.जी.पी. बिहार बना दिया गया। और 31 जुलाई, 2008 को दोपहर बाद मैं बिहार पुलिस चीफ की कुरसी पर था।

□

पुलिस महानिदेशक, बिहार

31 जुलाई, 2008, सुबह 10:30 बजे। मुख्यमंत्री के प्रधान सचिव आर.सी.पी. सिंह का फोन आता है। ग्यारह बजे मुख्यमंत्रीजी ने याद किया है। मेरी उपस्थिति में ही सिंह साहब को हमारे एक साथी का फोन आता है। वे स्वयं को डी.जी.पी. पोस्ट के लिए उपलब्ध बता रहे हैं। प्रधान सचिव ने कहा, अब देर हो चुकी है। फैसला हो गया है।

ग्यारह बजे। मुख्यमंत्री के समक्ष। आपको बड़ी जिम्मेदारी दे रहे हैं। आपकी क्या योजनाएँ हैं ? चार्ज लेने के बाद मिलकर बताऊँगा। आपको मेरे कारण नीचा नहीं देखना पड़ेगा—आई विल नॉट लेट यू डाउन।

कार्यालय में गहमागहमी। दोपहर बाद मुख्यालय के चैंबर से मुखिया के चैंबर में सीधे जानेवाला मैं पहला व्यक्ति बनने जा रहा हूँ। दोपहर बाद चार्ज होना है। पत्रकारों का हुजूम है। एक महाशय मेरे पूर्वाधिकारी की उपस्थिति में ही बात करने पर अड़ गए हैं। सफल नहीं होने पर उन्हें द्वेष ने जकड़ लिया। पूर्वाधिकारी को विदा कराकर मैं अब कुरसी पर था और पत्रकारों तथा पदाधिकारियों से उसी क्रम में वार्त्ता हेतु उपलब्ध हो गया।

फिल्म 'थ्री ईडियट' में एक संवाद है—'मित्र फेल हो जाए तो दु:ख होता है और यदि वह टॉप कर जाए तो और भी ज्यादा दु:ख होता है।' यह संवाद यहाँ भी लागू हो रहा था। मेरे एक मित्र की मन:स्थिति पर विषाद का शासन सवार हो गया।

चार्ज लेने के बाद शाम को मैं मुख्यमंत्री से मिला। उन्हें बताया कि सिपाही भरती में सिफारिशबाजी और पैसे का अंत करने के लिए पूरे बिहार के लिए एक भरती बोर्ड हो। पहले लिखित परीक्षा, शारीरिक दक्षता के कोई अंक नहीं, बस न्यूनतम अर्हता आवश्यक। थानों को स्थायी अग्रिम। थाना मरम्मत के लिए अलग बजट आदि।

और भी बहुत से सुधार हैं, जिनका वर्णन किया। मुख्यमंत्रीजी बोले, मैंने तो कितनी बार आपके पूर्व के अधिकारियों को भरती प्रक्रिया बदलने को कहा है। उन्होंने कुछ नहीं किया। आप प्रस्ताव दीजिए। मैंने बताया कि मैं सभी मामलों संबंधी प्रस्ताव भेजकर ही आपके पास आया हूँ। प्रतियाँ मैंने मुख्यमंत्री को वहीं दे भी दीं। इसके बाद मुख्यमंत्री के निर्देशानुसार मेरे सभी सात प्रस्ताव 3 अगस्त, 2008 को होनेवाली मंत्रिमंडल की बैठक

में लिये गए और अनुमोदित कर दिए गए। इस बैठक में मुझे भी आमंत्रित किया गया था। कोई डेढ़ घंटे विचार-विमर्श चला था।

सिपाही भरती बोर्ड के अध्यक्ष एवं सदस्य डी.जी.पी. के अधिकार से मेरे द्वारा नियुक्त किए गए। अध्यक्ष सुनीत कुमार ने संजीदगी से व्यवस्था निर्माण का काम शुरू किया। एक-दो पदाधिकारी उसके काम की आलोचना करने आए, पर अध्यक्ष बनाए जाने के ऑफर पर तुरंत पलायन कर गए। सुनीत कुमार सेवानिवृत्त होने के कई वर्ष बाद भी अभी बिहार अवर चयन (दरोगा भरती) आयोग के अध्यक्ष हैं। सिपाही भरती का बोर्ड अलग है। ये दोनों बोर्ड वरदीधारी अधीनस्थ सेवाओं—पुलिस, अग्निशमन, जेल, उत्पाद, वन विभाग आदि के लिए सिपाही और अवर निरीक्षकों, सार्जेंट आदि पदों के लिए भरती के लिए उत्तरदायी हैं। इस तरह संस्थाओं के निर्माण की परंपरा चल निकली। अब दूसरी तरह की समस्याएँ हैं। समस्याएँ हैं तभी तो व्यवस्था है।

आई.जी. रवींद्र कुमार ने बिहार के बजट ऑफिसर तिलक राज गौरी बाबू के साथ मिलकर पुलिस विभाग में वित्तीय सुधार किए। अनुग्रह अनुदान राशि, सुरक्षा संबंधी खर्चे, थाना एवं अधीनस्थों के आवासों की मरम्मत आदि तमाम नए बजट शीर्ष बनाने की प्रक्रिया पूरी की गई।

डी.जी.पी. की वित्तीय शक्तियों में सुधार पर गतिरोध बना रहा। सरकारें मजबूरी में ही डी.जी.पी. के हाथ मजबूत करती हैं।

एक दिन मैंने मुख्यमंत्रीजी से कहा कि हमने थाना प्रभारी को हाथ में डंडा तो दे दिया, पर किसी भी आकस्मिक खर्च के लिए धन नहीं दिया। थाने के दैनिक खर्चे होते हैं तो डंडे के ही बल होते हैं। इस तरह राज्य को उन्हें भ्रष्ट कहने का कोई नैतिक अधिकार नहीं है। राज्य की नैतिक सत्ता बहाल करने के लिए थाने को स्थायी अग्रिम दिया जाना चाहिए। मुख्यमंत्री ने तुरंत मेरे प्रस्ताव पर हामी भर दी। एक प्रति भी मैंने उन्हें दे दी। सचिवालय से प्रतिरोध हुआ। बैठक में कुछ सचिव इसे खा लिये जाने की बात करने लगे तो मैंने कहा, यदि पूरा-का-पूरा खा भी लिया गया तो वर्ष में अधिक-से-अधिक तीन करोड़। यहाँ तो इतने से आचमन करनेवाले भी बैठे हैं। सरकार का संकल्प आदेश निकल गया। राज्य अब कह सकता था कि किसी से भी कुछ न माँगा जाए। दुःखी शिकायतकर्ता से कागज-पेंसिल माँगे जानेवाले युग का अंत हो गया। अब उसे चाय-नाश्ता कराने के लिए भी थाने के पास धन था और यह अपेक्षा भी थाने से की जाती थी। प्रत्येक वाउचर मान्य था।

पुलिस व्यवस्था सुधार में लगा ही था कि एक बड़ी समस्या दस्तक देने लगी। 13 अगस्त, 2008 को सिंचाई मंत्री बिजेंद्र यादवजी ने फोन किया कि कोसी तट पर नेपाल स्थित कुसहा स्पर पर माओवादियों ने काम रुकवा दिया है। कुछ कीजिए। पता चला कि वहाँ दो स्थल पर काम चल रहा था। एक जगह का जेनरेटर खराब हो गया तो मजदूरों

को लौटाया जाने लगा। उन्होंने कहा, काम लो चाहे न लो, आए हैं तो मजदूरी देनी पड़ेगी। विवाद हुआ तो दूसरी जगह भी काम बंद। वे नेपाल में माओवादी उत्कर्ष के दिन थे। स्थानीय नेता आए। मामूली धन (सत्तर हजार रुपए सुना गया था) की माँग हुई, काम शुरू कराने के लिए। बाढ़ में हर वर्ष जो होता है, उसी धंधे के लालच में अंधे अफसरों ने मामले में संवेदनहीनता बरती। बस पटना खबर भेज दी कि काम बंद करा दिया गया है, कुछ कीजिए। मैंने डायरेक्टर, इंटेलीजेंस ब्यूरो पी.सी. हलधर साहब से बात कर नेपाल की अथॉरिटीज से यहाँ के इंजीनियर्स की बैठक फिक्स करा दी। पर हमारे बड़े साहबों ने पता नहीं क्या सोचा, नहीं पहुँचे। मैंने मुख्यमंत्री को बताया। डाँट पड़ी तो एक मौका और माँगने लगे। मुख्यमंत्री विदेश मंत्री प्रणब मुखर्जी साहब से बात कर रहे थे। मैं खुफिया चैनल्स पर था। दूसरी बैठक चंपारण के सुस्ता में हुई, पर समय हाथ से निकल रहा था। पंद्रह अगस्त को कुसहा स्पर का ऊपर से क्षरण प्रारंभ हो गया। मैंने आशंकित डूबवाले क्षेत्र में जगह-जगह फोर्स भेजना शुरू कर दिया। पुलिस अधीक्षकों को सतर्क किया जहाँ अभी सड़क दिख रही है, वहाँ कोसी बहनेवाली है। हाकिम लोगों को लगा मुख्यालय का दिमाग खराब हो गया है। अंतत: 17 अगस्त, 2008 को कुसहा स्पर नष्ट हो गया। कोसी ने इम्बैंकमेंट तोड़ अपना पचास वर्ष पुराना मार्ग कोसी बैराज पार करते ही पकड़ लिया। मुख्यमंत्रीजी ने आपात् बैठक बुलाई। बचाव और राहत की रूपरेखा बनी। थाने को इलाके में मुनादी करने को कहा गया कि सुरक्षित जगहों पर जाओ, कोसी आ रही है। मुख्यमंत्री ने रेडियो पर कहा, जान बचाओ। शुरू में आलोचना भी हुई। बाद में लोगों को समझ में आया। बाइस अगस्त को संपूर्ण सूखा क्षेत्र जल प्लावित हो गया।

लोग महिषी मंदिर में शरण ले रहे थे। पुलिस ने स्थानीय व्यापारियों और भक्तों की सहायता से भंडारा चला रखा था। सरकारी व्यवस्था आने में तीन दिन लग गए। हमने वहाँ नावें पहुँचा दी थीं। फोर्स था ही। रात में ड्रैगन लाइट से गश्ती। हमने बी.एम.पी. कैंप पटना में एक रात में पाँच सौ जीवन रक्षक जैकेट तैयार कर ली। परीक्षण में जैकेट अव्वल निकली। तैयारियों के विवरण में तो एक किताब पूरी लगेगी। फोर्स ने बड़ी मेहनत की।

बाढ़ पीड़ितों को पूरे राज्य में कहीं भी अपनी एफ.आई.आर. दर्ज कराने की सुविधा प्रदान की गई। उसको आगे सही दिशा देना पुलिस का कर्तव्य होता है।

कोसी त्रासदी में समय पर पुलिस पहुँच जाने से कोई अप्रिय घटना नहीं हुई। दो चोरी की घटनाएँ रिपोर्ट हुईं। एक लकड़ी चोरी की, दूसरी मोटर साइकिल चोरी की, जो बाद में नदी तट पर मिल गई। अररिया जी.आर.पी. के एक ए.एस.आई. पर शीलभंग का प्रयास करने के आरोप लगे। वह तुरंत फरार हो गया था। वह जिस ट्रेन में भागा था उस ट्रेन को मार्ग में ही रोककर उसको गिरफ्तार कर जेल भेज दिया गया। साथ ही उसे बर्खास्त भी कर दिया गया। पुलिस में दुष्प्रवृत्तियों पर ध्यान देने की विशेष आवश्यकता है।

पुलिस के दुष्कर्म के मामलों को दबाने की प्रवृत्ति आम है। मुंगेर कार्यकाल में शेखपुरा थाने के एक रात्रि गश्ती पर गए सिपाही के अल्पवयस्क बालक को वहीं के ए.एस.आई. ने दुष्कर्म का शिकार बना लिया था। सिपाही ने लौटने पर बालक को गुमसुम बैठा पाया। मामला पता चला, पर थानेदार ने मामला दर्ज करने से मना कर दिया। सिपाही रोते-धोते मेरे सामने आया। सर, थाने में ही हमारी इज्जत सुरक्षित नहीं है और न्याय नहीं मिल रहा। ए.एस.आई. को भनक लग गई तो वह ट्रेन पकड़कर निकल लिया। उसे मार्ग में ट्रेन रुकवाकर पकड़ा गया। फिर भी समस्या तो जहाँ की तहाँ खड़ी हुई है।

छठवें वेतन आयोग पर भारत सरकार का अंतिम निर्णय होने के बाद तत्कालीन रेलमंत्री लालू प्रसादजी का मेरे पास फोन आया। बोले, आपकी सैलरी चीफ सेक्रेटरी के बराबर करा दी है। मैंने पूरी आई.पी.एस. बिरादरी की तरफ से उन्हें धन्यवाद देते हुए कहा कि ऐसा करा पाने का दम लालू को छोड़कर किसी में भी नहीं है। तब उन्होंने कहा कि हमने कैबिनेट में बड़ा हंगामा किया, तो फिर कई अंदरूनी बातें भी बताईं जिन्हें यहाँ देना उचित नहीं होगा।

इस प्रकार लालू प्रसाद ने राज्यों में भी आई.पी.एस. के शीर्ष वेतन में पहुँचने की जगह बना दी। मुझे बैचमेट रणजीत सिन्हा ने इस तरह का कुछ संकेत पहले ही दे दिया था। वे उस समय डी.जी. रेलवे प्रोटेक्शन फोर्स थे। 28 सितंबर, 2008 से मुझे शीर्ष वेतन भी मिलने लगा।

यह भगवान् श्रीकृष्ण की ही कृपा थी कि उन्होंने पहले मुझे बिहार का डी.जी.पी. बनाया। फिर उस डी.जी.पी. को ऊपर उठाकर शीर्ष वेतन में रख दिया।

छठवें वेतन आयोग से मेरी गरीबी हट गई। पाँचवें वेतन आयोग तक तो पैसे की दिक्कत होती थी। इस प्रकार वेतन बढ़ाकर सरकार ने ईमानदार कर्मियों का कष्ट दूर किया। इसके लिए उस सरकार अर्थात् मनमोहन सरकार का धन्यवाद।

कोसी संकट से मुक्ति मिली तो महाराष्ट्र में पीटे गए बिहारी वापस लौटे तो उन्हें उकसाकर राज्य में रेलवे स्टेशनों पर गड़बड़ी फैलवाई जाने लगी। समझाने-बुझाने से काम नहीं चला तो लाठी ने समाधान दिया। अहिंसा के पुजारी गांधीजी का लाठी लेकर चलना इसी का संकेत है। मुख्यमंत्री के सलाहकारों ने उन्हें इस बात के लिए राजी कर लिया कि राज ठाकरे के खिलाफ बिहार पुलिस मानहानि का केस दर्ज करे। मेरा कहना था कि राज्य अथवा सरकार मानहानि का केस नहीं कर सकती। बिहार के एडवोकेट जनरल पी.के. शाहीजी ने मेरे मत पर हामी भरी, तब जाकर विवाद का पटाक्षेप हुआ।

इसी तरह पटना के एक युवक राहुल राज की मुंबई पुलिस की गोली से मौत पर बिहार पुलिस को पूरे मामले में घसीटकर लाने के प्रयास हुए। इन्हें विधिसम्मत नहीं पाते हुए मैं बिहार पुलिस को अलग रखने के मत पर कायम रहा।

छह मार्च 2009 को लोकसभा के लिए सामान्य निर्वाचन की घोषणा हो गई। इस सबके लिए ड्रिल तय है। पहली पोलिंग सोलह अप्रैल को थी। सत्रह अप्रैल को मेरी बीच वाली बेटी शैली (गग्गू) का शुभविवाह होना था। चौदह अप्रैल की रात रोहतास जिले के धंदसा में स्थित बी.एस.एफ. के दो कंपनी बल कैंप पर माओवादी हमले की जानकारी मुझे रात में ग्यारह बजे एस.ओ.एस. के साथ दी गई। कटोरा आकार के इस कैंप में एस.पी. के वहाँ कैंप न बनाने के अनुरोध को ठुकराकर आराम के खयाल से फोर्स जम गई थी। भारत के चुनाव आयोग का वह निर्देश भी इसके लिए जिम्मेदार था, जिसमें कहा गया था कि केंद्रीय बलों को राज्य के बड़े-से-बड़े पुलिस ऑफिसर के दिए निर्देश नहीं मानने हैं। फोर्स की ओर से मुझ पर एयरफोर्स माँगने का दबाव डाला जा रहा था। और तो और बी.एस.एफ. के कहने पर गृह मंत्रालय भारत सरकार के कंट्रोल रूम और विशेष सचिव मुझ पर लगातार एयरफोर्स बुलाने की अनुशंसा भेजने को कह रहे थे। मैंने उन्हें स्पष्टता से कहा कि यहाँ का चीफ मैं हूँ और मैं सारी गतिविधियों को निर्देशित कर रहा हूँ। एयरफोर्स का प्रश्न ही नहीं उठता। आप इसका मतलब ही नहीं समझ रहे हैं। इस बीच बी.एस.एफ. का मोर्टार उनके कैंप की ही छत पर आ फटा। उसी कमरे में गोली-बारूद भी था। हादसा होने से बच गया। पर एस.पी. ने मुझसे कहा कि अपने सारे लोग मारे गए हैं। मैंने उसे बकवास बंद रखने को कहकर कैंप में संपर्क किया। सभी सकुशल थे। अब मैंने कैंप की सीधे कमान अपने हाथ में ले ली। वहाँ के प्रभारी को कहा कि ऐसे पड़े रहो जैसे सब मर गए हैं। सुबह चार-पाँच बजे माओवादी नजदीक आएँगे। ध्यान रखना रात में दूरियाँ भी नजदीक लगती हैं। रेंज में आने पर ही फायर खोलना। पाँच बजे माओवादी कैंप के करीब आने लगे, पर पैनिक में गलत जजमेंट के कारण फायर जल्दी खोल दिए, माओवादी भाग गए। मैं पूरी रात अपने कमरे में चटाई पर बैठा कैंप को सीधे आदेश देता रहा। इसके आगे की बात बताना ठीक नहीं होगा। मैंने इस टुकड़ी को आगे चुनाव से विश्राम देना उचित समझा। उन्हें रिजर्व में रखा गया।

चुनाव शांतिपूर्ण और निष्पक्ष हुए। मुख्य चुनाव आयुक्त ने पहले फेज के बाद मुझे विशेष रूप से धन्यवाद दिया। चुनाव पूरे हुए तो क्रेडिट लेने में हमारे महापुरुष इतना आगे निकल गए कि बाकी सबकी भूमिका को गौण मानने लगे। उस चुनाव का भोज भी हमारे अफसरों को नहीं मिला।

अपनी सेवानिवृत्ति का समय आते-आते बिहार पुलिस अकादमी के लिए भूमि एवं सरकारी स्वीकृति तथा कई अन्य जगह भूमि और भवनों की व्यवस्था की जा सकी। सात नए सिपाही प्रशिक्षण विद्यालयों की आधारभूत संरचना तैयार की गई।

लोकसभा चुनावों के ठीक बाद मुजफ्फरपुर से एक फिरौती के लिए अपहरण का मामला आया। हुआ यों कि एक स्थानीय चिकित्सक के पुत्र को उसका कंपाउंडर खिलाने

ले गया, पर लौटा अकेला ही। पड़ताल पर पता चला कि उसने तो बालक को एक गैंग को बेच दिया है। केस दर्ज कर उसे गिरफ्तार किया गया। पता चला कि इस बालक को एक के बाद आगे दो अपहर्ता गैंग को बेचा गया। इसके बाद कोई सूत्र नहीं मिल रहा था। इधर बिहार की इंडियन मेडिकल एसोसिएशन की शाखा अपने प्रस्ताव पास कर आंदोलन की चेतावनी दे रही थी। वे मुझसे मिले तो मैंने कहा कि दबाव की नीति नहीं, भरोसे की नीति रखिए। वे और गिरफ्तारियाँ नहीं होने से भी परेशान थे, जबकि हमारी रणनीति पहले बालक को सकुशल बरामद करने की थी। अपहर्ता बाहर थे। पर बालक कोई पाँच बार बेचा जा चुका था। अंततः हमने एक महत्त्वपूर्ण जेल में अपने व्यक्ति की प्रविष्टि कराई और अपराधी को रिमांड पर लेने की चाल चली। वे इस मामले से सीधे नहीं जुड़े थे। पर वह सूचना की खान थे। हमें सूत्र मिला। बालक दो बार गोपालगंज, फिर सहारनपुर, फिर दिल्ली और अब यमुनानगर में पहुँचा दिया गया था। इन पाँचों जगह हमारी पुलिस टीमें कैंप कर रही थीं। बालक के यमुनानगर से सकुशल बरामद होते ही सभी जगहों से कुल पैंतीस लोग गिरफ्तार किए गए। इनका ट्रायल हुआ और बाद में सजा भी मिली।

चार बहुत कड़ी कमी रह गई, जिसके लिए सरकार को राजी करने के मेरे सभी प्रयास विफल हो गए। उनमें एक थी एंटी टैररिस्ट स्क्वाड और पुलिस थाना स्वागत कक्ष। तीसरी महिला एवं बाल संरक्षण थानों की स्थापना। चौथा आर्थिक अपराध एवं साइबर थाना।

ए.टी.एस. में थाना समेत इंटेलीजेंस चार्टर भी शामिल था। मैंने सरकार को समझाने का प्रयास किया कि अभी बिहार आतंकियों के लिए सुरक्षित मार्ग और पनाह दोनों है। अगले पाँच वर्षों में वे पूरे भारत को ऐसा ही बनाने में सफल हो जाएँगे। कहीं भी आ-जा सकेंगे, कहीं भी रह सकेंगे। तब बिहार में भी आतंकी घटनाएँ होने की प्रबल संभावना है। वर्ष 2013 तक ऐसा होने की आशंका है। उपयुक्त तैयारी के लिए मैंने वर्ष 2008 में ही सरकार को ए.टी.एस. गठन का प्रस्ताव भेजा था। सरकार अपनी राजनीतिक सोच में मगन रही। जब 7 जुलाई, 2013 को बोधगया में बम फटे तब जैसा कि मैंने आगाह किया था, बिहार पुलिस को ऐसे मामलों में एफ.आई.आर. दर्ज करने तक की समझ नहीं दी जा सकी थी। यही हाल 27 अक्तूबर, 2013 को गांधी मैदान बम ब्लास्ट के समय रहा। उस फाइल का अंततः क्या हुआ, नहीं पता।

दूसरी बात प्रत्येक थाने एवं चौकी में एक-एक स्वागत कक्ष बनाने की। यह सड़क पर थाने से अलग होगा। एफ.आई.आर. यहीं लिखकर थाने को दी जानी थी। पूरी योजना बताने के लिए यहाँ जगह नहीं है। उद्देश्य था थाने के एफ.आई.आर. लिखने में आनाकानी रोकने के लिए पुलिस की पृथक् व्यवस्था करना।

इसी तरह महिला एवं बाल संरक्षण के लिए एक नई संस्था प्रत्येक जिले में स्थापित

करने की थी, जिसमें सारे समाधान एक ही स्थल पर मिल जाते। अभी स्थापित किए गए महिला थाने उस प्रस्ताव का मजाक भर हैं।

24 जुलाई, 2009 को मैं कैसे भूल सकता हूँ। मैं मुख्यमंत्री से अवकाश और अनुमति लेकर अपने बेटे के लिए लड़की देखने राँची जा रहा था। रात में ट्रेन में था। ए.डी.जी. हेडक्वार्टर्स का फोन आया कि उन्हें मुख्यमंत्री आवास बुलाकर पुलिस अधीक्षकों के तबादले हेतु एक सूची पकड़ाकर उसका प्रस्ताव देने को कहा गया है। मेरे आक्रोश का ठिकाना न रहा। मैंने उनसे कहा कि मेरा आक्रोश मुख्यमंत्री को बता दें। मुख्य सचिव से भी मैंने अपना असंतोष इस प्रक्रिया पर बताया। मैंने ए.डी.जी. से कहा कि क्रोध शांत होने पर सुबह मैं मुख्यमंत्री से बात करूँगा। सुबह मैंने मुख्यमंत्रीजी से अपनी बात खुलकर शांत ढंग से कह दी। उन्होंने भी मेरा हाल-चाल पूछकर मामले को दरकिनार कर दिया। राँची से लौटने पर इन तबादलों पर आश्चर्य होते मिला। इनके पीछे कौन सी कुमति थी, इसका प्रमाण यह है कि अगस्त के पहले सप्ताह में ही इनके दुष्परिणाम आने लगे। मैंने अखबारवालों को अपनी बात बेबाकी से कह दी। मेरे पटना आने की वे प्रतीक्षा कर ही रहे थे।

यह एक ऐसा प्रकरण था, जो एक शालीन मुख्यमंत्री की शालीनता पर प्रश्नचिह्न लगा गया, जिससे मात्र चार दिन धैर्य रखकर बचा जा सकता था। पर सत्ता का शालीनता से रिश्ता बनाए रखना दो सुंदरियों से एक साथ प्रेम करने जैसा है।

वर्ष 2008 की एक घटना स्मरण आ रही है। मुख्यमंत्रीजी ने फोन कर कहा कि एक व्यक्ति विंध्याचल गया था, अभी तक नहीं लौटा है। (नाम उजागर नहीं किया जा रहा है।) सीनियर एस.पी. पटना से पता चला कि हड़ताली मोड़ के पास उसके डबल सिम मोबाइल का एक सिम पड़ा मिला है। मैंने समझ लिया कि हत्या आशंकित है। फ्लैट में अनुसंधानकर्ता, फिर डी.एस.पी., फिर एस.एस.पी. आदि ने तलाशी ली, पर कुछ नहीं मिला तो मैंने जोनल आई.जी. पटना को डायरेक्टर एफ.एस.एल. के साथ भेजा। डायरेक्टर को ड्राइंगरूम के सोफे के सामनेवाली चौड़ीवाली दीवार में सामने के सोफे के ऊपर से आदमी के सिर की सीध में मिलान करने को कहा। यहाँ गोली का निशान और धातु के टुकड़े मिल गए। फिर बाथरूम में मानव रक्त मिल गया। दिल्ली से नेवी के गोताखोर बुलाए गए। गंगाजी के किनारे से उस व्यक्ति का शव भी मिल गया। इस मामले में अभियुक्तों को आजीवन कारावास की सजा हुई है।

मुझे संतोष है कि मेरे डी.जी.पी. बनने पर जो लोगों ने आशाएँ और उम्मीदें पाली थीं तथा सैकड़ों प्रसन्नता द्योतक जो पत्र मुझे भेजे गए थे, उन सबका मान रखने की शक्ति प्रभु ने मुझे दी और वे मुझसे निराश नहीं हुए होंगे, ऐसी मुझे उम्मीद है। 31 जुलाई, 2009 को मैं अपने दामन को पाक-साफ रखते हुए पुनः पूरी तरह से आम जनसमूह में घुल गया।

□

बानिन काकी की स्वर्ग यात्रा

बात वर्ष 2009 की है। मैं सेवानिवृत्त हो चुका था। दशहरे के बाद उस वर्ष श्री किशोर जू भगवान् का जल विहार का उत्सव था। इसलिए मैं दशहरे से पहले ही सप्तमी या अष्टमी को अपने गाँव पहुँच गया था। बात-बात में पता चला कि सेठ जगन्नाथ बानिया की माताजी यानी बानिन काकी बहुत पहले एक बार मर चुकी हैं और ऊपर से लौटी हैं। उन्हें सब कुछ स्मरण है। बानिन काकी का घर काली के पंडा के घर से पहले पड़ता है। इसलिए अष्टमी को काली के पंडा के घर जबारों के दर्शन करने से पहले काकी के दर्शन करने का निश्चय कर लिया।

शाम का समय था। काकी घर के बाहर चौतरिया पर बैठी थीं—सिमटी गोल-मटोल गठरी बनी। वे सौ वर्ष की आयु पकड़नेवाली थीं—बिल्कुल फिट। बस, दृष्टि धोखा दे चुकी थी। मेरे 'बाई, चरण छुअत' कहते ही चहक उठी—अरे मिस्टर बेटा, आ जा मोरो बेटा। मैं पैर छूकर नीचे बैठ गया। काकी ने अपने दोनों हाथों से मेरे सिर से लेकर पैर तक कई बार सहलाया, गाल थपथपाए, उसके भीतर मेरी माँ थी। दोनों के सजल नेत्र। बोलीं—फूटी आँखन में भी तो अँसुआ आउतइ हैं, बेटा। होंठ भिसकने लगे। हम कुछ देर माँ-बेटेवाले मौन संवाद में रहे। मेरी अपनी बाई (माँ) को गए छह वर्ष चार महीने हो गए थे। आज वह फिर आ ही गई थीं। मैंने उन्हें बाई शब्द से ही संबोधित किया। बाई से उनकी कुशल पूछी। उत्तर आश्चर्यजनक रूप से जो मैं देख रहा था, उससे मिलते थे। काकी बोलीं, भैया, सौ साल की हो गई हूँ। नए छोटे बच्चों जैसे छोटे दाँत आने लगे हैं। यह कहकर उन्होंने मुझे अपने नए दाँत दिखाए। फिर सफेद से काले हो रहे बाल दिखाए। आवाज खनकती थी। जैसे वे जवान ही हों। ठीक से सुन पा रही थीं। बोलीं, बरगई आँखों के ढक्कन नईं खुल रहे। भूख बढ़िया लगती है। पाचन शक्ति ठीक है। बेटा जगन्नाथ और बहू आज्ञाकारी हैं और सेवा करते हैं।

अब मैं अपनी जिज्ञासा पर आया। बाई, मैंने सुनो है कि तुम सरगे हो आईं। 'हओ भैया' के साथ काकी ने पूरा किस्सा बताया।

मरजेंसी (इमरजेंसी–आपातकाल) लगें दोई–चार दिन भये थे कि हम चले गए। दो काले–काले लोग मूसल लिये आए थे और हमें शरीर से निकाल ले गए। हम शरीर को अच्छी तरह से देख सकत है। हमें अचंभो हो रओ तो कि हम तो जे खड़े, फिर नीचे हमारे जैसो कौन पड़ो है। घर में रोना–धोना शुरू हो गया। हम लोगों को समझा रहे थे, पर कोई हमारी बात सुन ही नहीं रहा था। इधर ठठरी की तैयारी हो रही थी कि कलुए हमें ले उड़े। उन्होंने एक भयानक नदी के किनारे हमें फेंके दियो और कहा, नदी के उस पार जाने के लिए तैयार रहो। लोग उस भयानक नदी में फेंके जा रहे थे। हमें तो तैरना आता नहीं था। पर जैसे ही कलूटे हमें नदी में फेंकनेवाले थे कि वो बछिया वहाँ आ गई जो तुम्हारे दद्दा अर्थात् बड़े भाई लगनेवाले सेठ जगन्नाथ ने उनके मरने के ठीक पहले पंडितजी को दान में दी थी। तो हमने बछिया की पूँछ पकड़ी और वैतरनी पार हो गए। उस पार गेट के पास पहुँचे तो देखा, एक सफेद कपड़ों में सफेद–लंबी डाढ़ीवाला ऊँचे आसन बैठा हुआ था। उसने हमें देखते ही वहाँ खड़े दूतों को डाँटा। किसे ले आए। जल्दी वापस ले जाओ, वरन् इसका शरीर जल जाएगा। मृत्युलोक में इसकी तैयारी चल रही है। अभी तो इसे बहुत दुनिया देखनी है। वहाँ खड़े दूतों ने हमें धक्का देकर गिरा दिया। यहाँ ठठरी मे बँधे थे सो हिलने लगे। बड़े बेटे को संबोधित कर कहा—भैया! सब भाग खड़े हुए। हम चिल्लाए कि हम मरे नहीं हैं। ठठरी खोलो। आग बुझाओ।

उसी समय हमारे घर के सामने से रोने की आवाजें आने लगीं। सामने के घर की बुढ़िया परलोक सिधार गई थी।

जमदूतों से भी गलती हो जाती है। गलत पते पर पहुँचकर गलत आदमी को उठा लेते हैं। भूल सुधार की इच्छा फैसला लेनेवाला करने का प्रयास करता है। इसलिए अंतिम संस्कार के कर्मकांड में ऊपरवाले को भी भूल सुधार का पर्याप्त समय दिया जाता है। वर्ष 1975 में काकी ऊपर घूम आई थी। पर अंतिम रूप से कोई चालीस वर्ष तक और जीकर गईं।

□

कथाकार शैलेश मटियानी के साथ

कथाकार शैलेश मटियानी से मेरा परिचय अखबार ने कराया था। वे अपनी आत्मकथा लिख रहे थे। जैसे-जैसे लिखते जाते थे, उसे अखबार को दे देते। अखबार में वे अंश 'खराद पर बॉम्बे' नामक शीर्षक से धारावाहिक रूप में छप रहे थे। कथा थी कि कैसे एक बालक पहाड़ से भागकर अकेला बंबई पहुँचता है। वहाँ बिना ठौर-ठिकाने खाने-पीने के लिए भटकता-फिरता है। छोटे-मोटे काम कर कभी-कभी खाने का जुगाड़ हो जाता है। भूखा रहता है, पर भूखों नहीं मरता। कहीं भी सो जाता है। लावारिस रह रहा है। तो एक रात पुलिस के हत्थे आ जाता है और धारा 109 द.प्र.सं. (सी आर.पी.सी.) में चालान होकर जेल पहुँच जाता है। बालक सोचता है कि चलो कम-से-कम खाने-रहने का प्रबंध तो हो ही गया, भले ही कुछ समय के लिए हो, फिर जब जरूरत होगी एक सौ नौ जिंदाबाद। पर नरक भी निरापद नहीं होता और स्वर्ग का राजा इंद्र तो तीनों लोकों में सबसे भयभीत प्राणी होता है। सो बालक को उस वार्ड के अघोषित बादशाह काले खाँ के सामने पेश किया गया। चरण चापने का आदेश हुआ। काले खाँ का दरबार सजा था। निरीह पहाड़ी बालक चरण दबाने लगा। आदेश हुआ—और जोर से। तुझमें तो दम ही नहीं है। बालक का एक आँसू काले की जाँघ पर गिर गया। काले ने जोरदार झापड़ मारा। बोला, साले, दुनिया रोनेवाले को और रुलाती है। खबरदार! जो अब कभी रोया। अब से तू काले खान के संरक्षण में है। जेल में भी और जेल से बाहर आने पर भी।

बस, यही तो तीन-चार अंक छपे। फिर छपने बंद हो गए। मुझे पंडित मटियानी की आत्मकथा 'खराद पर बॉम्बे' के आने के इंतजार में रखकर। फिर काल ने अपने स्वभाव के अनुसार इस प्रसंग का भी निवाला बना लिया। फिर भी कोई प्रकरण कभी नहीं मरता। इस मरणशील व्यवस्था में वस्तुत: सबकुछ अमर है। बस रूपांतरण होता रहता है।

मैं वर्ष 1994 के 7 अक्तूबर को बरेली में आई.टी.बी.पी. के डी.आई.जी. के रूप में पहुँच गया। एक दिन अखबार में पढ़ा कि कथाकार शैलेश मटियानी एक वर्ष कोमा

में रहने के बाद इलाहाबाद से हल्द्वानी आ गए हैं। वहीं घर लेकर रह रहे हैं। मित्रों से पता चला कि एक दिन उनका पुत्र चाय की दुकान पर बेंच पर बैठा था। सामने से एक अपराधकर्मी ने वहाँ खड़े एक व्यक्ति पर बम फेंका। वह व्यक्ति झुक गया। बम शैलेशजी के पुत्र को सीधे सिर पर लगा। उसकी तत्काल मृत्यु हो गई। पता लगते ही मटियानीजी वहाँ पहुँचे। दर्दनाक दृश्य देखते ही बेहोश हो गए और साल भर बेहोशी की हालत में पड़े रहे। मैंने उनसे मिलना तय कर लिया।

एक दिन मैं उनके हल्द्वानी स्थित आवास पर पहुँच गया। हल्द्वानी पहाड़ की निकटता और मैदान की सुविधा का सुख देता है। इसलिए हल्द्वानी में बसना बहुतों का सपना होता है। उनके चरण छूकर बैठ गया। माताजी समीप ही थीं। अपनी किताबें स्वयं छपवाई थीं प्रकाशक के शोषण से बाहर आने के लिए। अब यह कथाकार बाजार में एक तरह से किताबों की फेरी लगाने को मजबूर हो रहा था। बहुत दु:खी थे। बिक्री के बिल काटे बगैर बिकती नहीं थीं। आलू-प्याज अवश्य बिक जाता है। थोक में बगैर बिल के कौन लेगा ? तीस-चालीस प्रतिशत दाम पर विक्रेता लेने को तैयार थे। कथाकार बाजार की गति क्या जाने। मूल्य सही-सही छापे थे। अब उसका ईमान मूल्य बढ़ाकर चिंदी लगाने के मार्ग में पहाड़ बनकर खड़ा था।

मैंने 'खराद पर बॉम्बे' के बारे में पूछा तो बोले, बेटा, वह आगे नहीं बढ़ सकी। इस समय तो रोटी की समस्या है। घर की किश्त देनी होती है। जोशीजी ने एक लाख के पुरस्कार का जुगाड़ किया था। उससे घर के कर्ज का बोझ कुछ घटा है। 'खराद पर बॉम्बे' कभी नहीं आएगी। वैसे भी प्यारे बेटे की मौत के बाद मैं जिंदा ही कितना बचा हूँ। काया बची है। मेरी आत्मा की छाया भर बची है। मुझे उस समय मूर्च्छा आ गई थी। जो गहरी बेहोशी निकली। साल भर के ऊपर चली। पर मैं बेहोशी की हालत में जितना होश में था, उतना कभी भी तथाकथित होश की हालत में होश में नहीं रहा।

मटियानीजी के इस दावे ने मेरी उनके बेहोशी काल में विशेष दिलचस्पी बढ़ा दी। मटियानीजी ने बताया कि उन हालात में उन्होंने अपने ही शरीर में अनेक लोकों की यात्रा की। इनका वर्णन शब्दों में समेट पाना असंभव है। हमारा भाषा ज्ञान पृथ्वीलोक की जरूरतों के हिसाब से विकसित होता है। अन्य लोकों के लिए इसमें शब्द नहीं हैं। वैसे धरती पर के दृश्यों को भी हम शब्दों में कहाँ समेट पाते हैं। शब्द नाकाफी हैं, सक्षम नहीं हैं। तरह-तरह के दिव्य संगीत सुनने को मिलते। इस पृथ्वीलोक का संगीत इनके समक्ष तुच्छ शोर-शराबा जैसा लगता है। तरह-तरह के लोग देखे। देवता देखे। राक्षस देखे। एक-से-एक आकर्षक दिव्य स्त्री-पुरुष देखे और विभिन्न तरह के डरावने भूत-प्रेत, जीव-जंतु देखे। अनेक तरह के स्वर्ग-नरक देखे। अनेक तरह के लुभावने और डरावने दृश्य देखे। कभी-कभी भय से पसीने छूट जाते थे। डॉक्टर लोग समझते थे, यह शरीर

का कोई परिवर्तन है। वे बेचारे क्या समझ सकते। मैं बोल नहीं सकता था, पर उनकी एक-एक बात सुनता था। इससे मुझे बहुत बेचैनी भी होती थी। प्रारंभ काल में यह बहुत ज्यादा अनुभव होती थी। धीरे-धीरे अभ्यास होता गया। बेचैनी से समझौता होता गया। आनंददायक दृश्य देखने पर शरीर में अच्छे परिवर्तन होते तो डॉक्टर समझते, इलाज काम कर रहा है।

आखिर ईश्वर को मेरे निर्दोष बालक को इस तरह ले जाने से क्या मिला? सोचने पर मजबूर होता हूँ कि क्या भगवान् इसी बहाने मेरा अस्तित्व से परिचय कराना चाहता था।

मटियानी और माताजी का आशीर्वाद लेकर मैंने उनसे आज्ञा ली। श्रीमती मटियानी ने कहा, बेटा, खोज-खबर लेते रहना।

□

बापू के सेवक काका रामचरन अवस्थी

मेरी दादी अर्थात् बऊ के अपने भतीजे थे रामचरण कक्का। रामचरन कक्का अर्थात् रामचरन अवस्थी की चर्चा पहले भी आ चुकी है। वे इतने विनम्र थे कि उनकी महिमा मुझसे पैंतालीस वर्ष तक छिपी रही। वे मध्य प्रदेश प्रांत के छतरपुर नगर में रहते थे तथा पोस्ट ग्रेजुएट बेसिक ट्रेनिंग कॉलेज में पढ़ाते थे। रिटायर होकर छतरपुर आवास पर ही रहते थे। इधर मैं भी सेवानिवृत्त हो चुका था। यह वर्ष 2009 या 2010 की बात है। छतरपुर में एक विवाह समारोह में मेरा जाना हुआ तो मेरे खाने-ठहरने का कार्यक्रम कक्का के घर पर ही रहा। शादीवाली जगह भी हाजिरी लगाने गए। वहाँ लड़की के माँ-बाप स्वयं रसोई की रक्षा में तैनात थे। उन्होंने हमारा नाम-पता, लड़के से रिश्ता तक पूछ डाला। जब मैंने इस निगरानी कार्य के लिए उनकी प्रशंसा की तो उन्होंने मुझे ढीठ समझा होगा, क्योंकि उनका चेहरा तना हुआ था। मैंने उन्हें आश्वस्त किया कि मैं घर पर ही खाता हूँ, आप चिंता न करें। वैसे भी मैंने उपस्थिति दर्ज करा दी है और यहाँ से जा रहा हूँ। अगले दिन सुबह औपचारिक परिचय होने पर उन्होंने घर पर चाय के लिए आने का न्योता दिया, पर वहाँ कोरा ही रहा।

खैर, बात तो कक्का की हो रही थी। उस रात कक्का से मैंने उनके जीवन के बारे में पूछा तो दंग रह गया। इतना बड़ा आदमी इतने पास होकर भी कितना दूर रह गया था। कक्का ने सहजता से कहा—भैया, बचपन में ही सर्वोदयवालों के साथ वर्धा चले गए थे। वहाँ विनोबाजी की सेवा में पाँच साल तक रहे। विनोबाजी ने हमको बापू (महात्मा गांधी) की निजी सेवा में दे दिया। सो हम साबरमती आश्रम आ गए। हम और नारायन देसाई बापू की रसोई देखते थे और बा (कस्तूरबा गांधी) की छत्रच्छाया में काम करते थे और पल-बढ़ रहे थे। हम बापू के साथ सात साल तक रहे।

रामचरन कक्का से मैंने कहा कि कक्का, विनोबा की अपनी जिदंगी, दिनचर्या पर थोड़ा-बहुत ही उपलब्ध है। बापू पर प्रचुर साहित्य उपलब्ध है। आप अपने अनुभव मुझे बताइए और उन्हें लिखिए। आगे आनेवाली पीढ़ियाँ आपकी ऋणी रहेंगी। कक्का

पूरी सहजता-सरलता से बोले—भैया, सब कछू तो छप गओ। अब उसी की नकल का उतारें। मैं कक्का को कुरेद रहा था और कक्का अपने स्वभाव के अनुसार कंजूसी कर रहे थे। कुछ सोचने और स्मरण करने के बाद बोले, दो घटनाएँ उल्लेखनीय तौर पर विशेष हैं।

उन दिनों सुचेता कृपलानी बालिका थीं और साबरमती आश्रम में ही बा के संरक्षण में रह रही थीं। एक दिन बापू उस्तरे से अपनी दाढ़ी बना रहे थे। सुचेता बापू-बापू कहती उनके पास जाकर बैठ गई। बापू ने हँसते हुए कहा, आ तेरी दाढ़ी बना दूँ और उस्तरा सुचेता के गाल पर रख दिया। सुचेता रोती-चीखती-चिल्लाती बा के पास पहुँची—बा, बापू ने उस्तरे से मेरा गाल छील दिया। बा बापू पर बरस पड़ीं। तुम्हें लाज-शरम नहीं है। अकल नहीं है। बिटिया है। उसका ब्याह कैसे होगा? बापू अपनी पोपली हँसी हँसे जा रहे थे और बा क्रोध से बापू की बखिया उधेड़ रही थीं। बापू चुप हो गए। बा गुस्सा करते-करते थक गईं। बोलीं, तुम्हारा कुछ नहीं हो सकता। बापू मुसकराकर रह गए।

एक और प्रकरण इस प्रकार है। बापू कुछ महत्त्वपूर्ण विदेशी मेहमानों के साथ गंभीर चर्चा कर रहे थे। हम और नारायन देसाई रसोई में थे। हमारी समस्या थी कि आज दाल कौन सी बने? मैं रसोई से ही बापू, कौन सी दाल बनावें चीख रहा था और बापू हैं कि उस पर कान ही नहीं दे रहे थे। हार-थककर मैं दौड़कर बापू के पास पहुँचा। जब उन्होंने वहाँ भी मेरी बात अनसुनी कर दी तो मैंने दोनों हाथों से उनका मुखड़ा थामकर, जैसा कि बच्चे अपनी माँ के साथ करते हैं, उनका मुँह मरोड़ते हुए समस्या बताई। बापू बिल्कुल भी नाराज नहीं हुए। मुसकराकर बोले—तुम चलो, मैं अभी आया। बापू हमारे साथ बच्चे जैसे हो जाते थे। उनके जैसा सहज-सरल हो पाना असंभव है।

बापू का आगे का जीवन अत्यधिक सक्रियता से भरा-पूरा था और क्या बताऊँ?

जब आजादी आने को हुई तो पंडित रविशंकर शुक्ल (विंध्य प्रदेश के पहले प्रधानमंत्री, बाद में मध्य प्रदेश के प्रथम मुख्यमंत्री) ने हमसे कहा कि तुम लोगों को ज्ञान है, अनुभव भी है, पर डिग्री नहीं है, इसलिए आगे नौकरी नहीं मिलेगी, अतः हम सबको एडजस्ट कर रहे हैं। इसी क्रम में रामचरन कक्का को उनकी योग्यता के अनुरूप पी.जी.बी.टी. कॉलेज, छतरपुर में पढ़ाने का दायित्व मिला। छतरपुर भ्रमण पर आनेवाला मुख्यमंत्री, मंत्री व हर वी.वी.आई.पी. कांग्रेस सरकारों के कार्यकाल में रामचरन कक्का का आशीर्वाद लेने अवश्य आते रहे हैं।

फिर चर्चा राजे-रजवाड़े के बारे में होने लगी। छतरपुर एक रियासत थी जिसकी अपनी अलग व्यवस्था थी। कक्का ने बताया कि जब आदमी पावर में होता है तो लोग उसके इर्द-गिर्द मँडराते रहते हैं। जब आपके हाथ में कुछ नहीं रहता तो आस-पास भी कोई नहीं रहता। कक्का बोले, अभी हाल में वे छतरपुर सिविल अस्पताल गए थे। वहाँ

बरामदे में नीचे चादर पर एक परिचित चेहरा दिखाई दिया। पास पहुँचे तो देखा, महाराज छतरपुर थे। मैंने उन्हें प्रणाम किया तो सिर उठाकर बोले, अरे अवस्थी, आओ, कैसे, सब ठीक तो है ? मैंने उनके पास बैठकर सुख-दुःख की बातें साझा कीं।

ये वही महाराज थे जिनकी कलम से कलेक्टर नियुक्त होते थे। आज कोई इनके आस-पास नहीं है, क्योंकि इनके पास आज देने को कुछ भी नहीं है।

फिर कक्का को एक वाकया याद आ गया। महारानी जू बार-बार महाराज से अपने भाई अर्थात् महाराज के साले को कलेक्टर बना देने की कह रही थीं। और भाई है कि इसके लिए न्यूनतम शैक्षणिक योग्यता हाई स्कूल में फेल होते रहने की जैसे ठान बैठा हो। एक दिन महारानी कोपभवन में चली गईं तो महाराज ने दीवानजी को बुलाया। साले की कलेक्टर के रूप में नियुक्ति का आदेश दिया। दीवान ने हाई स्कूल फेल होने के कारण साले की अयोग्यता रेखांकित की। तो महाराज ने कहा, साले साहब के हर साल के अंक दिखाइए। बोले, अरे दीवानजी, कुँअर साहब तो पास हैं—देखो सारे वर्ष मिलाकर हर विषय में पास हो गए हैं। दीवानजी ने ना-नुकुर किया तो महाराज बोले, तो दीवानजी, ये काम जो दीवान कर सकता है, ओई को दीवान बना देते हैं। साले साहब कलेक्टर नियुक्त हो गए।

कक्का ने वादा किया कि वे अपने संस्मरण लिखेंगे। उन्होंने कुछ पृष्ठ लिखे भी और मुझे पढ़कर सुनाए। मैंने उनसे आग्रह किया कि वे अपनी आत्मकथा लिखें। मैं उसे छपवाऊँगा। वे बोले, अब इससे ज्यादा क्या लिखें। फिर काल ने उन्हें यह अवसर भी नहीं दिया। मुझे भी उनसे फिर लंबी वार्त्ता कर कुछ नहीं निकाल पाने का मलाल ही रह गया।

□

अस्तित्व की शक्ति से परिचय

बात वर्ष 2004 की है। मैं पटना के अपने सरकारी आवास के प्रांगण में अपनी छोटी सी बागवानी का निरीक्षण कर रहा था। मैंने देखा, एक अंकुर धरती फाड़कर अच्छी-खासी मिट्टी की छतरी सिर पर उठाए खड़ा था। एक दिन पूर्व तो वह पृथ्वी के गर्भ में था। इतना नाजुक, इतना छोटा कि एक असंभव सी स्थिति में प्रतीत होता था। कैसे धरती के सीने से वह विद्रोही की तरह बाहर आ गया। उस समय तक मुझे इस बात का एहसास नहीं था कि जब यह धरती के गर्भ में था तब यह धरती का ही एक अंश था और धरती की ताकत से ही इस तरह बाहर प्रकट हुआ था। अभी भी वह अस्तित्व के साथ एक था, यह मेरी समझ में आना शेष था।

मुझे लगा कि यह अंकुर भारी बोझ उठाए हुए है, जबकि इसका पतला सा तना नाजुक रेशों के भीतर जल से बना एक निर्बल-दुर्बल कालम भर है। यह सोचकर मैंने मिट्टी की छतरी को हटाने के उद्देश्य से छुआ भर था कि अंकुर टूट गया, खंडित हो गया और इसके साथ ही शक्ति की मेरी परिकल्पना चूर-चूर हो गई। अस्तित्व के अंतर्गत यह मामूली अंकुर अतिशक्तिवान था। अस्तित्व से विलग एक व्यक्ति के रूप में मैं अकिंचन हूँ और शक्तिहीन हूँ। अस्तित्व के मेल और सहारे के बिना मैं विघटनशील हूँ। जैसा कि मैंने उस प्यारे अंकुर को अपने अहंकार के कारण नष्ट कर प्रमाणित कर दिया था।

□

झारखंड सरकार के सलाहकार और आगे

31 जुलाई, 2009 को सेवानिवृत्ति के बाद मेरी सामान्य गतिविधियों में इतना ही अंतर आया कि अब मैं अपना मनपसंद कार्य पढ़ना-लिखना आराम से पूर्णकालिक तौर पर कर सकता था। 9 फरवरी, 2010 को बेटे संजय का शुभ विवाह वधू नेहा के साथ संपन्न होने पर मेरे पारिवारिक दायित्वों के निर्वाह में बस छोटी बेटी का विवाह शेष रह गया था।

सरकार के राज्य संपदा अधिकारी मई 2010 में सरकारी आवास एक सप्ताह में खाली करने का नोटिस लेकर स्वयं पधारे। यद्यपि आवास मंत्री छेदी पासवान ने इसकी भनक लगते ही घर पर फोन कर सम्मान सहित बने रहने को कहा। नोटिस ने हमारे मित्रों में आवास तलाशने की त्वरा भर दी। हम शीघ्र ही किराए के भवन में भी चले गए।

वर्ष 2010 के मार्च में हमारे अपने घर का निर्माण कार्य नवनीलजी ने प्रारंभ कर दिया। हमारे मित्र शुभचिंतक वैदेही बाबू (वैदेही शरण सिंह, से.नि. पुलिस उपाधीक्षक) और उनके सुपुत्र चक्रधारी बाबू (चक्रधारी शरण सिंह, संप्रति न्यायाधीश, उच्च न्यायालय, पटना) के सौजन्य से नवनील जी से सान्निध्य संपर्क हुआ।

दिसंबर 2010 में झारखंड के मुख्यमंत्री अर्जुन मुंडाजी के प्रधान सचिव डी.के. तिवारी ने फोन कर कहा कि यदि आप उपलब्ध हों तो मुख्यमंत्रीजी बात करना चाहते हैं। मुख्यमंत्री बहुत भले आदमी हैं। हालचाल पूछने के बाद कहा कि काफी आराम कर लिया है। अब अपने ज्ञान का उपयोग हमारे यहाँ कीजिए। मैंने हामी भर दी। सत्रह जनवरी 2011 को मैंने राज्य के राज्यमंत्री की समतुल्यता के साथ झारखंड राज्य के सलाहकार (सुरक्षा) के पद पर योगदान दे दिया।

मेरा वहाँ पहुँचना कई मित्रों को अच्छा नहीं लगा। अपने ऊपर कोई आकर बैठ जाए, इस पर प्रतिरोध होना मानवीय कमजोरी है। विरोध अनावश्यक है। शत्रुता अनैतिक है।

मेरे कार्य संचालन की व्यवस्था का संकल्प मार्च 2010 में जारी हो पाया। राज्य सुरक्षा समिति का मेरी अध्यक्षता में गठन हुआ जिसमें मुख्य सचिव डी.जी.पी. प्रधान सचिव गृह तथा सी.आई.डी., इंटेलीजेंस, होमगार्ड, रेलवे सैन्य पुलिस आदि विभागों के

प्रधान इसके सदस्य मनोनीत हुए। राज्य के सभी पदाधिकारियों को सहयोग करने के निर्देश भी इसी में निहित थे। मुंडाजी के इन सबके ए.सी.आर. लिखने के ऑफर को मैंने इसलिए नहीं करने को कहा, क्योंकि यह एकदम नया पद है और इसे विकसित होने पर शक्तियों पर विचार हो। मुंडा साहब का आकलन सही था। बिना ए.सी.आर. के पावर के साहबों पर नैतिक शक्ति से नियंत्रण असंभव है। तथापि प्रधान सचिव गृह जे.बी. तुबिद साहब ने मेरा जी-जान से समर्थन किया।

मैंने देखा कि एक टन श्रम करने पर सौ ग्राम परिणाम निकल रहे हैं। एक बिल्डर के लिए एक भूस्वामी आदिवासी को लूटकांड में जेल भिजवाकर बिल्डर को मदद की जा रही थी। लूटकांड झूठा था। बड़ी मुश्किल से खत्म हो पाया। कई प्रकरण हैं, जिनसे मन भर गया। मैंने जुलाई 2011 में पहली बार मुख्यमंत्री से अपने इस्तीफे की बात चलाई। उनके स्नेह-आदर और आग्रह पर मैं इसके बाद भी दो बार और इस्तीफा नहीं दे पाया। मुंडाजी का कहना था कि मेरे होने से उन्हें बड़ी सहायता मिल रही है। मुझे उन्होंने बिना कोई समय लिये कभी भी कहीं भी उनसे मिलने की छूट दे रखी थी। उन्होंने मेरी सलाह का सदा सम्मान किया और तुरंत उस पर सहमत होते हुए आदेश दिए। चूँकि सलाहकार का काम गोपनीय प्रकृति का होता है, इसलिए कार्य का विवरण देना उचित नहीं होगा। मुंडाजी ने अनेक अवसरों पर अपने आवास पर नाश्ता-भोजन कराया। कार्यालय में लंच के समय मुझे भी वहाँ होने पर साथ में आग्रहपूर्वक भोजन कराते।

हर चीज का वक्त होता है। जनवरी 2012 आते-आते मुझे लगा कि अब अलविदा कहना ठीक रहेगा। 29 फरवरी, 2012 को मैंने पदत्याग कर दिया। उसके बाद ही मुख्यमंत्रीजी से मिलकर त्यागपत्र देने की बात बताई। उन्होंने उसे वापस कराने के ईमानदार यत्न किए। पर मैंने उन्हें बताया कि मैं एकाउंटेंट जनरल के यहाँ इसे रिसीव करा चुका हूँ। उनके स्नेह के आगे मैं शिथिल हो जाता था और इस्तीफा नहीं दे पाता था, इसलिए बिना बताए देना पड़ा। मेरी दलील उन्हें रुचिकर नहीं लगी। मेरी भी इच्छा थी कि मैं उनकी पूर्वानुमति लेने में सफल होता। मई 2012 में हम अपने घर में आ गए।

इस बीच 29 जनवरी, 2012 को मुझे रामकृष्ण इंस्टीट्यूट ऑफ कल्चर, गोलपार्क, कोलकाता में उनका फाउंडेशन डे ओरेशन देने का महान् सम्मान मिला। मेरे मित्र स्वामी तद्गतानंद (कार्तिक महाराज) सचिव रामकृष्ण मिशन आश्रम, पटना, की इच्छानुसार मैंने इसे स्वीकार किया। इस कार्यक्रम की अध्यक्षता पश्चिम बंगाल के राज्यपाल एम.के. नारायनन ने की। उन्होंने मुझसे व्यंग्य भी किया—सो यू आर रिनाउंड विवेकानंद स्कॉलर। मैंने कहा, ठाकुर कैन मेक एनीवन व्हाटेवर ही वान्ट्स टू। भाषण के बाद उन्होंने अवश्य कहा, यू आर ए गुड ओरेटर। संतोष की बात है कि भाषण संस्थान की हैसियत के साथ न्याय कर सका।

वर्ष 2013 में तो स्वामी विवेकानंद के जन्म की सार्धशती थी। राँची और देवघर में इस अवसर पर मेरा भी भाषण हुआ। इसी वर्ष प्रभात प्रकाशन के निदेशक पीयूषजी के विशेष प्रयास से मेरी 'ज्ञानमार्ग कर्मयोगी स्वामी विवेकानंद' पुस्तक प्रकाशित हुई। इसके पीछे कार्तिक महाराज की सद्प्रेरणा रही। वैसे तो हमें काव्य-संग्रह, गद्य, नाटक, कुल मिलाकर अब तक बाईस पुस्तकों की रचना का सौभाग्य प्राप्त हो चुका है।

7 अप्रैल, 2012 को बेटे संजय को पुत्रीरत्न की प्राप्ति हुई। हम इससे बहुत आनंदित हुए। 15 दिसंबर, 2014 को बेटी ऋचा का भी शुभ विवाह संपन्न हो गया।

वर्ष 2015 से 2018 के बीच मेरी तीन और पुस्तकें—'Naren the Man and spirit of Vivekanand', 'कृष्ण कहें गीता सार' और 'अर्जुन का द्वंद्व' प्रभात प्रकाशन से आईं। वर्ष 2017 में चंपारण सत्याग्रह के सौ वर्ष पर व्याख्यान। इससे पूर्व अंतरराष्ट्रीय हिंदी विश्वविद्यालय वर्धा में मेरा व्याख्यान हुआ था।

23 मई, 2018 को छोटी बेटी ऋचा को पुत्ररत्न की प्राप्ति हुई। जगदंबा की महान् कृपा से हम परिपूर्ण हो गए। वे हमारे अन्य संकट भी दूर अवश्य करेंगी।

वर्ष 2016 में हमारे एक निजी मामले में बिहार सरकार और पुलिस विभाग के निंदनीय व्यवहार ने हमारा दिल दुखा दिया। पर सत्ता और शील में तो सौतिया डाह होता ही है।

8 जुलाई, 2019 को बेटे संजय को पुत्ररत्न की प्राप्ति हुई। हम धन्य हो गए।

वर्ष 2019 में श्रीराम पर मेरी एक पांडुलिपि प्रभात प्रकाशन में प्रकाशन हेतु जा सकी, यह हनुमानजी की विशेष कृपा से ही संभव हुआ। अब यह पुस्तक छपकर आ चुकी है।

जब मैंने यह कहानी कहनी शुरू की तब कोविड-19 (कोरोना) का नाम आ चुका था। आज जब इसे विराम दे रहा हूँ तब यह महामारी पूरे विश्व को अपनी चपेट में लेते हुए चरम पर है। हर तरफ डर है। भीड़ से एकांत, अफरातफरी से शांत, विभक्त जीवन से भक्ति की ओर, अनुशासनहीनता से योग की ओर, बनावटी से प्राकृतिक सहज जीवन की ओर, और न जाने क्या-क्या परिवर्तन आ रहे हैं। लोग डरे-सहमे हैं। मनुष्य का अंहकार चूर-चूर हो रहा है। वह परमशक्ति का अस्तित्व मानकर उसकी ओर गाहे-बगाहे उन्मुख भी हो रहा है। एक बार फिर पेनिसिलीन और एंटीबायटिक की तरह कुछ आएगा और आदमी का गुरूर और मगरूरियत वापस लौट आएगी। फिलहाल विश्व ब्राह्मण व्यवस्था की ओर जाने को बाध्य है।

सर्वेभवन्तु सुखिनः सर्वे सन्तु निरामयाः।
सर्वे भद्राणि पश्यन्तु मा कश्चिद्द दुःखभाग भवेत्॥

□□□